高等学校"十一五"规划教材

机械设计制造及其自动化系列

CONCISE HANDBOOK FOR MECHANICAL DESIGN

简明机械设计手册

主编　宋宝玉

哈爾濱工業大學出版社

内 容 简 介

本手册是机械设计通用工具书，内容包括机械零部件设计的常用国家标准、规范和设计参考资料。全书共有8章，即：常用设计资料，机械制图，极限与配合、形位公差、表面结构及传动件精度，常用机械工程材料及润滑剂，连接，滚动轴承，其他常用机械零部件，常用电动机。

本手册可供普通高等工科院校、电视大学、函授大学、职业技术学院机械工程类专业师生进行课程设计和毕业设计使用，也可供广大机械工程技术人员及中等专科学校师生使用。

This handbook is a general reference for mechanical design. The book includes China national technical standards, specifications and reference materials for design of machine parts. It is divided into eight chapters, general design information, mechanical drawing, limit and conjunction, form and position tolerance, surface roughness and transmission precision, common material and lubricants in mechanical engineering, joint, rolling bearing, common machine parts and motors.

This handbook can be used by undergraduates, who majors in mechanical engineering in universities, radio and television universities, tele-communication universities, and vocational universities, as a reference for projects in the course of machine design and in the graduation project. It can also be used by engineers and technicians, as well as by teachers and students in secondary specialised schools.

图书在版编目（CIP）数据

简明机械设计手册/宋宝玉主编. 一哈尔滨：哈尔滨工业大学出版社，2008.8(2017.5 重印)

ISBN 978-7-5603-2722-8

Ⅰ.简… Ⅱ.宋… Ⅲ.机械设计一技术手册 Ⅳ.TH122-62

中国版本图书馆 CIP 数据核字（2008）第 089172 号

责任编辑　黄菊黄

封面设计　卞秉利

出版发行　哈尔滨工业大学出版社

社　　址　哈尔滨市南岗区复华四道街 10 号　邮编 150006

传　　真　0451-86414749

印　　刷　肇东粮食印刷厂

开　　本　787×1092　1/16　印张 23　字数 556 千字

版　　次　2008 年 8 月第 1 版　2017 年 5 月第 4 次印刷

书　　号　ISBN 978-7-5603-2722-8

定　　价　36.00 元

高等学校“十一五”规划教材

机械设计制造及其自动化系列

总　序

自 1999 年教育部对普通高校本科专业设置目录调整以来，各高校都对机械设计制造及其自动化专业进行了较大规模的调整和整合，制定了新的培养方案和课程体系。目前，专业合并后的培养方案、教学计划和教材已经执行和使用了几个循环，收到了一定的效果，但也暴露出一些问题。由于合并的专业多，而合并前的各专业又有各自的优势和特色，在课程体系、教学内容安排上存在比较明显的“拼盘”现象；在教学计划、办学特色和课程体系等方面存在一些不太完善的地方；在具体课程的教学大纲和课程内容设置上，还存在比较多的问题，如课程内容衔接不当、部分核心知识点遗漏、不少教学内容或知识点多次重复、知识点的设计难易程度还存在不当之处、学时分配不尽合理、实验安排还有不适当的地方等。这些问题都集中反映在教材上，专业调整后的教材建设尚缺乏全面系统的规划和设计。

针对上述问题，哈尔滨工业大学机电工程学院从“机械设计制造及其自动化”专业学生应具备的基本知识结构、素质和能力等方面入手，在校内反复研讨该专业的培养方案、教学计划、培养大纲、各系列课程应包含的主要知识点和系列教材建设等问题，并在此基础上，组织召开了由哈尔滨工业大学、吉林大学、东北大学等 9 所学校参加的机械设计制造及其自动化专业系列教材建设工作会议，联合建设专业教材，这是建设高水平专业教材的良好举措。因为通过共同研讨和合作，可以取长补短、发挥各自的优势和特色，促进教学水平的提高。

会议通过研讨该专业的办学定位、培养要求、教学内容的体系设置、关键知识点、知识内容的衔接等问题，进一步明确了设计、制造、自动化三大主线课程教学内容的设置，通过合并一些课程，可避免主要知识点的重复和遗漏，有利于加强课程设置上的系统性、明确自动化在本专业中的地位、深化自动化系列课程内涵，有利于完善学生的知识结构、加强学生的能力培养，为该系列教材的编写奠定了良好的基础。

本着“总结已有、通向未来、打造品牌、力争走向世界”的工作思路，在汇聚多所学校优势和特色、认真总结经验、仔细研讨的基础上形成了这套教材。参加编写的主编、副主编都是这几所学校在本领域的知名教授，他们除了承担本科生教学外，还承担研究生教学和大量的科研工作，有着丰富的教学和科研经历，同时有编写教材的经验；参编人员也都是各学校近年来在教学第一线工作的骨干教师。这是一支高水平的教材编写队伍。

这套教材有机整合了该专业教学内容和知识点的安排，并应用近年来该专业领域的科研成果来改造和更新教学内容、提高教材和教学水平，具有系列化、模块化、现代化的特点，反映了机械工程领域国内外的新发展和新成果，内容新颖、信息量大、系统性强。我深信：这套教材的出版，对于推动机械工程领域的教学改革、提高人才培养质量必将起到重要推动作用。

蔡鹤皋

哈尔滨工业大学教授

中国工程院院士

丁酉年8月

前　言

课程设计、毕业设计是高等工科院校教学中必不可少的实践性教学环节，是对学生进行的工程综合训练，从而培养学生的工程概念、预见能力和创新意识。在设计中，学生特别是机械类专业的学生要查阅许多标准、规范和设计参考资料。为此，我们编写了这本《简明机械设计手册》，供教师和学生使用。

本手册的编写指导思想是：

1. 以适用于机械类专业本、专科学生的课程设计和毕业设计需要为主，兼顾近机械类专业本、专科学生的课程设计和毕业设计需要；

2. 手册内容以"有用、够用"为原则，凡在各种教科书中有较详细介绍的内容不再编入；

3. 采用现行的国家标准和规范；各种标准、规格和常用设计资料内容均在一般参数范围之内。

参加本手册编写的有宋宝玉、张锋和王连明。宋宝玉任主编。在手册的编写过程中曾得到哈尔滨工业大学赵汝祥教授、张中华教授的大力支持和细心指导，特别是哈尔滨工业大学陈秀教授、刘品教授和崔忠圻教授对手册中的相关内容进行了详尽的审阅，并提出宝贵意见，在此一并表示衷心的感谢。

由于编者水平所限，手册中肯定有不当之处，希望使用者批评指正。谢谢！

作　者

2008 年 8 月

目　录

第 1 章 常用设计资料

1.1 常用基础资料

1.1.1 常用资料和数据

表 1.1.1 国内标准代号

标准代号	名　称	标准代号	名　称	标准代号	名　称	标准代号	名　称
GB	国家标准	JB/TQ	原机电部石化通用标准	TB	铁道部标准	SG	手工业标准
GB_n	国家内部标准	JB/GQ	原机电部机床工具标准	JT	交通部标准	FJ	纺织工业标准
GBJ	国家工程建设标准	JB/ZQ	原机电部重型矿山标准	MT	煤炭标准	JJG	国家计量检定规程
GJB	国家军用标准	GJ	工程机械标准	CB	船舶工业标准	SD	水利电力标准
TJ	国家工程标准	SJ	原机电部电子标准	WJ	兵器工业标准	YD	原邮电部标准
ZB	国家专业标准	JB/DQ	原机电部电工标准	HB	航空工业标准	GN	公安部标准
JB	原机电部机械工业标准	JJ	原国家建委、城建部标准	QJ	航天工业标准	LD	原劳动人事部标准
JB_n	原机电部机械工业内部标准	JC	国家建材总局标准	EJ	核工业标准	KY	原中国科学院标准
ZBY	原机电部仪器仪表标准	YB	冶金工业标准	NY	农牧渔业标准	GD	原一机部锻压机械标准
NJ	原机电部农机标准	HG	化学工业标准	LY	原林业部标准	GZ	原一机部铸造机械标准
		SY	石油工业标准	DZ	原地质部标准	注：在代号后加“/T”为推荐性标准；不加“/T”为强制性标准；加“/Z”为指导性技术文件	
		SH	石油化工行业标准	WS	卫生部标准		
				SB	商业标准		
				LS	粮食标准		
				QB	轻工业标准		

表 1.1.2 机械传动和轴承的效率概略值

	种　类	效率 η
圆柱齿轮传动	很好跑合的 6 级精度和 7 级精度齿轮传动(油润滑)	0.98～0.99
	8 级精度的一般齿轮传动(油润滑)	0.97
	9 级精度的齿轮传动(油润滑)	0.96
	加工齿的开式齿轮传动(脂润滑)	0.94～0.96
	铸造齿的开式齿轮传动	0.90～0.93
圆锥齿轮传动	很好跑合的 6 级精度和 7 级精度的齿轮传动(油润滑)	0.97～0.98
	8 级精度的一般齿轮传动(油润滑)	0.94～0.97
	加工齿的开式齿轮传动(脂润滑)	0.92～0.95
	铸造齿的开式齿轮传动	0.88～0.92
蜗杆传动	自锁蜗杆(油润滑)	0.40～0.45
	单头蜗杆(油润滑)	0.70～0.75
	双头蜗杆(油润滑)	0.75～0.82
	三头和四头蜗杆(油润滑)	0.80～0.92
	圆孤面蜗杆传动(油润滑)	0.85～0.95
带传动	平带无压紧轮的开式传动	0.98
	平带有压紧轮的开式传动	0.97
	平带交叉传动	0.90
	V 带传动	0.96
	同步齿形带传动	0.96～0.98
链轮传动	焊接链	0.93
	片式关节链	0.95
	滚子链	0.96
	齿形链	0.97
磨擦传动	平磨擦传动	0.85～0.92
	槽磨擦传动	0.88～0.90
	卷绳轮	0.95
卷筒		0.96

	种　类	效率 η
丝杠传动	滑动丝杠	0.30～0.60
	滚动丝杠	0.85～0.95
复滑轮组	滑动轴承(i=2～6)	0.90～0.98
	滚动轴承(i=2～6)	0.95～0.99
联轴器	浮动联轴器(十字沟槽联轴器等)	0.97～0.99
	齿式联轴器	0.99
	挠性联轴器	0.99～0.995
	万向联轴器($\alpha \leqslant 3°$)	0.97～0.98
	万向联轴器($\alpha > 3°$)	0.95～0.97
	梅花形弹性联轴器	0.97～0.98
滑动轴承	润滑不良	0.94(一对)
	润滑正常	0.97(一对)
	润滑特好(压力润滑)	0.98(一对)
	液体摩擦	0.99(一对)
滚动轴承	球轴承(稀油润滑)	0.99(一对)
	滚子轴承(稀油润滑)	0.98(一对)
油池内油的飞溅和密封摩擦		0.95～0.99
减(变)速器①	单级圆柱齿轮减速器	0.97～0.98
	双级圆柱齿轮减速器	0.95～0.96
	单级行星圆柱齿轮减速器(NGW 类型负号机构)	0.95～0.98
	单级锥齿轮减速器	0.95～0.96
	双级锥-圆柱齿轮减速器	0.94～0.95
	无级变速器	0.92～0.95
	摆线-针轮减速器	0.90～0.97
	轧机人字齿轮座(滑动轴承)	0.93～0.95
	轧机人字齿轮座(滚动轴承)	0.94～0.96
	轧机主减速器(包括主接手和电机接手)	0.93～0.96

注：① 滚动轴承的损耗考虑在内。

表 1.1.3 机械传动的传动比范围

传动类型	传动比 i	传动类型	传动比 i
平带传动	≤5	开式锥齿轮传动	≤5
V 带传动	≤7	一级锥齿轮减速器	≤3
开式圆柱齿轮传动	≤8	开式蜗杆传动	15～60
一级圆柱齿轮减速器	≤7	一级蜗杆减速器	10～40
二级圆柱齿轮减速器	8～40	链传动	≤6
一级外啮合和内啮合行星减速器	3～9	摩擦轮传动	≤5

表 1.1.4 材料的滑动摩擦因数

材料名称	摩擦因数 f				材料名称	摩擦因数 f			
	静摩擦		滑动摩擦			静摩擦		滑动摩擦	
	无润滑剂	有润滑剂	无润滑剂	有润滑剂		无润滑剂	有润滑剂	无润滑剂	有润滑剂
钢-钢	0.15	0.1～0.12	0.15	0.05～0.1	软钢-榆木			0.25	
钢-软钢			0.2	0.1～0.2	铸铁-槲木	0.65		0.3～0.5	0.2
钢-铸铁	0.3		0.18	0.05～0.15	铸铁-榆、杨木			0.4	0.1
钢-青铜	0.15	0.1～0.15	0.15	0.1～0.15	青铜-槲木	0.6		0.3	
软钢-铸铁	0.2		0.18	0.05～0.15	木材-木材	0.4～0.6	0.1	0.2～0.5	0.07～0.15
软钢-青铜	0.2		0.18	0.07～0.15	皮革(外) -槲木	0.6		0.3～0.5	
铸铁-铸铁		0.18	0.15	0.07～0.12	皮革(内) -槲木	0.4		0.3～0.4	
铸铁-青铜			0.15～0.2	0.07～0.15	皮革-铸铁	0.3～0.5	0.15	0.6	0.15
青铜-青铜		0.1	0.2	0.07～0.1	橡皮-铸铁			0.8	0.5
软钢-槲木	0.6	0.12	0.4～0.6	0.1	麻绳-槲木	0.8		0.5	

表 1.1.5 物体的摩擦因数

名称			摩擦因数 μ	名称		摩擦因数 μ
滚动轴承	深沟球轴承	径向载荷	0.002	轧辊轴承	滚动轴承	0.002～0.005
		轴向载荷	0.004		层压胶木轴瓦	0.004～0.006
	角接触球轴承	径向载荷	0.003		青铜轴瓦(用于热轧辊)	0.07～0.1
		轴向载荷	0.005		青铜轴瓦(用于冷轧辊)	0.04～0.08
	圆锥滚子轴承	径向载荷	0.008		特殊密封全液体摩擦轴承	0.003～0.005
		轴向载荷	0.2		特殊密封半液体摩擦轴承	0.005～0.01
	调心球轴承		0.001 5	加热炉内	金属在管子或金属条上	0.4～0.6
	圆柱滚子轴承		0.002		金属在炉底砖上	0.6～1
	长圆柱或螺旋滚子轴承		0.006	密封软填料盒中填料与轴的摩擦		0.2
	滚针轴承		0.003	热钢在辊道上摩擦		0.3
	推力球轴承		0.003	冷钢在辊道上摩擦		0.15～0.18
	调心滚子轴承		0.004	制动器普通石棉制动带(无润滑) p=0.2～0.6 MPa		0.35～0.48
滑动轴承	液体摩擦		0.001～0.008			
	半液体摩擦		0.008～0.08	离合器装有黄铜丝的压制石棉带 p=0.2～1.2 MPa		0.43～0.4
	半干摩擦		0.1～0.5			

表 1.1.6 滚动摩擦力臂(大约值)

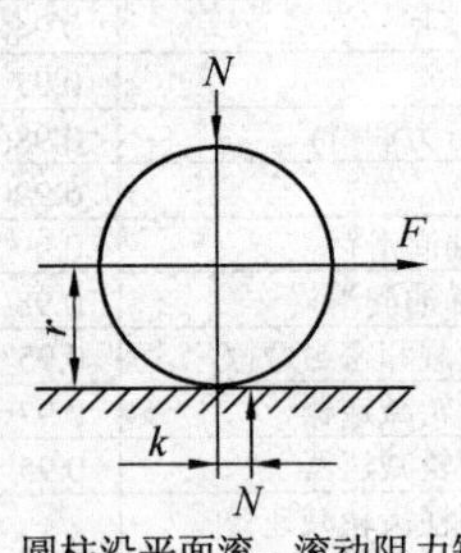

圆柱沿平面滚。滚动阻力矩为

$$M = Nk = Fr$$

式中，k 为滚动摩擦力臂

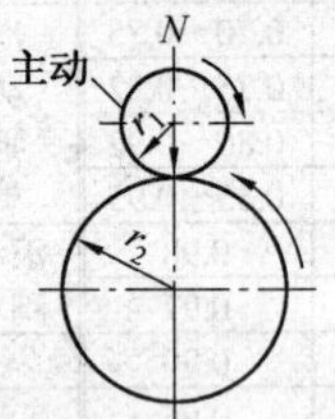

两个具有固定轴线的圆柱，其中主动圆柱以 N 力压另一圆柱，两个圆柱相对滚动。主圆柱上遇到的滚动阻力矩为

$$M = Nk(1+\frac{r_1}{r_2})$$

式中，k 为滚动摩擦力臂

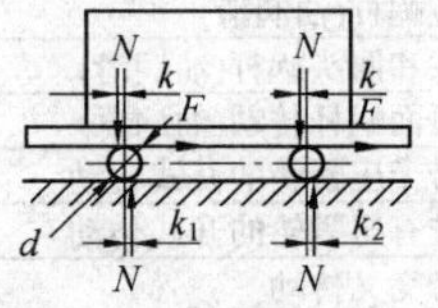

重物压在圆辊支承的平台上移动，每个圆辊承受的载重为 N。克服一个辊子上摩擦阻力所需的牵引力 F

$$F = \frac{N}{d}(k + k_1)$$

式中，k 和 k_1 依次是平台与圆辊之间和圆辊与固定支持物之间的滚动摩擦力臂

摩擦材料	滚动摩擦力臂 k/mm	摩擦材料	滚动摩擦力臂 k/mm
软钢与软钢	0.05	表面淬火车轮与钢轨	
淬火钢与淬火钢	0.01	圆锥形车轮	0.8～1
铸铁与铸铁	0.05	圆柱形车轮	0.5～0.7
木材与钢	0.3～0.4	橡胶轮胎对沥青路面	2.5
木材与木材	0.5～0.8	橡胶轮胎对土路面	10～15

表 1.1.7　常用材料弹性模量及泊松比

名　称	弹性模量 E	切变模量 G	泊松比	名　称	弹性模量 E	切变模量 G	泊松比
	GPa	GPa	μ		GPa	GPa	μ
灰铸铁	118～126	44.3	0.3	轧制锌	82	31.4	0.27
球墨铸铁	173		0.3	铅	16	6.8	0.42
碳钢、镍铬钢、合金钢	206	79.4	0.3	玻璃	55	1.96	0.25
铸钢	202		0.3	有机玻璃	2.35～29.42		
轧制纯钢	108	39.2	0.31～0.34	橡胶	0.0078		0.47
冷拔纯钢	127	48.0		电木	1.96～2.94	0.69～2.06	0.35～0.38
轧制磷锡青铜	113	41.2	0.32～0.35	夹布酚醛塑料	3.92～8.83		
冷拔黄铜	89～97	34.3～36.3	0.32～0.42	赛璐珞	1.71～1.89	0.69～0.98	0.4
轧制锰青铜	108	39.2	0.35	尼龙 1010	1.07		
轧制铝	68	25.5～26.5	0.32～0.36	硬聚氯乙烯	3.14～3.92		0.34～0.35
拔制铝线	69			聚四氯乙烯	1.14～1.42		
铸铝青铜	103	11.1	0.3	低压聚乙烯	0.54～0.75		
铸锡青铜	103		0.3	高压聚乙烯	0.147～0.245		
硬铝合金	70	26.5	0.3	混凝土	13.73～39.2	4.9～15.69	0.1～0.18

表 1.1.8　常用材料的密度

材　料　名　称	［质量］密度	材　料　名　称	［质量］密度	材　料　名　称	［质量］密度
	$(g\cdot cm^{-3})$或$(t\cdot m^{-3})$		$(g\cdot cm^{-3})$或$(t\cdot m^{-3})$		$(g\cdot cm^{-3})$或$(t\cdot m^{-3})$
碳钢	7.3～7.85	铅	11.37	酚醛层压板	1.3～1.45
铸钢	7.8	锡	7.29	尼龙 6	1.13～1.14
高速钢 $w(w)=9\%$	8.3	金	19.32	尼龙 66	1.14～1.15
高速钢 $w(w)=18\%$	8.7	银	10.5	尼龙 1010	1.04～1.06
合金钢	7.9	汞	13.55	橡胶夹布传动带	0.3～1.2
镍铬钢	7.9	镁合金	1.74	木材	0.4～0.75
灰铸铁	7.0	硅钢片	7.55～7.8	石灰石	2.4～2.6
白口铸铁	7.55	锡基轴承合金	7.34～7.75	花岗石	2.6～3.0
可锻铸铁	7.3	铅基轴承合金	9.33～10.67	砌砖	1.9～2.3
纯铜	8.9	硬质合金(钨钴)	14.4～14.9	混凝土	1.8～2.45
黄铜	8.4～8.85	硬质合金(钨钴钛)	9.5～12.4	生石灰	1.1
铸造黄铜	8.62	胶木板、纤维板	1.3～1.4	熟石灰、水泥	1.2
锡青铜	8.7～8.9	纯橡胶	0.93	粘土耐火砖	2.10
无锡青铜	7.5～8.2	皮革	0.4～1.2	硅质耐火砖	1.8～1.9
轧制磷青铜、冷拉青铜	8.8	聚氯乙烯	1.35～1.40	镁质耐火砖	2.6
工业用铝、铝镍合金	2.7	聚苯乙烯	0.91	镁铬质耐火砖	2.8
可铸造铝合金	2.7	有机玻璃	1.18～1.19	高铬质耐火砖	2.2～2.5
镍	8.9	无填料的电木	1.2	碳化硅	3.10
轧锌	7.1	赛璐珞	1.4		

表 1.1.9　材料线［膨］胀系数α　　$10^{-6}K^{-1}$

材　料	温度范围/℃								
	20	20～100	20～200	20～300	20～400	20～600	20～700	20～900	70～1 000
工程用铜		16.6～17.1	17.1～17.2	17.6	18～18.1	18.6			
黄铜		17.8	18.8	20.9					
青铜		17.6	17.9	18.2					
铸铝合金	18.44～24.5								
铝合金		22.0～24.0	23.4～24.8	24.0～25.9					
碳钢		10.6～12.2	11.3～13	12.1～13.5	12.9～13.9	13.5～14.3	14.7～15		
铬钢		11.2	11.8	12.4	13	13.6			
3Cr13		10.2	11.1	11.6	11.9	12.3	12.8		
1Cr18Ni9Ti		16.6	17	17.2	17.5	17.9	18.6	19.3	
铸铁		8.7～11.1	8.5～11.6	10.1～12.1	11.5～12.7	12.9～13.2			
镍铬合金		14.5							17.6
砖	9.5								
水泥、混凝土	10～14								
胶木、硬橡皮	64～77								
玻璃		4～11.5							
赛璐珞		100							
有机玻璃		130							

表 1.1.10 金属材料熔点、热导率及比热容

名称	熔点/℃	热导率(导热系数) $[W \cdot (m \cdot K)^{-1}]$	比热容 $[J \cdot (kg \cdot K)^{-1}]$	名称	熔点/℃	热导率(导热系数) $[W \cdot (m \cdot K)^{-1}]$	比热容 $[J \cdot (kg \cdot K)^{-1}]$
灰铸铁	1 200	46.4～92.3	544.3	铝	658	203	904.3
铸钢	1 425		489.9	铅	327	34.8	129.8
软钢	1 400～1 500	46.4	502.4	锡	232	62.6	234.5
黄铜	950	92.8	393.6	锌	419	110	393.6
青铜	995	63.8	385.2	镍	1 452	59.2	452.2
纯铜	1 083	392	376.9				

表 1.1.11 常用材料极限强度的近似关系

材料名称	极限强度					
	对称应力疲劳极限			脉动应力疲劳极限		
	拉伸疲劳极限σ_{-1t}	弯曲疲劳极限σ_{-1}	扭转疲劳极限τ_{-1}	拉伸脉动疲劳极限σ_{0t}	弯曲脉动疲劳极限σ_0	扭转脉动疲劳极限τ_0
结构钢	$\approx 0.3\sigma_b$	$\approx 0.43\sigma_b$	$\approx 0.25\sigma_b$	$\approx 1.42\sigma_{-1t}$	$\approx 1.33\sigma_{-1t}$	$\approx 1.5\tau_{-1}$
铸铁	$\approx 0.225\sigma_b$	$\approx 0.45\sigma_b$	$\approx 0.36\sigma_b$	$\approx 1.42\sigma_{-1t}$	$\approx 1.35\sigma_{-1t}$	$\approx 1.35\tau_{-1}$
铝合金	$\approx \frac{\sigma_b}{6}+73.5$ MPa	$\approx \frac{\sigma_b}{6}+73.5$ MPa	$\approx (0.55 \sim 0.58)\sigma_{-1}$	$\approx 1.5\sigma_{-1t}$		

1.1.2 计量单位和单位换算关系

一、法定计量单位(摘自 GB/T 3100－1993)

表 1.1.12 SI 基本单位

量的名称	单位符号	单位名称	量的名称	单位符号	单位名称
长度	m	米	热力学温度	K	开［尔文］
质量	kg	千克(公斤)	物质的量	mol	摩［尔］
时间	s	秒	发光强度	cd	坎［德拉］
电流	A	安［培］			

注：① 圆括号中的名称，是它前面的名称的同义词，下同。
② 方括号中的字，在不致引起混淆、误解的情况下，可以省略。去掉方括号中的字，即为其名称的简称，下同。

表 1.1.13 包括 SI 辅助单位在内的具有专门名称的 SI 导出单位

量的名称	SI 导出单位		
	符号	名称	用 SI 基本单位和 SI 导出单位表示
［平面］角	rad	弧度	1 rad=1 m/m=1
立体角	sr	球面度	$1\ sr = 1\ m^2/m^2 = 1$
频率	Hz	赫［兹］	$1\ Hz = 1\ s^{-1}$
力	N	牛［顿］	$1\ N = 1\ kg \cdot m/s^2$
压力，压强，应力	Pa	帕［斯卡］	$1\ Pa = 1\ N/m^2$
能［量］，功，热量	J	焦［耳］	$1\ J = 1\ N \cdot m$
功率，辐［射能］通量	W	瓦［特］	1 W=1 J/s
电荷［量］	C	库［仑］	$1\ C = 1\ A \cdot s$
电压，电动势，电位(电势)	V	伏［特］	1 V=1 W/A
电容	F	法［拉］	1 F=1 C/V
电阻	Ω	欧［姆］	1 Ω =1 V/A
电导	S	西［门子］	$1\ S = 1\ \Omega^{-1}$
磁通［量］	Wb	韦［伯］	$1\ Wb = 1\ V \cdot s$
磁通［量］密度，磁感应强度	T	特［斯拉］	$1\ T = 1\ Wb/m^2$
电感	H	亨［利］	1 H=1 Wb/A
摄氏温度	℃	摄氏度	1℃=1 K
光能量	lm	流［明］	$1\ lm = 1\ cd \cdot sr$
［光］照度	lx	勒［克斯］	$1\ lx = 1\ lm/m^2$
［放射性］活度	Bq	贝可［勒尔］	$1\ Bq = 1\ s^{-1}$
吸收剂量	Gy	戈［瑞］	1 Gy=1 J/kg
剂量当量	Sv	希［沃特］	1 Sv=1 J/kg

表 1.1.14 SI 词头

因数	符号	词头名称	因数	符号	词头名称
10^{24}	Y	尧［它］	10^{-1}	d	分
10^{21}	Z	泽［它］	10^{-2}	c	厘
10^{18}	E	艾［可萨］	10^{-3}	m	毫
10^{15}	P	拍［它］	10^{-6}	μ	微
10^{12}	T	太［拉］	10^{-9}	n	纳［诺］
10^{9}	G	吉［咖］	10^{-12}	p	皮［可］
10^{6}	M	兆	10^{-15}	f	飞［母托］
10^{3}	k	千	10^{-18}	a	阿［托］
10^{2}	h	百	10^{-21}	z	仄［普托］
10^{1}	da	十	10^{-24}	y	幺［科托］

表 1.1.15 可与 SI 并用的我国法定计量单位

量的名称	单位符号	单位名称	与 SI 单位关系
时间	min	分	1 min=60 s
	h	［小］时	1 h=60 min=3 600 s
	d	日，(天)	1 d=24 h=86 400 s
［平面］角	°	度	1°=(π/180) rad
	′	［角］分	1′=(1/60)°=(π/10 800) rad
	″	［角］秒	1″=(1/60)′=(π/648 000) rad
体积，容积	L，(l)	升	1 L=1 dm^3=10^{-3} m^3
质量	t	吨	1 t=10^3 kg
	u	原子质量单位	1 u≈1.660 565 5×10^{-27} kg
旋转速度	r/min	转每分	1 r/min=(1/60) s^{-1}
长度	n mile	海里	1 n mile=1 852 m (只用于航程)
速度	kn	节	1 kn=1 n mile/h=(1 852/3 600) m/s (只用于航行)
能	eV	电子伏	1 eV≈1.602 189 2×10^{-19} J
级差	dB	分贝	
线密度	tex	特［克斯］	1 tex=10^{-6} kg/m
面积	hm^2	公顷	1 hm^2=10^4 m^2

注：① 平面角单位度、分、秒的符号，在组合单位中应采用(°)、(′)、(″)的形式。例如，不用°/s，而用(°)/s。
② 升的两个符号属同等地位，可任意选用。
③ 公顷的国际通用符号为 ha。

二、常用法定计量单位及换算关系

表 1.1.16 常用法定计量单位及换算关系

量的名称	法定计量单位		非法定计量单位		换算关系
	符号	名称	符号	名称	
长度	m	米	Å	埃	1 Å= 10^{-10} m =0.1 nm
			ft	英尺	1 ft = 0.304 8 m=304.8 mm
			in	英寸	1 in= 0.025 4 m=25.4 mm
			mile	英里	1 mile= 1 609.344 m
能量，功，热	J	焦［耳］	erg	尔格	1 erg =10^{-7} J
	kW·h (1 kW·h=3.6×10^6J)	千瓦小时	kgf·m	千克力米	1 kgf·m = 9.806 65 J
			cal	卡	1 cal= 4.186 8 J
			Btu	英热单位	1 Btu=1 055.06 J
功率	W	瓦［特］	kgf·m/s	千克力米每秒	1 kgf·m/s= 9.806 65 W
			德 PS；法 ch，CV	马力，米制马力	1 PS= 735.499 W
			hP	英马力	1 hP= 745.7 W
				电工马力	1 电工马力= 746 W
			cal/s	卡每秒	1 cal/s= 4.186 8 W

续表 1.1.16

量的名称	法定计量单位		非法定计量单位		换算关系
	符号	名称	符号	名称	
密度	kg/m^3	千克每立方米	lb/ft^3	磅每立方英尺	$1\ lb/ft^3=16.018\ 5\ kg/m^3$
比体积	m^3/kg	立方米每千克	ft^3/lb	立方英尺每磅	$1\ ft^3/lb=0.062\ 428\ 0\ m^3/kg$
质量流量	kg/s	千克每秒	lb/s lb/h	磅每秒 磅每小时	1 lb/s=0.453 592 kg/s $1\ lb/h=1.259\ 98\times10^{-4}\ kg/s$
体积流量	m^3/s L/s	立方米每秒 升每秒	ft^3/s in^3/h	立方英尺每秒 立方英寸每小时	$1\ ft^3/s=0.028\ 316\ 8\ m^3/s$ $1\ in^3/h=4.551\ 96\times10^{-6}\ L/s$
比热容，比熵	J/(kg·K)	焦［耳］每千克开［尔文］	kcal/(kg·K) Btu(lb·℉)	千卡每千克开［尔文］ 英热单位每磅华氏度	1 kcal(kg·K)=4 186.8 J(kg·K) 1 Btu/(1b·℉)=4 186.8 J(kg·K)
传热系数	$W/(m^2·K)$	瓦［特］每平方米开［尔文］	$cal/(cm^2·s·K)$	卡每平方厘米秒开［尔文］	$1\ cal/(cm^2·s·K)=41\ 868\ W/(m^2·K)$
热导率(导热系数)	W/(m·K)	瓦［特］每米开［尔文］	cal/(cm·s·K)	卡每厘米秒开［尔文］	1 cal/(cm·s·K)=418.68 W/(m·K)
面积	m^2	平方米	a ha ft^2	公亩 公顷 平方英尺	$1\ a=10^2\ m^2$ $1\ ha=10^4\ m^2$ $1\ ft^2=0.092\ 903\ 0\ m^2$
体积，容积	m^3 L(1) $(1L=10^{-3}m^3)$	立方米 升	ft^3 UKgal Usgal	立方英尺 英加仑 美加仑	$1\ ft^3=0.028\ 316\ 8\ m^3=28.316\ 8\ dm^3$ $1\ Ukgal=4.546\ 09\ dm^3$ $1\ Usgal=3.785\ 41\ dm^3$
质量	kg t	千克(公斤) 吨	lb t on sh ton oz	磅 长吨(英吨) 短吨 盎司	1 lb=0.453 592 37 kg 1 ton=1 016.05 kg 1 sh ton=907.185 kg 1 oz=28.349 5 g
温度	K ℃	开［尔文］ 摄氏度	℉	华氏度	$℉=\frac{9}{5}K-459.67=\frac{9}{5}℃+32$ $1℉=\frac{5}{9}K=\frac{5}{9}℃$ $K=℃+273.15=\frac{5}{9}(℉+459.67)$ $℃=K-273.15=\frac{5}{9}(℉-32)$
速度	m/s m/min	米每秒 米每分	mile/h ft/s	英里每小时 英尺每秒	1 mile/h=0.447 04 m/s 1 ft/s=0.3 048 m/s
加速度	m/s^2	米每二次方秒	Gal	伽	$1\ Gal=10^{-2}\ m/s^2$
角速度	rad/s r/min	弧度每秒 转每分	(°)/s	度每秒	1 (°)/s=0.017 45 rad/s 1 r/min= 0.104 72 rad/s
力，重力	N	牛［顿］	dyn kgf lbf	达因 千克力 磅力	$1\ dyn=10^{-5}\ N$ 1 kgf=9.806 65 N 1 lbf=4.448 22 N
力矩	N·m	牛［顿］米	kgf·m lbf·ft	千克力米 磅力英尺	1 kgf·m=9.806 65 N·m 1 lbf·ft=1.355 82 N·m
压力，压强	Pa	帕［斯卡］	Bar Torr(=mmHg) mmH_2O atm $kgf/cm^2(at)$	巴 托(=毫米汞柱) 毫米水柱 标准大气压 千克力每平方厘米(工程大气压)	$1\ bar=0.1\ MPa=10^5\ Pa$ 1 Torr=133.322 4 Pa(=1 mmHg) $1\ mmH_2O=9.806\ 65\ Pa$ 1 atm=101 325 Pa $1\ kgf/cm^2(1at)=9.806\ 65\times10^4\ Pa$
应力			kgf/mm^2	千克力每平方毫米	$1\ kgf/mm^2=9.806\ 65\times10^6\ Pa$
[动力]粘度	Pa·s	帕［斯卡］秒	P cP	泊 厘泊	1 P=0.1 Pa·s $1\ cP=10^{-3}\ Pa·s$
运动粘度	m^2/s	二次方米每秒	St cSt	斯［托克斯］ 厘斯［托克斯］	$1\ St=10^{-4}\ m^2/s$ $1\ cSt=10^{-6}\ m^2/s$

1.1.3　一般标准和规范

表 1.1.17　标准尺寸(摘自 GB/T 2822—1981)

mm

0.1～1.0				10～100						100～1 000						1 000～10 000		
R		R_a		R			R_a			R			R_a			R		
R10	R20	R_a10	R_a20	R10	R20	R40	R_a10	R_a20	R_a40	R10	R20	R40	R_a10	R_a20	R_a40	R10	R20	R40
0.100	0.100	0.10	0.10	10.0	10.0		10	10		100	100	100	100	100	100	1 000	1 000	1 000
	0.112		0.11															
0.125	0.125	0.12	0.12									106			105			1 060
	0.140		0.14															
0.160	0.160	0.16	0.16		11.2			11			112	112		110	110		1 120	1 120
	0.180		0.18									118			120			1 180
0.200	0.200	0.20	0.20	12.5	12.5	12.5	12	12	12	125	125	125	125	125	125	1 250	1 250	1 250
	0.224		0.22		13.2	14.0			13			132						1 320
0.250	0.250	0.25	0.25		14.0	15		14	14		140	140		140	140		1 400	1 400
	0.280		0.28						15			150						1 500
0.315	0.315	0.30	0.30	16.0	16.0	16.0	16	16	16	160	160	160	160	160	160	1 600	1 600	1 600
	0.355		0.35			17.0			17			170						1 700
0.400	0.400	0.40	0.40		18.0	18.0		18	18		180	180		180	180		1 800	1 800
	0.450		0.45			19.0			19			190			190			1 900
0.500	0.500	0.50	0.50	20.0	20.0	20.0	20	20	20	200	200	200	200	200	200	2 000	2 000	2 000
	0.560		0.55			21.2			21			212			210			2 120
0.630	0.630	0.60	0.60		22.4	22.4		22	22		224	224		220	220		2 240	2 240
	0.710		0.70			23.6			24			236			240			2 360
0.800	0.800	0.80	0.80	25.0	25.0	25.0	25	25	25	250	250	250	250	250	250	2 500	2 500	2 500
	0.900		0.90			26.5			26			265			260			2 650
1.000	1.000	1.00	1.00		28.0	28.0		28	28		280	280		280	280		2 800	2 800
1.0～10.0						30.0			30			300			300			3 000
R		R_a		31.0	31.5	31.5	32	32	32	315	315	315	320	320	320	3 150	3 150	3 150
R10	R20	R_a10	R_a20			33.5			34			335			340			3 350
1.00	1.00	1.0	1.0		35.0	35.5		36	36		355	355		360	360		3 550	3 550
	1.12		1.1			37.5			38			375			380			3 750
1.25	1.25	1.2	1.2	40.0	40.0	40.0	40	40	40	400	400	400	400	400	400	4 000	4 000	4 000
	1.40		1.4															
1.60	1.60	1.6	1.6			42.5			42			425			420			4 250
	1.80		1.8		45.0	45.0		45	45		450	450		450	450		4 500	4 500
2.00	2.00	2.0	2.0			47.5			48			475			480			4 750
	2.24		2.2	50.0	50.0	50.0	50	50	50	500	500	500	500	500	500	5 000	5 000	5 000
2.50	2.50	2.5	2.5			53.0			53			530			530			5 300
	2.80		2.8		56.0	56.0		56	56		560	560		560	560		5 600	5 600
3.15	3.15	3.0	3.0			60.0			60			600			600			6 000
	3.55		3.5	63.0	63.0	63.0	63	63	63	630	630	630	630	630	630	6 300	6 300	6 300
4.00	4.00	4.0	4.0			67.0			67			670			670			6 700
	4.50		4.5		71.0	71.0		71	71		710	710		710	710		7 100	7 100
5.00	5.00	5.0	5.0			75.0			75			750			750			7 500
	5.60		5.5	80.0	80.0	80.0	80	80	80	800	800	800	800	800	800		8 000	8 000
6.30	6.30	6.0	6.0			85.0			85			850			850			8 500
	7.10		7.0		90.0	90.0		90	90		900	900		900	900		9 000	9 000
8.00	8.00	8.0	8.0			95.0			95			950			950			9 500
	9.00		9.0	100.0	100.0	100.0	100	100	100	1 000	1 000	1 000	1 000	1 000	1 000	10 000	10 000	10 000
10.00	10.00	10.0	10.0															

注：① 标准规定 0.01～20 000 mm 范围内机械制造业中常用的标准尺寸(直径、长度、高度等)系列，适用于有互换性或系列化要求的主要尺寸。其他结构尺寸也应尽量采用。对已有专用标准规定的尺寸，可按专用标准选用。

② 选择系列及单个尺寸时，应首先在优先数系 R 系列按照 R10、R20、R40 的顺序选用。如必须将数值圆整，可在相应的 R_a 系列(选用优先数化整值系列制定的标准尺寸系列)中选用标准尺寸，其优选顺序为 R_a10、R_a20、R_a40。

表 1.1.18 一般用途圆锥的锥度与锥角(摘自 GB/T 157－2001)

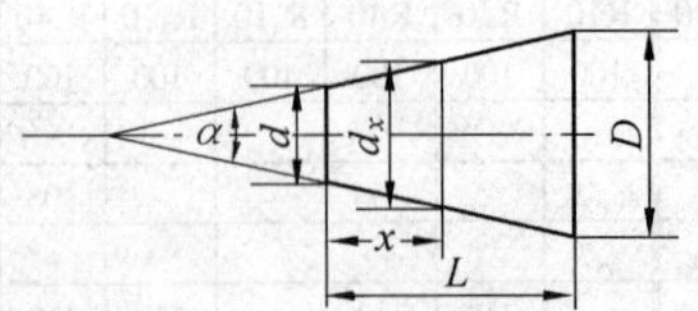

$$C=\frac{D-d}{L}$$

$$C=2\tan\frac{\alpha}{2}=1:\frac{1}{2}\cot\frac{\alpha}{2}$$

d_x——给定截面圆锥直径

基本值		推算值			备注
系列 1	系列 2	圆锥角 α		锥度 C	
120°		—	—	1:0.288675	螺纹孔内倒角，填料盒内填料的锥度
90°		—	—	1:0.500000	沉头螺钉头，螺纹倒角，轴的倒角
	75°	—	—	1:0.651613	沉头带榫螺栓的螺栓头
60°		—	—	1:0.866025	车床顶尖，中心孔
45°		—	—	1:1.207107	用于轻型螺旋管接口的锥形密合
30°		—	—	1:1.866025	摩擦离合器
1:3		18° 55′ 28.7″	18.924 644°	—	具有极限扭矩的摩擦圆锥离合器
	1:4	14° 15′ 0.1″	14.250 033°	—	
1:5		11° 25′ 16.3″	11.421 186°	—	易拆零件的锥形连接，锥形摩擦离合器
	1:6	9° 31′ 38.2″	9.527 283°	—	
	1:7	8° 10′ 16.4″	8.171 234°	—	重型机床顶尖，旋塞
	1:8	7° 9′ 9.6″	7.152 669°	—	联轴器和轴的圆锥面连接
1:10		5° 43′ 29.3″	5.724 810°	—	受轴向力及横向力的锥形零件的接合面，电机及其他机械的锥形轴端
	1:12	4° 46′ 18.8″	4.771 888°	—	固定球及滚子轴承的衬套
	1:15	3° 49′ 5.9″	3.818 305°	—	受轴向力的锥形零件的接合面，活塞与其杆的连接
1:20		2° 51′ 51.1″	2.864 192°	—	机床主轴的锥度，刀具尾柄，公制锥度铰刀，圆锥螺栓
1:30		1° 54′ 34.9″	1.909 682°	—	装柄的铰刀及扩孔钻
1:50		1° 8′ 45.2″	1.145 877°	—	圆锥销，定位销、圆锥销孔的铰刀
1:100		0° 34′ 22.6″	0.572 953°	—	承受陡振及静、变载荷的不需拆开的连接零件，楔键
1:200		0° 17′ 11.3″	0.286 478°	—	承受陡振及冲击变载荷的需拆开的连接零件，圆锥螺栓
1:500		0° 6′ 52.5″	0.114 591°	—	

表 1.1.19 特定用途的圆锥(摘自 GB/T 157—2001)

基本值	推算值				标准号 GB/T (ISO)	用途
	圆锥角 α			锥度 C		
	(°)(′)(″)	(°)	rad			
11° 54′	—	—	0.207 694 18	1:4.979 451 1	(5 237) (8 489-5)	纺织机械和附件
8° 40′	—	—	0.151 261 87	1:6.598 441 5	(8 489-3) (8 489-4) (324.575)	纺织机械和附件
7°	—	—	0.122 173 05	1:8.174 927 7	(8 489-2)	纺织机械和附件
1:38	1° 30′ 27.708 0″	1.507 696 67°	0.026 314 27	—	(368)	
1:64	0° 53′ 42.822 0″	0.895 228 34°	0.015 624 68	—	(368)	
7:24	16° 35′ 39.444 3″	16.594 290 08°	0.289 625.00	1:3.428 571 4	3 837.3 (297)	机床主轴 工具配合
1:12.262	4° 40′ 12.151 4″	4.670 042 05°	0.081 507 61	—	(239)	贾各锥度 No.2
1:12.972	4° 24′ 52.903 9″	4.414 695 52°	0.077 050 97	—	(239)	贾各锥度 No.1
1:15.748	3° 38′ 13.442 9″	3.637 067 47°	0.063 478 80	—	(239)	贾各锥度 No.33
6:100	3° 26′ 12.177 6″	3.436 716 00°	0.059 982 01	1:16.666 666 7	1962 (594-1) (595-1) (595-2)	医疗设备
1:18.779	3° 3′ 1.207 0″	3.050 335 27°	0.053 238 39	—	(239)	贾各锥度 No.3
1:19.002	3° 0′ 52.395 6″	3.014 554 34°	0.052 613 90	—	1 443(296)	莫氏锥度 No.5
1:19.180	2° 59′ 11.725 8″	2.986 590 50°	0.052 125 84	—	1 443(296)	莫氏锥度 No.6
1:19.212	2° 58′ 53.825 5″	2.981 618 20°	0.051 039 05	—	1 443(296)	莫氏锥度 No.0
1:19.254	2° 58′ 30.421 7″	2.975 117 13°	0.051 925 59	—	1 443(296)	莫氏锥度 No.4
1:19.264	2° 58′ 24.864 4″	2.973 573 43°	0.051 898 65	—	(239)	贾各锥度 No.6
1:19.922	2° 52′ 31.446 3″	2.875 480 08°	0.050 185 23	—	1 443(296)	莫氏锥度 No.3
1:20.020	2° 51′ 40.796 0″	2.861 332 23°	0.049 939 67	—	1 443(296)	莫氏锥度 No.2
1:20.047	2° 51′ 26.928 3″	2.857 480 08°	0.049 872 44	—	1 443(296)	莫氏锥度 No.1
1:20.288	2° 49′ 24.780 2″	2.823 550 06°	0.049 280 25	—	(239)	贾各锥度 No.0
1:23.904	2° 23′ 47.624 4″	2.396 562 32°	0.041 827 90	—	1 443(296)	布朗夏普锥度 No1 至 No3
1:28	2° 2′ 45.817 4″	2.046 060 38°	0.035 710 49	—	(8 382)	复苏器(医用)
1:36	1° 35′ 29.209 6″	1.591 447 11°	0.027 775 99	—		麻醉器具
1:40	1° 25′ 56.351 6″	1.432 319 89°	0.024 998 70	—		麻醉器具

表 1.1.20 机器轴高(摘自 GB/T 122176—1990) mm

轴高 h 基本尺寸系列				轴高 h 基本尺寸系列				轴高 h 基本尺寸系列				轴高 h 基本尺寸系列			
Ⅰ	Ⅱ	Ⅲ	Ⅳ	Ⅰ	Ⅱ	Ⅲ	Ⅳ	Ⅰ	Ⅱ	Ⅲ	Ⅳ	Ⅰ	Ⅱ	Ⅲ	Ⅳ
25	25	25	25				75			225	225				670
			26		80	80	80				236			710	710
		28	28				85	250	250	250	250				750
			30			90	90				265		800	800	800
	32	32	32				95			280	280				850
			34	100	100	100	100				300			900	900
		36	36				105		315	315	315				950
			38			112	112				335	1 000	1 000	1 000	1 000
40	40	40	40				118			355	355				1 060
			42		125	125	125				375			1 120	1 120
		45	45				132	400	400	400	400				1 180
			48			140	140				425		1 250	1 250	1 250
	50	50	50				150			450	450				1 320
			53	160	160	160	160				475			1 400	1 400
		56	56				170		500	500	500				1 500
			60			180	180				530	1 600	1 600	1 600	1 600
63	63	63	63				190			560	560				
			67		200	200	200				600				
		71	71				212	630	630	630	630				

主动机器　从动机器　h　h

轴高 h	轴高的极限偏差		平行度公差		
	电动机、从动机器、减速器等	除电动机以外的主动机器	$L<2.5h$	$2.5h \leqslant L \leqslant 4h$	$L>4h$
25～50	0 −0.4	+0.4 0	0.2	0.3	0.4
>50～250	0 −0.5	+0.5 0	0.25	0.4	0.5
>250～630	0 −1.0	+1.0 0	0.5	0.75	1.0
>630～1000	0 −1.5	+1.5 0	0.75	1.0	1.5
>1000	0 −2.0	+2.0 0	1.0	1.5	2.0

注：① 机器轴高优先选用第Ⅰ系列数值，如果不能满足需要时，可选用第Ⅱ系列数值，尽量不采用第Ⅳ系列数值。

② h 不包括安装所用的垫片的厚度，如果机器需配备绝缘垫片时，其垫片的厚度应包括在内。L 为轴全长。

③ 对于支承平面不在底部的机器，应按轴线到机器底部的距离选取极限偏差及平行度公差。

表 1.1.21 圆柱形轴伸(摘自 GB/T 1569—1990)

mm

d 基本尺寸	d 极限偏差	L 长系列	L 短系列
6，7	j6	16	—
8，9		20	—
10，11		23	20
12，14		30	35
16，18，19		40	28
20，22，24		50	36
25，28		60	42
30		80	58
32，35，38	k6		
40，42，45，48，50		110	82
55，56	m6		
60，63，65，70，71，75		140	105
80，85，90，95		170	130
100，110，120，125		210	165
130，140，150		250	200
160，170，180		300	240
190，200，220		350	280
240，250，260		410	330
280，300，320		470	380
340，360，380		550	450
400，420，440，450，460，480，500		650	540
530，560，600，630		800	680

表 1.1.22 圆锥形轴伸(摘自 GB/T 1570—1990)

mm

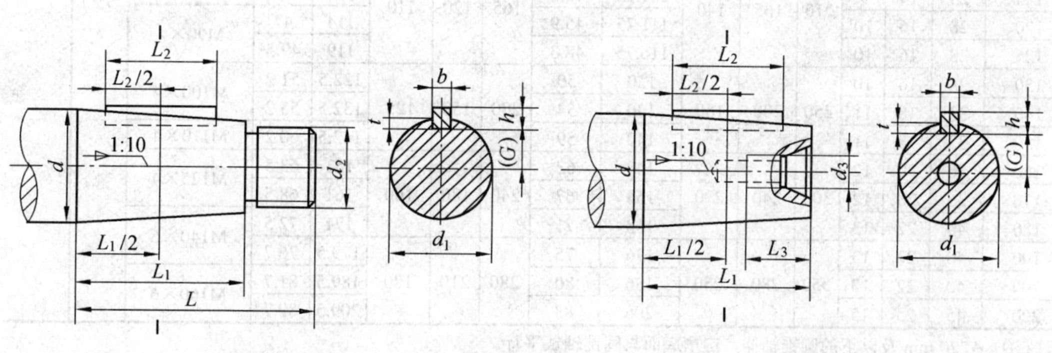

续表 1.1.22 mm

d	b	h	t	长系列					短系列					d_2	d_3	L_3
				L	L_1	L_2	d_1	(G)	L	L_1	L_2	d_1	(G)			
6	—	—	—	16	10	6	5.5	—						M4	—	—
7							6.5									
8	—	—	—	20	12	8	7.4	—						M6		
9							8.4									
10	—	—	—	23	15	12	9.25	—								
11	2	2	1.2				10.25	3.9								
12	2	2	1.2	30	18	16	11.1	4.3						M8×1	M4	10
14	3	3	1.8				13.1	4.7								
16	3	3	1.8	40	28	25	14.6	5.5	28	16	14	15.2	5.8	M10×1.25		
18	4	4	2.5				16.6	5.8				17.2	6.1		M5	13
19	4	4	2.5				17.6	6.3				18.2	6.6			
20	4	4	2.5	50	36	32	18.2	6.6	36	22	20	18.9	6.9	M12×1.25	M6	16
22	4	4	2.5				20.2	7.6				20.9	7.9			
24	5	5	2.5				22.2	8.1				22.9	8.4			
25	5	5	3	60	42	36	22.9	8.4	42	24	22	23.8	8.9	M16×1.5	M8	19
28	5	5	3				25.9	9.9				26.8	10.4			
30	5	5	3	80	58	50	27.1	10.5	58	36	32	28.2	11.1	M20×1.5	M10	22
32	6	6	3.5				29.1	11.0				30.2	11.6			
35	6	6	3.5				32.1	12.5				33.2	13.1			
38	6	6	3.5				35.1	14.0	82	54	50	36.2	14.6	M24×2	M12	28
40	10	8	5	110	82	70	35.9	12.9				37.3	13.6			
42	10	8	5				37.9	13.9				39.3	14.6			
45	12	8	5				40.9	15.4				42.3	16.1	M30×2	M16	36
48	12	8	5				43.9	16.9				45.3	17.6			
50	12	8	5				45.9	17.9				47.3	18.6	M36×3		
55	14	9	5.5				50.9	19.9				52.3	20.6		M20	42
56	14	9	5.5				51.9	20.4				53.3	21.1			
60	16	10	6	140	105	100	54.75	21.4	105	70	63	56.5	22.2	M42×3		
63	16	10	6				57.75	22.9				59.5	23.7			
65	16	10	6				59.75	23.9				61.5	24.7			
70	18	11	7				64.75	25.4				66.5	26.2	M48×3	M24	50
71	18	11	7				65.75	25.9				67.5	26.7			
75	18	11	7				69.75	27.9				71.5	28.7			
80	20	12	7.5	170	130	110	73.5	29.2	130	90	80	75.5	30.2	M56×4	—	—
85	20	12	7.5				78.5	31.7				80.5	32.7			
90	22	14	9				83.5	32.7				85.5	33.7	M64×4		
95	22	14	9				88.5	35.2				90.5	36.2			
100	25	14	9	210	165	140	91.75	36.9	165	120	110	94	38	M72×4	—	—
110	25	14	9				101.75	41.9				104	43	M80×4		
120	28	16	10				111.75	45.9				114	47	M90×4		
125	28	16	10				116.75	48.3				119	49.5			
130	28	16	10	250	200	180	120	50	200	150	125	122.5	51.2	M100×4		
140	32	18	11				130	54				132.5	55.2			
150	32	18	11				140	59				142.5	60.2	M110×4		
160	36	20	12	300	240	220	148	62	240	180	160	151	63.5	M125×4		
170	36	20	12				158	67				161	68.5			
180	40	22	13				168	71				171	72.5	M140×6		
190	40	22	13	350	280	250	176	75	280	210	180	179.5	76.7			
200	40	22	13				186	80				189.5	81.7	M160×6		
220	45	25	15				206	88				209.5	89.7			

注：① ϕ220 mm 及以下的圆锥轴伸，键槽底面与圆锥轴线平行。

② 键槽深度 t 可由测量 G 来代替。

③ L_2 可根据需要选取小于表中的数值。

表 1.1.23 渐开线齿轮的标准模数 m(摘自 GB 1357－1987) mm

第一系列	1.0	1.25	1.5	2.0	2.5	3.0	4.0	5.0	6.0	8.0	10	12	16	20	25	32	40	50
第二系列	1.75	2.25	2.75	(3.25)	3.5	(3.75)	4.5	5.5	(6.5)	7.0	9.0	(11)	14	18	22	28	36	45

注：① 对斜点圆锥点轮及人字点轮，取表面模数为标准模数，对圆锥齿轮取大端模数为标准模数。

② 应优先采用第一系列，括号内的模数尽可能不用。

表 1.1.24 普通圆柱蜗杆传动的 m 与 d 搭配值(摘自 GB 10085－1988) mm

m	1	1.25		1.6		2				2.5			
d_1	18	20	22.4	20	28	(18)	22.4	(28)	35.5	(22.4)	28	(35.5)	45

m	3.15				4				5				6.3			
d_1	(28)	35.5	(45)	56	(31.5)	40	(50)	71	(40)	50	(63)	90	(50)	63	(80)	112
m	8				10				12.5				16			
d_1	(63)	80	(100)	140	(71)	90	(112)	160	(90)	112	(140)	200	(112)	140	(180)	250

注：括号内的 d_1 尽可能不用。

1.2 切削加工结构要素

表 1.2.1 中心孔(摘自 GB/T 145－2001) mm

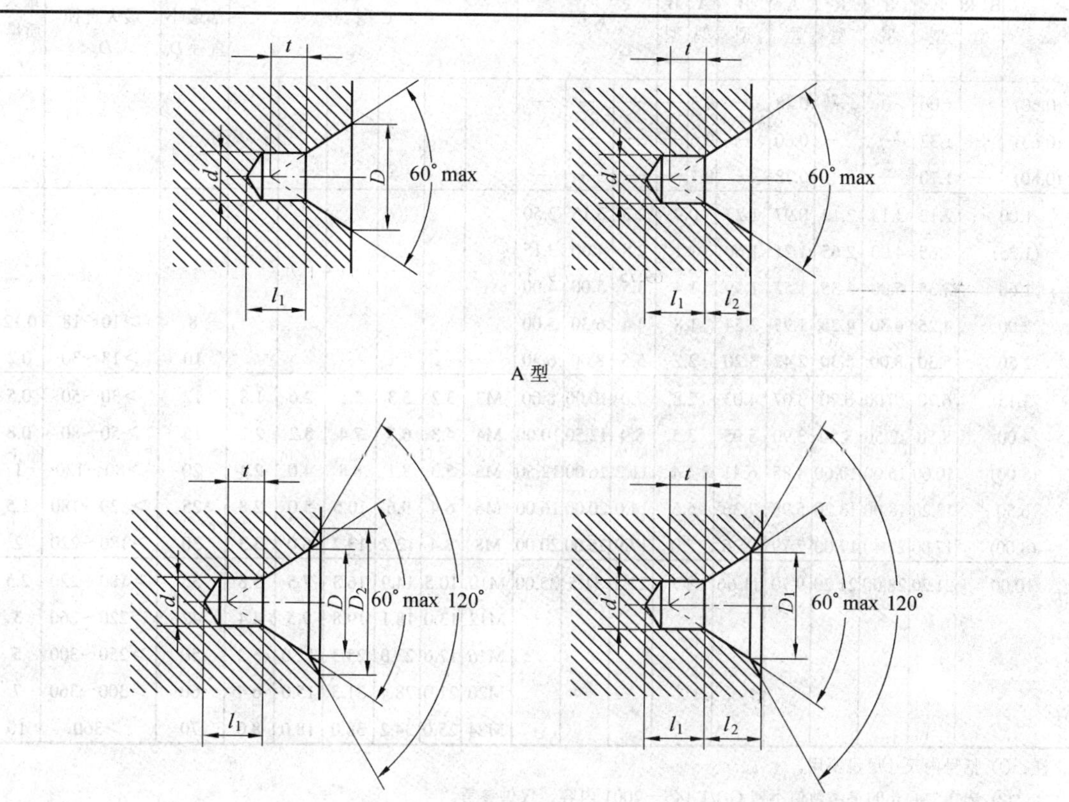

续表 1.2.1 mm

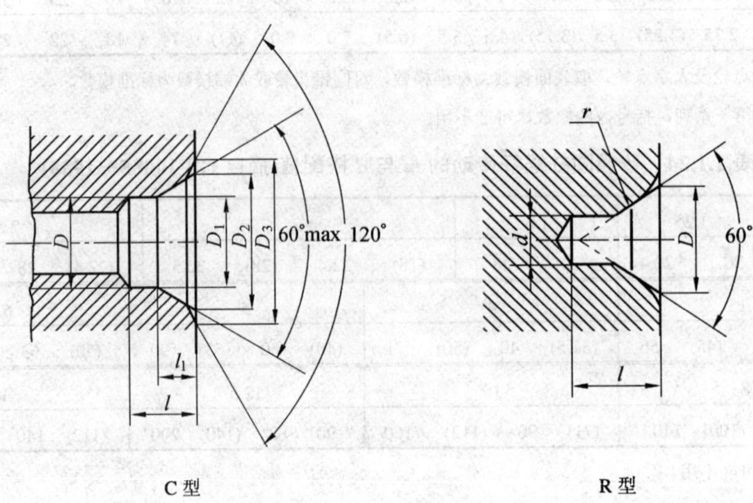

C 型　　　　　　R 型

d		D			l_2		T（参考）		l_{min}	r		D	D_1	D_2	D_3	l	l_1（参考）	选择中心孔的参考数据		
										max	min									
A 型	B、R 型	A 型	B 型	R 型	A 型	B 型	A 型	B 型	R 型			C 型						原料端部最小直径 D_0	轴状原料最大直径 D_c	工件最大质量 t
(0.50)	—	1.06	—	—	0.48	—	0.5	—	—	—	—									
(0.63)	—	1.32	—	—	0.60	—	0.6	—	—	—	—									
(0.80)	—	1.70	—	—	0.78	—	0.7	—	—	—	—									
1.00		2.12	3.15	2.12	0.97	1.27	0.9		2.3	3.15	2.50									
(1.25)		2.65	4.00	2.65	1.21	1.60	1.1		2.8	4.00	3.15									
1.60		3.35	5.00	3.35	1.52	1.99	1.4		3.5	5.00	4.00									
2.00		4.25	6.30	4.25	1.95	2.54	1.8		4.4	6.30	5.00							8	＞10～18	0.12
2.50		5.30	8.00	5.30	2.42	3.20	2.2		5.5	8.00	6.30							10	＞18～30	0.2
3.15		6.70	10.00	6.70	3.07	4.03	2.8		7.0	10.00	8.00	M3	3.2	5.3	5.8	2.6	1.8	12	＞30～50	0.5
4.00		8.50	12.50	8.50	3.90	5.05	3.5		8.9	12.50	10.00	M4	4.3	6.7	7.4	3.2	2.1	15	＞50～80	0.8
(5.00)		10.60	16.00	10.60	4.85	6.41	4.4		11.2	16.00	12.50	M5	5.3	8.1	8.8	4.0	2.4	20	＞80～120	1
6.30		13.20	18.00	13.20	5.98	7.36	5.5		14.0	20.00	16.00	M6	6.4	9.6	10.5	5.0	2.8	25	＞120～180	1.5
(8.00)		17.00	22.40	17.00	7.79	9.36	7.0		17.9	25.00	20.00	M8	8.4	12.2	13.2	6.0	3.3	30	＞180～220	2
10.00		21.20	28.00	21.20	9.70	11.66	8.7		22.5	31.5	25.00	M10	10.5	14.9	16.3	7.5	3.8	35	＞180～220	2.5
												M12	13.0	18.1	19.8	9.5	4.4	42	＞220～260	3
												M16	17.0	23.0	25.3	12.0	5.2	50	＞250～300	5
												M20	21.0	28.4	31.3	15.0	6.4	60	＞300～360	7
												M24	25.0	34.2	38.0	18.0	8.0	70	＞360	10

注：① 括号内尺寸尽量不用。

② 选择中心孔的参考数值不属 GB/T 145－2001 内容，仅供参考。

③ A 型和 B 型尺寸 l_1 取决于中心钻的长度 l_1，即使中心钻重磨后再使用，此值也应小于 t 值。

④ 表中列出了 A 型和 B 型的 D 和 l_2 尺寸，制造厂可任选其中一个尺寸。

表 1.2.2 中心孔表示法(摘自 GB/T 4459.5—1999)

符号及标注	解释	在图样上的标注	解释
GB/T 4459.5—B3.15/10	要求作出B型中心孔 D=3.15, D_1=10 在完工的零件上要求保留中心孔	2−GB/T 4459.5—B2/6.3 3.2 D	同一轴的两端中心孔相同，可只在其一端标注，但应注出数量，中心孔表面粗糙度代号和以中心孔轴线为基准时，基准代号可在引出线上标出
GB/T 4459.5—A4/8.5	用A型中心孔 D=4，D_1=8.5 在完工的零件上是否保留中心孔都可以		
GB/T 4459.5—A4/8.5	用A型中心孔 D=4，D_1=8.5 在完工的零件上不允许保留中心孔		

表 1.2.3 零件倒圆与倒角(摘自 GB/T 6403.4—1986) mm

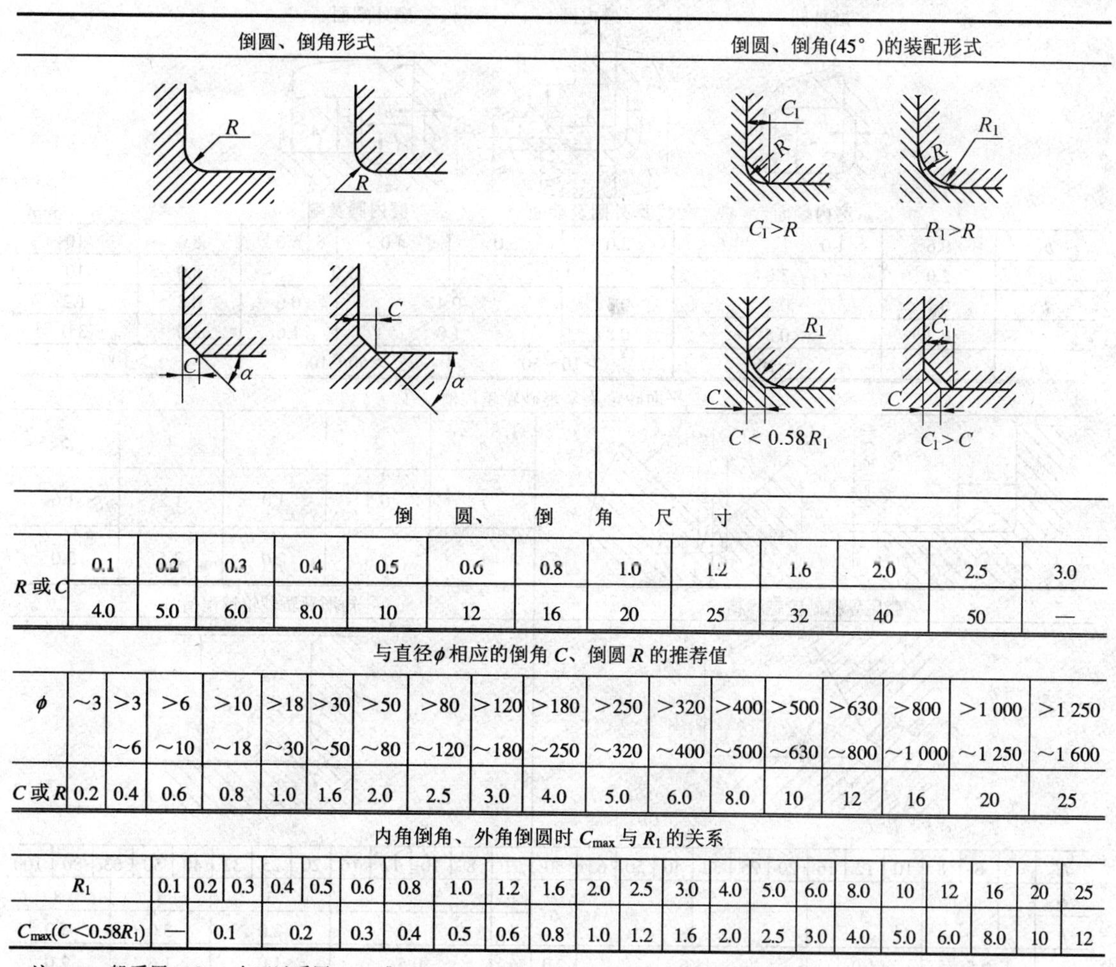

倒圆、倒角尺寸

R或C	0.1	0.2	0.3	0.4	0.5	0.6	0.8	1.0	1.2	1.6	2.0	2.5	3.0
	4.0	5.0	6.0	8.0	10	12	16	20	25	32	40	50	—

与直径ϕ相应的倒角C、倒圆R的推荐值

ϕ	～3	>3～6	>6～10	>10～18	>18～30	>30～50	>50～80	>80～120	>120～180	>180～250	>250～320	>320～400	>400～500	>500～630	>630～800	>800～1 000	>1 000～1 250	>1 250～1 600
C或R	0.2	0.4	0.6	0.8	1.0	1.6	2.0	2.5	3.0	4.0	5.0	6.0	8.0	10	12	16	20	25

内角倒角、外角倒圆时C_{max}与R_1的关系

R_1	0.1	0.2	0.3	0.4	0.5	0.6	0.8	1.0	1.2	1.6	2.0	2.5	3.0	4.0	5.0	6.0	8.0	10	12	16	20	25
$C_{max}(C<0.58R_1)$	—	0.1		0.2		0.3	0.4	0.5	0.6	0.8	1.0	1.2	1.6	2.0	2.5	3.0	4.0	5.0	6.0	8.0	10	12

注：α一般采用45°，也可以采用30°或60°。

表 1.2.4　圆形零件自由表面过渡圆角半径和静配合连接轴用倒角　　mm

	$D-d$	2	5	8	10	15	20	25	30	35	40	50	55	65	70	90	100
圆角半径	R	1	2	3	4	5	8	10	12	12	16	16	20	20	25	25	30
	$D-d$	130	140	170	180	220	230	290	300	360	370	450	460	540	550	650	660
	R	30	40	40	50	50	60	60	80	80	100	100	125	125	160	160	200

	D	≤10	＞10～8	＞18～30	＞30～50	＞50～80	＞80～120	＞120～180	＞180～260	＞260～360	＞360～500
静配合连接轴倒角	a	1	1.5	2	3	5	5	8	10	10	12
	c	0.5	1	1.5	2	2.5	3	4	5	6	8
	α	30°			10°						

注：尺寸 $D-d$ 是表中数值的中间值时，则按较小尺寸来选取 R。例如 $D-d$=98 mm，则按 90 选 R=25 mm。

表 1.2.5　砂轮越程槽(摘自 GB/T 6403.5－1986)

回转面及端面砂轮越程槽的形式及尺寸

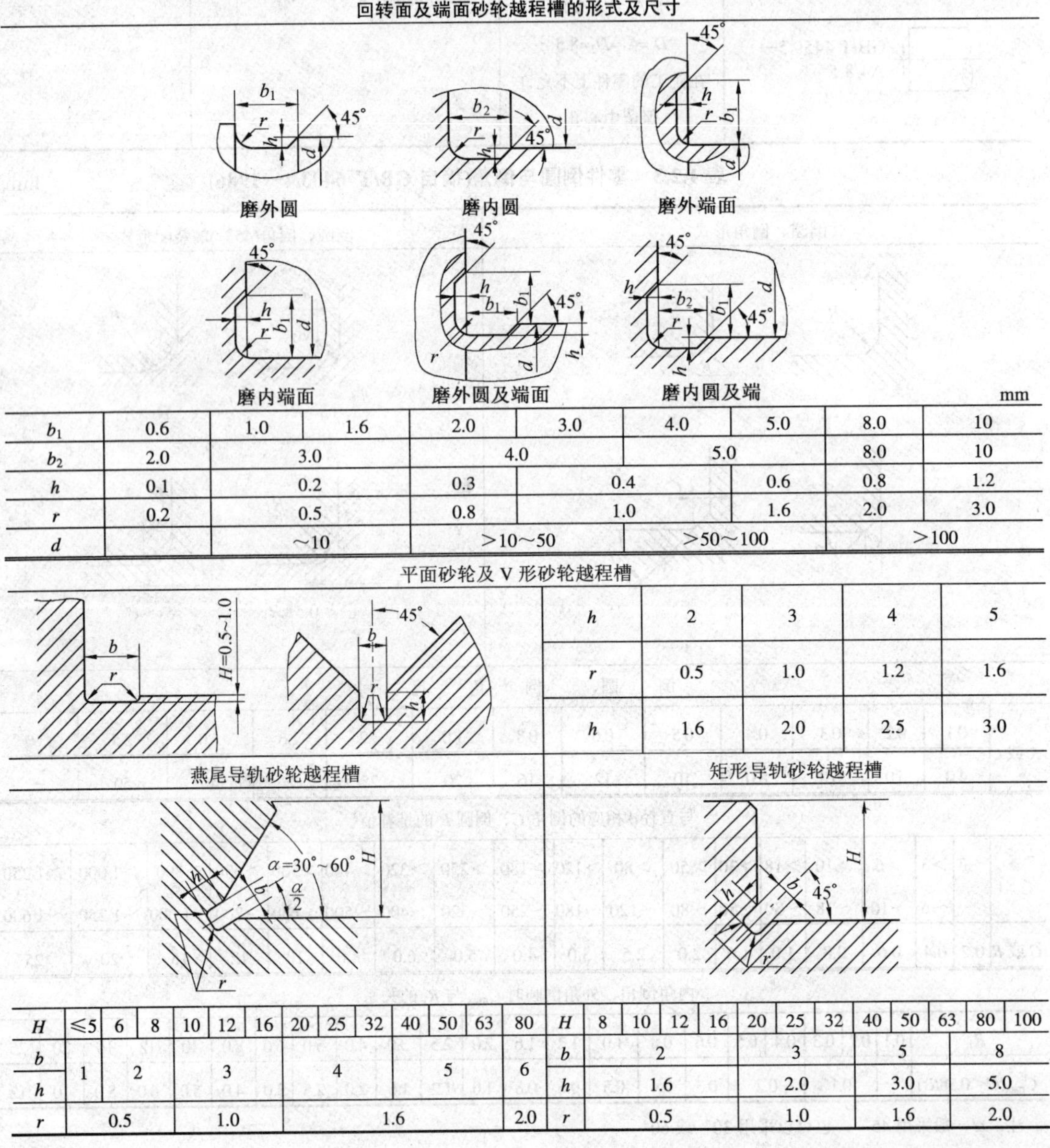

mm

b_1	0.6	1.0	1.6	2.0	3.0	4.0	5.0	8.0	10
b_2	2.0	3.0		4.0		5.0		8.0	10
h	0.1	0.2		0.3	0.4		0.6	0.8	1.2
r	0.2	0.5		0.8	1.0		1.6	2.0	3.0
d		～10		＞10～50		＞50～100		＞100	

平面砂轮及 V 形砂轮越程槽

h	2	3	4	5
r	0.5	1.0	1.2	1.6
h	1.6	2.0	2.5	3.0

燕尾导轨砂轮越程槽

H	≤5	6	8	10	12	16	20	25	32	40	50	63	80
b、h	1	2		3			4			5			6
r	0.5			1.0			1.6						2.0

矩形导轨砂轮越程槽

H	8	10	12	16	20	25	32	40	50	63	80	100
b	2				3			5			8	
h	1.6				2.0			3.0			5.0	
r	0.5				1.0			1.6			2.0	

表 1.2.6　插齿空刀槽(JB/ZQ 4239－1986)

模数	1.5	2	2.25	2.5	3	4	5	6	7	8	9	10	12	14	16
h_{min}	5	5	6	6	6	6	7	7	7	8	8	8	9	9	9
B_{min}	4	5	6	6	7.5	10.5	13	15	16	19	22	24	28	33	38
r	0.5				1.0										

注：① 表中模数系指直齿齿轮。

② 插斜齿轮时，螺旋角β越大，相应的b_{min}和h_{min}也越大。

表 1.2.7　滚人字齿轮退刀槽(JB/ZQ 4239－1986)　mm

法向模数 m_n	螺旋角 β 25°	30°	35°	40°	法向模数 m_n	螺旋角 β 25°	30°	35°	40°
	b_{min}					b_{min}			
4	46	50	52	54	18	164	175	184	192
5	58	58	62	64	20	185	198	208	218
6	64	66	72	74	22	200	212	224	234
7	70	74	78	82	25	215	230	240	250
8	78	82	86	90	28	238	252	266	278
9	84	90	94	98	30	246	260	276	290
10	94	100	104	108	32	264	270	300	312
12	118	124	130	136	36	284	304	322	335
14	130	138	146	152	40	320	330	350	370
16	148	158	165	174					

（退刀槽深度由设计者决定）

表 1.2.8　刨削、插削越程槽　mm

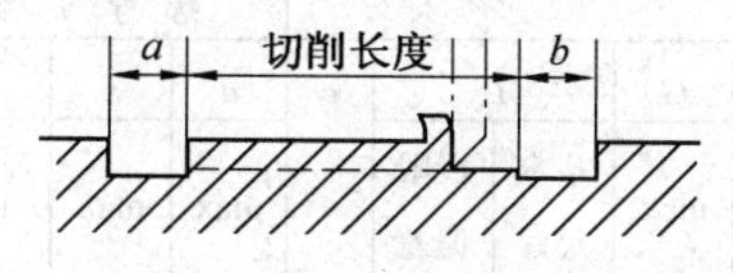

名　　称	刨 切 越 程
龙门刨	$a+b$=100～200
牛头刨床、立刨床	$a+b$ =50～75
大插床，如 STSR1400	50～100
小插床，如 B516	10～12

表 1.2.9　滑移齿轮的齿端圆齿和倒角尺寸　mm

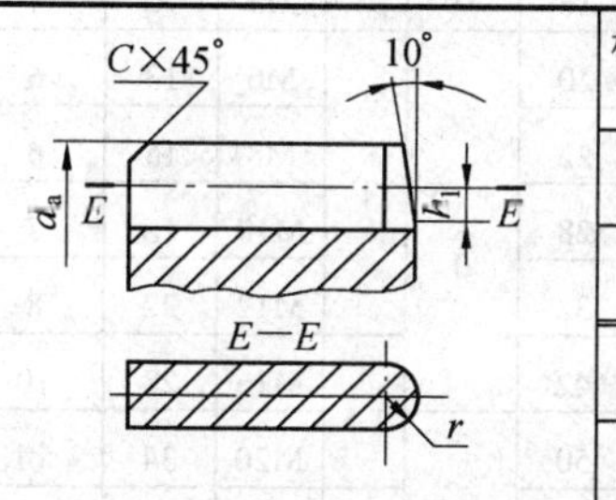

模数 m	1.5	1.75	2	2.25	2.5	3	3.5	4	5	6	8	10
r	1.2	1.4	1.6	1.8	2	2.4	2.8	3.1	3.9	4.7	6.3	7.9
h_1	1.7	2	2.2	2.5	2.8	3.5	4	4.5	5.6	6.7	8.8	11
d_a	≤50		50～80		80～120		120～180		180～260		>260	
c_{max}	2.5		3		4		5		6		8	

表 1.2.10　齿轮滚刀外径尺寸(摘自 GB/T 6083－2001)　mm

模数系列		1	1.25	1.5	1.75	2	2.25	2.5	2.75	3	3.5	4	4.5	5	5.5	6	7	8	9	10
滚刀外径 D	Ⅰ型	63		71		80		90		100		112		125		140		160	180	200
	Ⅱ型	50		63		71				80		90		100		112	118	125	140	150

注：Ⅰ型适用于 JB 3327－1983 所规定的 AAA 级滚刀及 GB/T 6084－2001 所规定的 AA 级滚刀。

Ⅱ型适用于 GB/T 6084－2001 所规定的 AA、A、B、C 四种精度的滚刀。

表 1.2.11 弧形槽端部半径

mm

	铣削深度 H	5	10	12	25
花键槽	铣削宽度 B	4	4	5	10
	R	20～30	30～37.5	37.5	55

弧形键槽（摘自半圆键槽铣刀 GB/T 1127—1997）	键公称尺寸 $B\times d$	铣刀 D	键公称尺寸 $B\times d$	铣刀 D	键公称尺寸 $B\times d$	铣刀 D
	1×4	4.25	3×16	16.9	6×22	23.20
	1.5×7	7.40	4×16		6×25	26.50
	2×7		5×16		8×28	29.70
	2×10	10.60	4×19	20.10	10×32	33.90
	2.5×10		5×19			
	3×13	13.8	5×22	23.20		

注：d 是铣削键槽时键槽弧形部分的直径。

表 1.2.12 T 形槽及相应螺栓头部尺寸

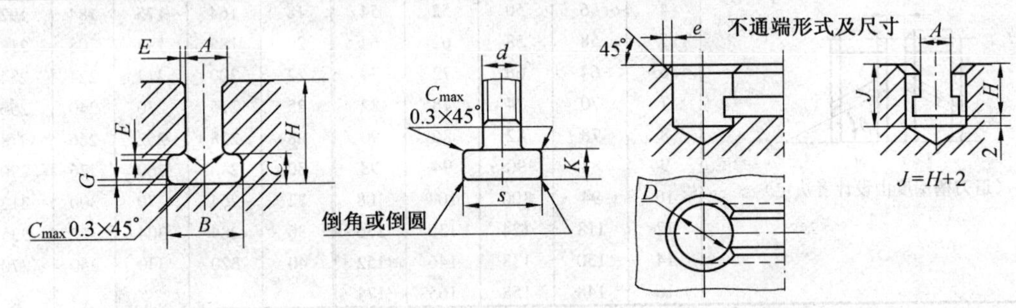

E、F 和 G 倒 45°角或倒圆

mm

A 基本尺寸	A 极限偏差 基准槽	A 极限偏差 固定槽	B min	B max	C min	C max	H min	H max	E max	F max	G max	D 基本尺寸	D 极限偏差	e	螺栓头部 d	螺栓头部 s max	螺栓头部 K max
5	+0.018 0	+0.12 0	10	11	3.5	4.5	8	10	1	0.6	1	15	+1 0	0.5	M4	9	3
6			11	12.5	5	6	11	13				16			M5	10	4
8	+0.022 0	+0.15 0	14.5	16	7	8	15	18				20	+1.5 0	1	M6	13	6
10			16	18	7	8	17	21				22			M8	15	6
12	+0.027 0	+0.18 0	19	21	8	9	20	25				28			M10	18	7
14			23	25	9	11	23	28	1.6		1.6	32			M12	22	8
18			30	32	12	14	30	36		1		42		1.5	M16	28	10
22	+0.033 0	+0.21 0	37	40	16	18	38	45			2.5	50	+2 0		M20	34	14
28			46	50	20	22	48	56				62		2	M24	43	18
36	+0.039 0	+0.25 0	56	60	25	28	61	71	2.5			76			M30	53	23
42			68	72	32	35	74	85		1.6	4	92			M36	64	28
48			80	85	36	40	84	95		2	6	108			M42	75	32
54	+0.046 0	+0.30 0	90	95	40	44	94	106				122			M48	85	36

注：① T 形槽底部允许有空刀槽，其宽度为 A，深度为 1～2 mm。

② T 形槽宽度 A 的两侧面的表面粗糙度 Ra 最大允许值：基准槽为 3.2 μm，固定槽为 6.3 μm，其余为 12.5 μm。

表 1.2.13 T形槽间距及其极限偏差

mm

槽宽	槽间距 P				槽间距 P	极限偏差
5		20	25	32	20 25	±0.2
6		25	32	40		
8		32	40	50		
10		40	50	63	32～100	±0.3
12	(40)	50	63	80		
14	(50)	63	80	100		
18	(63)	80	100	125		
22	(80)	100	125	160	125～250	±0.5
28	100	125	160	200		
36	125	160	200	250		
42	160	200	250	320	320～500	±0.8
48	200	250	320	400		
54	250	320	400	500		

注：① 括号内数值与T形槽槽底宽度最大值之差值可能较小，应避免采用。
② 任一T形槽间距的极限偏差都不是累计误差。

表 1.2.14 T形槽用螺母尺寸

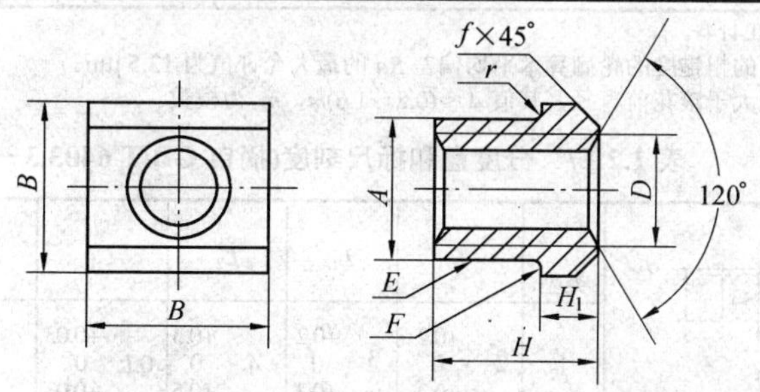

mm

T形槽宽度 A	D 公称尺寸	A 基本尺寸	A 极限偏差	B 基本尺寸	B 极限偏差	H_1 基本尺寸	H_1 极限偏差	H 基本尺寸	H 极限偏差	F max	r max
5	M4	5	-0.3	9	±0.29	3	±0.2	6.5	±0.29	1	0.3
6	M5	6	-0.5	10		4	±0.24	8		1.6	
8	M6	8		13	±0.35	6	±0.29	10	±0.35		
10	M8	10		15		6		12			
12	M10	12	-0.3	18	±0.42	7		14		2.5	0.4
14	M12	14	-0.6	22		8		16			
18	M16	18		23		10		20	±0.42		
22	M20	22		34	±0.5	14	±0.35	28			0.5
28	M24	28		43		18		36	±0.5	4	
36	M30	36	-0.4	53	±0.6	23	±0.42	44		6	0.8
42	M36	42	-0.7	64		28		52	±0.6		
48	M42	48	-0.4	75	±0.6	32	±0.5	60	±0.06	6	0.8
54	M48	54	-0.7	85	±0.7	36		70			

注：① 螺母材料为45钢，热处理硬度为35HRC，并发蓝。
② 螺母表面粗糙度 Ra 最大允许值：基准槽用螺母的 E、F 面为 3.2 μm；其余为 6.3 μm。

表 1.2.15 燕尾槽(摘自 JB/ZQ 4241－1986) mm

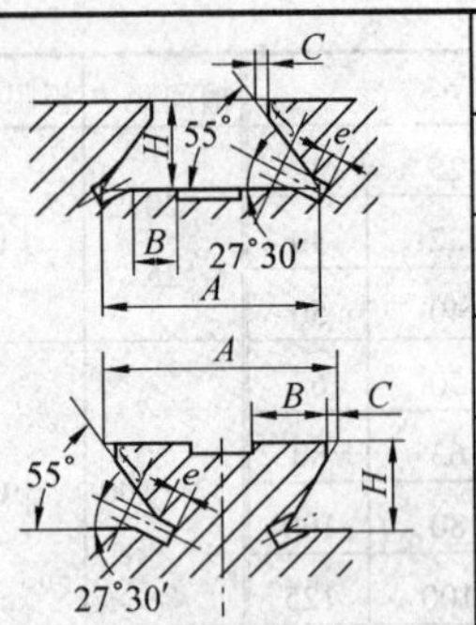

A	40～65	50～70	60～90	80～125	100～160	125～200	160～250	200～320	250～400	320～500
B	12	16	20	25	32	40	50	65	80	100
C	1.5～5									
e	1.5		2.0				2.5			
f	2		3				4			
H	8	10	12	16	20	25	32	40	50	65

注：①"A"的系列为：40,45,50,55,60,65,70,80,90,100,110,125,140,160,180,200,225,250,280,320,360,400,450,500。
②"C"为推荐值。

表 1.2.16 滚花(摘自 GB/T 6403.3－1986) mm

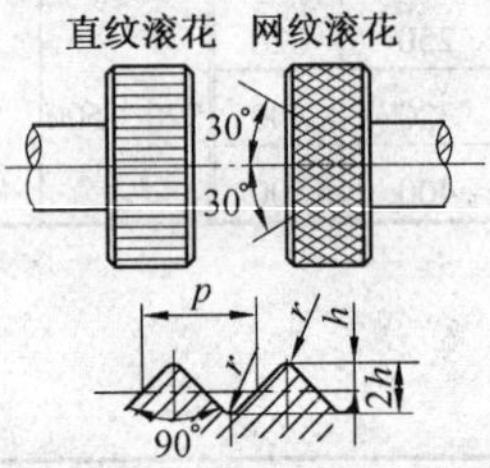

直纹滚花 网纹滚花

标记

模数 m=0.3 直纹滚花：

直纹 m0.3GB/T6 403.3－1986

模数 m=0.4 网纹滚花

网纹 m0.4GB/T6 403.3－1986

模数 m	h	r	节距 p
0.2	0.132	0.06	0.628
0.3	0.198	0.09	0.942
0.4	0.264	0.12	1.257
0.5	0.326	0.16	1.571

注：① 表中 $h=0.785m-0.414r$。
② 滚花前工件表面的粗糙度的轮廓算术平均偏差 Ra 的最大允许值为 12.5 μm。
③ 滚花后工件直径大于滚花前直径，其值 $\Delta\approx(0.8\sim1.6)m$，$m$ 为模数。

表 1.2.17 分度盘和标尺刻度(摘自 GB/T 6403.3－1986) mm

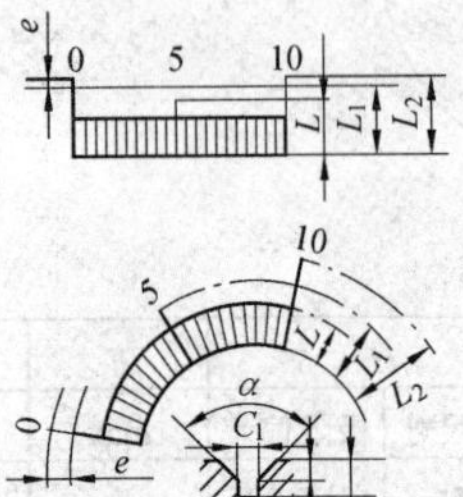

刻线类型	L	L_1	L_2	C_1	e	h	h_1	A
Ⅰ	$2^{+0.2}_{0}$	$3^{+0.2}_{0}$	$4^{+0.3}_{0}$	$0.1^{+0.03}_{0}$	0.15～1.5	$0.2^{+0.08}_{0}$	$0.15^{+0.03}_{0}$	15°±10′
Ⅱ	$4^{+0.3}_{0}$	$5^{+0.3}_{0}$	$6^{+0.5}_{0}$	$0.1^{+0.03}_{0}$		$0.2^{+0.08}_{0}$	$0.15^{+0.03}_{0}$	
Ⅲ	$6^{+0.5}_{0}$	$7^{+0.5}_{0}$	$8^{+0.5}_{0}$	$0.2^{+0.03}_{0}$		$0.25^{+0.08}_{0}$	$0.2^{+0.03}_{0}$	
Ⅳ	$8^{+0.5}_{0}$	$9^{+0.5}_{0}$	$10^{+0.5}_{0}$	$0.2^{+0.03}_{0}$		$0.25^{+0.08}_{0}$	$0.2^{+0.03}_{0}$	
Ⅴ	$10^{+0.5}_{0}$	$11^{+0.5}_{0}$	$12^{+0.5}_{0}$	$0.2^{+0.03}_{0}$		$0.25^{+0.08}_{0}$	$0.2^{+0.03}_{0}$	

刻线剖面

注：① 数字可按打印字头型号选用。
② 尺寸 h_1 在工作图上不必注出。

1.3 铸件设计结构要素

表 1.3.1 铸件最小壁厚(不小于) mm

铸造方法	铸 件 尺 寸	铸钢	灰铸铁	球墨铸铁	可锻铸铁	铝合金	镁合金	铜合金
砂型	～200×200	8	～6	6	5	3	—	3～5
	＞200×200～500×500	10～12	＞6～10	12	8	4	3	6～8
	＞500×500	15～20	15～20	—	—	6	—	—
金属型	～70×70	5	4	—	2.5～3.5	2～3	—	3
	＞70×70～150×150	—	5	—	3.5～4.5	4	2.5	4～5
	＞150×150	10	6	—	～	5	—	6～8

注：① 一般铸造条件下，各种灰铸铁的最小允许壁厚δmm，即：HT100，HT150，δ=4～6；HT200，δ=6～8；HT250，δ=8～15；HT300，HT350，δ=15；HT400，$\delta\geqslant$20。
② 如有特殊需要，在改善铸造条件下，灰铸铁最小壁厚可达 3 mm，可锻铸铁可小于 3 mm。

表 1.3.2 外壁、内壁与肋的厚度

零件质量/kg	零件最大外形尺寸	外壁厚度	内壁厚度	肋的厚度	零件举例
	mm				
~5	300	7	6	5	盖，拨叉，杠杆，端盖，轴套
>5~10	500	8	7	5	盖，门，轴套，挡板，支架，箱体
>10~60	750	10	8	6	盖，箱体，罩，电动机支架，溜板箱体，支架，托架，门
>60~100	1 250	12	10	8	盖，箱体，镗模架，液压缸体，支架，溜板箱体
>100~500	1 700	14	12	8	油盘，盖，床鞍箱体，带轮，镗模架
>500~800	2 500	16	14	10	镗模架，箱体，床身，轮缘，盖，滑座
>800~1 200	3 000	18	16	12	小立柱，箱体，滑座，床身，床鞍，油盘

表 1.3.3 最小铸造孔尺寸 mm

材料	孔壁厚度	<25		26~50		51~75		76~100		101~150		151~200		201~300		≥301	
	孔的深度	最小孔径															
		加工	铸造	加工	铸造	加工	铸造	加工	铸造	加工	铸造	加工	铸造	加工	铸造	加工	铸造
碳钢与一般合金钢	≤100	75	55	75	55	90	70	100	80	120	100	140	120	160	140	180	160
	>100~200	75	55	90	70	100	80	110	90	140	120	160	140	180	160	210	190
	>200~400	105	80	115	90	125	100	135	110	165	140	195	170	215	190	255	230
	>400~600	125	100	135	110	145	120	165	140	195	170	225	200	255	230	295	270
	>600~1 000	150	120	160	130	180	150	200	170	230	200	260	230	300	270	340	310
高锰钢	孔壁厚度	<50				51~100				≥101							
	最小孔径	20				30				40							
灰铸铁	大量生产：12~15，成批生产：15~30；小批、单件生产：30~50																

注：① 不透圆孔最小容许铸造孔直径应比表中值大20%，矩形或方形孔的短边要大于表中值的20%，而不透矩形或方形孔则要大于40%。

② 难加工的金属（如高锰钢铸件等）的孔应尽量铸出，而其中需要加工的孔，常用镶铸碳素钢的办法，即待铸出后，再在镶铸的碳素钢部分进行加工。

表 1.3.4 铸造斜度及过渡斜度

铸造斜度(摘自 JB/ZQ 4257－1986)

	斜度 $b:h$	角度 β	使用范围
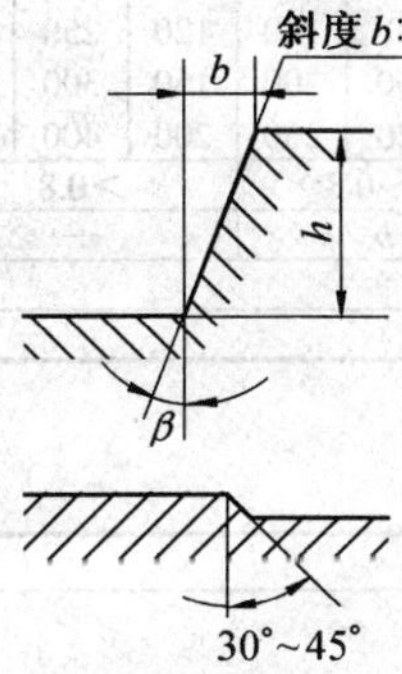 斜度 $b:h$；b；h；β；30°~45° 不同壁厚的铸件在转折点处的斜角最大可增大到30°~45°	1:5	11° 30′	h<25 mm的钢和铁铸件
	1:10 1:20	5° 30′ 3°	h=25~500 mm时的钢和铁铸件
	1:50	1°	h>500 mm时的钢和铁铸件
	1:100	30′	非铁金属铸件

铸造过渡斜度(摘自 JB/ZQ 4254－1986)

	铸铁和铸钢件的壁厚 δ	K	h	R
		mm		
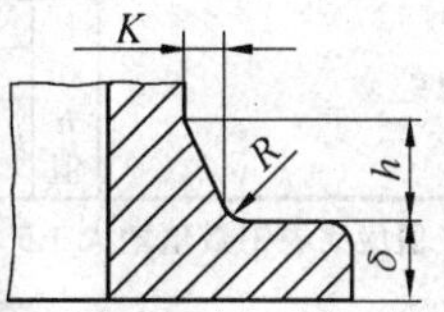 K；R；h；δ 适用于减速器箱体连接管、汽缸及其他连接法兰的过渡处	10~15	3	15	5
	>15~20	4	20	
	>20~25	5	25	
	>25~30	6	30	8
	>30~35	7	35	
	>35~40	8	40	10
	>40~45	9	45	
	>45~50	10	50	
	>50~55	11	55	
	>55~60	12	60	15
	>60~65	13	65	
	>65~70	14	70	
	>70~75	15	75	

表 1.3.5 合金铸件内腔的一般铸造斜度

铸造材料	铸件内腔深度/mm						
	~6	>6~8	>8~10	>10~15	>15~20	>20~30	>30~60
锌合金	2° 30′	2°	1° 45′	1° 30′	1° 15′	1° ′	0° 45′
铝合金	4°	3° 30′	3°	2° 30′	2°	1° 30′	1° 45′
铜合金	5°	4°	3° 30′	3°	2° 30′	2°	1° 30′

表 1.3.6 铸造外圆角半径(摘自 JB/ZQ 4256－1986)

mm

	表面的最小边尺寸 P	外圆角半径 R 值					
		外圆角 α					
		≤50°	51°～75°	76°～105°	106°～135°	136°～165°	＞165°
	≤25	2	2	2	4	6	8
	＞25～60	2	4	4	6	10	16
	＞60～160	4	4	6	8	16	25
	＞160～250	4	6	8	12	20	30
	＞250～400	6	8	10	16	25	40
	＞400～600	6	8	12	20	30	50
	＞600～1 000	8	12	16	25	40	60
	＞1 000～1 600	10	16	20	30	50	80
	＞1 600～2 500	12	20	25	40	60	100
	＞2 500	16	25	30	50	80	120

注：如果铸件不同部位可按上表选出不同的圆角 R 数值，应尽量减少或只取一个适当的 R 数值，以求统一。

表 1.3.7 铸造内圆角半径(摘自 JB/ZQ 4255－1986)

mm

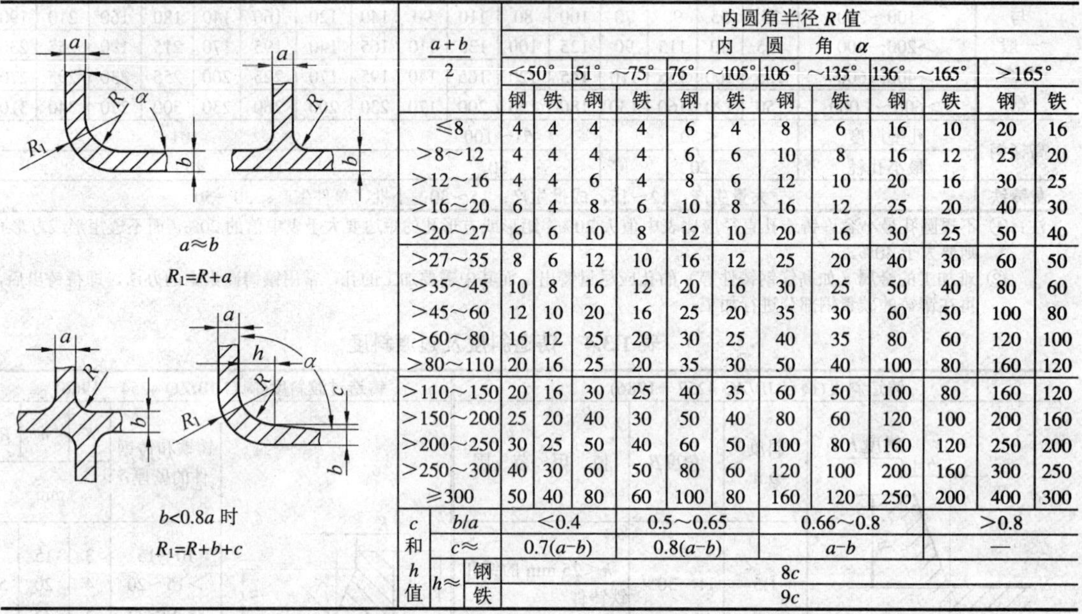

$\frac{a+b}{2}$	＜50° 钢	＜50° 铁	51°～75° 钢	51°～75° 铁	76°～105° 钢	76°～105° 铁	106°～135° 钢	106°～135° 铁	136°～165° 钢	136°～165° 铁	＞165° 钢	＞165° 铁
≤8	4	4	4	4	6	4	8	6	16	10	20	16
＞8～12	4	4	4	4	6	6	10	8	16	12	25	20
＞12～16	4	4	6	4	8	6	12	10	20	16	30	25
＞16～20	6	4	8	6	10	8	16	12	25	20	40	30
＞20～27	6	6	10	8	12	10	20	16	30	25	50	40
＞27～35	8	6	12	10	16	12	25	20	40	30	60	50
＞35～45	10	8	16	12	20	16	30	25	50	40	80	60
＞45～60	12	10	20	16	25	20	35	30	60	50	100	80
＞60～80	16	12	25	20	30	25	40	35	80	60	120	100
＞80～110	20	16	25	20	35	30	50	40	100	80	160	120
＞110～150	20	16	30	25	40	35	60	50	100	80	160	120
＞150～200	25	20	40	30	50	40	80	60	120	100	200	160
＞200～250	30	25	50	40	60	50	100	80	160	120	250	200
＞250～300	40	30	60	50	80	60	120	100	200	160	300	250
≥300	50	40	80	60	100	80	160	120	250	200	400	300

c 和 h 值		
b/a	＜0.4	0.5～0.65	0.66～0.8	＞0.8
$c\approx$	$0.7(a-b)$	$0.8(a-b)$	$a-b$	—
$h\approx$ 钢	$8c$			
$h\approx$ 铁	$9c$			

$a\approx b$

$R_1=R+a$

$b<0.8a$ 时

$R_1=R+b+c$

注：对于高锰钢铸件，R 值应比表中数值增大 1.5 倍。

表 1.3.8 壁厚的过渡形式及尺寸

mm

图例	过渡尺寸												
	$b\leqslant 2a$	铸铁	$R\geqslant\left[\left(\frac{1}{3}\sim\frac{1}{2}\right)\left(\frac{a+b}{2}\right)\right]$										
		铸钢 可锻铸铁 非铁合金	$\frac{a+b}{2}$	≤12	＞12～16	＞16～20	＞20～27	＞27～35	＞35～45	＞45～60	＞60～80	＞80～110	＞110～150
			R	6	8	10	12	15	20	25	30	35	40
	$b>2a$	铸铁	$L\geqslant 4(b-a)$										
		铸钢	$L\geqslant 5(b-a)$										
	$b\leqslant 1.5a$		$R\geqslant\frac{2a+b}{2}$										
	$b>1.5a$		$L=4(a+b)$										

表 1.3.9 壁的连接形式及尺寸

	连接合理结构	连接尺寸
两壁斜向相连		$B=a$, $\alpha>75°$ $R=\left(\frac{1}{3}\sim\frac{1}{2}\right)a$ $R_1=R+a$
		$b>1.25a$，对于铸铁 $h=4c$ $c=b-a$，对于铸钢 $h=5c$ $\alpha<75°$ $R=\left(\frac{1}{3}\sim\frac{1}{2}\right)\left(\frac{a+b}{2}\right)$ $R_1=R+b$
		$b\approx1.25a$，$\alpha<75°$ $R=\left(\frac{1}{3}\sim\frac{1}{2}\right)\left(\frac{a+b}{2}\right)$ $R_1=R+b$
		$b\approx1.25a$，对于铸铁 $h\approx8c$ $c=\frac{b-a}{2}$，对于铸钢 $h\approx10c$ $\alpha<75°$, $R=\left(\frac{1}{3}\sim\frac{1}{2}\right)\left(\frac{a+b}{2}\right)$ $R_1=\frac{b-a}{2}+R$
两壁垂直相连	三壁厚相等时	$R=\left(\frac{1}{3}\sim\frac{1}{2}\right)a$
	壁厚 $b>a$ 时	$a+c\leqslant b$, $c\approx3\sqrt{b-a}$ 对于铸铁 $h\geqslant4c$ 对于钢 $h\geqslant5c$ $R\geqslant\left(\frac{1}{3}\sim\frac{1}{2}\right)\left(\frac{a+b}{2}\right)$
	壁厚 $b<a$ 时	$b+2c\leqslant a$, $c\approx1.5\sqrt{b-a}$ 对于铸铁 $h\geqslant8c$ 对于钢 $h\geqslant10c$ $R\geqslant\left(\frac{1}{3}\sim\frac{1}{2}\right)\left(\frac{a+b}{2}\right)$

	连接合理结构	连接尺寸
两壁垂直相连	两壁厚相等时	$R\geqslant\left(\frac{1}{3}\sim\frac{1}{2}\right)a$ $R\geqslant R+a$
	$a<b<2a$ 时	$R\geqslant\left(\frac{1}{3}\sim\frac{1}{2}\right)\left(\frac{a+b}{2}\right)$ $R_1\geqslant R+\frac{b-a}{2}$
	壁厚 $b>2a$ 时	$a+c\leqslant b$, $c\approx3\sqrt{b-a}$ 对于铸铁 $h\geqslant4c$ 对于钢 $h\geqslant5c$ $R\geqslant\left(\frac{1}{3}\sim\frac{1}{2}\right)\left(\frac{a+b}{2}\right)$ $R_1\geqslant R+\frac{b-a}{2}$
其他	D 与 d 相差不多	$\alpha<90°$ $r=1.5d$(不小于 25 mm) $R=r+d$ 或 $R=1.5r+d$
	D 与 d 大得多	$\alpha<90°$ $r=\frac{D+d}{2}$(不小于25mm) $R=r+d$ $R=r+D$
		$L>3a$

注：① 圆角标准整数系列(单位 mm)：2，4，6，8，10，12，16，20，25，30，35，40，50，60，80，100。

② 当壁厚大于 20 mm 时，R 取系数中的小值。

表 1.3.10　加强肋的形状和尺寸

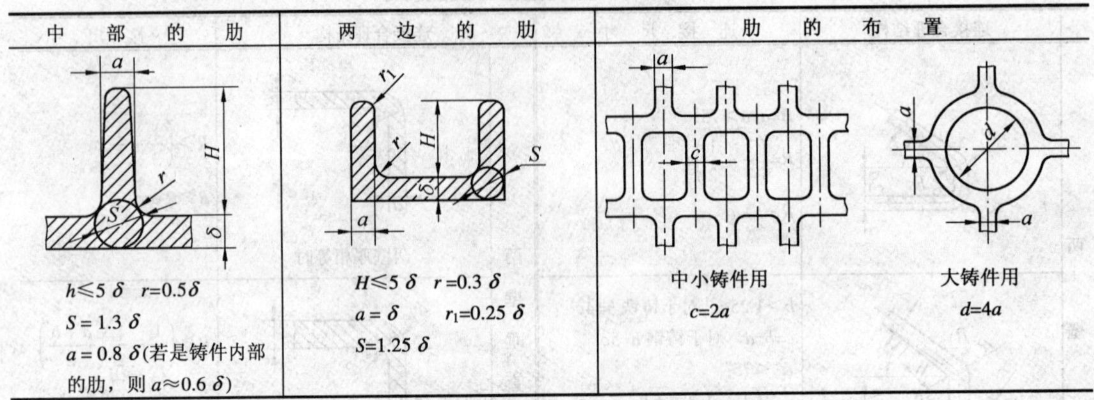

中部的肋	两边的肋	肋的布置	
$h \leqslant 5\delta$　$r=0.5\delta$ $S=1.3\delta$ $a=0.8\delta$(若是铸件内部的肋，则 $a \approx 0.6\delta$)	$H \leqslant 5\delta$　$r=0.3\delta$ $a=\delta$　$r_1=0.25\delta$ $S=1.25\delta$	中小铸件用 $c=2a$	大铸件用 $d=4a$

1.4　锻造零件结构要素

表 1.4.1　模锻件的锻造斜度(摘自 JB/T 12361－1990)　(°)

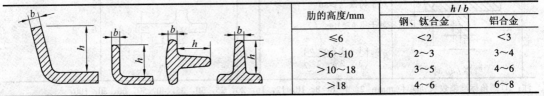

锻造方法	h/b 比值	钢及合金钢		钛合金		铝合金		镁合金	
		α	β	α	β	α	β	α	β
无顶出器模具内模锻	≤1.5	5.7	7	7	7	5.7	7	7	7
	>1.5～3	7	7	7	10	7	7	7	7
	>3～5	7	7	10	12	7	7	7	10
	>5	10	10	12	15	7	10	10	12
有顶出器模具内模锻	3°～5°，采取措施可减小到 1°～3°(铝合金可无斜度)								

(a)　(b)　(c)　(d)

注：图(d)截面 $\alpha=\beta$ 取 5°或 7°。

表 1.4.2　模锻件的最小内外半径(摘自 JB/T 12361－1990)　mm

壁或肋的高度 h	形状较复杂、批量较小：碳素和合金结构钢及钛合金 r	R	铝合金、镁合金 r	R	批量较大、锻压设备能力足够
≤6	1	3	1	3	内圆角半径 $r=(0.05\sim0.07)h+0.5$ 外圆角半径 $R=(2\sim3)r$ (无限制腹板) $R=(2.5\sim4)r$ (有限制腹板)
>6～10	1	4	1	4	
>10～18	1.5	5	1	8	
>18～30	1.5	8	1.5	10	
>30～50	2	10	2	15	
>50～75	4	15	3	20	

注：① 所列数值适用于无限制腹板，对有限制腹板应适当加大圆角。
② 计算值应圆整到标准系列(单位 mm)：1，1.5，2，2.5，3，3.5，4，5，6，8，10，12，15，20，25，30。

表 1.4.3　模锻件肋的高宽比

肋的高度/mm	h/b 钢、钛合金	h/b 铝合金
≤6	<2	<3
>6～10	2～3	3～4
>10～18	3～5	4～6
>18	4～6	6～8

注：对于钢、钛合金，肋的宽度 b 不小于 3 mm；对于铝合金，b 不小于 2 mm；对各种材料，b 不小于腹板厚度。

表 1.4.4 模锻件肋的最小距离

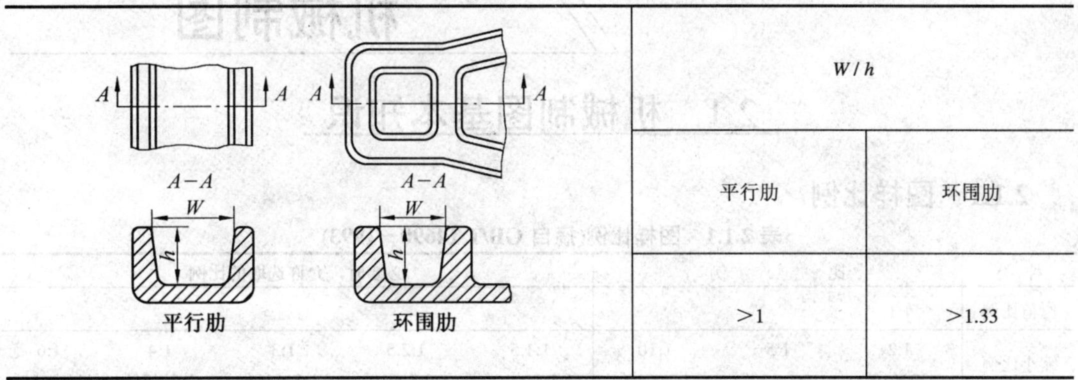

	W / h	
	平行肋	环围肋
	>1	>1.33

表 1.4.5 模锻件的凹腔深宽比值的限制

锻件型式	h / W			
	铝合金与镁合金		钢与钛合金	
	L=*W*	*L*>*W*	*L*=*W*	*L*>*W*
有斜度	1	2	1	1.5
无斜度	2	3	—	—

表 1.4.6 模锻件的冲孔连皮尺寸 mm

平底连皮　端面连皮

冲孔连皮一般采用平底连皮及端面连皮，后者主要用在高度不大、可用简单的开式套模的模锻件

d	*H*							
	≤25		>25～50		>50～75		>75～100	
	连皮尺寸							
	S	*R*	*S*	*R*	*S*	*R*	*S*	*R*
≤50	3	4 5	4	6 8	5	8 12	6	14 16
>50～70	4	5 8	5	8 10	6	10 14	7	16 18
>70～100	5	6 8	6	10 12	7	12 16	8	18 20

注：表中 *R* 值，其上面数值属平底连皮，下面数值属端面连皮。

表 1.4.7 腹板上冲孔的限制 mm

限制条件	铝合金 镁合金	钢	钛合金	限制条件	铝合金 镁合金	钢	钛合金
冲孔的腹板最小厚度	3	3	6	圆孔之间最小距离	2×腹板厚度		
圆形孔的最小直径	12～25	25	25	非圆形孔的垂直圆角半径	≥6		

第 2 章 机械制图

2.1 机械制图基本知识

2.1.1 图样比例

表 2.1.1 图样比例(摘自 GB/T 14690－1993)

种 类	比	例		必要时，允许选取的比例				
原值比例	1:1							
缩小比例	1:2 1:2×10^n	1:5 1:5×10^n	1:10 1:1×10^n	1:1.5 1:1.5×10^n	1:2.5 1:2.5×10^n	1:3 1:3×10^n	1:4 1:4×10^n	1:6 1:6×10^n
放大比例	5:1 5×10^n:1	2:1 2×10^n:1	1×10^n:1	4:1 4×^{10n}:1	2.5:1 2.5×10^n:1			

注：*n* 为正整数。

2.1.2 图纸幅面和格式

表 2.1.2 图纸幅面和格式(摘自 GB/T 14689－1993)

留装订边的图样	不留装订边的图样

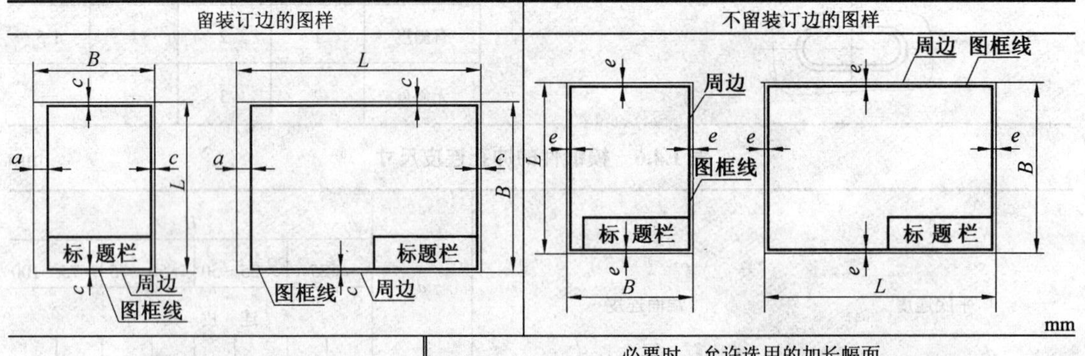

mm

基本幅面(第一选择)					必要时，允许选用的加长幅面					
					第 二 选 择		第 三 选 择			
幅面代号	尺寸 *B*×*L*	*a*	*c*	*e*	幅面代号	尺寸 *B*×*L*	幅面代号	尺寸 *B*×*L*	幅面代号	尺寸 *B*×*L*
A0	841×1 189	25	10	20	A3×3	420×891	A0×2	1 189×1 682	A3×5	420×1 486
A1	594×841				A3×4	420×1 189	A0×3	1 189×2 523	A3×6	420×1 783
A2	420×594			10	A4×3	297×630	A1×3	841×1 783	A3×7	420×2 080
A3	297×420		5		A4×4	297×841	A1×4	841×2 378	A4×6	297×1 261
A4	210×297				A4×5	297×1 051	A2×3	594×1 261	A4×7	297×1 471
							A2×4	594×1 682	A4×8	297×1 682
							A2×5	594×2 102	A4×9	297×1 892

注：① 加长幅面是由基本幅面的短边按整数倍增加后得出。

② 加长幅面的图框尺寸，按所选用的基本幅面大一号的图框尺寸确定。例如 A2×3 的图框尺寸，按 A1 的图框尺寸确定，即 *e* 为 20 mm(或 *c* 为 10 mm)；A3×4 则按 A2 的图框尺寸确定，即 *e* 为 10 mm(或 *c* 为 10 mm)。

2.1.3 标题栏和明细栏

1. 标题栏的组成

标题栏(摘自 GB/T 10609.1－1989)一般由更改区、签字区、其他区名称及代号区组成，如图 2.1 所示。也可按实际需要增加或减少。

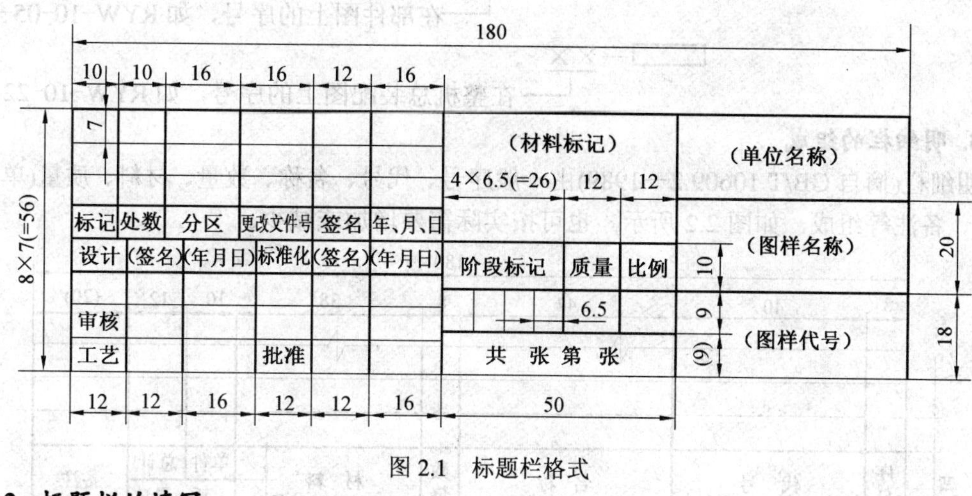

图 2.1 标题栏格式

2. 标题栏的填写

（1）更改区：更改区中的内容应按由下而上的顺序填写，也可根据实际情况顺延；或放在图样中其他的地方，但应有表头。

① 标记：按照有关规定或要求填写更改标记；

② 处数：填写同一标记所表示的更改数量；

③ 分区：必要时，按照有关规定填写；

④ 更改文件号：填写更改所依据的文件号；

⑤ 签名和年月日：填写更改人的姓名和更改的时间。

（2）签字区：签字区一般按设计、审核、工艺、标准化、批准等有关规定签署姓名和年月日。

（3）其他区：

① 材料标记：对于需要该项目的图样一般应按照相应标准或规定填写所使用的材料；

② 阶段标记：按有关规定向左向右填写图样的各生产阶段；

③ 质量：填写所绘制图样相应产品的计算质量，以千克(kg)为计量单位时，允许不写出其计算单位；

④比例：填写绘制图样所采用的比例；

⑤共　张第　张：填写同一图样代号中图样的总张数及该张所在的张次。

（4）名称及代号区：

① 单位名称：填写绘制图样单位的名称或单位代号，必要时，也可不予填写；

② 图样名称：填写所绘制对象的名称；

③ 图样代号：按有关标准或规定填写图样的代号。因各部门各行业的设计文件编制原则不一致，故标准中允许根据本部门本行业所规定的编制原则进行填写。例如

整机总装配图的图样代号可为□—00(或 000)［表示装配图，若部件、零件数少于99 取“00”］

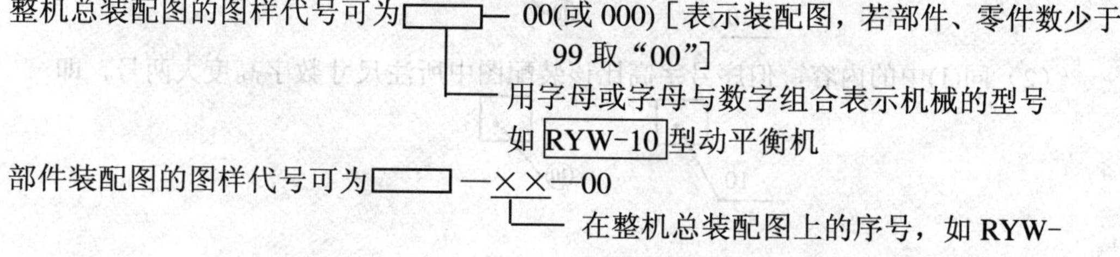

用字母或字母与数字组合表示机械的型号

如 RYW-10 型动平衡机

部件装配图的图样代号可为□—××—00

在整机总装配图上的序号，如 RYW-10-05-00

零件图的图样代号可为□—××—××

在部件图上的序号，如RYW-10-05-12

□—××

在整机总装配图上的序号，如RYW-10-22

3. 明细栏的组成

明细栏(摘自GB/T 10609.2－1989)由一般序号、代号、名称、数量、材料、质量(单件、总计)、备注等组成，如图2.2所示。也可按实际需要增加或减少。

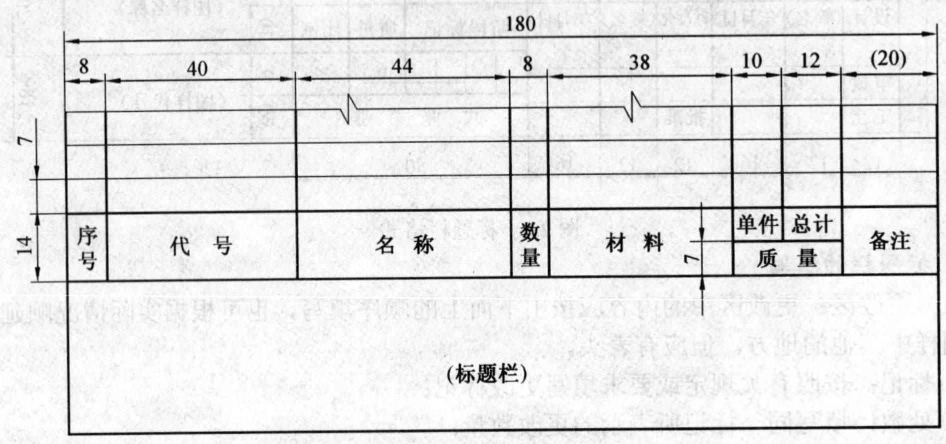

图2.2 明细栏格式

4. 明细栏的填写

(1) 序号：填写图样相应组成部分的序号；

(2) 代号：填写图样中相应组成部分的图样代号或标准号；

(3) 名称：填写图样中相应组成部分的名称。必要时，也可以写出其型式与尺寸；

(4) 数量：填写图样中相应组成部分在装配中所需要的数量；

(5) 材料：填写图样中相应组成部分的材料标记；

(6) 质量：填写图样中相应组成部分单位件和总件数的计算质量。以千克(kg)为计量单位时，允许不写出其计量单位；

(7) 备注：填写该项的附加说明或其他有关的内容。

2.1.4 装配图中零部件序号及其编排方法(摘自GB/T 4458.2－2003)

1. 序号编排的三种方法

(1) 在指引线的水平线(细实线)上或圆(细实线)内注写序号，序号字高比该装配图中所注尺寸数字高度大一号，即

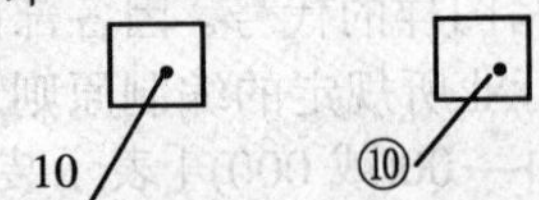

(2) 同(1)中的内容，但序号字高比该装配图中所注尺寸数字高度大两号，即

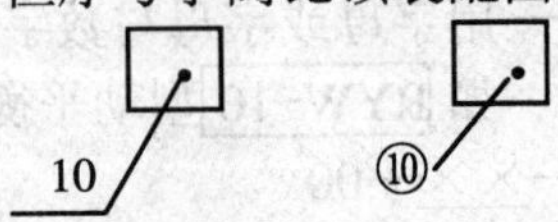

（3）在指引线附近注写序号，序号字高比该装配图中所注尺寸数字高度大两号，即

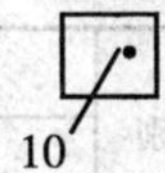

注：① 在同一装配图中编注序号的形式应一致。
② 相同零、部件用一个序号，一般只标注一次。
③ 装配图中序号应按水平或垂直方向、顺时针或逆时针方向顺序排列。

2. 指引线的表示

（1）一组紧固件以及装配关系清楚的零件组，可以采用公共指引线，如图所示。

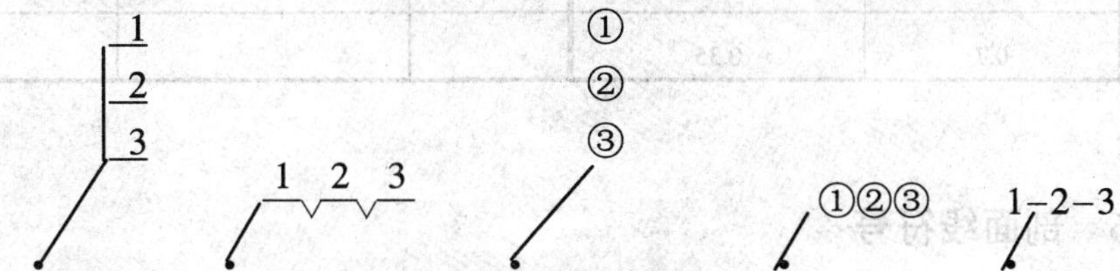

（2）若指引线所指部分(很薄的零件或涂黑的剖面)内不便画圆点时，可在指引线的末端画出箭头，并指向该部分的轮廓，如图所示。

注：① 指引线应自所指部分的可见轮廓内引出，并在末端画一圆点。
② 指引线相互不能相交，当通过有剖面线的区域时，不能与剖面线平行。
③ 指引线可以画成折线，但只可以曲折一次。

2.1.5　图线

表 2.1.3　线型及应用(摘自 GB/T 4457.4－2002)

线型	一般应用	线型	一般应用
细实线	1 过渡线	粗实线	5 螺纹长度终止线
	2 尺寸线		6 齿顶圆(线)
	3 尺寸界线		7 表格图、流程图中的主要表示线
	4 指引线和基准线		8 系统结构线(金属结构工程)
	5 剖面线		9 模样分型线
	6 重合断面的轮廓线		10 剖切符号用线
	7 短中心线	细虚线	1 不可见棱边线
	8 螺纹牙底线		2 不可见轮廓线
	9 尺寸线的起止线	粗虚线	1 允许表面处理的表示线，例如，热处理
	10 表示平面的对角线	细点画线	1 轴线
	11 零件成形的弯折线		2 对称中心线
	12 范围线及分界线		3 分度圆(线)
	13 重复要素表示线，例如，齿轮的齿根线		4 孔系分布的中心线
	14 锥形结构的基面位置线		5 剖切线
	15 叠片结构位置线，例如，变压器叠钢片	粗点划线	1 限定范围表示线
	16 辅助线	细双点划线	1 相邻辅助零件的轮廓线
	17 不连续同一表面连线		2 可动零件的极限位置的轮廓线
	18 成规律分布的相同要素连线		3 重心线
	19 投射线		4 成形前轮廓线
	20 网格线		5 剖切面前的结构轮廓线
波浪线	21 断裂处边界线；视图与剖视图的分界线①		6 轨迹线
双折线	22 断裂处边界线；视图与剖视图的分界线①		7 毛坯图中制成品的轮廓线
粗实线	1 可见棱边线		8 特定区域线
	2 可见轮廓线		9 延伸公差带表示线
	3 相贯线		10 工艺用结构的轮廓线
	4 螺纹牙顶线		11 中断线

① 在一张图样上一般采用一种线型，即采用波浪线或双折线。
注：在机械图样中采用粗细两种线宽，它们之间的比例为 2:1。应根据图样的类型、尺寸、比例和缩微复制的要求确定。图线组别见下表。

续表 2.1.3 mm

线型组别	与线型代码对应的线型宽度		线型组别	与线型代码对应的线型宽度	
	01.2; 02.2; 04.2	01.1; 02.1; 04.1; 05.1		01.2; 02.2; 04.2	01.1; 02.1; 04.1;05.1
0.25	0.25	0.13	1	1	0.5
0.35	0.35	0.18	1.4	1.4	0.7
0.5	0.5	0.25	2	2	1
0.7	0.7	0.35			

2.1.6 剖面线符号

表 2.1.4 各种材料的剖面符号(摘自 GB/T 4457.5—1984)

材料类别	剖面符号	材料类别	剖面符号	材料类别	剖面符号
金属材料(已有规定剖面符号者除外)		木质胶合板(不分层数)		玻璃及供观察用的其他透明材料	
线圈绕组元件		基础周围的泥土		木材 纵剖面	
转子、电枢、变压器和电抗器等的迭钢片		混凝土		木材 横剖面	
非金属材料(已有规定剖面符号者除外)		钢筋混凝土		格网(筛网、过渡网等)	
型砂、填砂、粉末冶金、砂轮、陶瓷刀片、硬质合金刀片等		砖		液体	

2.1.7 机械制图简化表示法(摘自GB/T 16675.1－1996)

1. 图样画法

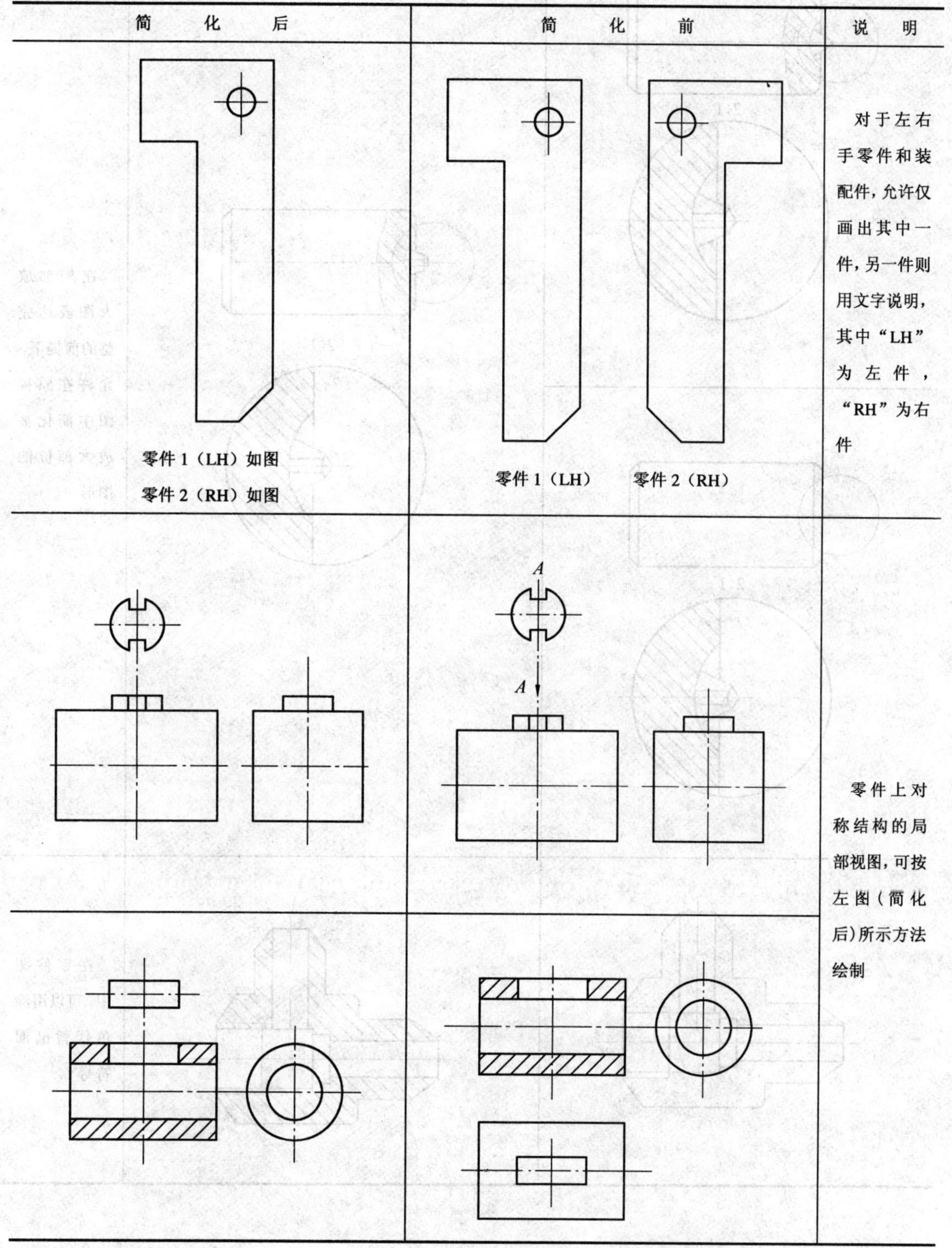

简化后	简化前	说明
零件1（LH）如图 零件2（RH）如图	零件1（LH）　零件2（RH）	对于左右手零件和装配件，允许仅画出其中一件，另一件则用文字说明，其中“LH”为左件，“RH”为右件
	A A	零件上对称结构的局部视图，可按左图（简化后）所示方法绘制

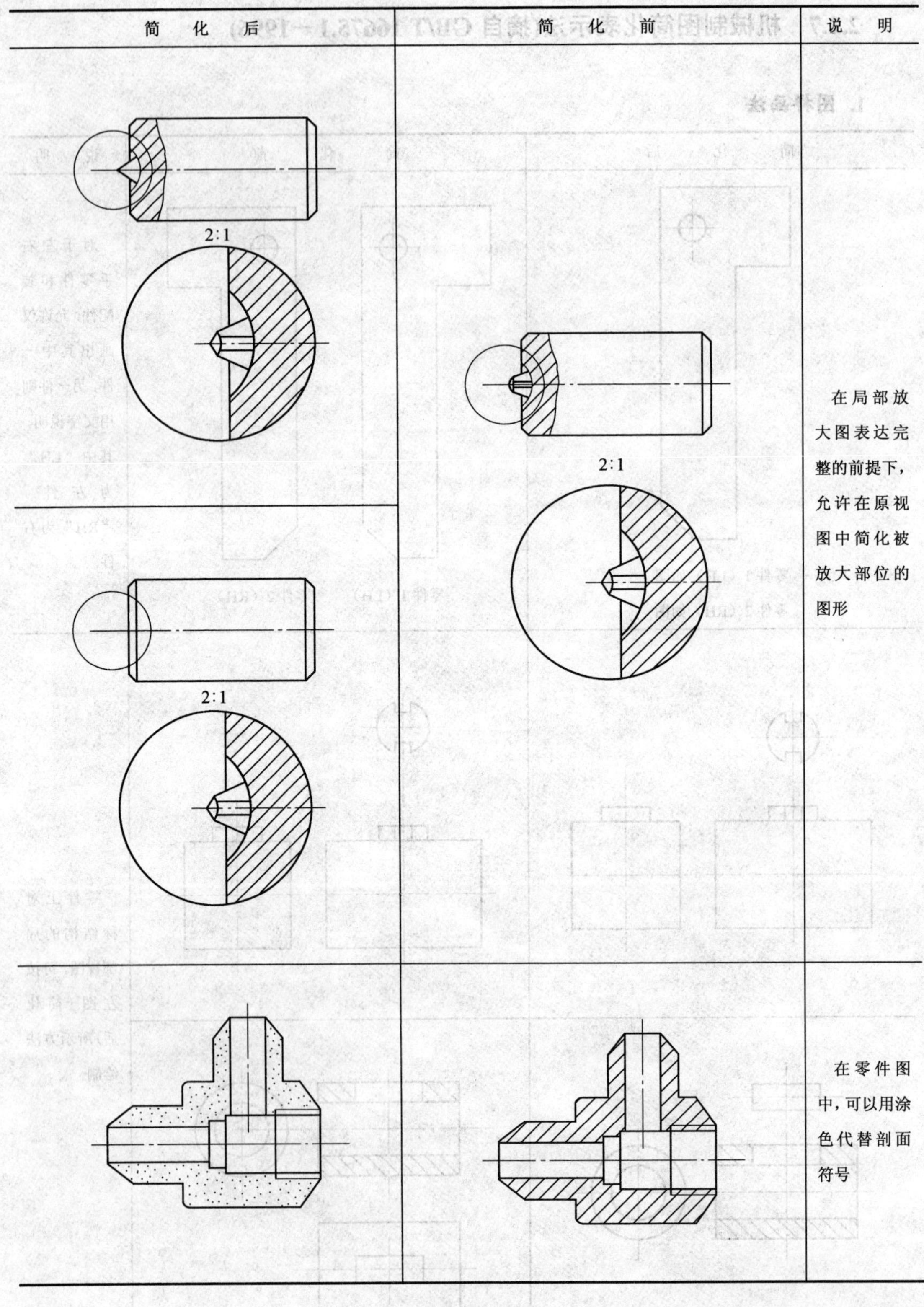

简化后	简化前	说明
		在局部放大图表达完整的前提下，允许在原视图中简化被放大部位的图形
		在零件图中，可以用涂色代替剖面符号

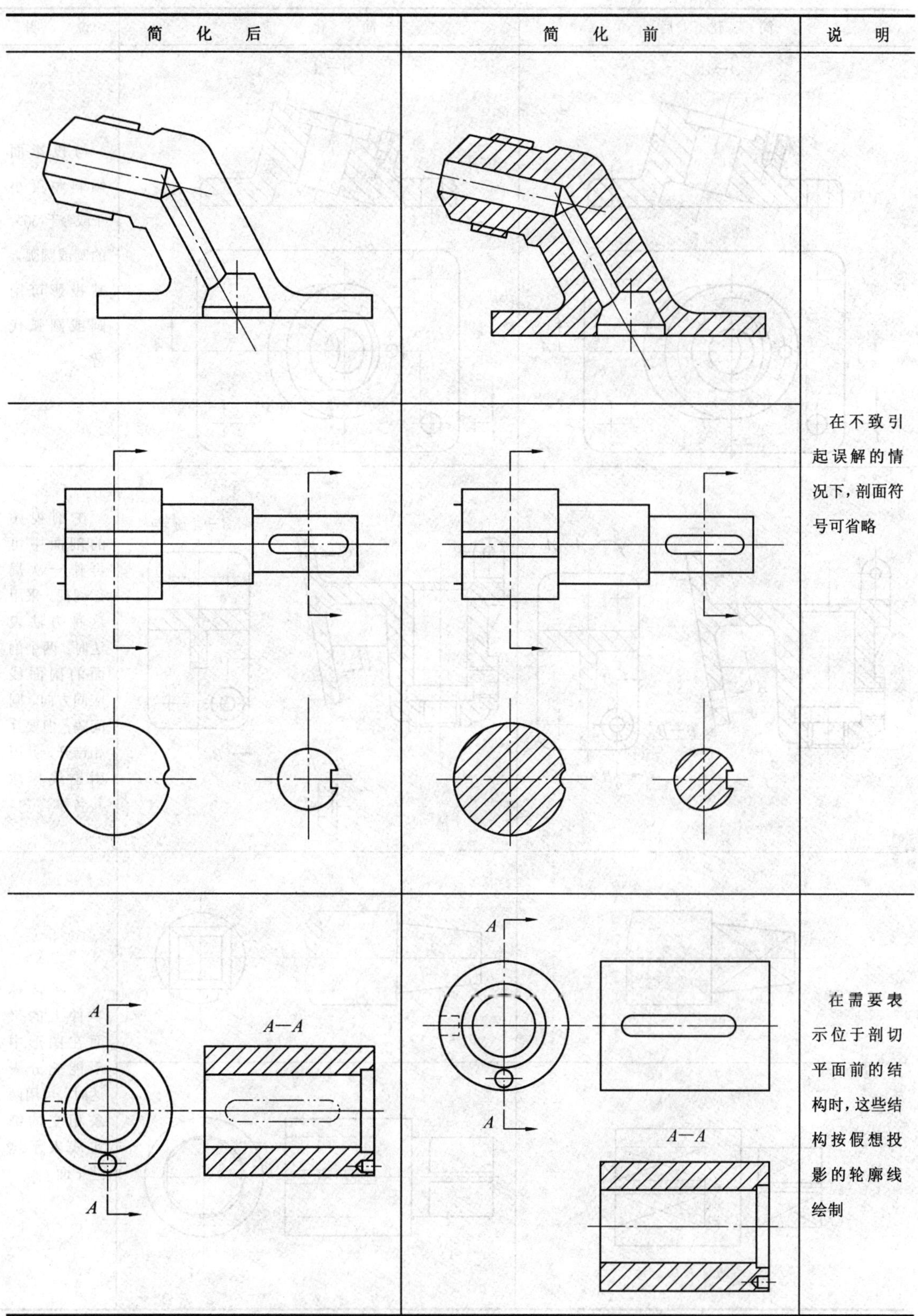

简 化 后	简 化 前	说 明
		在不致引起误解的情况下，剖面符号可省略
		在需要表示位于剖切平面前的结构时，这些结构按假想投影的轮廓线绘制

简化后	简化前	说明
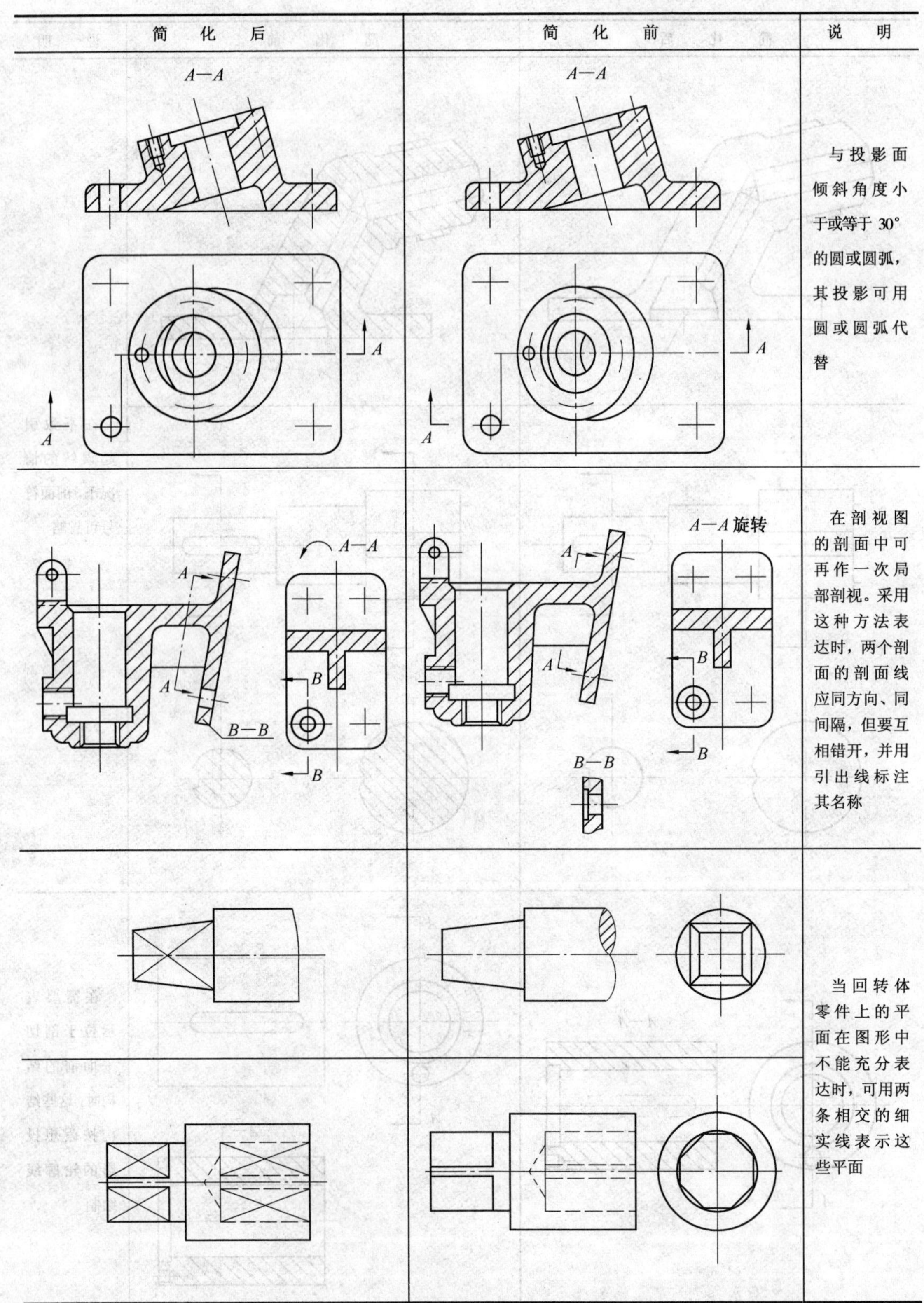		与投影面倾斜角度小于或等于30°的圆或圆弧，其投影可用圆或圆弧代替
		在剖视图的剖面中可再作一次局部剖视。采用这种方法表达时，两个剖面的剖面线应同方向、同间隔，但要互相错开，并用引出线标注其名称
		当回转体零件上的平面在图形中不能充分表达时，可用两条相交的细实线表示这些平面

简　化　后	简　化　前	说　明
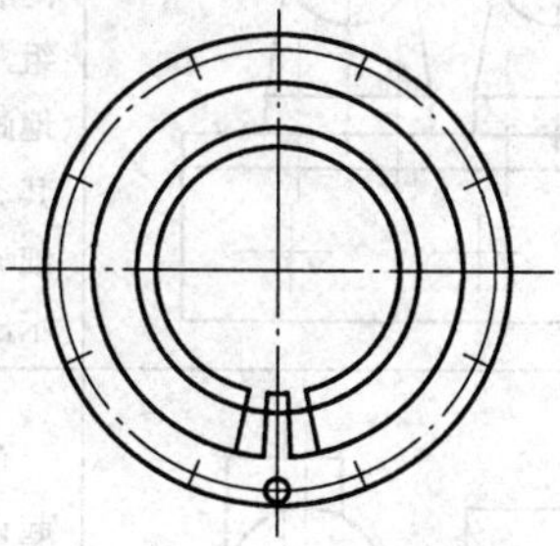	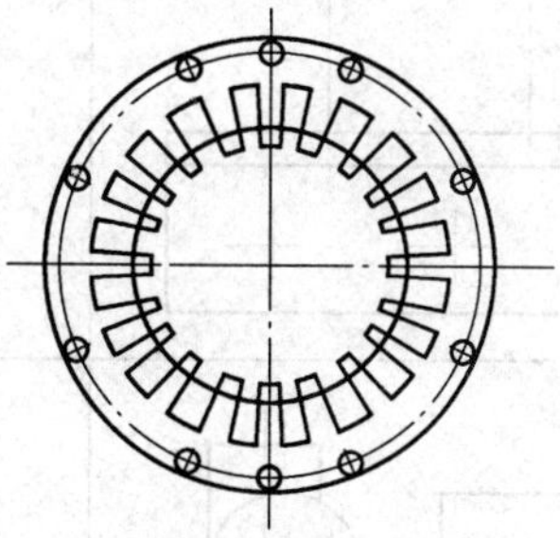	当机件具有若干相同结构并按一定规律分布时，只需画出几个完整的结构，其余用细实线连接，在零件图中则必须注明该结构的总数
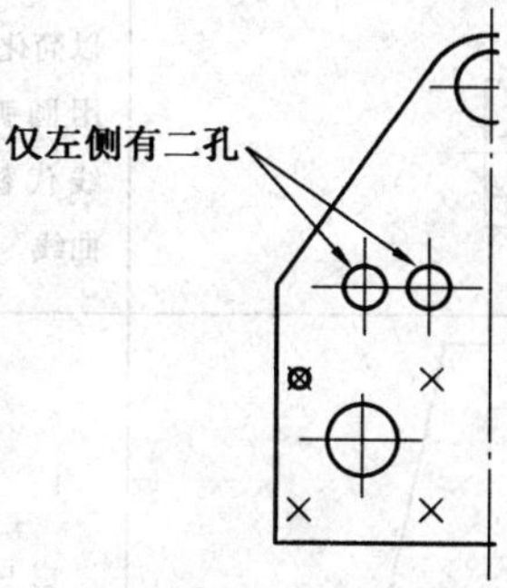 仅左侧有二孔	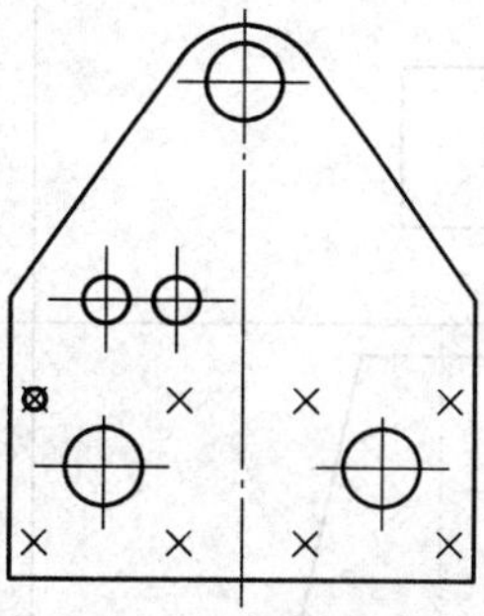	基本对称的零件仍可按对称零件的方式绘制，但应对其中不对称的部分加注说明
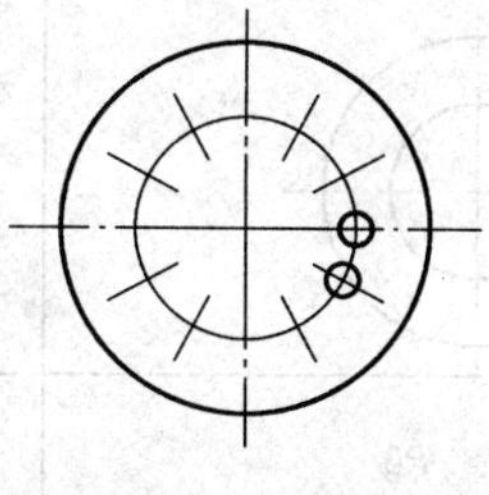	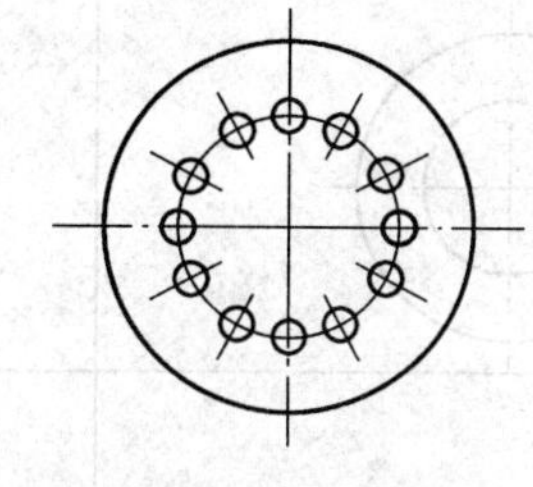	若干直径相同且按规律分布的孔，可以仅画出一个或少量几个，其余只需用细点划线或“✦”表示其中心位置
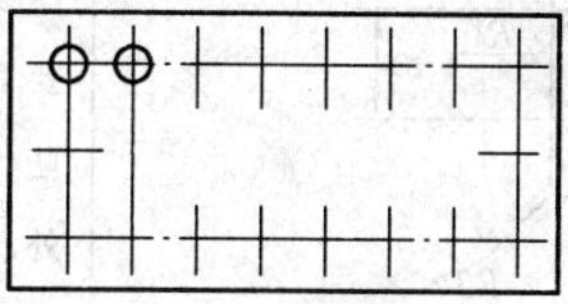	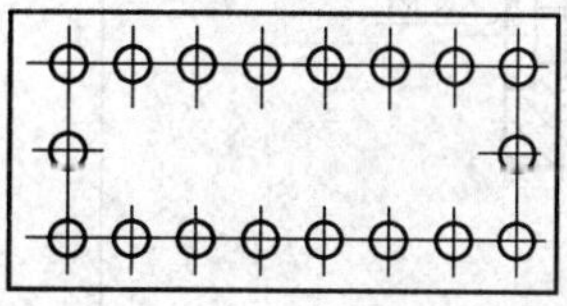	
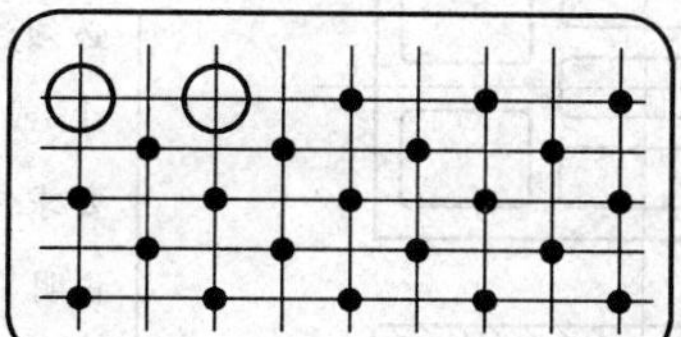	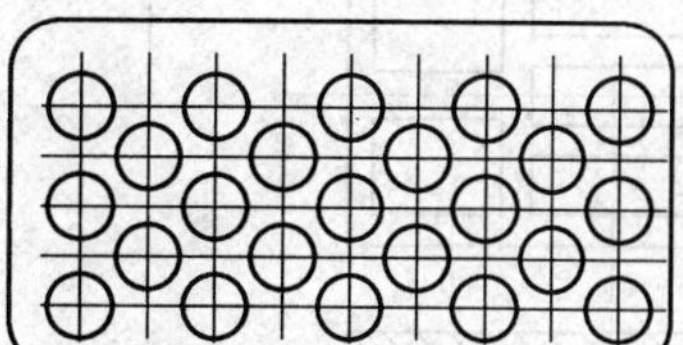	

简　化　后	简　化　前	说　明
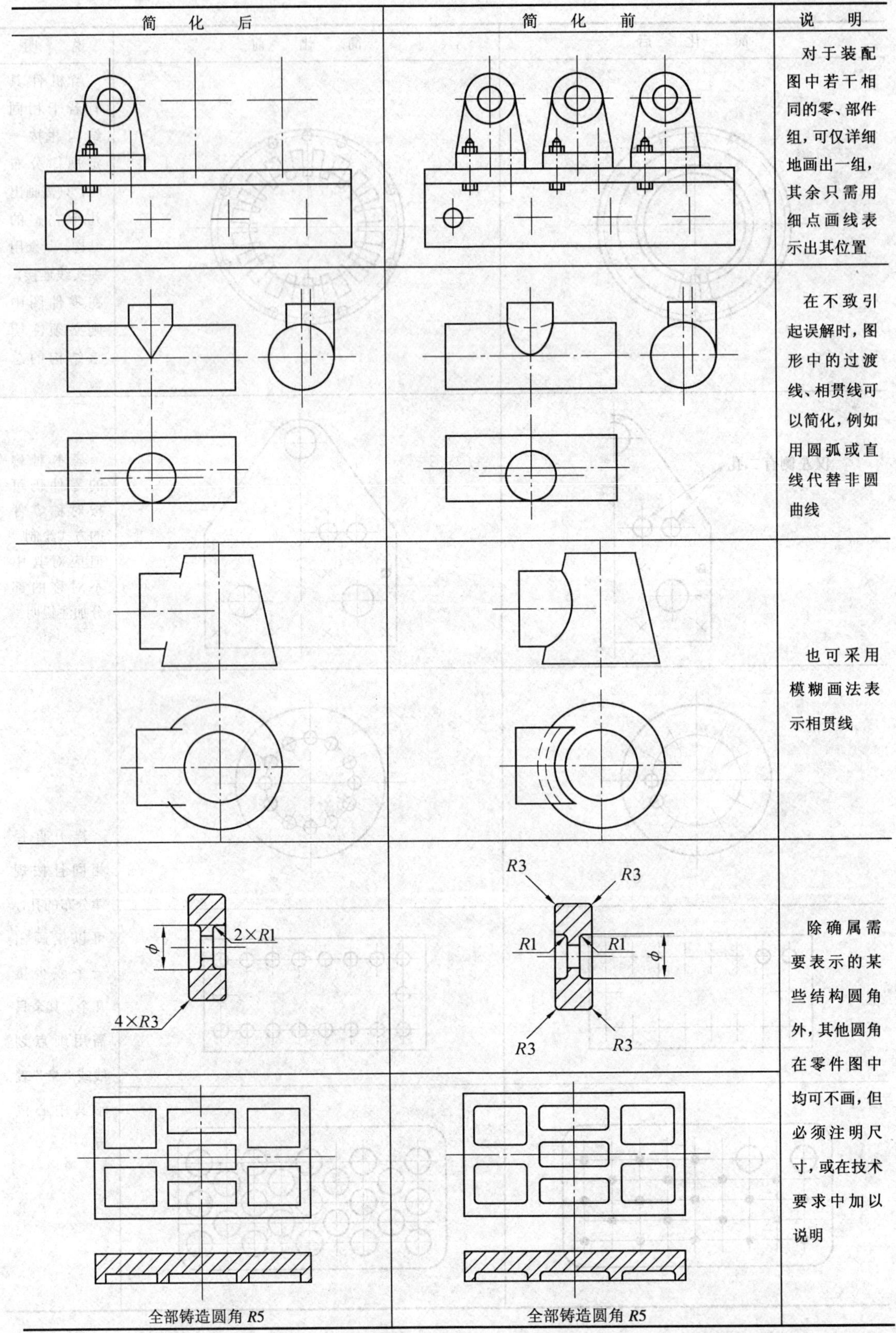		对于装配图中若干相同的零、部件组，可仅详细地画出一组，其余只需用细点画线表示出其位置
		在不致引起误解时，图形中的过渡线、相贯线可以简化，例如用圆弧或直线代替非圆曲线
		也可采用模糊画法表示相贯线
		除确属需要表示的某些结构圆角外，其他圆角在零件图中均可不画，但必须注明尺寸，或在技术要求中加以说明

简　化　后	简　化　前	说　明
		钢筋与钢箍图可用单根粗实线表示
		当机件上较小的结构及斜度等已在一个图形中表达清楚时，其他图形应当简化或省略

2. 尺寸注法（摘自 GB/T 16675.2—1996）

标注尺寸时，应尽可能使用符号和缩写词。

名　称	直　径	半　径	球直径	球半径	厚　度	正方形	45°倒角	深　度	沉孔或锪平	埋头孔	均　布
符号或缩写词	ϕ	R	$S\phi$	SR	t	□	C	↧	⌴	⌵	EQS

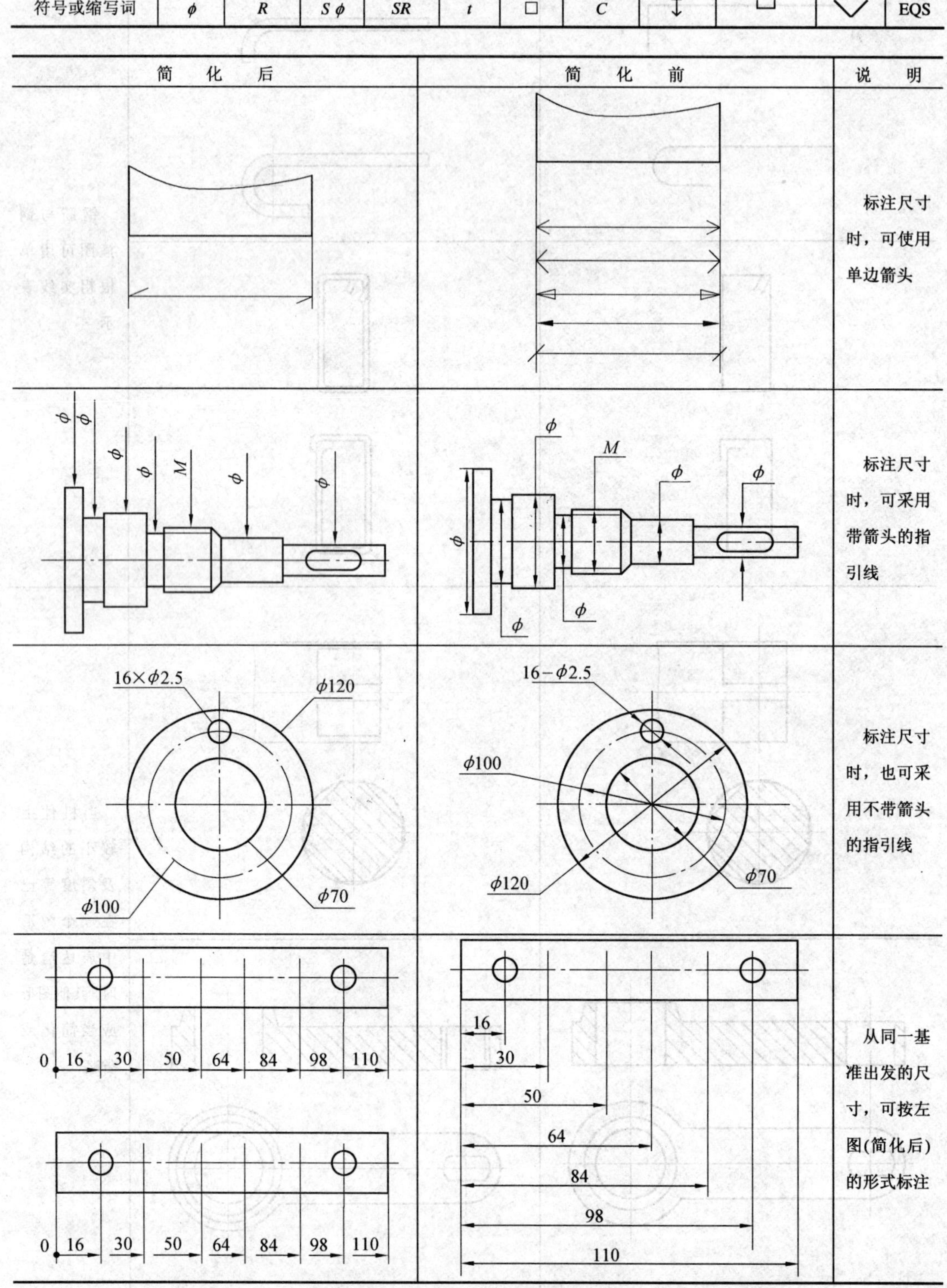

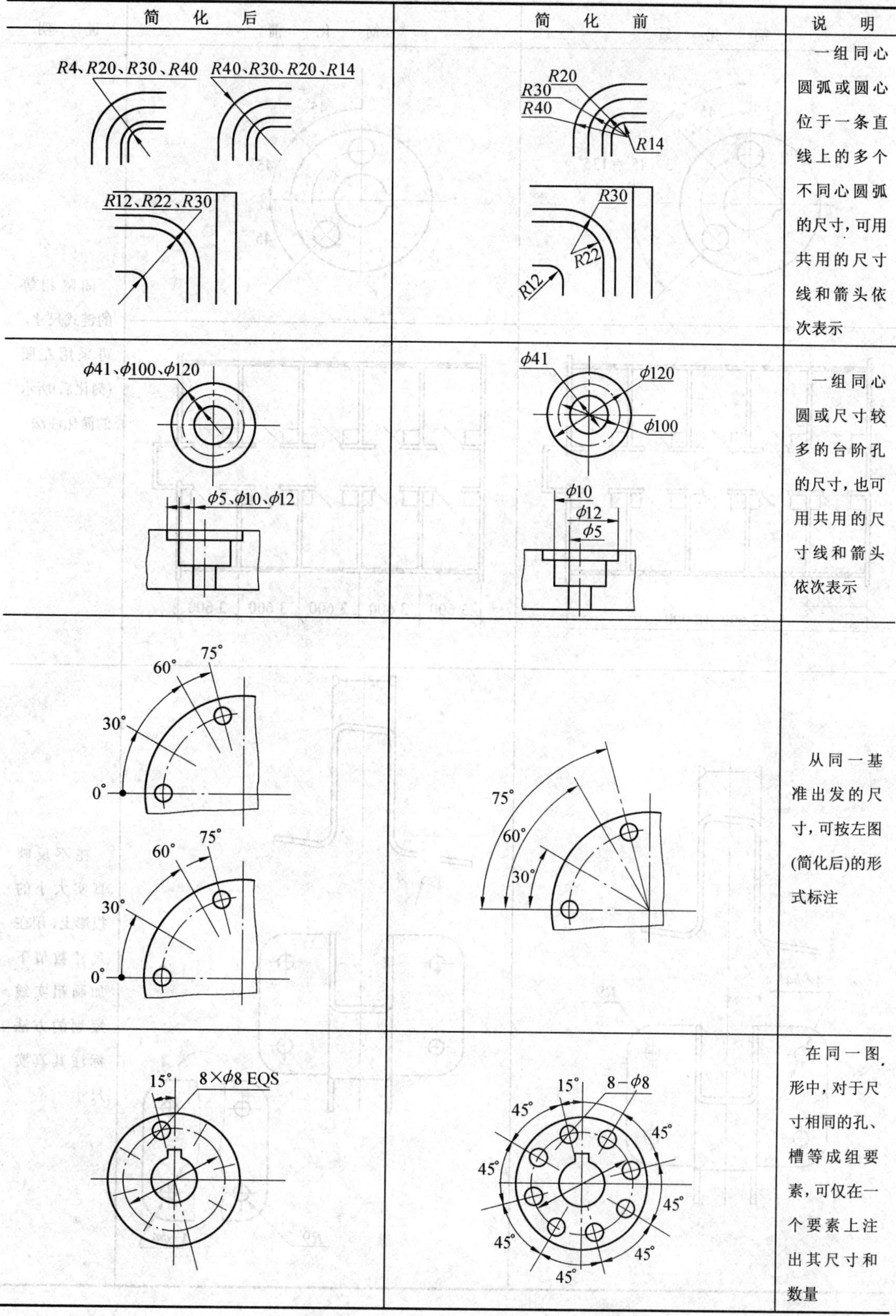

简 化 后	简 化 前	说 明
		一组同心圆弧或圆心位于一条直线上的多个不同心圆弧的尺寸，可用共用的尺寸线和箭头依次表示
		一组同心圆或尺寸较多的台阶孔的尺寸，也可用共用的尺寸线和箭头依次表示
		从同一基准出发的尺寸，可按左图(简化后)的形式标注
		在同一图形中，对于尺寸相同的孔、槽等成组要素，可仅在一个要素上注出其尺寸和数量

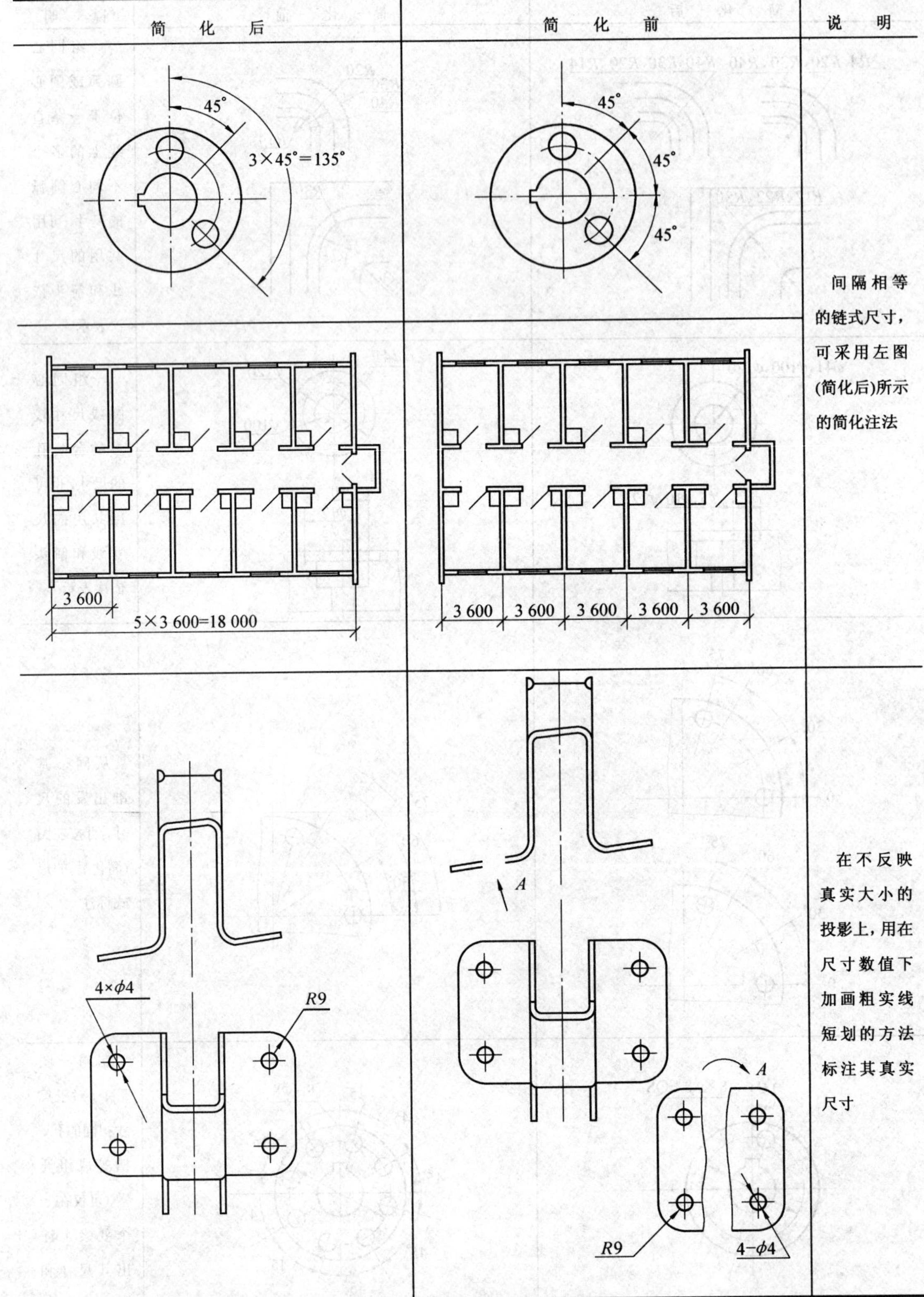

简化后	简化前	说明
		间隔相等的链式尺寸，可采用左图(简化后)所示的简化注法
		在不反映真实大小的投影上，用在尺寸数值下加画粗实线短划的方法标注其真实尺寸

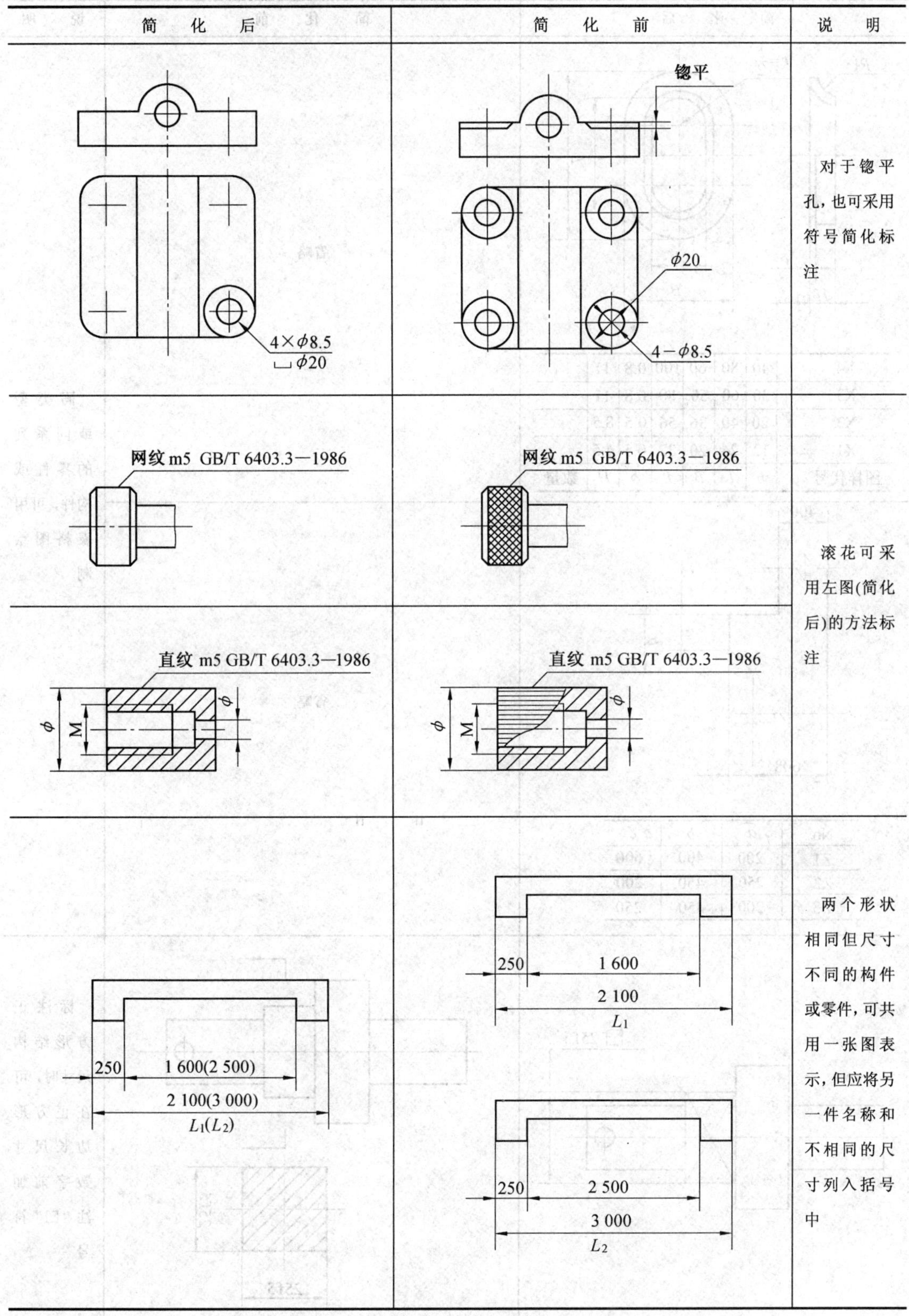
简化后
简化前
说明
锪平
$\phi20$
$4-\phi8.5$
$4\times\phi8.5$
$\sqcup\phi20$
对于锪平孔，也可采用符号简化标注
网纹 m5 GB/T 6403.3—1986
直纹 m5 GB/T 6403.3—1986
ϕ
M
滚花可采用左图(简化后)的方法标注
250
1 600(2 500)
2 100(3 000)
$L_1(L_2)$
1 600
2 100
L_1
2 500
3 000
L_2
两个形状相同但尺寸不同的构件或零件，可共用一张图表示，但应将另一件名称和不相同的尺寸列入括号中

<table>
<tr><th>简　化　后</th><th>简　化　前</th><th>说　明</th></tr>
<tr>
<td>
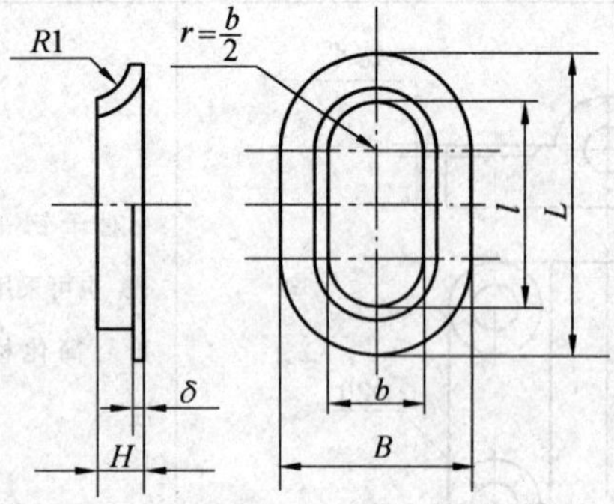

<table>
<tr><td>X4</td><td>40</td><td>80</td><td>60</td><td>100</td><td>0.8</td><td>11</td><td></td></tr>
<tr><td>X3</td><td>30</td><td>60</td><td>50</td><td>80</td><td>0.8</td><td>11</td><td></td></tr>
<tr><td>X2</td><td>20</td><td>40</td><td>36</td><td>56</td><td>0.5</td><td>8.5</td><td></td></tr>
<tr><td>X1</td><td>12</td><td>24</td><td>20</td><td>32</td><td>0.5</td><td>4.5</td><td></td></tr>
<tr><td>图样代号</td><td>b</td><td>l</td><td>B</td><td>L</td><td>δ</td><td>H</td><td>数量</td></tr>
</table>
</td>
<td>省略</td>
<td rowspan="2">同类型或同系列的零件或构件，可用表格图绘制</td>
</tr>
<tr>
<td>
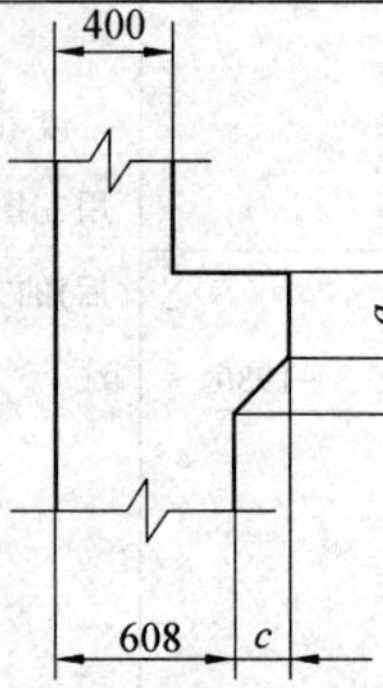

<table>
<tr><th>No</th><th>a</th><th>b</th><th>c</th></tr>
<tr><td>Z1</td><td>200</td><td>400</td><td>600</td></tr>
<tr><td>Z2</td><td>250</td><td>450</td><td>200</td></tr>
<tr><td>Z3</td><td>200</td><td>450</td><td>250</td></tr>
</table>
</td>
<td>省略</td>
</tr>
<tr>
<td>
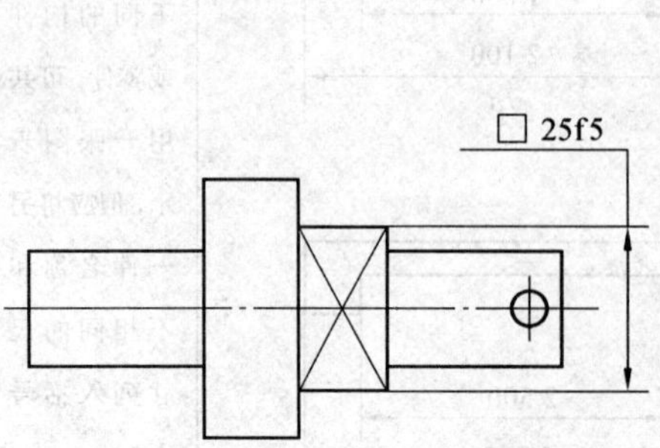

</td>
<td>
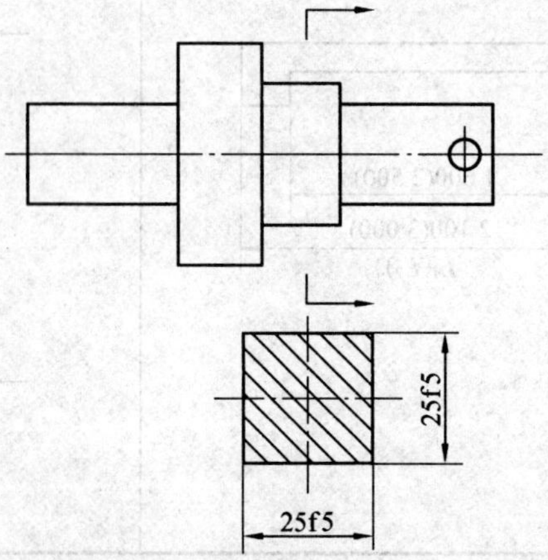

</td>
<td>标注正方形结构尺寸时，可在正方形边长尺寸数字前加注“□”符号</td>
</tr>
</table>

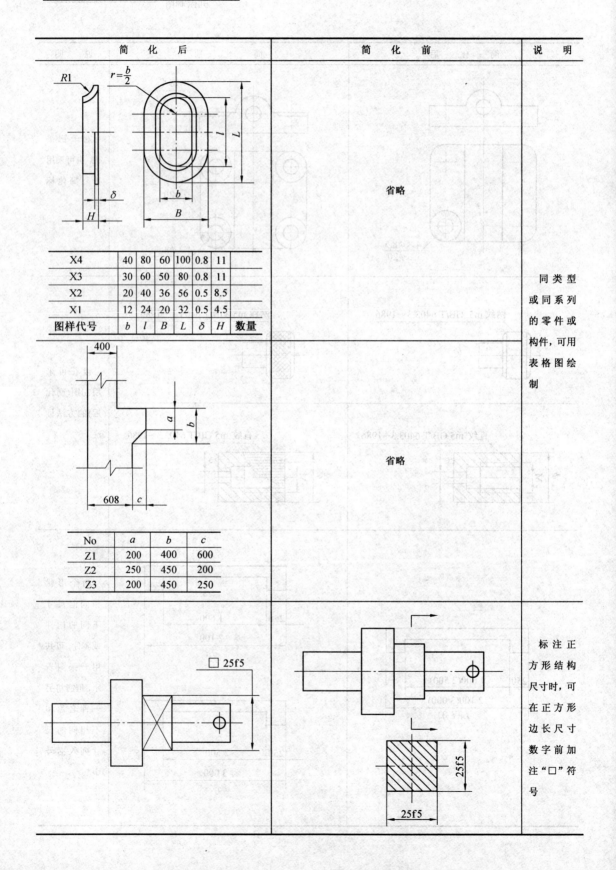

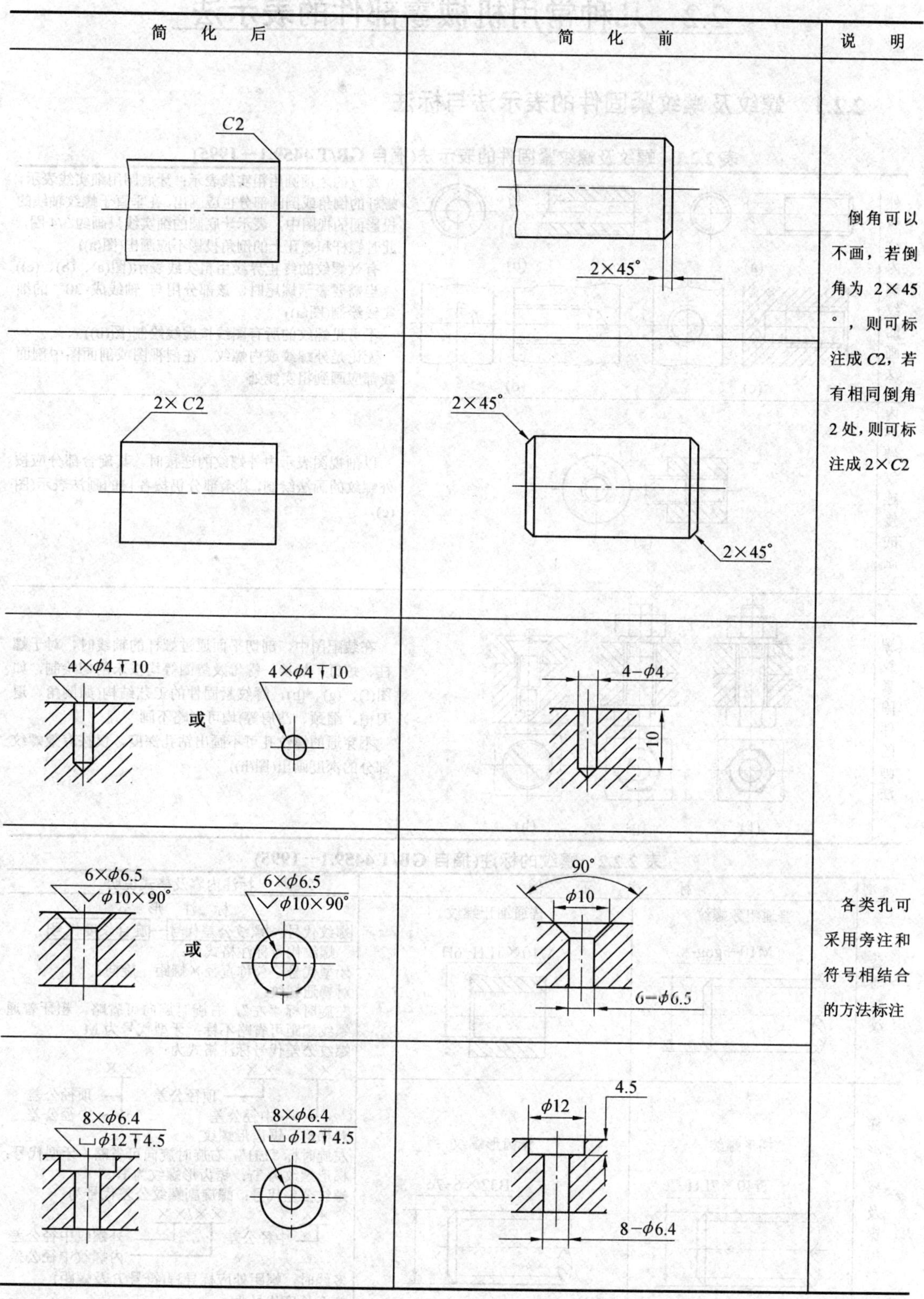
简化后
简化前
说明
C2
2×45°
倒角可以不画，若倒角为2×45°，则可标注成C2，若有相同倒角2处，则可标注成2×C2
2×C2
2×45°
2×45°
4×ϕ4↧10
4×ϕ4↧10
或
4-ϕ4
10
6×ϕ6.5
⌵ϕ10×90°
6×ϕ6.5
⌵ϕ10×90°
或
90°
ϕ10
6-ϕ6.5
各类孔可采用旁注和符号相结合的方法标注
8×ϕ6.4
⌴ϕ12↧4.5
8×ϕ6.4
⌴ϕ12↧4.5
ϕ12
4.5
8-ϕ6.4

2.2 几种常用机械零部件的表示法

2.2.1 螺纹及螺纹紧固件的表示法与标注

表 2.2.1 螺纹及螺纹紧固件的表示法(摘自 GB/T 4459.1—1995)

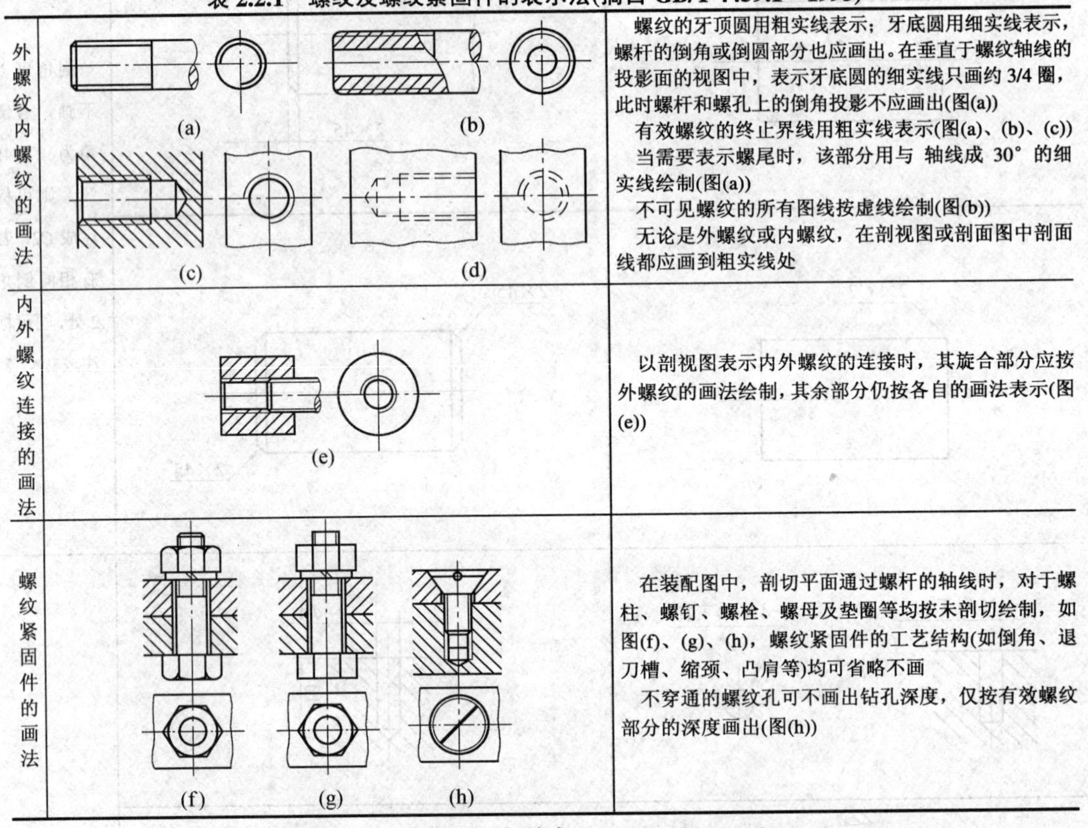

类型	图例	说明
外螺纹内螺纹的画法	(a) (b) (c) (d)	螺纹的牙顶圆用粗实线表示；牙底圆用细实线表示，螺杆的倒角或倒圆部分也应画出。在垂直于螺纹轴线的投影面的视图中，表示牙底圆的细实线只画约 3/4 圈，此时螺杆和螺孔上的倒角投影不应画出(图(a)) 有效螺纹的终止界线用粗实线表示(图(a)、(b)、(c)) 当需要表示螺尾时，该部分用与 轴线成 30° 的细实线绘制(图(a)) 不可见螺纹的所有图线按虚线绘制(图(b)) 无论是外螺纹或内螺纹，在剖视图或剖面图中剖面线都应画到粗实线处
内外螺纹连接的画法	(e)	以剖视图表示内外螺纹的连接时，其旋合部分应按外螺纹的画法绘制，其余部分仍按各自的画法表示(图(e))
螺纹紧固件的画法	(f) (g) (h)	在装配图中，剖切平面通过螺杆的轴线时，对于螺柱、螺钉、螺栓、螺母及垫圈等均按未剖切绘制，如图(f)、(g)、(h)，螺纹紧固件的工艺结构(如倒角、退刀槽、缩颈、凸肩等)均可省略不画 不穿通的螺纹孔可不画出钻孔深度，仅按有效螺纹部分的深度画出(图(h))

表 2.2.2 螺纹的标注(摘自 GB/T 4459.1—1995)

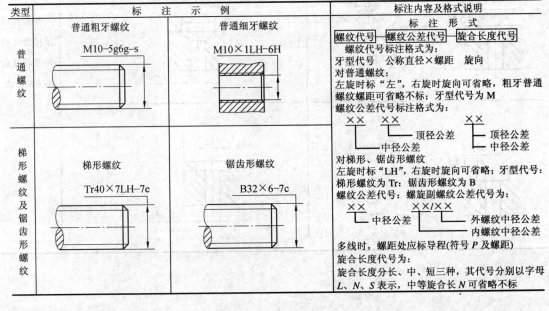

类型	标注示例		标注内容及格式说明
普通螺纹	普通粗牙螺纹 M10-5g6g-s	普通细牙螺纹 M10×1LH-6H	标 注 形 式 螺纹代号—螺纹公差代号—旋合长度代号 螺纹代号标注格式为： 牙型代号 公称直径×螺距 旋向 对普通螺纹： 左旋时标“左”，右旋时旋向可省略，粗牙普通螺纹螺距可省略不标；牙型代号为 M 螺纹公差代号标注格式为： ×× ××（中径公差、顶径公差） ××（顶径公差、中径公差）
梯形螺纹及锯齿形螺纹	梯形螺纹 Tr40×7LH-7e	锯齿形螺纹 B32×6-7c	对梯形、锯齿形螺纹 左旋时标“LH”，右旋时旋向可省略；牙型代号：梯形螺纹为 Tr：锯齿形螺纹为 B 螺纹公差代号：螺旋副螺纹公差代号为： ××（中径公差） ××/××（内螺纹中径公差/外螺纹中径公差） 多线时，螺距处应标导程(符号 P 及螺距) 旋合长度代号为： 旋合长度分长、中、短三种，其代号分别以字母 L、N、S 表示，中等旋合长 N 可省略不标

续表 2.2.2

类型	标注示例	标注内容及格式说明
管螺纹	R1/2　Rc1/2　R_p1/2　NPT3/8　G1$\frac{1}{2}$	标注形式 螺纹特征代号　公称直径(单位为 in)旋向螺纹特征代号： 1．用螺纹密封管螺纹(GB/T 7306－2000) 圆柱内螺纹——Rp；圆锥内螺纹——Rc，圆锥外螺纹——R 2．非螺纹密封管螺纹(GB/T 7307－2000) 螺纹特征代号——G 3．60° 圆锥管螺纹(GB/T 12716－1991) 螺纹特征代号——NPT 旋向：左旋用 LH 表示，右旋不标

2.2.2　花键画法及其尺寸标注法

表 2.2.3　花键画法及其尺寸标注法(摘自 GB/T 4459.3－2000)

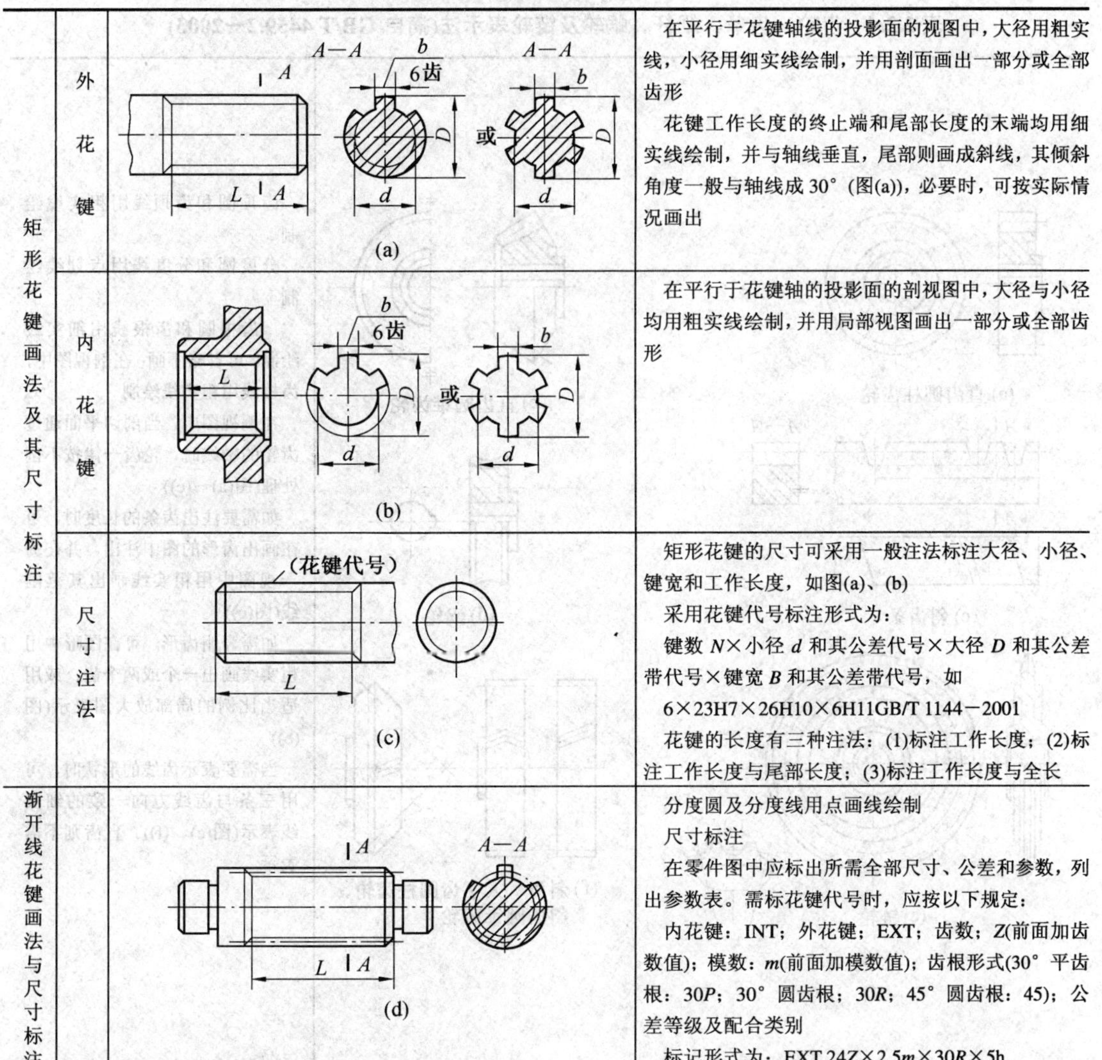

类型		图例	说明
矩形花键画法及其尺寸标注	外花键	A—A　b　6齿　A—A　b　A　L　A　D　d　或 (a)	在平行于花键轴线的投影面的视图中，大径用粗实线，小径用细实线绘制，并用剖面画出一部分或全部齿形 花键工作长度的终止端和尾部长度的末端均用细实线绘制，并与轴线垂直，尾部则画成斜线，其倾斜角度一般与轴线成 30° (图(a))，必要时，可按实际情况画出
	内花键	b　6齿　b　L　D　d　或 (b)	在平行于花键轴的投影面的剖视图中，大径与小径均用粗实线绘制，并用局部视图画出一部分或全部齿形
	尺寸注法	(花键代号)　L (c)	矩形花键的尺寸可采用一般注法标注大径、小径、键宽和工作长度，如图(a)、(b) 采用花键代号标注形式为： 键数 *N*×小径 *d* 和其公差代号×大径 *D* 和其公差带代号×键宽 *B* 和其公差带代号，如 6×23H7×26H10×6H11GB/T 1144－2001 花键的长度有三种注法：(1)标注工作长度；(2)标注工作长度与尾部长度；(3)标注工作长度与全长
渐开线花键画法与尺寸标注		A　A—A　L　A (d)	分度圆及分度线用点画线绘制 尺寸标注 在零件图中应标出所需全部尺寸、公差和参数，列出参数表。需标花键代号时，应按以下规定： 内花键：INT；外花键：EXT；齿数：Z(前面加齿数值)；模数：*m*(前面加模数值)；齿根形式(30° 平齿根：30*P*；30° 圆齿根：30*R*；45° 圆齿根：45)；公差等级及配合类别 标记形式为：EXT 24*Z*×2.5*m*×30*R*×5h

续表 2.2.3

花键连接表示法与代号标注	花键连接用剖视表示时，其连接部分按外花键的表示法(图(e)、(f)) 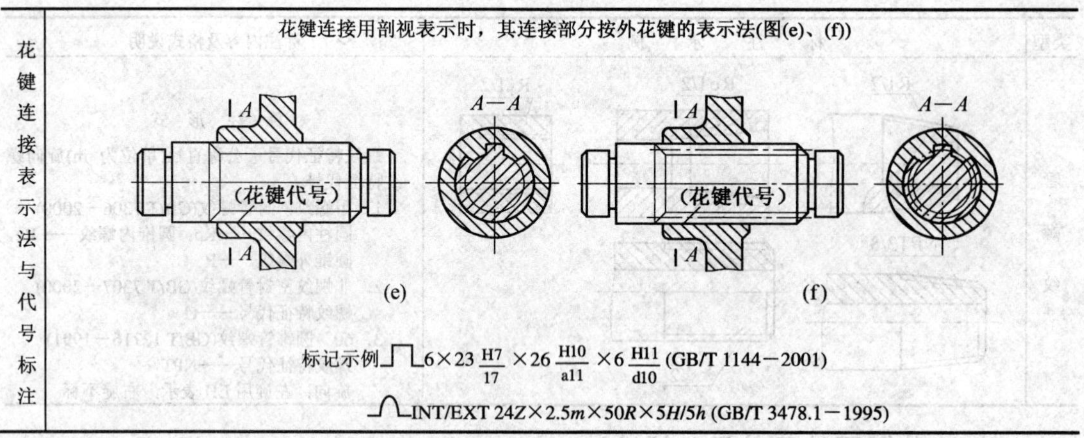 标记示例 ⊓ $6\times23\frac{H7}{f7}\times26\frac{H10}{a11}\times6\frac{H11}{d10}$ (GB/T 1144—2001) ⋀ INT/EXT 24*Z*×2.5*m*×50*R*×5*H*/5*h* (GB/T 3478.1—1995)

2.2.3 啮合传动件表示法

表 2.2.4 齿轮、齿条、蜗杆、蜗轮及链轮表示法(摘自 GB/T 4459.2—2003)

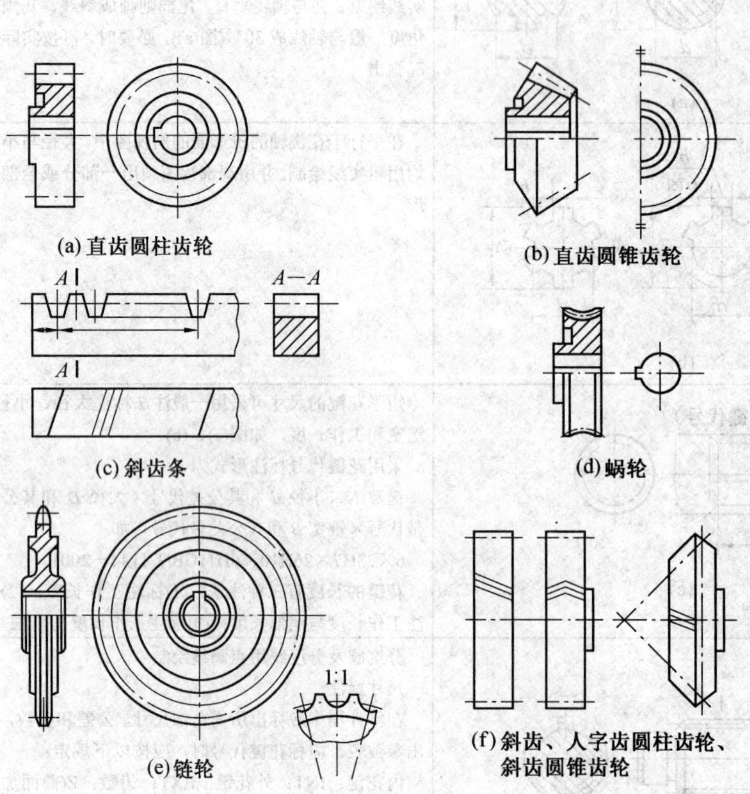 (a) 直齿圆柱齿轮 (b) 直齿圆锥齿轮 (c) 斜齿条 (d) 蜗轮 (e) 链轮 (f) 斜齿、人字齿圆柱齿轮、斜齿圆锥齿轮	齿顶圆和齿顶线用粗实线绘制 分度圆和分度线用点划线绘制 齿根圆和齿根线用细实线绘制，可省略不画；在剖视图中，齿根线用粗实线绘制 在剖视图中，当剖切平面通过齿轮的轴线时，轮齿一律按不剖处理(图(a)～(e)) 如需要注出齿条的长度时，可在画出齿形的图中注出，并在另一视图中用粗实线画出其范围线(图(c)) 如需表明齿形，可在图形中用粗实线画出一个或两个齿；或用适当比例的局部放大图表示(图(e)) 当需要表示齿线的形状时，可用三条与齿线方向一致的细实线表示(图(c)、(f))。直齿则不需表示

表 2.2.5 齿轮、蜗轮、蜗杆啮合表示法(摘自 GB/T 4459.2－2003)

名称	图例	说明
圆柱齿轮啮合画法	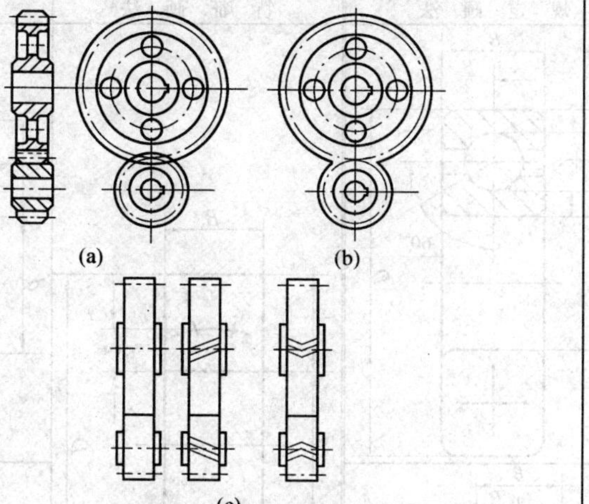 (a) (b) (c)	在垂直于圆柱齿轮轴线的投影面的视图中，啮合区内的齿顶圆均用粗实线绘制(图(a))，亦可省略(图(b)) 在平行于圆柱齿轮、圆锥齿轮轴线的投影面的视图中，啮合区的齿顶线不需画出，节线用粗实线绘制，其他处的节线用点划线绘制(图(c)) 在圆柱齿轮啮合、齿轮齿条啮合和圆锥齿轮啮合的剖视图中，当剖切平面通过两啮合齿轮的轴线时，在啮合区内，将一个齿轮的轮齿被遮挡的部分用虚线绘制(图(a))；也可省略不画 在剖视图中，当剖切平面不通过啮合齿轮的轴线时，齿轮一律按不剖绘制
锥齿轮啮合画法	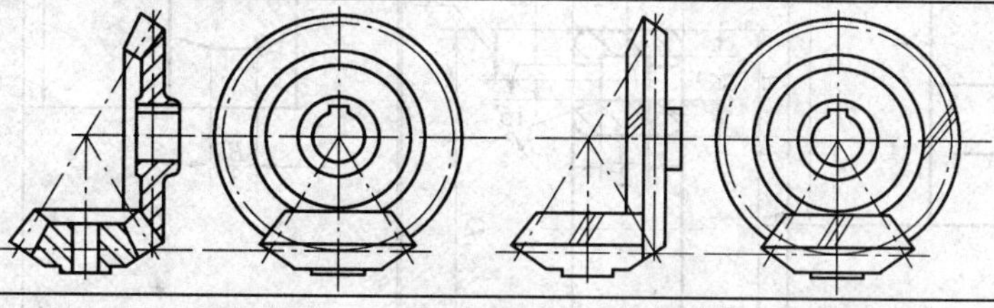	
螺旋齿轮和蜗轮、蜗杆啮合画法	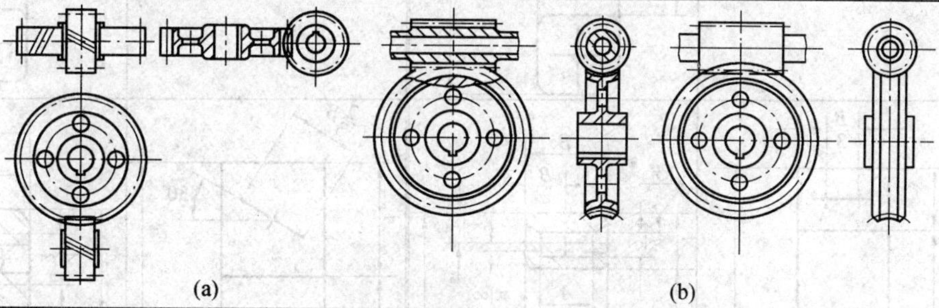 (a) (b)	

2.2.4 滚动轴承表示法(摘自 GB/T 4459.7－1998)

表 2.2.6 滚动轴承通用画法的尺寸与比例示例

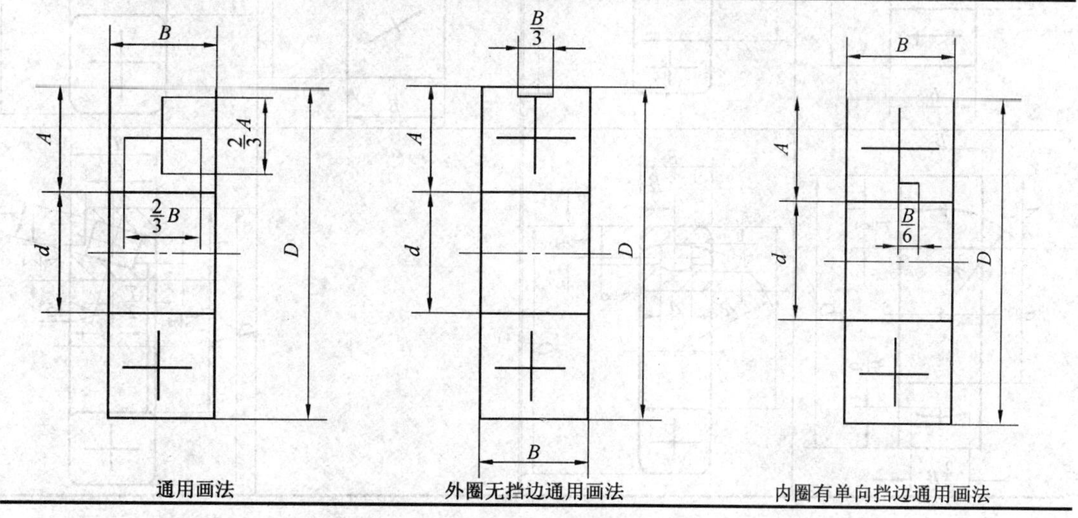

通用画法　　外圈无挡边通用画法　　内圈有单向挡边通用画法

表 2.2.7　滚动轴承特征画法和规定画法

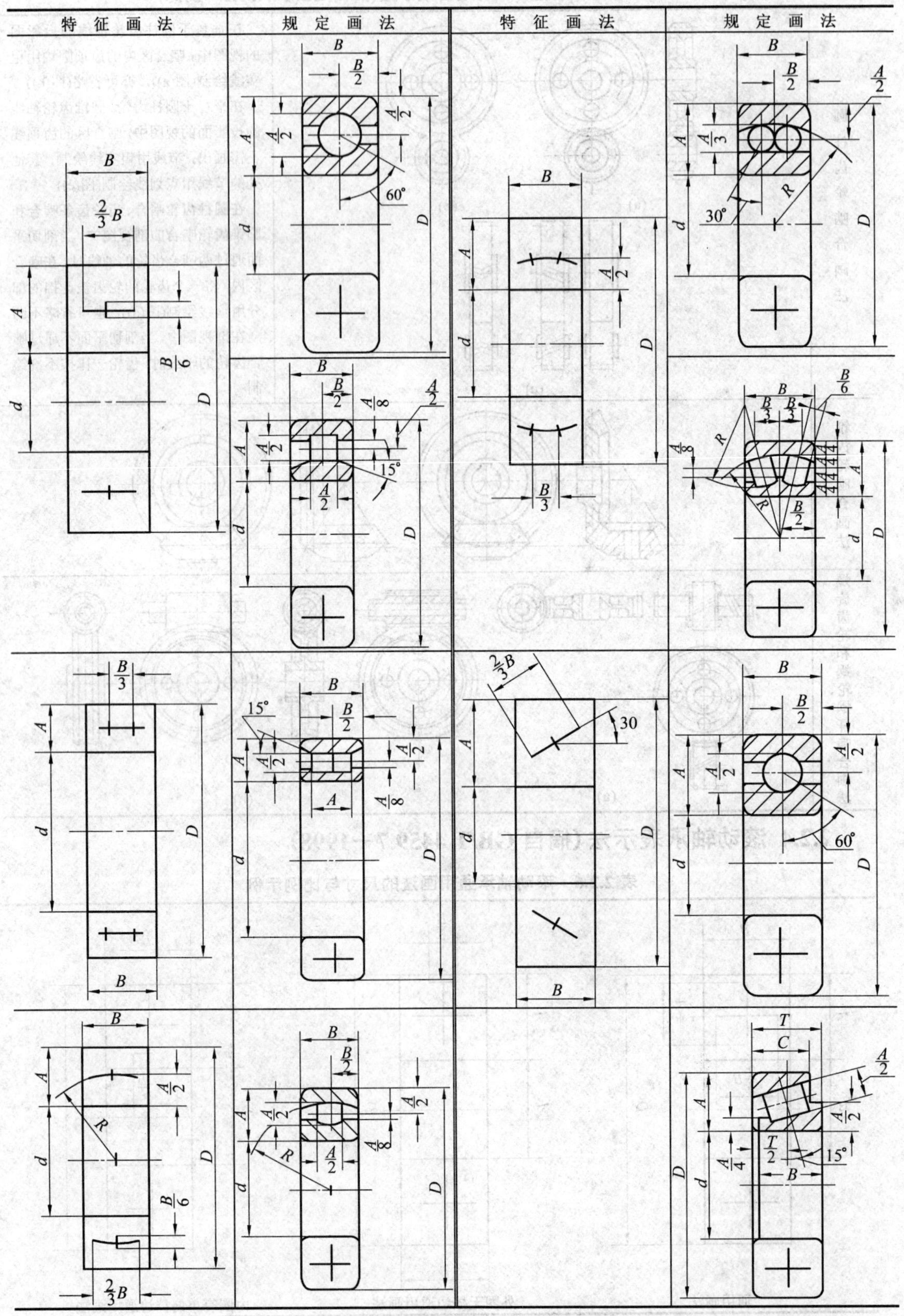

续表 2.2.7

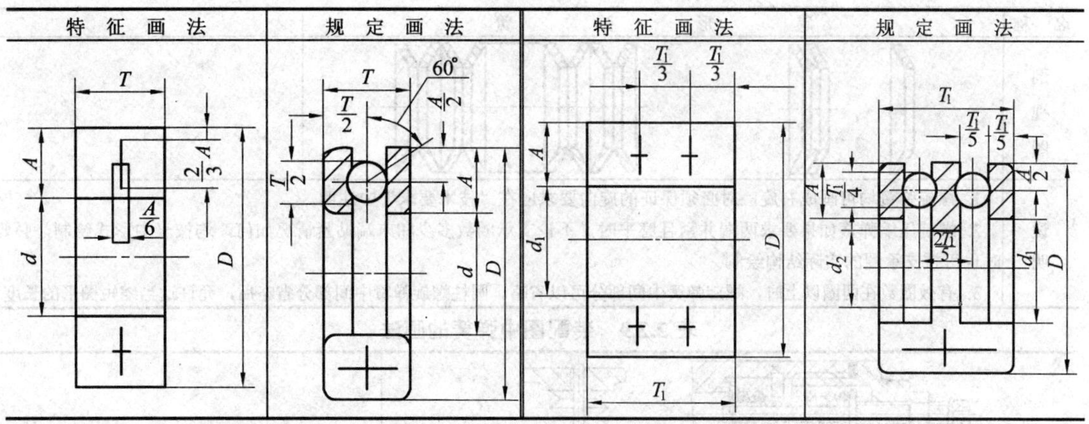

2.2.5 弹簧表示法(摘自 GB/T 4459.4—2003)

表 2.2.8 弹簧的视图、剖视图表示法

名称	圆柱螺旋压缩弹簧		截锥螺旋压缩弹簧
视图			
剖视图			
名称	圆柱螺旋拉伸弹簧	圆柱螺旋扭转弹簧	截锥涡卷弹簧
视图			
剖视图			
名称	碟形弹簧		平面涡卷弹簧
视图			

续表 2.2.8

名称	碟形弹簧	
剖视图		
说明	1. 螺旋弹簧均可画成右旋，对必须保证的旋向要求应在“技术要求”中注明 2. 螺旋压缩弹簧如果要求两端并紧且磨平时，不论支承圈数多少和末端贴紧情况如何，均按表中形式绘制，必要时也可按支承圈的实际结构绘制 3. 有效圈数在四圈以上时，螺旋弹簧中间部分可以省略。圆柱螺旋弹簧中间部分省略后，允许适当缩短图形的长度	

表 2.2.9 装配图中弹簧的画法

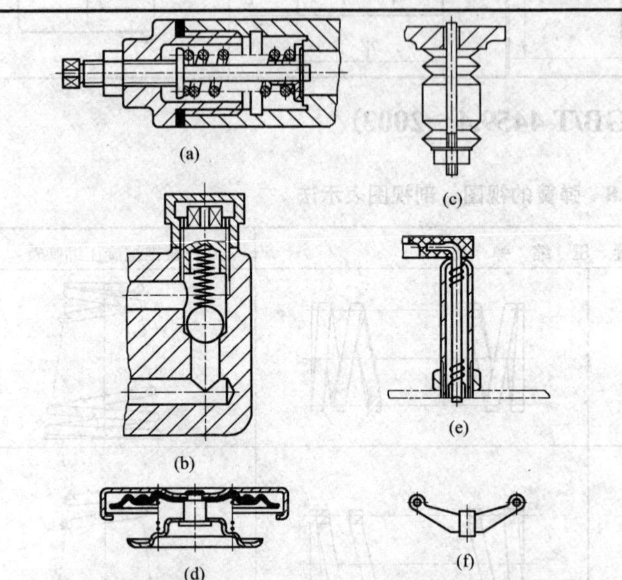

(a) (b) (c) (d) (e) (f)

被弹簧挡住的结构一般不画出，可见部分应从弹簧的外轮廓线或从弹簧钢丝剖面的中心线画起(图(a))

型材直径或厚度在图形上等于或小于 2 mm 的螺旋弹簧、碟形弹簧时，允许用示意图绘制(图(b)、(c))。当弹簧被剖切时，剖面直径或厚度在图形上等于或小于 2 mm 时，也可用涂墨表示(图(d))

被剖切弹簧的直径在图形上等于或小于 2 mm，并且弹簧内部还有零件，为了便于表达，可按图(e)的示意图形式绘制，

板弹簧允许仅画出外形轮廓(图(f))

2.3 机构运动简图符号(摘自 GB/T 4460—1984)

表 2.3.1 运动副

名称		基本符号	可用符号	名称		基本符号	可用符号
具有一个自由度的运动副	回转副 a.平面机构 b.空间机构			具有两个自由度的运动副	圆柱副		
	棱柱副 (移动副)				球销副		
				具有三个自由度的运动副	球面副		
	螺旋副				平面副		

续表 2.3.1

名称	基本符号	可用符号	名称	基本符号	可用符号
具有四个自由度的运动副：球与圆柱副			具有五个自由度的运动副：球与平面副		

表 2.3.2　多杆构件及其组成

名称		基本符号	可用符号	名称		基本符号	可用符号
单副元素构件	构件是回转副的一部分 a.平面机构 b.空间机构	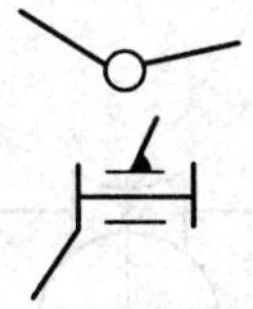		双副元素构件	偏心轮		
	机架是回转副的一部分 a.平面机构 b.空间机构				连接两个棱柱副的构件	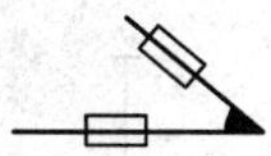	
	构件是棱柱副的一部分		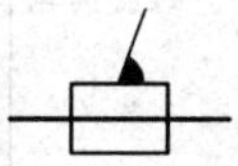		通用情况	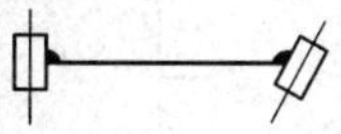	
	构件是圆柱副的一部分				滑块 (*θ*值为任意值)	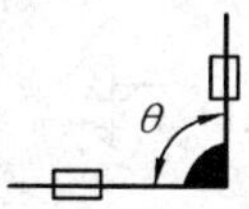	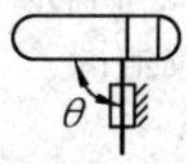
	构件是球面副的一部分	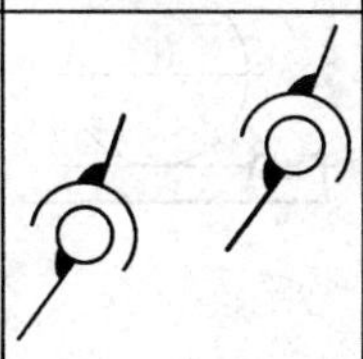			连接回转副与棱柱副的构件通用情况	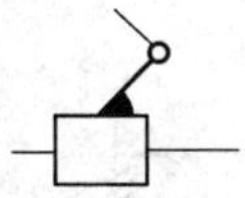	
双副元素构件	曲柄(或摇杆) a.平面机构 b.空间机构	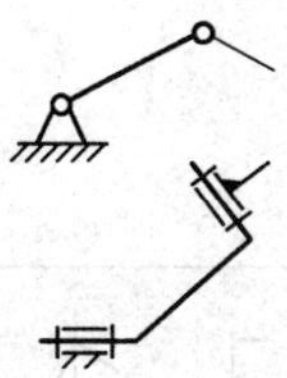			导杆	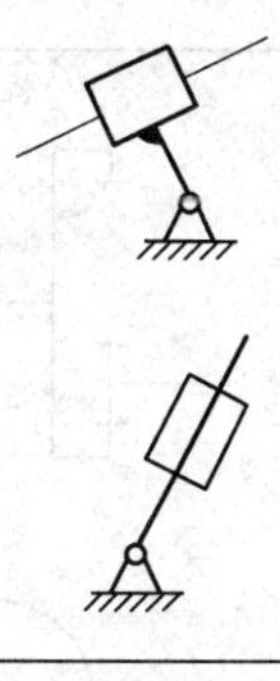	
					滑块	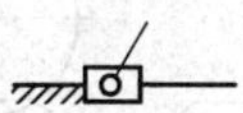	

表 2.3.3 齿轮机构

名称	基本符号	可用符号	名称	基本符号	可用符号
1.齿轮机构 齿轮(不指明齿线) ①圆柱齿轮			③蜗轮与圆柱蜗杆		
②锥齿轮					
2.齿线符号 ①圆柱齿轮 a.直齿			④蜗轮与球面蜗杆		
b.斜齿					
c.人字齿			⑤螺旋齿轮		
②锥齿轮 a.直齿					
b.斜齿			4.齿条传动 ①一般表示		
			② 蜗线齿条与蜗杆		
3.齿轮传动 (不指明齿线) ①圆柱齿轮			③ 齿条与蜗杆		
②锥齿轮			5.扇形齿轮传动		

表 2.3.4 带传动与链传动

名 称	基本符号	附 注	名 称	基本符号	附 注
带传动 一般符号(不指明类型)	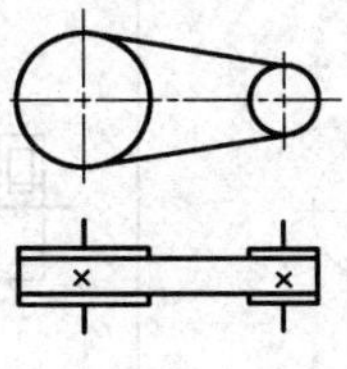	若需指明类型，可采用下列符号 V 带  圆带 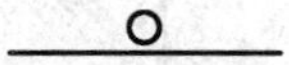 同步带 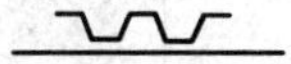 平带  例：V 带传动 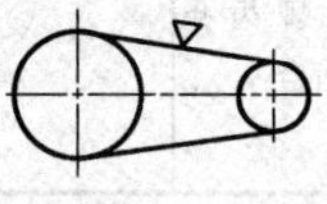	轴上的宝塔轮	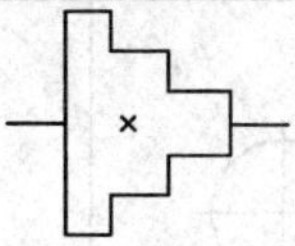	
			链传动 一般符号(不指明类型)	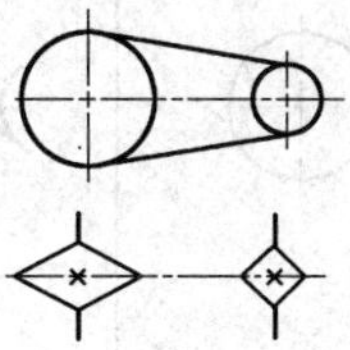	若需指明链条类型，可采用下列符号 环形链 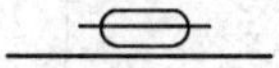 滚子链 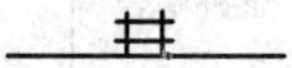 齿形链  例：齿形链传动 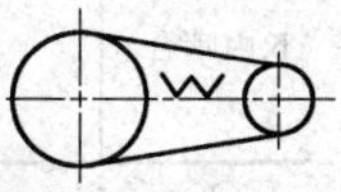

表 2.3.5 凸轮机构

名 称	基本符号	可用符号及附注	名 称	基本符号	可用符号及附注
盘形凸轮	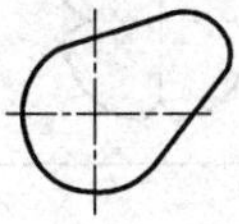	钩槽盘形凸轮 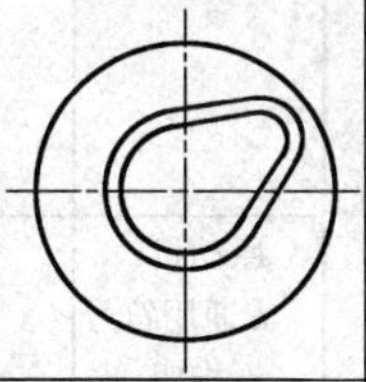	凸轮从动杆 a.尖顶从动杆	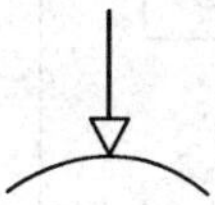	在凸轮副中，凸轮从动杆的符号 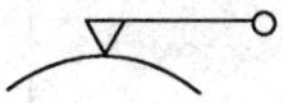
移动凸轮	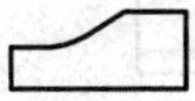		b.曲面从动杆	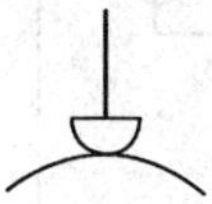	
与杆固接的凸轮	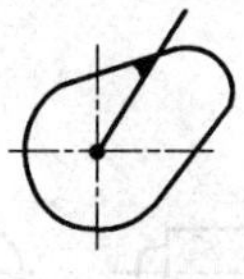	可调连接 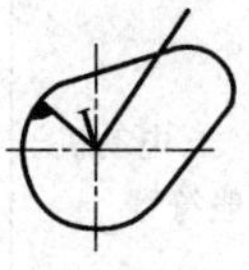	c.滚子从动杆	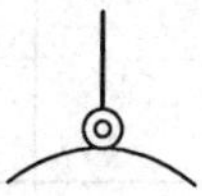	
a.圆柱凸轮 b.圆锥凸轮 c.双曲面凸轮	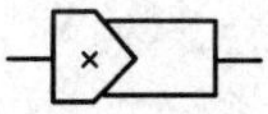 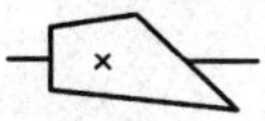 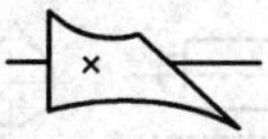	 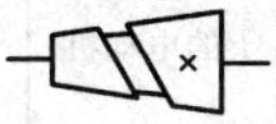 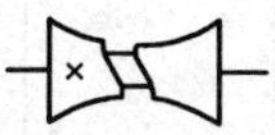	d.平底从动杆	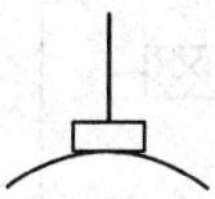	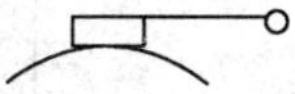

表 2.3.6 槽轮机构和棘轮机构

名 称	基本符号	可用符号	名 称	基本符号	可用符号
槽轮机构 一般符号			棘轮机构 a.外啮合		
a.外啮合			b.内啮合		
b.内啮合			c.棘齿条啮合		

表 2.3.7 其他机构及其组件

名 称	基本符号	可用符号	名 称	基本符号	可用符号
螺杆传动 a.整体螺母			分度头		n 为分度数
b.开合螺母			原动机 a.通用符号（不指明类型）		
c.滚珠螺母			b.电动机一般符号		
挠性轴		附注 可以只画一部分	c.装在支架上的电动机		
轴上飞轮					

表 2.3.8 联轴器、离合器及制动器

名　称	基本符号	可用符号	名　称	基本符号	可用符号
联轴器 1. 一般符号(不指明类型) 2. 固定联轴器 3. 可移式联轴器 4. 弹性联轴器			5. 电磁离合器 **自动离合器** 1. 一般符号 2. 离心摩擦离合器		对于离合器和制动器，当需要表明操纵方式时，可使用下列符号： M—机动的； H—液动的； P—气动的； E—电动的(如电磁) 例：具有气动开关启动的单向摩擦离合器 P
可控离合器 1. 一般符号 2. 啮合式离合器 a. 单向式 b. 双向式			3. 超越离合器 4. 安全离合器 a. 有易损元件		
3. 摩擦离合器 a. 单向式 b. 双向式			b. 无易损元件		
4. 液压离合器			**制动器** 一般符号		不规定制动器外观

表 2.3.9 轴　承

名　称	基本符号	可用符号	名　称	基本符号	可用符号
向心轴承 a. 普通轴承 b. 滚动轴承			c. 推力滚动轴承 向心推力轴承 a. 单向向心推力普通轴承		
推力轴承 a. 单向推力普通轴承 b. 双向推力普通轴承			b. 双向向心推力普通轴承 c. 角接触滚动轴承		

2.4 焊缝符号表示法（摘自 GB/T 324－1988）

焊缝符号一般由基本符号和指引线组成，必要时可以加上辅助符号、补充符号和焊缝等符号。

表 2.4.1 基本符号

符号名称	示意图	符号名称	示意图	符号名称	示意图	符号名称	示意图
八 卷边焊缝	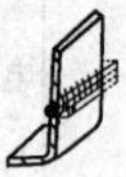	带钝边单边V形焊缝	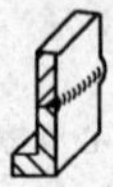	角焊缝		○ 点焊缝	
‖ I 形焊缝		带钝边 U 形焊缝			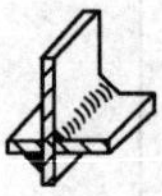		
						缝焊缝	
	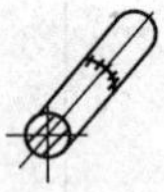	带钝边 J 形焊缝	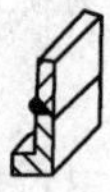		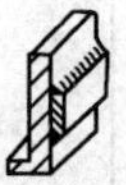		
V V 形焊缝		封底焊缝		⊓ 塞焊缝或槽焊缝		标注方法	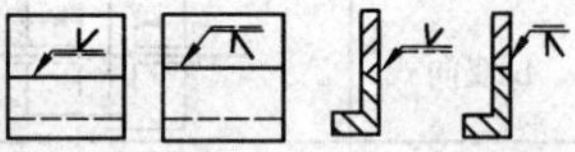 箭头应指向带有坡口一侧的工件
单边 V 形焊缝	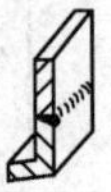	Y 带钝边 V 形焊缝	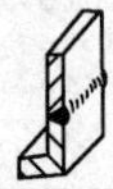		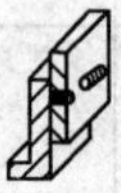		

表 2.4.2 辅助符号及应用示例

符号名称	应用示例	符号名称	应用示例
— 平面符号	 焊缝表面齐平 (一般通过加工)	凹面符号	 焊缝表面凹陷
平面 V 形对接焊缝		凸面符号	 焊缝表面凸起
		凹面角焊缝	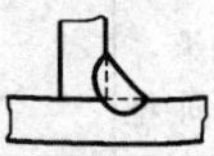
平面封底 V 形焊缝		凸面 X 形对接焊缝	

注：辅助符号是表示焊缝表面形状的符号，如不需确切地说明焊缝表面形状时，可以不用。

表 2.4.3 基本符号与辅助符号的组合举例

符号组合	示意图	标注方法	符号组合	示意图	标注方法

符号组合	示例	说明	符号组合	示例	说明
		表示现场施焊：塞焊缝或槽焊缝在箭头侧。箭头线可由基准线的左端引出，位置受限制时，允许弯折一次		5 210	表示角焊缝(凹面)在箭头侧，焊缝高 5 mm，焊缝长 210 mm，工件三面带有焊缝
	4条	表示相同角焊缝 4 条，在箭头侧		5 210	表示 I 形焊缝在非箭头侧，焊缝有效厚度 5 mm，焊缝长 210 mm
	111/12	表示周围施焊，由埋弧焊形成的 V 形焊缝(平整)在箭头侧，由手工电弧焊形成的封底焊缝(平整)在非箭头侧		5 35×50 (30) 5 35×50 (30)	表示交错断续角焊缝，焊脚尺寸为 5 mm，相邻焊缝的间距为 30 mm，焊缝段数为 35，每段焊缝长度为 50 mm

表 2.4.4 补充符号及应用示例

符号组合	示意图	标注方法	符号组合	示意图	标注方法
带垫板符号	表示焊缝底有垫板	表示 V 形焊缝的背面底部有垫板	周围焊缝符号	表示环绕工件周围焊缝	表示在现场沿工件周围施焊
三面焊缝符号	表示三面带有焊缝	工件三面带有焊缝，手工电弧焊	现场符号	表示在现场或工地上进行焊接	
			尾部符号 ①		交错断续焊接符号

① 可以参照 GB 5185 标注焊接工艺方法等内容。

表 2.4.5 焊缝符号的标注

符号及位置	示意图	符号及位置	示意图
指引线 a.箭头线 b.基准线(实线或虚线)	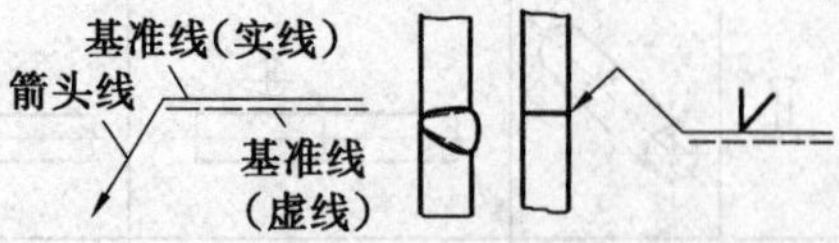 基准线(实线) 箭头线 基准线(虚线) 指引线一般由带箭头的指引线(简称箭头线)和两条基准线(一条为实线，另一条为虚线)两部分组成。基准线的虚线可以画在基准线的实线下侧或上侧，基准线一般与图样的底边相平行，特殊时也可与底边相垂直	箭头线相对接头的位置	单角焊缝的T形接头 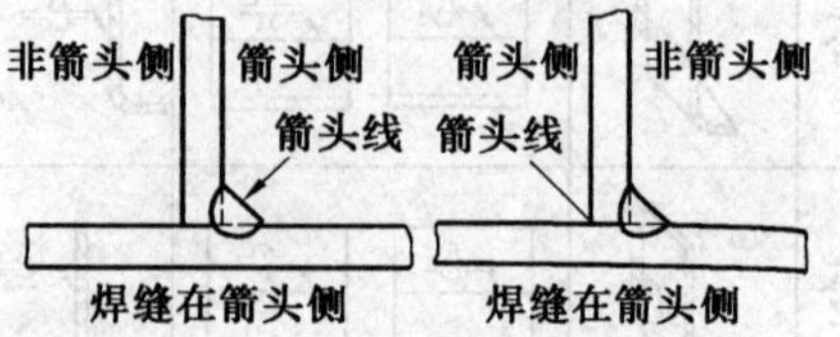 非箭头侧 箭头侧 箭头线 焊缝在箭头侧 箭头侧 非箭头侧 箭头线 焊缝在箭头侧
箭头线的位置	一般情况 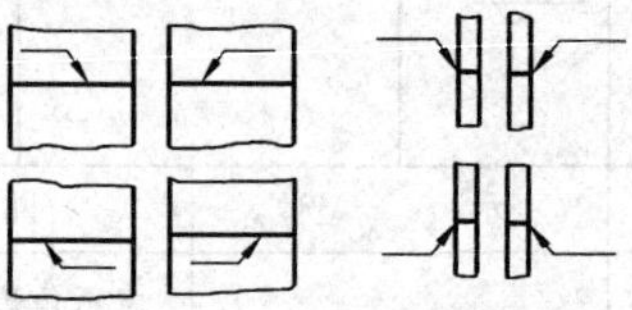	箭头线相对接头的位置	双角焊缝十字接头 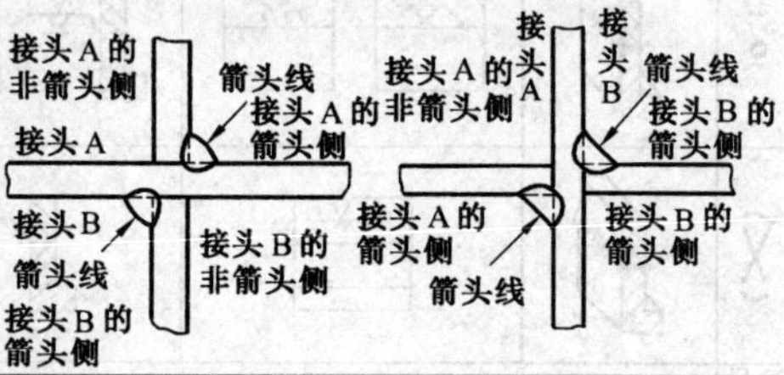 接头A的非箭头侧 箭头线 接头A的箭头侧 接头A 接头B 箭头线 接头B的箭头侧 接头B的非箭头侧 接头A 接头B 箭头线 接头A的非箭头侧 接头B的箭头侧 接头A的箭头侧 箭头线 接头B的非箭头侧
	标注V、Y、J形焊缝时，箭头线应指向带有坡口一侧	基准线的位置 基本符号相对	焊缝在接头的箭头侧，基本符号标在基准线的实线侧
			焊缝在接头的非箭头侧，基本符号标在基准线的虚线侧
			对称焊缝及双面焊缝，可不加虚线

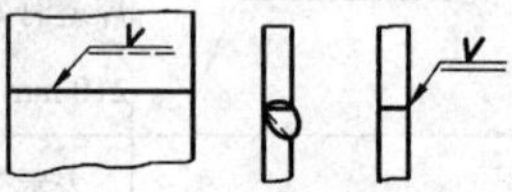

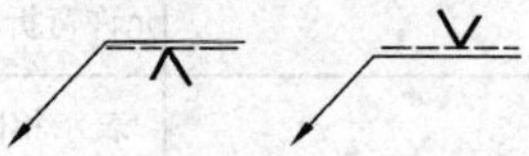

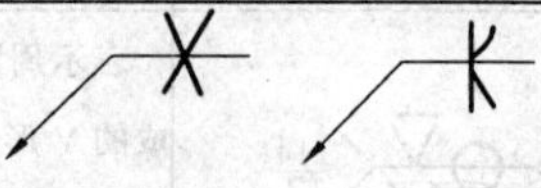

表 2.4.6 特殊焊缝标注举例

符号名称	示意图	标注方法	符号名称	示意图	标注方法
喇叭形焊缝		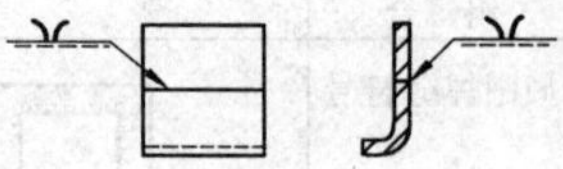	堆焊缝	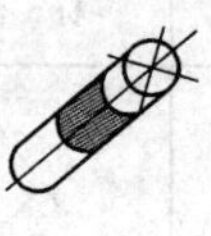	
单边喇叭形焊缝		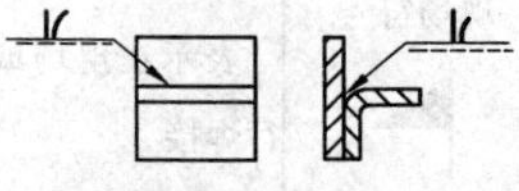	锁边焊缝		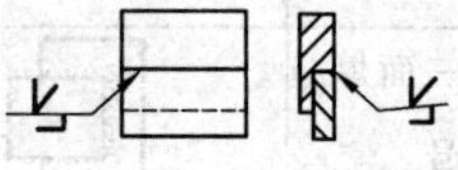 箭头应指向带有坡口一侧的工件

表 2.4.7 焊缝尺寸符号及其标注原则

符号名称	示意图	符号名称	示意图	符号名称	示意图	符号名称	示意图
δ 工作厚度	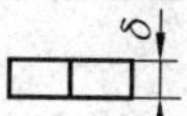	c 焊缝宽度		e 焊缝间距	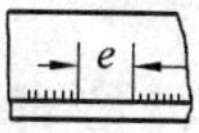	N 相同焊缝数量	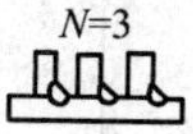 N=3
α 坡口角度		R 根部半径	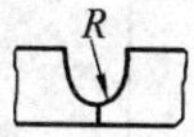	K 焊角尺寸	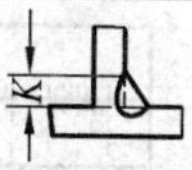	H 坡口深度	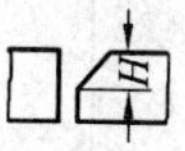
b 根部间隙	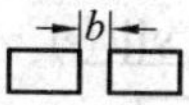	l 焊缝长度	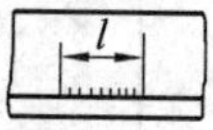	d 熔核直径	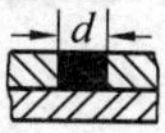	h 余高	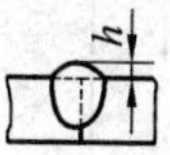
p 钝边	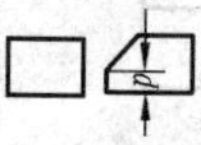	n 焊缝段数	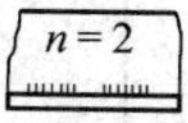 n=2	S 焊缝有效厚度	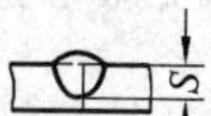	β 坡口面角度	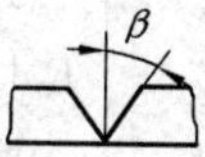

标注原则

1．焊缝横截面上的尺寸标在基本符号的左侧。
2．焊缝长度方向尺寸标在基本符号的右侧。
3．坡口角度、坡口面角度、根部间隙等尺寸标在基本符号的上侧或下侧。
4．相同焊缝数量符号标在尾部。
5．当需要标注的尺寸数据较多不易分辨时，可在数据前面增加相应的尺寸符号，当箭头线方向变化时，上述原则不变。

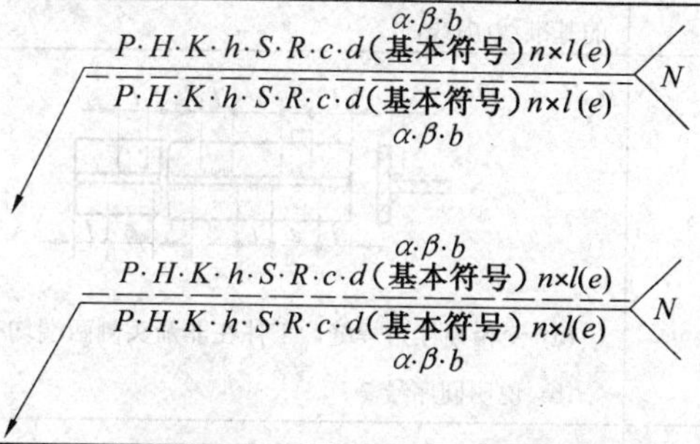

α·β·b
P·H·K·h·S·R·c·d（基本符号）n×l(e) N
P·H·K·h·S·R·c·d（基本符号）n×l(e)
α·β·b

α·β·b
P·H·K·h·S·R·c·d（基本符号）n×l(e) N
P·H·K·h·S·R·c·d（基本符号）n×l(e)
α·β·b

表 2.4.8 焊缝尺寸标注示例

名称	示意图	标注示例	名称	示意图	标注示例
对接焊缝	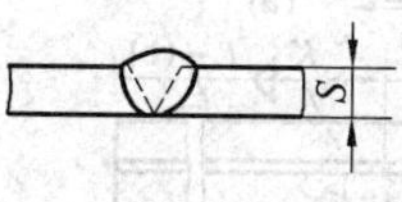	S V	断续角焊缝	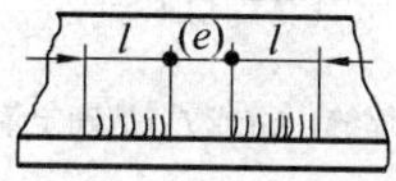	单边：K◺ n×l(e) 双边：K/K ▷ n×l(e)/n×l(e)
	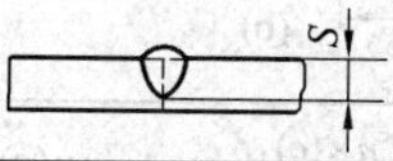	S ‖	交错断续角焊缝	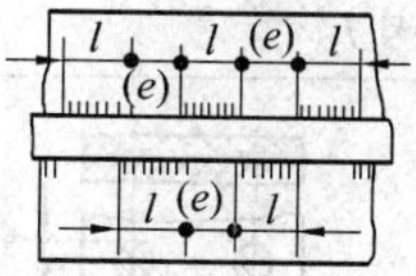	K/K ▷ n×l (e) / n×l (e)
	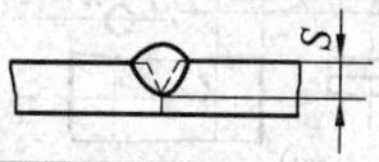	S Y			
卷边焊缝	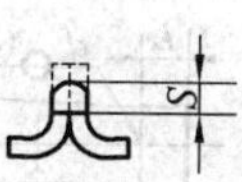	S ‖	塞焊缝或槽焊缝	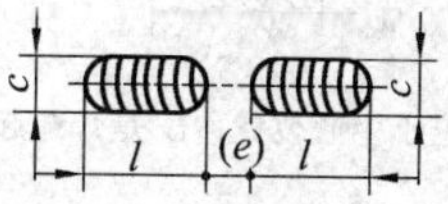	c⊓ n×l(e)
	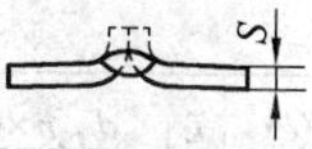	S 八		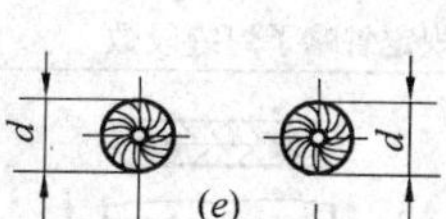	d⊓ n×(e)
连续角焊缝	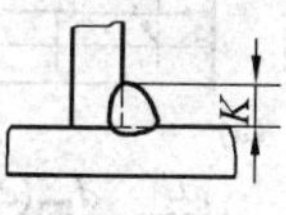	K ◺			
点焊缝	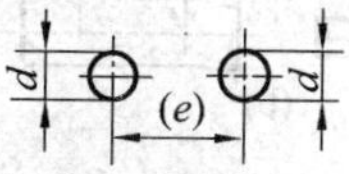	d ○ n×(e)	缝焊缝	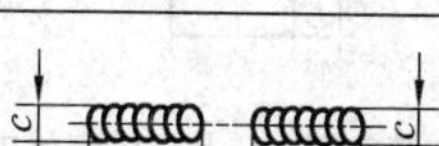	c⊖ n×l(e)

表 2.4.9 焊缝符号的简化标注法

序号	焊缝视图或剖视图画法	简化标注法
1	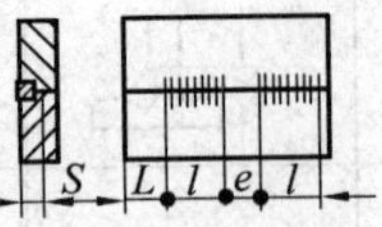 (a) 断续 I 形焊缝在箭头侧，L 是焊缝起始位置的定位尺寸 (b) 按注②和注③的规定，省略了焊缝段数和非箭头侧的基准线(虚线)	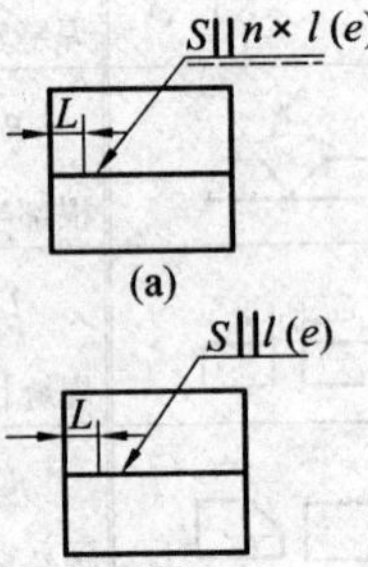 (a) (b)
2	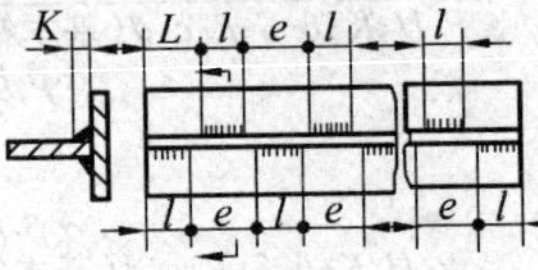 (a) 交错断续角焊缝，工件在非箭头侧两端均有焊缝 (b) 说明同序号 7	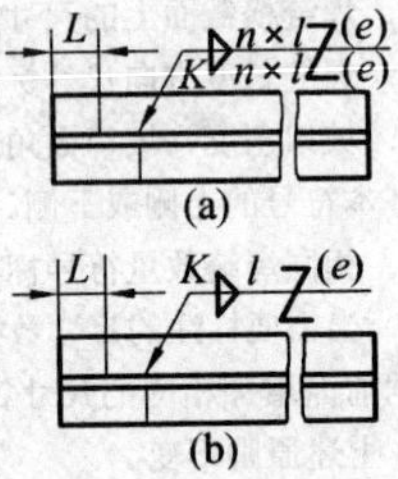 (a) (b)
3	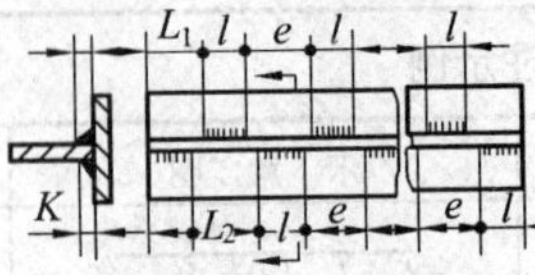 (a) 交错续角焊缝，L_1(或 L_2)是确定箭头侧(或非箭头侧)焊缝起始位置的定位尺寸 (b) 说明见序号 7	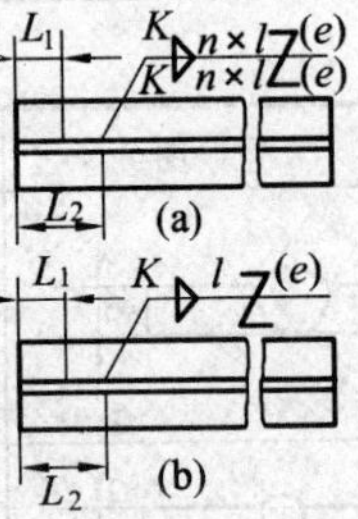 (a) (b)
4	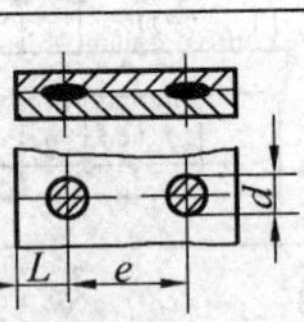 (a) 点焊缝位于中心位置，L 是焊缝起始焊点中心位置的定位尺寸 (b) 按注②规定省略了焊缝段数	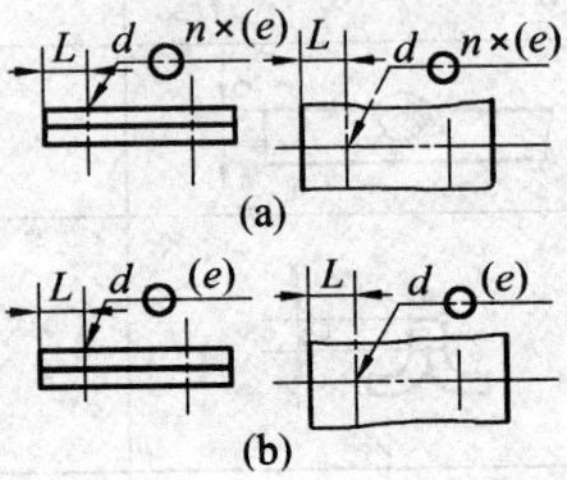 (a) (b)
5	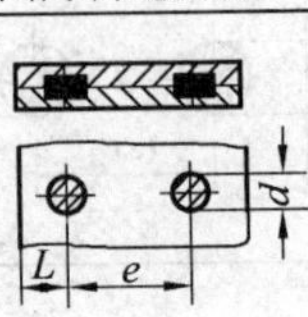 (a) 塞焊缝在箭头侧，L 是焊缝起始中心位置的定位尺寸 (b) 说明见序号 1	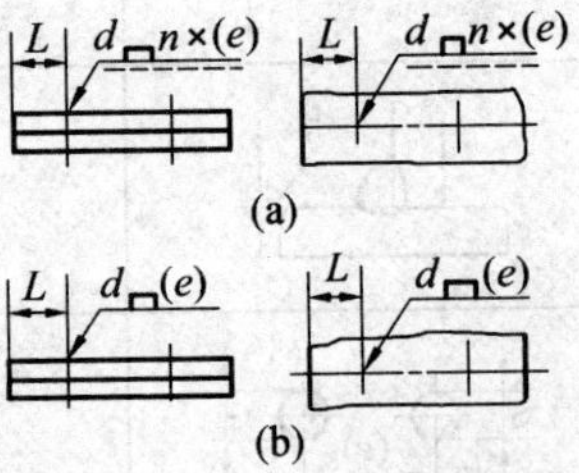 (a) (b)

续表 2.4.9

序号	焊缝视图或剖视图画法	简化标注法
6	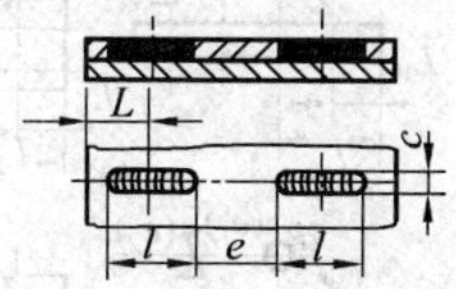 (a) 槽焊缝在箭头侧，L 是焊缝起始槽对称中心位置的定位尺寸 (b)说明见序号 1	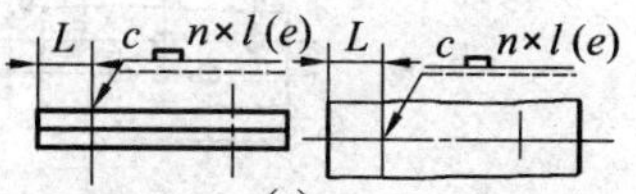 (a) 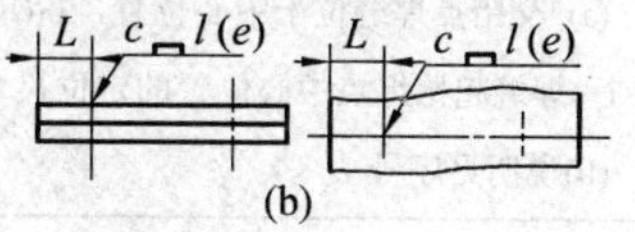 (b)
7	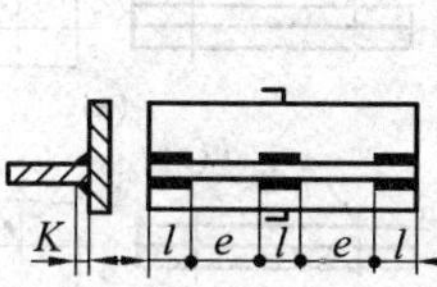 (a) 对称断续角焊缝，构件两端均有焊缝 (b) 按注②规定省略了焊缝段数，按注①规定，焊缝符号中的尺寸只在基准线上标注了一次	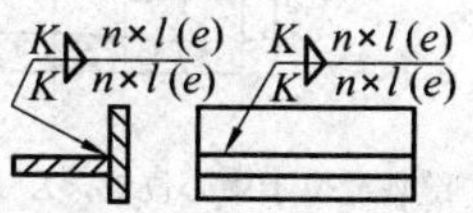 (a) 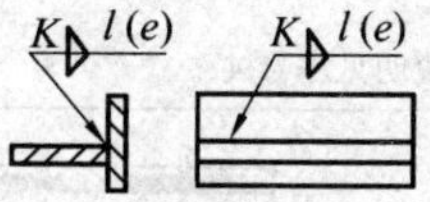 (b)
8	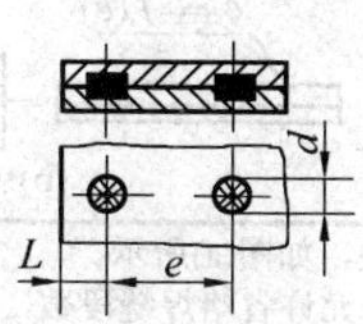 (a) 点焊缝偏离中心位置，在箭头侧 (b) 说明同序号 1	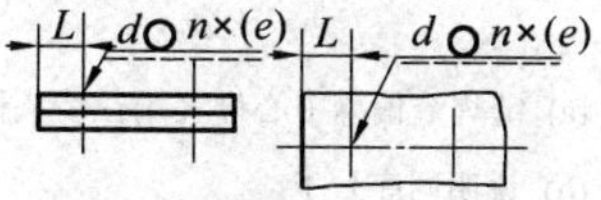 (a) 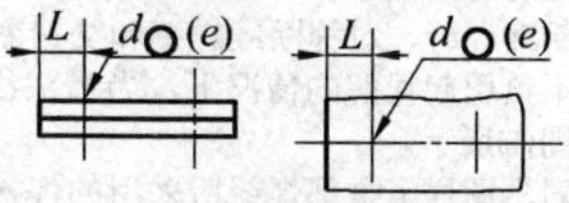 (b)
9	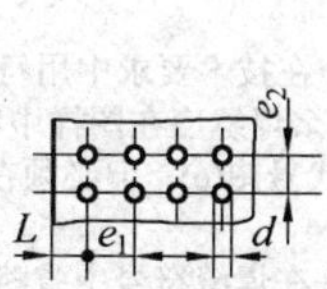 (a) 两行对称点焊缝位于中心位置，e_1 是相邻两焊点中心的间距，e_2 是点焊缝的行间距，L 是第 1 列焊缝起始焊点中心位置的定位尺寸 (b) 说明见序号 4	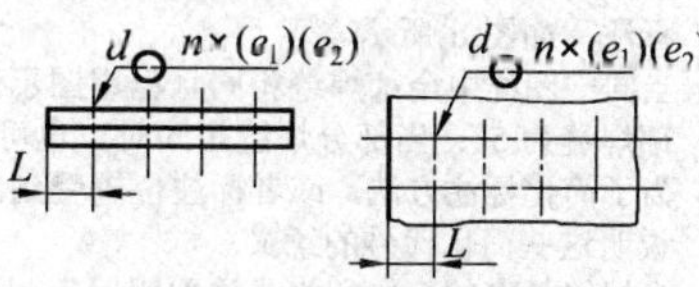 (a) 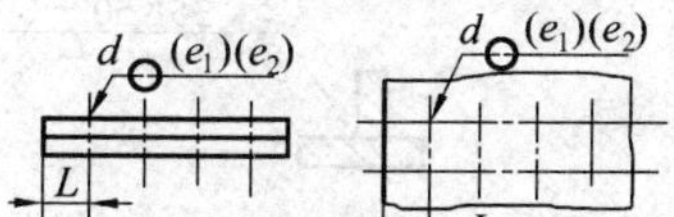 (b)

续表 2.4.9

序号	焊缝视图或剖视图画法	简化标注法
10	(a) 交错点焊缝位于中心位置，L_1(或 L_2)是第 1 行(或第 2 行)焊缝起始焊点中心位置的定位尺寸 (b)说明见序号 7	(a) (b)
11	(a) 缝焊缝位于中心位置，L 是起始缝对中心位置的定位尺寸 (b) 说明见序号 4	(a) (b)
12	(a) 缝焊缝偏离中心位置，在箭头侧，说明见序号 11 (b) 说明同序号 1	(a) (b)

注：① 标注对称焊缝和交错对称焊缝的尺寸，允许在基准线上只标注一次，如图(a)所示。

② 当断续焊缝、对称断续焊缝和交错断续焊缝的段数无严格要求时，允许省略焊缝段数，如图(b)所示。

③ 在不致引起误解的情况下，当箭头线指向焊缝，而非箭头侧又无焊缝要求时，允许省略非箭头侧的基准线(虚线)，如图(f)所示。

④ 当同一图样上全部焊缝所采用的焊接方法安全相同时，焊缝符号尾部表示焊接方法的代号可省略不注，但必须在技术要求或其他技术文件中注明“全部焊缝均采用……焊”等字样；当大部分焊接方法相同时，也可在技术要求或其他技术文件中注明“除图样中注明的焊接方法外，其余焊缝均采用……焊”等字样。

⑤ 在同一图样中，当若干条焊缝的坡口尺寸和焊缝符号均相同时，可采用图(c)的方法集中标注；当这些焊缝同时在接头中的位置相同时，也可采用在焊缝符号的尾部加注相同焊缝数量的方法简化标注，但其他型式的焊缝，仍需分别标注，如图(d)所示。

⑥ 当同一图样中全部焊缝相同且已用图示法明确表示其位置时，可统一在技术要求中用符号表示或用文字说明，如“全部焊缝为 5”；当部分焊缝相同时，也可采用同样的方法表示，但剩余焊缝应在图样中明确标注。

⑦ 为了简化标注方法，或者标注位置受到限制时，可以标注焊缝简化代号图(e)，但必须在该图样下方或在标题栏附近说明这些简化代号的意义。

⑧ 当焊缝长度的起始和终止位置明确(已由构件的尺寸等确定)时，允许在焊缝符号中省略焊缝长度，如图(f)所示。

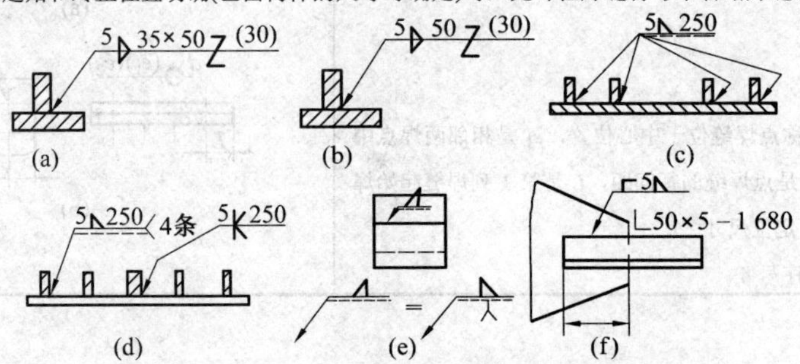

(a) (b) (c) (d) (e) (f)

第 3 章

极限与配合、形位公差、表面粗糙度及传动件精度

3.1 极限与配合

3.1.1 标准公差

标准公差分为 20 个等级，即 IT01，IT0，IT1，IT2，…，IT18。

表 3.1.1 标准公差数值(摘自 GB/T 1800.3－1998)

基本尺寸/mm		公差等级																			
		IT01	IT0	IT1	IT2	IT3	IT4	IT5	IT6	IT7	IT8	IT9	IT10	IT11	IT12	IT13	IT14	IT15	IT16	IT17	IT18
大于	至	μm													mm						
—	3	0.3	0.5	0.8	1.2	2	3	4	6	10	14	25	40	60	0.10	0.14	0.25	0.40	0.60	1.0	1.4
3	6	0.4	0.6	1	1.5	2.5	4	5	8	12	18	30	48	75	0.12	0.18	0.30	0.48	0.75	1.2	1.8
6	10	0.4	0.6	1	1.5	2.5	4	6	9	15	22	36	58	90	0.15	0.22	0.36	0.58	0.90	1.5	2.2
10	18	0.5	0.8	1.2	2	3	5	8	11	18	27	43	70	110	0.18	0.27	0.43	0.70	1.10	1.8	2.7
18	30	0.6	1	1.5	2.5	4	6	9	13	21	33	52	84	130	0.21	0.33	0.52	0.84	1.30	2.1	3.3
30	50	0.6	1	1.5	2.5	4	7	11	16	25	39	62	100	160	0.25	0.39	0.62	1.00	1.60	2.5	3.9
50	80	0.8	1.2	2	3	5	8	13	19	30	46	74	120	190	0.30	0.46	0.74	1.20	1.90	3.0	4.6
80	120	1	1.5	2.5	4	6	10	15	22	35	54	87	140	220	0.35	0.54	0.87	1.40	2.20	3.5	5.4
120	180	1.2	2	3.5	5	8	12	18	25	40	63	100	160	250	0.40	0.63	1.00	1.60	2.50	4.0	6.3
180	250	2	3	4.5	7	10	14	20	29	46	72	115	185	290	0.46	0.72	1.15	1.85	2.90	4.6	7.2
250	315	2.5	4	6	8	12	16	23	32	52	81	130	210	320	0.52	0.81	1.30	2.10	3.20	5.2	8.1
315	400	3	5	7	9	13	18	25	36	57	89	140	230	360	0.57	0.89	1.40	2.30	3.60	5.7	8.9
400	500	4	6	8	10	15	20	27	40	63	97	155	250	400	0.63	0.97	1.55	2.50	4.00	6.3	9.7
500	630	—	—	9	11	16	22	32	44	70	110	175	280	440	0.70	1.10	1.75	2.8	4.4	7.0	11.0
630	800	—	—	10	13	18	25	36	50	80	125	200	320	500	0.80	1.25	2.00	3.2	5.0	8.0	12.5
800	1 000	—	—	11	15	21	28	40	56	90	140	230	360	560	0.90	1.40	2.30	3.6	5.6	9.0	14.0
1 000	1 250	—	—	13	18	24	33	47	66	105	165	260	420	660	1.05	1.65	2.60	4.2	6.6	10.5	16.5
1 250	1 600	—	—	15	21	29	39	55	78	125	195	310	500	780	1.25	1.95	3.10	5.0	7.8	12.5	19.5
1 600	2 000	—	—	18	25	35	46	65	92	150	230	370	600	920	1.50	2.30	3.70	6.0	9.2	15.0	23.0
2 000	2 500	—	—	22	30	41	55	78	110	175	280	440	700	1100	1.75	2.80	4.40	7.0	11.0	17.5	28.0
2 500	3 150	—	—	26	36	50	68	99	135	210	330	540	860	1350	2.10	3.30	5.40	8.6	13.5	21.0	33.0

注：基本尺寸小于 1 mm 时，无 IT14～IT18。

表 3.1.2　公差等级的应用

应　用	公差等级(IT)																			
	01	0	1	2	3	4	5	6	7	8	9	10	11	12	13	14	15	16	17	18
块　规	—	—	—																	
量　规			—	—	—	—	—	—	—											
配合尺寸							—	—	—	—	—	—	—	—	—					
特别精密零件的配合				—	—	—	—													
非配合尺寸(大制造公差)														—	—	—	—	—	—	—
原材料公差										—	—	—	—	—	—	—				

表 3.1.3　公差等级与加工方法的关系

加工方法	公差等级(IT)																	
	01	0	1	2	3	4	5	6	7	8	9	10	11	12	13	14	15	16
研　磨	—	—	—	—	—	—	—											
珩						—	—	—	—									
圆磨、平磨							—	—	—	—								
金刚石车、金钢石镗							—	—	—									
拉　削							—	—	—	—								
铰　孔								—	—	—	—	—						
车、镗									—	—	—	—	—					
铣										—	—	—	—					
刨、插												—	—					
钻　孔												—	—	—	—			
滚压、挤压												—	—					
冲　压												—	—	—	—	—		
压　铸													—	—	—	—		
粉末冶金成型								—	—	—								
粉末冶金烧结									—	—	—	—						
砂型铸造、气割																		—
锻　造																	—	

3.1.2 基本偏差

按 GB/T 1800.2－1998 的规定，大写拉丁字母表示孔的基本偏差，小写字母表示轴的基本偏差。其中，H 代表基准孔，h 代表基准轴；H 的基本偏差(下偏差)为零，h 的基本偏差(上偏差)为零。

表 3.1.4 基本偏差代号

基本偏差	孔	A，B，C，CD，D，E，EF，F，FG，G，H，J，JS，K，M，N，P，R，S，T，U，V，X，Y，Z，ZA，ZB，ZC
	轴	a，b，c，cd，d，e，ef，f，fg，g，h，j，js，k，m，n，p，r，s，t，u，v，x，y，z，za，zb，zc

表 3.1.5 配合种类及其基本偏差代号

种　类	基 孔 制 H	基 轴 制 h	说　明
间隙配合	a,b,c,cd,d,e,ef,f,fg,g,h	A,B,C,CD,D,E,EF,F,FG,G,H	间隙依次渐小
过渡配合	j,js,k,m,n	J,JS,K,M,N	依次渐紧
过盈配合	p,r,s,t,u,v,x,y,z,za,zb,zc	P,R,S,T,U,V,X,Y,Z,ZA,ZB,ZC	依次渐紧

表 3.1.6 各种基本偏差的应用说明

配合种类	基本偏差	配合特性及应用
间隙配合	a、b (A、B)	可得到特别大的间隙，很少应用
	c (C)	可得到很大的间隙，一般适用于缓慢、松弛的动配合。用于工作条件较差(如农业机械)、受力变形或为了便于装配，而必须保证有较大的间隙时。推荐配合为 H11/c11，其较高级的配合(如 H8/c7)适用于轴在高温工作的紧密动配合，如内燃机排气阀和导管
	d (D)	配合一般用于 IT7～IT11，适用于松的转动配合，如密封盖、滑轮、空转带轮等与轴的配合。也适用于大直径滑动轴承配合，如透平机、球磨机、轧滚成型和重型弯曲机及其他重型机械中的一些滑动支承
	e (E)	多用于 IT7～IT9 级，通常适用要求有明显间隙、易于转动的支承配合，如大跨距、多支点支承等。高等级的 e 轴适用于大型、高速、重载支承配合，如涡轮发电机、大型电动机、内燃机、凸轮轴及摇臂支承等
	f (F)	多用于 IT6～IT8 级的一般转动配合。当温度影响不大时，被广泛用于普通润滑油(或润滑脂)润滑的支承，如齿轮箱、小电动机、泵等的转轴与滑动支承的配合
	g (G)	配合间隙很小，制造成本高，除很轻负荷的精密装置外，不推荐用于转动配合。多用于 IT5～IT7 级，最适合不回转的精密滑动配合，也用于插销等定位配合。如精密连杆轴承、活塞、滑阀及连杆销等
	h (H)	多用于 IT4～IT11 级。广泛用于无相对转动的零件，作为一般的定位配合。若没有温度、变形影响，也用于精密滑动配合
过渡配合	js (JS)	为完全对称偏差(±IT/2)，平均为稍有间隙的配合，多用于 IT4～IT7 级，要求间隙比 h 轴小，并允许略有过盈的定位配合。如联轴器可用手或木锤装配
	k (K)	平均为没有间隙的配合，适用于 IT4～IT7 级。推荐用于稍有过盈的定位配合。例如，为了消除振动用的定位配合，一般用木锤装配
	m (M)	平均为具有不大过盈的过渡配合。适用 IT4～IT7 级，一般可用木锤装配，但在最大过盈时，要求相当的压入力
	n (N)	平均过盈比 m 轴稍大，很少得到间隙，适用 IT4～IT7 级，用锤或压力机装配，通常推荐用于紧密的组件配合。H6/n5 配合时为过盈配合
过盈配合	p (P)	与 H6 或 H7 配合时是过盈配合，与 H8 孔配合时则为过渡配合。对非铁类零件，为较轻的压入配合，当需要时易于拆卸。对钢、铸铁或铜、钢组件装配是标准压入配合
	r (R)	对铁类零件为中等打入配合，对非铁类零件，为轻打入的配合，当需要时可以拆卸。与 H8 孔配合，直径在 100 mm 以上时为过盈配合，直径小时为过渡配合
	s (S)	用于钢和铁制零件的永久性和半永久装配，可产生相当大的结合力。当用弹性材料(如轻合金)时，配合性质与铁类零件的 p 轴相当。如套环压装在轴上、阀座等配合。尺寸较大时，为了避免损伤配合表面，需用热胀或冷缩法装配
	t、u、v、x、y、z (T、U、V、X、Y、Z)	过盈量依次增大，一般不推荐

3.1.3 配合的选择

表 3.1.7 基孔制与基轴制优先、常用配合

配合	基准制															
间隙配合	基孔制	$\frac{H6}{f5}$	$\frac{H6}{g5}$	$\frac{H6}{h5}$	$\frac{H7}{f6}$	$\frac{H7}{g6}$	$\frac{H7}{h6}$	$\frac{H8}{e7}$	$\frac{H8}{f7}$	$\frac{H8}{g7}$	$\frac{H8}{h7}$	$\frac{H8}{d8}$	$\frac{H8}{e8}$	$\frac{H8}{f8}$	$\frac{H8}{h8}$	$\frac{H9}{c9}$
间隙配合	基轴制	$\frac{F6}{h5}$	$\frac{G6}{h5}$	$\frac{H6}{h5}$	$\frac{F7}{h6}$	$\frac{G7}{h6}$	$\frac{H7}{h6}$	$\frac{E8}{h7}$	$\frac{F8}{h7}$		$\frac{H8}{h7}$	$\frac{D8}{H7}$	$\frac{E8}{h8}$	$\frac{F8}{h8}$	$\frac{H8}{h8}$	
间隙配合	基孔制	$\frac{H9}{d9}$	$\frac{H9}{e9}$	$\frac{H9}{f9}$	$\frac{H9}{h9}$	$\frac{H10}{c10}$	$\frac{H10}{d10}$	$\frac{H10}{h10}$	$\frac{H11}{a11}$	$\frac{H11}{b11}$	$\frac{H11}{c11}$	$\frac{H11}{d11}$	$\frac{H11}{h11}$	$\frac{H12}{b12}$	$\frac{H12}{h12}$	
间隙配合	基轴制	$\frac{D9}{h9}$	$\frac{E9}{h9}$	$\frac{F9}{h9}$	$\frac{H9}{h9}$		$\frac{D10}{h10}$	$\frac{H10}{h10}$	$\frac{A11}{h11}$	$\frac{B11}{h11}$	$\frac{C11}{h11}$	$\frac{D11}{h11}$	$\frac{H11}{h11}$	$\frac{B12}{h12}$	$\frac{H12}{h12}$	
过渡配合	基孔制	$\frac{H6}{js5}$		$\frac{H6}{k5}$		$\frac{H6}{m5}$		$\frac{H7}{js6}$		$\frac{H7}{k6}$		$\frac{H7}{m6}$		$\frac{H7}{n6}$		$\frac{H8}{js7}$
过渡配合	基轴制		$\frac{Js6}{h5}$		$\frac{K6}{h5}$		$\frac{M6}{h5}$		$\frac{Js7}{h6}$		$\frac{K7}{h6}$		$\frac{M7}{h6}$		$\frac{N7}{h6}$	
过渡配合	基孔制		$\frac{H8}{k7}$		$\frac{H8}{m7}$		$\frac{H8}{n7}$		$\frac{H8}{p7}$							
过渡配合	基轴制	$\frac{Js8}{h7}$		$\frac{K8}{h7}$		$\frac{M8}{h7}$		$\frac{N8}{h7}$								
过盈配合	基孔制	$\frac{H6}{n5}$		$\frac{H6}{p5}$		$\frac{H6}{r5}$		$\frac{H6}{s5}$		$\frac{H6}{t5}$	$\frac{H7}{p6}$		$\frac{H7}{r6}$		$\frac{H7}{s6}$	
过盈配合	基轴制		$\frac{N6}{h5}$		$\frac{P6}{h5}$		$\frac{R6}{h5}$		$\frac{S6}{h5}$	$\frac{T6}{h5}$		$\frac{P7}{h6}$		$\frac{R7}{h6}$		$\frac{S7}{h6}$
过盈配合	基孔制	$\frac{H7}{t6}$	$\frac{H7}{u6}$		$\frac{H7}{v6}$	$\frac{H7}{x6}$	$\frac{H7}{y6}$	$\frac{H7}{z6}$	$\frac{H8}{r7}$	$\frac{H8}{s7}$	$\frac{H8}{t7}$	$\frac{H8}{u7}$				
过盈配合	基轴制	$\frac{T7}{h6}$		$\frac{U7}{h6}$												

注：① $\frac{H6}{n5}$、$\frac{H7}{p6}$ 在基本尺寸小于等于 3 mm 和 $\frac{H8}{r7}$ 在基本尺寸小于等于 100 mm 时，为过渡配合。

② 标注的配合为优先配合。

表 3.1.8 优先配合选用说明

基孔制	基轴制	优先配合特性及说明
$\frac{H11}{c11}$	$\frac{C11}{h11}$	间隙非常大，用于很松的、转动很慢的动配合；要求大公差与大间隙的外露组件；要求装配方便的很松的配合
$\frac{H9}{d9}$	$\frac{D9}{h9}$	间隙很大的自由转动配合，用于精度非主要要求时，或有大的温度变动、高转速或大的轴颈压力时
$\frac{H8}{f7}$	$\frac{F8}{h7}$	间隙不大的转动配合，用于中等转速与中等轴颈压力的精确转动；也用于装配较易的中等定位配合
$\frac{H7}{g6}$	$\frac{G7}{h6}$	间隙很小的滑动配合，用于不希望自由转动、但可自由移动和滑动并精密定位时，也可用于要求明确的定位配合
$\frac{H7}{h6}$ $\frac{H8}{h7}$ $\frac{H9}{h9}$ $\frac{H11}{h11}$	$\frac{H7}{h6}$ $\frac{H8}{h7}$ $\frac{H9}{h9}$ $\frac{H11}{h11}$	均为间隙定位配合，零件可自由装拆，而工作时一般相对静止不动。在最大实体条件下的间隙为零，在最小实体条件下的间隙由公差等级决定
$\frac{H7}{k6}$	$\frac{K7}{h6}$	过渡配合，用于精密定位
$\frac{H7}{n6}$	$\frac{N7}{h6}$	过渡配合，允许有较大过盈的更精密定位
$\frac{H7^{*}}{p6}$	$\frac{P7}{h6}$	过盈定位配合，即小过盈配合，用于定位精度特别重要时，能以最好的定位精度达到部件的刚性及对中性要求，而对内孔承受压力无特殊要求，不依靠配合的紧固性传递摩擦负荷
$\frac{H7}{s6}$	$\frac{S7}{h6}$	中等压入配合，适用于一般钢件，或用于薄壁件的冷缩配合、用于铸铁件可得到最紧的配合
$\frac{H7}{u6}$	$\frac{U7}{h6}$	压入配合，适用于可以承受大压入力的零件或不宜承受大压入力的冷缩配合

注：*小于或等于 3 mm 时为过渡配合。

3.1.4 轴、孔的极限偏差

表 3.1.9 尺寸至 500 mm 轴的极限偏差(摘自 GB/T 1800.4—1999) μm

基本尺寸/mm		公						差						带		
		a					b					c				
大于	至	9	10	11*	12	13	9	10	11*	12*	13	8	9*	10*	▲11	12
—	3	−270	−270	−270	−270	−270	−140	−140	−140	−140	−140	−60	−60	−60	−60	−60
		−295	−310	−330	−370	−410	−165	−180	−200	−240	−280	−74	−85	−100	−120	−160
3	6	−270	−270	−370	−270	−270	−140	−140	−140	−140	−140	−70	−70	−70	−70	−70
		−300	−318	−345	−390	−450	−170	−188	−215	−260	−320	−88	−100	−118	−145	−190
6	10	−280	−280	−280	−280	−280	−150	−150	−150	−150	−150	−80	−80	−80	−80	−80
		−316	−338	−370	−430	−500	−186	−208	−240	−300	−370	−102	−116	−138	−170	−230
10	14	−290	−290	−290	−290	−290	−150	−150	−150	−150	−150	−95	−95	−95	−95	−95
14	18	−330	−360	−400	−470	−560	−193	−220	−260	−330	−420	−122	−138	−165	−205	−275
18	24	−300	−300	−300	−300	−300	−160	−160	−160	−160	−160	−110	−110	−110	−110	−110
24	30	−352	−384	−430	−510	−630	−212	−244	−290	−370	−490	−143	−162	−194	−240	−320
30	40	−310	−310	−310	−310	−310	−170	−170	−170	−170	−170	−120	−120	−120	−120	−120
		−372	−410	−470	−560	−700	−232	−270	−330	−420	−560	−159	−182	−220	−280	−370
40	50	−320	−320	−320	−350	−320	−180	−180	−180	−180	−180	−130	−130	−130	−130	−130
		−382	−420	−480	−570	−710	−242	−280	−340	−430	−570	−169	−192	−230	−290	−380
50	65	−340	−340	−340	−340	−340	−190	−190	−190	−190	−190	−140	−140	−140	−140	−140
		−414	−460	−530	−640	−800	−264	−310	−380	−490	−650	−186	−214	−260	−330	−440
65	80	−360	−360	−360	−360	−360	−200	−200	−200	−200	−200	−150	−150	−150	−150	−150
		−434	−480	−550	−660	−820	−274	−320	−390	−500	−660	−196	−224	−270	−340	−450
80	100	−380	−380	−380	−380	−380	−220	−220	−220	−220	−220	−170	−170	−170	−170	−170
		−467	−520	−600	−730	−920	−307	−360	−440	−570	−760	−224	−257	−310	−390	−520
100	120	−410	−410	−410	−410	−410	−240	−240	−240	−240	−240	−180	−180	−180	−180	−180
		−497	−550	−630	−760	−950	−327	−380	−460	−590	−780	−234	−267	−320	−400	−530
120	140	−460	−460	−460	−460	−460	−260	−260	−260	−260	−260	−200	−200	−200	−200	−200
		−560	−620	−710	−860	−1 090	−360	−420	−510	−660	−890	−263	−300	−360	−450	−600
140	160	−520	−520	−520	−520	−550	−280	−280	−280	−280	−280	−210	−210	−210	−210	−210
		−620	−680	−770	−920	−1 150	−380	−440	−530	−680	−910	−273	−310	−370	−460	−610
160	180	−580	−580	−580	−580	−580	−310	−310	−310	−310	−310	−230	−230	−230	−230	−230
		−680	−740	−830	−980	−1210	−410	−470	−560	−710	−940	−293	−330	−390	−480	−630
180	200	−660	−660	−660	−660	−660	−340	−340	−340	−340	−340	−240	−240	−240	−240	−240
		−775	−845	−950	−1 120	−1 380	−455	−525	−630	−800	−1 060	−312	−355	−425	−530	−700
200	225	−740	−740	−740	−740	−740	−380	−380	−380	−380	−380	−260	−260	−260	−260	−260
		−855	−925	−1 030	−1 200	−1 460	−495	−565	−670	−840	−1 100	−332	−375	−445	−550	−720
225	250	−820	−820	−820	−280	−820	−420	−420	−420	−420	−420	−280	−280	−280	−280	−280
		−935	−1 005	−1 110	−1 280	−1 540	−335	605	−710	−880	−1 140	−352	−395	−465	−570	−740
250	280	−920	−920	−920	−920	−920	−480	−480	−480	−480	−480	−300	−300	−300	−300	−300
		−1 050	−1 130	−1 240	−1 440	−1 730	−610	−690	−800	−1 000	−1 290	−381	−430	−510	−620	−820
280	315	−1 050	−1 050	−1 050	−1 050	−1 050	−540	−540	−540	−540	−540	−330	−330	−330	−330	−330
		−1 180	−1 260	−1 370	−1 570	−1 860	−670	−750	−860	−1 060	−1 350	−411	−460	−540	−650	−850
315	355	−1 200	−1 200	−1 200	−1 200	−1 200	−600	−600	−600	−600	−600	−360	−360	−360	−360	−360
		−1 340	−1 430	−1 560	−1 770	−2 090	−740	−830	−960	−1 170	−1 490	−449	−500	−590	−720	−930
355	400	−1 350	−1 350	−1 350	−1 350	−1 350	−680	−680	−680	−680	−680	−400	−400	−400	−400	−400
		−1 490	−1 580	−1 710	−1 920	−2 240	−820	−910	−1 040	−1 250	−1 570	−489	−540	−630	−760	−970
400	450	−1 500	−1 500	−1 500	−1 500	−1 500	−760	−760	−760	−760	−760	−440	−440	−440	−440	−440
		−1 655	−1 750	−1 900	−2 130	−2 470	−915	−1 010	−1 160	−1 390	−1 730	−537	−595	−690	−840	−1 070
450	500	−1 650	−1 650	−1 650	−1 650	−1 650	−840	−840	−840	−840	−840	−480	−480	−480	−480	−480
		−1 805	−1 900	−2 050	−2 280	−2 620	−995	−1 090	−1 240	−1 470	−1 810	−577	−635	−730	−880	−1 110

注：① 基本尺寸小于 1 mm 时，各级的 a 和 b 均不采用。

② ▲为优先公差带，*为常用公差带，其余为一般用途公差带。

续表 3.1.9 μm

基本尺寸/mm		公差带														
		c	d					e					f			
大于	至	13	7	8*	▲9	10*	11*	6	7*	8*	9*	10	5*	6*	▲7	8*
—	3	-60 -200	-20 -30	-20 -34	-20 -45	-20 -60	-20 -80	-14 -20	-14 -24	-14 -28	-14 -39	-14 -54	-6 -10	-6 -12	-6 -16	-6 -20
3	6	-70 -250	-30 -42	-30 -48	-30 -60	-30 -78	-30 -105	-20 -28	-20 -32	-20 -38	-20 -50	-20 -68	-10 -15	-10 -18	-10 -22	-10 -28
6	10	-80 -300	-40 -55	-40 -62	-40 -76	-40 -98	-40 -130	-25 -34	-25 -40	-25 -47	-25 -61	-25 -83	-13 -19	-13 -22	-13 -28	-13 -35
10 14	14 18	-95 -365	-50 -68	-50 -77	-50 -93	-50 -120	-50 -160	-32 -43	-32 -50	-32 -59	-32 -75	-32 -102	-16 -24	-16 -27	-16 -34	-16 -43
18 24	24 30	-110 -440	-65 -86	-65 -68	-65 -117	-65 -149	-65 -195	-40 -53	-40 -61	-40 -73	-40 -92	-40 -124	-20 -29	-20 -33	-20 -41	-20 -53
30	40	-120 -510	-80 -105	-80 -119	-80 -142	-80 -180	-80 -240	-50 -66	-50 -75	-50 -89	-50 -112	-50 -150	-25 -36	-25 -41	-25 -50	-25 -64
40	50	-130 -520														
50	65	-140 -600	-100 -130	-100 -146	-100 -174	-100 -220	-100 -290	-60 -79	-60 -90	-60 -106	-60 -134	-60 -180	-30 -43	-30 -49	-30 -60	-30 -76
65	80	-150 -610														
80	100	-170 -710	-120 -155	-120 -174	-120 -207	-120 -260	-120 -340	-72 -94	-72 -107	-72 -126	-72 -159	-72 -212	-36 -51	-36 -58	-36 -71	-36 -90
100	120	-180 -720														
120	140	-200 -830	-145 -185	-145 -208	-145 -245	-145 -305	-145 -395	-85 -110	-85 -125	-85 -148	-85 -185	-85 -245	-43 -61	-43 -68	-43 -83	-43 -106
140	160	-210 -840														
160	180	-230 -860														
180	200	-240 -960	-170 -216	-170 -242	-170 -285	-170 -355	-170 -460	-100 -129	-100 -146	-100 -172	-100 -215	-100 -285	-50 -70	-50 -79	-50 -96	-50 -122
200	225	-260 -980														
225	250	-280 -1 000														
250	280	-300 -1 110	-190 -242	-190 -271	-190 -320	-190 -400	-190 -510	-110 -142	-110 -162	-110 -191	-110 -240	-110 -320	-56 -79	-56 -88	-56 -108	-56 -137
280	315	-330 -1 140														
315	355	-360 -1250	-210 -267	-210 -299	-210 -350	-210 -440	-210 -570	-125 -161	-125 -182	-125 -214	-125 -265	-125 -355	-62 -87	-62 -98	-62 -119	-62 -151
355	400	-400 -1 290														
400	450	-440 -1 410	-230 -293	-230 -327	-230 -385	-230 -480	-230 -630	-135 -175	-135 -198	-135 -232	-135 -290	-135 -385	-68 -95	-68 -108	-68 -131	-68 -165
450	500	-480 -1 450														

续表 3.1.9

μm

基本尺寸/mm		公差带														
		f	g					h								
大于	至	9*	4	5*	▲6	7*	8	1	2	3	4	5*	▲6	▲7	8*	▲9
—	3	−6	−2	−2	−2	−2	−2	0	0	0	0	0	0	0	0	0
		−31	−5	−6	−8	−12	−16	−0.8	−1.2	−2	−3	−4	−6	−10	−14	−25
3	6	−10	−4	−4	−4	−4	−4	0	0	0	0	0	0	0	0	0
		−40	−8	−9	−12	−16	−22	−1	−1.5	−2.5	−4	−5	−8	−12	−18	−30
6	10	−13	−5	−5	−5	−5	−5	0	0	0	0	0	0	0	0	0
		−49	−9	−11	−14	−20	−27	−1	−1.5	−2.5	−4	−6	−9	−15	−22	−36
10	14	−16	−6	−6	−6	−6	−6	0	0	0	0	0	0	0	0	0
14	18	−59	−11	−14	−17	−24	−33	−1.2	−2	−3	−5	−8	−11	−18	−27	−43
18	24	−20	−7	−7	−7	−7	−7	0	0	0	0	0	0	0	0	0
24	30	−72	−13	−16	−20	−28	−40	−1.5	−2.5	−4	−6	−9	−13	−21	−33	−52
30	40	−25	−9	−9	−9	−9	−9	0	0	0	0	0	0	0	0	0
40	50	−87	−16	−20	−25	−34	−48	−1.5	−2.5	−4	−7	−11	−16	−25	−39	−62
50	65	−30	−10	−10	−10	−10	−10	0	0	0	0	0	0	0	0	0
65	80	−104	−18	−23	−29	−40	−56	−2	−3	−5	−8	−13	−19	−30	−46	−74
80	100	−36	−12	−12	−12	−12	−12	0	0	0	0	0	0	0	0	0
100	120	−123	−22	−27	−34	−47	−66	−2.5	−4	−6	−10	−15	−22	−35	−54	−87
120	140															
140	160	−43	−14	−14	−14	−14	−14	0	0	0	0	0	0	0	0	0
		−143	−26	−32	−39	−54	−77	−3.5	−5	−8	−12	−18	−25	−40	−63	−100
160	180															
180	200															
200	225	−50	−15	−15	−15	−15	−15	0	0	0	0	0	0	0	0	0
		−165	−29	−35	−44	−61	−87	−4.5	−7	−10	−14	−20	−29	−46	−72	−115
225	250															
250	280	−56	−17	−17	−17	−17	−17	0	0	0	0	0	0	0	0	0
280	315	−186	−33	−40	−49	−69	−98	−6	−8	−12	−16	−23	−32	−52	−81	−130
315	355	−62	−18	−18	−18	−18	−18	0	0	0	0	0	0	0	0	0
355	400	−202	−36	−43	−54	−75	−107	−7	−9	−13	−18	−25	−36	−57	−89	−140
400	450	−68	−20	−20	−20	−20	−20	0	0	0	0	0	0	0	0	0
450	500	−223	−40	−47	−60	−83	−117	−8	−10	−15	−20	−27	−40	−63	−97	−155

续表 3.1.9 μm

基本尺寸/mm		公差带														
		h				j			js							
大于	至	10*	▲11	12*	13	5	6	7	1	2	3	4	5*	6*	7*	8
—	3	0 -40	0 -60	0 -100	0 -140	—	+4 -2	+6 -4	+0.4	±0.6	±1	±1.5	±2	±3	±5	±7
3	6	0 -48	0 -75	0 -120	0 -180	+3 -2	+6 -2	+8 -4	±0.5	±0.75	±1.25	±2	±2.5	±4	±6	±9
6	10	0 -58	0 -90	0 -150	0 -220	+4 -2	+7 -2	+10 -5	±0.5	±0.75	±1.25	±2	±3	±4.5	±7	±11
10 14	14 18	0 -70	0 -110	0 -180	0 -270	+5 -3	+8 -3	+12 -6	±0.6	±1	±1.5	±2.5	±4	±5.5	±9	±13
18 24	24 30	0 -84	0 -130	0 -210	0 -330	+5 -4	+9 -4	+13 -8	±0.75	±1.25	±2	±3	±4.5	±6.5	±10	±16
30 40	40 50	0 -100	0 -160	0 -250	0 -390	+6 -5	+11 -5	+15 -10	±0.75	±1.25	±2	±3.5	±5.5	±8	±12	±19
50 65	65 80	0 -120	0 -190	0 -300	0 -460	+6 -7	+12 -7	+18 -12	±1	±1.5	±2.5	±4	±6.5	±9.5	±15	±23
80 100	100 120	0 -140	0 -220	0 -350	0 -540	+6 -9	+13 -9	+20 -15	±1.25	±2	±3	±5	±7.5	±11	±17	±27
120 140 160	140 160 180	0 -160	0 -250	0 -400	0 -630	+7 -11	+14 -11	+22 -18	±1.75	±2.5	±4	±6	±9	±12.5	±20	±31
180 200 225	200 225 250	0 -185	0 -290	0 -460	0 -720	+7 -13	+16 -13	+25 -21	±2.25	±3.5	±5	±7	±10	±14.5	±23	±36
250 280	280 315	0 -210	0 -320	0 -520	0 -810	+7 -16	—	—	±3	±4	±6	±8	±11.5	±16	±26	±40
315 355	355 400	0 -230	0 -360	0 -570	0 -890	+7 -18	—	+29 -28	±3.5	±4.5	±6.5	±9	±12.5	±18	±28	±44
400 450	450 500	0 -250	0 -400	0 -630	0 -970	+7 -20	—	+31 -32	±4	±5	±7.5	±10	±13.5	±20	±31	±48

续表 3.1.9

μm

基本尺寸/mm		公差带														
		js					k					m				
大于	至	9	10	11	12	13	4	5*	▲6	7*	8	4	5*	6*	7*	8
—	3	±12	±20	±30	±50	±70	+3 0	+4 0	+6 0	+10 0	+14 0	+5 +2	+6 +2	+8 +2	+12 +2	+16 +2
3	6	±15	±24	±37	±60	±90	+5 +1	+6 +1	+9 +1	+13 +1	+18 0	+8 +4	+9 +4	+12 +4	+16 +4	+22 +4
6	10	±18	±29	±45	±75	±110	+5 +1	+7 +1	+10 +1	+16 +1	+22 0	+10 +6	+12 +6	+15 +6	+21 +6	+28 +6
10 14	14 18	±21	±35	±55	±90	±135	+6 +1	+9 +1	+12 +1	+19 +1	+27 0	+12 +7	+15 +7	+18 +7	+25 +7	+34 +7
18 24	24 30	±26	±42	±65	±105	±165	+8 +2	+11 +2	+15 +2	+23 +2	+33 0	+14 +8	+17 +8	+21 +8	+29 +8	+41 +8
30 40	40 50	±31	±50	±80	±125	±195	+9 +2	+13 +2	+18 +2	+27 +2	+39 0	+16 +9	+20 +9	+25 +9	+34 +9	+48 +9
50 65	65 80	±37	±60	±95	±150	±230	+10 +2	+15 +2	+21 +2	+32 +2	+46 0	+19 +11	+24 +11	+30 +11	+41 +11	+57 +11
80 100	100 120	±43	±70	±110	±175	±270	+13 +3	+18 +3	+25 +3	+38 +3	+54 0	+23 +13	+28 +13	+35 +13	+48 +13	+67 +13
120 140 160	140 160 180	±50	±80	±125	±200	±315	+15 +3	+21 +3	+28 +3	+43 +3	+63 0	+27 +15	+33 +15	+40 +15	+55 +15	+78 +15
180 200 225	200 225 250	±57	±92	±145	±230	±360	+18 +4	+24 +4	+33 +4	+50 +4	+72 0	+31 +17	+37 +17	+46 +17	+63 +17	+89 +17
250 280	280 315	±65	±105	±160	±260	±405	+20 +4	+27 +4	+36 +4	+56 +4	+81 0	+36 +20	+43 +20	+52 +20	+72 +20	+101 +20
315 355	355 400	±70	±115	±180	±285	±445	+22 +4	+29 +4	+40 +4	+61 +4	+89 0	+39 +21	+46 +21	+57 +21	+78 +21	+110 +21
400 450	450 500	±77	±125	±200	±315	±485	+25 +5	+32 +5	+45 +5	+68 +5	+97 0	+43 +23	+50 +23	+63 +23	+86 +23	+120 +23

续表 3.1.9 μm

基本尺寸/mm		公差带														
		n					p					r				
大于	至	4	5*	▲6	7*	8	4	5*	▲6	7*	8	4	5*	6*	7*	8
—	3	+7 +4	+8 +4	+10 +4	+14 +4	+18 +4	+9 +6	+10 +6	+12 +6	+16 +6	+20 +6	+13 +10	+14 +10	+16 +10	+20 +10	+24 +10
3	6	+12 +8	+13 +8	+16 +8	+20 +8	+26 +8	+16 +12	+17 +12	+20 +12	+24 +12	+30 +12	+19 +15	+20 +15	+23 +15	+27 +15	+33 +15
6	10	+14 +10	+16 +10	+19 +10	+25 +10	+32 +10	+19 +15	+21 +15	+24 +15	+30 +15	+37 +15	+23 +19	+25 +19	+28 +19	+34 +19	+41 +19
10	14	+17 +12	+20 +12	+23 +12	+30 +12	+39 +12	+23 +18	+26 +18	+29 +18	+36 +18	+45 +18	+28 +23	+31 +23	+34 +23	+41 +23	+50 +23
14	18															
18	24	+21 +15	+24 +15	+28 +15	+36 +15	+48 +15	+28 +22	+31 +22	+35 +22	+43 +22	+55 +22	+34 +28	+37 +28	+41 +28	+49 +28	+61 +28
24	30															
30	40	+24 +17	+28 +17	+33 +17	+42 +17	+56 +17	+33 +26	+37 +26	+42 +26	+51 +26	+65 +26	+41 +34	+45 +34	+50 +34	+59 +34	+73 +34
40	50															
50	65	+28 +20	+33 +20	+39 +20	+50 +20	+66 +20	+40 +32	+45 +32	+51 +32	+62 +32	+78 +32	+49 +41	+54 +41	+60 +41	+71 +41	+87 +41
65	80											+51 +43	+56 +43	+62 +43	+73 +43	+89 +43
80	100	+33 +23	+38 +23	+45 +23	+58 +23	+77 +23	+47 +37	+52 +37	+49 +37	+72 +37	+91 +37	+61 +51	+66 +51	+73 +51	+86 +51	+105 +51
100	120											+64 +54	+69 +54	+76 +54	+89 +54	+108 +54
120	140	+39 +27	+45 +27	+52 +27	+67 +27	+90 +27	+55 +43	+61 +43	+68 +43	+83 +43	+106 +43	+75 +63	+81 +63	+88 +63	+103 +63	+126 +63
140	160											+77 +65	+83 +65	+90 +65	+105 +65	+128 +65
160	180											+80 +68	+86 +68	+93 +68	+108 +68	+131 +68
180	200	+45 +31	+51 +31	+60 +31	+77 +31	+103 +31	+64 +50	+70 +50	+79 +50	+96 +50	+122 +50	+91 +77	+97 +77	+106 +77	+123 +77	+149 +77
200	225											+94 +80	+100 +80	+109 +80	+126 +80	+152 +80
225	250											+98 +84	+104 +84	+113 +84	+130 +84	+156 +84
250	280	+50 +34	+57 +34	+66 +34	+86 +34	+115 +34	+72 +56	+79 +56	+88 +56	+108 +56	+137 +56	+110 +94	+117 +94	+126 +94	+146 +94	+175 +94
280	315											+114 +98	+121 +98	+130 +98	+150 +98	+179 +98
315	355	+55 +37	+62 +37	+73 +37	+94 +37	+126 +37	+80 +62	+87 +62	+98 +62	+119 +62	+151 +62	+126 +108	+133 +108	+144 +108	+165 +108	+197 +108
355	400											+132 +114	+139 +114	+150 +114	+171 +114	+203 +114
400	450	+60 +40	+67 +40	+80 +40	+103 +40	+137 +40	+88 +68	+95 +68	+108 +68	+131 +68	+165 +68	+146 +126	+153 +126	+166 +126	+189 +126	+223 +126
450	500											+152 +132	+159 +132	+172 +132	+195 +132	+229 +132

续表 3.1.9 μm

基本尺寸/mm		公差带														
		s					t				u				v	
大于	至	4	5*	▲6	7*	8	5*	6*	7*	8	5	▲6	7*	8	5	6*
—	3	+17 +14	+18 +14	+20 +14	+24 +14	+28 +14	—	—	—	—	+22 +18	+24 +18	+28 +18	+32 +18	—	—
3	6	+23 +19	+24 +19	+27 +19	+31 +19	+37 +19	—	—	—	—	+28 +23	+31 +23	+35 +23	+41 +23	—	—
6	10	+27 +23	+29 +23	+32 +23	+38 +23	+45 +23	—	—	—	—	+34 +28	+37 +28	+43 +28	+50 +28	—	—
10	14	+33 +28	+36 +28	+39 +28	+46 +28	+55 +28	—	—	—	—	+41 +33	+44 +33	+51 +33	+60 +33	—	—
14	18						—	—	—	—					+47 +39	+50 +39
18	24	+41 +35	+44 +35	+48 +35	+56 +35	+68 +35	—	—	—	—	+50 +41	+54 +41	+62 +41	+74 +41	+56 +47	+60 +47
24	30						+50 +41	+54 +41	+62 +41	+74 +41	+57 +48	+61 +48	+69 +48	+81 +48	+64 +55	+68 +55
30	40	+50 +43	+54 +43	+59 +43	+68 +43	+82 +43	+59 +48	+64 +48	+73 +48	+87 +48	+71 +60	+76 +60	+85 +60	+99 +60	+79 +68	+84 +68
40	50						+65 +54	+70 +54	+79 +54	+93 +54	+81 +70	+86 +70	+95 +70	+109 +70	+92 +81	+97 +81
50	65	+61 +53	+66 +53	+72 +53	+83 +53	+99 +53	+79 +66	+85 +66	+96 +66	+112 +66	+100 +87	+106 +87	+117 +87	+133 +87	+115 +102	+121 +102
65	80	+67 +59	+72 +59	+78 +59	+89 +59	+105 +59	+88 +75	+94 +75	+105 +75	+121 +75	+115 +102	+121 +102	+132 +102	+148 +102	+133 +120	+139 +120
80	100	+81 +71	+86 +71	+93 +71	+106 +71	+125 +71	+106 +91	+113 +91	+126 +91	+145 +91	+139 +124	+146 +124	+159 +124	+178 +124	+161 +146	+168 +146
100	120	+89 +79	+94 +79	+101 +79	+114 +79	+133 +79	+119 +104	+126 +104	+139 +104	+158 +104	+159 +144	+166 +144	+179 +144	+198 +144	+187 +172	+194 +172
120	140	+104 +92	+110 +92	+117 +92	+132 +92	+155 +92	+140 +122	+147 +122	+162 +122	+185 +122	+188 +170	+195 +170	+210 +170	+233 +170	+220 +202	+227 +202
140	160	+112 +100	+118 +100	+125 +100	+140 +100	+163 +100	+152 +134	+159 +134	+174 +134	+197 +134	+208 +190	+215 +190	+230 +190	+253 +190	+246 +228	+253 +228
160	180	+120 +108	+126 +108	+133 +108	+148 +108	+171 +108	+164 +146	+171 +146	+186 +146	+209 +146	+228 +210	+235 +210	+250 +210	+273 +210	+270 +252	+277 +252
180	200	+136 +122	+142 +122	+151 +122	+168 +122	+194 +122	+186 +166	+195 +166	+212 +166	+238 +166	+256 +236	+265 +236	+282 +236	+308 +236	+304 +284	+313 +284
200	225	+144 +130	+150 +130	+159 +130	+176 +130	+202 +130	+200 +180	+209 +180	+226 +180	+252 +180	+278 +258	+287 +258	+304 +258	+330 +258	+330 +310	+339 +310
225	250	+154 +140	+160 +140	+169 +140	+186 +140	+212 +140	+216 +196	+225 +196	+242 +196	+268 +196	+304 +284	+313 +284	+330 +284	+356 +284	+360 +340	+369 +340
250	280	+174 +158	+181 +158	+190 +158	+210 +158	+239 +158	+241 +218	+250 +218	+270 +218	+299 +218	+338 +315	+347 +315	+367 +315	+396 +315	+408 +385	+417 +385
280	315	+186 +170	+193 +170	+202 +170	+222 +170	+251 +170	+263 +240	+272 +240	+292 +240	+321 +240	+373 +350	+382 +350	+402 +350	+431 +350	+448 +425	+457 +425
315	355	+208 +190	+215 +190	+226 +190	+247 +190	+279 +190	+293 +268	+304 +268	+325 +268	+357 +268	+415 +390	+426 +390	+447 +390	+479 +390	+500 +475	+511 +475
355	400	+226 +208	+233 +208	+244 +208	+265 +208	+297 +208	+319 +294	+330 +294	+351 +294	+383 +294	+460 +435	+471 +435	+492 +435	+524 +435	+555 +530	+566 +530
400	450	+252 +232	+259 +232	+272 +232	+295 +232	+329 +232	+357 +330	+370 +330	+393 +330	+427 +330	+517 +490	+530 +490	+553 +490	+587 +490	+622 +595	+635 +595
450	500	+272 +252	+279 +252	+292 +252	+315 +252	+349 +252	+287 +360	+400 +360	+423 +360	+457 +360	+567 +540	+580 +540	+603 +540	+637 +540	+687 +660	+700 +660

续表 3.1.9 μm

基本尺寸/mm		公差带													
		v		x				y				z			
大于	至	7	8	5	6*	7	8	5	6*	7	8	5	6*	7	8
—	3	—	—	+24 +20	+26 +20	+30 +20	+34 +20	—	—	—	—	+30 +26	+32 +26	+36 +26	+40 +26
3	6	—	—	+33 +28	+36 +28	+40 +28	+46 +28	—	—	—	—	+40 +35	+43 +35	+47 +35	+53 +35
6	10	—	—	+40 +34	+43 +34	+49 +34	+56 +34	—	—	—	—	+48 +42	+51 +42	+57 +42	+64 +42
10	14	—	—	+48 +40	+51 +40	+58 +40	+67 +40	—	—	—	—	+58 +50	+61 +50	+68 +50	+77 +50
14	18	+57 +39	+66 +39	+53 +45	+56 +45	+63 +45	+72 +45	—	—	—	—	+68 +60	+71 +60	+78 +60	+87 +60
18	24	+68 +47	+80 +47	+63 +54	+67 +54	+75 +54	+87 +54	+72 +63	+76 +63	+84 +63	+96 +63	+82 +73	+86 +73	+94 +73	+106 +73
24	30	+76 +55	+88 +55	+73 +64	+77 +64	+85 +64	+97 +64	+84 +75	+88 +75	+96 +75	+108 +75	+97 +88	+101 +88	+109 +88	+121 +88
30	40	+93 +68	+107 +68	+91 +80	+96 +80	+105 +80	+119 +80	+105 +94	+110 +94	+119 +94	+133 +94	+123 +112	+128 +112	+137 +112	+151 +112
40	50	+106 +81	+120 +81	+108 +97	+113 +97	+122 +97	+136 +97	+125 +114	+130 +114	+139 +114	+153 +114	+147 +136	+152 +136	+161 +136	+175 +136
50	65	+132 +102	+148 +102	+135 +122	+141 +122	+152 +122	+168 +122	+157 +144	+163 +144	+174 +144	+190 +144	+185 +172	+191 +172	+202 +172	+218 +172
65	80	+150 +120	+166 +120	+159 +146	+165 +146	+176 +146	+192 +146	+187 +174	+193 +174	+204 +174	+220 +174	+223 +210	+229 +210	+240 +210	+256 +210
80	100	+181 +146	+200 +146	+193 +178	+200 +178	+213 +178	+232 +178	+229 +214	+236 +214	+249 +214	+268 +214	+273 +258	+280 +258	+293 +258	+312 +258
100	120	+207 +172	+226 +172	+225 +210	+232 +210	+245 +210	+264 +210	+269 +254	+276 +254	+289 +254	+308 +254	+325 +310	+332 +310	+345 +310	+364 +310
120	140	+242 +202	+265 +202	+266 +248	+273 +248	+288 +248	+311 +248	+318 +300	+325 +300	+340 +300	+363 +300	+383 +365	+390 +365	+405 +365	+428 +365
140	160	+268 +228	+291 +228	+298 +280	+305 +280	+320 +280	+343 +280	+358 +340	+365 +340	+380 +340	+403 +340	+433 +415	+440 +415	+455 +415	+478 +415
160	180	+292 +252	+315 +252	+328 +310	+335 +310	+350 +310	+373 +310	+398 +380	+405 +380	+420 +380	+443 +380	+483 +465	+490 +465	+505 +465	+528 +465
180	200	+330 +284	+356 +284	+370 +350	+379 +350	+396 +350	+422 +350	+445 +425	+454 +425	+471 +425	+497 +425	+540 +520	+549 +520	+566 +520	+592 +520
200	225	+356 +310	+382 +310	+405 +385	+414 +385	+431 +385	+457 +385	+490 +470	+499 +470	+516 +470	+542 +470	+595 +575	+604 +575	+621 +575	+647 +575
225	250	+386 +340	+412 +340	+445 +425	+454 +425	+471 +425	+497 +425	+540 +520	+549 +520	+566 +520	+592 +520	+660 +640	+669 +640	+686 +640	+712 +640
250	280	+437 +385	+466 +385	+498 +475	+507 +475	+527 +475	+556 +475	+603 +580	+612 +580	+632 +580	+661 +580	+733 +710	+742 +710	+762 +710	+791 +710
280	315	+477 +425	+506 +425	+548 +525	+557 +525	+577 +525	+606 +525	+673 +650	+682 +650	+702 +650	+731 +650	+813 +790	+822 +792	+842 +790	+871 +790
315	355	+532 +475	+564 +475	+615 +590	+626 +590	+647 +590	+679 +590	+755 +730	+766 +730	+787 +730	+819 +730	+925 +900	+936 +900	+957 +900	+989 +900
355	400	+587 +530	+619 +530	+685 +660	+696 +660	+717 +660	+749 +660	+845 +820	+856 +820	+877 +820	+909 +820	+1 025 +1 000	+1 036 +1 000	+1 057 +1 000	+1 089 +1 000
400	450	+658 +595	+692 +595	+767 +740	+780 +740	+803 +740	+837 +740	+947 +920	+960 +920	+983 +920	+1 017 + 920	+1 127 +1 100	+1 140 +1 100	+1 163 +1 100	+1 197 +1 100
450	500	+723 +660	+757 +660	+847 +820	+860 +820	+883 +820	+917 +820	+1 027 +1 000	+1 040 +1 000	+1 063 +1 000	+1 097 +1 000	+1 277 +1 250	+1 290 +1 250	+1 313 +1 250	+1 347 +1 250

表 3.1.10 尺寸至 500 mm 孔的极限偏差(摘自 GB/T 1800.4—1999) μm

基本尺寸/mm		公差带												
		A				B				C				
大于	至	9	10	11*	12	9	10	11*	12*	8	9	10	▲11	12
—	3	+295	+310	+330	+370	+165	+180	+200	+240	+74	+85	+100	+120	+160
		+270	+270	+270	+270	+140	+140	+140	+140	+60	+60	+60	+60	+60
3	6	+300	+318	+345	+390	+170	+188	+215	+260	+88	+100	+118	+145	+190
		+270	+270	+270	+270	+140	+140	+140	+140	+70	+70	+70	+70	+70
6	10	+316	+338	+370	+430	+186	+208	+240	+300	+102	+116	+138	+170	+230
		+280	+280	+280	+280	+150	+150	+150	+150	+80	+80	+80	+80	+80
10	14	+333	+360	+400	+470	+193	+220	+260	+330	+122	+138	+165	+205	+275
14	18	+290	+290	+290	+290	+150	+150	+150	+150	+95	+95	+95	+95	+95
18	24	+352	+384	+430	+510	+212	+244	+290	+370	+143	+162	+194	+240	+320
24	30	+300	+300	+300	+300	+160	+160	+160	+160	+110	+110	+110	+110	+110
30	40	+372	+410	+470	+560	+232	+270	+330	+420	+159	+182	+220	+280	+370
		+310	+310	+310	+310	+170	+170	+170	+170	+120	+120	+120	+120	+120
40	50	+382	+420	+480	+570	+242	+280	+340	+430	+169	+192	+230	+290	+380
		+320	+320	+320	+320	+180	+180	+180	+180	+130	+130	+130	+130	+130
50	65	+414	+460	+530	+640	+264	+310	+380	+490	+186	+214	+260	+330	+440
		+340	+340	+340	+340	+190	+190	+190	+190	+140	+140	+140	+140	+140
65	80	+434	+480	+550	+660	+274	+320	+390	+500	+196	+224	+270	+340	+450
		+360	+360	+360	+360	+200	+200	+200	+200	+150	+150	+150	+150	+150
80	100	+467	+520	+600	+730	+307	+360	+440	+570	+224	+257	+310	+390	+520
		+380	+380	+380	+380	+220	+220	+220	+220	+170	+170	+170	+170	+170
100	120	+497	+550	+630	+760	+327	+380	+460	+590	+234	+267	+320	+400	+530
		+410	+410	+410	+410	+240	+240	+240	+240	+180	+180	+180	+180	+180
120	140	+560	+620	+710	+860	+360	+420	+510	+660	+263	+300	+360	+450	+600
		+460	+460	+460	+460	+260	+260	+260	+260	+200	+200	+200	+200	+200
140	160	+620	+680	+770	+920	+380	+440	+530	+680	+273	+310	+370	+460	+610
		+520	+520	+520	+520	+280	+280	+280	+280	+210	+210	+210	+210	+210
160	180	+680	+740	+830	+980	+410	+470	+560	+710	+293	+330	+390	+480	+630
		+580	+580	+580	+580	+310	+310	+310	+310	+230	+230	+230	+230	+230
180	200	+775	+845	+950	+1 120	+455	+525	+630	+800	+312	+355	+425	+530	+700
		+660	+660	+660	+660	+340	+340	+340	+340	+240	+240	+240	+240	+240
200	225	+855	+925	+1 030	+1 200	+495	+565	+670	+840	+332	+375	+445	+550	+720
		+740	+740	+740	+740	+380	+380	+380	+380	+260	+260	+260	+260	+260
225	250	+935	+1 005	+1 110	+1 280	+535	+605	+710	+880	+352	+395	+465	+570	+740
		+820	+820	+820	+820	+420	+420	+420	+420	+280	+280	+280	+280	+280
250	280	+1 050	+1 130	+1 240	+1 440	+610	+690	+800	+1 000	+381	+430	+510	+620	+820
		+920	+920	+920	+920	+480	+480	+480	+480	+300	+300	+300	+300	+300
280	315	+1 180	+1 260	+1 370	+1 570	+670	+750	+860	+1 060	+411	+460	+540	+650	+850
		+1 050	+1 050	+1 050	+1 050	+540	+540	+540	+540	+330	+330	+330	+3300	+330
315	355	+1 340	+1 430	+1 560	+1 770	+740	+830	+960	+1 170	+449	+500	+590	+720	+930
		+1 200	+1 200	+1 200	+1 200	+600	+600	+600	+600	+360	+360	+360	+360	+360
355	400	+1 490	+1 580	+1 710	+1 920	+820	+910	+1 040	+1 250	+489	+540	+630	+760	+970
		+1 350	+1 350	+1 350	+1 350	+680	+680	+680	+680	+400	+400	+400	+400	+400
400	450	+1 655	+1 750	+1 900	+2 130	+915	+1 010	+1 160	+1 390	+537	+595	+690	+840	+1 070
		+1 500	+1 500	+1 500	+1 500	+760	+760	+760	+760	+440	+440	+440	+440	+440
450	500	+1 805	+1 900	+2 050	+2 280	+995	+1 090	+1 240	+1 470	+577	+635	+730	+880	+1 110
		+1 650	+1 650	+1 650	+1 650	+840	+840	+840	+840	+480	+480	+480	+480	+480

注：① 基本尺寸小于 1 mm 时，各级的 A 和 B 均不采用。

② ▲为优先公差带，*为常用公差带，其余为一般用途公差带。

续表 3.1.10 μm

基本尺寸/mm		公差带												
		D					E				F			
大于	至	7	8*	▲9	10*	11*	7	8*	9*	10	6*	7*	▲8	9*
—	3	+30	+34	+45	+60	+80	+24	+28	+39	+54	+12	+16	+20	+31
		+20	+20	+20	+20	+20	+14	+14	+14	+14	+6	+6	+6	+6
3	6	+42	+48	+60	+78	+105	+32	+38	+50	+68	+18	+22	+28	+40
		+30	+30	+30	+30	+30	+20	+20	+20	+20	+10	+10	+10	+10
6	10	+55	+62	+76	+98	+130	+40	+47	+61	+83	+22	+28	+35	+49
		+40	+40	+40	+40	+40	+25	+25	+25	+25	+13	+13	+13	+13
10	14	+68	+77	+93	+120	+160	+50	+59	+75	+102	+27	+34	+43	+59
14	18	+50	+50	+50	+50	+50	+32	+32	+32	+32	+16	+16	+16	+16
18	24	+86	+98	+117	+149	+195	+61	+73	+92	+124	+33	+41	+53	+72
24	30	+65	+65	+65	+65	+65	+40	+40	+40	+40	+20	+20	+20	+29
30	40	+105	+119	+142	+180	+240	+75	+89	+112	+150	+41	+50	+64	+87
40	50	+80	+80	+80	+80	+80	+50	+50	+50	+50	+25	+25	+25	+25
50	65	+130	+146	+174	+220	+290	+90	+106	+134	+180	+49	+60	+76	+104
65	80	+100	+100	+100	+100	+100	+60	+60	+60	+60	+30	+30	+30	+30
80	100	+155	+174	+207	+260	+340	+107	+126	+159	+212	+58	+71	+90	+123
100	120	+120	+120	+120	+120	+120	+72	+72	+72	+72	+36	+36	+36	+36
120	140													
140	160	+185	+208	+245	+305	+395	+125	+148	+185	+245	+68	+83	+106	+143
160	180	+145	+145	+145	+145	+145	+85	+85	+85	+85	+43	+43	+43	+43
180	200													
200	225	+216	+242	+285	+355	+460	+146	+172	+215	+285	+79	+96	+122	+165
225	250	+170	+170	+170	+170	+170	+100	+100	+100	+100	+50	+50	+50	+50
250	280	+242	+271	+320	+400	+510	+162	+191	+240	+320	+88	+108	+137	+186
280	315	+190	+190	+190	+190	+190	+110	+110	+110	+110	+56	+56	+56	+56
315	355	+267	+299	+350	+440	+570	+182	+214	+265	+355	+98	+119	+151	+202
355	400	+210	+210	+210	+210	+210	+125	+125	+125	+125	+62	+62	+62	+62
400	450	+293	+327	+385	+480	+630	+198	+232	+290	+385	+108	+131	+165	+223
450	500	+230	+230	+230	+230	+230	+135	+135	+135	+135	+68	+68	+68	+68

续表 3.1.10

μm

基本尺寸/mm		公差带												
		G				H								
大于	至	5	6*	▲7	8*	1	2	3	4	5	6*	▲7	▲8	▲9
—	3	+6	+8	+12	+16	+0.8	+1.2	+2	+3	+4	+6	+10	+14	+25
		+2	+2	+2	+2	0	0	0	0	0	0	0	0	0
3	6	+9	+12	+16	+22	+1	+1.5	+2.5	+4	+5	+8	+12	+18	+30
		+4	+4	+4	+4	0	0	0	0	0	0	0	0	0
6	10	+11	+14	+20	+27	+1	+1.5	+2.5	+4	+6	+9	+15	+22	+36
		+5	+5	+5	+5	0	0	0	0	0	0	0	0	0
10	14	+14	+17	+24	+33	+1.2	+2	+3	+5	+8	+11	+18	+27	+43
14	18	+6	+6	+6	+6	0	0	0	0	0	0	0	0	0
18	24	+16	+20	+28	+40	+1.5	+2.5	+4	+6	+9	+13	+21	+33	+52
24	30	+7	+7	+7	+7	0	0	0	0	0	0	0	0	0
30	40	+20	+25	+34	+48	+1.5	+2.5	+4	+7	+11	+16	+25	+39	+62
40	50	+9	+9	+9	+9	0	0	0	0	0	0	0	0	0
50	65	+23	+29	+40	+56	+2	+3	+5	+8	+13	+19	+30	+46	+74
65	80	+10	+10	+10	+10	0	0	0	0	0	0	0	0	0
80	100	+27	+34	+47	+66	+2.5	+4	+6	+10	+15	+22	+35	+54	+87
100	120	+12	+12	+12	+12	0	0	0	0	0	0	0	0	0
120	140	+32	+39	+54	+77	+3.5	+5	+8	+12	+18	+25	+40	+63	+100
140	160	+14	+14	+14	+14	0	0	0	0	0	0	0	0	0
160	180													
180	200	+35	+44	+61	+87	+4.5	+7	+10	+14	+20	+29	+46	+72	+115
200	225	+15	+15	+15	+15	0	0	0	0	0	0	0	0	0
225	250													
250	280	+40	+49	+69	+98	+6	+8	+12	+16	+23	+32	+52	+81	+130
280	315	+17	+17	+17	+17	0	0	0	0	0	0	0	0	0
315	355	+43	+54	+75	+107	+7	+9	+13	+18	+25	+36	+57	+89	+140
355	400	+18	+18	+18	+18	0	0	0	0	0	0	0	0	0
400	450	+47	+60	+83	+117	+8	+10	+15	+20	+27	+40	+63	+97	+155
450	500	+20	+20	+20	+20	0	0	0	0	0	0	0	0	0

续表 3.1.10 μm

基本尺寸/mm		公差带												
						J			JS					
大于	至	10*	▲11	12*	13	6	7	8	1	2	3	4	5	6*
—	3	+40 0	+60 0	+100 0	+140 0	+2 −4	+4 −6	+6 −8	±0.4	±0.6	±1	±1.5	±2	±3
3	6	+48 0	+75 0	+120 0	+180 0	+5 −3	—	+10 −8	±0.5	±0.75	±1.25	±2	±2.5	±4
6	10	+58 0	+90 0	+150 0	+220 0	+5 −4	+8 −7	+12 −10	±0.5	±0.75	±1.25	±2	±3	±4.5
10 14	14 18	+70 0	+110 0	+180 0	+270 0	+6 −5	+10 −8	+15 −12	±0.6	±1	±1.5	±2.5	±4	±5.5
18 24	24 30	+84 0	+130 0	+210 0	+330 0	+8 −5	+12 −9	+20 −13	±0.75	±1.25	±2	±3	±4.5	±6.5
30 40	40 50	+100 0	+160 0	+250 0	+390 0	+10 −6	+14 −11	+24 −15	±0.75	±1.25	±2	±3.5	±5.5	±8
50 65	65 80	+120 0	+190 0	+300 0	+460 0	+13 −6	+18 -12	+28 −18	±1	±1.5	±2.5	±4	±6.5	±9.5
80 100	100 120	+140 0	+220 0	+350 0	+540 0	+16 −6	+22 −13	+34 −20	±1.25	±2	±3	±5	±7.5	±11
120 140 160	140 160 180	+160 0	+250 0	+400 0	+630 0	+18 −7	+26 −14	+41 −22	±1.75	±2.5	±4	±6	±9	±12.5
180 200 225	200 225 250	+185 0	+290 0	+460 0	+720 0	+22 −7	+30 −16	+47 −25	±2.25	±3.5	±5	±7	±10	±14.5
250 280	280 315	+210 0	+320 0	+520 0	+810 0	+25 −7	+36 −16	+55 −26	±3	±4	±6	±8	±11.5	±16
315 355	355 400	+230 0	+360 0	+570 0	+890 0	+29 −7	+39 −18	+60 −29	±3.5	±4.5	±6.5	±9	±12.5	±18
400 450	450 500	+250 0	+400 0	+630 0	+970 0	+33 −7	+43 −20	+66 −31	±4	±5	±7.5	±10	±13.5	±20

续表 3.1.10

μm

基本尺寸/mm		公差带												
		JS							K					M
大于	至	7*	8*	9	10	11	12	13	4	5	6*	▲7	8*	4
—	3	±5	±7	±12	±20	±30	±50	±70	0 −3	0 −4	0 −6	0 −10	0 −14	−2 −5
3	6	±6	±9	±15	±24	±37	±60	±90	+0.5 −3.5	0 −5	+2 −6	+3 −9	+5 −13	−2.5 −6.5
6	10	±7	±11	±18	±29	±45	±75	±110	+0.5 −3.5	+1 −5	+2 −7	+5 −10	+6 −16	−4.5 −8.5
10 14	14 18	±9	±13	±21	±35	±55	±90	±135	+1 −4	+2 −6	+2 −9	+6 −12	+8 −19	−5 −10
18 24	24 30	±10	±16	±26	±42	±65	±105	±165	0 −6	+1 −8	+2 −11	+6 −15	+10 −23	−6 −12
30 40	40 50	±12	±19	±31	±50	±80	±125	±195	+1 −6	+2 −9	+3 −13	+7 −18	+12 −27	−6 −13
50 65	65 80	±15	±23	±37	±60	±95	±150	±230	+1 −7	+3 −10	+4 −15	+9 −21	+14 −32	−8 −16
80 100	100 120	±17	±27	±43	±70	±110	±175	±270	+1 −9	+2 −13	+4 −18	+10 −25	+16 −38	−9 −19
120 140 160	140 160 180	±20	±31	±50	±80	±125	±200	±315	+1 −11	+3 −15	+4 −21	+12 −28	+20 −43	−11 −23
180 200 225	200 225 250	±23	±36	±57	±92	±145	±230	±360	0 −14	+2 −18	+5 −24	+13 −33	+22 −50	−13 −27
250 280	280 315	±26	±40	±65	±105	±160	±260	±405	0 −16	+3 −20	+5 −27	+16 −36	+25 −56	−16 −32
315 355	355 400	±28	±44	±70	±115	±180	±285	±445	+1 −17	+3 −22	+7 −29	+17 −40	+28 −61	−16 −34
400 450	450 500	±31	±48	±77	±125	±200	±315	±485	0 −20	+2 −25	+8 −32	+18 −45	+29 −68	−18 −38

续表 3.1.10 μm

基本尺寸/mm		公差带												
		M				N					P			
大于	至	5	6*	7*	8*	5	6*	▲7	8*	9	5	6	7	8
—	3	−2	−2	−2	−2	−4	−4	−4	−4	−4	−6	−6	−6	−6
		−6	−8	−12	−16	−8	−10	−14	−18	−29	−10	−12	−16	−20
3	6	−3	−1	0	+2	−7	−5	−4	−2	0	−11	−9	−8	−12
		−8	−9	−12	−16	−12	−13	−16	−20	−30	−16	−17	−20	−30
6	10	−4	−3	0	+1	−8	−7	−4	−3	0	−13	−12	−9	−15
		−10	−12	−15	−21	−14	−16	−19	−25	−36	−19	−21	−24	−37
10	14	−4	−4	0	+2	−9	−9	−5	−3	0	−15	−15	−11	−18
14	18	−12	−15	−18	−25	−17	−20	−23	−30	−43	−23	−26	−29	−45
18	24	−5	−4	0	+4	−12	−11	−7	−3	0	−19	−18	−14	−22
24	30	−14	−17	−21	−29	−21	−24	−28	−36	−52	−28	−31	−35	−55
30	40	−5	−4	0	+5	−13	−12	−8	−3	0	−22	−21	−17	−26
40	50	−16	−20	−25	−34	−24	−28	−33	−42	−62	−33	−37	−42	−65
50	65	−6	−5	0	+5	−15	−14	−9	−4	0	−27	−26	−21	−32
65	80	−19	−24	−30	−41	−28	−33	−39	−50	−74	−40	−45	−51	−78
80	100	−8	−6	0	+6	−18	−16	−10	−4	0	−32	−30	−24	−37
100	120	−23	−28	−35	−48	−33	−38	−45	−58	−87	−47	−52	−59	−91
120 140 160	140 160 180	−9	−8	0	+8	−21	−20	−12	−4	0	−37	−36	−28	−43
		−27	−33	−40	−55	−39	−45	−52	−67	−100	−55	−61	−68	−106
180 200 225	200 225 250	−11	−8	0	+9	−25	−22	−14	−5	0	−44	−41	−33	−50
		−31	−37	−46	−63	−45	−51	−60	−77	−115	−64	−70	−79	−122
250	280	−13	−9	0	+9	−27	−25	−14	−5	0	−49	−47	−36	−56
280	315	−36	−41	−52	−72	−50	−57	−66	−86	−130	−72	−79	−88	−137
315	355	−14	−10	0	+11	−30	−26	−16	−5	0	−55	−51	−41	−62
355	400	−39	−46	−57	−78	−55	−62	−73	−94	−140	−80	−87	−98	−151
400	450	−16	−10	0	+11	−33	−27	−17	−6	0	−61	−55	−45	−68
450	500	−43	−50	−63	−86	−60	−67	−80	−103	−155	−88	−95	−108	−165

续表 3.1.10 μm

基本尺寸/mm		公差带												
		P	R				S				T			
大于	至	9	5	6*	7*	8	5	6*	▲7	8	6*	7*	8	6
—	3	-6	-10	-10	-10	-10	-14	-14	-14	-14	—	—	—	-18
		-31	-14	-16	-20	-24	-18	-20	-24	-28				-24
3	6	-12	-14	-12	-11	-15	-18	-16	-15	-19	—	—	—	-20
		-42	-19	-20	-23	-33	-23	-24	-27	-37				-28
6	10	-15	-17	-16	-13	-19	-21	-20	-17	-23	—	—	—	-25
		-51	-23	-25	-28	-41	-27	-29	-32	-45				-34
10	14	-18	-20	-20	-16	-23	-25	-25	-21	-28	—	—	—	-30
14	18	-61	-28	-31	-34	-50	-33	-36	-39	-55				-41
18	24										—	—	—	-37
		-22	-25	-24	-20	-28	-32	-31	-27	-35				-50
24	30	-74	-34	-37	-41	-61	-41	-44	-48	-68	-37	-33	-41	-44
											-50	-54	-74	-57
30	40										-43	-39	-48	-55
		-26	-30	-29	-25	-34	-39	-38	-34	-43	-59	-64	-87	-71
40	50	-88	-41	-45	-50	-73	-50	-54	-59	-82	-49	-45	-54	-65
											-65	-70	-93	-81
50	65		-36	-35	-30	-41	-48	-47	-42	-53	-60	-55	-66	-81
		-32	-49	-54	-60	-87	-61	-66	-72	-99	-79	-85	-112	-100
65	80	-106	-38	-37	-32	-43	-54	-53	-48	-59	-69	-64	-75	-96
			-51	-56	-62	-89	-67	-72	-78	-105	-88	-94	-121	-115
80	100		-46	-44	-38	-51	-66	-64	-58	-71	-84	-78	-91	-117
		-37	-61	-66	-73	-105	-81	-86	-93	-125	-106	-113	-145	-139
100	120	-124	-49	-47	-41	-54	-74	-72	-66	-79	-97	-91	-104	-137
			-64	-69	-76	-108	-89	-94	-101	-133	-119	-126	-158	-159
120	140		-57	-56	-48	-63	-86	-85	-77	-92	-115	-107	-122	-163
			-75	-81	-88	-126	-104	-110	-117	-155	-140	-147	-185	-188
140	160	-43	-59	-58	-50	-65	-94	-93	-85	-100	-127	-119	-134	-183
		-143	-77	-83	-90	-128	-112	-118	-125	-163	-152	-159	-197	-208
160	180		-62	-61	-53	-68	-102	-101	-93	-108	-139	-131	-146	-203
			-80	-86	-93	-131	-120	-126	-133	-171	-164	-171	-209	-228
180	200		-71	-68	-60	-77	-116	-113	-105	-122	-157	-149	-166	-227
			-91	-97	-106	-149	-136	-142	-151	-194	-186	-195	-238	-256
200	225	-50	-74	-71	-63	-80	-124	-121	-113	-130	-171	-163	-180	-249
		-165	-94	-100	-109	-152	-144	-150	-159	-202	-200	-209	-252	-278
225	250		-78	-75	-67	-84	134	131	-123	-140	-187	-179	-196	-275
			-98	-104	-113	-156	-154	-160	-169	-212	-216	-225	-268	-304
250	280		-87	-85	-74	-94	-151	-149	-138	-158	-209	-198	-218	-306
		-50	-110	-117	-126	-175	-174	-181	-190	-239	-241	-250	-299	-338
280	315	-186	-91	-89	-78	-98	-163	-161	-150	-170	-231	-220	-240	-341
			-114	-121	-130	-179	-186	-193	-202	-251	-263	-272	-321	-373
315	355		-101	-97	-87	-108	-183	-179	-169	-190	-257	-247	-268	-379
		-62	-126	-133	-144	-197	-208	-215	-226	-279	-293	-304	-357	-415
355	400	-202	-107	-103	-93	-114	-201	-197	-187	-208	-283	-273	-294	-424
			-132	-139	-150	-203	-226	-233	-244	-297	-319	-330	-383	-460
400	450		-119	-113	-103	-126	-225	-219	-209	-232	-317	-307	-330	-477
		-68	-146	-153	-166	-223	-252	-259	-272	-329	-357	-370	-427	-517
450	500	-223	-125	-119	-109	-132	-245	-239	-229	-252	-347	-337	-360	-527
			-152	-159	-172	-229	-272	-279	-292	-349	-387	-400	-457	-567

续表 3.1.10

μm

基本尺寸/mm		公差带														
		U		V			X			Y			Z			
大于	至	▲7	8	6	7	8	6	7	8	6	7	8	6	7	8
—	3	-18	-18	—	—	—	-20	-20	-20	—	—	—	-26	-26	-26
		-28	-32				-26	-30	-34				-32	-36	-40
3	6	-19	-23	—	—	—	-25	-24	-28	—	—	—	-32	-31	-35
		-31	-41				-33	-36	-46				-40	-43	-53
6	10	-22	-28	—	—	—	-31	-28	-34	—	—	—	-39	-36	-42
		-37	-50				-40	-43	-56				-48	-51	-64
10	14			—	—	—	-37	-33	-40	—	—	—	-47	-43	-50
		-26	-33				-48	-51	-67				-58	-61	-77
14	18	-44	-60	-36	-32	-39	-42	-38	-45	—	—	—	-57	-53	-60
				-47	-50	-66	-53	-56	-72				-68	-71	-87
18	24	-33	-41	-43	-39	-47	-50	-46	-54	-59	-55	-63	-69	-65	-73
		-54	-74	-56	-60	-80	-63	-67	-87	-72	-76	-96	-82	-86	-106
24	30	-40	-48	-51	-47	-55	-60	-56	-64	-71	-67	-75	-84	-80	-88
		-61	-81	-64	-68	-88	-73	-77	-97	-84	-88	-108	-97	-101	-121
30	40	-51	-60	-63	-59	-68	-75	-71	-80	-89	-85	-94	-107	-103	-112
		-76	-99	-79	-84	-107	-91	-96	-119	-105	-110	-133	-123	-128	-151
40	50	-61	-70	-76	-72	-81	-92	-88	-97	-109	-105	-114	-131	-127	-136
		-86	-109	-92	-97	-120	-108	-113	-136	-125	-130	-153	-147	-152	-175
50	65	-76	-87	-96	-91	-102	-116	-111	-122	-138	-133	-144	-166	-161	-172
		-106	-133	-115	-121	-148	-135	-141	-168	-157	-163	-190	-185	-191	-218
65	80	-91	-102	-114	-109	-120	-140	-135	-146	-168	-163	-174	-204	-199	-210
		-121	-148	-133	-139	-166	-159	-165	-192	-187	-193	-220	-223	-229	-256
80	100	-111	-124	-139	-133	-146	-171	-165	-178	-207	-201	-214	-251	-245	-258
		-146	-178	-161	-168	-200	-193	-200	-232	-229	-236	-268	-273	-280	-312
100	120	-131	-144	-165	-159	-172	-203	-197	-210	-247	-241	-254	-303	-297	-310
		-166	-198	-187	-194	-226	-225	-232	-264	-269	-276	-308	-325	-332	-364
120	140	-155	-170	-195	-187	-202	-241	-233	-248	-293	-285	-300	-358	-350	-365
		-195	-233	-220	-227	-265	-266	-273	-311	-318	-325	-363	-383	-390	-428
140	160	-175	-190	-221	-213	-228	-273	-265	-280	-333	-325	-340	-408	-400	-415
		-215	-253	-246	-253	-291	-298	-305	-343	-358	-365	-403	-433	-440	-478
160	180	-195	-210	-245	-237	-252	-303	-295	-310	-373	-365	-380	-458	-450	-465
		-235	-273	-270	-277	-315	-328	-335	-373	-398	-405	-443	-483	-490	-528
180	200	-219	-236	-275	-267	-284	-341	-333	-350	-416	-408	-425	-511	-503	-520
		-265	-308	-304	-313	-356	-370	-379	-422	-445	-454	-497	-540	-549	-592
200	225	-241	-258	-301	-293	-310	-376	-368	-385	-461	-453	-470	-566	-558	-575
		-287	-330	-330	-339	-382	-405	-414	-457	-490	-499	-542	-595	-604	-647
225	250	-267	-284	-331	-323	-340	-416	-408	-425	-511	-503	-520	-631	-623	-640
		-313	-356	-360	-369	-412	-445	-454	-497	-540	-549	-592	-660	-669	-712
250	280	-295	-315	-376	-365	-385	-466	-455	-475	-571	-560	-580	-701	-690	-710
		-347	-396	-408	-417	-466	-498	-507	-556	-603	-612	-661	-733	-742	-791
280	315	-330	-350	-416	-405	-425	-516	-505	-525	-641	-630	-650	-781	-770	-790
		-382	-431	-448	-457	-506	-548	-557	-606	-673	-682	-731	-813	-822	-871
315	355	-369	-390	-464	-454	-475	-579	-569	-590	-719	-709	-730	-889	-879	-900
		-426	-479	-500	-511	-564	-615	-626	-679	-755	-766	-819	-925	-936	-989
355	400	-414	-435	-519	-509	-530	-649	-639	-660	-809	-799	-820	-989	-979	-1 000
		-471	-524	-555	-566	-619	-685	-696	-749	-845	-856	-909	-1025	-1 036	-1 089
400	450	-467	-490	-582	-572	-595	-727	-717	-740	-907	-897	-920	-1 087	-1 077	-1 100
		-530	-587	-622	-635	-692	-767	-780	-837	-947	-960	-1 017	-1 127	-1 140	-1 197
450	500	-517	-540	-647	-637	-660	-807	-797	-820	-987	-977	-1 000	-1 237	-1 227	-1 250
		-580	-637	-687	-700	-757	-847	-860	-917	-1 027	-1 040	-1 097	-1 277	-1 290	-1 347

3.1.5 线性尺寸的一般公差(未注公差)

表 3.1.11 线性尺寸的一般公差(摘自 GB/T 1804－2000) mm

公差等级	线性尺寸的极限偏差数值								倒圆半径与倒角高度尺寸的极限偏差数值			
	尺寸分段								尺寸分段			
	0.5～3	>3～6	>6～30	>30～120	>120～400	>400～1 000	>1000～2000	>2000～4000	0.5～3	>3～6	>6～30	>30
F(精密级)	±0.05	±0.05	±0.1	±0.15	±0.2	±0.3	±0.5	—	±0.2	±0.5	±1	±2
M(中等级)	±0.1	±0.1	±0.2	±0.3	±0.5	±0.8	±1.2	±2				
C(粗糙级)	±0.2	±0.3	±0.5	±0.8	±1.2	±2	±3	±4	±0.4	±1	±2	±4
V(最粗级)	—	±0.5	±1	±1.5	±2.5	±4	±6	±8				
在图样上，技术文件或标准中的表示方法示例：GB/T1804-m(表示选用中等级)												

注：本标准适用于金属切削加工的尺寸，也适用于一般的冲压加工的尺寸。非金属材料和其他工艺方法加工的尺寸亦可参照采用。

3.1.6 未注公差角度的极限偏差

表 3.1.12 未注公差角度的极限偏差(摘自 GB/T 1804－2000)

公差等级	长度 /mm				
	≤10	>10～50	>50～120	>120～400	>400
m(中等级)	±1°	±30′	±20′	±10′	±5′
c(粗糙级)	±1° 30′	±1°	±30′	±15′	±10′
v(最粗级)	±3°	±2°	±1°	±30′	±20′

注：① 本表适用于金属切削加工件的角度。图样上未注公差角度的极限偏差，按此标准规定的公差等级选取，并由相应的技术文件作出规定。

② 取值按角度短边长度确定，对圆锥角按圆锥素线长度确定。

③ 未注公差角度的公差等级在图样或技术文件上用标准号和公差等级符号表示。例如，选用中等级时，表示为 GB/T 11335－m。

3.2 形状与位置公差

3.2.1 公差特征项目的符号与公差框格

表 3.2.1 公差特征项目的符号(摘自 GB/T 1182－1996)

公差特征项目的符号

公差		特征项目	符号	基准要求
形状	形状	直线度	—	无
形状	形状	平面度	▱	无
形状	形状	圆度	○	无
形状	形状	圆柱度	⌭	无
形状或位置	轮廓	线轮廓度	⌒	有或无
形状或位置	轮廓	面轮廓度	⌓	有或无
位置	定向	平行度	//	有
位置	定向	垂直度	⊥	有
位置	定向	倾斜度	∠	有
位置	定位	位置度	⌖	有或无
位置	定位	同轴度	◎	有
位置	定位	对称度	⌯	有
位置	跳动	圆跳动	↗	有
位置	跳动	全跳动	⌰	有

其他附加符号

说明		符号	说明	符号
被测要素的标注	直接	(箭头指向要素)	最大实体要求	Ⓜ
被测要素的标注	用字母	A	最小实体要求	Ⓛ
基准要素的标注		Ⓐ	可逆要求	Ⓡ
基准目标的标注		$\frac{\phi 2}{A_1}$	延伸公差带	Ⓟ
理论正确尺寸		50	自由状态(非刚性零件)条件	Ⓕ
包容要求		Ⓔ	全周(轮廓)	↗○

表 3.2.2 公差框格(摘自 GB/T 1182—1996)

公差框格的组成	符号示例		
公差要求在矩形方框中给出，该方框由 2 格或多格组成，框格中的内容从左到右按以下次序填写： 公差特征的符号 公差值用线性值，如公差带是圆形或圆柱形的；则在公差值前加注ϕ；如是球形的，则加注“$S\phi$” 如需要，用一个或多个字母表示基准要素或基准体系，当一个以上要素作为被测要素，如 6 个要素，应在框格上方标明，如“6x”、“6 槽” 如对同一要素有一个以上的公差特征项目要求时，为方便起见，可将一个框格放在另一个框格的下面	— 0.1 // 0.1 A 6×ϕ ⌖ 0.1 ⌖ ϕ0.1 A B C (h, 2h, 2h) ⌖ $S\phi$0.1 A B C — 0.01 // 0.06 B		
	含义	符号	举例
如要求在公差带内进一步限定被测要素的形状，则应在公差值后面加注符号	只许中间向材料内凹下	(−)	— t (−)
	只许中间向材料外凸起	(+)	⏥ t (+)
	只许从左至右减小	(▷)	⌭ t (▷)
	只许从右至左减小	(◁)	⌭ t (◁)

3.2.2 形状与位置公差符号和图样表示法

表 3.2.3 形状与位置公差符号和图样表示法(摘自 GB/T 1182—1996)

项目及说明	图样中的表示法
被测要求 用带箭头的指引线将框格与被测要素相连，按以下方式标注： 当公差涉及轮廓线或表面时(图(a)和图(b))，将箭头置于要素的轮廓线或轮廓线的延长线上(但必须与尺寸线明显地分开) 当指向实际表面时(图(c))，箭头可置于带点的参考线上，该点指在实际表面上 当公差涉及轴线、中心平面或由带尺寸要素确定的点时，则带箭头的指引线应与尺寸线的延长线重合(图(d)、图(e)和图(f))	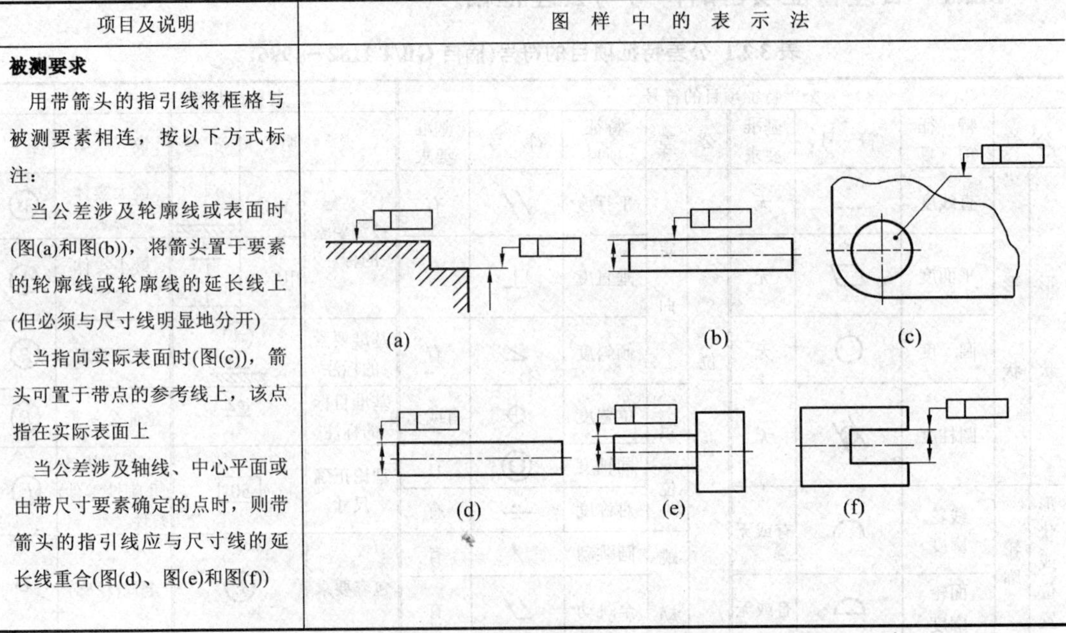 (a) (b) (c) (d) (e) (f)

续表 3.2.3

项目及说明	图样中的表示方法
公差带 除非另有规定(图(e)和图(f))，公差带的宽度方向就是给定的方向(图(a)和图(b))或垂直于被测要素的方向(图(c)和图(d)) 对于圆度，公差带的宽度是形成两同心圆的半径方向 注：图(e)中的角度α(包括90°)必须注出 如在公差值前加注“φ”，则公差带是圆柱形或圆形；如加注“Sφ”，则是球形 对几个表面有同一数值的公差带要求，其表示法可按图(i)和图(j)所示 用同一公差带控制几个被测要素时，应在公差框格上注明“共面”或“共线”(图(k)和图(l))	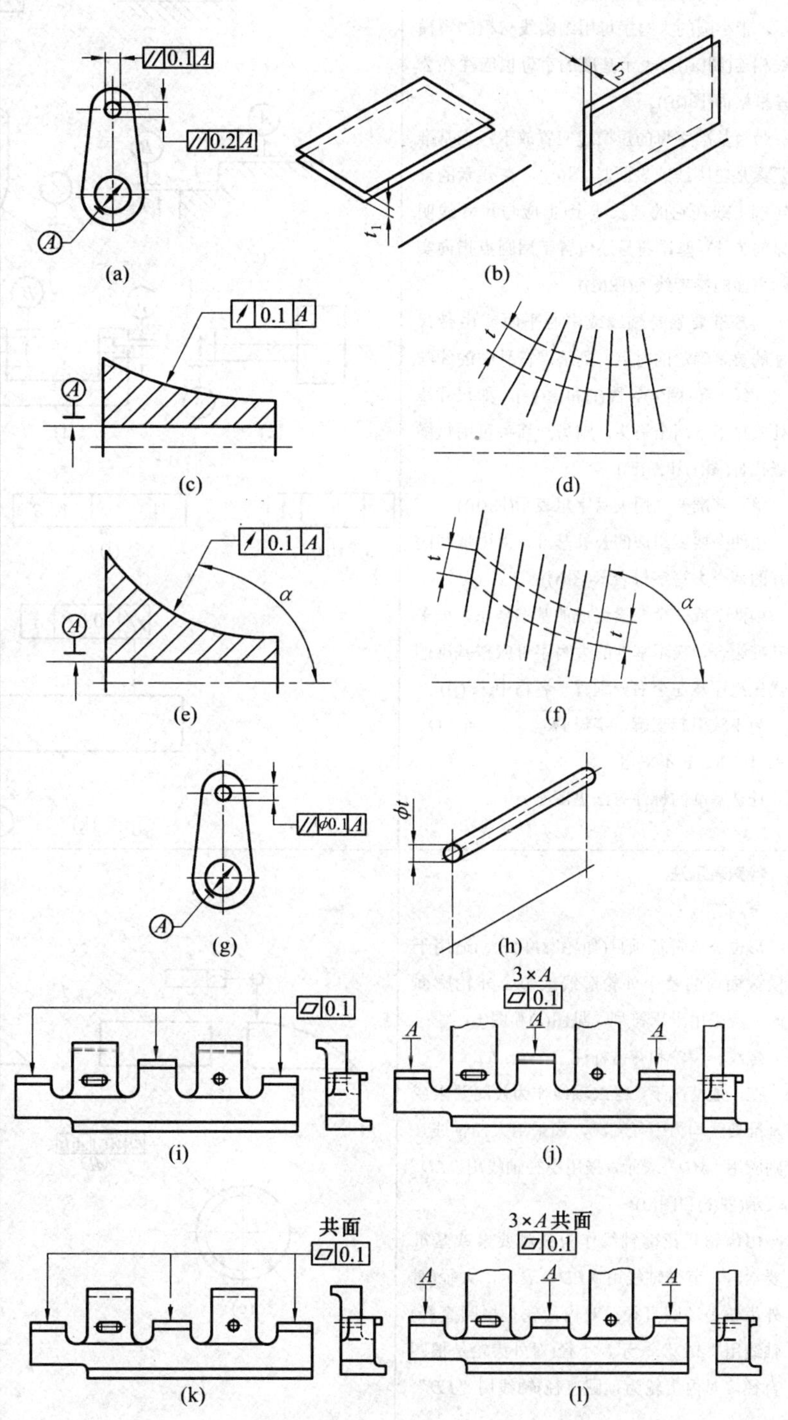(a) (b) (c) (d) (e) (f) (g) (h) (i) (j) (k) (l)

续表 3.2.3

项 目 及 说 明	图 样 中 的 表 示 方 法
基准 相对于被测要素的基准，由基准字母表示。带小圆的大写字母用细实线与粗的短横线相连(图(a))，表示基准的字母也应注在公差框格内(图(b)) 带有基准字母的短横线应置放于：当基准要素是轮廓线或表面时(图(c))，在要素的外轮廓上或在它的延长线上(但应与尺寸线明显的错开)，基准符号还可置于用圆点指向实际表面的参考线上(图(d)) 当基准要素是轴线或中心平面或由带尺寸的要素确定的时点，则基准符号中的线与尺寸线一致(图(e)、图(f)和图(g))。如尺寸线处安排不下两个箭头，则另一箭头可用短横线代替(图(f)和图(g)) 单一基准要素用大写字母表示(图(h)) 由两个要素组成的公共基准，用由横线隔开的两个大写字母表示(图(i)) 由两个或三个要素组成的基准体系，如多基准组合，表示基准的大写字母应按基准的优先次序从左至右分别置于各格中(图(j)) 为不致引起误解，字母 E、I、J、M、O、P、L、R、F 不采用 任选基准的标注方法见图 k	A A // A B A A B A A A (a) (b) (c) (d) (e) (f) (g) A A−B A B C (h) (i) (j) // 0.02 A A (k)
特殊表示法 全周符号 形位公差特征项目(如轮廓度公差)适用于横截面内的整个外轮廓线或整个外轮廓面时，应采用全周符号，见图(a)和图(b) 螺纹、齿轮和花键标注 在一般情况下，螺纹轴线作为被测要素或基准要素均为中径轴线，如采用大径轴线，则应用“*MD*”表示，采用小径轴线用“*LD*”表示(图(c)和图(d)) 由齿轮和花键轴线作为被测要素或基准要素时，节径轴线用“*PD*”表示，大径(对外齿轮是顶圆直径，对内齿轮是根圆直径)轴线用“*MD*”表示，小径(对外齿轮是根圆直径，对内齿轮为顶圆直径)轴线用“*LD*”表示	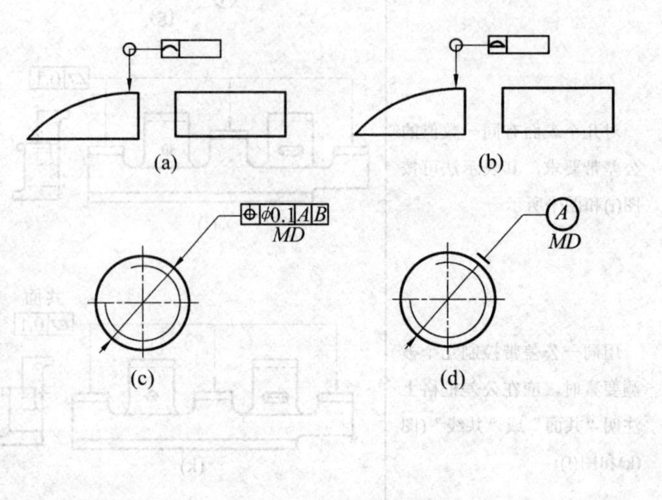 (a) (b) (c) (d)

续表 3.2.3

项目及说明	图样中的表示方法
局部限制的规定 如对同一要素的公差值在全部被测要素内的任一部分有进一步的限制时，该限制部分(长度或面积)的公差值要求应放在公差值的后面，用斜线相隔。这种限制要求可以直接放在表示全部被测要素公差要求的框格下面(图(a)) 如仅要求要素的某一部分的公差值，则用粗点划线表示其范围，并加注尺寸(图(b)、图(c)) 如仅要求要素的某一部分作为基准，则该部分应用粗点划线表示并加注尺寸(图(d))	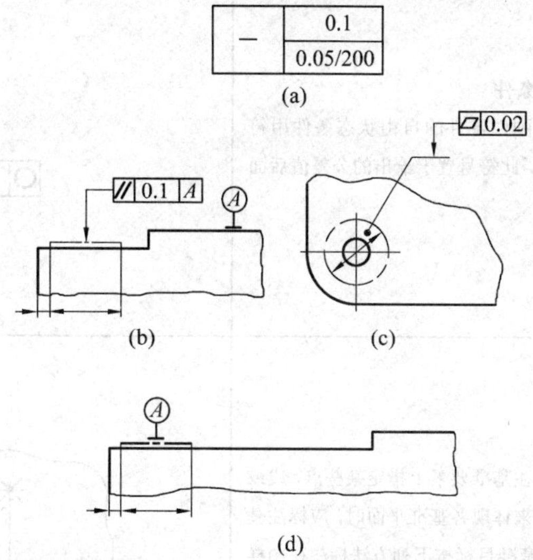 — 0.1 / 0.05/200 (a) // 0.1 A　A (b) ▱ 0.02 (c) A (d)
理论正确尺寸 对于要素的位置度、轮廓度或倾斜度，其尺寸由不带公差的理论正确位置、轮廓或角度确定，这种尺寸称“理论正确尺寸” 理论正确尺寸应围以框格，零件实际尺寸仅是由在公差框格中位置度、轮廓度或倾斜度公差来限定(图(a)和图(b))	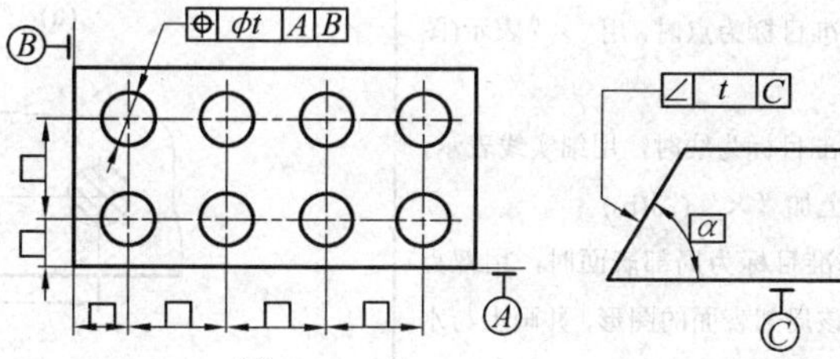 B　⌖ ϕt A B　A (a) ∠ t C　α　C (b)
延伸公差带 延伸公差带用符号Ⓟ表示	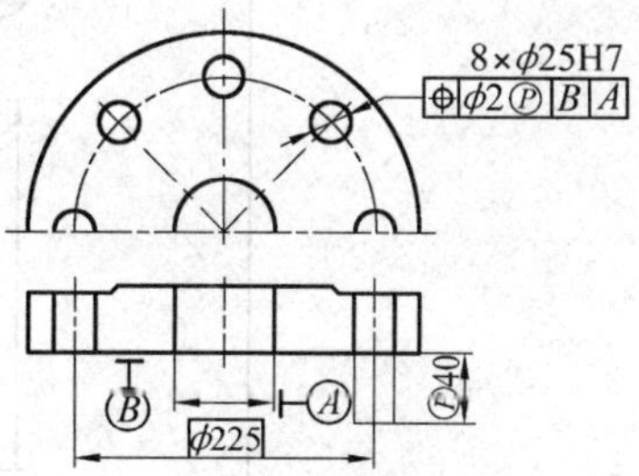 8×ϕ25H7　⌖ ϕ2Ⓟ B A B　A　40Ⓟ　ϕ225
最大实体要求和最小实体要求 最大实体要求用符号Ⓜ表示，此符号置于给出的公差值或基准字母的后面，或同时置于两者后面(图(a)、(b)、(c)) 最小实体要求用符号Ⓛ表示，此符号置于给出的公差值或基准字母的后面，或同时置于两者后面(图(d)和图(e)) 详见 GB/T 16671—1996	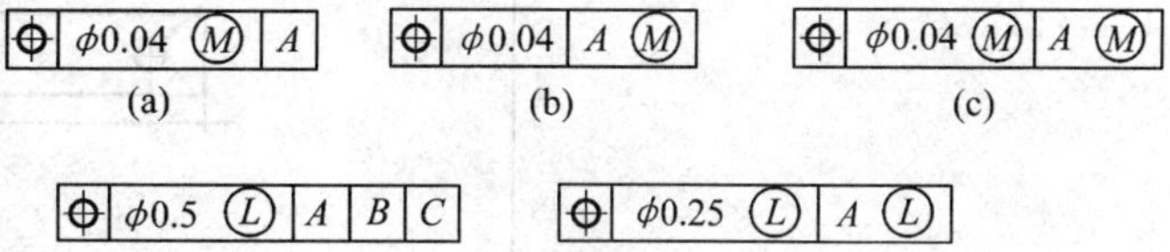 ⌖ ϕ0.04 Ⓜ A (a) ⌖ ϕ0.04 A Ⓜ (b) ⌖ ϕ0.04 Ⓜ A Ⓜ (c) ⌖ ϕ0.5 Ⓛ A B C (d) ⌖ ϕ0.25 Ⓛ A Ⓛ (e)

续表 3.2.3

项 目 及 说 明	图 样 中 的 表 示 方 法
自由状态条件 对于非刚性零件的自由状态条件用符号Ⓕ表示，此符号置于给出的公差值后面	○ | 2.8 Ⓕ ▱ | 0.025 / 0.3 Ⓕ
基准目标 当需要在基准要素上指定某些点、线或局部表面来体现各基准平面时，应标注基准目标，基准目标按下列方法标注在图样上： ① 当基准目标为点时，用"×"表示(图(a)) ② 当基准目标为线时，用细实线表示，并在棱边上加"×"(图(b)) ③ 当基准目标为局部表面时，用双点划线绘出该局部表面的图形，并画上与水平成 45° 的细实线(c) ④ 基准目标代号在图样中的标注见图(d)	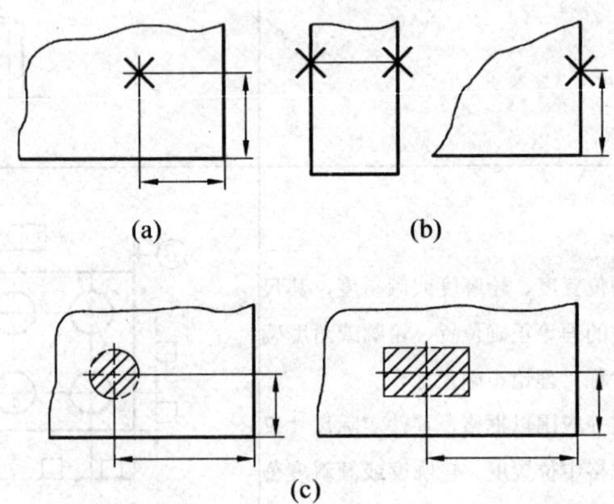 (a) (b) (c) 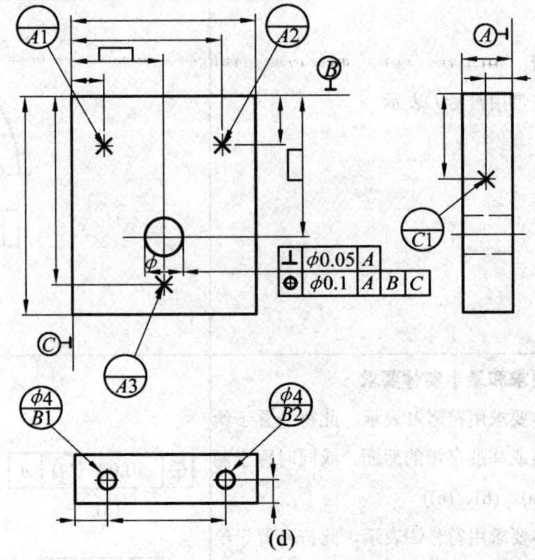 (d)

3.2.3 形状与位置公差值

表 3.2.4 直线度、平面度

主参数 L 图例

公差等级	主参数 L/mm															
	≤10	>10 ~16	>16 ~25	>25 ~40	>40 ~63	>63 ~100	>100 ~160	>160 ~250	>250 ~400	>400 ~630	>630 ~1 000	>1 000 ~1 600	>1 600 ~2 500	>2 500 ~4 000	>4 000 ~6 300	>6 300 ~10 000
	公差值 /μm															
1	0.2	0.25	0.3	0.4	0.5	0.6	0.8	1	1.2	1.5	2	2.5	3	4	5	6
2	0.4	0.5	0.6	0.8	1	1.2	1.5	2	2.5	3	4	5	6	8	10	12
3	0.8	1	1.2	1.5	2	2.5	3	4	5	6	8	10	12	15	20	25
4	1.2	1.5	2	2.5	3	4	5	6	8	10	12	15	20	25	30	40
5	2	2.5	3	4	5	6	8	10	12	15	20	25	30	40	50	60
6	3	4	5	6	8	10	12	15	20	25	30	40	50	60	80	100
7	5	6	8	10	12	15	20	25	30	40	50	60	80	100	120	150
8	8	10	12	15	20	25	30	40	50	60	80	100	120	150	200	250
9	12	15	20	25	30	40	50	60	80	100	120	150	200	250	300	400
10	20	25	30	40	50	60	80	100	120	150	200	250	300	400	500	600
11	30	40	50	60	80	100	120	150	200	250	300	400	500	600	800	1 000
12	60	80	100	120	150	200	250	300	400	500	600	800	1 000	1 200	1 500	2 000

公差等级	应用举例
1、2	用于精密量具、测量仪器和精度要求极高的精密机械零件，如高精度量规、样板平尺、工具显微镜等精密测量仪器的导轨面，喷油嘴针阀体端面，液压泵柱塞套端面等高精度零件
3	用于 0 级及 1 级宽平尺的工作面，1 级样板平尺的工作面，测量仪器圆弧导轨，测量仪器杆等
4	用于量具、测量仪器和高精度机床的导轨，如 0 级平板、测量仪器的 V 形导轨、高精度平面磨床的 V 形滚动导轨、轴承磨床床身导轨、液压阀芯等
5	用于 1 级平板，2 级宽平尺，平面磨床的纵导轨、垂直导轨、立柱导轨，以及工作台，液压龙门刨床、转塔车床床身的导轨，柴油机进、排气门导杆
6	用于普通机床导轨面，如普通车床、龙门刨床、滚齿机、自动车床等的床身导轨、立柱导轨，滚齿机，卧式镗床、铣床的工作台及机床主轴箱导轨、柴油机体结合面等。
7	用于 2 级平板、0.02 游标卡尺尺身、机床床头箱体、摇臂钻床底座工作台、镗床工作台、液压泵盖等
8	用于机床传动箱体、挂轮箱体、车床溜板箱体、主轴箱体、柴油机气缸体、连杆分离面、缸盖结合面、汽车发动机缸盖、曲轴箱体等及减速箱壳体的结合面
9	用于 3 级平板、机床溜板箱、立钻工作台、螺纹磨床的挂轮架、金相显微镜的载物台、柴油机气缸体、连杆的分离面、缸盖的结合面、阀片、空气压缩机的气缸体、液压管件和法兰的连接面等
10	用于 3 级平板、自动车床床身底面、车床挂轮架、柴油机气缸体、摩托车的曲轴箱体、汽车变速箱的壳体、汽车发动机缸盖结合面、阀片、以及辅助机构和手动机械的支承面
11、12	用于易变形的薄片、薄壳零件，如离合器的摩擦片、汽车发动机缸盖的结合面、手动机械支架、机床法兰等

注：应用举例不属本标准内容，仅供参考。

表 3.2.5 圆度、圆柱度

主参数 $d(D)$图例

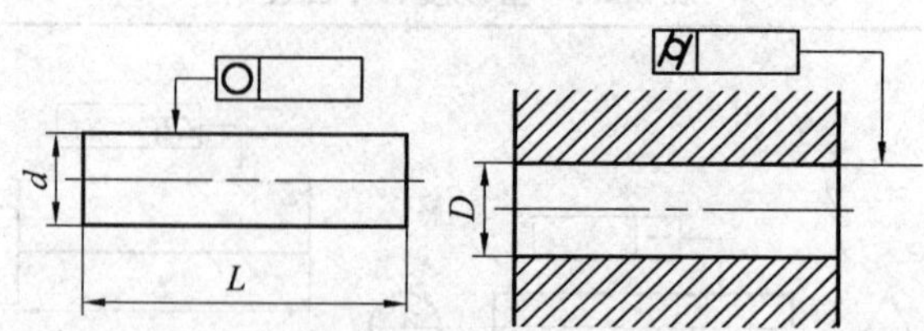

公差等级	主参数 $d(D)$ / mm												
	≤3	>3~6	>6~10	10~18	>18~30	>30~50	>50~80	>80~120	>120~180	>180~250	>250~315	>315~400	>400~500
	公差值 / μm												
0	0.1	0.1	0.12	0.15	0.2	0.25	0.3	0.4	0.6	0.8	1.0	1.2	1.5
1	0.2	0.2	0.25	0.25	0.3	0.4	0.5	0.6	1	1.2	1.6	2	2.5
2	0.3	0.4	0.4	0.5	0.6	0.6	0.8	1	1.2	2	2.5	3	4
3	0.5	0.6	0.6	0.8	1	1	1.2	1.5	2	3	4	5	6
4	0.8	1	1	1.2	1.5	1.5	2	2.5	.5	4.5	6	7	8
5	1.2	1.5	1.5	2	2.5	2.5	3	4	5	7	8	9	10
6	2	2.5	2.5	3	4	4	5	6	8	10	12	13	15
7	3	4	4	5	6	7	8	10	12	14	16	18	20
8	4	5	6	8	9	11	13	15	18	20	23	25	27
9	6	8	9	11	13	16	19	22	25	29	32	36	40
10	10	12	15	18	21	25	30	35	40	46	52	57	63
11	14	18	22	27	33	39	46	54	63	72	81	89	97
12	25	30	36	43	52	62	74	87	100	115	130	140	155

公差等级	应用举例
1	高精度量仪主轴，高精度机床主轴，滚动轴承滚珠和滚柱等
2	精密量仪主轴、外套、阀套，高压油泵柱塞及套，纺锭轴承，高速柴油机进、排气门，精密机床主轴轴径，针阀圆柱表面，喷油泵柱塞及柱塞套
3	小工具显微镜套管外圆，高精度外圆磨床轴承，磨床砂轮主轴套筒，喷油嘴针阀体，高精度微型轴承内外圆
4	较精密机床主轴，精密机床主轴箱孔，高压阀门活塞、活塞销、阀体孔，小工具显微镜顶针，高压油泵柱塞，较高精度滚动轴承配合的轴，铣床动力头箱体孔等
5	一般量仪主轴，测杆外圆，陀螺仪轴颈，一般机床主轴，较精密机床主轴箱孔，柴油机、汽油机活塞、活塞销孔，铣床动力头、轴承箱座孔，高压空气压缩机十字头销、活塞，较低精度滚动轴承配合的轴等
6	仪表端盖外圆，一般机床主轴及箱孔，中等压力液压装置工作面(包括泵、压缩机的活塞和气缸)，汽车发动机凸轮轴，纺机锭子，通用减速器轴颈，高速船用发动机曲轴，拖拉机曲轴主轴颈
7	大功率低速柴油机曲轴、活塞、活塞销、连杆、气缸，高速柴油机箱体孔，千斤顶或压力油缸活塞，液压传动系统的分配机构，机车传动轴，水泵及一般减速器轴颈
8	低速发动机、减速器、大功率曲柄轴轴颈，压气机连杆盖、体，拖拉机气缸体、活塞，炼胶机冷铸轴辊，印刷机传墨辊，内燃机曲轴，柴油机机体孔，凸轮轴，拖拉机，小型船用柴油机气缸套
9	空气压缩机缸体，液压传动筒，通用机械杠杆、拉杆与套筒销子，拖拉机活塞环、套筒孔
10	印染机导布辊、铰车、吊车、起重机滑动轴承轴颈等

注：应用举例不属本标准内容，仅供参考。

表 3.2.6 平行度、垂直度、倾斜度

主参数 L、$d(D)$图例

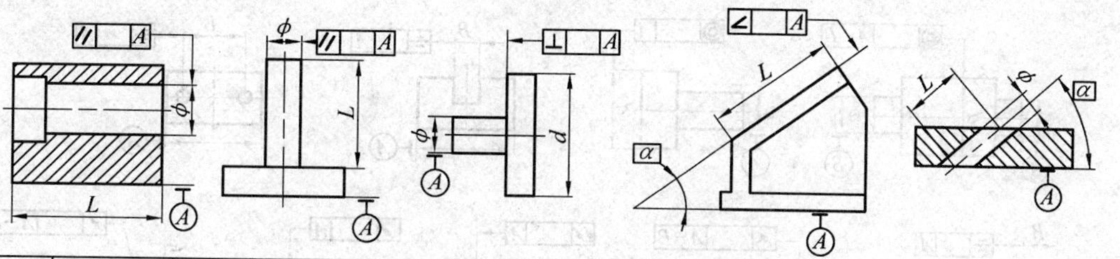

公差等级	主参数 L、$d(D)$ / mm															
	≤10	>10~16	>16~25	>25~40	>40~63	>63~100	>100~160	>160~250	>250~400	>400~630	>630~1 000	>1 000~1 600	>1 600~2 500	>2 500~4 000	>4 000~6 300	>6 300~10 000
	公差值 / μm															
1	0.4	0.5	0.6	0.8	1	1.2	1.5	2	2.5	3	4	5	6	8	10	12
2	0.8	1	1.2	1.5	2	2.5	3	4	5	6	8	10	12	15	20	25
3	1.5	2	2.5	3	4	5	6	8	10	12	15	20	25	30	40	50
4	3	4	5	6	8	10	12	15	20	25	30	40	50	60	80	100
5	5	6	8	10	12	15	20	25	30	40	50	60	80	100	120	150
6	8	10	12	15	20	25	30	40	50	60	80	100	120	150	200	250
7	12	15	20	25	30	40	50	60	80	100	120	150	200	250	300	400
8	20	25	30	40	50	60	80	100	120	150	200	250	300	400	500	600
9	30	40	50	60	80	100	120	150	200	250	300	400	500	600	800	1 000
10	50	60	80	100	120	150	200	250	300	400	500	600	800	1 000	1 200	1 500
11	80	100	120	150	200	250	300	400	500	600	800	1 000	1 200	1 500	2 000	2 500
12	120	150	200	250	300	400	500	600	800	1 000	1 200	1 500	2 000	2 500	3 000	4 000

公差等级	应用举例	
	平行度	垂直度和倾斜度
1	高精度机床、测量仪器以及量具等主要基准面和工作面	
2、3	精密机床、测量仪器、量具以及模具的基准面和工作面，精度机床上重要箱体主轴孔对基准面，尾架孔对基准面	精密机床导轨，普通机床主要导轨，机床主轴轴向定位面，精密机床主轴肩端面，滚动轴承座圈端面，齿轮测量仪的心轴，光学分度头心轴，涡轮轴端面，精密刀具、量具的基准面和工作面
4、5	普通机床、测量仪器、量具及模具的基准面和工作面，高精度轴承座圈、端盖、挡圈的端面，机床主轴孔对基准面，重要轴承孔对基准面，床头箱体重要孔间，一般减速器壳体孔，齿轮泵的轴孔端面等	普通机床导轨，精密机床重要零件，机床重要支承面，普通机床主轴偏摆，发动机轴和离合器的凸缘，气缸的支承端面，装 P4、P5 级轴承的箱体的凸肩，液压传动轴瓦端面，量具、量仪的重要端面
6~8	一般机床零件的工作面或基准，压力机和锻锤的工作面，中等精度钻模的工作面，一般刀、量、模具，机床一般轴承孔对基准面，床头箱一般孔间，变速器箱孔，主轴花键对定心直径，重型机械轴承盖的端面，卷扬机、手动传动装置中的传动轴、气缸轴线	低精度机床主要基准面和工作面，回转工作台端面跳动，一般导轨，主轴箱体孔，刀架，砂轮架及工作台回轨中心，机床轴肩、气缸配合面对其轴线，活塞销孔对活塞中心线以及装 P6、P0 级轴承壳体孔的轴线等
9、10	低精度零件、重型机械滚动轴承端盖，柴油机和煤气发动机的曲轴孔、轴颈等	花键轴轴肩端面、带式运输机法兰盘端面对轴心线，手动卷扬机及传动装置中轴承端面，减速器壳体平面等
11、12	零件的非工作面、卷扬机、运输机上用的减速器壳体平面	农业机械齿轮端面等

注：应用举例不属本标准内容，仅供参考。

表 3.2.7　同轴度、对称度、圆跳动和全跳动

主参数 $d(D)$、B、L 图例

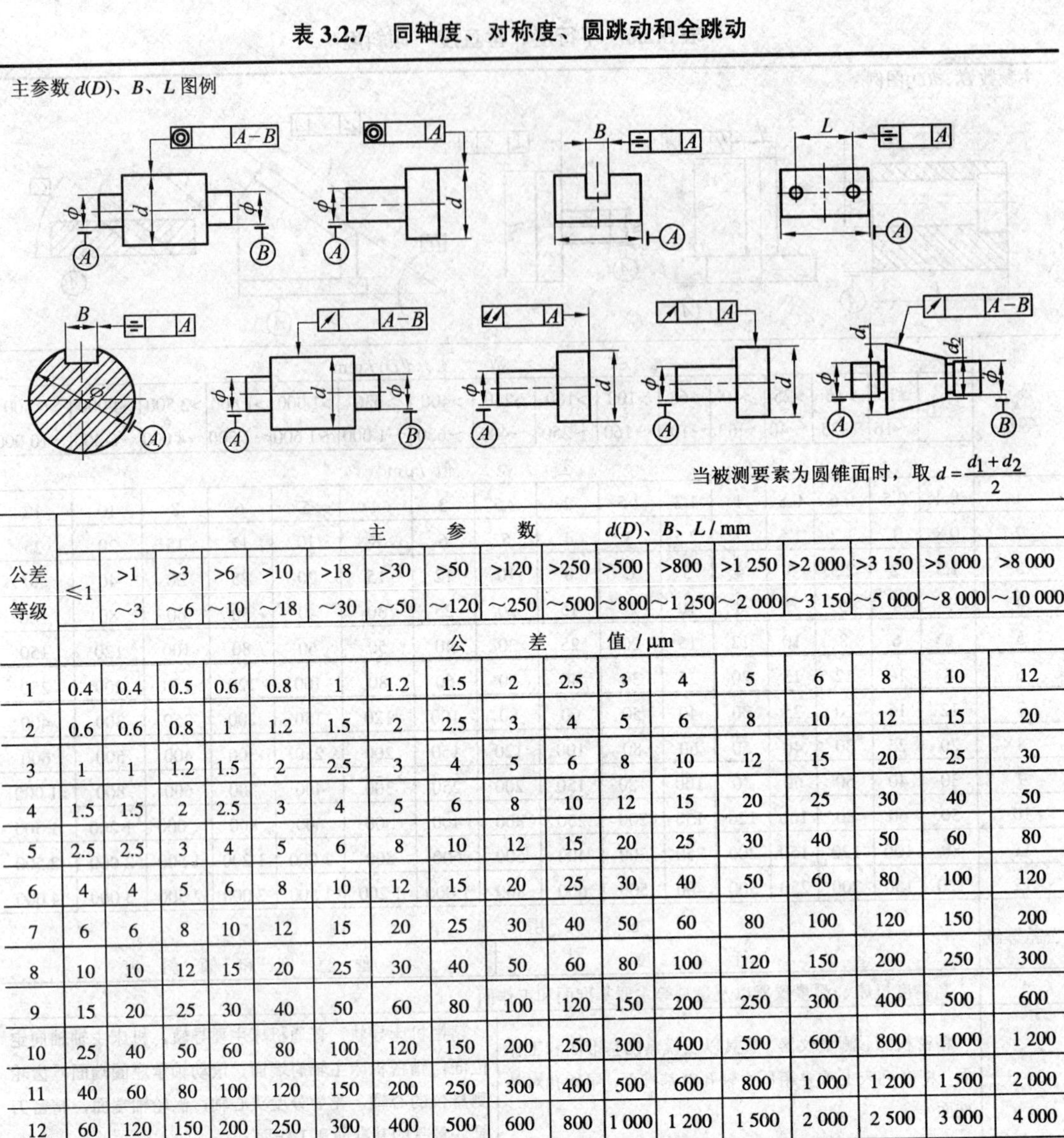

当被测要素为圆锥面时，取 $d=\frac{d_1+d_2}{2}$

公差等级	主参数 $d(D)$、B、L / mm																
	≤1	>1～3	>3～6	>6～10	>10～18	>18～30	>30～50	>50～120	>120～250	>250～500	>500～800	>800～1 250	>1 250～2 000	>2 000～3 150	>3 150～5 000	>5 000～8 000	>8 000～10 000
	公差值 / μm																
1	0.4	0.4	0.5	0.6	0.8	1	1.2	1.5	2	2.5	3	4	5	6	8	10	12
2	0.6	0.6	0.8	1	1.2	1.5	2	2.5	3	4	5	6	8	10	12	15	20
3	1	1	1.2	1.5	2	2.5	3	4	5	6	8	10	12	15	20	25	30
4	1.5	1.5	2	2.5	3	4	5	6	8	10	12	15	20	25	30	40	50
5	2.5	2.5	3	4	5	6	8	10	12	15	20	25	30	40	50	60	80
6	4	4	5	6	8	10	12	15	20	25	30	40	50	60	80	100	120
7	6	6	8	10	12	15	20	25	30	40	50	60	80	100	120	150	200
8	10	10	12	15	20	25	30	40	50	60	80	100	120	150	200	250	300
9	15	20	25	30	40	50	60	80	100	120	150	200	250	300	400	500	600
10	25	40	50	60	80	100	120	150	200	250	300	400	500	600	800	1 000	1 200
11	40	60	80	100	120	150	200	250	300	400	500	600	800	1 000	1 200	1 500	2 000
12	60	120	150	200	250	300	400	500	600	800	1 000	1 200	1 500	2 000	2 500	3 000	4 000

公差等级	应用举例
1～4	用于同轴度或旋转精度要求很高的零件，一般需要按尺寸公差 IT5 级或高于 IT5 级制造的零件。1、2 级用于精密测量仪器的主轴和顶尖，柴油机喷油嘴针阀等；3、4 级用于机床主轴轴颈，砂轮轴轴颈，汽轮机主轴，测量仪器的小齿轮轴，高精度滚动轴承内、外圈等
5～7	应用范围较广的精度等级，用于精度要求比较高、一般按尺寸公差 IT6 或 IT7 级制造的零件。5 级精度常用在机床轴颈，测量仪器的测量杆，汽轮机主轴，柱塞液压泵转子，高精度滚动轴承外圈，一般精度轴承内圈；7 级精度用于内燃机曲轴，凸轮轴轴颈，水泵轴，齿轮轴，汽车后桥输出轴，电动机转子，P0 级精度滚动轴承内圈，印刷机传墨辊等
8～10	用于一般精度要求，通常按尺寸公差 IT9～IT10 级制造的零件。8 级精度用于拖拉机发动机分配轴轴颈，9 级精度以下齿轮轴的配合面，水泵叶轮，离心泵泵体，棉花精梳机前后滚子；9 级精度用于内燃机气缸套配合面，自行车中轴；10 级精度用于摩托车活塞，印染机导布辊，内燃机活塞环槽底径对活塞中心，气缸套外圈对内孔等
11～12	用于无特殊要求、一般按尺寸精度 IT12 级制造的零件

注：应用举例不属本标准内容，仅供参考。

表 3.2.8 形状和位置的未注公差值(摘自 GB/T 1184－1996)

<table>
<tr><th rowspan="2">项 目</th><th rowspan="2">公差等级</th><th colspan="6">基 本 长 度 范 围</th><th rowspan="2">项 目</th><th rowspan="2">公差等级</th><th colspan="4">基 本 长 度 范 围</th></tr>
<tr><th>≤10</th><th>>10～30</th><th>>30～100</th><th>>100～300</th><th>>300～1 000</th><th>>1 000～3 000</th><th>≤100</th><th>>100～300</th><th>>300～1 000</th><th>>1 000～3 000</th></tr>
<tr><td rowspan="3">直线度和平面度</td><td>H</td><td>0.02</td><td>0.05</td><td>0.1</td><td>0.2</td><td>0.3</td><td>0.4</td><td rowspan="3">垂直度</td><td>H</td><td>0.2</td><td>0.3</td><td>0.4</td><td>0.5</td></tr>
<tr><td>K</td><td>0.05</td><td>0.1</td><td>0.2</td><td>0.4</td><td>0.6</td><td>0.8</td><td>K</td><td>0.4</td><td>0.6</td><td>0.8</td><td>1</td></tr>
<tr><td>L</td><td>0.1</td><td>0.2</td><td>0.4</td><td>0.8</td><td>1.2</td><td>1.6</td><td>L</td><td>0.6</td><td>1</td><td>1.5</td><td>2</td></tr>
<tr><td rowspan="3">圆跳度</td><td>H</td><td colspan="6">0.1</td><td rowspan="3">对称度</td><td>H</td><td colspan="4">0.5</td></tr>
<tr><td>K</td><td colspan="6">0.2</td><td>K</td><td colspan="2">0.6</td><td colspan="2">0.8</td></tr>
<tr><td>L</td><td colspan="6">0.3</td><td>L</td><td>0.6</td><td>1</td><td>1.5</td><td>2</td></tr>
</table>

注：① 对平面度应按其表面较长一侧或圆表面的直径直接选择。

② 圆度的未注公差值等于给出的直径公差值，但不能大于本表中径向圆跳动值。

③ 圆柱度的未注公差值不做规定。

④ 平行度的未注公差等于给出的尺寸公差值或直线度和平面度未注公差值中的相应公差值取较大者，应取两要素中的较长者作为基准。

⑤ 圆跳动应以设计或工艺给出的支承面作为基准，否则应取两要素中较长的一个作为基准。

⑥ 垂直度取形成直角的两边中较长的一边作为基准，较短的一边作为被测要素。

⑦ 对称度应取两要素较长者作为基准。

⑧ 同轴度的未注公差值未做规定。在极限状况下，同轴度的未注公差值可以和本表规定的径向圆跳动的未注公差值相等，应选两要素中的较长者为基准。

3.2.4 图样上标注形位公差值的规定(摘自 GB/T 1184－1996)

（1）在同一要素上给出的形状公差值应小于位置公差值。如要求平行的两个表面，其平面度公差值应小于平行度公差值。

（2）圆柱形零件的形状公差值(轴线直线度除外)一般情况下应小于其尺寸公差值。

（3）平行度公差值应小于相应的距离公差值。

（4）对于下列情况，考虑到加工难易程度，在满足零件功能的要求下，可适当降低 1～2 级选用。

① 孔相对轴；

② 细长比较大的轴或孔；

③ 宽度较大的零件表面(一般指宽度大于 1/2 长度)；

④ 线对线和线对面相对于面对面的平行度和垂直度。

3.3 表面结构（摘自 GB/T 131－2006/ISO 1302－2002）

3.3.1 概述

1. 表面结构

表面结构曾称表面光滑度、表面粗糙度，曾是机件在机械加工过程中，出于刀痕、材料的塑性变形、工艺系统的高频振动、刀具与被加工表面的摩擦等原因引起的微观几何形状特性。它对机件的配合性能、耐磨性、抗腐蚀性、接触刚度、抗疲劳强度、密封性和外观等都有影响。

2. 表面结构表示法所涉及的参数

（1）轮廓参数，与 GB/T 3505 标准相关的参数有：

① *R* 轮廓（粗糙度参数）；

② *W* 轮廓（波纹度参数）；

③ *P* 轮廓（原始轮廓参数）。

（2）图形参数，与 GB/T 18618 标准相关的参数有：

① 粗糙度参数；

② 波纹度参数。

（3）与 GB/T 18778.2 和 GB/T 18778.3 相关的支承率曲线参数。

3. 根据 GB/T 3505 标准中定义的 *R* 轮廓常用参数代号

（1）*Ra* 是轮廓的算术平均偏差，能客观地反映表面微观几何形状。

（2）*Rz* 是轮廓的最大高度，即在一个取样长度内最大轮廓高峰和最大轮廓谷深之和的高度。

注：原标准中 *Rz* 是微观不平高十点高度，*Ry* 是轮廓的最大高度，而新标准中取消了微观不平度十点高度，但用 *Rz* 替代了 *Ry*。

Ra 、*Rz* 的数值如表 3.3.1 所示。

表 3.3.1　*Ra*、*Rz* 的数值及补充系列值　μm

Ra、*Rz* 的数值系列										
Ra	0.012	0.2	3.2	50	*Rz*	0.025	0.4	6.3	100	1 600
	0.025	0.4	6.3	100		0.05	0.8	12.5	200	—
	0.05	0.8	12.5	—		0.1	1.6	25	400	—
	0.1	1.6	25	—		0.2	3.2	50	800	—
Ra、*Rz* 的的补充系列值										
Ra	0.008	0.125	2.0	32	*Rz*	0.032	0.50	8.0	125	—
	0.010	0.160	2.5	40		0.040	0.63	10.0	160	—
	0.016	0.25	4.0	63		0.063	1.00	16.0	250	—
	0.020	0.32	5.0	80		0.080	1.25	20	320	—
	0.032	0.50	8.0	—		0.125	2.0	32	500	—
	0.040	0.63	10.0	—		0.160	2.5	40	630	—
	0.063	1.00	16.0	—		0.25	4.0	63	1 000	—
	0.080	1.25	20	—		0.32	5.0	80	1 250	—

4. 标注表面结构的图形符号

标注表面结构的图形符号有基本图形符号、扩展图形符号和完整图形符号，如表 3.3.2 所示。

表 3.3.2　表面结构的图形符号

图形名称	图形符号	说明
基本图形符号		对表面结构有要求的图形符号，简称基本符号。基本图形符号由两条不等长的与标注表面成 60° 夹角的直线构成 基本图形符号仅用于简化代号标注，没有补充说明时不能单独使用
扩展图形符号		对表面结构有指定要求（去除材料或不去除材料）的图形符号，简称扩展符号 扩展图形符号有两种： 要求去除材料的图形符号——在基本图形符号上加一短横，表示指定表面是用去除材料的方法获得 不允许去除材料的图形符号——在基本图形符号上加一个圆圈，表示指定表面是用不去除材料的方法获得
完整图形符号		对基本图形符号或扩展图形符号扩充后的图形符号，简称完整符号 用于对表面结构有补充要求的标注，此时应在基本图形符号或扩展图形符号的长边上加一横线

3.3.2 表面结构完整图形符号的组成及注写

（1）为了明确表面结构要求，除了标注表面结构参数和数值外，必要时应标注补充要求，补充要求包括传输带、取样长度、加工工艺、表面纹理及方向、加工余量等。为了保证表面的功能特征，应对表面结构参数规定不同要求，参见图3.1。

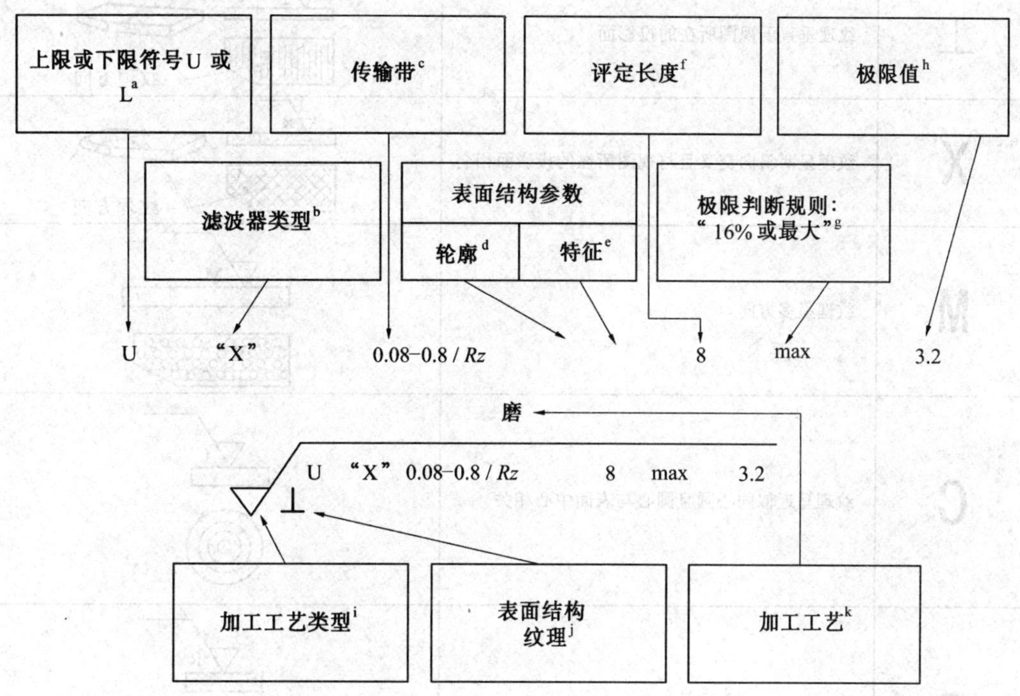

说明：a. 上限符号U或下限符号L。

b. 滤波器类型"X"。滤波器类型是明确的，在"X"处可以标注为"高斯滤波器"或"2RC"。

c. 传输带可标注为短波滤波器或长波滤波器，应标注在参数代号的前面，用斜线"/"隔开。

d. 轮廓(R、W或P)。

e. 特征/参数。

f. 评定长度，包括若干取样长度。当使用图形参数时，评定长度标注在表面结构参数代号前两个斜线之间。

g. 极限判断规则为"16%规则"或"最大化规则"。

h. 以微米为单位的根限值。

i. 加工工艺类型，即允许任何工艺、去除材料和不去除材料三类。

j. 表面结构纹理如表3.3.3所示。

k. 加工工艺，即车、铣、磨、刨及镀覆等。

图3.1 表面结构要求标注的控制元素

表 3.3.3 表面纹理的标注

符号	解释	和示例
=	纹理平行于视图所在的投影面	纹理方向
⊥	纹理垂直于视图所在的投影面	纹理方向
X	纹理呈两斜向交叉且与视图所在的投影面相交	纹理方向
M	纹理呈多方向	M
C	纹理呈近似同心圆且圆心与表面中心相关	C
R	纹理呈近似放射状且与表面圆心相关	R
P	纹理呈微粒、凸起，无方向	P

注：如果表面纹理不能清楚地用这些符号表示，必要时，可以在图样上加注说明。

（2）表面结构补充要求的注写内容与位置。

① 注写表面结构的单一要求，即标注表面结构参数代号、极限值和传输带或长样长度。位置在图 3.2 的 a 处。为了避免误解，在参数代号和极限值间应插入空格。传输带或取样长度后应有一斜线“/”，之后是表面结构参数代号，最后是极限数值。如：0.002 5 ～0.8/ *Rz* 6.3，其中 0.002 5～0.8 是传输带，是两个定义的滤波器之间的波长范围，见 GB/T 6062 和 GB/T 18777。

② 注写两个或多个表面结构要求，位置在图 3.2 的 a 处和 b 处。第一个表面结构要求注写在 a 处，方法同①；第二个表面结构要求注写在 b 处。如果要注写第三个或更多个表

面结构要求，图形符号应在垂直方向扩大，以空出足够的空间。扩大图形符号时，a 和 b 的位置随之上移。

③ 注写加工方法，位置在图 3.2 的 c 处。加工方法包括车、铣、磨、刨、表面处理、涂层等。

④ 注写表面纹理和方向。位置在图 3.2 的 d 处。

⑤ 注写加工余量，位置在图 3.2 的 e 处。注写所要求的加工余量，以毫米为单位给出数值，如图 3.3 所示。

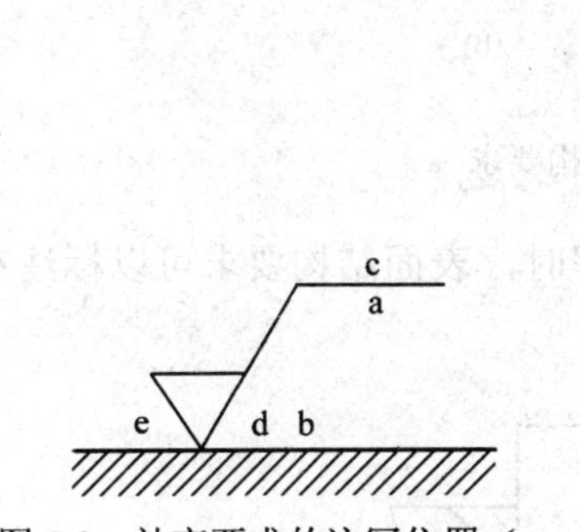

图 3.2　补充要求的注写位置（a～e）

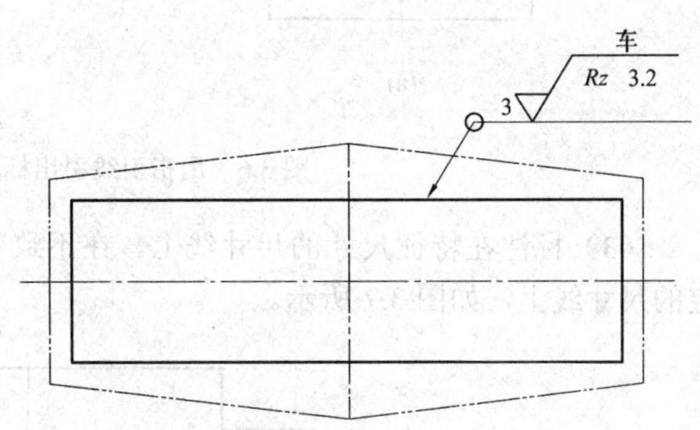

图 3.3　在表示完工零件的图样中给出加工余量的注法（所在表面均有 3 mm 加工余量）

3.3.3　表面结构要求在图样中的注法

1. 表面结构要求

对每一表面一般只标注一次，并尽可能注在相应的尺寸及其公差的同一视图上。除非另有说明，所标注的表面结构要求是对完工零件表面的要求。

2. 表面结构符号、代号的标注位置与方向

（1）总的原则是根据 GB/T 4458.4 规定，使表面结构的注写和读取方向与尺寸的注写和读取方向一致（图 3.4）。

（2）标注在轮廓线上或指引线上。表面结构要求可标注在轮廓线上，其符号应从材料外指向并接触表面。必要时，表面结构符号也可用带箭头或黑点的指引线引出标注，如图 3.5、3.6 所示。

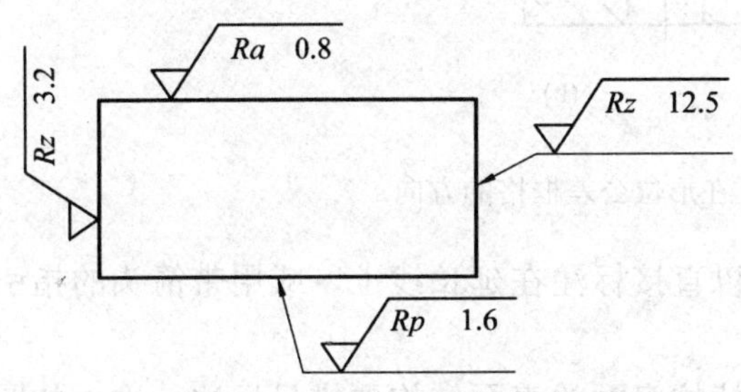

图 3.4　表面结构要求的注写方向

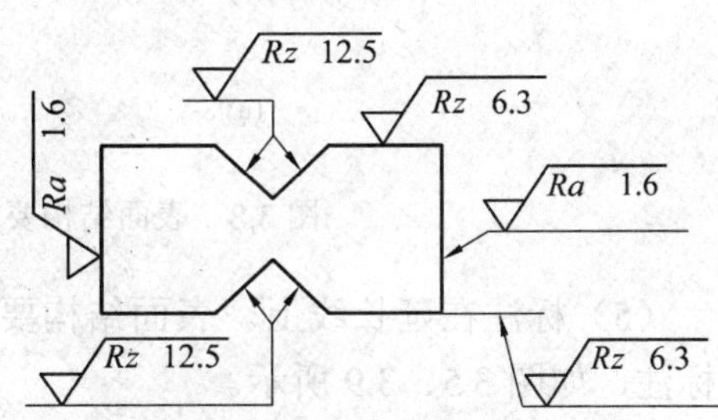

图 3.5　表面结构要求在轮廓线上的标注

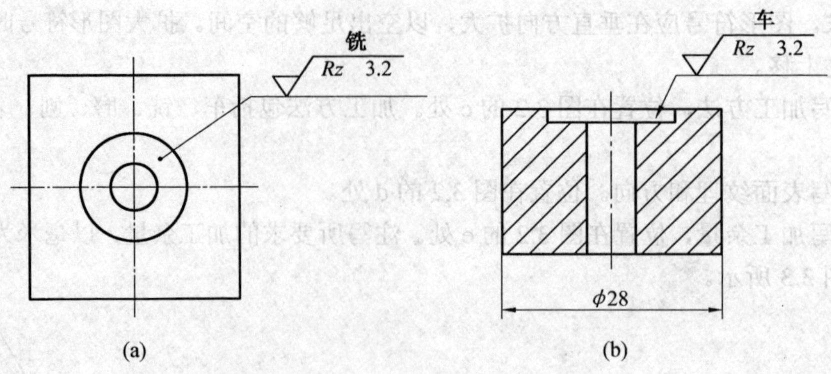

图 3.6　用指引线引出标注表面结构要求

（3）标注在特征尺寸的尺寸线上。在不致引起误解时，表面结构要求可以标注在给定的尺寸线上，如图 3.7 所示。

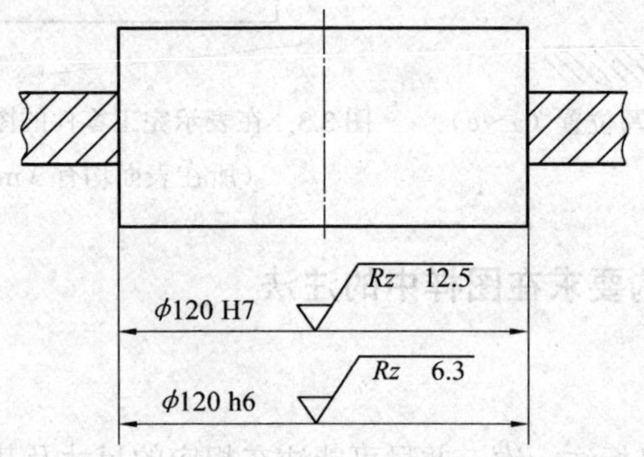

图 3.7　表面结构要求标注在尺寸线上

（4）标注在形位公差的框格上。表面结构要求可标注在形位公差框格的上方，如图 3.8(a)、(b)所示。

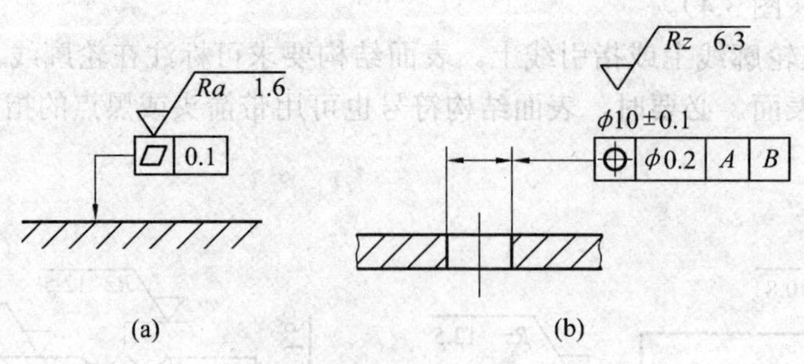

图 3.8　表面结构要求标注在形位公差框格的方向

（5）标注在延长线上。表面结构要求可以直接标注在延长线上，或用带箭头的指引出标注，如图 3.5、3.9 所示。

（6）标注在圆柱和棱柱表面上。圆柱和棱柱表面的表面结构要求只标注一次，如图 3.9 所示。如果每个棱柱表面有不同的表面结构要求，则应分别单独标注，如图 3.10 所示。

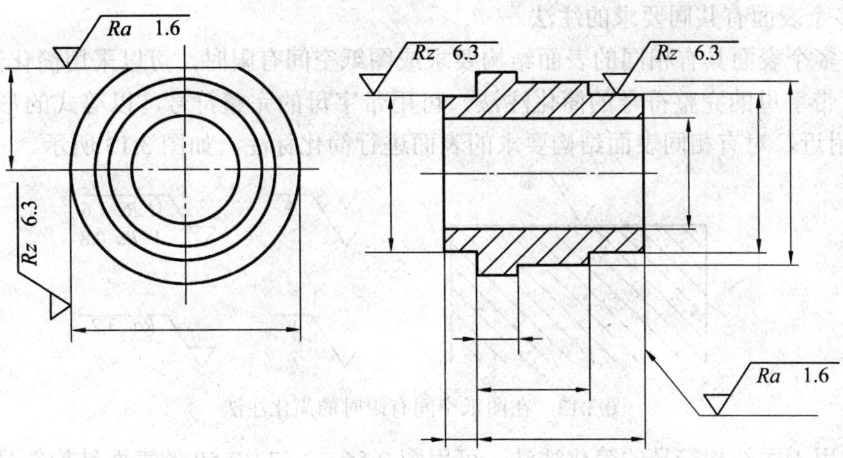

图 3.9 表面结构要求标注在圆柱特征的延长线上

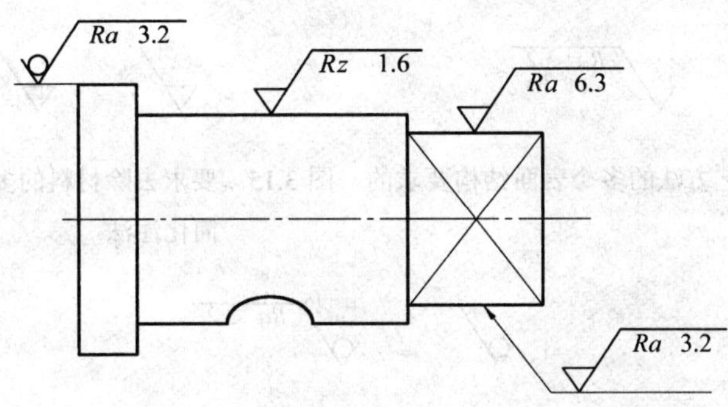

图 3.8 圆柱和棱柱的表面结构要求的注法

3. 表面结构要求的简化注法

（1）有相同表面结构要求的简化注法。如果在工件的多数（包括全部）表面有相同的表面结构要求，则其表面结构要求可统一标注在图样的标题栏附近。此时（除全部表面有相同要求的情况外），表面结构要求的符号后面应有：

① 在圆括号内给出无任何其他标注的基本符号，如图 3.11 所示。

② 在圆括号内给出不同的表面结构要求，如图 3.12 所示。

不同的表面结构要求直接标注在图形中，如图 3.11、3.12 所示。

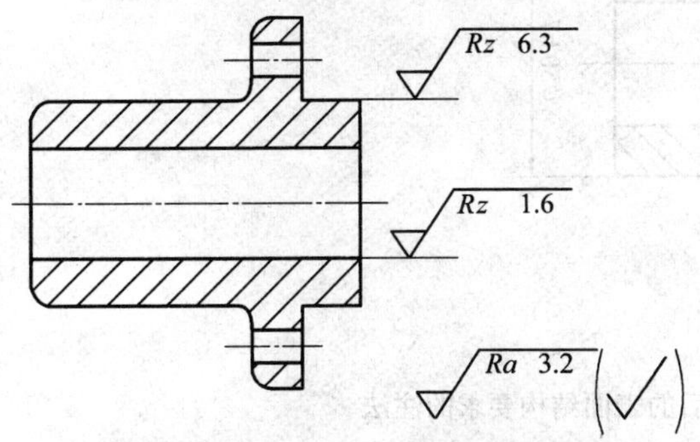

图 3.11 大多数表面有相同表面结构要求的简化注法（一）

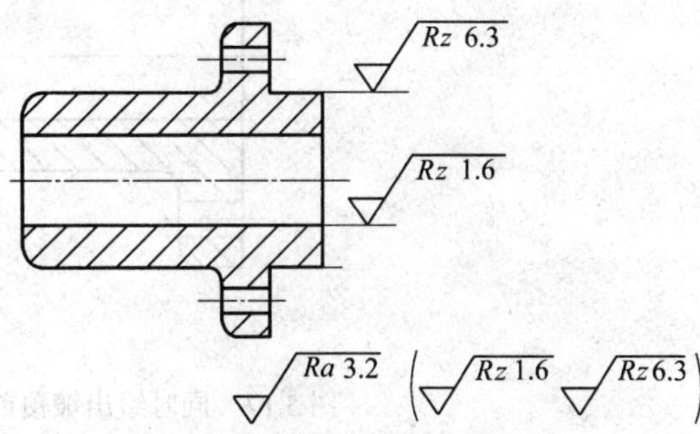

图 3.11 大多数表面有相同表面结构要求的简化注法（二）

（2）多个表面有共同要求的注法。

① 当多个表面具有相同的表面结构要求或图纸空间有限时，可以采用简化注法。

② 用带字母的完整符号的简化注法。可用带字母的完整符号，以等式的形式在图形或标题栏附近，对有相同表面结构要求的表面进行简化标注，如图 3.13 所示。

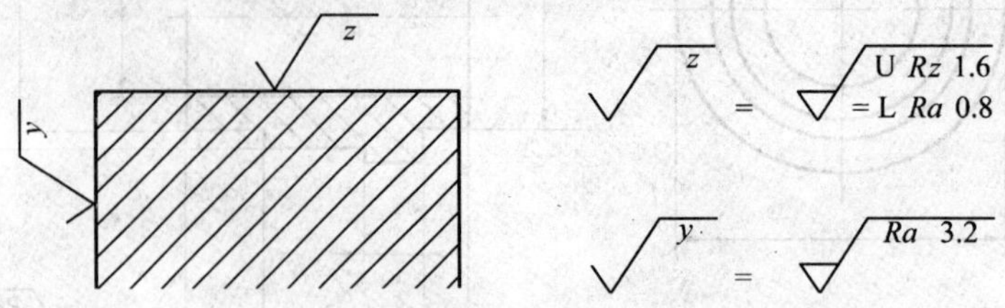

图 3.13　在图纸空间有限时的简化注法

③ 只用表面结构符号的简化注法。可用图 2.56、2.57、2.58 的表面结构符号，以等式的形式给出对多个表面共同的表面结构要求，如图 3.14～3.16 所示。

图 3.14　未指定工艺方法的多个表面结构要求的简化注法

图 3.15　要求去除材料的多个表面结构要求的简化注法

图 3.16　不允许去除材料的多个表面结构要求的简化注法

4. 两种或多种工艺获得的同一表面的注法

由几种不同的工艺方法获得的同一表面，当需要明确每种工艺方法的表面结构要求时，可按图 3.17 进行标注。

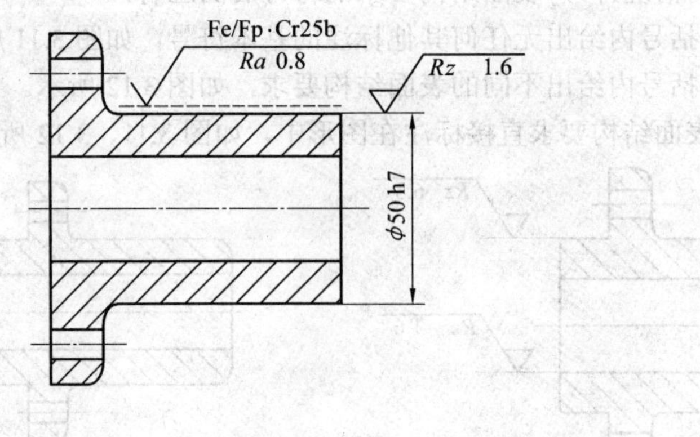

图 3.17　同时给出镀覆前后的表面结构要求的注法

3.3.4 表面结构要求图样标注的演变

表 3.3.4 表面结构要求图样标注的演变

	GB/T 131 的版本			
	1983(第一版)[a]	1993(第二版)[b]	2006(第三版)[c]	说明主要问题的示例
a	1.6	1.6　1.6	*Ra* 1.6	*Ra* 只采用"16%规则"
b	*Ry* 3.2	*Ry* 3.2　*Ry* 3.2	*Rz* 3.2	除了 *Ra*"16%规则"的参数
c	_d	1.6_{max}	*Ra* max 1.6	"最大规则"
d	1.6 0.8	1.6 0.8	−0.8/*Ra* 1.6	*Ra* 加取样长度
e	_d	_d	0.025−0.8/*Ra* 1.6	传输带
f	*Ry* 3.2 0.8	*Ry* 3.2 0.8	−0.8/*Rz* 6.3	除 *Ra* 外其他参数及取样长度
g	1.6 *Ry* 6.3	1.6 *Ry* 6.3	*Ra* 1.6 *Rz* 6.3	*Ra* 及其他参数
h	_d	*Ry* 3.2	*Rz*3 6.3	评定长度中的取样长度个数如果不是 5
j	_d	_d	L *Ra* 1.6	下限值
k	3.2 1.6	3.2 1.6	U *Ra* 3.2 L *Ra* 1.6	上、下限值

a. 既没有定义默认值，也没有其他的细节，尤其是：

无默认评定长度；

无默认取样长度；

无"16%规则"或"最大规则"。

b. 在 GB/T 3505－1983 和 GB/T 10610－1989 中定义的默认值和规则仅用于参数 *Ra*、*Ry* 和 *Rz*（十点高度）。此外，GB/T 131－1993 中存在着参数代号书写不一致问题，标准正文要求参数代号第二个字母标注为下标，但在所有的图表中，第二个字母都是小写，而当时所有的其他表面结构标准都使用下标。

c. 新的 *Rz* 为原 *Ry* 的定义，原 *Ry* 的符号不再使用。

d. 表示没有该项。

3.3.5 选用表面结构中粗糙度评定参数值的参考表

表 3.3.5 表面结构中粗糙度的表面特征、加工方法及应用举例

表面粗糙度 Ra/μm	表面形状特征	加工方法	应用举例
50	明显可见刀痕	粗车、镗、钻、刨	粗制后所得到的粗加工面，为粗糙度最低的加工面，一般很少采用
25	微见刀痕	粗车、刨、立铣、平铣、钻	粗加工表面比较精确的一级，应用范围很广，一般凡非结合的加工面均用此级粗糙度。如轴端面，倒角、钻孔，齿轮及带轮的侧面，键槽非工作表面，垫圈的接触面，轴承的支承面等
12.5	可见加工痕迹	车、镗、刨、钻、平铣、立铣、锉、粗铰、磨、铣齿	半精加工表面。不重要零件的非配合表面，如支柱、轴、支架，外壳，衬套，差等的端面；紧固件的自由表面，如螺栓、螺钉、双头螺栓和螺母的表面。不要求定心及配合特性的表面；如用钻头钻的螺栓孔、螺钉孔及铆钉孔等表面固定支承表面，如与螺栓头及铆钉头相接触的表面；皮带轮，联轴节、凸轮、偏心轮的侧面，平键及键槽的上下面，斜键侧面等
6.3	微见加工痕迹	车、镗、刨、铣、刮 1～2 点/cm²、拉、磨、锉、液压、铣齿	半精加工表面。和其他零件连接而不是配合表面，如外壳、座加盖、凸耳、端面和扳手及手轮的外圆。要求有定心及配合特性的固定支承表面，如定心的轴肩、键和键槽的工作表面。不重要的紧固螺纹的表面，非传动的梯形螺纹，锯齿形螺纹表面，轴与毡圈摩擦面，燕尾槽的表面
3.2	看不见的加工痕迹	车、镗、刨、铣、铰、拉、磨、滚压、刮 1～2 点/cm² 铣齿	接近于精加工、要求有定心(不精确的定心)及配合特性的固定支承表面，如衬套、轴承和定位销的压入孔。不要求定心及配合特性的活动支承面，如活动关节、花键结合、8 级齿轮齿面、传动螺纹工作表面，低速(30～60 r/min)的轴颈 d<50 mm，楔形键及槽上下面、轴承盖凸肩表面(对中心用)端盖内侧面等
1.6	可辩加工痕迹的方向	车、镗、拉、磨、立、铣、铰、刮 3～10 点/cm²，磨、滚压	要求保证定心及配合特性的表面，如锥形销和圆柱销的表面；普通与 6 级精度的球轴承的配合面，按滚动轴承的孔，滚动轴承的轴颈。中速(60～120 r/min)转动的轴颈，静连接 IT7 公差等级的孔，动连接 IT9 公差等级的孔。不要求保证定心及配合特性的活动支承面，如高精度的活动球状接头表面，支承热圈、套齿叉形件、磨削的轮齿
0.8	微辩加工痕迹的方向	铰、磨、刮 3～10 点/cm²、镗、拉、滚压	要求能长期保持所规定的配合特性的 IT7 的轴和孔的配合表面。高速(120 r/min 以上)工作下的轴颈及衬大方的工作面。间隙配合中 IT7 公差等级的孔，7 级精度大小齿轮工作面，蜗轮齿面(7～8 级精度)，滚动轴承轴颈。要求保证定心及配合特性的表面，如滑动轴承轴瓦的工作表面。不要求保证定心及结合特性的活动支承面，如导杆、推杆表面 工作时受反复应力的重要零件，在不破坏配合特性下工作，要保证其耐久性和疲劳强度所要求的表面，如受力螺栓的圆柱表面、曲轴和凸轮轴的工作表面
0.4	不可辩加工痕迹的方向	布轮磨、磨、研磨、超级加工	工作时承受反复应力的重要零件表面，保证零件的疲劳强度、防腐性和耐久性。工作时不破坏配合特性的表面，如轴颈表面、活塞和柱塞表面等；IT5～IT6 公差等级配合的表面，3、4、5 级精度齿轮的工作表面，4 级精度滚动轴承配合的轴颈
0.2	暗光泽面	超级加工	工作时承受较大反复应力的重要零件表面，保证零件的疲劳强度、防蚀性及在活动接头工作中的耐久性的一些表面。如活塞键的表面、液压传动用的孔的表面
0.1	亮光泽面	超级加工	精密仪器及附件的摩擦面，量具工作面，块规、高精度测量仪工作面，光学测量仪中的金属镜面
0.05	镜状光泽面		
0.025	雾状镜面		
0.012	镜面		

表 3.3.6　不同加工方法可能达到的表面结构中粗糙度

加工方法		表面粗糙度 *Ra*/μm													
		0.012	0.025	0.05	0.100	0.20	0.40	0.80	1.60	3.20	6.30	12.5	25	50	100
砂型、壳型铸造											—	—	—	—	—
金属型铸造									—	—	—	—	—	—	
离心铸造									—	—	—	—	—		
精密铸造								—	—	—	—	—			
熔模铸造							—	—	—	—	—	—			
压力铸造							—	—	—	—	—				
热轧											—	—	—	—	—
模锻									—	—	—	—	—	—	—
冷轧						—	—	—	—	—	—	—			
挤压							—	—	—	—	—	—			
冷拉						—	—	—	—	—	—				
刮削							—	—	—	—	—	—			
刨削	粗										—	—	—		
	精						—	—	—						
插削									—	—	—	—	—		
钻孔								—	—	—	—	—	—		
扩孔	粗										—	—	—		
	精								—	—	—				
金钢镗孔				—	—	—	—								
镗孔	粗										—	—	—	—	
	半精						—	—	—	—	—	—			
	精						—	—	—						
铰孔	粗								—	—	—	—			
	半精						—	—	—	—					
	精				—	—	—	—	—						
拉削	半精						—	—	—	—					
	精				—	—	—								
滚铣	粗									—	—	—	—		
	半精							—	—	—	—				
	精						—	—	—						
端面铣	粗									—	—	—			
	半精						—	—	—	—	—				
	精					—	—	—	—						

续表 3.3.6

加工方法		表面粗糙度 *Ra*/μm													
		0.012	0.025	0.05	0.100	0.20	0.40	0.80	1.60	3.20	6.30	12.5	25	50	100
金钢车			—	—	—	—									
车外圆	粗										—	—	—		
	半精								—	—	—	—			
	精					—	—	—	—						
车端面	精										—	—	—		
	半精								—	—	—	—			
	精						—	—	—						
磨外圆	粗							—	—	—	—				
	半精					—	—	—	—						
	精		—	—	—	—	—								
磨平面	粗								—	—					
	半精						—	—	—	—					
	精		—	—	—	—	—								
珩磨	平面		—	—	—	—	—	—	—						
	圆柱	—	—	—	—	—	—								
研磨	粗					—	—	—	—						
	半精			—	—	—	—								
	精	—	—	—	—										
抛光	一般				—	—	—	—	—						
	精	—	—	—	—										
滚压抛光				—	—	—	—	—	—	—					
超精加工		—	—	—	—	—	—								
化学磨								—	—	—	—	—	—		
电解磨		—	—	—	—	—	—	—	—						
电火花加工								—	—	—	—	—	—		

3.4 传动件精度

3.4.1 圆柱齿轮传动的精度及检验项目

1. 精度等级及其选择

渐开线圆柱齿轮精度国家标准 GB/T 100950.1~2－2001 对齿轮及齿轮副规定了 13 个精度等级，第 0 级的精度最高，第 12 级的精度最低。其中对径向综合总偏差 F''_i 和一齿径向

综合偏差 f''_i 规定了 9 个精度等级（4,5,…,12），其中 4 级最高，12 级最低。

选择齿轮精度等级的主要依据是齿轮的用途、使用要求和工作条件等。在机械传动中应用最多的是既传递运动，又传递动力的齿轮，其精度等级与圆周速度有关，可按齿轮的最高圆周速度，并参考表 3.4.1 确定齿轮的精度等级。

表 3.4.1　齿轮的精度等级及其选择

精度等级	齿轮用途	齿轮圆周速度/(m·s^{-1})		工作条件
		直齿轮	斜齿轮	
0级、1级、2级(展望级)				
3级(极精密级)		到40	到75	要求特别精密的或在最平稳且无噪声的特别高速下工作的齿轮传动；特别精密机械中的齿轮；特别高速、传动(透平齿轮)；检测5～6级齿轮用的测量齿轮
4级(特别精密级)	测量齿轮、汽轮减速器、航空发动机、金属切削机床	到35	到70	特别精密分度机构中或在最平稳且无噪声的极高速下工作的齿轮传动；特别精密分度机构中齿轮；高速透平传动，检测7级齿轮用的测量齿轮
5级(高精密级)		到20	到40	精密分度机构中或要求极平稳且无噪声的高速工作的齿轮传动；精密机构用齿轮；透平齿轮；检测8级和9级齿轮用测量齿轮
6级(高精密级)	轻型汽车、机车	到16	到30	要求最高效率且无噪声的高速下平稳工作的齿轮传动或分度机构的齿轮传动；特别重要的航空、汽车齿轮；读数装置用特别精密传动的齿轮
7级(精密级)	载重汽车、一般减速器、拖拉机、轧钢机	到10	到15	增速和减速用齿轮传动：金属切削机床送刀机构用齿轮；高速减速器用齿轮；航空、汽车用齿轮；读数装置用齿轮
8级(中等精密级)	起重机、矿山绞车、农业机械	到6	到10	无须特别精密的一般机械制造用齿轮：包括在分度链中的机床传动齿轮，飞机、汽车制造业中的不重要齿轮，起重机构用齿轮。农业机械中的重要齿轮，通用减速器齿轮
9级(较低精度级)		到2	到4	用于粗糙工作的齿轮
10级(低精度级)				
11级(低精度级)		小于2	小于4	
12级(低精度级)				

2. 齿轮偏差的项目、定义及其作用

在齿轮标准中齿轮误差、偏差统称为齿轮偏差，将偏差与公差共用一个符号表示，例如 F_a 表示齿廓总偏差，又表示齿廓总公差。单项要素测量所用的偏差符号用小写字母(如 f)加上相应的下标组成；而表示若干单项要素偏差组成的“累积”或“总”偏差所用的符号，采用大写字母(如 F)加上相应的下标表示。

表 3.4.2　齿轮偏差的项目、定义及其作用

序号	名　称	代号	定　　义	作　用
1	单个齿距偏差	f_{pt}	在端平面上，在接近齿高中部的一个与齿轮轴线同心的圆上，实际齿距与理论齿距的代数差 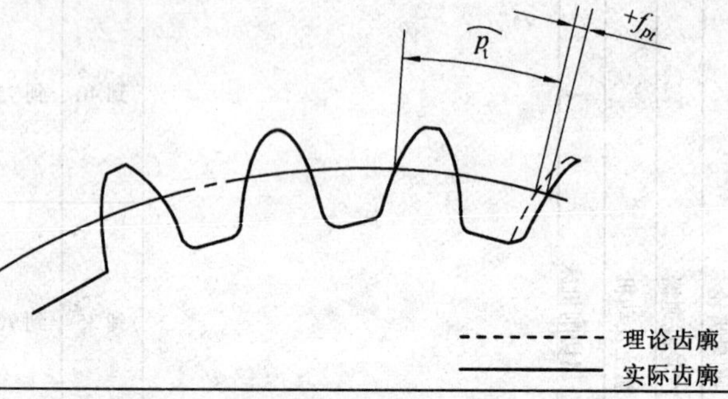 图中标注：p_t　$+f_{pt}$　理论齿廓　实际齿廓	影响运动平稳性精度
2	齿距累积偏差	F_{pk}	任意 k 个齿距的实际弧长与理论弧长的代数差。理论上它等于这 k 个齿距的各单个齿距偏差的代数和 通常取 k=z/8，圆整 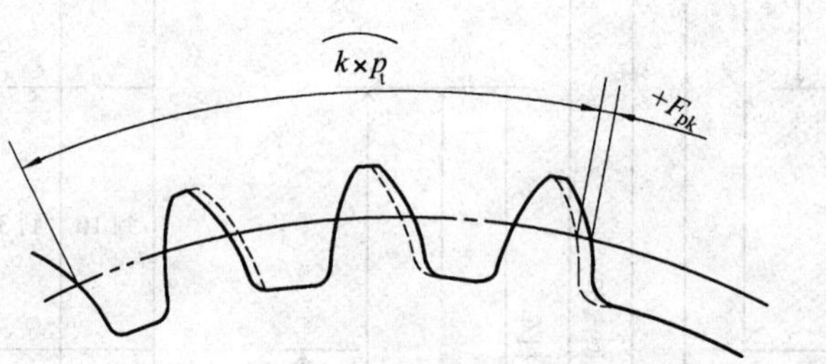 图中标注：$k\times p_t$　$+F_{pk}$　理论齿廓　实际齿廓	影响运动精度
3	齿距累积总偏差	F_p	齿轮同侧齿面任意弧段(k = 1 至 k = z)内的最大齿距累积偏差。它表现为齿距累积偏差曲线的总幅值 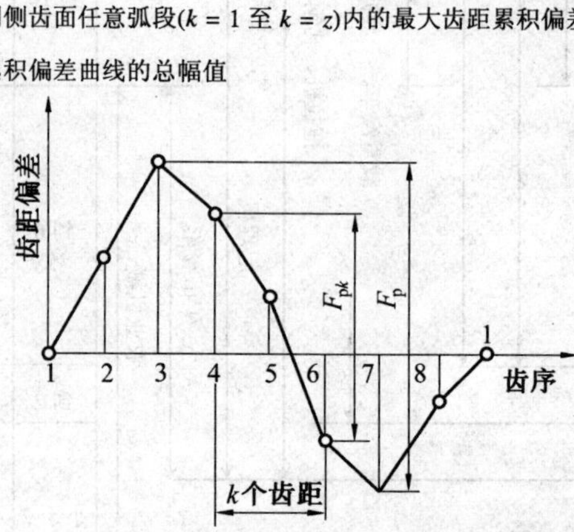 图中标注：齿距偏差　1 2 3 4 5 6 7 8 1　齿序　F_{pk}　F_p　k个齿距	影响齿轮运动精度，即传递运动的准确性

续表 3.4.2

序号	名　称	代号	定　义	作　用
4	齿廓总偏差	F_α	在计值范围内，包容实际齿廓迹线的两条设计齿廓迹线间的距离 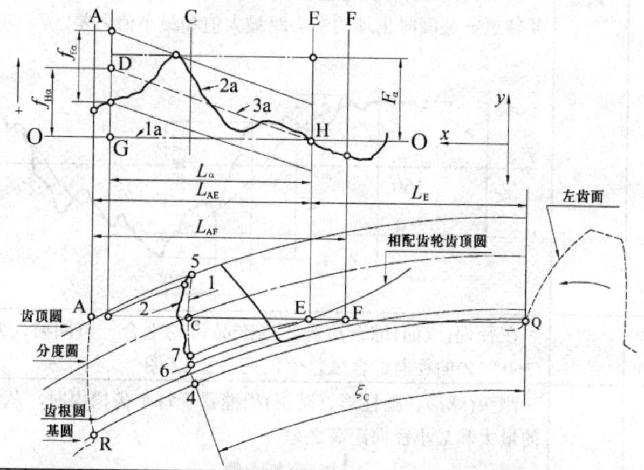	影响运动平稳性
5	齿廓形状偏差	$f_{f\alpha}$	在计值范围内，包容实际齿廓迹线的两条与平均齿廓线完全相同的曲线间的距离，且两条曲线与平均齿廓迹线的距离为常数，见序号 4 图	影响运动平稳性
6	齿廓倾斜偏差	$F_{H\alpha}$	在计值范围的两端与平均齿廓迹线相交的两条设计齿廓迹线间的距离，见序号 4 图	影响运动平稳性
7	螺旋线总偏差	f_β	在计值范围内，包容实际螺旋线迹线的两条设计螺旋线迹线间的距离 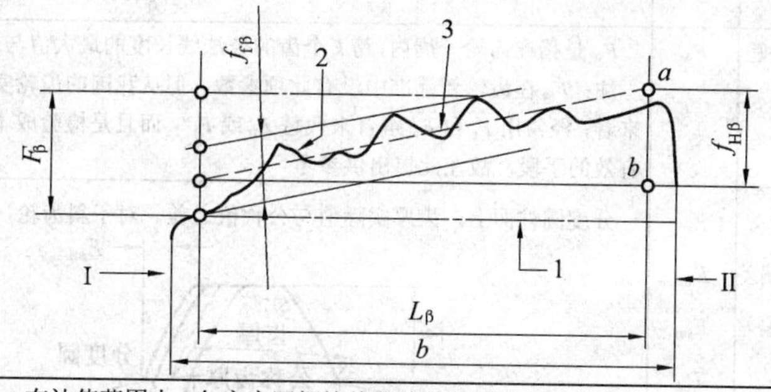	影响齿面接触精度
8	螺旋线形状偏差	$f_{f\beta}$	在计值范围内，包容实际螺旋线迹线的两条与平均螺旋线迹线完全相同的曲线间的距离，且两条曲线与平均螺旋线迹线的距离为常数，见序号 7 图。	影响齿面接触精度
9	螺旋线倾斜偏差	$F_{H\beta}$	在计值范围的两端与平均螺旋线迹线相交的设计螺旋线迹线间的距离。见序号 7 图	影响齿面接触精度
10	切向综合总偏差	F_i'	被测齿轮与测量齿轮单面啮合检验时，被测齿轮一转内，齿轮分度圆上实际圆周位移与理论圆周位移的最大差值 注：在检测过程中，齿轮的同侧齿面处于单面啮合状态 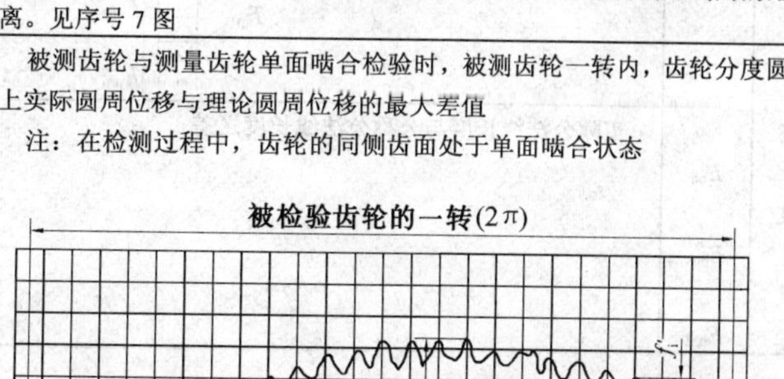	影响齿轮运动精度，即影响传递运动的准确性
11	一齿切向综合偏差	f_i'	在一个齿距内的切向综合偏差，见序号 10 图	影响运动平稳性

续表 3.4.2

序号	名　称	代号	定　义	作　用
12	径向综合总偏差	F_i''	在径向(双面)综合检验时，产品齿轮的左右齿面同时与测量齿轮接触，并转过一整圈时出现的中心距最大值和最小值之差 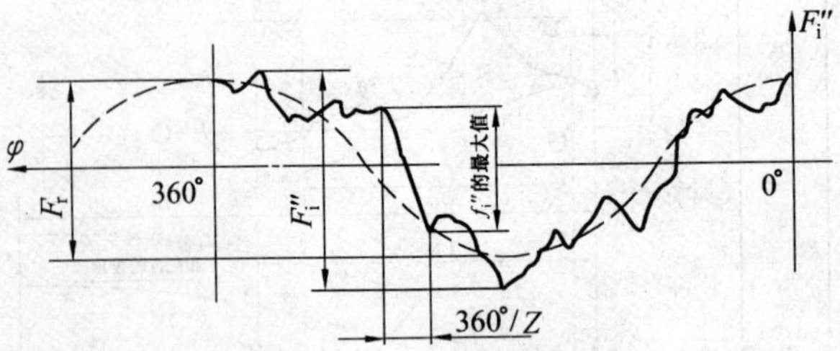	影响齿轮运动精度，即影响传递运动的准确性
13	一齿径向综合偏差	f_i''	在径向(双面)综合检验，当产品齿轮啮合一整圈时，对应一个齿距(360° / Z)的径向综合偏差值，见序号 12 图	影响运动平稳性
14	径向跳动	F_r	测头(球形、圆柱形、砧形)相继置于每个齿槽内时，从它到齿轮轴线的最大和最小径向距离之差 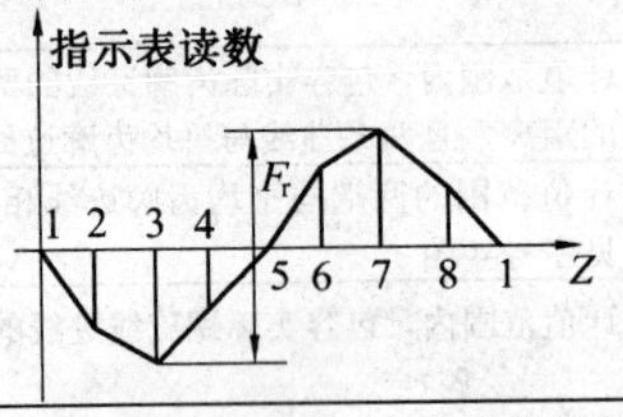	影响齿轮运动精度，即影响传递运动的准确性
15*	公法线长度变动量	F_w	F_w是指在齿轮一周内，跨k个齿的公法线长度的最大值与最小值之差。 注：F_w在齿轮新标准中没有此项参数，但从我国的齿轮实际生产情况来看，经常用F_r和F_w组合来代替F_p或F_i''，而且是检验成本不高且行之有效的手段，故在此提出供参考	影响齿轮运动精度，即影响传递运动的准确性
16	齿厚偏差 齿厚极限上偏差 齿厚极限下偏差 齿厚公差	E_{sn} E_{sns} E_{sni} T_{sn}	分度圆柱面上，齿厚实际值与公称值之差。对于斜齿轮，指法向齿厚 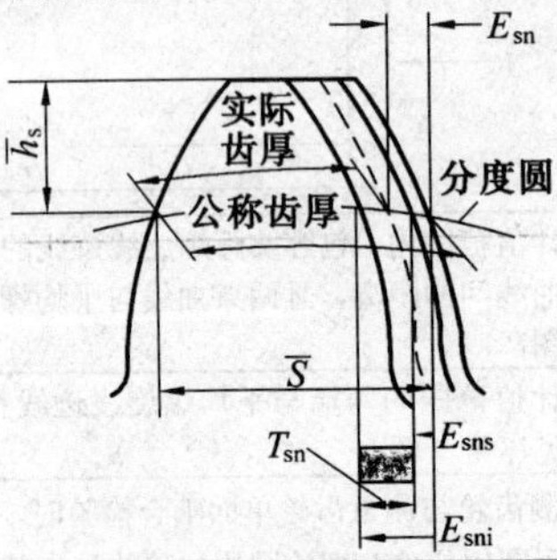	影响齿侧间隙
17	公法线长度偏差 公法线长度上偏差 公法线长度下偏差	E_{bn} E_{bns} E_{bni}	实际公法线长度与公称公法线长度之差	影响齿侧间隙

3. 检验项目的选用

考虑选用齿轮检验项目的因素很多，概括起来大致有以下几方面：

① 齿轮的精度等级和用途；

② 检查的目的(是工序间检验，还是完工检验)；

③ 齿轮的切齿工艺；

④ 齿轮的生产批量；

⑤ 齿轮的尺寸大小和结构形式；

⑥ 生产企业现有测试设备情况等。

齿轮精度标准 GB/T 10095.1、GB/T 10095.2 及其指导性技术文件中给出的偏差项目虽然很多，但作为评价齿轮质量的客观标准，齿轮质量的检验项目应该主要是单项指标，即齿距偏差(F_p、F_{pt}、F_{pk})、齿廓总偏差 F_α、螺旋线总偏差 F_β (直齿轮为齿向公差 F_β)及齿厚偏差 E_{sn}。标准中给出的其他参数，一般不是必检项目，而是根据供需双方具体要求协商确定的，这里体现了设计第一的思想。

根据我国多年来的生产实践及目前齿轮生产的质量控制水平，建议供需双方依据齿轮的功能要求、生产批量和检测手段，在以下推荐的检验组(表 3.4.3)中选取一个检验组来评定齿轮的精度等级。

表 3.4.3　推荐的齿轮检验组

检验组	检　验　项　目	适用等级	测　量　仪　器
1	F_p、F_α、F_β、F_r、E_{sn} 或 E_{bn}	3～9	齿距仪、齿形仪、齿向仪、摆差测定仪，齿厚卡尺或公法线千分尺
2	F_p 与 F_{pk}、F_α、F_β、F_r、E_{sn} 或 E_{bn}	3～9	齿距仪、齿形仪、齿向义、摆差测定仪，齿厚卡尺或公法线千分尺
3	F_p、f_{pt}、F_α、F_β、F_r、E_{sn} 或 E_{bn}	3～9	齿距仪、齿形仪、齿向仪、摆差测定仪，齿厚卡尺或公法线千分尺
4	F_p、F_i''、f_i'、E_{sn} 或 E_{bn}	6～9	双面啮合测量仪，齿厚卡尺或公法线千分尺
5	f_{pt}、F_r、E_{sn} 或 E_{bn}	10～12	齿距仪、摆差测定仪，齿厚卡尺或公法线千分尺
6	F_i'、f_i'、F_β、E_{sn} 或 E_{bn}	3～6	单啮仪、齿向仪，齿厚卡尺或公法线千分尺

4. 齿轮各种偏差允许值

表 3.4.4　F_β、$f_{f\beta}$和$f_{H\beta}$偏差允许值(摘自 GB/T 10095.1－2001)　μm

分度圆直径 d/mm		齿宽 b/mm　偏差项目	精度等级	螺旋线总公差 F_β				螺旋线形状公差 $f_{f\beta}$ 和螺旋线倾斜极限偏差 $\pm f_{H\beta}$			
大于	至	大于	至	5	6	7	8	5	6	7	8
5	20	4	10	6.0	8.5	12	17	4.4	6.0	8.5	12
		10	20	7.0	9.5	14	19	4.9	7.0	10	14
20	50	4	10	6.5	9.0	13	18	4.5	6.5	9.0	13
		10	20	7.0	10	14	20	5.0	7.0	10	14
		20	40	8.0	11	16	23	6.0	8.0	12	16
50	125	4	10	6.5	9.5	13	19	4.8	6.5	9.5	13
		10	20	7.5	11	15	21	5.5	7.5	11	15
		20	40	8.5	12	17	24	6.0	8.5	12	17
		40	80	10	14	20	28	7.0	10	14	20
125	280	4	10	7.0	10	14	20	5.0	7.0	10	14
		10	20	8.0	11	16	22	5.5	8.0	11	16
		20	40	9.0	13	18	25	6.5	9.0	13	18
		40	80	10	15	21	29	7.5	10	15	21
		80	160	12	17	25	35	8.5	12	17	25
280	560	10	20	8.5	12	17	24	6.0	8.5	12	17
		20	40	9.5	13	19	27	7.0	9.5	14	19
		40	80	11	15	22	31	8.0	11	16	22
		80	160	13	18	26	36	9.0	13	18	26
		160	250	15	21	30	43	11	15	22	30

表 3.4.5　$\pm F_{pt}$、F_p、F_a、f_{fa}、f_{Ha}、F_r、f_i'、F_i'、F_w 和 $\pm F_{pk}$ 偏差允许值（摘自 GB/T 10095.1～2－2001）　μm

分度圆直径 d/mm		模数 m_n/mm（偏差项目 / 精度等级）		单个齿距极限偏差 $\pm f_{pt}$				齿距累积总公差 F_p				齿廓总公差 F_a				齿廓形状偏差 f_{fa}				齿廓倾斜极限偏差 $\pm f_{Ha}$				径向跳动公差 F_r				F_i/K 值				公法线长度变动公差 F_w			
大于	至	大于	至	5	6	7	8	5	6	7	8	5	6	7	8	5	6	7	8	5	6	7	8	5	6	7	8	5	6	7	8	5	6	7	8
5	20	0.5	2	4.7	6.5	9.5	13	11	16	23	32	4.6	6.5	9.0	13	3.5	5.0	7.0	10	2.9	4.2	6.0	8.5	9.0	13	18	25	14	19	27	38	10	14	20	29
		2	3.5	5.0	7.5	10	15	12	17	23	33	6.5	9.5	13	19	5.0	7.0	10	14	4.2	6.0	8.5	12	9.5	13	19	27	16	23	32	45				
20	50	0.5	2	5.0	7.0	10	14	14	20	29	41	5.0	7.5	10	15	4.0	5.5	8.0	11	3.3	4.6	6.5	9.5	11	16	23	32	14	20	29	41	12	16	23	32
		2	3.5	5.5	7.5	11	15	15	21	30	42	7.0	10	14	20	5.5	8.0	11	16	4.5	6.5	9.0	13	12	17	24	34	17	24	34	48				
		3.5	6	6.0	8.5	12	17	15	22	31	44	9.0	12	18	25	7.0	9.5	14	19	5.5	8.0	11	16	12	17	25	35	19	27	38	54				
50	125	0.5	2	5.5	7.5	11	15	18	26	37	52	6.0	8.5	12	17	4.5	6.5	9.0	13	3.7	5.5	7.5	11	15	21	29	42	16	22	31	44	14	19	27	37
		2	3.5	6.0	8.5	12	17	19	27	38	53	8.0	11	16	22	6.0	8.5	12	17	5.0	7.0	10	14	15	21	30	43	18	25	36	51				
		3.5	6	6.5	9.0	13	18	19	28	39	55	9.5	13	19	27	7.5	10	15	21	6.0	8.5	12	17	16	22	31	44	20	29	40	57				
125	280	0.5	2	6.0	8.5	12	17	24	35	49	69	7.0	10	14	20	5.5	7.5	11	15	4.4	6.0	9.0	12	20	28	39	55	17	24	34	49	16	22	31	44
		2	3.5	6.5	9.0	13	18	25	35	50	70	9.0	13	18	25	7.0	9.5	14	19	5.5	8.0	11	16	20	28	40	56	20	28	39	56				
		3.5	6	7.0	10	14	20	25	36	51	72	11	15	21	30	8.0	12	16	23	6.5	9.5	13	19	20	29	41	58	22	31	44	62				
280	560	0.5	2	6.5	9.5	13	19	32	46	64	91	8.5	12	17	23	6.5	9.0	13	18	5.5	7.5	11	15	26	36	51	73	19	27	39	54	19	26	37	53
		2	3.5	7.0	10	14	20	33	46	65	92	10	15	21	29	8.0	11	16	22	6.5	9.0	13	18	26	37	52	74	22	31	44	62				
		3.5	6	8.0	11	16	22	33	47	66	94	12	17	24	34	9.0	13	18	26	7.5	11	15	21	27	38	53	75	24	34	48	68				

注：① 本表中 F_w 是根据我国的生产实践提出的，供参考。

② 将 f_i'/K 乘以 K，即得到 f_i'；当 $\varepsilon_\gamma<4$ 时，$K=0.2(\frac{\varepsilon_\gamma+4}{\varepsilon_\gamma})$；当 $\varepsilon_\gamma\geqslant4$ 时，$K=0.4$。

③ $F_i'=F_p'+f_i'$。

④ $\pm F_{pk}=f_{pt}+1.6\sqrt{(k-1)m_n}$（5 级精度），通常取 $k=Z/8$；按相邻两级的公比 $\sqrt{2}$，可求得其他级 $\pm F_{pk}$ 值。

表 3.4.6 F_i''和f_i''公差值(摘自 GB/T 10095.2—2001) μm

分度圆直径 d/mm		模数 m_n/mm	公差项目 / 精度等级	径向综合总公差 F_i''				一齿径向综合公差 f_i''			
大于	至	大于	至	5	6	7	8	5	6	7	8
5	20	0.2	0.5	11	15	21	30	2.0	2.5	3.5	5.0
		0.5	0.8	12	16	23	33	2.5	4.0	5.5	7.5
		0.8	1.0	12	18	25	35	3.5	5.0	7.0	10
		1.0	1.5	14	19	27	38	4.5	6.5	9.0	13
20	50	0.2	0.5	13	19	26	37	2.0	2.5	3.5	5.0
		0.5	0.8	14	20	28	40	2.5	4.0	5.5	7.5
		0.8	1.0	15	21	30	42	3.5	5.0	7.0	10
		1.0	1.5	16	23	32	45	4.5	6.5	9.0	13
		1.5	2.5	18	26	37	52	6.5	9.5	13	19
50	125	1.0	1.5	19	27	39	55	4.5	6.5	9.0	13
		1.5	2.5	22	31	43	61	6.5	13	44	
		2.5	4.0	25	36	51	72	10	14	20	29
		4.0	6.0	31	44	62	88	15	22	31	44
		6.0	10	40	57	80	114	24	34	48	67
125	280	1.0	1.5	24	34	48	68	4.5	6.5	9.0	13
		1.5	2.5	26	37	53	75	6.5	9.5	13	19
		2.5	4.0	30	43	61	86	10	15	21	29
		4.0	6.0	36	51	72	102	15	22	31	44
		6.0	10	45	64	90	127	24	34	48	67
250	560	1.0	1.5	30	43	61	86	4.5	6.5	9.0	13
		1.5	2.5	33	46	65	92	6.5	9.5	13	19
		2.5	4.0	37	52	73	104	10	15	21	29
		4.0	6.0	42	60	84	119	15	22	31	44
		6.0	10	51	73	103	145	24	34	48	68

5. 齿侧间隙检验项目的计算

齿侧间隙是在中心距一定的情况下，用减薄轮齿齿厚的方法来获得，而控制齿厚的方法有两种，即用齿厚极限偏差或用长法线平均长度极限偏差来控制齿厚。

（1）齿厚极限偏差 E_{sns} 和 E_{sni} 的计算

齿厚极限上偏差 E_{sns} 即齿厚的最小减薄量。它除了要保证齿轮副所需的最小法向侧隙 j_{bnmin} 外，还要补偿齿轮和齿轮箱体的加工及安装误差引起的法向侧隙减少量 J_{bn}。通常为了便于设计与计算，取 $E_{sns1}=E_{sns2}=E_{sns}$，故有

$$E_{sns}=-\left[\frac{j_{bn\min}+J_{bn}}{2\cos\alpha_n}+|f_a|\tan\alpha_n\right]$$

式中 j_{bnmin}——最小法向侧隙(mm)可按表 3.4.7 查取；

J_{bn}——法向侧隙减少量(mm)，其计算公式为

$$J_{bn}=\sqrt{0.88(f_{pt1}^2+f_{pt2}^2)+[2+0.34(L/b)^2]F_\beta^2}$$

式中，f_{pt1}、f_{pt2}、F_β单位为μm，齿轮副轴承孔距 L 和齿宽 b 的单位为 mm，J_{bn} 的单位为μm，但代入 E_{sns} 式时应换算为 mm。

$|f_a|$——中心距极限偏差绝对值，单位为μm，可按表 3.4.13 查取，但代入 E_{sns} 式时$|f_a|$的单位应换算为 mm。

α_n——法面齿形角，$\alpha_n=20°$

表 3.4.7 对于中、大模数齿轮最小侧隙 j_{bnmin} 的推荐数据(摘自 GB/Z 18620.2－2002) mm

模数	中心距 a					
m_n	50	100	200	400	800	1 600
1.5	0.09	0.11	—	—	—	—
2	0.10	0.12	0.15	—	—	—
3	0.12	0.14	0.17	0.24	—	—
5	—	0.18	0.21	0.28	—	—
8	—	0.24	0.27	0.34	0.47	—
12	—	—	0.35	0.42	0.55	—
18	—	—	—	0.54	0.67	0.94

齿厚公差 T_{sn} 可按下式求得

$$T_{sn}=\sqrt{F_r^2+b_r^2}\,2\tan\alpha_n \tag{3.2}$$

式中 b_r——切齿径向进刀公差，可按表 3.4.8 选取。

表 3.4.8 切齿径向进刀公差 b_r 值

齿轮精度等级	4	5	6	7	8	9
b_r 值	1.26IT7	IT8	1.26IT8	IT9	1.26IT9	IT10

注：查 IT 值的主参数为分度圆直径尺寸。

齿厚下偏差 E_{sni} 可按下式求得

$$E_{sni}=E_{sns}-T_{sn} \tag{3.3}$$

式中 T_{sn}——齿厚公差。显然若齿厚偏差合格，实际齿厚偏差 E_{sn} 应处于齿厚公差带内。

（2）用公法线平均长度极限偏差控制齿厚

齿轮齿厚的变化必然引起公法线长度的变化。测量公法线长度同样可以控制齿侧间隙。公法线长度的上偏差 E_{bns} 和下偏差 E_{bni} 与齿厚偏差有如下关系

$$E_{bns}=E_{sns}\cos\alpha_n-0.72F_r\sin\alpha_n \tag{3.4}$$

$$E_{bni}=E_{sni}\cos\alpha_n+0.72F_r\cos\alpha_n \tag{3.5}$$

6. 齿厚和公法线长度

表 3.4.9 标准齿轮分度圆弦齿厚和弦齿高($m=m_n=1,\alpha=\alpha_n=20°$，$h^*_a=h^*_{an}=1$) mm

齿数 z	分度圆弦齿厚 $\bar{s}^*$	分度圆弦齿高 $\bar{h}^*_n$	齿数 z	分度圆弦齿厚 $\bar{s}^*$	分度圆弦齿高 $\bar{h}^*_n$	齿数 z	分度圆弦齿厚 $\bar{s}^*$	分度圆弦齿高 $\bar{h}^*_n$	齿数 z	分度圆弦齿厚 $\bar{s}^*$	分度圆弦齿高 $\bar{h}^*_n$
6	1.552 9	1.102 2	40	1.570 4	1.015 4	74	1.570 7	1.008 4	108	1.570 7	1.005 7
7	1.556 8	1.087 3	41	1.570 4	1.015 0	75	1.570 7	1.008 3	109	1.570 7	1.005 7
8	1.560 7	1.076 9	42	1.570 4	1.014 7	76	1.570 7	1.008 1	110	1.570 7	1.005 6
9	1.562 8	1.068 4	43	1.570 5	1.014 3	77	1.570 7	1.008 0	111	1.570 7	1.005 6
10	1.564 3	1.061 6	44	1.570 5	1.014 0	78	1.570 7	1.007 9	112	1.570 7	1.005 5
11	1.565 4	1.055 9	45	1.570 5	1.013 7	79	1.570 7	1.007 8	113	1.570 7	1.005 5
12	1.566 3	1.051 4	46	1.570 5	1.013 4	80	1.570 7	1.007 7	114	1.570 7	1.005 4
13	1.567 0	1.047 4	47	1.570 5	1.013 1	81	1.570 7	1.007 6	115	1.570 7	1.005 4
14	1.567 5	1.044 0	48	1.570 5	1.012 9	82	1.570 7	1.007 5	116	1.570 7	1.005 3
15	1.567 9	1.041 1	49	1.570 5	1.012 6	83	1.570 7	1.007 4	117	1.570 7	1.005 3
16	1.568 3	1.038 5	50	1.570 5	1.012 3	84	1.570 7	1.007 4	118	1.570 7	1.005 3
17	1.568 6	1.036 2	51	1.570 6	1.012 1	85	1.570 7	1.007 3	119	1.570 7	1.005 2
18	1.568 8	1.034 2	52	1.570 6	1.011 9	86	1.570 7	1.007 2	120	1.570 7	1.005 2
19	1.569 0	1.032 4	53	1.570 6	1.011 7	87	1.570 7	1.007 1	121	1.570 7	1.005 1
20	1.569 2	1.030 8	54	1.570 6	1.011 4	88	1.570 7	1.007 0	122	1.570 7	1.005 1
21	1.569 4	1.029 4	55	1.570 6	1.011 2	89	1.570 7	1.006 9	123	1.570 7	1.005 0
22	1.569 5	1.028 1	56	1.570 6	1.011 0	90	1.570 7	1.006 8	124	1.570 7	1.005 0
23	1.569 6	1.026 8	57	1.570 6	1.010 8	91	1.570 7	1.006 8	125	1.570 7	1.004 9
24	1.569 7	1.025 7	58	1.570 6	1.010 6	92	1.570 7	1.006 7	126	1.570 7	1.004 9
25	1.569 8	1.024 7	59	1.570 6	1.010 5	93	1.570 7	1.006 7	127	1.570 7	1.004 9
26	1.569 8	1.023 7	60	1.570 6	1.010 2	94	1.570 7	1.006 6	128	1.570 7	1.004 8
27	1.569 9	1.022 8	61	1.570 6	1.010 1	95	1.570 7	1.006 5	129	1.570 7	1.004 8
28	1.570 0	1.022 0	62	1.570 6	1.010 0	96	1.570 7	1.006 4	130	1.570 8	1.004 8
29	1.570 0	1.021 3	63	1.570 6	1.009 8	97	1.570 7	1.006 4	131	1.570 8	1.004 7
30	1.570 1	1.020 5	64	1.570 6	1.009 7	98	1.570 7	1.006 3	132	1.570 8	1.004 7
31	1.570 1	1.019 9	65	1.570 6	1.009 5	99	1.570 7	1.006 2	133	1.570 8	1.004 7
32	1.570 2	1.019 3	66	1.570 6	1.009 4	100	1.570 7	1.006 1	134	1.570 8	1.004 6
33	1.570 2	1.018 7	67	1.570 6	1.009 2	101	1.570 7	1.006 1	135	1.570 8	1.004 6
34	1.570 2	1.018 1	68	1.570 6	1.009 1	102	1.570 7	1.006 0	140	1.570 8	1.004 4
35	1.570 2	1.017 6	69	1.570 7	1.009 0	103	1.570 7	1.006 0	145	1.570 8	1.004 2
36	1.570 3	1.017 1	70	1.570 7	1.008 8	104	1.570 7	1.005 9	150	1.570 8	1.004 1
37	1.570 3	1.016 7	71	1.570 7	1.008 7	105	1.570 7	1.005 9	齿条	1.570 8	1.000 0
38	1.570 3	1.016 2	72	1.570 7	1.008 6	106	1.570 7	1.005 8			
39	1.570 3	1.015 8	73	1.570 7	1.008 5	107	1.570 7	1.005 8			

注：① 当 $m(m_n)\neq 1$ 时，分度圆弦齿厚 $\bar{s}=\bar{s}^*m(\bar{s}_n=\bar{s}_n^*m_n)$；分度圆弦齿高 $\bar{h}_n=\bar{h}_n^*m(\bar{h}_n=\bar{h}_n^*m_n)$。

② 对于斜齿圆柱齿轮和圆锥齿轮，本表也可以用，所不同的是，齿数要用当量齿数 Z_v。

③ 如果当量齿数带小数，就要用比例插入法，把小数部分考虑进去。

表 3.4.10　公法线长度 W_k^*（m=1,α=20°） mm

齿轮齿数 Z	跨测齿数 k	公法线长度 W_k^*	齿轮齿数 Z	跨测齿数 k	公法线长度 W_k^*	齿轮齿数 Z	跨测齿数 k	公法线长度 W_k^*	齿轮齿数 Z	跨测齿数 k	公法线长度 W_k^*	齿轮齿数 Z	跨测齿数 k	公法线长度 W_k^*
			41	5	13.858 8	81	10	29.179 7	121	14	41.584 4	161	18	53.917 1
			42	5	872 8	82	10	29.193 7	122	14	562 4	162	19	56.883 3
			43	5	886 8	83	10	207 7	123	14	576 4	163	19	56.897 2
4	2	4.484 2	44	5	900 8	84	10	221 7	124	14	590 4	164	19	911 3
5	2	4.494 2	45	6	16.867 0	85	10	235 7	125	14	604 4	165	19	925 3
6	2	4.512 2	46	6	16.881 0	86	10	249 7	126	15	44.570 6	166	19	939 3
7	2	4.526 2	47	6	895 0	87	10	263 7	127	15	44.584 6	167	19	953 3
8	2	4.540 2	48	6	909 0	88	10	277 7	128	15	598 6	168	19	967 3
9	2	4.554 2	49	6	923 0	89	10	291 7	129	15	612 6	169	19	981 3
10	2	4.568 3	50	6	937 0	90	11	32.257 9	130	15	626 6	170	19	995 3
11	2	4.582 3	51	6	951 0	91	11	32.271 8	131	15	640 5	171	20	59.961 5
12	2	596 3	52	6	966 0	92	11	285 8	132	15	654 6	172	20	59 975 4
13	2	610 3	53	6	979 0	93	11	299 8	133	15	668 6	173	20	989 4
14	2	624 3	54	7	19.945 2	94	11	313 6	134	15	682 6	174	20	60.003 4
15	2	638 3	55	7	19.959 1	95	11	327 9	135	16	47.649 0	175	20	017 4
16	2	652 3	56	7	973 1	96	11	341 9	136	16	662 7	176	20	031 4
17	2	666 3	57	7	987 1	97	11	355 9	137	16	676 7	177	20	045 5
18	3	7.632 4	58	7	20.001 1	98	11	369 9	138	16	690 7	178	20	059 5
19	3	7.646 4	59	7	015 2	99	12	35.336 1	139	16	704 7	179	20	073 5
20	3	7.660 4	60	7	029 2	100	12	35.350 0	140	16	718 7	180	21	63.039 7
21	3	674 4	61	7	043 2	101	12	364 0	141	16	732 7	181	21	63.053 6
22	3	688 4	62	7	057 2	102	12	378 0	142	16	740 8	182	21	067 6
23	3	702 4	63	8	23.023 3	103	12	392 0	143	16	760 8	183	21	081 6
24	3	716 5	64	8	23.037 3	104	12	406 0	144	17	50.727 0	184	21	095 6
25	3	730 5	65	8	051 3	105	12	420 0	145	17	50.740 9	185	21	109 9
26	3	744 5	66	8	065 3	106	12	434 0	146	17	754 9	186	21	123 6
27	4	10.710 6	67	8	079 3	107	12	448 1	147	17	768 9	187	21	137 6
28	4	10.724 6	68	8	093 3	108	13	38.414 2	148	17	782 9	188	21	151 6
29	4	738 6	69	8	107 3	109	13	38.428 2	149	17	796 9	189	22	66.117 9
30	4	752 6	70	8	121 3	110	13	442 2	150	17	810 9	190	22	66.131 8
31	4	766 6	71	8	135 3	111	13	456 2	151	17	824 9	191	22	145 8
32	4	780 6	72	9	26.101 5	112	13	470 2	152	17	838 9	192	22	159 8
33	4	794 6	73	9	26.115 5	113	13	484 2	153	18	53.805 1	193	22	173 8
34	4	808 6	74	9	129 5	114	13	498 2	154	18	53.819 1	194	22	187 8
35	4	822 6	75	9	143 5	115	13	512 2	155	18	833 1	195	22	201 8
36	5	13.788 8	76	9	157 5	116	13	526 2	156	18	847 1	196	22	215 8
37	5	13.802 8	77	9	171 5	117	14	41.492 4	157	18	861 1	197	22	229 8
38	5	816 8	78	9	185 5	118	14	41.506 4	158	18	875 1	198	23	69.196 1
39	5	830 8	79	9	199 5	119	14	520 4	159	18	889 1	199	23	69.210 1
40	5	844 8	80	9	213 5	120	14	534 4	160	18	903 1	200	23	224 1

注：① 对标准直齿圆柱齿轮，公法线长度 $W_k=W_k^*\,m$，W_k^* 为 m=1 mm、α=20° 时的公法线长度。

② 对变位直齿圆柱齿轮，当变位系数 x 较小及$|x|<0.3$ 时，跨测齿数 k 按照表 3.4.10 查出，而公法线长度

$$W_k=(W_k^*+0.684x)m$$

当变位系数 x 较大，$|x|>0.3$ 时，跨测齿数

$$k'=Z\frac{\alpha_x}{180^\circ}+0.5$$

式中，$\alpha_x=\arccos\dfrac{2d\cos\alpha}{d_a+d_f}$，而公法线长度

$$W_k=[2.952\,1(k'-0.5)+0.014Z+0.684x]\,m$$

③ 斜齿轮的公法线长度 W_{nk} 在法面内测量，其值也可按表 3.4.10 确定，但必须按假想齿数 Z'查，$Z'=kZ$，式中 k 为与分度圆柱上齿的螺旋角β有关的假想齿数系数，见表 3.4.11。假想齿数常为非整数，其小数部分 ΔZ 所对应的公法线长度 W_n^* 可查表 3.4.12。故总的公法线长度 $W_{nk}=(W_k^*+\Delta W_n^*)m_n$ 。式中，m_n 为法面模数；W_k^* 为与假想齿数 Z'整数部分相对尖的公法线长度，查表 3.4.10。

表 3.4.11 假想齿数系数 $K(\alpha_n=20°)$

β	K	β	K	β	K	β	K
1°	1.000	6°	1.016	11°	1.054	16°	1.119
2°	1.002	7°	1.022	12°	1.065	17°	1.136
3°	1.004	8°	1.028	13°	1.077	18°	0.154
4°	1.007	9°	1.036	14°	1.090	19°	1.173
5°	1.011	10°	1.045	15°	1.104	20°	1.194

注：对于β中间值的系数K，可按内插法求出。

表 3.4.12 公法线长度ΔW_n^* mm

$\Delta Z'$	0.00	0.01	0.02	0.03	0.04	0.05	0.06	0.07	0.08	0.09
0.0	0.000 0	0.000 1	0.000 3	0.000 4	0.000 6	0.000 7	0.000 8	0.001 0	0.001 1	0.001 3
0.1	0.001 4	0.001 5	0.001 7	0.001 8	0.002 0	0.002 1	0.002 2	0.002 4	0.002 5	0.002 7
0.2	0.002 8	0.002 9	0.002 1	0.003 2	0.003 4	0.003 5	0.003 6	0.003 8	0.003 9	0.004 1
0.3	0.004 2	0.004 3	0.004 5	0.004 6	0.004 8	0.004 9	0.005 1	0.005 2	0.005 3	0.005 5
0.4	0.005 6	0.005 7	0.005 9	0.006 0	0.006 1	0.006 3	0.006 4	0.006 6	0.006 7	0.006 9
0.5	0.007 0	0.007 1	0.007 3	0.007 4	0.007 6	0.007 7	0.007 9	0.008 0	0.008 1	0.008 3
0.6	0.008 4	0.008 5	0.008 7	0.008 8	0.008 9	0.009 1	0.009 2	0.009 4	0.009 5	0.009 7
0.7	0.009 8	0.009 9	0.010 1	0.010 2	0.010 4	0.010 5	0.010 6	0.010 8	0.010 9	0.011 1
0.8	0.011 2	0.011 4	0.011 5	0.011 6	0.011 8	0.011 9	0.012 0	0.012 2	0.012 3	0.012 4
0.9	0.012 6	0.012 7	0.012 9	0.013 2	0.013 0	0.013 3	0.013 5	0.013 6	0.013 7	0.013 9

查取示例：$\Delta Z'$=0.65时，由表3.4.12查得ΔW_n^*=0.009 1。

7. 齿轮副和齿坯的精度

表 3.4.13 中心距极限偏差$\pm f_a$ (供参考) μm

中心距 a/mm 大于	至	齿轮精度等级 5、6	7、8
6	10	7.5	11
10	18	9	13.5
18	30	10.5	16.5
30	50	12.5	19.5
50	80	15	23
80	120	17.5	27
120	180	20	31.5
180	250	23	36
250	315	26	40.5
315	400	28.5	44.5
400	500	31.5	48.5

表 3.4.14 轴线平行度偏差 $f_{\Sigma\delta}$ 和 $f_{\Sigma\beta}$

轴线平行度偏差图示	$f_{\Sigma\delta}$ 和 $f_{\Sigma\beta}$ 的最大推荐值/μm
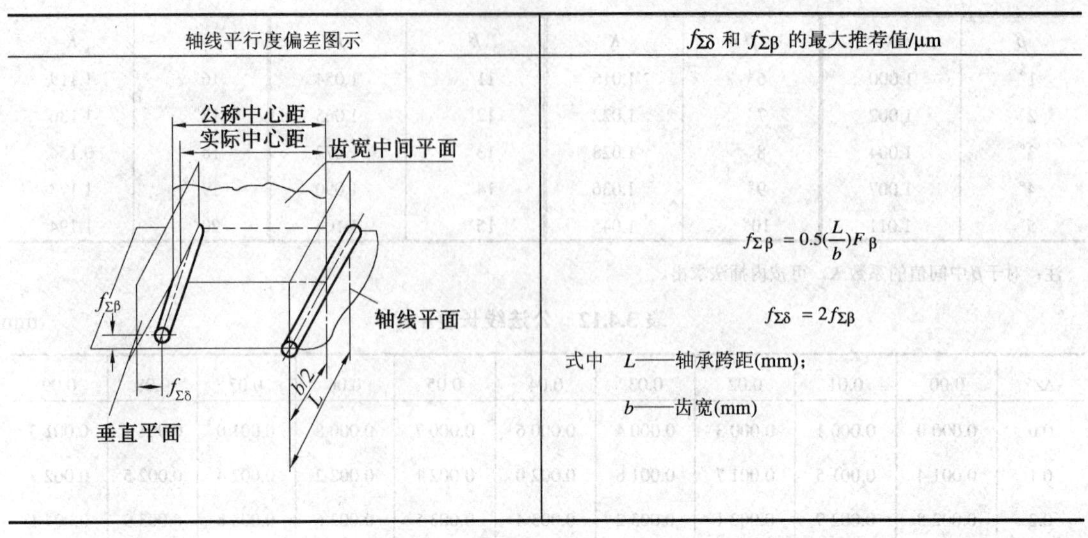	$f_{\Sigma\beta}=0.5(\frac{L}{b})F_\beta$ $f_{\Sigma\delta}=2f_{\Sigma\beta}$ 式中 L——轴承跨距(mm); b——齿宽(mm)

表 3.4.15 齿轮装配后接触斑点(摘自 GB/Z 18620.4－2002)

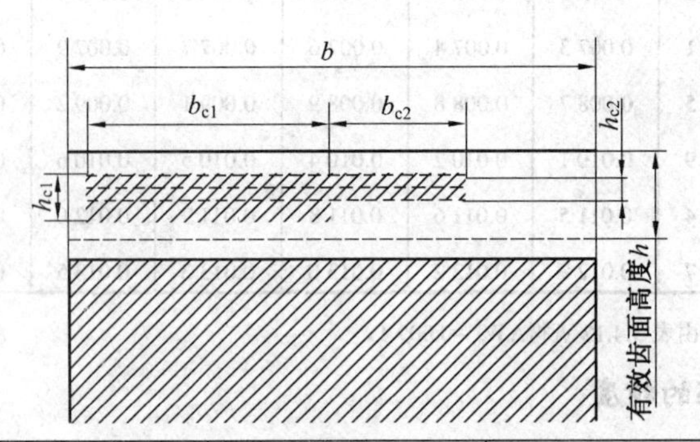

精度等级 \ 齿轮 \ 参数	$b_{c1}/b\times100\%$		$h_{c1}/h\times100\%$		$b_{c2}/b\times100\%$		$h_{c2}/h\times100\%$	
	直齿轮	斜齿轮	直齿轮	斜齿轮	直齿轮	斜齿轮	直齿轮	斜齿轮
4 级及更高	50	50	70	50	40	40	50	20
5 和 6	45	45	50	40	35	35	30	20
7 和 8	35	35	50	40	35	35	30	20
9 至 12	25	25	50	40	25	25	30	20

表 3.4.16 齿坯尺寸公差(供参考)

齿轮精度等级		5	6	7	8	9	10	11	12
孔	尺寸公差	IT5	IT6	IT7		IT8		IT9	
轴	尺寸公差	IT5		IT6		IT7		IT8	
顶圆直径偏差		0 −IT8				0 −IT9			

注：齿顶圆柱面不作基准时，齿顶圆直径公差按 IT11 给定，但不得大于 0.1 m_n。

表 3.4.17 齿坯径向和端面圆跳动公差 μm

分度圆直径/mm		齿轮精度等级			
大于	至	3、4	5、6	7、8	9～12
	≤125	7	11	18	28
125	400	9	14	22	36
400	800	12	20	32	50
800	1 600	18	28	45	71

齿顶圆直径偏差对齿轮重合度及齿轮顶隙都有影响，有时还作为测量、加工基准，因此也要给出公差。

8. 图样标注

（1）齿轮精度等级的标注示例

例如 7 GB/T 10095.1

表示齿轮各项偏差均应符合 GB/T 10095.1 的要求，精度均为 7 级。

7 F_p6(F_α、F_β) GB/T 10095.1

表示偏差 F_p、F_α、F_β均应符合 GB/T 10095.1 的要求，其中 F_p 为 7 级，F_α和 F_β为 6 级。

6 (F_i''、f_i'') GB/T 10095.2

表示偏差 F_i''和 f_i''均应符合 GB/T 10095.2 的要求，精度均为 6 级。

（2）齿厚偏差的常用标注方法

例如 $S_{n_{E_{sni}}}^{E_{sns}}$

其中，S_n 为法向公称齿厚；E_{sns} 为齿厚上偏差；E_{sni} 为齿厚下偏差。

$W_{kE_{bni}}^{E_{bns}}$

其中，W_k 为跨 k 个齿的公法线公称长度；E_{bns} 为公法线长度上偏差；E_{bni} 为公法线长度下偏差。

（3）齿轮工作图

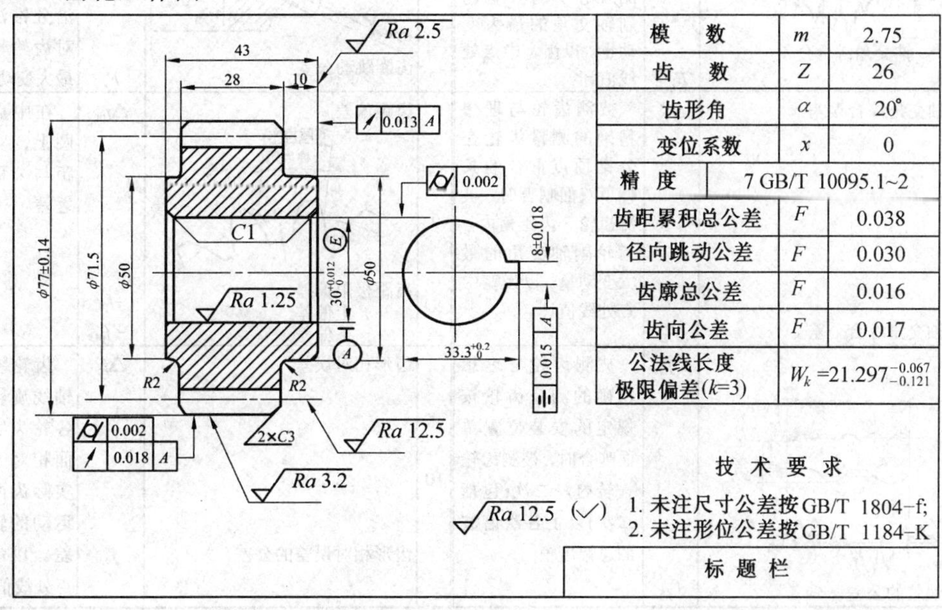

3.4.2 锥齿轮传动的精度及检验项目

1. 锥齿轮传动的精度

锥齿轮传动的精度采用GB/T 11365－1989标准，适用于齿宽中点法向模数m_n>1 mm的锥齿轮。

标准对齿轮和齿轮副设置了12个精度等级。其中1级精度最高，12级精度最低。限于目前锥齿轮加工水平，对1级～3级精度没有规定公差数值。

在选择齿轮或齿轮副的精度等级时，应考虑其用途和使用条件，如圆周速度、传递的功率、传递运动的精确性、平稳性等要求。精度等级的选择一般情况下由类比法(经验法)确定，也可以通过计算确定。

2. 锥齿轮、齿轮副误差项目的名称、代号和定义

表 3.4.18 锥齿轮、齿轮副误差项目的名称、代号和定义

序号	名称	代号	定义	序号	名称	代号	定义
1	切向综合误差 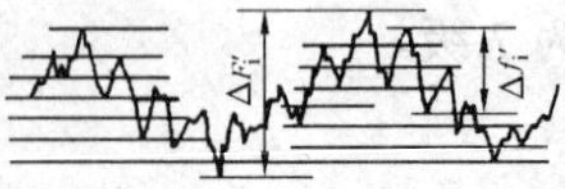 切向综合公差	$\Delta F_i'$ F_i'	被测齿轮与理想精确的测量齿轮按规定的安装位置单面啮合时，被测齿轮一转内，实际转角与理论转角之差的总幅度值。以齿宽中点分度圆弧长计	6	齿距累积误差 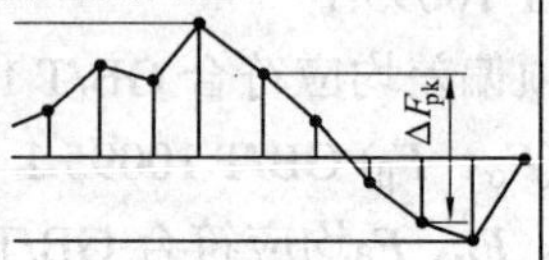 齿距累积公差	ΔF_p F_p	在中点分度圆①上，任意两个同侧齿面间的实际弧长与公称弧长之差最大绝对值
2	一齿切向综合误差 一齿切向综合公差	$\Delta f_i'$ f_i'	被测齿轮与理想精确的测量齿轮按规定的安装位置单面啮合时，被测齿轮一齿距角内，实际转角与理论转角之差的最大幅度值。以齿宽中点分度圆弧长计	7	k个齿距累积误差 k个齿距累积公差	ΔF_{pk} F_{pk}	在中点分度①上，k个齿距的实际弧长与公称弧长之差的最大绝对值。k为2到小于$z/2$的整数
3	轴交角综合误差 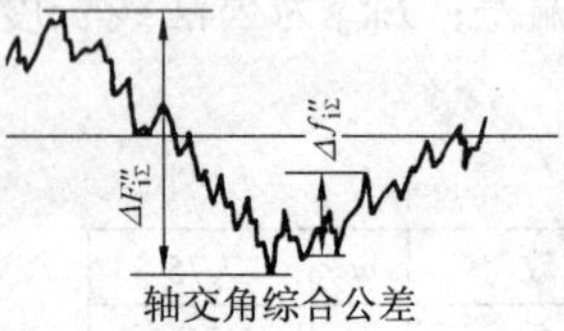 轴交角综合公差	$\Delta F_i''_\Sigma$ $F_i''_\Sigma$	被测齿轮与理想精确的测量齿轮在分锥顶点重合的条件下双面啮合时，被测齿轮一转内，齿轮副轴交角的最大变动量。以齿宽中点处线值计	8	齿圈跳动 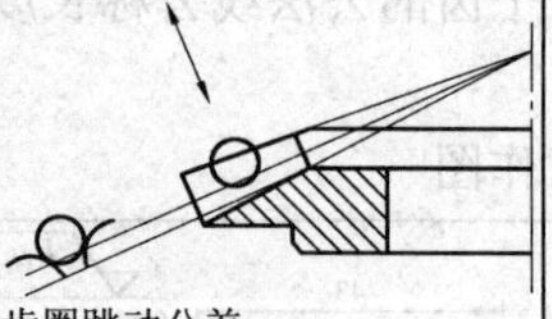 齿圈跳动公差	ΔF_r F_r	齿轮一转范围内，测头在齿槽内与齿面中部双面接触时，沿分锥法向相对齿轮轴线的最大变动量
4	一齿轴交角综合误差 一齿轴交角综合公差	$\Delta f_{i\Sigma}''$ $f_{i\Sigma}''$	被测齿轮与理想精确的测量齿轮在分锥顶点重合的条件下双面啮合时，被测齿轮一齿距角内，齿轮副轴交角的最大变动量。以齿宽中点处线值计	9	齿距偏差 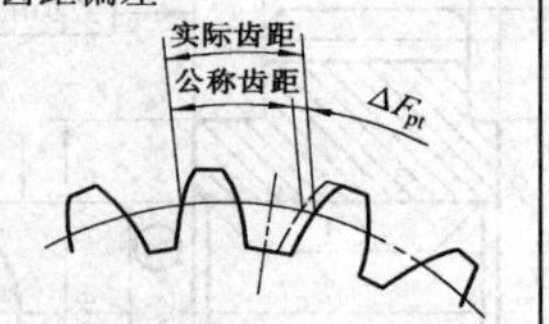 齿距极限偏差 上偏差 下偏差	Δf_{pt} $+f_{pt}$ $-f_{pt}$	在中点分度圆上，实际齿距与公称齿距之差
5	周期误差 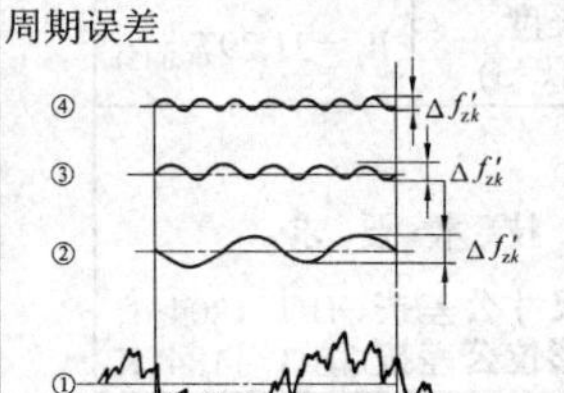 周期误差的公差	$\Delta f_{zk}'$ f_{zk}'	被测齿轮与理想精确的测量齿轮按规定的安装位置单面啮合时，被测齿轮一转内，二次(包括二次)以上各次谐波的总幅度值	10	齿形相对误差 齿形相对误差的公差	Δf_c f_c	齿轮绕工艺轴线旋转时，各轮齿实际齿面相对于基准实际齿面传递运动的转角之差。以齿宽中点处线值计

续表 3.4.18

序号	名　　称	代号	定　义	序号	名　　称	代号	定　义
11	齿厚偏差 齿厚极限偏差　上偏差 下偏差 公差	ΔE_s E_{ss} E_{si} T_s	齿宽中点法向弦齿厚的实际值与公称值之差	16	齿轮副周期误差 齿轮副周期误差的公差	$\Delta f'_{zkc}$ f'_{zkc}	齿轮副按规定的安装位置单面啮合时，在大轮一转范围内，二次以上(包括二次)各次谐波的总幅度值
12	齿轮副切向综合误差 齿轮副切向综合公差	$\Delta F'_{ic}$ F'_{ic}	齿轮副按规定的安装位置单面啮合时，在转动的整周期内，一个齿轮相对另一个齿轮的实际转角与理论之差的总幅度值。以齿宽中点分度圆弧长计	17	齿轮副齿频周期误差 齿轮副齿频周期误差的公差	Δf_{zzc} f_{zzc}	齿轮副按规定的安装位置单面啮合时，以齿数为频率的谐波的总幅度值
13	齿轮副-齿切向综合误差 齿轮副-齿切向综合公差	Δf_{ic} f_{ic}	齿轮副按规定的安装面位置单面啮合时，在一齿距角内，一个齿轮相对另一个齿轮的实际转角与理论转角之差的最大值，在整周期内取值，以齿宽中点分度圆弧长计	18	接触斑点	—	安装好的齿轮副(或被测齿轮与测量齿轮)在轻微力的制动下运转后，在齿轮工作齿面上得到的接触痕迹 接触斑点包括斑点形状、位置、大小三方面的要求 接触痕迹的大小按百分比确定: 沿齿长方向为接触痕迹长度 b''与工作长度 b'之比，即 $\frac{b''}{b'}\times 100\%$ 沿齿高方向为接触痕迹高度 h''与接触痕迹中部的工作齿高 h'之比，即 $\frac{h''}{h'}\times 100\%$
14	齿轮副轴交角综合误差 齿轮副轴交角综合公差	$\Delta F''_{i\Sigma c}$ $F''_{i\Sigma c}$	齿轮副在分锥顶点重合条件下双面啮合时，在转动的整周期内，轴交角的最大变动量。以齿宽中点处线值计				
15	齿轮副-齿轴交角综合误差 齿轮副-齿轴交角综合公差	$\Delta f''_{i\Sigma c}$ $f''_{i\Sigma c}$	齿轮副在分锥顶点重合条件下双面啮合时，在齿距角内，轴交角的最大变动量。在整周期内取值，以齿宽中点处线值计				

续表 3.4.18

序号	名　称	代号	定　义	序号	名　称	代号	定　义
19	齿轮副侧隙 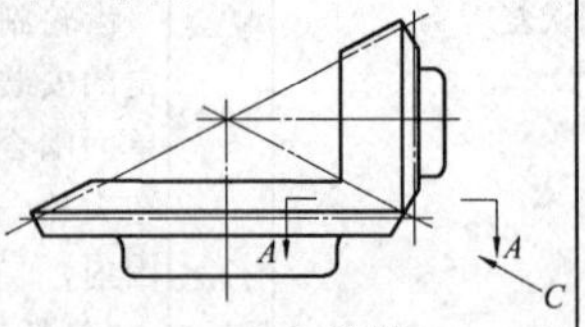 圆周侧隙　$A-A$旋转 2.5:1 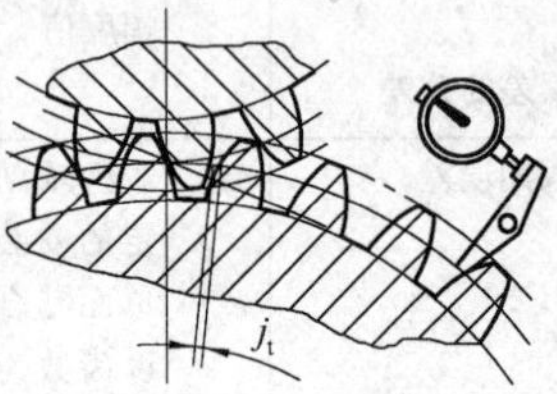 法向侧隙　C向旋转 2.5:1 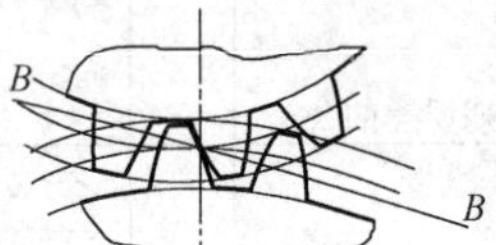 $B-B$  最大圆周侧隙 最小圆周侧隙 最大法向侧隙 最小法向侧隙	j_i j_n $j_{t\max}$ $j_{t\min}$ $j_{n\max}$ $j_{n\min}$	齿轮副按规定的位置安装后，其中一个齿轮固定时，另一个齿轮从工作齿面接触到非工作齿面接触所转过的齿宽中点分度圆弧长 齿轮副按规定的位置安装的位置安装后，工作齿面接触时，非工作齿面间的最小距离，以齿宽中点处计 $j_n = j_t \cos\beta \cos\alpha$	21	齿圈轴向位移 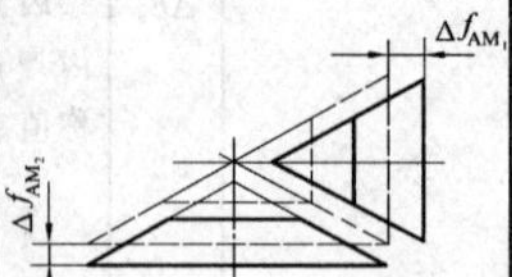 齿圈轴向位移极限偏差 上偏差 下偏差	Δf_{AM} $+\Delta f_{AM}$ $-\Delta f_{AM}$	齿轮装配后，齿圈相对于滚动检查机上确定的最佳啮合位置的轴向位移量
				22	齿轮副轴间距偏差 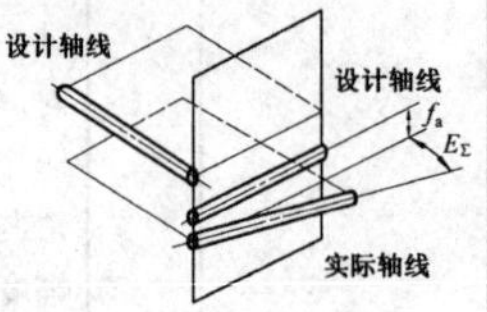 齿轮副轴间距极限偏差 上偏差 下偏差	Δf_a $+f_a$ $-f_a$	齿轮副实际轴间距与公称轴间距之差
20	齿轮副侧隙变动量 齿轮副侧隙变动公差	ΔF_{vi} F_{vi}	齿轮副按规定的位置安装后，在转动的整周期内，法向侧隙的最大值与最小值之差	23	齿轮副轴交角偏差 齿轮副轴交角极限偏差 上偏差 下偏差	ΔE_Σ $+E_\Sigma$ $-E_\Sigma$	齿轮副实际轴交角与公称轴交角之差。以齿宽中点处值计

3. 各公差组的检验项目及其适用的精度等级

按照各项误差项目的特性及其对传动性能的主要影响，标准将其公差分为三个公差组，并规定每个公差组由若干个检验组组成，且规定每个检验组适用于一定的精度等级范围，见表 3.4.19。

标准规定，对齿轮或齿轮副，均应分别在三个公差组中选择适当的检验组(即分属于三个公差组中的三个检验组)来控制齿轮或齿轮副的运动精度、工作平稳性和接触精度。

标准还规定，当两个齿轮合格时，可以认为由这两个齿轮组成的齿轮副合格。反之，当齿轮副合格时，可认为两齿轮合格。

在使用中，应按批量大小、检测条件和适用范围确定适当的检验组。

关于不同公差组的精度等级的选择，标准还作了如下规定：

在一般情况下，三个公差组应选用同一精度等级。但允许根据使用要求，对同一齿轮或齿轮副的三个公差组选用不同的精度等级。如汽车后桥齿轮，运动精度的要求可略低于工作平稳性的要求，若第Ⅱ公差组选为 7 级，第Ⅰ公差组可选为 8 级。

表 3.4.19　锥齿轮、齿轮副控制项目及其适用的精度等级

公差组	检验对象	检验项目	适用的精度等级	备注
第Ⅰ公差组	齿轮	F_i'	4～8	
		$F_{i\Sigma}''$	7～12	对斜齿，曲线齿锥齿轮用于 9～10 级
		F_p 与 F_{pk}	4～6	
		F_p	7～8	
		F_r	7～12	其中 7～8 级用于分度圆直径大于 1 600 mm
	齿轮副	F_{ic}'	4～8	
		$F_{i\Sigma c}''$	7～12	对斜齿，曲线齿锥齿轮用于 9～10 级
		F_{vi}	9～12	
第Ⅱ公差组	齿轮	f_i'	4～12	
		$f_{i\Sigma}''$	7～12	对斜齿，曲线齿锥齿轮用于 9～12 级
		f_{zk}'	4～8	纵向重合度 Σβ 大于界限值
		f_{pc} 与 f_c	4～6	
		f_{pt}	7～12	
	齿轮副	f_{ic}'	4～8	
		$f_{i\Sigma c}''$	7～12	对斜齿，曲线锥点轮用于 6～12 级
		f_{zkc}'	4～8	纵向重合度 Σβ 大于界限值
		f_{zzc}'	4～8	纵向重合度 Σβ 小于界限值
第Ⅲ公差组	齿轮	接触斑点	4～12	
	齿轮副	接触斑点	4～12	

注：① 纵向重合度 Σβ 的界限值为：当第Ⅲ公差精度等级 4～6 级时为 1.35；6～7 级时为 1.55；8 级时为 2.0。
② 第Ⅲ公差组中齿轮的接触斑点，是指批量互换中被测工件齿轮与测量母轮对滚时得到的接触印痕。

4. 锥齿轮、齿轮副的其他公差及极限偏差允许值

表 3.4.20　齿距累积公差 F_p 和 k 个齿距积累公差 F_{pk} 值　μm

L/mm	精度等级						
	6	7	8	9	10	11	12
≤11.2	11	16	22	32	45	63	90
>11.2～20	16	22	32	45	63	90	125
>20～32	20	28	40	56	80	112	160
>32～50	22	32	45	63	90	125	180
>50～80	25	36	50	71	100	140	200
>80～160	32	45	63	90	125	180	250
>160～315	45	63	90	125	180	250	355
>315～630	63	90	125	180	250	355	500
>630～1 000	80	112	160	224	315	450	630
>1 000～1 600	100	140	200	280	400	560	800
>1 600～2 500	112	160	224	315	450	630	900
>2 500～3 150	140	200	280	400	560	800	1 120
>3 150～4 000	160	224	315	450	630	900	1 250

注：F_p 和 F_{pk} 按中点分度圆弧长 L 查表：查 F_p 时，取 $L=\pi d/2=\pi m_n Z/2\cos\beta$；查 F_{pk} 时，取 $L=k\pi m_n/\cos\beta$（没有特殊要求时，k 值取 $Z/6$ 或最接近的整齿数）。

表 3.4.21　齿圈跳动公差 F_r 值　μm

齿宽中点分度圆直径 d_m/mm	齿宽中点法向模数 m_{mn}/mm	精度等级					
		7	8	9	10	11	12
≤125	≥1～3.5	36	45	56	71	90	112
	>3.5～6.3	40	50	63	80	100	125
	>6.3～10	45	56	71	90	112	140
>125～400	≥1～3.5	50	63	80	100	125	160
	>3.5～6.3	56	71	90	112	140	180
	>6.3～10	63	80	100	125	160	200
>400～800	≥1～3.5	63	80	100	125	160	200
	>3.5～6.3	71	90	112	140	180	224
	>6.3～10	80	100	125	160	200	250

表 3.4.22 周期误差的公差 f'_{zk} 值（齿轮副周期误差的公差 f'_{zkc} 值） μm

齿宽中点分度圆直径 d_m/mm	齿宽中点法向模数 m_{mn}/mm	精度等级																										
		6									7									8								
		齿轮在一转(齿轮副在大轮一转)内的周期数																										
		≥2~4	>4~8	>8~16	>16~32	>32~63	>63~125	>125~500	>250~500	>500	≥2~4	>4~8	>8~16	>16~32	>32~63	>63~125	>125~250	>250~500	>500	≥2~4	>4~8	>8~16	>16~32	>32~63	>63~125	>125~500	>250~500	>500
≤125	≥1~6.3	11	8	6	4.8	3.8	3.2	3	2.6	2.5	17	13	10	8	6	5.3	4.5	4.2	4	25	18	13	10	8.5	7.5	6.7	6	5.6
	>6.3~10	13	9.5	7.1	5.6	4.5	3.8	3.4	3	2.8	21	15	11	9	7.1	6	5.3	5	4.5	28	21	16	12	10	8.5	7.5	7	6.7
>125~400	≥1~6.3	16	11	8.5	6.7	5.6	4.8	4.2	3.8	3.6	25	18	13	10	9	7.5	6.7	6	5.6	36	26	19	15	12	10	9	8.5	8
	>6.3~10	18	13	10	7.5	6	5.3	4.5	4.2	4	28	20	16	12	10	8	7.5	6.7	6.3	40	30	22	17	14	12	10.5	10	8.5
>400~800	≥1~6.3	21	15	11	9	7.1	6	5.3	5	4.8	32	24	18	14	11	10	8.5	8	7.5	45	32	25	19	16	13	12	11	10
	>6.3~10	22	17	12	9.5	7.5	6.7	6	5.3	5	36	26	19	15	12	10	9.5	8.5	8	50	36	28	21	17	15	13	12	11

表 3.4.23 齿距极限偏差 $\pm f_{pt}$ 值

μm

齿宽中点分度圆直径 d_m/mm	齿宽中点法向模数 m_{mn}/mm	精度等级 6	7	8	9	10	11	12
≤125	≥1～3.5	10	14	20	28	40	56	80
	>3.5～6.3	13	18	25	36	50	71	100
	>6.3～10	14	20	28	40	56	80	112
>125～400	≥1～3.5	11	16	22	32	45	63	90
	>3.5～6.3	14	20	28	40	56	80	112
	>6.3～10	16	22	32	45	63	90	125
>400～800	≥1～3.5	13	18	25	36	50	71	100
	>3.5～6.3	14	20	28	40	56	80	112
	>6.3～10	18	25	36	50	71	100	140

表 3.4.24 齿形相对误差的公差 f_c 值、齿轮副轴交角综合公差 $F''_{i\Sigma c}$ 值

μm

齿宽中点分度圆直径 d_m/mm	齿宽中点法向模数 m_{mn}/mm	f_c 值 精度等级 6	7	8	$F''_{i\Sigma c}$ 精度等级 7	8	9	10	11	12
≤125	≥1～3.5	5	8	10	67	85	110	130	170	200
	>3.5～6.3	6	9	13	75	95	120	150	190	240
	>6.3～10	8	11	17	85	105	130	170	220	260
>125～400	≥1～3.5	7	9	13	100	125	160	190	250	300
	>3.5～6.3	8	11	15	105	130	170	200	260	340
	>6.3～10	9	13	19	120	150	180	220	280	360
>400～800	≥1～3.5	9	12	18	130	160	200	260	320	400
	>3.5～6.3	10	14	20	140	170	220	280	340	420
	>6.3～10	11	16	24	150	190	240	300	360	450

表 3.4.25 侧隙变动公差 F_{vi} 值

μm

齿宽中点分度圆直径 d_m/mm	齿宽中点法向模数 m_{mn}/mm	精度等级 9	10	11	12
≤125	1～3.5	75	90	120	150
	>3.5～6.3	80	100	130	160
	>6.3～10	90	120	150	180
>125～400	1～3.5	110	140	170	200
	>3.5～6.3	120	150	180	220
	>6.3～10	130	160	200	250
>400～800	1～3.5	140	180	220	280
	>3.5～6.3	150	190	240	300
	>6.3～10	160	200	260	320

注：① 取大小轮中点分度圆直径之和的一半作为查表直径。

② 对于齿数比为整数，且不大于3（1、2、3）的齿轮副，当采用选配时，可将侧隙变动公差 F_{vi} 值压缩25%或更多。

表 3.4.26 齿轮副-齿轴交角综合公差 $f''_{i\Sigma c}$ 值

μm

齿宽中点分度圆直径 d_m/mm	齿宽中点法向模数 m_{mn}/mm	精度等级 7	8	9	10	11	12
≤125	1～3.5	28	40	53	67	85	100
	>3.5～6.3	36	50	60	75	95	120
	>6.3～10	40	56	71	90	110	140
>125～400	1～3.5	32	45	60	75	95	120
	>3.5～6.3	40	56	67	80	105	130
	>6.3～10	45	63	80	100	125	150
>400～800	1～3.5	36	50	67	80	105	130
	>3.5～6.3	40	56	75	90	120	150
	>6.3～10	50	71	85	105	140	170

表 3.4.27 齿轮副齿频周期误差的公差 f'_{zzc} 值 μm

齿数	齿宽中点法向模数 m_{mn}/mm	精度等级 6	7	8
≤16	1～3.5	10	15	22
	>3.5～6.3	12	18	28
	>6.3～10	14	22	32
>16～32	1～3.5	10	16	24
	>3.5～6.3	13	19	28
	>6.3～10	16	24	34
>32～63	1～3.5	11	17	24
	>3.5～6.3	14	20	30
	>6.3～10	17	24	36
>63～125	1～3.5	12	18	25
	>3.5～6.3	15	22	32
	>6.3～10	18	26	38
>125～250	1～3.5	13	19	28
	>3.5～6.3	16	24	34
	>6.3～10	19	30	42

注：① 表中齿数为齿轮副中大轮齿数。

② 表中数值用于纵向有效重合度$\varepsilon_{\beta c}$≤0.45 的齿轮副及直齿锥齿轮副。

表 3.4.28 齿轮尺寸公差、齿坯轮冠距和顶锥角极限偏差

齿坯尺寸公差									齿坯轮冠距和顶锥角极限偏差			
精度等级	5	6	7	8	9	10	11	12	中点法向模数 m_{mn}/mm	≤1.2	>1.2～10	>10
轴径尺寸公差	IT5		IT6		IT7							
孔径尺寸公差	IT6		IT7		IT8				轮冠距极限偏差/μm	0 -50	0 -75	0 -100
顶圆尺寸极限偏差	IT8				IT9				顶锥角极限偏差/(′)	+15 0	+8 0	+8 0

注：① IT 为标准公差按 GT/T 1800.3。

② 轮冠距为齿顶圈所在平面不能超过定位面的距离。

③ 当三个公差组精度等级不同时，公差值按最高的精度等级查取。

表 3.4.29 齿坯顶锥母线跳动和基准端面跳动公差 μm

跳动公差			精度等级 5～6	7～8	9～12	跳动公差			精度等级 5～6	7～8	9～12
顶锥母线跳动公差	外径/mm	≤30	15	25	50	基准端面跳动公差	基准端面直径/mm	≥30	6	10	15
		>30～50	20	30	60			>30～50	8	12	20
		>50～120	25	40	80			>50～120	10	15	25
		>120～250	30	50	100			>120～250	12	20	30
		>250～500	40	60	120			>250～500	15	25	40
		>500～800	50	80	150			>500～800	20	30	50
		>800～1 250	60	100	200			>800～1 250	25	40	60

注：当三个公差组精度等级不同时，公差值按最高的精度等级查取。

5. 齿轮侧隙和安装精度要求

（1）侧隙。标准规定锥齿轮副测隙由最小法向侧隙和法向侧隙公差组成。

最小法向侧隙与精度等级无关，共有 a、b、c、d、e 和 h 6 个种类，其中 a 的最小法向侧隙值最大，h 的为零。根据确定的最小法向侧隙种类，由表 3.4.30 查取最小法向侧隙值 j_{nmin} 和轴交角极限偏差 $\pm E_{\Sigma}$，由表 3.4.31 查取齿厚上偏差 E_{ss}。

法向侧隙公差与精度等级有关，共有 A、B、C、D 和 H 5 个种类。允许不同种类的法向侧公差与最小法向侧隙组合，一般情况下推荐的组合为：A 与 a、B 与 b、C 与 c、D 与 d、H 与 e、H 与 h。根据确定的法向侧隙公差种类由表 3.4.32 查取齿厚公差 T_s。

锥齿轮副的最大法向隙按 $j_{n\,min} = (|\,E_{ss1} + E_{ss2} + T_{s1} + T_{s2} + E_{s\Delta1} + E_{s\Delta2}\,|)\cos\alpha_n$ 规定，式中，$E_{s\Delta}$ 为制造误差的补偿部分，见表 3.4.33。

表 3.4.30　轴交角极限偏差 $\pm E_{\Sigma}$ 值、最小法向侧隙 j_{nmin}　μm

齿宽中点锥距 R_m/mm	小轮分锥角/(°)	$\pm E_{\Sigma}$ 值					j_{nmin} 值					
		最小法向测隙种类					最小法向侧隙种类					
		h、e	d	c	b	a	h	c	d	c	b	a
≤50	≤15	7.5	11	18	30	45	0	15	22	36	58	90
	>15~25	10	16	26	42	63	0	21	33	52	84	130
	>25	12	19	30	50	80	0	25	39	62	100	160
>50~100	≤15	10	16	26	42	63	0	21	33	52	84	130
	>15~25	12	19	30	50	80	0	25	39	62	100	160
	>25	15	22	32	60	95	0	30	46	74	120	190
>100~200	≤15	12	19	30	50	80	0	25	39	62	100	160
	>15~25	17	26	45	71	110	0	35	54	87	140	220
	>25	20	32	50	80	125	0	40	63	100	160	250
>200~400	≤15	15	22	32	60	95	0	30	46	74	120	190
	>15~25	24	36	56	90	140	0	46	72	115	185	290
	>25	26	40	63	100	160	0	52	81	130	210	320
>400~800	≤15	20	32	50	80	125	0	40	63	100	160	250
	>15~25	28	45	71	110	180	0	57	89	140	230	360
	>25	34	56	85	140	220	0	70	110	175	280	440

注：① 正交齿轮副按中点锥距 R 查表，非正交齿轮副按 R' 查表，$R'=R(\sin 2\delta_1+\sin 2\delta_2)/2$，$\delta_1$、$\delta_2$ 为大，小轮分锥角，非正交齿轮副的 $\pm E_{\Sigma}$ 值不按本表查取，规定为 $\pm j_{nmin}/2$

② 准双曲面齿轮副按大轮中点锥距查表。

③ $\pm E_{\Sigma}$ 的公差带位置相对于零线，可以不对称或取在一侧。

④ 当 $\alpha \neq 20°$ 时，$\pm E_{\Sigma}$ 值应乘以 $\sin 20° / \sin\alpha$。

表 3.4.31 齿厚上偏差 E_{ss} 值 μm

	齿宽中点法向模数 m_{mn}/mm	齿宽中点分度圆直径 d_m/mm								
		≤125			>125~400			>400~800		
		分锥角 δ/(°)								
		≤20	>20~45	>45	≤20	>20~45	>45	≤20	>20~45	>45
基本值	≥1~3.5	-20	-20	-22	-28	-32	-30	-36	-50	-45
	>3.5~6.3	-22	-22	-25	-32	-32	-30	-38	-55	-45
	>6.3~10	-25	-25	-28	-36	-36	-34	-40	-55	-50

因数

最小法向侧隙种类	第Ⅱ公差组精度等级 4~6	7	8	9	10	11	12	最小法向侧隙种类	第Ⅲ公差组精度等级 4~6	7	8	9	10	11	12
h	0.9	1.0	—	—	—	—	—	c	2.4	2.7	3.0	3.2	—	—	—
c	1.45	1.6	—	—	—	—	—	b	3.4	3.8	4.2	4.6	4.9	—	—
d	1.8	2.0	2.2	—	—	—	—	a	5.0	5.5	6.0	6.6	7.0	7.8	9.0

注：① 各最小法向侧隙种类和各精度等级齿轮的 E_{ss} 值，由基本值栏查出的数值乘以因数得出。

② 当轴交角公差带相对零线不对称时，E_{ss} 值应作修正，E_{ss} 值修正如下：

增大轴交角上偏差时，E_{ss} 加上 $(E_{\Sigma s}-|E_{\Sigma}|\tan\alpha)$；减小轴交角上编差时，$E_{ss}$ 减去 $(|E_{\Sigma I}|-|E_{\Sigma}|)\tan\alpha$

式中，$E_{\Sigma s}$ 为修改后的轴交角上偏差；$E_{\Sigma I}$ 为修改后的轴交角下偏差；E_{Σ} 为表 3.4.30 中数值：α 为齿形角。

③ 允许把大、小轮齿厚上偏差(E_{ss1}、E_{ss2})之和重新分配在两个齿轮上。

表 3.4.32 齿厚公差 T_s 值 μm

齿圈跳动公差	法向侧隙公差种类 H	D	C	B	A	齿圈跳动公差	法向侧隙公差种类 H	D	C	B	A
≤8	21	25	30	40	52	>40~50	50	65	80	100	130
>8~10	22	28	34	45	55	>50~60	60	75	95	120	150
>10~12	24	30	36	48	60	>60~80	70	90	110	130	180
>12~16	26	32	40	52	65	>80~100	90	110	140	170	220
>16~20	28	36	45	58	75	>100~125	110	130	170	200	260
>20~25	32	42	52	65	85	>125~160	130	160	200	250	320
>25~32	38	48	60	75	95	>160~200	160	200	260	320	400
>32~40	42	55	70	85	110	>200~250	200	250	320	380	500

表 3.4.33 最大法向侧隙(j_{nmax})的制造误差补偿部分 $E_{i\Delta}$ μm

第Ⅰ公差组精度等级	中点法向模数 m_{mn}/mm	齿宽中点分度圆直径 d_m/mm								
		≤125			>125~400			>400~800		
		分锥角 δ/(°)								
		≤20	>20~45	>45	≤20	>20~45	>45	≤20	>20~45	>45
4~6	1~3.5	18	18	20	25	28	28	32	45	40
	>3.5~6.3	20	20	22	28	28	28	34	50	40
	>6.3~10	22	22	25	32	32	30	36	50	45
7	1~3.5	20	20	22	28	32	30	36	50	45
	>3.5~6.3	22	22	25	32	32	30	38	55	45
	>6.3~10	25	25	28	36	36	34	40	55	50
8	1~3.5	22	22	24	30	36	32	40	55	50
	>3.5~6.3	24	24	28	36	36	32	42	60	50
	>6.3~10	28	28	30	40	40	38	45	60	55
9	1~3.5	24	24	25	32	38	36	45	65	55
	>3.5~6.3	25	25	30	38	38	36	45	65	55
	>6.3~10	30	30	32	45	45	40	48	65	60
10	1~3.5	25	25	28	36	42	40	48	65	60
	>3.5~6.3	28	28	32	42	42	40	50	70	60
	>6.3~10	32	32	36	48	48	45	50	70	65
11	1~3.5	30	30	32	40	45	45	50	70	65
	>3.5~6.3	32	32	36	45	45	45	55	80	65
	>6.3~10	36	36	40	50	50	50	60	80	70
12	1~3.5	32	32	35	45	50	48	60	80	70
	>3.5~6.3	35	35	40	50	50	48	60	90	70
	>6.3~10	40	40	45	60	60	55	65	90	80

（2）安装精度要求。当齿轮副安装在实际工作装置上时，为保证齿轮副的正确啮合，标准规定了三项检验项目要求。

① 齿圈轴向位移Δf_{AM}项目(如超差)会改变齿轮副原有的啮合参数，增加每齿的转角误差，对接触斑点也有直接的影响。故应控制齿圈轴向位移极限偏差，见表 3.4.34。

② 齿轮副轴间距偏差Δf_a和齿轮副轴交角偏差ΔE_Σ这两项检验项目实际上是控制齿轮副支撑件(如箱体)精度的项目。为保证齿轮副正确啮合，在设计齿轮副支撑件时，应按标准规定的轴间距极限偏差f_a(见表 3.4.25)和轴交角极限偏差E_Σ (见表 3.4.30)对支撑件有关尺寸和位置加以必要的控制。

表 3.4.34　齿圈轴向位移极限偏差$\pm f_{AM}$值　μm

齿宽中点锥距 R / mm	分锥角 δ/(°)	精度等级																				
		6			7			8			9			10			11			12		
		中点法向模数 m_{mn}/mm																				
		≥1～3.5	>3.5～6.3	>6.3～10	≥1～3.5	>3.5～6.3	>6.3～10	≥1～3.5	>3.5～6.3	>6.3～10	≥1～3.5	>3.5～6.3	>6.3～10	≥1～3.5	>3.5～6.3	>6.3～10	≥1～3.5	>3.5～6.3	>6.3～10	≥1～3.5	>3.5～6.3	>6.3～10
≤50	≤20	14	8	—	20	11	—	28	16	—	40	22	—	56	32	—	80	45	—	110	63	—
	>20～45	12	6.7	—	17	9.5	—	24	13	—	34	19	—	48	26	—	67	38	—	95	53	—
	>45	5	2.8	—	71	4	—	10	5.6	—	14	8	—	20	11	—	28	16	—	40	22	—
>50～100	≤20	48	26	17	67	38	24	95	53	34	140	75	50	190	105	71	280	150	100	380	210	140
	>20～45	40	22	15	56	32	21	80	45	30	120	63	42	160	90	60	220	130	85	320	180	120
	>45	17	9.5	6	24	13	8.5	34	17	12	48	26	17	67	38	24	95	53	34	130	75	48
>100～200	≤20	105	60	38	150	80	53	200	120	75	300	160	105	420	240	150	600	320	210	850	450	300
	>20～45	90	50	32	130	71	45	180	100	63	260	140	90	360	190	130	500	280	180	710	380	250
	>45	38	21	13	53	30	19	75	40	26	105	60	38	150	80	53	2 100	120	75	300	160	105
>200～400	≤20	240	130	85	340	180	120	480	250	170	670	360	240	950	500	320	1 300	750	480	1 900	1 000	670
	>20～45	200	105	71	280	150	100	400	210	140	560	300	200	800	420	280	1 100	600	400	1 600	850	560
	>45	85	45	30	120	63	40	170	90	60	240	130	85	340	180	120	500	260	160	670	360	240
>400～800	≤20	530	280	180	750	400	250	1 050	560	360	1 500	800	500	2 100	1 100	710	3 000	1 600	1 000	4 200	2 200	1 400
	>20～45	450	240	150	630	340	210	900	480	300	1 300	670	440	1 700	950	600	2 500	1 400	850	3 600	1 900	1 200
	>45	190	100	63	270	140	90	380	200	125	530	280	180	750	400	250	1 050	560	360	1 500	800	600

注：① 表中数值用于非修形齿轮，对修形齿轮，允许采用低 1 级的$\pm f_{AM}$值。

② 表中数值用于$\alpha = 20°$的齿轮，对$\alpha \neq 20°$的齿轮，将表中数值乘以$\sin 20° / \sin \alpha$。

表 3.4.35　轴间距极限偏差$\pm f_a$　μm

齿宽中点锥距	精度等级									齿宽中点锥距	精度等级								
R_m/mm	4	5	6	7	8	9	10	11	12	R_m/mm	4	5	6	7	8	9	10	11	12
≤50	10	10	12	18	28	36	67	105	180	≥200～400	15	18	25	30	45	75	120	190	300
>50～100	12	12	15	20	30	45	75	120	200	>400～800	18	25	30	36	60	90	150	250	360
>100～200	13	15	18	25	36	55	90	150	240										

注：① 表中数值用于无纵向修形的齿轮副，对纵向修形的齿轮副，允许采用低 1 级的$\pm f_a$值。

② 对准双曲面齿轮副，按大轮齿宽中点锥距查表。

（3）接触斑点。接触斑点是影响锥齿轮传动承载能力的重要因素，因此接触斑点是锥齿轮较为重要的传统必检项目，其数值可查表 3.4.36。

表 3.4.36　接触斑点大小与精度等级对应关系

精度等级	6～7	8～9	10～12
沿齿长方向/%	50～70	35～65	25～55
沿齿高方向/%	55～75	40～70	30～60

注：表中数值范围用于齿面修形的齿轮。对齿面不作修形的齿轮，其接触斑点大小不小于其平均值。

6. 锥齿轮图样上应注明的尺寸数据

表 3.4.37　锥齿轮图样上应注明的尺寸数据(摘自 GB/T 12371－1990)

在图样上标注的尺寸数据	用表格列出的数据及参数
1.齿顶圆直径及其公差	1.模数(一般为大端端面模数)
2.齿宽	2.齿数(对扇形齿轮应注明全齿数)
3.顶锥角	3.基本齿廓(符合 GB/T 12369－1990 时，仅注明法向齿形角，否则应以图样表明其特性)
4.背锥角	4.分度圆直径(对于高度变位锥齿轮，等于节圆直径)
5.孔(轴)径及其公差	5.分度锥角(对于高度变位锥齿轮，等于节锥角)
6.定位面(安装基准面)	6.根锥角
7.从分锥(或节锥)顶点至定位面的距离及其公差	7.锥距
8.从齿尖至定位面的距离(轮冠距)及其公差	8.螺旋角及螺旋方向
9.从前锥端面至定位面的距离	9.高度变位因数(径向变位因数)
10.齿面粗糙度(若需要，包括齿根表面及齿根圆角处的表面粗糙度)	10.切向变位因数(齿厚变位因数)
	11.测量齿厚及其公差
	12.测量齿高
	13.精度等级
	14.接触斑点的高度和长度方面的百分比
	15.全齿高
	16.轴交角
	17.侧隙
	18.配对齿轮齿数及图号
	19.检查项目代号及其公差值

注：① 图样中的参数表一般放在图样的右上角。

② 参数表中列出的参数项目可根据需要增减，检查项目根据使用要求确定。

③ 技术要求一般放在标题栏上方。

3.4.3 普通圆柱蜗杆传动精度及检验项目

1. 精度等级及其选择

圆柱蜗杆、蜗轮精度国家标准 GB/T 10089－1988 对圆柱蜗杆、蜗轮和蜗杆传动规定12个精度等级；1级的精度最高，12级的精度最低，蜗杆和配对蜗轮的精度等级一般取成相同，也允许取成不相同。对有特殊要求的蜗杆传动，除 F_r、F_i''、f_i''、f_i、f_r 项目外，其蜗杆、蜗轮左右齿面的精度等级也可取成不相同。

按照公差的特性对传动性能的主要保证作用，将蜗杆、蜗轮和蜗杆传动每个等级的各项公差(或极限偏差)分成三个公差组，见表3.4.38。根据使用要求的不同，允许各公差组选用不同的精度等级组合，但在同一公差组中，各项公差与极限偏差应保持相同的精度等级。

表3.4.38 蜗杆、蜗轮和蜗杆传动各项公差的分组

公差组	检验对象	公差与极限偏差项目	误差特性	对传动性能的主要影响
Ⅰ	蜗杆	—	一转为周期的误差	传递运动的准确性
	蜗轮	F_i'，F_i''，F_p，F_{pk}，F_r		
	传动	F'_{ic}		
Ⅱ	蜗杆	f_h，f_{hl}，f_{px}，f_{pxl}，f_r	一周内多次周期重复出现的误差	传动的平稳性、噪声、振动
	蜗轮	f_i，f_i''，f_{pk}		
	传动			
Ⅲ	蜗杆	f_{f1}	齿向线的误差	载荷分布的均匀性
	蜗轮	f_{f2}		
	传动	接触斑点：f_a，f_Σ，f_x		

蜗杆、蜗轮精度应根据传动用途、使用条件、传递功率、圆周速度及其他技术要求决定。其第Ⅱ公差组主要根据蜗轮圆周速度决定，见表3.4.39。

表3.4.39 第Ⅱ公差组精度等级与蜗轮圆周速度关系(仅供参考)

项目	第Ⅱ公差组精度等级		
	7	8	9
蜗轮圆周速度/($m\cdot s^{-1}$)	≤7.5	≤3	≤1.5

表3.4.38中各项公差、极限偏差及侧隙的定义见表3.4.40。

表 3.4.40 蜗杆、蜗轮及传动的公差极限偏差与侧隙的定义和代号(摘自 GB/T 10089—1988)

序 号	名 称	代 号	定 义
1	蜗杆螺旋线误差 蜗杆螺旋线公差	Δf_{hL} f_{hL}	在蜗杆、轮齿的工作齿宽范围(两端不完整齿部分应除外)内，蜗杆分度圆柱面上，包容实际螺旋线的最近两条公称螺旋线间的法向距离
2	蜗杆一转螺旋线误差 蜗杆一转螺旋线公差	Δf_h f_h	在蜗杆轮齿的一转范围内，蜗杆分度圆柱面上，包容实际螺旋线的最近两条理论螺旋线间的法向距离
3	蜗杆轴向齿距误差 蜗杆轴向齿距极限偏差	Δf_{px} $\pm f_{px}$	在蜗杆轴向截面上实际齿距与公称齿距之差
4	蜗杆轴向齿距累积误差 蜗杆轴向齿距累积公差	Δf_{pxL} f_{pxL}	在蜗杆轴向截面上的工作齿宽范围(两端不完整齿部分应除外)内，任意两个同侧齿面间实际轴向距离与公称轴向距离之差的最大绝对值
5	蜗杆齿形误差 蜗杆齿形公差	Δf_{f1} f_{f1}	在蜗杆轮齿给定截面上的齿形工作部分内，包容实际齿形且距离为最小的两条设计齿形间的法向距离 当两条设计齿形线为非等距离的曲线时，应在靠近齿体内的设计齿形线的法线上，确定其两者间的法向距离
6	蜗杆齿槽径向跳动 蜗杆齿槽径向跳动公差	Δf_r f_r	在蜗杆任意一转范围内，测头在齿槽内与齿高中部的齿面双面接触，其测头相对于蜗杆轴线的径向最大变动量

续表 3.4.40

序号	名称	代号	定义
7	蜗杆齿厚偏差 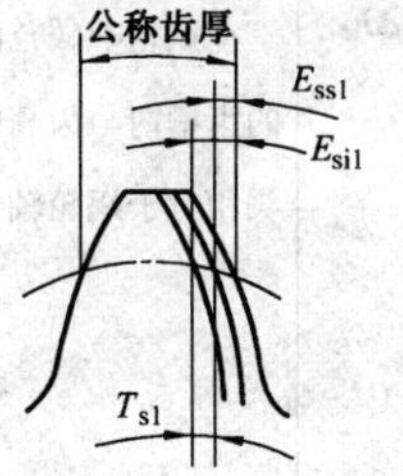 公称齿厚 E_{ss1} E_{si1} T_{s1} 蜗杆齿厚极限偏差 上偏差 下偏差 蜗杆齿厚公差	ΔE_{sl} E_{ssl} E_{sil} T_{sl}	在蜗杆分度圆柱上，法向齿厚的实际值与公称值之差
8	蜗轮切向综合误差 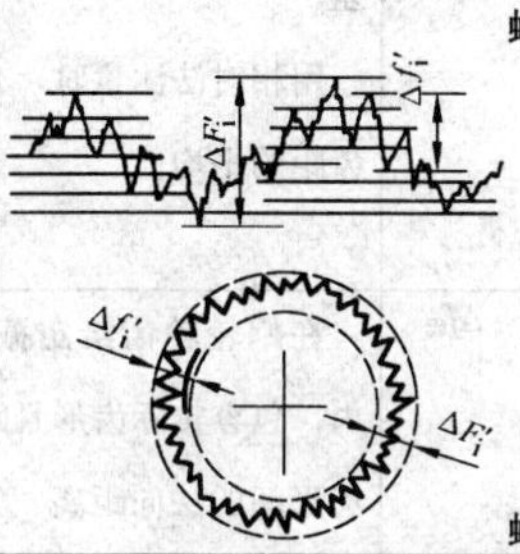 $\Delta f_i'$ $\Delta F_i'$ 蜗轮切向综合公差	$\Delta F_i'$ F_i'	被测蜗轮与理想精确的测量蜗杆在公称轴线位置上单面啮合时，在被测蜗轮一转范围内实际转角与理论转角之差的总幅度值，以分度圆弧长计
9	蜗杆-齿切向综合误差 蜗杆-齿切向综合公差	$\Delta f_i'$ f_i'	被测蜗轮与理想精确的测量蜗杆在公称轴线位置上单面啮合时，在被测蜗轮一齿距角范围内，实际转角与理论转角之差的最大幅度值。以分度圆弧长计
10	蜗轮径向综合误差 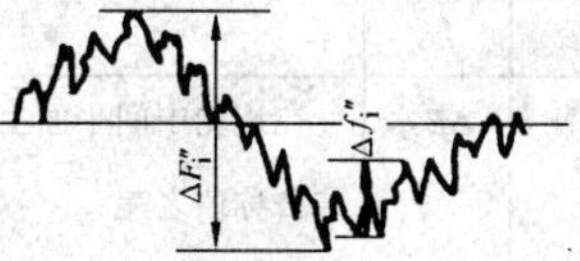 $\Delta F_i''$ $\Delta f_i''$ 蜗轮径向综合公差	$\Delta F_i''$ F_i''	被测蜗轮与理想精确的测量蜗杆双面啮合时，在被测蜗轮一转范围内，双啮中心距的最大变动量
11	蜗轮-齿径向综合误差 蜗轮-齿径向综合公差	$\Delta f_i''$ f_i''	被测蜗轮与理想精确的测量蜗杆双面啮合时，在被测蜗轮一齿距角范围内，双啮中心距的最大变动量
12	蜗轮齿距累积误差 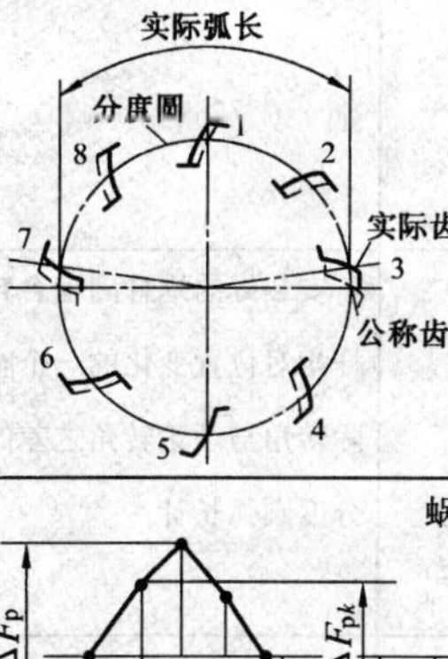 实际弧长 分度圆 1 2 3 4 5 6 7 8 实际齿廓 公称齿廓 蜗轮齿距累积公差	ΔF_p F_p	在蜗轮分度圆上，任意两个同侧齿面间的实际弧长与公称弧长之差的最大绝对值
13	蜗轮 k 个齿距累积误差 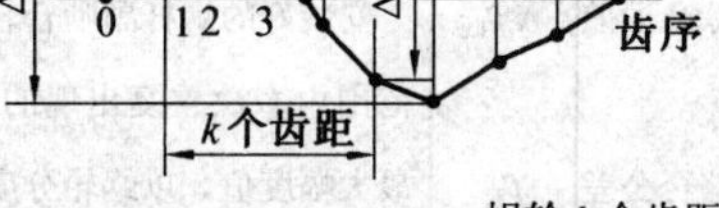 ΔF_p ΔF_{pk} 0 1 2 3 z_2 齿序 k个齿距 蜗轮 k 个齿距累积公差	ΔF_{pk} F_{pk}	在蜗轮分度圆上，k 个齿距内同侧齿面间的实际弧长与公称弧长之差的最大绝对值 k 为 2 到小于 $\frac{1}{2}z_2$ 的整数

续表 3.4.40

序号	名　　称	代号	定　　义
14	蜗轮齿圈径向跳动 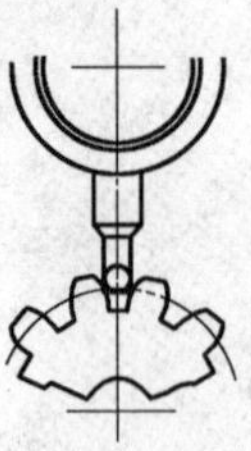 蜗轮齿圈径向跳动公差	ΔF_r F_r	在蜗轮一转范围内，测头在靠近中间平面的齿槽内与齿高中部的齿面双面接触，其测头相对于蜗轮轴线径向距离的最大变动量
15	蜗轮齿距偏差 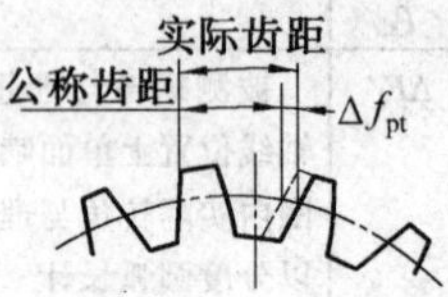 蜗轮齿距极限偏差	Δf_{pt} $\pm f_{pt}$	在蜗轮分度圆上，实际齿距与公称齿距之差 用相对法测量时，公称齿距是指所有实际齿距的平均值
16	蜗轮齿形误差 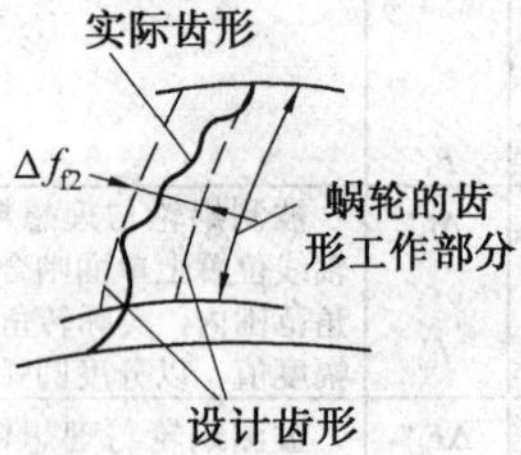 蜗轮齿形公差	Δf_{f2} f_{f2}	在蜗轮轮齿给定截面上的齿形工作部分内，包容实际齿形且距离为最小的两条设计齿形间的法向距离 当两条设计齿形线为非等距离曲线时，应在靠近齿体内的设计齿形线的法线上确定其两者间的法向距离
17	蜗轮齿厚偏差 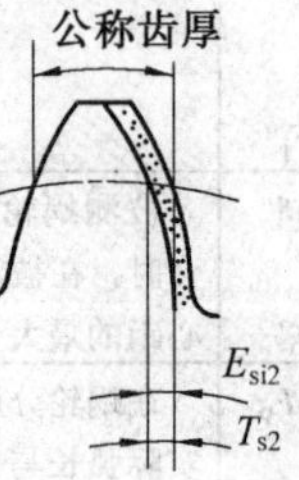 蜗轮齿厚极限偏差 上偏差 下偏差 蜗轮齿厚公差	ΔE_{s2} E_{ss2} E_{si2} T_{s2}	在蜗轮中间平面上，分度圆齿厚的实际值与公称值之差
18	蜗杆副的切向综合误差 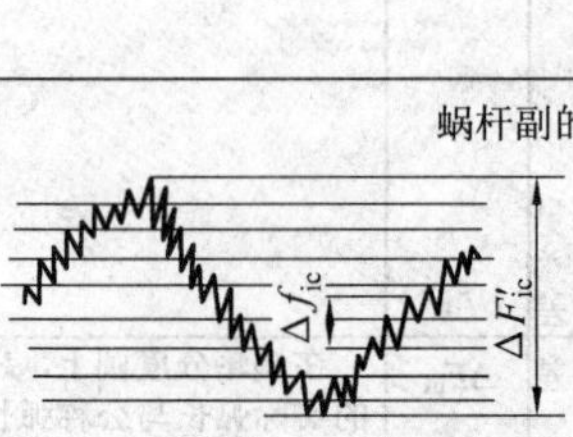 蜗杆副的切向综合公差	$\Delta F'_{ic}$ F'_{ic}	安装好的蜗杆副啮合转动时，在蜗轮和蜗杆相对位置变化的一个整周期内，蜗轮的实际转角与理论转角之差的总幅度值，以蜗轮分度圆弧长计
19	蜗杆副的一齿切向综合误差 蜗杆副的一齿切向综合公差	$\Delta f'_{ic}$ f'_{ic}	安装好的蜗杆副啮合转动时，在蜗轮一转范围内多次重复出现的周期性转角误差的最大幅度值。以蜗轮分度圆弧长计

续表 3.4.40

序号	名称	代号	定义
20	蜗杆副的接触斑点 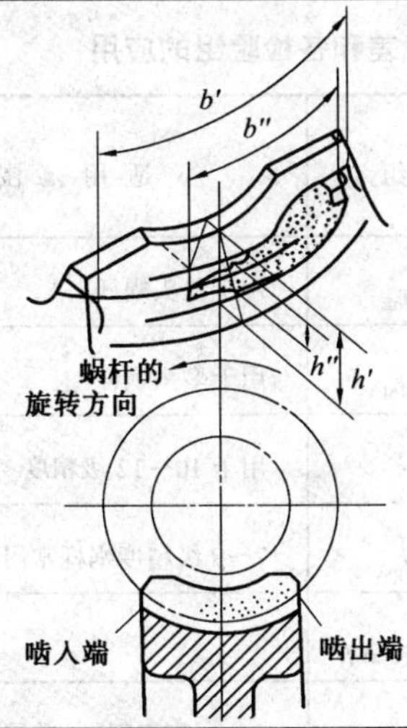 b′ b″ h″ h′ 蜗杆的旋转方向 啮入端 啮出端		安装好的蜗杆副中，在轻微力的制动下，蜗杆与蜗轮啮合运转后，在蜗轮齿面上分布的接触痕迹，接触斑点以接触面积大小、形状和分布位置表示 接触面积大小按接触痕迹的百分比计算确定： 沿齿长方向——接触痕迹的长度 b''与工作长度 b'之比的百分数，即 $b''/b'\times100\%$ 沿齿高方向——接触痕迹的平均高度 h''与工作高度 h'之比的百分数，即 $h''/h'\times100\%$ 接触形状以齿面接触痕迹总的几何形状的状态确定 接触位置以接触痕迹离齿面啮入、啮出端或齿顶、齿根的确定
21	蜗杆副的中心距偏差 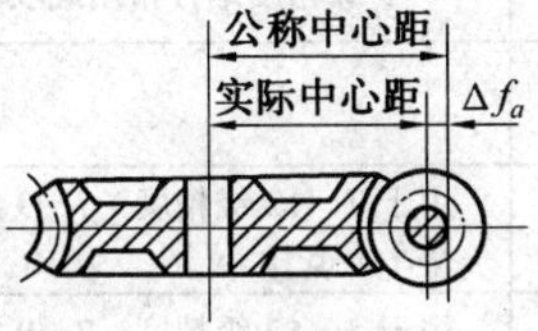 公称中心距 实际中心距 Δf_a 蜗杆副的中心距极限偏差	Δf_a $\pm f_a$	在安装好的蜗杆副中间平面内，实际中心距与公称中心距之差
22	蜗杆副的中间平面偏移 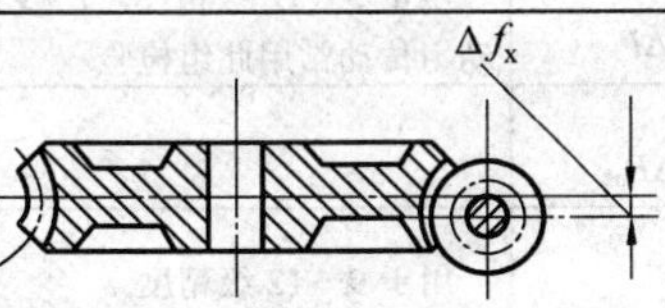 Δf_x 蜗杆副的中间平面极限偏差	Δf_x $\pm f_x$	在安装好的蜗杆副中，蜗轮中间平面与传动中间平面之间的距离
23	蜗杆副的轴交角偏差 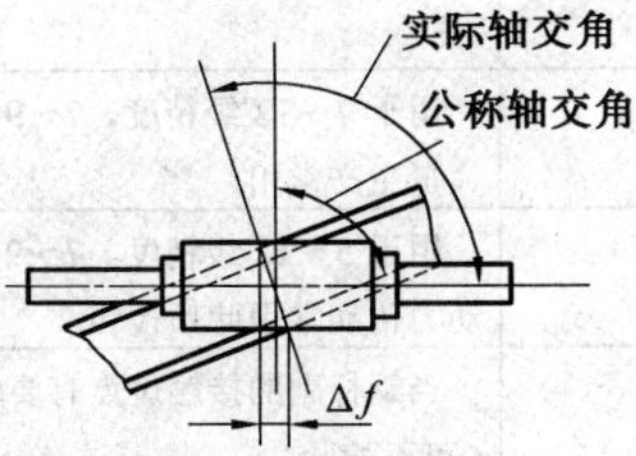 实际轴交角 公称轴交角 Δf 蜗杆副的轴交角极限偏差	Δf_Σ $\pm f_\Sigma$	在安装好的蜗杆副中，实际轴交角与公称轴交角之差 偏差值按蜗轮齿宽确定，以其线性值计
24	蜗杆副的侧隙 圆周侧隙 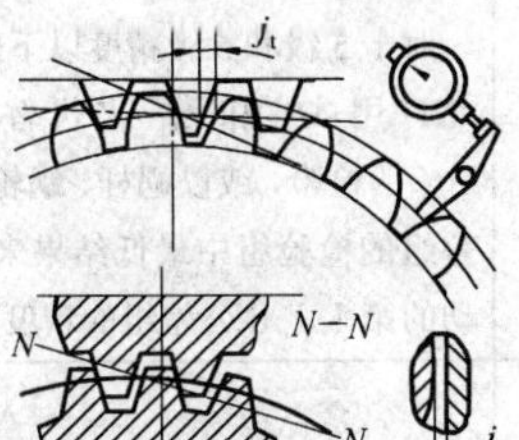 j_t N—N N N j_n 法向侧隙 最小圆周侧隙 最大圆周侧隙 最小法向侧隙 最大法向侧隙	j_t j_n j_{tmin} j_{tmax} j_{nmin} j_{nmax}	在安装好的蜗杆副中，蜗杆固定不动时，蜗轮从工作齿面接触到非工作齿面接触所转过的分度圆弧长 在安装好的蜗杆副中，蜗杆和蜗轮的工作齿面接触时，两非工作齿面间的最小距离

注：① 允许在靠近蜗杆分度圆柱的同轴圆柱面上检验。
② 允许用配对蜗杆代替测量蜗杆进行检验。这时，也即为蜗杆副的误差。
③ 允许在靠近中间平面的齿高中部进行测量。
④ 在确定接触痕迹长度 b''时，应扣除超过模数值的断开部分。

2. 蜗杆、蜗轮和蜗杆传动的检验与公差

表 3.4.41　蜗杆、蜗轮及其传动的公差与极限偏差和各检验组的应用

检验对象	公差级	公差与极限偏差项目 名称	代号	数值	检验组	适用范围
蜗杆	Ⅱ	蜗杆一转螺旋线公差	f_{hL}	表 3.4.42	Δf_h、Δf_{hL}	用于单头蜗杆
		蜗杆螺旋线公差	f_{hL}		Δf_{px}、Δf_{hL}	用于多头蜗杆
		蜗杆轴向齿距极限偏差	$\pm f_{px}$		Δf_{px}	用于 10～12 级精度
		蜗杆轴向齿距累积公差	f_{pxL}		Δf_{px}、Δf_{pxL}	7～9 级精度蜗杆常用此组检验
		蜗杆齿槽径向跳动公差	f_r		Δf_{px}、Δf_{pxL}、Δf_r	
	Ⅲ	蜗杆齿形公差	f_{f1}		Δf_{f1}	7～9 级精度蜗杆常用此项检验
蜗轮	Ⅰ	蜗轮切向综合公差	F'_p	F_p+F_{12}	$\Delta F'_i$	
		蜗轮径向综合公差	F'_i	表 3.4.43	$\Delta F''_i$	用于 7～12 级精度。7～9 级成批大量生产常用
		蜗轮齿距累积公差	F_p		ΔF_p、ΔF_r	用于 5～12 级精度。7～9 级一般动力传动常用此组检验
		蜗轮 k 个齿距累积公差	F_{pk}		ΔF_p、ΔF_{pk}	
		蜗轮齿圈径向跳动公差	F_r		ΔF_r	用于 9～12 级精度
	Ⅱ	蜗轮一齿切向综合公差	f_i'	$0.6(f_{pt}+f_{12})$	$\Delta f_i'$	
		蜗轮一齿径向综合公差	f_i''	表 3.4.43	$\Delta f_i''$	用于 7～12 级精度。7～9 级成批大量生产常用
		蜗轮齿距极限偏差	$\pm f_{pt}$		Δf_{pt}	用于 5～12 级精度。7～9 级一般动力传动常用此项检验
	Ⅲ	蜗轮齿形公差	f_f		Δf_f	当蜗杆副的接触斑点有要求时，Δf_f 可不检验
传动	Ⅰ	蜗杆副的切向综合公差	F'_{ic}	$F_p+f'_{ic}$	$\Delta F'_{ic}$、$\Delta f'_{ic}$ 和接触斑点	对于 5 级和 5 级精度以下的传动，允许用 $\Delta F_i'$ 和 $\Delta f_i'$ 来代替 $\Delta F'_{ic}$ 和 $\Delta f'_{ic}$ 的检验，或以蜗杆、蜗轮相应公差组的检验组中最低结果来评定传动的第Ⅰ、Ⅱ公差组的精度等级
	Ⅱ	蜗杆副的一齿切向综合公差	f'_{ic}	$0.7(f_i'+f_h)$		
	Ⅲ	蜗杆副的接触斑点		表 3.4.44		
		蜗杆副的中心距极限偏差	$\pm f_a$	表 3.4.44	Δf_a、Δf_x、Δf_Σ	对于不可调中心距的蜗杆传动，检验接触斑点的同时，还应检验 Δf_a、Δf_x 和 Δf_Σ
		蜗杆副的中间平面极限偏差	$\pm f_x$			
		蜗杆副的轴交角极限偏差	$\pm f_\Sigma$			

注：对于进行 $\Delta F'_{ic}$、$\Delta f'_{ic}$ 和接触斑点检验的蜗杆传动，允许相应的Ⅰ、Ⅱ、Ⅲ公差组的蜗杆及蜗轮检验组和 Δf_a、Δf_x、Δf_Σ 中任意一项误差超差。

表 3.4.42 蜗杆的公差和极限偏差值

μm

蜗杆齿槽径向跳动公差 f_r①							模数 m/mm		第 Ⅱ 公 差 组															第Ⅲ公差组		
									蜗杆-转螺旋线公差 f_h			蜗杆螺旋线公差 f_{hL}			蜗杆轴向齿距极限偏差 $\pm f_{px}$			蜗杆轴向齿距累积公差 f_{pxL}			蜗杆齿形公差 F_{f1}		
分度圆直径 d_1/mm		模数 m/mm		精度等级					精度等级														
大于	至	大于	至	7	8	9	大于	至	7	8	9	7	8	9	7	8	9	7	8	9	7	8	9
31.5	50	1	10	17	23	32	1	3.5	14	—	—	32	—	—	11	14	20	18	25	36	16	22	32
50	80	1	16	18	25	36	3.5	6.3	20	—	—	40	—	—	14	20	25	24	34	48	22	32	45
80	125	1	16	20	28	40	6.3	10	25	—	—	50	—	—	17	25	32	32	45	63	28	40	53
125	180	1	25	25	32	45	10	16	32	—	—	63	—	—	22	32	46	40	56	80	36	53	75

注：① 当蜗杆齿形角 $\alpha \neq 20°$ 时，f_r 值为本表公差值乘以 $\sin 20° / \sin \alpha$。

表 3.4.43 蜗轮的公差和极限偏差值

μm

第 Ⅰ 公差组															第 Ⅱ 公差组						第Ⅲ公差组		
分度圆弧长 L/mm		蜗轮齿距累积公差 F_p 及 k 个齿距累积公差 F_{pk}			分度圆直径 d_2/mm	模数 m/mm		蜗轮径向综合公差 F_i''			蜗轮齿圈径向跳动公差 F_r			蜗轮-齿径向综合公差 f''_i			蜗轮齿距极限偏差 $\pm f_{pt}$			蜗轮齿形公差 f_{f2}		
		精度等级						精度等级														
大于	至	7	8	9		大于	至	7	8	9	7	8	9	7	8	9	7	8	9	7	8	9
11.2	20	22	32	45	≤125	1	3.5	56	71	90	40	50	63	20	28	36	14	20	28	11	14	22
20	32	28	40	56		3.5	6.3	71	90	112	50	63	80	25	36	45	18	25	36	14	20	32
32	50	32	45	63		6.3	10	80	100	125	56	71	90	28	40	50	20	28	40	17	22	36
50	80	36	50	71	大于 125 至 400	1	3.5	63	80	100	45	56	71	22	32	40	16	22	32	13	18	28
80	160	45	63	90		3.5	6.3	80	100	125	56	71	90	28	40	50	20	28	40	16	22	36
160	315	63	90	125		6.3	10	90	112	140	63	80	100	32	45	56	22	32	45	19	28	45
315	630	90	125	180		10	16	100	125	160	71	90	112	36	50	63	25	36	50	22	32	50

注：① 查 F_p 时，取 $L=\pi d_2/2=\pi m Z_2/2$；查 F_{pk} 时，取 $L=k\pi m$（k 为 2 到小于 $Z_2/2$ 的整数）。
除特殊情况外，对于 F_{pk}，k 值规定取为小于 $Z_2/6$ 的最大整数。
② 当蜗杆齿形角 $\alpha \neq 20°$ 时，F_r、F_i''、f''_i 的值为本表对应的公差值乘以 $\sin 20°/\sin \alpha$。

表 3.4.44 传动接触斑点和 $\pm f_a$、$\pm f_x$、$\pm f_\Sigma$ 的值

μm

传动接触斑点的要求①		第Ⅲ公差组精度等级 7	8	9
接触面积的百分比/%	沿齿高不小于	55		45
	沿齿长不小于	50		40
接触位置		接触斑点痕迹应偏于啮出端，但不允许在齿顶和啮入、啮出端的棱边接触		

传动中心距 a/mm		传动中心距极限偏差② $\pm f_a$		传动中间平面极限偏差② $\pm f_x$	
		第Ⅲ公差组精度等级			
大于	至	7、8	9	7、8	9
30	50	31	50	25	40
50	80	37	60	30	48
80	120	44	70	36	56
120	180	50	80	40	64
180	250	58	92	47	74
250	315	65	105	52	85
315	400	70	115	56	92

传动轴交角极限偏差② $\pm f_\Sigma$				
蜗轮齿宽 b_2/mm		第Ⅲ公差组精度等级		
大于	至	7	8	9
≤30		12	17	24
30	50	14	19	28
50	80	16	22	32
80	120	19	24	36
120	180	22	28	42
180	250	25	32	48

注：① 采用修形齿面的蜗杆传动，接触斑点的要求可不受本表规定的限制。
② 加工时的有关极限偏差：
f_{ao} 为加工时的中心距极限偏差，可取 $f_{ao}=0.75f_a$；f_{ao} 为加工时的中间平面极限偏差，可取 $f_{ao}=0.75f_x$；$f_{\Sigma 0}$ 为加工时的轴交角极限偏差，可取 $f_{\Sigma 0}=0.75f_\Sigma$。

3. 蜗杆传动的侧隙

蜗杆传动的侧隙种类按传动的最小法向侧隙 j_{nmin} 的大小分为 a、b、c、d、e、f、g 和 h 8 种。a 种的最小法向侧隙最大，h 种为零，其他依次减小，如图 3.1 所示。侧隙种类是根据工作条件和使用要求选定蜗杆传动应保证的最小法向侧隙的，侧隙种类用代号(字母)表示，并且它与精度等级无关。各种侧隙的最小法向侧隙 j_{nmin} 值按表 3.4.45 的规定选取。

传动的最小法向侧隙由蜗杆齿厚减薄量来保证。

表 3.4.45　传动的最小法向侧隙 j_{nmin} 值　μm

传动中心距 a/mm		侧隙种类							
大于	至	h	g	f	e	d	c	b	a
≤30		0	9	13	21	33	52	84	130
30	50	0	11	16	25	39	62	100	160
50	80	0	13	19	30	46	74	120	190
80	120	0	15	22	35	54	87	140	220
120	180	0	18	25	40	63	100	160	250
180	250	0	20	29	46	72	115	185	290

注：传动的最小圆周侧隙，即

$$j_{t\min} \approx j_{n\min} / \cos \gamma' \cdot \cos \alpha_n$$

式中　γ'——蜗杆节圆柱导程角；

α_n——蜗杆法向齿形角。

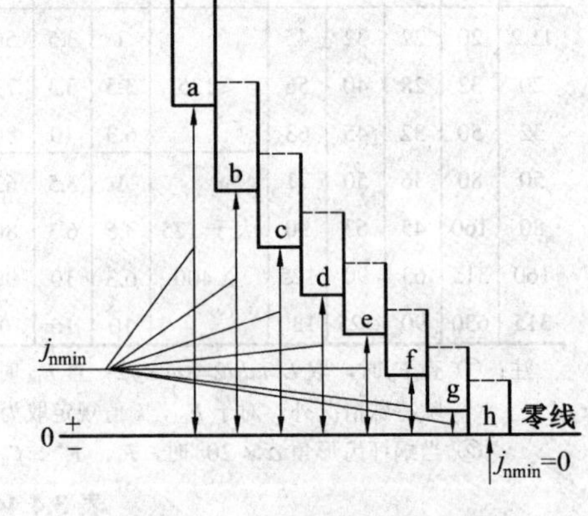

图 3.1　蜗杆传动的侧隙种类

蜗杆齿厚上偏差

$$E_{ss1} = (j_{nmin} / \cos \alpha_n + E_{s\Delta})$$

蜗杆齿厚下偏差

$$E_{si1} = E_{ss1} - T_{s1}$$

式中　$E_{s\Delta}$——蜗杆制造误差对 E_{ss1} 的补偿部分，见表 3.4.46；

T_{s1}——蜗杆齿厚公差，见表 3.4.47。

蜗轮齿厚上偏差　$E_{ss2}=0$

蜗轮齿厚下偏差　$E_{si2}=-T_{s2}$

式中　T_{s2}——蜗轮齿厚公差，见表 3.4.47。

表 3.4.46　蜗杆齿厚上偏差(E_{ss1})中的制造误差补偿部分 $E_{s\Delta}$值　μm

传动中心距 a/mm		精度等级											
		7				8				9			
		模数 m/mm											
		大于～至											
大于	至	1～1.3	3.5～6.3	6.3～10	10～16	1～3.5	3.5～6.3	6.3～10	10～16	1～3.5	3.5～6.3	6.3～10	10～16
50	80	50	58	65	—	58	75	90	—	90	100	120	—
80	120	56	63	71	80	63	78	90	110	95	105	125	160
120	180	60	68	75	85	68	80	95	115	100	110	130	165
180	250	71	75	80	90	75	85	100	115	110	120	140	170

注：精度等级按蜗杆的第Ⅱ公差组确定。

表 3.4.47 蜗杆齿厚公差 T_{s1} 和蜗轮厚公差 T_{s2} 值 μm

蜗杆分度圆直径 d_1/mm	蜗轮分度圆直径 d_2/mm	模数 m/mm		蜗杆齿厚公差 T_{s1}			蜗轮厚公差 T_{s2}		
				精度等级					
		大于	至	7	8	9	7	8	9
任意	＞125~140	1	3.5	45	53	67	100	120	140
		3.5	6.3	56	71	90	120	140	170
		6.3	10	71	90	110	130	160	190
		10	16	95	120	150	140	170	210

注：① T_{s1} 按蜗杆第Ⅱ公差组精度等级确定；T_{s2} 按蜗轮第Ⅱ公差组精度等级确定。

② 当传动最大法向侧隙 j_{nmax} 无要求时，允许 T_{s1} 增大，最大不超过表中值的 2 倍。

③ 在最小侧隙能保证的条件下，T_{s2} 公差带允许采用对称分布。

4. 蜗杆和蜗轮的齿坯公差

蜗杆、蜗轮在加工、检验和安装时的径向、轴向基准面应尽量一致，并应在相应的零件工作图上予以标注。齿坯精度的有关公差值见表 3.4.48。

表 3.4.48 蜗杆和蜗轮齿坯公差

精度[①]等级	齿坯尺寸和形状公差					齿坯基准面径向和端面跳动公差/μm				
	尺寸公差		形状公差		齿顶圆[②]直径公差	基准面直径 d/mm				
						≤31.5	大于～至			
	孔	轴	孔	轴			31.5～63	62～125	125～400	400～800
7、8	IT7	IT6	IT6	IT5	IT8	7	10	14	18	22
9	IT8	IT7	IT7	IT6	IT9	10	16	22	28	36

注：① 当三个公差组的精度等级不同时，按最高精度等级确定公差。

② 当以齿顶圆作为测量齿厚基准时，齿顶圆也为蜗杆、蜗轮的齿坯基准面。当齿顶圆不作测量齿厚基准时，其尺寸公差按 IT11 确定，但不得大于 0.1 mm。

5. 图样标注

（1）在蜗杆和蜗轮的工作图上，应分别标注精度等级、齿厚极限偏差或相应的侧隙种类代号和国家标准代号，其标注示例如下：

① 蜗杆的第Ⅱ、Ⅲ公差组的精度等级为 8 级，齿厚极限偏差为标准值，相配的侧隙种类为 c，其标注为

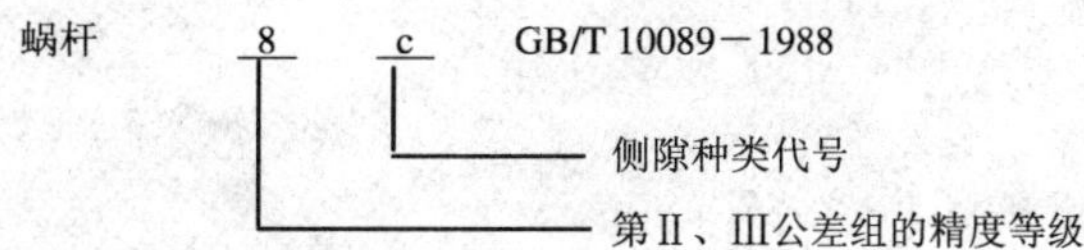

② 若①中蜗杆的齿厚极限偏差为非标准值，如上偏差为-0.27 mm、下偏差为-0.40 mm，则标注为

蜗杆 $8\left(^{-0.27}_{-0.40}\right)$ GB/T 10089－1988

③ 蜗轮的第Ⅰ公差组的精度为 7 级，第Ⅱ、Ⅲ公差组的精度为 8 级，齿厚极限偏差为标准值，相配的侧隙种类为 f，其标注为

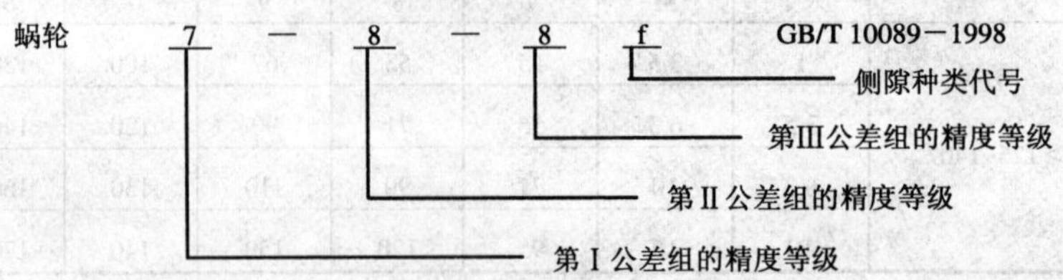

④ 蜗轮的三个公差组精度同为 8 级，齿厚极限偏差为标准值，相配的侧隙种类为 c，其标注为

蜗轮 8 c GB/T 10089－1988

⑤ 若③中蜗轮的齿厚无公差要求，则标注为

蜗轮 7-8-8 GB/T 10089－1988

（2）在蜗杆传动的装配图上(即传动)应标注出相应的精度等级、侧隙种类代号和国家标准代号，其标注示例如下：

① 传动的三个公差组精度同为 8 级，侧隙种类为 c，其标注为

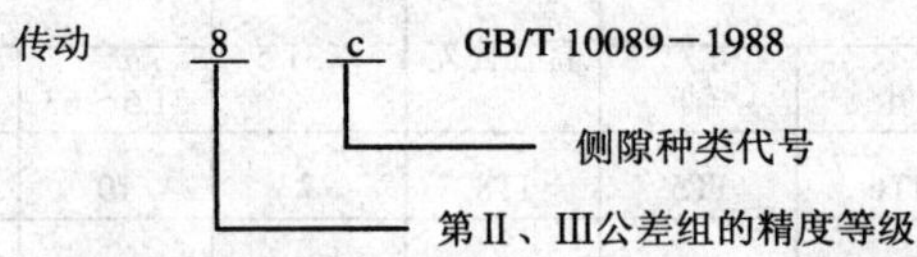

② 传动的第Ⅰ公差组的精度为 7 级，第Ⅱ、Ⅲ公差组的精度为 8 级，侧隙种类为 f，其标注为

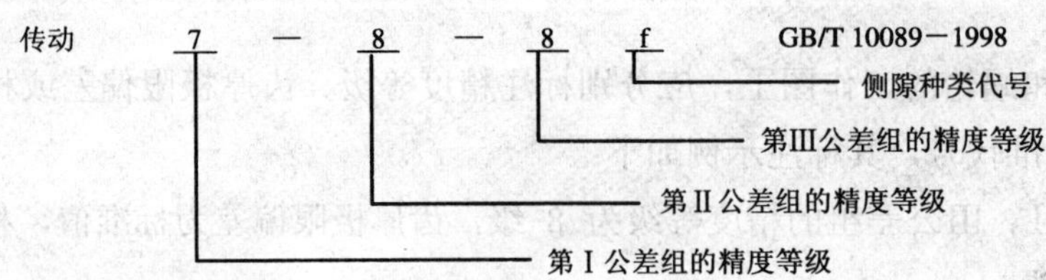

第 4 章 常用机械工程材料与润滑剂

4.1 钢

4.1.1 碳素结构钢

表 4.1.1 碳素结构钢的牌号、力学性能及应用举例(摘自 GB/T 700－1988)

牌号	等级	拉伸试验													冲击试验		应用举例
		σ_s /MPa						σ_b/MPa	δ_5 / %						温度/℃	A_{kv}(纵向)/J	
		钢材厚度(直径)/mm							钢材厚度(直径)/mm								
		≤16	>16～40	>40～60	>60～100	>100～150	>150		≤16	>16～40	>40～60	>60～100	>100～150	>150			
		不小于							不小于								
Q195	—	195	185	—	—	—	—	315～390	33	32	—	—	—	—	—	—	受较轻载荷的零件、冲压件和焊接件
Q215	A	215	205	195	185	175	165	335～410	31	30	29	28	27	26	—	—	垫圈、焊接件和渗碳零件
	B														20	27	
Q235	A	235	225	215	205	195	185	375～460	26	25	24	23	22	21	—	—	金属结构件，焊接件、螺栓、螺母，C、D 级用于重要的焊接构件，可作渗碳零件，但心部强度低
	B														20	27	
	C														0		
	D														-20		
Q255	A	255	245	235	225	215	205	410～510	24	23	22	21	20	19	—	—	轴、吊钩等零件，焊接性能尚可
	B														20	27	
Q275	—	275	265	255	245	235	225	490～610	20	19	18	17	16	15	—	—	

注：① 钢牌号 Q195 的屈服点仅供参考，不作为交货条件。

② 进行拉伸试验时，钢板和钢带应取横向试样。伸长率允许比表中的值降低 1%(绝对值)。型钢应取纵向试样。

③ 用沸腾钢轧制各牌号的 B 级钢材，其厚度(直径)一般不大于 25 mm。

④ 冲击试样的纵向轴线应平行于轧制方向。

4.1.2 优质碳素结构钢

表 4.1.2 优质碳素钢的牌号、力学性能及其特性与用途(摘自 GB/T 699－1999)

钢号	热处理	截面尺寸/mm	力学性能					交货状态 HBS		特性和用途
			σ_b	σ_s ($\sigma_{0.2}$)	δ_5	φ	A_{ku}	未热处理	退火钢	
			MPa		%		J			
			≥					≤		
08F	正火	试样毛坯 25	295	175	35	60	—	131		强度低，塑性、韧度较高，冲压性能好；焊接性能好，用于塑性好的零件，如管子、垫片、套筒等
08	正火	试样毛坯 25	325	195	33	60	—	131		
10F	正火	试样毛坯 25	315	185	33	55	—	137		
10	正火	试样毛坯 25	335	205	31	55	—	137		冷压成形好，焊接性能好，用于制造垫片、铆钉等
LSF	正火	试样毛坯 25	355	205	29	55	—	143		塑性好，用作垫片、管子、短轴、螺栓等
15	正火	试样毛坯 25	375	225	27	55	—	143		用于受力不大韧性要求较高的零件、渗碳零件、紧固件，如螺栓、化工容器、蒸汽锅炉等
20	正火	试样毛坯 25	410	245	25	55	—	156		用于受力小，而要求韧性高的零件，如螺钉、轴套、吊钩等，渗碳，氰化零件
25	正火	试样毛坯 25	450	275	23	50	71	170		特性与 20 钢相似，焊接性能好，无回火脆性倾向。用于制造焊接设备、承受应力小的零件，如轴、垫圈、螺栓、螺母等
30	正火	试样毛坯 25	490	295	21	50	63	179		截面尺寸小时，淬火并回火后呈索氏体组织，从而获得良好的强度和韧性的综合性能。用于制造螺钉、拉杆、轴、机座等
35	正火	试样毛坯 25	530	315	20	45	55	197		
40	正火	试样毛坯 25	570	335	19	45	47	217	187	有较高的强度，加工性好，冷变形时塑性中等，焊接性差，焊前须预热，焊后应热处理，多在正火和调质状态下使用
45	正火	试样毛坯 25	600	355	16	40	39	229	197	强度较高，韧性和塑性尚好，焊接性能差，水淬时有形成裂纹倾向，应用广泛。截面小时调质处理，截面较大时正火处理，也可表面淬火。用作齿轮、蜗杆、键、轴、销、曲轴等
50	正火	试样毛坯 25	630	375	14	40	31	241	207	强度高、韧性和塑性较差，焊接性能差，水淬时有形成裂纹倾向，切削性能中等。一般经正火或调质处理。用于制作要求高强度零件
55	正火	试样毛坯 25	645	380	13	35	—	255	217	
60	正火	试样毛坯 25	675	400	12	35	—	255	229	强度、硬度和弹性均高，切削性和焊接性差，水淬有裂纹倾向，小零件才能进行淬火，大零件多采用正火。用作轴、弹簧、钢丝绳等
65	正火	试样毛坯 25	695	410	10	30	—	255	229	淬透性差，水淬有裂纹倾向，在淬火、中温回火状态下，用作气门弹簧、弹簧垫圈等。在正火状态下，制造耐磨性要求高的零件，如轴、凸轮、钢丝绳等
70	正火	试样毛坯 25	715	420	9	30	—	269	229	
75	820℃淬火 480℃回火	试样	1 080	880	7	30	—	285	241	强度高，弹性略低于 70 钢，淬透性较差用作截面小(≤20 mm)，受力较小的螺旋和板弹簧及耐磨零件
80	820℃淬火 480℃回火	试样	1 080	930	6	30	—	285	241	
85	820℃淬火 480℃回火	试样	1 130	980	6	30	—	302	255	

表 4.1.3 较高含锰量优质碳素结构钢的力学性能(GB/T 699—1999)

钢号	热处理	截面尺寸/mm	力学性能 σ_b	σ_s ($\sigma_{0.2}$)	δ_5	φ	A_{ku}	交货状态 HBS 未热处理	退火钢	特性和用途
			MPa		%		J			
			≥					≤		
15Mn	正火	试样毛坯 25	410	245	26	55	—	163		属于高锰低碳渗碳钢，焊接性尚可，淬透性、强度和塑性比15钢高。用以制造心部力学性能要求高的渗碳零件，如凸轮轴、齿轮等
20Mn			450	275	24	50	—	197		
25Mn			490	295	22	50	71	207		
30Mn			540	315	20	45	63	217	187	淬透性比相应的碳钢高，冷变形时塑性尚好，切削性能好，一般在正火状态下使用。用以制造螺栓、螺母、轴等
35Mn			560	335	19	45	55	229	197	
40Mn			590	355	17	45	47	229	207	切削性能好，冷变形时的塑性中等，焊接性不好。用于制造在高应力或变应力下工作的零件，如轴、螺钉等
45Mn			620	375	15	40	39	241	217	焊接性较差。用作耐磨零件，如转轴、心轴、齿轮、螺栓、螺母、花键轴、凸轮轴、曲轴等
50Mn			645	390	13	40	31	255	217	用于制造耐磨性要求很高、承受高负荷的热处理零件，如齿轮、齿轮轴、摩擦盘等
60Mn			695	410	11	35	—	269	229	淬透性较碳素弹簧钢好，脱碳倾向小；易产生淬火裂纹，并有回火脆性。适于制造弹簧、发条等
65Mn	正火	试样毛坯 25	735	430	9	30	—	285	229	淬透性较大，脱碳倾向小，易产生淬火裂纹，有回火脆性。适宜制较大尺寸的弹簧、发条、切刀等
70Mn			785	450	8	30	—	285	229	弹簧圈、盘簧、止推环、离合器盘、锁紧圈

注：① 本标准适用于直径或厚度小于等于250 mm的优质碳素结构钢热轧和锻制条钢(圆钢、方钢、扁钢、六角钢等)，其化学成分亦适用于钢锭、钢坯及其制品。

② 表中所列的力学性能仅适用于截面尺寸不大于80 mm的钢材，对大于80 mm的钢材，允许其伸长率(δ_5)、断面收缩率(φ)较表中规定分别降低2个单位及5个单位。用尺寸大于80～120 mm的钢材改锻(轧)成70～80 mm的试料取样检验时，其试验结果应符合表中的规定。用尺寸大于120～250 mm的钢材改锻(轧)成90～100 mm的试料取样检验时，其试验结果应符合表中的规定。

③ 对直径小于16 mm的圆钢和厚度小于12 mm的方钢、扁钢，不作冲击吸收功试验。

④ 对直径或厚度小于25 mm的钢材，热处理是在与成品截面尺寸相同的试样毛坯上进行。

⑤ GB/T 699规定的力学性能系用正火毛坯制成的试样测定的纵向力学性能(不包括冲击韧度)。25～55钢、25 Mn～50 Mn钢的冲击韧度，系用热处理(淬火+回火)毛坯制成试样测定，根据需方要求才测定。氧气转炉钢的冲击吸收功值应符合表中的规定。75、80及85钢的力学性能系用留有加工余量的试样进行热处理(淬火+回火)而得。

4.1.3 合金结构钢

表 4.1.4 合金结构钢的牌号、热处理工艺参数、力学性能及其特性与用途(摘自 GB/T 3077－1999)

钢号	热处理 淬火 温度/℃ 第一次淬火	第二次淬火	冷却剂	回火 温度/℃	冷却剂	试样毛坯尺寸/mm	力学性能 σ_b MPa ≥	σ_s MPa ≥	δ_5 % ≥	φ % ≥	A_{ku} J ≥	供应状态硬度 HBS	特性和用途
20Mn2	850 880		水、油 水、油	200 440	水、空 水、空	15	785 785	590 590	10	40	47	≤187	截面较小时，相当于20Cr钢。渗碳后56～62 HRC
30Mn2	840		水	500	水	25	785	635	12	45	63	≤207	用作冷墩的螺栓及截面较大的调质零件
35Mn2	840		水	500	水	25	835	685	12	45	55	≤207	截面小时(≤15 mm)与 40Cr相当。表面淬火硬度 40～50 HRC
40Mn2	840		水	540	水	25	885	735	12	45	55	≤217	直径在 50 mm 以下时，可代替 40Cr 作重要螺栓及零件
45Mn2	840		油	550	水、油	25	885	735	10	45	47	≤217	强度，耐磨性和淬透性较高，调质后有良好的综合力学性能
50Mn2	820		油	550	水、油	25	930	785	9	40	39	≤229	用于汽车花键轴，重型机械的齿轮，直径小于 80 mm 可代替 45Cr
20MnV	880		水、油	200	水、空	15	785	590	10	40	55	≤187	相当于 20CrNi 渗碳钢
27SiMn	920		水	450	水、油	25	980	835	12	40	39	≤217	低淬透性调质钢。用于要求高韧性和耐磨性的热冲压件，也可在正火或热轧状态下使用
35SiMn2	900		水	570	水、油	25	885	735	15	45	47	≤229	低温冲击韧度要求不高时，可代替 40Cr 作调质件，耐磨性较好
42SiMn2	880		水	590	水	25	885	735	15	40	47	≤229	制造截面较大需表面淬火的零件，如齿轮、轴等
20SiMn2MoV	900		油	200	水、空	试样	1 380		10	45	55	≤269	可代替调质状态下使用的合金钢 35CrMo、35CrNi3MoA
25SiMn2MoV	900		油	200	水、空	试样	1 470		10	40	47	≤269	
37SiMn2MoV	870		水、油	650	水、空	25	980	835	12	50	63	≤269	有较高的淬透性，综合力学性能好，低温韧性良好，高温强度高
40B	840		水	550	水	25	785	635	12	45	55	≤207	可代替40Cr作要求不高的小尺寸零件
45B	840		水	550	水	25	835	685	12	45	47	≤217	淬透性、强度、耐磨性稍高于 45 钢，可代 40Cr 作小尺寸零件
50B	840		油	600	空	20	785	540	10	45	39	≤207	主要用于代替 50、50Mn 及 50Mn2
40MnB	850		油	500	水、油	25	980	785	10	45	47	≤207	性能接近 40Cr，常用于制造汽车等中小截面的重要调质件
45MnB	340		油	500	水、油	25	1 030	835	9	40	39	≤217	代替 40Cr、45Cr 制造中、小截面调质件和高频淬火件等
20MnMoB	880		油	200	油、空	15	1 080	885	10	50	55	≤207	代替 20CrMnTi 和 12CrNi3A

续表 4.1.4

钢号	热处理					试样毛坯尺寸/mm	力学性能					供应状态硬度HBS	特性和用途
	淬火			回火			σ_b	σ_s	δ_5	φ	A_{ku}		
	温度/℃		冷却剂	温度/℃	冷却剂		MPa		%		J		
	第一次淬火	第二次淬火					≥						
15MnVB	860		油	200	水、空	15	885	635	10	45	55	≤207	淬火低温回火后制造重要螺栓，如汽车连杆螺栓、汽缸盖螺栓等
20MnVB	860		油	200	水、空	15	1 080	885	10	45	55	≤207	代替 20CrMnTi、20CrNi、20Cr 制造中小尺寸渗碳件
40MnVB	850		油	520	水、油	25	980	785	10	45	47	≤207	调质后综合力学性能优于 40Cr，用于代替 40Cr、42CrMo、40CrNi 制造汽车和机床上的重要调质件，如轴、齿轮等
20MnTiB	860		油	200	水、空	15	1 130	930	10	45	55	≤187	代替20CrMnTi制造要求较高的渗碳件，如汽车上截面较小、中等负荷的齿轮
25MnIiBRE	860		油	200	水、空	试样	1 380		10	40	47	≤229	可代 20CrMnTi、20CrMnMo、20CrMo，广泛用于中等负荷渗碳件，如齿轮，使用性能优于 20CrMnTi
15Cr	880	780～820	水、油	200	水、空	15	735	490	11	45	55	≤179	制造截面小于 30 mm、形状简单、要求耐磨的渗碳或氰化件，如齿轮、凸轮、活塞销等，渗碳表面硬度 56～62 HRC
15CrA	880	770～820	水、油	180	油、空	15	685	490	12	45	55	≤179	
20Cr	880	780～820	水、油	200	水、空	15	835	540	10	40	47	≤179	
30Cr	860		油	500	水、油	25	885	685	11	45	47	≤187	用于磨损及冲击负荷下工作的重要零件，如轴、滚子、齿轮及重要螺栓等
35Cr	860		油	500	水、油	25	930	735	11	45	47	≤207	
40Cr	850		油	520	水、油	25	980	785	9	45	47	≤207	调质后有良好的综合力学性能，应用广泛，表面淬火硬度 48～55 HRC
45Cr	840		油	520	水、油	25	1 030	835	9	40	39	≤217	用作拖拉机齿轮、柴油机连杆、螺栓等
50Cr	830		油	520	水、油	25	1 080	930	9	40	39	≤229	用于强度和耐磨性要求高的轴、齿轮等
12CrMo	900		空	650	空	30	410	265	24	60	110	≤179	用于蒸汽温度达 510℃的主汽管，管壁温度小于等于 540℃的蛇形管、导管
15CrMo	900		空	650	空	30	440	295	22	60	94	≤179	500℃以下有足够的高温强度，焊接性能好，用于轴、活塞连杆等
20CrMo	880		水、油	500	水、油	15	885	685	12	50	78	≤197	550℃以下有较高强度，用于制造管道、主轴、高负荷螺栓等
30CrMo	880		水、油	540	水、油	25	930	785	12	50	63	≤229	550℃以下有较高强度，用于制造管道、主轴、高负荷螺栓等
30CrMoA	880		油	540	水、油	15	930	735	12	50	71	≤229	
35CrMo	850		油	550	水、油	25	980	835	12	45	63	≤229	淬透性好，用作大截面齿轮和汽轮发电机主轴、锅炉上 400 ℃以下的螺栓

续表 4.1.4

钢号	热处理					试样毛坯尺寸/mm	力学性能					供应状态硬度HBS	特性和用途
	淬火			回火			σ_b	σ_s	δ_5	φ	A_{ku}		
	温度/℃		冷却剂	温度/℃	冷却剂		MPa		%		J		
	第一次淬火	第二次淬火					≥						
42CrMo	850		油	560	水、油	25	1 080	930	12	45	63	≤217	淬透性比 35CrMo 高，低温冲击韧度好
12CrMoV	970		空	750	空	30	440	225	22	50	78	≤241	用于蒸汽温度达 540℃的热力管道
35CrMoV	900		油	630	水、油	25	1 080	930	10	50	71	≤241	用作承受高应力的零件
12Cr1MoV	970		空	750	空	30	490	245	22	50	71	≤179	抗氧化性与热强度比 12CrMoV 好
25Cr2MoVA	900		油	640	空	25	930	785	14	55	63	≤241	汽轮机整体转子套筒、主汽阀，蒸汽温度在 530℃以下的螺栓
25Cr2Mo1VA	1 040		空	700	空	25	735	590	16	50	47	≤241	蒸汽温度在 565℃的汽轮机前汽缸、螺栓等
38CrMoA1	940		水、油	640	水、油	30	980	835	14	50	71	≤229	高级氮化钢，渗氮后，表面硬度达 1 000～1 200 HV
40CrV	880		油	650	水、油	25	885	735	10	50	71	≤241	用作重要零件，如曲轴、齿轮等
50CrVA	860		油	500	水、油	25	1 280	1 130	10	40	—	≤255	蒸汽温度小于 400℃的重要零件及大型弹簧
15CrMn	880		油	200	水、空	15	785	590	12	50	47	≤179	用作齿轮、蜗杆、塑料模具
20CrMn	850		油	200	水、空	15	930	735	10	45	47	≤187	用作无级变速器、摩擦轮、齿轮与轴
40CrMn	840		油	550	水、油	25	980	835	9	45	47	≤229	用作在高速与高负荷下工作的齿轮、轴
20CrMnSi	880		油	480	水、油	25	785	635	12	45	55	≤207	用于制造要求强度较高的焊接件
25CrMnSi	880		油	480	水、油	25	1 080	885	10	40	39	≤217	用于制造重要的焊接件和冲压件
30CrMnSi	880		油	520	水、油	25	1 080	885	10	45	39	≤229	淬透性好，用于在震动负荷下工作的焊接结构和铆接结构
30CrMnSiA	880		油	540	水、油	25	1 080	835	10	45	39	≤229	
35CrMnSiA	950	890	油	230	空、油	试样	1 620	1 280	9	40	31	≤241	用于制造重负荷、中等转速的高强度零件
20CrMnMo	850		油	200	水、空	15	1 180	885	10	45	55	≤217	高级渗碳钢，渗碳淬火后的表面硬度为 56～62 HRC
40CrMnMo	850		油	600	水、油	25	980	785	10	45	63	≤217	高级调质钢，适宜制造截面较大的重负荷齿轮、齿轮轴、轴类零件
20CrMnTi	880	870	油	200	水、空	15	1 080	850	10	45	55	≤217	用作渗碳淬火零件，性能好，使用广泛
30CrMnTi	880	850	油	200	水、空	试样	1 470	—	9	40	47	≤229	用于渗碳钢，强度和淬透性高，冲击韧度略低
20CrNi	850		水、油	460	水、油	25	785	590	10	50	63	≤197	高负荷下工作的重要渗碳件
40CrNi	820		油	500	水、油	25	980	785	10	45	55	≤241	低温冲击韧度高，用于制造轴、齿轮等
45CrNi	820		油	530	水、油	25	980	785	10	45	55	≤255	性能基本与 40CrNi 相同，但具有更高的强度和淬透性，可用来制造截面尺寸较大的零件
50CrNi	820		油	500	水、油	25	1 080	835	8	40	39	≤255	

续表 4.1.4

钢号	热处理					试样毛坯尺寸/mm	力学性能					供应状态硬度 HBS	特性和用途
	淬火			回火			σ_b	σ_s	δ_5	φ	A_{ku}		
	温度/℃		冷却剂	温度/℃	冷却剂		MPa		%		J		
	第一次淬火	第二次淬火					≥						
12CrNi2	860	780	水、油	200	水、空	15	785	590	12	50	63	≤207	适用于中、小型渗碳件，如齿轮、花键轴、活塞销等
12CrNi3	860	780	油	200	水、空	15	930	685	11	50	71	≤217	用于要求强度高、表面硬度高、韧性高的渗碳件
20CrNi3	830		水、油	480	水、油	25	930	735	11	55	78	≤241	有好的综合力学性能，用于高负荷零件
30CrNi3	820		油	500	水、油	25	980	785	9	45	63	≤241	淬透性较好，用于重要的较大截面的零件
37CrNi3	820		油	500	水、油	25	1 130	980	10	50	47	≤269	用于大截面、高负荷、受冲击的重要调质零件
12Cr2Ni4	860	780	油	200	水、空	15	1 080	835	10	50	71	≤269	用于截面较大、负荷较高的重要渗碳件，如齿轮、蜗杆等
20CrNiMo	880	780	油	200	水、空	15	1 180	1 080	10	45	63	≤269	性能与 12Cr2Ni4 相近，韧性、淬透性较好
20CrNiMo	850		油	200	空	15	980	785	9	40	47	≤197	制造芯部韧度要求较高的渗碳件，如矿山牙轮钻头的牙爪与牙轮体
40CrNiMoA	850		油	600	水、油	25	980	835	12	55	78	≤269	低温冲击韧度很高，中等淬透性，用于锻造机的传动偏心轴、锻压机的曲轴等
45CrNiMoVA	860		油	460	油	试样	1 470	1 330	7	35	31	≤269	淬透性较高，主要用于承受高负荷的零件
18Cr2Ni4WA	950	850	空	200	水、空	15	1 180	835	10	45	78	≤269	用于大截面、高强度而缺口敏感性低的重要渗碳件，如大齿轮、花键轴等
25Cr2Ni4WA	850		油	550	水、油	25	1 080	930	11	45	71	≤269	有优良的低温冲击韧度及淬透性，用于高负荷的调质件，如汽轮机主轴、叶轮等

注：① GB/T 3077－1999 标准适用于直径或厚度不大于 250 mm 的合金结构钢热轧和锻制条钢。

② GB/T 3077－1999 标准中的力学性能系试样毛坯(其截面尺寸列于表中)，经热处理后，制成试样测出钢材的纵向力学性 能，该性能适用于截面尺寸小于或等于 80 mm 的钢材。尺寸 81～100 mm 的钢材，允许其伸长率、断面收缩率及冲击吸收功较表中规定分别降低 1 个单位、5 个单位及 5%；尺寸 101～150 mm 的钢材，允许三者分别降低 2 个单位、10 个单位及 10%；尺寸 151～250 mm 的钢材允许三者分别降低 3 个单位、15 个单位及 15%。尺寸大于 80 mm 的钢材改锻(轧)成 70～80 mm 的试样取样检验时，其结果应符合表中规定。

③ 对于 GB/T 3077－1999 钢材以热处理(正火、退火或高温回火)或不热处理状态交货，交货状态应在合同中注明，表中供应状态硬度为退火或高温回火供应硬度。

④ GB/T 3077－1999 标准规定磷、硫及残余铜的含量符合下列质量分数(%，不大于)

	P	S	Cu	Cr	Ni	
优质钢	0.035	0.035	0.30	0.30	0.30	
高级优质钢	0.025	0.025	0.25	0.30	0.30	(牌号后加 A)
特级优质钢	0.025	0.015	0.25	0.30	0.30	(牌号后加 E)

⑤ 试样毛坯栏中为“试样”者，表示力学性能直接由“试样”经热处理后所得，拉力试验的试样直径一般为 10 mm，最大为 25 mm。

⑥ 表中所列热处理温度的允许范围是：淬火±15℃，低温回火±30℃，高温回火±50℃。

表 4.1.5 低合金高强度结构钢的牌号、力学性能和工艺性能(摘自 GB/T 1591－1994)

牌号	质量等级	屈服点 σ_s /MPa 厚度(直径，边长)/mm ≤16	>16~35	>35~50	>50~100	抗拉强度 σ_b /MPa	伸长率 σ_s /%	冲击吸收功 A_{kv}(纵向)/J +20℃	0℃	-20℃	-40℃	180° 弯曲试验 d=弯心直径；a=试样厚度(直径) 钢材厚度(直径)/mm ≤16	>16~100
		不	小	于			不	小	于				
Q295	A	295	275	255	235	390～570	23					d=2a	d=3a
	B	295	275	255	235	390～570	23	34				d=2a	d=3a
Q345	A	345	325	295	275	470～630	21					d=2a	d=3a
	B	345	325	295	275	470～630	21	34				d=2a	d=3a
	C	345	325	295	275	470～630	22		34			d=2a	d=3a
	D	345	325	295	275	470～630	22			34		d=2a	d=3a
	E	345	325	295	275	470～630	22				27	d=2a	d=3a
Q390	A	390	370	350	330	490～650	19					d=2a	d=3a
	B	390	370	350	330	490～650	19	34				d=2a	d=3a
	C	390	370	350	330	490～650	20		34			d=2a	d=3a
	D	390	370	350	330	490～650	20			34		d=2a	d=3a
	E	390	370	350	330	490～650	20				27	d=2a	d=3a
Q420	A	420	400	380	360	520～680	18					d=2a	d=3a
	B	420	400	380	360	520～680	18	34				d=2a	d=3a
	C	420	400	380	360	520～680	19		34			d=2a	d=3a
	D	420	400	380	360	520～680	19			34		d=2a	d=3a
	E	420	400	380	360	520～680	19				27	d=2a	d=3a
Q460	C	460	440	420	400	550～720	17		34			d=2a	d=3a
	D	460	440	420	400	550～720	17			34		d=2a	d=3a
	E	460	440	420	400	550～720	17				27	d=2a	d=3a

4.1.4 弹簧钢

表 4.1.6 弹簧钢的牌号、热处理工艺参数、力学性能及其特性与用途(摘自 GB/T 1222－1984)

钢号	热处理 淬火温度/℃	冷却剂	回火温度/℃	力学性能 ≥ σ_s/MPa	σ_b/MPa	δ/% δ_5	δ_{10}	φ %	特性和应用
65	840	油	500	800	1 000		9	35	在相同表面状态和完全淬透情况下，其疲劳强度不比合金弹簧钢差，价格低，应用广泛，过载能力差，直径大于12～15 mm 淬透困难
70	830	油	480	850	1 050		8	30	
85	820	油	480	1 000	1 150		8	30	
65Mn	830	油	540	800	1 000		8	30	强度高，有回火脆性，制作较大尺寸的弹簧、座垫弹簧、弹簧发条、气门簧
55Si2Mn	870	油	480	1 200	1 300		6	30	可得到良好的综合力学性能，用于制作汽车、拖拉机、机车车辆的板簧、螺旋弹簧，工作温度低于 250℃的耐热弹簧，高应力的重要弹簧
55Si2MnB	870	油	480	1 200	1 300		6	30	
55SiMnVB	860	油	460	1 250	1 400		5	30	
60Si2Mn	870	油	480	1 200	1 300		5	25	
60Si2MnA	870	油	440	1 400	1 600		5	20	
60Si2CrA	870	油	420	1 600	1 800	6		20	综合力学性能好，强度高，冲击韧度高，制作高负荷、耐冲击的重要弹簧，工作温度低于 250℃的耐热弹簧
60Si2CrVA	850	油	410	1 700	1 900	6		20	
55CrMnA	830～860	油	460～510	$\sigma_{0.2}$ 1 100	1 250	9		20	淬透性好，综合力学性能好，制作大尺寸断面较重要的弹簧
60CrMnA	830～860	油	460～520	$\sigma_{0.2}$ 1 100	1 250	9		20	
55CrVA	850	油	500	1 150	1 300	10		40	冲击韧度良好，制作大截面(50 mm)高应力螺旋弹簧
60CrMnBA	830～860	油	460～520	$\sigma_{0.2}$ 1 100	1 250	9		20	淬透性好，屈强比高，回火脆性不敏感，脱碳倾向小
30W4Cr2VA	1 050～1 100	油	600	1 350	1 500	7		40	耐热性好，淬透性高，用作锅炉安全阀用弹簧

注：① 除规定热处理温度上下限外，表中热处理温度允许偏差为：淬火±20℃，回火±50℃。根据需方特殊要求，回火可按±30℃进行。

② 30W4Cr2VA 除抗拉强度外，其他性能结果供参考。

③ 表中性能适于截面尺寸不大于 80 mm 的钢材。大于 80 mm 的钢材，允许其伸长率、断面收缩率较表中规定分别降低 1 个单位及 5 个单位。

4.1.5 滚动轴承钢

表 4.1.7 滚动轴承钢的牌号、热处理工艺参数、力学性能及其特性与用途

	牌号	热处理			力学性能		特性和应用
		淬火温度/℃	冷却剂	回火温度/℃	α_{KU}/(J·cm^{-2})	硬度/HRC	
铬轴承钢	GCr6	830	油	160		61～65	淬透性比GCr15差，用于滚动轴承、导轨等，但应用较少
铬轴承钢	GCr9	830	油	160	6.18	61～65	
铬轴承钢	GCr15	830～845	油	150～160	5.4～8.4	61～65	有高强度和耐磨性，淬透性好，热处理方便，合金元素量少，价廉，接触疲劳强度高，广泛用于滚动轴承、导轨、丝杠、量具
铬轴承钢	GCr15SiMn	830	油	180		62	力学性能与GCr15相近，但淬透性好，用于制造大型轴承零件
无铬轴承钢	GsiMnV(RE)	760	油	160	59.8	43.5	淬透性、物理性能和锻造性能都较好，但比铬轴承钢脱碳敏感性大，防锈性能差，节约金属铬
		780	油	160	64.7	62.1	
		800	油	160	59.8	63	
		820	油	160	46.1	62.9	
		840	油	160	45.1	62.8	
	GsiMnMoV(RE)	760	油	160	50	58.7	
		780	油	160	70	62.6	
		800	油	160	51	63.1	
		820	油	160	45	63	
		840	油	160	47	62.8	
	GmnMoV(RE)	805	油	160	16～33	61.5～62.5	

4.1.6 工具钢

表 4.1.8 碳素工具钢的牌号、热处理工艺参数及其特性与应用(摘自 GB/T 1298－1986)

牌号	退火后钢的硬度 HBS ≤	热处理		特性和应用
		淬火温度/℃ 冷却剂	淬火后硬度 HRC ≤	
T7 T7A	187	800～820 水	62	淬火、回火之后有较高强度、韧性和相当的硬度，淬透性低，淬火变形大，用于制作受震动载荷，切削能力不高的各种工具，如小尺寸风动工具、木工用的凿和锯、压模、锻模、钳工工具、铆钉冲模、车床顶尖、钻头等
T8 T8A	187	780～800 水		经淬火回火处理后，可得较高的硬度和耐磨性，但强度和塑性不高，淬透性低，高温硬度低。用于制造切刃在工作中不变热的工具，如木工铣刀、锪钻、斧、錾子、手锯、圆锯片、简单形状的模子、软金属切削刀具、钳工装配工具、铆钉冲模、台虎钳钳口、弹性垫圈等
T8Mn				性能与T8、T8A相近，但淬透性较好，可以制造截面较大的工具
T9 T9A	192	760～780 水		性能与T8相近，用于制作硬度、韧性较高，但不受强烈冲击震动的工具，如锉刀、丝锥、板牙、木工工具、切草机刀片、收割机中切割零件
T10 T10A	197			韧性较好、强度较高、耐磨性比T8、T9高，但高温硬度低、淬透性不高，淬火变形较大。用作刃口锋利稍受冲击的各种工具，如车刀、刨刀、铣刀、切纸刀、冲模、冷镦模、拉丝模、卡板量具、钻头、丝锥、板牙以及冲击不大的耐磨零件
T11 T11A	207		62	具有较好的韧性、耐磨性和较高的强度、厚度，但淬透性低、高温硬度差，淬火变形大。用于制造钻头、丝锥、板牙、锉刀、量规、木工工具、手用金属锯条、形状简单的冲头和尺寸不大的冷冲模
T12 T12A	207			具有高硬度、高耐磨，但韧性较低，高温硬度差、淬透性不好、淬火变形大。用于制造冲击小，切削速度不高的各种高硬度工具，如铣刀、车刀、钻头、铰刀、丝锥、板牙
T13 T13A	217			碳素工具钢中硬度和耐磨性最好的，但韧性差，不能受冲击，用于制造要求高硬度不受冲击的工具，如刮刀、剃刀、拉丝工具、刻锉刀纹的工具

表 4.1.9 合金工具钢的牌号、热处理工艺参数及其特性与应用(摘自 GB/T 1299－2000)

类别	牌号	交货状态 HBS	试样淬火			特性和应用
			淬火温度/℃	冷却剂	HRC ≥	
量具刃具用钢	9SiCr	241～197	820～860	油	62	ϕ45～50 mm 的工件在油中可淬透，耐磨性好，热处理变形小，但脱碳倾向较大。适用于切削不剧烈且变形小的刃具，如板牙、丝锥、钻头、铰刀、拉刀、齿轮铣刀等，还可用作冷冲模
	8MnSi	≤229	800～820	油	60	韧性、淬透性与耐磨性均优于碳素工具钢。多用作木工凿子、锯条及其他木工工具，小尺寸热锻模与冲头，拔丝模、冷冲模及切削工具
	Cr06	241～187	780～810	水	64	淬火后的硬度和耐磨性都很高，淬透性不好，较脆。多经冷轧成薄钢板后，用于制作剃刀、刀片及外科医疗刀具，也可用作刮刀、刻刀、锉刀等
	Cr2	229～179	830～860	油	62	淬火后的硬度很高，淬火变形不大，高温塑性差。多用于低速、加工材料不很硬的切削刀具，如车刀、插刀、铣刀、铰刀等，还可用作量具、样板、量规、冷轧辊、钻套和拉丝模
	W	229～187	800～830	水	62	淬火后的硬度和耐磨性较碳素工具钢好，热处理变形小，水淬不易开裂。多用于工作温度不高、切削速度不大的刀具，如小型麻花钻、丝锥、板牙、铰刀、锯条等
耐冲击工具用钢	4CrW2Si	217～179	860～900	油	53	高温时有较好的强度和硬度，韧性较高。适用于剪切机刀片，冲击震动较大的风动工具、中应力热锻模
	5CrW2Si	255～207	860～900	油	55	特性同 4CrW2Si，但在 650℃时硬度稍高，可达 41～43 HRC 左右。用于空气锤工具、铆钉工具、冷中模、冲孔、穿孔工具(热加工用)热锻模、易熔金属压铸模
	6CrW2Si	285～229	860～900	油	57	特性同 5CrW2Si，但在 650℃时硬度可达 43～45 HRC。用于重载荷下工作的冲模、压模等，高温压铸轻合金的顶头、热锻模等
冷作模具钢	Cr12	269～217	950～1 000	油	60	高碳高铬钢，具有高强度、高耐磨性和淬透性，淬火变形小，较脆。多用于制造耐磨性能高不承受冲击的模具及加工不硬材料的刃具，如车刀、铰刀、冷冲模、冲头及量规、样板，量具、偏心轮、冷轧辊、钻套和拉丝模等
	Cr12MoV	255～207	950～1 000	油	58	淬透性、淬火回火后的强度、韧性比 Cr12 高，截面为 300～400 mm 以下的工件可完全淬透，耐磨性和塑性也较好，高温塑性差。制作铸、锻模具，如各种冲孔凹模、切边模、滚边模、缝口模、拉丝模、标准工具和量具
	9Mn2V	≤229	780～810	油	62	淬透性和耐磨性比碳素工具钢高、淬火后变形小。适用于制作各种变形小和耐磨性高的精密丝杠、磨床主轴、样板、凸轮、块规、量具及丝锥、板牙、铰刀
	CrWMn	255～207	800～830	油	62	淬透性、耐磨性高，韧性较好，淬火后的变形比 CrMn 钢更小。多用于制造长而形状复杂的切削刀具，如拉刀、长铰刀、量规及形状复杂、高精度的冷冲模
	9CrWMn	241～197	800～830	油	62	特性与 CrWMn 相似，由于含碳量稍低，在碳化物偏析上比 CrWMn 好些，因而力学性能更好，其应用与 CrWMn 相同
	Cr4W2MoV	≤269	960～980 1 020～1 040	油	60	系我国自行研制的冷作模具钢，具有较高的淬透性、淬硬性、良性的力学性能和尺寸稳定性。用于制造冷冲模、冷挤压模、搓丝板等，也可作 1.5～6.0 mm 弹簧板
	6W6Mo5Cr4V	≤269	1 180～1 200	油	60	系我国自行研制的适合于黑色金属挤压用的模具钢，具有高强度、高硬度、耐磨性及抗回火稳定性。有良好的综合性能。适用于作冲头、模具
热作模具钢	5CrMnMo	241～197	820～850	油		不含镍的锤锻模具钢，具有良好的韧性、强度和高耐磨性，对回火脆性不敏感，淬透性好。透用于作中、小型热锻模(边长≤300～400 mm)
	5CrNiMo	241～197	830～860	油		高温下强度、韧性及耐热疲劳性高于 5CrMnMo。适用作形状复杂、冲击负荷重的中、大型锤锻模
	3Cr2W8V	≤255	1 075～1 125	油		常用的压铸模具钢，有高韧性和良好的导热性，高温下有高硬度、强度，耐热疲劳性良好，淬透性较好，断面厚度≤100 mm。适用于高温、高应力但不受冲击的压模
	8Cr3	255～207	850～880	油		热顶锻模具钢，淬透性较好。多用于冲击载荷不大、500℃以下、磨损条件下的磨具，如热切边模、螺栓及螺钉热顶模

4.1.7 不锈钢（摘自 GB/T 1220—1992）

表 4.1.10 奥氏体型、奥氏体－铁素体型不锈钢的牌号力学性能和特性、用途

类型	牌号	热处理/℃	力学性能 $\sigma_{0.2}$	σ_b	δ_5	φ	A_k	HBS	退火 HBS	HRB	HV	特性和用途
			MPa ≥		% ≥		J					
奥氏体型	1Cr17Mn6Ni5N	固溶 1 010～1 120 快冷	275	520	40	45		241		100	253	节镍钢种，代替牌号 1Cr17Ni7、冷加工后具有磁性。铁道车辆用
	1Cr18Mn8Ni5N							207		95	218	节镍钢种，代替牌号 1Cr18Ni9
	1Cr18Mn10Ni5Mo3N	固溶 1 100～1 150 快冷	345	685	45	65		—		—	—	对尿素有良好的耐蚀性，制造耐尿素腐蚀的设备
	1Cr17Ni7	固溶 1 010～1 150 快冷	205	520	40	60		187		90	200	经冷加工有高的强度。用于铁道车辆、传送带及螺栓、螺母
	1Cr18Ni9											经冷加工有高的强度，但伸长率比 1Cr17Ni7 稍差，作建筑用装饰部件
	Y1Cr18Ni9					50						提高切削性、耐烧蚀性。最适合自动车床用。螺栓、螺母
	Y1Cr18Ni9Se											提高切削性、耐烧蚀性。最适合自动车床用。铆钉、螺钉
	0Cr18Ni9					60						作为不锈耐热钢使用最广泛，用于制造食品用设备、一般化工设备及原子能工业用
	00Cr19Ni10		177	480								比 OG19Ni9 碳含量更低的钢，耐晶间腐蚀性优越，为焊接后不进行热处理部件类
	0Cr19Ni9N		275	550	35	50		217		95	220	在牌号 0Cr19Ni9 上加 N，强度提高，塑性不降低。使材料的厚度减少。作为结构用强度部件
	0Cr9Ni10NbN		345	685				250		100	260	在牌号 0Cr19Ni9 上加 N 和 Nb，具有与 0Cr19Ni19N 相同的特性和用途
	00Cr18Ni10N		245	550				217		95	220	在牌号 00Cr19Ni10 上添加 N，具有以上牌号同样特性，用途与 0Cr19Ni9N 相同，但耐晶间腐蚀性更好
	1Cr18Ni12		177	480	40	60		187		90	200	与 0Cr19Ni9 相比，加工硬化性低。旋压加工、特殊拉拔、冷镦用
	0Cr23Ni13	固溶 1 030～1 150 快冷	205	520								耐腐蚀性，耐热性均比 0Cr19Ni9 好
	0Cr25Ni20	固溶 1 030～1 180 快冷				50						抗氧化性比 0Cr23Ni13 好。实际上多作为耐热钢使用

续表 4.1.10

类型	牌号	热处理/℃	力学性能									特性和用途
			$\sigma_{0.2}$	σ_b	δ_5	φ	A_k	HBS	退火 HBS	HRB	HV	
			MPa	≥	%	≥	J					
奥氏体型	0Cr17Ni12Mo2	固溶 1 010～1 150 快冷		520		60						在海水和其他各种介质中，耐腐蚀性比 0Cr19Ni9 好。主要作耐点蚀材料
	1Cr18Ni12Mo2Ti	固溶 1 000～1 100 快冷	205	530	40	55		187		90	200	用于抗硫酸、磷酸、蚁酸，醋酸的设备，有良好耐晶间腐蚀性
	(0Cr18Ni2Mo2Ti)											用于抵抗硫酸、磷酸、蚁酸、醋酸的设备，有良好耐晶间腐蚀性
	00Cr17Ni14Mo2		177	480		60						为 0Cr17Ni12Mo2 的超低碳钢，比 0Cr17Ni12Mo2 耐晶间腐蚀性好
	0Cr17Ni12Mo2N		275	550	35	50		217		95	220	在牌号 0Cr17Ni12Mo2 中加入 N，提高强度，不降低塑性，使材料的厚度减薄。作耐腐蚀性较好的、强度较高的部件
	00Cr17Ni13Mo2N		245									在牌号 00Cr17Ni13Mo2 中加入 N，具有以上牌号同样特性，用途与 0Cr17Ni12Mo2N 相同，但耐晶间腐蚀性更好
	0Cr18Ni12Mo2Cu2	固溶 1 010～1 150 快冷	205	520								耐腐蚀性、耐点腐蚀性比 0Cr17Ni12Mo2 好，用于耐硫酸材料
	00Cr18Ni14Mo2Cu2		177	400		60						为 0Cr18Ni12Mo2Cu2 的超低碳钢，比 0Cr18Ni12Mo2Cu2 的耐晶间腐蚀性好
	0Cr19Ni13Mo3		205	520								耐点腐蚀性比 0Cr17Ni2Mo2 好，作染色设备材料等
	00Cr19Ni13Mo3		177	480	40							为 0Cr19Ni13Mo3 的超低碳钢，比 0Cr19Ni13Mo3 耐晶间腐蚀性好
	1Cr18Ni12Mo3Ti	固溶 1 000～1 100 快冷	205	530		55		187		90	200	用于抗硫酸、磷酸、蚁酸、醋酸设备，有良好耐晶间腐蚀性
	0Cr18Ni12Mo3Ti											用于抗硫酸、磷酸、蚁酸、醋酸设备，有良好耐晶间腐蚀性
	0Cr18Ni16Mo5	固溶 1 030～1 180 快冷	177	480		45						用作含氯离子溶液的热交换器，醋酸设备，磷、酸设备，漂白装置等，在 00Cr17Ni14Mo2 和 00Cr17Ni13Mo3 不能适用的环境中使用
	1Cr18Ni9Ti	固溶 920～1 150 快冷	205	520		50						作焊心、抗磁仪表、医疗器械、耐酸容器及设备衬里输送管道等设备和零件

续表 4.1.10

类型	牌号	热处理/℃	力学性能									特性和用途
			$\sigma_{0.2}$	σ_b	δ_5	φ	A_k	HBS	退火 HBS	HRB	HV	
			MPa	≥	%	≥	J					
奥氏体型	0Cr18Ni10Ti	固溶 920～1 150 快冷	205	520	40	50		187		90	200	添加 Ti，可提高耐晶间腐蚀性，不推荐作装饰部件
	0Cr18Ni11Nb	固溶 980～1 150 快冷										含 Nb，可提高耐晶间腐蚀性
	0Cr18Ni9Cu3	固溶 1 010～1 150 快冷	177	480		60						在 0Cr19Ni9 中加入 Cu，提高了冷加工性。冷镦用
	0Cr18Ni13Si4		205	520				207		95	218	在 0Cr19Ni9 中增加 Ni，添加 Si，提高耐应力腐蚀断裂性。用于含氯离子环境
奥氏体-铁素体型	0Cr26Ni5Mo2	固溶 950～1 100 快冷	390	590	18			277		29	292	具有双相组织，抗氧化性、耐点腐蚀性好。具有高的强度。作耐海水腐蚀用
	1Cr18Ni11Si4A1Ti	固溶 930～1 050 快冷	440	715	25	40	63			—	—	制作抗高温浓硝酸介质的零件和设备
	00Cr18Ni5Mo3Si2	固溶 920～1 150 快冷	390	590	20					30	300	具有双相组织，耐应力腐蚀破裂性能好，耐点蚀性能与 00Cr17Ni13Mo2 相当，具有较高的强度，适于含氯离子的环境，用于炼油、化肥、造纸、石油、化工等工业热交换器和冷凝器等
铁素体型	0Cr13A1	退火 780～830 空冷或缓冷	177	410	20	60	78	183				从高温下冷却不产生显著硬化。作汽轮机材料、淬火用部件、复合钢材
	00Cr12	退火 700～820 空冷或缓冷	196	265	22		—					比 0Cr13 含碳质量分数低，焊接部位弯曲性能、加工性能、耐高温氧化性能好。作汽车排气处理装置、锅炉燃烧室、喷嘴
	1Cr17	退火 780～850 空冷或缓冷	205	450		50						耐蚀性良好的通用钢种，建筑内装饰、重油燃烧器部件、家庭用具、家用电器部件用
	Y1Cr17	退火 680～820 空冷或缓冷				50						比 1Cr17 提高切削性能，用作螺栓、螺母
	1Cr17Mo	退火 780～850 空冷或缓冷				60						为 1Cr17 的改良钢种，比 1Cr17 抗盐溶液性强，作为汽车改装材料使用
	00Cr30Mo2	退火 900～1 050 快冷	295	450	20	45		228				高 Cr-Mo 系、C、N、降到极低，耐蚀性很好，作与乙酸、乳酸等有机酸有关的设备，制造苛性碱设备。耐卤离子应力腐蚀、耐点腐蚀
	00Cr27Mo		245	410				219				要求性能、用途、耐蚀性和软磁性与 00Cr30Mo2 类似

表 4.1.11　马氏体型不锈钢的牌号力学性能和特性、用途

类型	牌号	热处理 退火/℃	热处理 淬火/℃	热处理 回火/℃	力学性能 $\sigma_{0.2}$ MPa ≥	力学性能 σ_b MPa ≥	力学性能 δ_5 % ≥	力学性能 φ % ≥	力学性能 A_k J	退火 HBS	HBS	HRC	特性和用途
马氏体型	1Cr12	800～900 缓冷或约 750 快冷	950～1 000 油冷	700～750 快冷	390	590	25	55	118	200	170		作为汽轮机叶片及高应力部件之良好的不锈耐热钢
	1Cr13					540			78		159		具有良好的耐蚀性、机械加工性，一般用途、刃具类用
	0Cr13				345	490	24	60	—	183	—		
	Y1Cr13					540	25	55	78	200	159		
	1Cr13Mo	830～900 缓冷，或约 750 快冷	970～1 020 油冷	650～750 快冷	490	685	20	60	78	200	192		为比 1Cr13 耐蚀性高的高强度钢种，作汽轮机叶片、高温用部件
	2Cr13	800～900 缓冷或约 750 快冷	920～980 油冷	600～750 快冷	440	635		50	63				淬火状态下硬度高，耐蚀性良好，作汽轮机叶片
	3Cr13				540	735	12	40	24		217		比 2Cr13 淬火后的硬度高，作刃具、喷嘴、阀座、阀门等
	Y3Cr13												改善 3Cr13 切削性能的钢种
	3Cr13Mo		1 025～1 075 油冷	200～300 油、水、空冷	—	—	—	—	—	207	—	50	作较高硬度及高耐磨性的热油泵轴、阀片、阀门轴承、医疗器械、弹簧等零件
	4Cr13	800～900 缓冷或约 750 快冷	1 050～1 100 油冷	200～300 空冷	—	—	—	—	—	201	—		作较高硬度及高耐磨性的热油泵轴、阀片、阀门轴承、医疗器械、弹簧等零件
	1Cr17Ni2	680～700 高温回火空冷	950～1 050 油冷	275～350 空冷	—	1 080	10		39	285	—	—	具有较高强度的耐硝酸及有机酸腐蚀的零件、容器和设备
	7Cr17	800～920 缓冷	1 010～1 070 油冷	100～180 快冷	—	—	—	—	—	255		54	硬化状态下，坚硬，但比 8Cr17,11Cr17 韧性高。作刃具、阀门
	8Cr17											56	硬化状态下，比 7Cr17 硬，而比 11Cr17 韧性高。作刃具、阀门
	9Cr18		1 000～1 050 油冷	200～300 油、空冷								55	不锈切片机械刃具及剪切刃具、手术刀片、高耐磨设备零件等
	11Cr17		1 010～1 070 油冷	100～180 快冷						269		58	在所有不锈钢、耐热钢中，硬度最高。作喷嘴、轴承
	Y11Cr17												比 11Cr17 提高了切削性的钢种，自动车床用
	9Cr18Mo	800～900 缓冷	1 000～1 050 油冷	200～300 空冷								55	轴承套圈及滚动体用的高碳铬不锈钢
	9Cr18MoV	800～920 缓冷	1 050～1 075 油冷	100～200 空冷									不锈切片机械刃具及剪切工具、手术刀片、高耐磨设备零件等

表 4.1.12 沉淀硬化型不锈钢的牌号力学性能和特性、用途

类型	牌号	热处理 种类	热处理 条件	力学性能 $\sigma_{0.2}$ MPa	σ_b MPa	δ_5 %	φ %	HBS	HRC	特性和用途
沉淀硬化型	0Cr17Ni4Cu4Nb	固溶	1 020～1 060℃快冷	—	—	—	—	≤363	≤38	添加铜的沉淀硬化型钢种。作轴类、汽轮机部件
		480℃时效	经固溶处理后，470～490℃空冷	≥1 180	≥1 310	≥10	≥40	≥375	≥40	
		550℃时效	经固溶处理后，540～560℃空冷	≥1 000	≥1 060	≥12	≥45	≥331	≥35	
		580℃时效	经固溶处理后，570～590℃空冷	≥865	≥1 000	≥13	≥45	≥302	≥31	
		620℃时效	经固溶处理后，610～630℃空冷	≥725	≥930	≥16	≥50	≥277	≥28	
	0Cr17Ni7A1	固溶	1 000～1 100℃快冷	≤380	≤1 030	≥20	—	≤229	—	添加铝的沉淀硬化型钢种。作弹簧、垫圈、计器部件
		565℃时效	经固溶处理后，于 760±15℃保持 90 min，在 1 h 内冷却到 15℃以上，保持 30 min，再加热到 565±10℃保持 90 min 空冷	≥960	≥1 140	≥5	≥25	≥363	—	
		510 时效℃	经固溶处理后，955±10℃保持 10 min，空冷到室温，在 24 h 以内冷却到-73±6℃，保持 8 h，再加热到 510±10℃，保持 60 min 后空冷	≥1 030	≥1 230	≥4	≥10	≥388	—	
	0Cr15Ni7Mo2A1	固溶	1 000～1 100℃快冷					≤269	—	用于有一定耐蚀要求的高强度容器、零件及结构件
		565℃时效	经固溶处理后，于 760±15℃保持 90 min，在 1 h 以内冷却到 15℃以下，保持 30 min，再加热到 565±10℃，保持 90 min，空冷	≥1 100	≥1 210	≥7	≥25	≥375		
		510℃时效	经固溶处理后，955±10℃保持 10 min，空冷到室温在 24 h 内冷却到-73±6℃保持 8 h，再加热到 510±10℃，保持 60 min 后空冷	≥1 210	≥1 320	≥6	≥20	≥388		

4.1.8 耐热钢（摘自 GB/T 1221—1992）

表 4.1.13 奥氏体型、铁素体型耐热钢的牌号、力学性能及特性和用途

类型	牌号	热处理 /℃	力学性能 $\sigma_{0.2}$ /MPa	σ_b /MPa	δ_5 /%	φ /%	HBS	特性和用途
奥氏体型	5Cr21Mn9Ni4N	固溶 1 100～1 200 快冷，时效 730～780 空冷	560	885	8	—	≥302	以经受高温强度为主的汽油及柴油机用排气阀
	2Cr21Ni12N	固溶 1 050～1 150 快冷，时效 750～800 空冷	430	820	26	20	≤269	以抗氧化为主的汽油及柴油机用排气阀
	2Cr23Ni13	固溶 1 030～1 150 快冷	205	560	45	50	≤201	承受 980℃以下反复加热的抗氧化钢，加热炉部件，重油燃烧器
	2Cr25Ni20	固溶 1 030～1 180 快冷		590	40			承受 1 035℃以下反复加热的抗氧化钢，炉用部件、喷嘴、燃烧室
	1Cr16Ni35	固溶 1 030～1 180 快冷		560				抗渗碳，氮化性大的钢种，1 035℃以下反复加热。炉用钢料、石油裂解装置
	0Cr15Ni25Ti2MoAlVB	固溶 885～915 或 965～995 快冷 时效 700～760，16 h 空冷或缓冷	590	900	15	18	≥248	耐 700℃高温的汽轮机转子、螺栓、叶片、轴
	0Cr18Ni9	固溶 1 010～1 150 快冷	205	520	40	60	≤187	通用耐氧化钢，可承受 870℃以下反复加热
	0Cr23Ni13	固溶 1 030～1 150 快冷						比 0Cr18Ni9 耐氧化性好，可承受 980℃以下反复加热。炉用材料
	0Cr25Ni20	固溶 1 030～1 180 快冷				50		比 0Cr23Ni13 抗氧化性好，可承受 1 035℃加热。炉用材料、汽车净化装置用材料
	0Cr17Ni12Mo2	固溶 1 010～1 150 快冷				60		高温具有优良的蠕变强度，作热交换用部件、高温耐蚀螺栓
	4Cr14Ni14W2Mo	退火 820～850 快冷	315	705	20	35		有较高的热强性，用于内燃机重负荷排气阀
	3Cr18Mn12Si2N	固溶 1 100～1 150 快冷	390	685	35	45	≤248	有较高的高温强度和一定的抗氧化性，并且有较好的抗硫化及抗增碳性。用于吊挂支架、渗碳炉构件、加热炉传送带、料盘、炉爪
	2Cr20Mn9Ni2Si2N	固溶 1 100～1 150 快冷		635				特性和用途同 3Cr18Mn12Si2N，还可用作盐浴坩埚和加热炉管道等
	0Cr19Ni13Mo3	固溶 1 010～1 150 快冷	205	540	40	60	≤187	高温具有良好的蠕变强度，作热交换部件
	1Cr18Ni9Ti	固溶 920～1 150 快冷	205	520	40	50	≤187	有良好的耐热性及抗腐蚀性。作加热炉管、燃烧室筒体、退火炉罩
	0Cr18Ni10Ti							作在 400～900℃腐蚀条件下使用的部件，高温用焊接结构部件
	0Cr18Ni11Nb	固溶 980～1 150 快冷						作在 400～900℃腐蚀条件下使用的部件，高温用焊接结构部件
	0Cr18Ni13Si4	固溶 1 010～1 150 快冷				60	≤207	具有与 0Cr25Ni20 相当的抗氧化性，汽车排气净化装置用材料
	1Cr20Ni14Si2	固溶 1 080～1 130 快冷	295	590	35	50	≤187	具有较高的高温强度及抗氧化性，对含硫气氛较敏感，在 600～800℃有析出相的脆化倾向，适用制作承受应力的各种炉用构件
	1Cr25N20Si2							
铁素体型	2Cr25N	退火 780～880 快冷	275	510	20	40	≤201	耐高温腐蚀性强，1 082℃以下不产生易剥落的氧化皮，用于燃烧室
	0Cr13Al	退火 780～830 空冷或缓冷	177	410		60	≤183	由于冷却硬化少，作燃气透平压缩机叶片、退火箱、淬火台架
	00Cr12	退火 700～820 空冷或缓冷	196	365	22			耐高温氧化，作要求焊接的部件，汽车排气阀净化装置、锅炉燃烧室、喷嘴
	1Cr17	退火 780～850 空冷或缓冷	205	450		50		作 900℃以下耐氧化部件、散热器，炉用部件、油喷嘴

注：对于 1Cr18Ni9Ti、0Cr18Ni10Ti 和 0Cr18Ni11Nb，根据需方要求可进行稳定化处理，此时的热处理温度为 850～930℃。

表 4.1.14 马氏体型耐热钢的牌号、力学性能及特性和用途

类型	牌号	热处理			经淬、回火的力学性能							特性和用途
		退火/℃	淬火/℃	回火/℃	$\sigma_{0.2}$	σ_b	δ_5 %	φ %	A_k/J ≥	退火后的硬度 HBW ≤	HBW	
					MPa		% ≥					
马氏体型	1Cr5Mo	—	900～950 油冷	600～700 空冷	390	590	18	—	—	200		能抗石油裂化过程中产生的腐蚀。作过热蒸汽管、石油裂解管、锅炉吊架、蒸汽轮机气缸衬套、泵的零件、阀、活塞杆、高压加氢设备部件、紧固件
	4Cr9Si2	—	1 020～1 040 油冷	700～780 油冷	590	885	19	50	—	269		有较高的热强性，作内燃机进气阀，轻负荷发动机的排气阀
	4Cr10Si2Mo	—	1 010～1 040 油冷	120～160 空冷	685		10	35	—	269		有较高的热强性，作内燃机进气阀，轻负荷发动机的排气阀
	8Cr20Si2Ni	800～900 缓冷或约 720 空冷	1 030～1 080 油冷	100～800 快冷				15	8	321	≥262	作耐磨性为主的吸气阀、排气阀及阀座
	1Cr11MoV	—	1 050～1 100 空冷	720～740 空冷	490	685	16	55	47	200		有较高的热强性、良好的减震性及组织稳定性。用于透平叶片及导向叶片
	1Cr12Mo	800～900 缓冷或约 750 快冷	950～1 000 油冷	700～750 快冷	550		18	60	78	255	217～248	作汽轮机叶片
	2Cr12MoVNbN	缓冷	1 100～1 170 油冷或空冷	600 以上空冷	685	835	15	30	—	269	≤321	作汽轮机叶片、盘、叶轮轴、螺栓
	1Cr12WmoV	—	1 000～1 050 油冷	680～700 空冷	585	735		45	47	—	—	有较高的热强性、良好的减震性及组织稳定性。用于透平叶片、坚固件、转子及轮盘
	2Cr12NiMoWV	830～900 缓冷	1 020～1 070 油冷或空冷	600 以上空冷	735	885	10	25	—	269	≤341	作高温结构部件，汽轮机叶片、盘，叶轮轴、螺栓
	1Cr13	800～900 缓冷或约 750 快冷	950～1 000 油冷	700～750 快冷	345	540	25	55	78	200	≥159	作 800℃以下耐氧化部件
	1Cr13Mo	800～900 缓冷或约 750 快冷	970～1 020 油冷	650～750 快冷	490	685	20	60	78	200	≥192	作汽轮机叶片，高温、高压蒸汽用机械部件
	2Cr13	800～900 缓冷或约 750 快冷	920～980 油冷	600～750 快冷	440	635		50	63	223		淬火状态下硬度高，耐蚀性良好。作汽轮机叶片
	1Cr17Ni12	—	950～1 050 油冷	275～350 空冷	—	1 080	10	—	39	285		作具有较高程度的耐硝酸及有机酸腐蚀的零件、容器和设备
	1Cr11Ni2W2MoV	—	1 组 1 000～1 020 正火 1 000～1 020 油冷或空冷	660～710 油冷或空冷	735	885	15	55	71	269	269～321	具有良好的韧性和抗氧化性能，在淡水和湿空气中有较好的耐蚀性
			2 组 1 000～1 020 正火 1 000～1 020 油冷或空冷	540～600 油冷或空冷	885	1 080	12	50	55		311～388	

4.1.9 铸钢

表 4.1.15 一般工程用铸造碳钢件牌号、力学性能及特性和用途

牌号	铸件厚度/mm	室温下试样力学性能(最小值)						特性和用途
		σ_s或$\sigma_{0.2}$	σ_b	δ/%	根据合同选择			
					φ/%	冲击韧性		
		MPa				A_{kV}/J	α_{kU}/(J·cm^{-2})	
ZG200-400	<100	200	400	25	40	30	60	有良好的塑性、韧性和焊接性，用于各种形状的机件，如机座、变速箱壳等
ZG230-450		230	450	22	32	25	45	有较好的塑性、韧性，焊接性良好，可切削性尚好，用于铸造平坦的零件，如机座、机盖、箱体、铁铮台、锤轮及工作温度在 450℃以下的管路附件等
ZG270-500		270	500	18	25	22	35	有较高的强度和较好的塑性，铸造性良好，焊接性尚可，可切削性好，用于各种形状的机件，如飞轮、机架、蒸汽锤、桩锤、联轴器、水压机工作缸、横梁等
ZG310-570		310	570	15	21	15	30	强度和切削性良好，塑性、韧性较低，用于负荷较大的零件，各种形状的机件，如联轴器、轮、汽缸、齿轮、齿轮圈及重负荷机架等。
ZG340-640		340	640	10	18	10	20	有较高的强度、硬度和耐磨性，切削性一般，焊接性差，流动性好，裂纹敏感性较大，用于起重运输机中齿轮、联轴器及重要的机件等

注：① 当铸件厚度超过 100 mm 时，表中规定的$\sigma_{0.2}$屈服强度仅供设计参考。

② 当需从经过热处理的铸件上切取或从代表铸件的大型试块上取样时，性能指标由供需双方商定。

③ 表中力学性能为试块铸造态的力学性能。

④ 本标准适用于在砂型铸造或导热性与砂型相当铸型铸造的一般工程用铸造碳钢件。对用其他铸型的一般工程用铸造碳钢件，也可参照使用。

⑤ 常用的热处理工艺为：

退火—加热超过A_{c3}，炉冷，正火—加热超过A_{c3}，空冷；

(正火+回火)—加热超过A_{c3}，空冷+加热低于A_{c1}；

(正火+回火)—加热超过A_{c3}，快冷+加热低于A_{c1}。

表 4.1.16 合金铸钢的牌号、力学性能及特性和用途(摘自 JB/ZQ 4297－1986)

钢号	热处理类型	截面尺寸/mm	力学性能 ≥								特性和用途
			σ_s或$\sigma_{0.2}$/MPa	σ_b/MPa	δ/%	φ/%	冲击性能 A_k/J			HBW	
							DV-M	ISO-V	夏比-U		
ZG40Mn	正火+回火	≤100	295	640	12	30	—	—	—	163	用于承受摩擦和冲击的零件，如齿轮等
ZG40Mn2	正火+回火 调质	≤100	395 685	590 835	20 13	55 45	—	—	35	179 269～302	用于承受摩擦的零件，如齿轮等
ZG50Mn2	正火+回火	≤100	445	785	18	37	—	—	—	—	用于高强度零件，如齿轮、齿轮缘等
ZG20SiMn	正火+回火 调质	≤100	295 300	510 500～650	14 24	30	—	45	39	156 150～190	焊接及流动性良好，作水压机缸、叶片、喷嘴体、阀、弯头等
ZG35SiMn	正火+回火 调质	≤100	345 415	570 640	12 12	20 25	—	—	24 27	—	用于受摩擦的零件
ZG35SiMnMo	正火+回火 调质	≤100	395 490	640 690	12 12	20 25	—	—	24 27	—	制造负荷较大的零件
ZG35CrMnSi	正火+回火	≤100	345	690	14	30	—	—	—	217	用于承受冲击、受磨损的零件，如齿轮、滚轮等
ZG20MnMo	正火+回火	≤100	295	490	16	—	—	—	39	156	用于受压容器，如泵壳等
ZG5CrMnMo	正火+回火	≤100	不规定		—	—	—	—	—	—	有一定的红硬性，用于锻模等
ZG40Cr	正火+回火	≤100	345	630	18	26	—	—	—	242	用于高强度齿轮
ZG34CrNiMo	调质	<150 150～250 250～400	700 650 650	950～1000 800～950 800～950	12 12 10	—	—	32 28 20	—	240～290 220～270 220～270	用于要求特别高的零件，如锥齿轮、小齿轮、吊车行走轮、轴等

表 4.1.17 焊接结构用碳素钢铸件的牌号及力学性能(摘自 GB/T 7659—1987)

牌号	力学性能				冲击性能	
	σ_s	σ_b	δ_5	φ	A_{kU}/J	α_{kU}/(J·cm^{-2})
	MPa		%			
	≥				≥	
ZG200—400H	200	400	25	40	30	59
ZG230—450H	230	450	22	35	25	44
ZG275—485H	275	485	20	35	22	34

注：① 标准适用于一般工程结构，要求焊接性能好的碳素钢铸件。
② 件应进行热处理，常用热处理类型：退火；正火；正火+回火(回火温度≥550℃)。
③ 供方尚不具备夏比(V 型缺口)试样加工条件时，允许暂按夏比(U 型缺口)试样的冲击韧性值α_{kU}交货。

表 4.1.18 耐热钢铸件的牌号、力学性能及特性和用途(摘自 GB/T 8492—2002)

牌号	力学性能			最高使用温度/℃	特性和用途举例
	最小屈服强度$\sigma_{0.2}$/MPa	最小抗拉强度σ_b/MPa	最小延伸率δ_5/%		
ZG40Cr9Si2	—	550	—	800	抗氧化最高至 800℃，长期工作的受载件工作温度应低于 700℃，用于坩埚、炉门等构件
ZG30Cr18Mn12Si2N	—	490	8	950	高温强度和抗热疲劳性较好，用于炉罐和炉底板、料筐、传送带导轨、支承架等炉用构件
ZG35Cr24Ni7SiN	340	540	12	1 100	抗氧化性好，用于炉罐、炉辊、通风机叶片热滑轨、炉底板、玻璃水泥窑及搪瓷窑等构件
ZG30Cr26Ni5		590		1 050	承载使用温度可达 650℃，轻负荷时可达 1 050℃，用于矿石焙烧炉和不需要高温强度的高硫环境下工作的炉用构件
ZG30Cr20Ni10	235	490	23	900	基本上不形成σ相，可用于炼油厂加热炉、水泥干燥窑、矿石焙烧炉和热处理炉构件
ZG35Cr26Ni12	235	490	8	1 100	高温强度高，抗氧化性能好，广泛用于许多类型的炉子构件，不宜于温度急剧变化的地方
ZG40Cr28Ni16	235	490	8	1 150	具有较高温度的抗氧化性能，可替代 ZG40Cr25Ni20
ZG40Cr25Ni20	235	440	8	1 150	具有较高的蠕变和持久强度，抗高温气体腐蚀能力强，常用于作炉辊、辐射管及需要较高蠕变强度的零件
ZG40Cr30Ni20	245	450	8	1 150	在高温含硫气体中耐蚀性好，用于气体分离装置、焙烧炉衬板
ZG35Ni24Cr18Si2	195	390	5	1 100	加热炉传送带、螺杆、紧固件等高温承载零件
ZG30Ni35Cr15	195	440	13	1 150	抗热疲劳性好，用于渗碳炉构件、热处理炉板、导轨、辐射管及周期加热的紧固件
ZG45Ni35Cr26	235	440	5	1 150	抗氧化及抗渗碳性良好，高温强度高，用于乙烯裂解管、炉辊以及热处理用夹具等

注：① 本标准适用于普通工程用耐热钢件，不包括特殊用途的耐热钢铸件。
② 铸造件的力学性能一般不作验收项目，只有在合同中明确提出时，测定项目应符合表中要求。
③ 除 ZG40Cr9Si2 需进行 950℃退火外，其余牌号的铸造件均可不经热处理，以铸态交货。如需热处理，供需双方商定。

表 4.1.19 不锈耐酸钢铸件的钢号、热处理工艺参数、力学性能及特性和用途(摘自 GB/T 2100—2002)

金相组织	钢号	钢代号	热处理	力学性能 σ_b	σ_s	δ	φ	α_{kU}/	特性和用途
				MPa		%		(J·cm⁻²)	
马氏体	ZG1Cr13	101	退火 950℃淬火 1 050℃水冷回火 750℃空冷	550	390	20	50	78	铸造性能较好，具有良好的力学性能。在弱腐蚀介质(加盐水溶液、稀硝酸及某些浓度不高的有机酸的)和温度不高的情况下，均有良好的耐蚀性。可用于承受冲击负荷、要求韧性高的铸件，如泵壳、阀、叶轮、水轮机转轮或叶片、螺旋桨等
	ZG2Cr13	102	退火 950℃，淬火1 050℃油冷，回火 750～800℃空冷	620	440	16	40	59	性能与 ZG1Cr13 相似，有更高的硬度，耐腐蚀性较低，焊接性能较差，用途与 ZG1Cr13 相似，可用作较高硬度的铸件，如热油泵、阀门等
铁素体	ZG1Cr17	201	退火 750～800℃	390	245	20	30	—	铸造性能较差，韧性较低，在氧化性酸中有良好的耐蚀性。在草酸中不耐蚀。主要制造硝酸生产上的化工设备和食品，人造纤维工业用的设备，一般在退火后使用，不宜用于 0.3 MPa 以上或受冲击的零件
	ZG1Cr19Mo2	202	退火 800℃	390	—	—	—	—	铸造性能与 ZG1Cr17 相似，韧性较低，在磷酸与沸腾的醋酸等还原性介质中有良好的耐蚀性。主要用于沸腾温度下的各种浓度的醋酸介质中不受冲击的维尼纶、电影胶片及造纸漂液用的铸件，代替 Cr18Ni12Mo2Ti 和 ZGCr28
	ZGCr28	203	退火 850℃	345	—	—	—	—	铸造性能差，热裂倾向大，韧性低，在浓硝酸介质中有很好的耐蚀性，在 1 100℃高温下仍有很好的抗氧化性。主要用于不受冲击负荷的高温硝酸浓缩设备的铸件，也可用于制造次氯酸钠及磷酸设备和高温抗氧化耐热零件
奥氏体	ZG00Cr14Ni14Si4	300	淬火 1 050～1 100℃水冷	490	245	δ_5=60	—	275	在浓硝酸中优于高纯铝的耐蚀性，对各种配比的浓硝酸、浓硫酸的混酸耐蚀性好，焊后不出现刀口腐蚀
	ZG00Cr18Ni10	301	淬火 1 050～1 100℃水冷	390	175	25	32	98	在氧化性介质(如硝酸)中有良好的耐蚀性及良好的抗晶间腐蚀性能，焊后不出现刀口腐蚀。用于化学、化肥、化纤及国防工业重要的耐蚀铸件和铸焊结构件等
	ZG0Cr18Ni9	302	淬火 1080～1 130℃水冷	440	195	25	32	98	是典型的不锈耐酸钢，铸造性能比含钛的同类钢好，在硝酸、有机酸等介质中有良好的耐蚀性，低温冲击性能好，主要用于硝酸、有机酸、化工石油等工业用泵、阀等铸件
	ZG1Cr18Ni9	303	淬火 1 050～1 100℃水冷	440	195	25	32	98	性能和用途与上述相同，但含碳质量分数比上述高，故其耐蚀性和抗晶间腐蚀性较低
	ZG0Cr18Ni9Ti	304	淬火 950～1 050℃水冷	440	195	25	32	98	含有稳定化元素钛，提高了抗晶间腐蚀能力，铸造性能比 ZG0Cr18Ni9 差，易使铸件产生铸造缺陷。主要用于化工、石油、原子能工业泵、阀、离心机等铸件
	ZG1Cr18Ni9Ti	305	淬火 950～1 050℃水冷	440	195	25	32	98	性能与用途同上，但抗晶间腐蚀性能比上述稍低

续表 4.1.19

金相组织	钢号	钢代号	热处理	力学性能 σ_b	σ_s	δ	φ	α_{kU}/	特性和用途
				MPa		%		(J·cm^{-2})	
奥氏体	ZG0Cr18 Ni12M2Ti	306	淬火 1 100～1 150℃水冷	490	215	30	30	98	铸造性能与上述相似，含硼后明确提高了对还原性介质和各种有机酸、碱、盐类的耐蚀性，抗晶间腐蚀比 18/8Ti 好，用来制造常温硫酸、较低浓度的沸腾磷酸、蚁酸、醋酸介质中用的铸件
奥氏体	ZG1Cr18 Ni12Mo2Ti	307	淬火 1 100～1 150℃水冷	490	215	30	30	98	与上述相同，但含碳质量分数较高，耐蚀性较差些
奥氏体	ZG1Cr24Ni 20Mo2Cu3	308	淬火 1 100～1 150℃水冷	440	245	20	32	98	有良好的铸造性能、力学性能和加工性能，在 60℃以下各种浓度硫酸介质和某些有机酸、磷酸、硝酸混酸中均具有良好的耐蚀性，主要用于硫酸、磷酸、硝酸混酸等工业，作泵、叶轮等
奥氏体	ZG1Cr18 Mn8Ni4N	309	淬火 1 100～1 150℃水冷	590	245	40	50	147	是节镍的铬锰氮不锈耐酸铸钢，铸造工艺较稳定，力学性能好，在硝酸及若干有机酸中具有良好的耐蚀性，可部分代替 ZG1Cr18Ni9 和 ZG1Cr18Ni9Ti 的铸件
奥氏体-铁素体	ZG1Cr17Mn9 Ni4Mo3Cu2N	401	淬火 1 150～1 180℃水冷	590	390	25	35	98	是节镍的铬锰氮不锈耐酸铸钢，有良好的冶炼和铸造及焊接性能，其耐蚀性与 ZG1Cr18Ni12Mo2Ti 基本相同，而耐蚀和抗点蚀性能更好，主要用于代替 ZG1Cr18Ni12Mo2Ti，在硫酸、漂白粉、维尼纶等介质中的泵、阀、离心机铸件
奥氏体-铁素体	ZG1Cr18Mn 13Mo2CuN	402	淬火 1 100～1 150℃水冷	590	390	30	40	98	在大多数化工介质中的耐蚀性能相当或优于 ZG1Cr18Ni9Ti，尤其在腐蚀与磨损兼存的条件下更优，机械和铸造性能好，但气孔敏感性较大，用于代替 ZG1Cr18Ni9Ti，在硝酸、有机酸等化工中的泵、阀等
沉淀硬化型	ZG0Cr17Ni 4Cu4Nb	501	淬火 1 020～1 100℃水、空冷 时效 485～570℃空冷	980	785	5	10	—	在 40%以下的硝酸、质量分数为 10%盐酸 (30℃) 和浓缩醋酸介质中具有良好的耐蚀性，是强度高、韧性好，较耐磨的沉淀型马氏体不锈铸钢好，用于化工、造船、航空等铸件

表 4.1.20 高锰钢铸件的牌号、力学性能及用途(摘自 GB/T 5680—1985)

牌号	力学性能 ≥ σ_b/MPa	δ_5/%	A_k/(J·cm^{-2})	硬度 HBW	用途	
ZGMn13－1	637	20	—	≤229	低冲击件	用于以结构简单、耐磨为主的低冲击件，如磨机衬板、破碎壁
ZGMn13－2	637	20		≤229	普通件	
ZGmN13－3	686	25	147	≤229	复杂件	用于结构复杂、以韧性为主的高冲击件，如履带板、挖掘机斗齿
ZGMn13－4	735	35	147	≤229	高冲击件	

4.2 钢　材

4.2.1 圆钢、方钢和六角钢

表 4.2.1 热轧圆钢、方钢及六角钢尺寸和质量(摘自 GB/T 702－2004 及 GB/T 705－1989)

截面形状	碳钢理论质量(每米长) $G/(\mathrm{kg\cdot cm^{-1}})$	d 或 a 的尺寸系列/mm
圆(直径 d)	$G=6.165\times10^{-3}\times d^2$	5.5,6,6.5,7,8,9,10,(11),12,13,14,15,16,17,18,19,20,21,22,(23),24,25,26,(27),28,(29),30,(31),32,(33),34,(35),36,38,40,42,45,48,50,53,(55),56,(58),60,63,(65),(68),70,75,80,85,90,95,100,105,110,115,120,125,130,140,150,160,170,180,190,200,220,250
六角(对边 a)	$G=7.85\times10^{-3}\times a^2$	
方(边长 a)	$G=6.798\times10^{-3}\times a^2$	8,9,10,(11),12,13,14,15,16,17,18,19,20,21,22,(23),24,25,26,(27),28,30,32,34,36,38,40,42,45,48,50,53,56,(58),60,63,(65),(68),70

注：① 括号中的规格不推荐使用。
② 以上各种钢材的长度规格如下表。

钢类	规格	长度 /m 圆钢、方钢	长度 /m 六角钢
普通钢	全部规格	短尺长度不小于 2.5	3～8
优质钢	全部规格	短尺长度不小于 1.5	2～6
碳素工具钢和合金工具钢	$d(a)<75$ mm	短尺长度不小于 1.0	
	$d(a)>75$ mm	短尺长度不小于 0.5	
高速工具钢	全部规格	短尺长度不小于 0.5	

4.2.2 钢板和钢带

表 4.2.2 冷轧钢板和钢带的尺寸规格(摘自 GB/T 708－1988)

公称厚度/mm	宽度 /m：0.6	0.65	0.70	(0.71)	0.75	0.80	0.85	0.90	0.95	1.00	1.10	1.25	1.40	(1.42)	1.50	1.60	1.70	1.80	1.90	2.00
	最小和最大长度 /m																			
0.20，0.25 0.30，0.35 0.40，0.45	1.2 2.5	1.3 2.5	1.4 2.5	1.4 2.5	1.5 2.5	1.5 2.5	1.5 2.5	1.5 3.0	1.5 3.0	1.5 3.0	1.5 3.0	—	—	—	—	—	—	—	—	—
0.55，0.60 0.65	1.2 2.5	1.3 2.5	1.4 2.5	1.4 2.5	1.5 2.5	1.5 2.5	1.5 2.5	1.5 3.0	1.5 3.0	1.5 3.0	1.5 3.0	1.5 3.5	—	—	—	—	—	—	—	—
0.70，0.75	1.2 2.5	1.3 2.5	1.4 2.5	1.4 2.5	1.5 2.5	1.5 2.5	1.5 2.5	1.5 3.0	1.5 3.0	1.5 3.0	1.5 3.0	1.5 3.5	2.0 4.0	2.0 4.0	—	—	—	—	—	—
0.80，0.90 1.00	1.2 3.0	1.3 3.0	1.4 3.0	1.4 3.0	1.5 3.0	1.5 3.0	1.5 3.0	1.5 3.5	1.5 3.5	1.5 3.5	1.5 3.5	1.5 4.0	2.0 4.0	2.0 4.0	2.0 4.0	—	—	—	—	—
1.1，1.2 1.3	1.2 3.0	1.3 3.0	1.4 3.0	1.4 3.0	1.5 3.0	1.5 3.0	1.5 3.0	1.5 3.5	1.5 3.5	1.5 3.5	1.5 3.5	1.5 4.0	2.0 4.0	2.0 4.0	2.0 4.0	2.0 4.0	2.0 4.2	2.0 4.2	—	—
1.4，1.5 1.6，1.7 1.8，2.0	1.2 3.0	1.3 3.0	1.4 3.0	1.4 3.0	1.5 3.0	1.5 3.0	1.5 3.0	1.5 3.5	1.5 3.5	1.5 4.0	1.5 4.0	1.5 6.0	2.0 6.0	2.0 6.0	2.0 6.0	2.0 6.0	2.0 6.0	2.5 6.0	—	—
2.2，2.5	1.2 3.0	1.3 3.0	1.4 3.0	1.4 3.0	1.5 3.0	1.5 3.0	1.5 3.0	1.5 3.5	1.5 3.5	1.5 4.0	1.5 4.0	2.0 6.0	2.0 6.0	2.0 6.0	2.0 6.0	2.0 6.0	2.5 6.0	2.5 6.0	2.5 6.0	2.5 6.0
2.8，3.0 3.2	1.2 3.0	1.3 3.0	1.4 3.0	1.4 3.0	1.5 3.0	1.5 3.0	1.5 3.0	1.5 3.5	1.5 3.5	1.5 4.0	1.5 4.0	2.0 6.0	2.0 6.0	2.0 6.0	2.0 6.0	2.0 2.7	2.5 2.7	2.5 2.7	2.5 2.7	2.5 2.7
3.5，3.8 3.9	—	—	—	—	—	—	—	—	—	—	—	2.0 4.5	2.0 4.5	2.0 4.5	2.0 4.7	2.0 2.7	2.5 2.7	2.5 2.7	2.5 2.7	2.5 2.7
4.0，4.2 4.5	—	—	—	—	—	—	—	—	—	—	—	2.0 4.5	2.0 4.5	2.0 4.5	2.0 4.5	1.5 2.5	1.5 2.5	1.5 2.5	1.5 2.5	1.5 2.5
4.8，5.0	—	—	—	—	—	—	—	—	—	—	—	2.0 4.5	2.0 4.5	2.0 4.5	2.0 4.5	1.5 2.3	1.5 2.3	2.5 2.3	1.5 2.3	1.5 2.3

注：① 本标准适用于宽度大于或等于 0.6 m，厚度为 0.2～5 mm 的冷轧钢板和厚度不大于 3 mm 的冷轧钢带。
② 钢带是成卷交货，宽度不小于 600 mm。

表 4.2.3 热轧钢板和钢带的尺寸规格(摘自 GB/T 709－1988)

钢板公称厚度/mm	钢板宽度/m																											
	0.6	0.65	0.7	0.71	0.75	0.8	0.85	0.9	0.95	1.0	1.1	1.25	1.4	1.42	1.5	1.6	1.7	1.8	1.9	2.0	2.1	2.2	2.3	2.4	2.5	2.6	2.7	2.8
	最小和最大长度/m																											
0.50，0.55，0.60	1.2	1.4	1.42	1.42	1.5	1.5	1.7	1.8	1.9	2.0	—	—	—	—	—	—	—	—	—	—	—	—	—	—	—	—	—	—
0.65，0.70，0.75	2.0	2.0	1.42	1.42	1.5	1.5	1.7	1.8	1.9	2.0	—	—	—	—	—	—	—	—	—	—	—	—	—	—	—	—	—	—
0.80，0.90	2.0	2.0	1.42	1.42	1.5	1.5	1.7	1.8	1.9	2.0	—	—	—	—	—	—	—	—	—	—	—	—	—	—	—	—	—	—
1.0	2.0	2.0	1.42	1.42	1.5	1.6	1.7	1.8	1.9	2.0	—	—	—	—	—	—	—	—	—	—	—	—	—	—	—	—	—	—
1.2，1.3，1.4	2.0	2.0	2.0	2.0	2.0	2.0	2.0	2.0	2.0	2.0	2.0	2.5 3.0	—	—	—	—	—	—	—	—	—	—	—	—	—	—	—	—
1.5，1.6，1.8	2.0	2.0	2.0	2.0 6.0	2.0 6.0	2.0 6.0	2.0 6.0	2.0 6.0	2.0 6.0	2.0 6.0	2.0 6.0	2.0 6.0	2.0 3.0	2.0 6.0	2.0 6.0	—	—	—	—	—	—	—	—	—	—	—	—	—
2.0，2.2	2.0	2.0	2.0 6.0	2.0 6.0	2.0 6.0	2.0 6.0	2.0 6.0	2.0 6.0	2.0 6.0	2.0 6.0	2.0 6.0	2.0 6.0	2.0 6.0	2.0 6.0	2.0 6.0	2.0 6.0	2.0 6.0	—	—	—	—	—	—	—	—	—	—	—
2.5，2.8	2.0	2.0	2.0 6.0	2.0 6.0	2.0 6.0	2.0 6.0	2.0 6.0	2.0 6.0	2.0 6.0	2.0 6.0	2.0 6.0	2.0 6.0	2.0 6.0	2.0 6.0	2.0 6.0	2.0 6.0	2.0 6.0	2.0 6.0	—	—	—	—	—	—	—	—	—	—
3.0，3.2，3.5 3.8，3.9	2.0	2.0	2.0 6.0	2.0 6.0	2.0 6.0	2.0 6.0	2.0 6.0	2.0 6.0	2.0 6.0	2.0 6.0	2.0 6.0	2.0 6.0	2.0 6.0	2.0 6.0	2.0 6.0	2.0 6.0	2.0 6.0	2.0 6.0	—	—	—	—	—	—	—	—	—	—
4.0，4.5，5	—	—	2.0 6.0	2.0 6.0	2.0 6.0	2.0 6.0	2.0 6.0	2.0 6.0	2.0 6.0	2.0 6.0	2.0 6.0	2.0 6.0	2.0 6.0	2.0 6.0	2.0 6.0	2.0 6.0	2.0 6.0	2.0 6.0	2.0 6.0	—	—	—	—	—	—	—	—	—
6，7	—	—	2.0 6.0	2.0 6.0	2.0 6.0	2.0 6.0	2.0 6.0	2.0 6.0	2.0 6.0	2.0 6.0	2.0 6.0	2.0 6.0	2.0 6.0	2.0 6.0	2.0 6.0	2.0 6.0	2.0 6.0	2.0 6.0	2.0 6.0	—	—	—	—	—	—	—	—	—
8，9，10	—	—	2.0 6.0	2.0 6.0	2.0 6.0	2.0 6.0	2.0 6.0	2.0 6.0	2.0 6.0	2.0 6.0	2.0 6.0	2.0 6.0	2.0 6.0	2.0 6.0	2.0 12	3.0 12	3.0 12	3.0 12	3.0 12	3.0 12	3.0 12	3.0 12	3.0 12	4.0 12	4.0 12	—	—	—
11，12	—	—	—	—	—	—	—	—	—	2.0 6.0	2.0 6.0	2.0 6.0	2.0 6.0	2.0 6.0	2.0 12	3.0 12	3.0 12	3.0 12	3.0 12	3.0 10	3.0 10	3.0 10	3.0 9.0	4.0 9.0	4.0 9.0	—	—	—
13，14，15，16 17，18，19，20 21，22，25	—	—	—	—	—	—	—	—	—	2.5 6.5	2.5 6.5	2.5 12	2.5 12	2.5 12	3.0 12	3.0 11	3.5 11	4.0 10	4.0 12	4.0 10	4.5 10	4.5 9.0	4.5 9.0	4.0 9.0	4.0 9.0	3.5 9.0	3.5 8.2	3.5 8.2
26，28，30，32 34，36，38，40	—	—	—	—	—	—	—	—	—	—	—	2.5 12	2.5 12	2.5 12	3.0 12	3.0 12	3.5 12	3.5 12	4.0 12	4.0 12	4.0 12	4.5 12	4.5 12	4.0 11	4.0 11	3.5 10	3.5 10	3.5 10

注：① 本标准适用于宽度大于或等于 600 mm，厚度为 0.35～200 mm 的热轧钢板和厚度为 1.2～25 mm 的钢带。

② 宽度 2.9～3.8 m 和厚度 42～200 mm 的钢板规格本表未列入。

③ 钢带的公称厚度有：1.2，1.4，1.5，1.8，2.0，2.5，2.8，3.0，3.2，3.5，3.8，4.0，4.5，5.0，5.5，6.0，6.5，7.0，8.0，10.0，11.0，13.0，14.0，15.0，16.0，18.0，19.0，20.0，22.0，25.0 mm。

④ 厚度为 42～200 mm 的钢板未列入表内，其宽度范围为 1.25～3.8 m(3 m 以上按 200 mm 递增)，其厚度系列有 42，45，48，50，52，55～105 mm(按 5 mm 递增)，110，120 mm 等。

表 4.2.4 锅炉用碳素钢和低合金钢板的钢号、板厚及力学性能(摘自 GB/T 713—1997)

钢号	钢板厚度/mm	力学性能 σ_b/MPa	力学性能 σ_s/MPa	力学性能 δ_5/%	力学性能 A_{kV}/J（横向试样）	力学性能 时效冲击韧度 α_{kU}/(J·cm^{-2})（横向试样）	冷弯试验 $b=2a$ (b——板宽；a——板厚；d——弯心直径)
20g	6～16	400～530	245	26	27	29	d=1.5a
	>16～25	400～520	235	25			d=1.5a
	>25～36		225	24			d=1.5a
	>36～60		225	23			d=2a
	>60～100	390～510	205	22			d=2.5a
	>100～150	380～500	185				
22g	>25	515～655	275	19	27		d=4a
15CrMog	≤60	450～590	295	19	31		d=3a
	>60～100		275	18			
16Mng	6～16	510～655	345	21	27	29	d=2a
	>16～25	490～635	325	19			d=3a
	>25～36	470～620	305	19			
	>36～60		285				
	>60～100	440～590	265	18			
	>100～150		245				
19Mng	6～16	510～650	355	20	31		d=3a
	>16～40	510～650	345				
	>40～60	510～650	335				
	>60～100	490～630	315				
13MnNiMoNbg	100	570～740	390	18	31		d=3a
	>100～120		380				
	>120～150		375				
12Cr1MoVg	6～16	≥400	245	19	31		d=3a
	>16～100	≥430	235				

注：① 22Mng 采用标距 L_0=50 mm，d_0=12.5 mm。

② 22Mng、19Mng、13MnNiCrMoNbg 为上屈服点。

③ 19Mng、13MnNiMoNbg 冲击功试验的温度为 0℃。

表4.2.5 压力容器用钢板的牌号、板厚及力学性能(摘自GB/T 6654－1996)

牌号	交货状态	钢板厚度/mm	力学性能 σ_b/MPa	σ_s/MPa ≥	δ_5/% ≥	温度/℃	A_{KV}(横向)/J ≥	冷弯试验 b=2a 180°
20R	热轧、控轧式正火	6～16	400～520	245	25	20	31	d=2a
		>16～36		235				
		>36～60		225				
		>60～100	390～510	205	24			
16MnR		6～16	510～640	345	21	20	31	d=2a
		>16～36	490～620	325				d=3a
		>36～60	470～600	305				
		>60～100	460～590	285	20			
		>100～120	450～580	275				
15MnVR		6～16	530～665	390	19	20	31	d=3a
		>16～36	510～645	370				
		>36～60	490～625	350				
15MnVNR	正火	6～16	570～710	440	18	20	34	d=3a
		>16～36	550～690	420				
		>36～60	530～670	400				
18MnMoNbR	正火加回火	30～60	590～740	440	17	20	34	d=3a
		>60～100	570～720	410				
13MnNiMoNbR	正火加回火	≤100	570～720	390	18	0	31	d=3a
		>100～120		380				
15CrMoR	正火加回火	6～60	450～590	295	19	20	31	d=3a
		>60～100		275	18			

表4.2.6 低温压力容器用低合金钢板的牌号、板厚及力学性能(摘自GB/T 3531－1996)

牌号	钢板厚度/mm	σ_b/MPa	σ_s/MPa ≥	δ_5/% ≥	冷弯试验 b=2a 180°	冲击试验 最低温度/℃	冲击试验 A_{KV}(横向)/J ≥
16MnDR	6～16	490～620	315	21	d=2a	-40	24
	>16～36	470～600	295		d=3a		
	>36～60	450～580	275			-30	
	>60～100	450～580	255				
15MnNiDR	6～16	490～630	325	20	d=3a	-45	27
	>16～36	470～610	305				
	>36～60	460～600	290				
09Mn2VDR	6～16	440～570	290	22	d=2a	-50	
	>16～36	430～560	270				
09MnNiDR	6～16	440～570	300	23	d=2a	-70	
	>16～36	430～560	280				
	>36～60	430～560	260				

表 4.2.7 不锈钢冷轧、热轧钢板的牌号及力学性能(摘自 GB/T 3280－1992，GB/T4237－1992)

类 型	钢 牌 号	拉 伸 试 验			硬 度 试 验		
		$\sigma_{0.2}$ /MPa	σ_b /MPa	δ_5 /%	HBW	HRB	HV
奥氏体型(经固溶处理)	1Cr17Mn6Ni5N	≥245	≥635	≥40	≤241	≤100	≤253
	1Cr18Mn8Ni5N	≥245	≥590	≥40	≤207	≤95	≤218
	2Cr13Mn9Ni4	—	≥635	≥42	—	—	—
	1Cr17Ni7*	≥205	≥520	≥40	≤187	≤90	≤200
	1Cr17Ni8*	≥205	≥570	≥45	≤187	≤90	≤200
	1Cr18Ni9*	≥205	≥520	≥40	≤187	≤90	≤200
	1Cr18Ni9Si3	≥205	≥520	≥40	≤207	≤95	≤218
	0Cr18Ni9	≥205	≥520	≥40	≤187	≤90	≤200
	00Cr19Ni10	≥177	≥480	≥40	≤187	≤90	≤200
	0Cr19Ni9N	≥275	≥550	≥35	≤217	≤95	≤220
	0Cr19Ni10NbN	≥345	≥685	≥35	≤250	≤100	≤260
	00Cr18Ni10N	≥245	≥550	≥40	≤217	≤95	≤220
	1Cr18Ni12	≥177	≥480	≥40	≤187	≤90	≤200
	0Cr23Ni13	≥205	≥520	≥40	≤187	≤90	≤200
	0Cr25Ni20	≥205	≥520	≥40	≤187	≤90	≤200
	0Cr17Ni12Mo2	≥205	≥520	≥40	≤187	≤90	≤200
	00Cr17Ni14Mo2N	≥177	≥480	≥40	≤187	≤90	≤200
	0Cr17Ni12Mo2N	≥275	≥550	≥35	≤217	≤95	≤200
	00Cr17Ni13Mo2N	≥245	≥550	≥40	≤217	≤95	≤200
	0Cr18Ni12Mo2Ti	≥205	≥530	≥35	≤187	≤90	≤200
	1Cr18Ni12Mo2Ti	≥205	≥530	≥35	≤187	≤90	≤200
	0Cr18Ni12Mo2Cu2	≥205	≥520	≥40	≤187	≤90	≤200
	00Cr18Ni14Mo2Cu2	≥177	≥480	≥40	≤187	≤90	≤200
	0Cr18Ni12Mo3Ti	≥205	≥530	≥35	≤187	≤90	≤200
	1Cr18Ni12Mo3Ti	≥205	≥530	≥35	≤187	≤90	≤200
	0Cr19Ni13Mo3	≥205	≥520	≥40	≤187	≤90	≤200
	00Cr19Ni13Mo3	≥177	≥480	≥40	≤187	≤90	≤200
	0Cr18Ni16Mo5	≥177	≥480	≥40	≤187	≤90	≤200
	0Cr18Ni10Ti	≥205	≥520	≥40	≤187	≤90	≤200
	1Cr18NI9Ti	≥205	≥520	≥40	≤187	≤90	≤200
	0Cr18Ni11Nb	≥205	≥520	≥40	≤187	≤90	≤200
	0Cr18Ni13Si4	≥205	≥520	≥40	≤207	≤95	≤218
铁素体-奥氏体(经固溶处理)	00Cr18Ni5Mo3Si2	≥390	≥590	≥20	≤30	≤30	≤300
	1Cr18Ni11Si4A1Ti*	—	≥715	≥30	—	—	—
	1Cr21Ni5Ti*	—	≥635	≥20	—	—	—
	0Cr26Ni5Mo2	≥390	≥590	≥18	≤277	≤29	≤292
铁素体型(经退火处理)	0Cr13A1	≥175	≥410	≥20	≤183	≤88	≤200
	00Cr12	≥190	≥365	≥22	≤183	≤88	≤200
	1Cr15	≥205	≥450	≥22	≤183	≤88	≤200
	1Cr17	≥205	≥450	≥22	≤183	≤88	≤200
	00Cr17	≥175	≥365	≥22	≤183	≤88	≤200
	1Cr17Mo	≥205	≥450	≥22	≤183	≤88	≤200
	00Cr17Mo	≥245	≥410	≥20	≤217	≤96	≤230
	00Cr18Mo2	≥245	≥410	≥20	≤217	≤96	≤230
	00Cr30Mo2	≥295	≥450	≥22	≤209	≤95	≤220
	00Cr27Mo	≥245	≥410	≥22	≤190	≤90	≤200
马氏体型(经退火处理)	1Cr12	≥205	≥440	≥20	≤200	≤93	≤210
	0Cr13	≥205	≥440	≥20	≤200	≤93	≤210
	1Cr13	≥205	≥440	≥20	≤183	≤88	≤200
	2Cr13	≥225	≥520	≥18	≤223	≤97	≤234
	3Cr13	≥225	≥540	≥18	≤235	≤99	≤247
	4Cr13	≥225	≥590	≥15			
	3Cr16	≥225	≥520	≥18	≤241	≤100	≤253
	7Cr17	≥245	≥590	≥15	≤255	HRC≤25	≤269
	1Cr17Ni2	≥	≥1 080	≥10			

注：钢板的尺寸规格见表 4.2.2 和表 4.2.3。

表4.2.8 耐热钢板的钢牌号及其力学性能(摘自GB/T 4238—1992)

类型	钢牌号	热处理	拉伸试验			硬度试验			弯曲试验
			$\sigma_{0.2}$ /MPa	σ_b /MPa	δ_5 / %	HBW	HRB	HV	180° d——弯心直径; a——钢板厚度
奥氏体型	2Cr23Ni13	固溶处理	≥205	≥560	≥40	≤201	≤95	≤210	—
	2Cr25Ni20	固溶处理	≥205	≥590	≥35	≤201	≤95	≤210	
	1Cr16Ni35	固溶处理	≥205	≥560	≥35	≤201	≤95	≤210	
	0Cr15Ni 25Ti2MoA1VB	固溶处理 时效处理	— ≥590	≥725 ≥900	≥25 ≥15	≤192 ≤248	≤91 ≤101	≤202 ≤261	
	1Cr18Ni9Si3	固溶处理	≥205	≥520	≥40	≤207	≤95	≤218	
	0Cr18Ni9	固溶处理	≥205	≥520	≥40	≤187	≤90	≤200	
	0Cr23Ni13	固溶处理	≥205	≥520	≥40	≤187	≤90	≤200	
	0Cr25Ni20	固溶处理	≥205	≥520	≥40	≤187	≤90	≤200	
	0Cr17Ni12Mo2	固溶处理	≥205	≥520	≥40	≤187	≤90	≤200	
	0Cr19Ni13Mo3	固溶处理	≥205	≥520	≥40	≤187	≤90	≤200	
	1Cr18Ni9Ti	固溶处理	≥205	≥520	≥40	≤187[20]	≤90	≤200	
	0Cr18Ni10Ti	固溶处理	≥205	≥520	≥40	≤187	≤90	≤200	
	0Cr18Ni11Nb	固溶处理	≥205	≥520	≥40	≤187	≤90	≤200	
	0Cr18Ni13Si4	固溶处理	≥205	≥520	≥40	≤207	≤95	≤218	
	1Cr20Ni14Si2	固溶处理	—	≥590	≥40	—	—	—	
	1Cr25Ni20Si2	固溶处理	—	≥540	≥35	—	—	—	
铁素体型	1Cr19A1	退火处理	≥245	≥440	≥15	≤210	≤95	220	—
	0Cr11Ti		≥175	≥365	≥22	≤162	≤80	≤175	a<8 mm,d=a a≥8 mm,d=2a
	2Cr25N		≥275	≥510	≥20	≤201	≤95	≤210	a<8 mm,d=a a≥8 mm,d=2a
	0Cr13A1		≥175	≥410	≥20	≤183	≤88	≤200	135° a<8 mm,d=a a≥8 mm,d=2a
	0Cr12		≥195	≥365	≥22	≤183	≤88	≤200	d=2a
	1Cr17		≥205	≥450	≥22	≤183	≤88	≤200	d=2a
马氏体型	1Cr12	退火处理	≥205	≥440	≥20	≤200	≤93	≤210	d=2a
	1Cr13		≥205	≥440	≥20	≤200	≤93	≤210	d=2a
沉淀硬化型	0Cr17Ni7A1	固溶	≥380	≥1 030	≥20	≤190	≤92	≤200	
		565℃时效	≥960	≥1 140	厚度≤3.0 mm≥3 厚度>3.0 mm≥5	—	≥35 (HRC)	≥345	
		510℃时效	≥1 030	≥1 230	厚度≤3.0 mm不规定 厚度>3.0 mm≥4	—	≥40 (HRC)	≥392	

4.2.3 钢管

表 4.2.9 普通钢管的尺寸规格(摘自 GB/T 17395－1998) mm

外径			壁厚	外径			壁厚
系列 1	系列 2	系列 3		系列 1	系列 2	系列 3	
	6		0.25～2.0			108	1.4～30
	7.8		0.25～2.5	114(114.2)			1.5～30
	9		0.25～2.8		121		1.5～32
10(10.2)	11		0.25～3.5(3.6)		127		1.8～32
13.5	12、13(12.7)	14	0.25～4.0		133		2.5(2.6～36)
17(17.2)	16	18	0.25～5.0	140(139.7)		142(141.3)	3.0(2.9)～36
	19、20		0.25～6.0		146	152(152.4)	3.0(2.9)～40
21(21.3)		22	0.4～6.0	168(168.3)		159	3.5(3.6)～50
27(28.9)	25、28	25.4	0.4～7.0(7.1)			180(177.8)	3.5(3.6)～50
34(33.7)	32(31.8)	30	0.4～8.0			194(193.7)	
		35	0.4～(8.8)9.0		203		3.5(3.6)～55
	38、40		0.40～10	219(219.1)			6.0～55
42(42.4)			1.0～10			245(244.5)	6.0～65
48(48.3)	51	45(44.5)	1.0～12(12.5)	373			6.5(6.3)～65
	57	54	1.0～14(14.2)	325(323.9)	299		7.5～6.5
60(60.3)	63(63.5)		1.0～16		340(339.7		8.0～65
	65、68				351		8.0～65
	70		1.0～17(17.5)	356(345.6)	377		9.0(8.8)～65
		73	1.0～19	406(406.4)	402		9.0(8.8)～65
76(76.1)			1.0～20		426、450		9.0(8.8)～65
	77、80		1.4～20	457	480、500		9.0(8.8)～65
	85	83(82.5)	1.4～22(22.2)	508	530	560(559)	9.0(8.8)～65
89(88.9)95	95		1.4～24	610	630	660	9.0(8.8)～65
	102(101.6)		1.4～28				

注：① 括号内的尺寸表示相应的英制规格。

② 通常应采用公制尺寸，不推荐采用英制尺寸。

③ 钢管理论质量(kg/m)按以下公式计算

$$G = 24.66\times10^{-3}(d-\delta)\delta$$

式中 d——管外径(mm)；δ——壁厚(mm)。

④ 管壁厚尺寸系列(mm)：0.25，0.30，0.40，0.50，0.060，0.80，1.0，1.2，1.4，1.5，1.6，1.8，2.0，2.2(2.3)，2.5(2.6)，2.8，3.0(2.9)，3.2，3.5(3.6)，4.0，4.5，5.0，5.5(5.4)，6.0，6.5(6.4)，7.0(7.1)，7.5，8.0，9.0(8.8)，9.5，10.0，11，12(12.5)，13，14(14.2)，15，16，17(17.5)，18，19，20，22(22.2)，24，25，26，28，30，32，34，36，38，40，42，45，48，50，56，60，65。

表 4.2.10 精密钢管的尺寸规格(摘自 GB/T 17395－1998) mm

外径		壁厚	外径		壁厚
系列 1	系列 2		系列 1	系列 2	
4,5		0.5～1.2	48		1.0～12.5
6		0.5～2.0		55	0.8～14
8,10		0.5～2.5	60,63,70,76		0.8～16
12,12.7		0.5～3.0	80		0.8～18
	14	0.5～3.5		90	1.2～22
16		0.5～4	100	110	1.2～25
	18	0.5～4.5	120,130,150,160	140	1.8～25
20	22	0.5～5	170		3.5～25
25		0.5～6	180		5～25
32	28,30,35	0.5～8	190		5.5～25
38	40	0.5～10	200		8～25
42		0.8～10	220,240,260		7～25
50	45	0.8～12.5			

注：① 钢管理论质量(kg/m)按以下公式计算

$$G=24.66\times10^{-3}(d-\delta)\delta$$

式中 d——管外径(mm)；δ——壁厚(mm)。

② 管壁厚尺寸系列(mm)：0.5，(0.8)，1.0，(1.2)，1.5，(1.8)，2.0，(2.2)，2.5，(2.8)，3.0，(3.5)，4，(4.5)，5，(5.5)，6，(7)，8，(9)，10，(11)，12.5，(14)，16，(18)，20，(22)，25。括号内尺寸不推荐使用。

表 4.2.11 不锈钢管的尺寸规格(摘自 GB/T 17395－1998) mm

外径			壁厚	外径			壁厚
系列 1	系列 2	系列 3		系列 1	系列 2	系列 3	
	6，7，8，9		1.0～1.2	60(60.3)	57,64(63.5)	54	1.6～10
10(10.2)	12		1.0～2.0	76(76.1)	68,70,73		1.6～12(12.5)
13(13.5)	12.7		1.0～3.2	89(88.9	95,102(101.5)	82(82.5)	1.6～14(14.2)
		14	1.0～3.5(3.6)	114(114.3))	108,127,133		
17(17.2)	16		1.0～4.0	140(139.7)	146，152，159		1.6～16
	19，20	18	1.0～4.5	168(168.3)			1.6～18
21(21.3)	24	22	1.0～5.0		180，194*		9.0～18
27(26.9)	25	25.4	1.0～6.0	219(219.1)*，273*	245*		2.0～28
34(33.7)	32(31.8) 38，40	30，35	1.0～6.5(6.3)	325(323.9)* 356(355.6*	351*，377*		2.5(2.6)～28
42(42.4)			1.0～7.5				
48(48.3)		45(44.5)	1.0～8.5	406(406.4)			2.5(2.6)～28
	51		1.0～9.0(8.8)		426		3.2～20

注：① 括号内尺寸表示相应的英制规格。

② 壁厚尺寸系列(mm)：1.0，1.2，1.4，1.5，1.6，2.0，2.2(2.3)，2.5(2.6)，2.8(2.9)，3.0，3.2，3.5(3.6)，4.0，4.5，5.0，5.5(5.6)， 6.0，6.5(6.3)，7.0(7.1)，7.5，8.0，8.5，9.0(8.8)，9.5，10，11，12(12.5)，14(14.2)，15，16，17(17.5)，18，20，22(22.2)，24，25，26，28。

③ 有*号的外径，壁厚无 6 mm 的尺寸。

表 4.2.12 流体输送用不锈钢热轧无缝钢管(GB/T 14976－1994)和结构用不锈钢热轧无缝钢管(GB/T 14975－1994)的尺寸规格 mm

外径	壁厚	外径	壁厚
68，70，73	4.5～12	140，146，152，159	6～16
76，80，83，89	4.5～12	168	7～18
95，102，108	4.5～14	180，194，219	8～18
114，121，127，133	5～14	245	10～18

注：壁厚尺寸系列(mm)：4.5，5,6，7,8，9,10,11,12,13,14,15,16,17,18。

表 4.2.13 流体输送用不锈钢冷拔无缝钢管(GB/T 14976－1994)和结构用不锈钢冷拔无缝钢管(GB/T 14975－1994)的尺寸规格 mm

外径	壁厚		外径	壁厚	
	流体输送用	结构用		流体输送用	结构用
6，7，8	0.5～2.0	—	45，48	0.5～8.5	1.0～8.5
9	0.5～2.5	—	50，51	0.5～9.0	1.0～9.0
10，11	0.5～2.5	1.0～2.5	53	0.5～9.5	1.0～9.5
12，13	0.5～3.0	1.0～3.0	54，56，57，60	0.5～1.0	1.0～10
14，15	0.5～3.5	1.0～3.5	63，65	1.5～10	1.5～10
16，17	0.5～4.0	1.0～4.0	68	1.5～12	1.5～12
18，19，20	0.5～4.5	1.0～4.5	70	1.6～12	1.6～12
21，22，23	0.5～5.0	1.0～5.0	73	2.5～12	2.5～12
24	0.5～5.5	1.0～5.5	75	2.5～10	2.5～10
25，27	0.5～6.0	1.0～6.0	76	2.5～12	2.5～12
28	0.5～6.5	1.0～6.5	80，83，85，89	2.5～15	2.5～15
30，32，34，35，36，38，40	0.5～7.0	1.0～7.0	90，95，100	3.0～15	3.0～15
42	0.5～7.5	1.0～7.5	102，108，114，127，133，140，146，159	3.5～15	3.5～15

注：壁厚尺寸系列(mm)：1.0，1.2，1.4，1.5，1.6，2.0，2.2，2.5，2.8，3.0，3.2，3.5，4.0，4.5，5.0，5.5，6.0，6.5，7.0，7.5，8.0，8.5，9.0，9.5，10，11，12，13，14，15。

4.2.4 型钢

表 4.2.14 热轧等边角钢(摘自 GB/T 9787－1988)

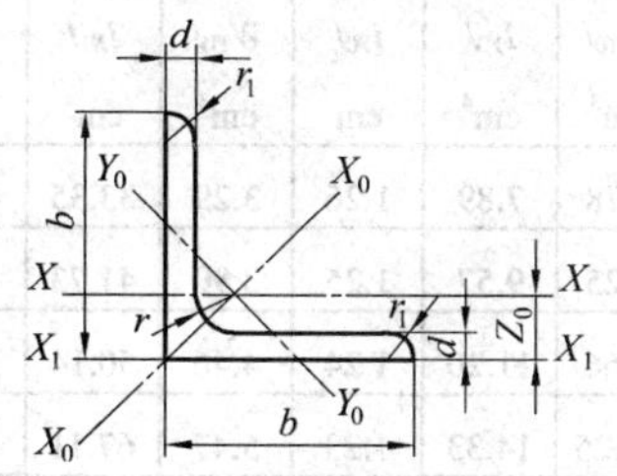

b——边宽度；W——截面系数；

d——边厚度；I——惯性矩；

r——内圆弧半径；i——惯性半径；

r_1——边端内圆弧半径；Z_0——重心距离

$r_1=\frac{1}{3}d$；

型号	尺寸/mm			截面面积/cm²	理论质量/(kg·m⁻¹)	外表面积/(m²·m⁻¹)	参考数值										Z_0/cm
							X–X			X_0–X_0			Y_0–Y_0			X_1–X_1	
	b	d	r				I_X/cm⁴	i_X/cm	W_X/cm³	I_{X0}/cm⁴	i_{X0}/cm	W_{X0}/cm³	I_{Y0}/cm⁴	i_{Y0}/cm	W_{Y0}/cm³	I_{X1}/cm⁴	
2	20	3	3.5	1.132	0.889	0.078	0.40	0.59	0.29	0.63	0.75	0.45	0.17	0.39	0.20	0.81	0.60
		4		1.459	1.145	0.077	0.50	0.58	0.36	0.78	0.73	0.55	0.22	0.38	0.24	1.09	0.64
2.5	25	3		1.432	1.124	0.098	0.82	0.76	0.46	1.29	0.95	0.73	0.34	0.49	0.33	1.57	0.73
		4		1.859	1.459	0.097	1.03	0.74	0.59	1.62	0.93	0.92	0.43	0.48	0.40	2.11	0.76
3	30	3	4.5	1.749	1.373	0.117	1.46	0.91	0.68	2.31	1.15	1.09	0.61	0.59	0.51	2.71	0.85
		4		2.276	1.786	0.117	1.84	0.90	0.87	2.92	1.13	1.37	0.77	0.58	0.62	3.63	0.89
3.6	36	3		2.109	1.656	0.141	2.58	1.11	0.99	4.09	1.39	1.61	1.07	0.71	0.76	4.68	1.00
		4		2.756	2.163	0.141	3.29	1.09	1.28	5.22	1.38	2.05	1.37	0.70	0.93	6.25	1.04
		5		3.382	2.654	0.141	3.95	1.08	1.56	6.24	1.36	2.45	1.65	0.70	1.09	7.84	1.07
4	40	3	5	2.359	1.852	0.157	3.59	1.23	1.23	5.69	1.55	2.01	1.49	0.79	0.96	6.41	1.09
		4		3.086	2.422	0.157	4.60	1.22	1.60	7.29	1.54	2.58	1.91	0.79	1.19	8.56	1.13
		5		3.791	2.976	0.156	5.53	1.21	1.96	8.76	1.52	3.10	2.30	0.78	1.39	10.74	1.17
4.5	45	3		2.659	2.088	0.177	5.17	1.40	1.58	8.20	1.76	2.58	2.14	0.89	1.24	9.12	1.22
		4		3.486	2.736	0.177	6.65	1.38	2.05	10.56	1.74	3.32	2.75	0.89	1.54	12.18	1.26
		5		4.292	3.369	0.176	8 04	1.37	2.51	12.74	1.72	4.00	3.33	0.88	1.81	15.2	1.30
		6		5.076	3.985	0.176	9.33	1.36	2.95	14.76	1.70	4.64	3.89	0.88	2.06	18.36	1.33
5	50	3	5.5	2.971	2.332	0.197	7.18	1.55	1.96	11.37	1.96	3.22	2.98	1.00	1.57	12.50	1.34
		4		3.897	3.059	0.197	9.26	1.54	2.56	14.70	1.94	4.16	3.82	0.99	1.96	16.69	1.38
		5		4.803	3.770	0.196	11.21	1.53	3.13	17.79	1.92	5.03	4.64	0.98	2.31	20.90	1.42
		6		5.688	4.465	0.196	13.05	1.52	3.68	20.68	1.91	5.85	5.42	0.98	2.63	25.14	1.46
5.6	56	3	6	3.343	2.624	0.221	10.19	1.75	2.48	16.14	2.20	4.08	4.24	1.13	2.02	17.56	1.48
		4		4.390	3.446	0.220	13.18	1.73	3.24	20.92	2.18	5.28	5.46	1.11	2.52	23.43	1.53
		5		5.415	4.251	0.220	16.02	1.72	3.97	25.42	2.17	6.42	6.61	1.10	2.98	29.33	1.57
		6		8.367	6.568	0.219	23.63	1.68	6.03	37.37	2.11	9.44	9.89	1.09	4.16	47.24	1.68

续表 4.2.14

型号	尺寸/mm b	尺寸/mm d	尺寸/mm r	截面面积/cm^2	理论质量/$(kg\cdot m^{-1})$	外表面积/$(m^2\cdot m^{-1})$	参考数值 X–X I_X/cm^4	X–X i_X/cm	X–X W_X/cm^3	X_0–X_0 I_{X0}/cm^4	X_0–X_0 i_{X0}/cm	X_0–X_0 W_{X0}/cm^3	Y_0–Y_0 I_{Y0}/cm^4	Y_0–Y_0 i_{Y0}/cm	Y_0–Y_0 W_{Y0}/cm^3	X_1–X_1 I_{X1}/cm^4	Z_0/cm
6.3	63	4	7	4.978	3.907	0.248	19.03	1.96	4.13	30.17	2.46	6.78	7.89	1.26	3.29	33.35	1.70
		5		6.143	4.822	0.248	23.17	1.94	5.08	36.77	2.45	8.25	9.57	1.25	3.90	41.73	1.74
		6		7.288	5.721	0.247	27.12	1.93	6.00	43.03	2.43	9.66	11.20	1.24	4.46	50.14	1.78
		8		0.515	7.469	0.247	34.46	1.90	7.75	54.56	2.40	12.25	14.33	1.23	5.47	67.11	1.85
		10		11.657	9.151	0.246	41.09	1.88	9.39	64.85	2.36	14.56	17.33	1.22	6.36	84.31	1.93
7	70	4	8	5.570	4.372	0.275	26.39	2.18	5.14	41.80	2.74	8.44	10.99	1.40	4.17	45.74	1.86
		5		6.875	5.397	0.275	32.21	2.16	6.32	51.08	2.73	10.32	13.34	1.39	4.95	57.21	1.91
		6		8.160	6.406	0.275	37.77	2.15	7.48	59.93	2.71	12.11	15.61	1.38	5.67	68.73	1.95
		7		9.424	7.398	0.275	43.09	2.14	8.59	68.35	2.69	13.81	17.92	1.38	6.34	80.29	1.99
		8		10.667	8.373	0.274	48.17	2.12	9.68	76.37	2.68	15.43	19.88	1.37	6.98	91.92	2.03
7.5	75	5	9	7.412	5.818	0.295	39.97	2.33	7.32	63.30	2.92	11.94	16.63	1.50	5.77	70.56	2.07
		6		8.797	6.905	0.294	46.95	2.31	8.64	74.38	2.90	14.02	19.51	1.49	6.67	84.55	2.07
		7		10.160	7.976	0.294	53.57	2.30	9.93	84.96	2.98	16.02	22.18	1.48	7.44	98.71	2.11
		8		11.503	9.030	0.294	59.96	2.28	11.20	95.07	2.88	17.93	24.86	1.47	8.19	112.97	2.15
		10		14.126	11.089	0.293	71.98	2.26	13.64	113.92	2.84	21.48	30.05	1.46	9.56	141.71	2.22
8	80	5	9	7.912	6.211	0.315	48.79	2.48	8.34	77.33	3.13	13.67	20.25	1.60	6.66	85.36	2.15
		6		9.397	7.376	0.314	57.35	2.47	9.87	90.98	3.11	16.08	23.72	1.59	7.65	102.50	2.19
		7		10.860	8.525	0.314	65.58	2.46	11.37	104.07	3.10	18.40	27.09	1.58	8.58	119.70	2.23
		8		12.303	9.658	0.314	73.49	2.44	12.83	116.60	3.08	20.61	30.39	1.57	9.46	136.97	2.27
		10		15.126	11.874	0.313	88.43	2.42	15.64	140.09	3.04	24.76	36.77	1.56	11.08	171.74	2.35
9	90	6	10	10.637	8.350	0.354	82.77	2.79	12.61	131.26	3.51	20.63	34.28	1.80	9.95	145.87	2.44
		7		12.301	9.656	0.354	94.83	2.78	14.54	150.47	3.50	23.64	39.18	1.78	11.19	170.30	2.48
		8		13.944	10.946	0.353	106.47	2.76	16.42	168.97	3.48	26.55	43.97	1.78	12.35	194.80	2.52
		10		17.167	13.476	0.353	128.58	2.74	20.07	203.90	3.45	32.04	53.26	1.76	14.52	244.07	2.59
		12		20.306	15.940	0.352	149.22	2.71	23.57	236.21	3.41	37.12	62.22	1.75	16.49	293.76	2.67
10	100	6	12	11.932	9.366	0.393	114.95	3.10	15.68	181.98	3.90	25.74	47.92	2.00	12.69	200.07	2.67
		7		13.796	10.830	0.393	131.86	3.09	18.10	208.97	3.89	29.55	54.74	1.99	14.26	233.54	2.71
		8		15.638	12.276	0.393	148.24	3.08	20.47	235.07	3.88	33.24	61.41	1.98	15.75	267.09	2.75
10	100	10	12	19.261	15.120	0.392	179.51	3.05	25.06	284.68	3.84	40.26	74.35	1.96	18.54	334.48	2.84
		12		22.800	17.898	0.391	208.90	3.03	29.48	330.95	3.81	46.80	86.84	1.95	21.08	402.34	2.91
		14		26.256	20.611	0.391	236.53	3.00	33.73	374.06	3.77	52.90	99.00	1.94	23.44	470.75	2.99
		16		29.627	23.257	0.390	262.53	2.98	37.82	414.16	3.74	58.57	110.89	1.94	25.63	539.80	3.05
11	110	7		15.196	11.928	0.433	177.16	3.41	22.05	280.94	4.30	36.12	73.38	2.20	17.51	310.64	2.96

续表 4.2.14

型号	尺寸/mm b	d	r	截面面积/cm^2	理论质量/($kg\cdot m^{-1}$)	外表面积/($m^2\cdot m^{-1}$)	参考数值 $X-X$ I_X/cm^4	i_X/cm	W_X/cm^3	X_0-X_0 I_{X0}/cm^4	i_{X0}/cm	W_{X0}/cm^3	Y_0-Y_0 I_{Y0}/cm^4	I_{Y0}/cm	W_{Y0}/cm^3	X_1-X_1 I_{X1}/cm^4	Z_0/cm
11	110	8	12	17.238	13.532	0.433	199.46	3.40	24.95	316.49	4.28	40.69	82.42	2.19	19.39	355.20	3.01
		10		21.261	16.690	0.432	242.19	3.38	30.60	384.39	4.25	49.42	99.88	2.17	22.91	444.65	3.09
		12		25.200	19.782	0.431	282.55	3.35	36.05	448.17	4.22	57.62	116.93	2.15	26.15	534.60	3.16
		14		29.056	22.809	0.431	320.71	3.32	41.31	508.01	4.18	65.31	133.40	2.14	29.14	625.16	3.24
12.5	125	8	14	19.750	15.504	0.492	297.03	3.88	32.52	470.89	4.88	53.28	123.16	2.50	25.86	521.01	3.37
		10		24.373	19.133	0.491	361.67	3.85	39.97	573.89	4.85	64.93	149.46	2.48	30.62	651.93	3.45
		12		28.912	22.696	0.491	423.16	3.83	41.17	671.44	4.82	75.96	174.88	2.46	35.03	783.42	3.53
		14		38.367	26.193	0.490	481.65	3.80	54.16	763.73	4.78	86.41	199.57	2.45	39.13	915.61	3.61
14	140	10		27.373	21.488	0.551	514.65	4.34	50.58	817.27	5.46	82.56	212.04	2.78	39.20	915.11	
		12		32.512	25.522	0.551	603.68	4.31	59.80	958.79	5.43	96.85	248.57	2.76	45.02	1 099.28	
		14		37.567	29.490	0.550	688.81	4.28	68.75	1 093.56	5.40	110.47	284.06	2.75	50.45	1 284.22	
		16		42.539	33.393	0.549	770.24	4.26	77.46	1 221.81	5.36	123.42	318.67	2.74	55.55	1 470.07	
16	160	10	16	31.502	24.729	0.630	779.53	4.98	66.70	1 237.30	6.27	109.36	321.76	3.20	52.76	1 365.33	
		12		37.441	29.391	0.630	916.58	4.95	78.98	1 455.68	6.24	128.67	377.49	3.18	60.74	1 639.57	
		14		43.296	33.987	0.629	1 048.36	4.92	90.95	1 665.02	6.20	147.17	431.70	3.16	68.24	1 914.68	
		16		49.067	38.518	0.629	1 175.08	4.89	102.63	1 865.57	6.17	164.89	484.59	3.14	75.31	2 190.82	
18	180	12	16	42.241	33.159	0.710	1 321.35	5.59	100.82	2 100.10	7.05	165.00	542.61	3.58	78.41	2 332.80	
		14		48.896	38.383	0.709	1 514.48	5.56	116.25	2 407.42	7.02	189.14	621.53	3.56	88.38	2 723.48	
		16		55.467	43.542	0.709	1 700.99	5.54	131.13	2 703.37	6.98	212.40	698.60	3.55	97.83	3 115.29	
		18		61.955	48.634	0.708	1 875.12	5.50	145.64	2 988.24	6.94	234.78	762.01	3.51	105.14	3 502.43	
20	200	14	18	54.642	42.894	0.788	2 103.55	6.20	144.70	3 343.26	7.82	236.40	863.83	3.98	111.82	3 734.10	
		16		62.013	48.680	0.788	2 366.15	6.18	163.65	3 760.89	7.79	265.93	971.41	3.96	123.96	4 270.39	
		18		69.301	54.401	0.787	2 620.64	6.15	182.22	4 164.54	7.75	294.48	1 076.74	3.94	135.52	4 808.13	
		20		76.505	60.056	0.787	2 867.30	6.12	200.42	4 554.55	7.72	322.06	1 180.04	3.93	146.55	5 347.51	
		24		90.661	71.168	0.785	3 338.25	6.07	236.17	5 294.97	7.64	374.41	1 381.53	3.90	166.65	6 457.16	

注：① 热轧等边角钢的通常长度为

型号	长度/m
2～9	4～12
10～14	4～19
16～20	6～19

② 等边角钢材料：一般为碳素结构钢。

表 4.2.15 热轧不等边角钢(摘自 GB/T 9787—1988)

B——长边宽度； W——截面系数；
B——短边宽度； I——惯性矩；
D——边厚度； i——惯性半径；
r——内圆弧半径； X_0——重心距离；
r_1——边端内圆弧半径； Z_0——重心距离；

$r_1=\frac{1}{3}d$

型号	尺寸/mm				截面面积/cm²	理论质量/(kg·m⁻¹)	外表面积/(m²·m⁻¹)	参考数值								
								X-X			Y-Y			X_1-X_1		Y_1-Y_1
	B	b	d	R				I_X/cm⁴	i_X/cm	W_X/cm³	I_Y/cm⁴	i_Y/cm	W_Y/cm³	I_{X1}/cm⁴	Y_0/cm	I_{Y1}/cm⁴
2.5/1.6	25	16	3	3.5	1.162	0.912	0.080	0.70	0.78	0.43	0.22	0.44	0.19	1.56	0.86	0.43
			4		1.499	1.176	0.079	0.88	0.77	0.55	0.27	0.43	0.24	2.09	0.90	0.59
3.2/2	32	20	3		1.492	1.171	0.102	1.53	1.01	0.72	0.46	0.55	0.30	3.27	1.08	0.82
			4		1.939	1.522	0.101	1.93	1.00	0.93	0.57	0.54	0.39	4.37	1.12	1.12
4/2.5	40	25	3	4	1.890	1.484	0.127	3.08	1.28	1.15	0.93	0.70	0.49	5.39	1.32	1.59
			4		2.467	1.936	0.127	3.93	1.36	1.49	1.18	0.69	0.63	8.53	1.37	2.14
4.5/2.8	45	28	3	5	2.149	1.687	0.143	4.45	1.44	1.47	1.34	0.79	0.62	9.10	1.47	2.23
			4		2.806	2.203	0.143	5.69	1.42	1.91	1.70	0.78	0.80	12.13	1.51	3.00
5/3.2	50	32	3	5.5	2.431	1.908	0.161	6.24	1.60	1.84	2.02	0.91	0.82	12.49	1.60	3.31
			4		3.177	2.494	0.160	8.02	1.59	2.39	2.58	0.90	1.06	16.65	1.65	4.45
5.6/3.6	56	36	3	6	2.743	2.153	0.181	8.88	1.80	2.32	2.92	1.03	1.05	17.54	1.78	4.70
			4		3.590	2.818	0.180	11.45	1.79	3.03	3.76	1.02	1.37	23.39	1.82	6.33
			5		4.415	3.466	0.180	13.86	1.77	3.71	4.49	1.01	1.65	29.25	1.87	7.94
6.3/4	63	40	4		4.058	3.185	0.202	16.49	2.02	3.87	5.23	1.14	1.70	33.30	2.04	8.63
			5		4.993	3.920	0.202	20.02	2.00	4.74	6.31	1.12	2.71	41.63	2.08	10.86
			6		5.908	4.638	0.201	23.36	1.96	5.59	7.29	1.11	2.43	49.98	2.12	13.12
			7		6.802	5.339	0.201	26.53	1.98	6.40	8.24	1.10	2.78	58.07	2.15	15.47
7/4.5	70	50	4	7.5	4.547	3.570	0.226	23.17	2.26	4.86	7.55	1.29	2.17	45.92	2.24	12.26
			5		5.609	4.403	0.225	27.95	2.23	5.92	9.13	1.28	2.65	57.10	2.28	15.39
			6		6.647	5.218	0.225	32.54	2.21	6.95	10.62	1.26	3.12	68.35	2.32	18.58
			7		7.657	6.011	0.225	37.22	2.20	8.03	12.01	1.25	3.57	79.99	2.36	21.84
(7.5/5)	75	50	5	8	6.125	4.808	0.245	34.86	2.39	6.83	12.61	1.44	3.30	70.00	2.40	21.04
			6		7.260	5.699	0.245	41.12	2.38	8.12	14.70	1.42	3.88	84.30	2.44	25.37
			8		9.467	7.431	0.244	52.39	2.35	10.52	18.53	1.40	4.99	112.50	2.52	34.23
			10		11.590	9.098	0.244	62.71	2.33	12.79	21.96	1.38	6.04	140.80	2.60	43.43
8/5	80	50	5	8	6.375	5.005	0.255	41.96	2.56	7.78	12.82	1.42	3.32	85.21	2.60	21.06
			6		7.560	5.935	0.255	49.49	2.56	9.25	14.95	1.41	3.91	102.53	2.65	25.41
			7		8.724	6.848	0.255	56.16	2.54	10.58	16.96	1.39	4.48	119.33	2.69	29.82
			8		9.867	7.745	0.254	62.83	2.52	11.92	18.85	1.38	5.03	136.41	2.73	34.32
9/5.6	90	56	5	9	7.212	5.661	0.287	60.45	2.90	9.92	18.32	1.59	4.21	121.32	2.91	29.53
			6		8.557	6.717	0.286	71.03	2.88	11.74	21.42	1.58	4.96	145.59	2.95	35.58
			7		9.880	7.756	0.286	81.01	2.86	13.49	24.36	1.57	5.70	169.60	3.00	41.71
			8		11.183	8.779	0.286	91.03	2.85	15.27	27.15	1.56	6.41	194.17	3.04	47.93
10/6.3	100	63	6	10	9.617	7.550	0.320	99.06	3.21	14.64	30.94	1.79	6.35	199.71	3.24	50.50
			7		11.111	8.722	0.320	113.45	3.20	16.88	35.26	1.78	7.29	233.00	3.28	59.14
			8		12.584	9.878	0.319	127.37	3.18	19.08	39.39	1.77	8.21	266.32	3.32	67.88
			10		15.467	12.142	0.319	153.81	3.15	23.32	47.12	1.74	9.98	333.06	3.40	85.73
10/8	100	80	6		10.637	8.350	0.354	107.04	3.17	15.19	61.24	2.40	10.16	199.83	2.95	102.68
			7		12.301	9.656	0.354	122.73	3.16	17.52	70.08	2.39	11.71	233.20	3.00	119.98
			8		13.944	10.946	0.353	137.92	3.14	19.81	78.58	2.37	13.21	266.61	3.04	137.37
			10		17.167	13.476	0.353	166.87	3.12	24.24	94.65	2.35	16.12	333.63	3.12	172.48
11/7	110	70	6		10.637	8.350	0.354	133.37	3.54	17.85	42.92	2.01	7.90	265.78	3.53	69.08
			7		12.301	9.656	0.354	153.00	3.53	20.60	49.01	2.00	9.09	310.07	3.57	80.82
			8		13.944	10.946	0.353	172.04	3.51	23.30	54.87	1.98	10.25	354.39	3.62	92.70
			10		17.167	13.476	0.353	208.39	3.48	28.54	65.88	1.96	12.48	443.13	3.70	116.83

续表 4.2.15

型号	尺寸/mm B	b	d	R	截面面积/cm^2	理论质量/($kg\cdot m^{-1}$)	外表面积/($m^2\cdot m^{-1}$)	X–X I_X/cm^4	i_X/cm	W_X/cm^3	Y–Y I_Y/cm^4	i_Y/cm	W_Y/cm^3	X_1–X_1 I_{X1}/cm^4	Y_0/cm	Y_1–Y_1 I_{Y1}/cm^4	X_0/cm
12.5/8	125	80	7	11	14.096	11.066	0.403	227.98	4.02	26.86	74.42	2.30	12.01	454.99	4.01	120.32	1.80
			8		15.989	12.551	0.403	256.77	4.01	30.41	83.49	2.28	13.56	519.99	4.06	137.85	1.84
			10		19.712	15.474	0.402	312.04	3.98	37.33	100.67	2.26	16.56	650.09	4.14	173.40	1.92
			12		23.351	18.330	0.402	364.41	3.95	44.01	116.67	2.24	19.43	780.39	4.22	209.67	2.00
14/9	140	90	8	12	18.038	14.160	0.453	365.64	4.50	38.48	120.69	2.59	17.34	730.53	4.50	195.79	2.04
			10		22.261	17.475	0.452	445.50	4.47	47.31	140.03	2.56	21.22	913.20	4.58	245.92	2.12
			12		26.400	20.724	0.451	521.59	4.44	55.87	169.79	2.54	24.95	1 096.09	4.66	296.89	2.19
			14		30.456	23.908	0.451	594.10	4.42	64.18	192.10	2.51	28.54	1 279.26	4.74	348.82	2.27
16/10	160	100	10	13	25.315	19.872	0.512	668.69	5.14	62.13	205.03	2.85	26.56	1 362.89	5.24	336.59	2.28
			12		30.054	23.592	0.511	784.91	5.11	73.49	239.06	2.82	31.28	1 635.56	5.32	405.94	2.36
			14		34.709	27.247	0.510	896.30	5.08	84.56	271.20	2.80	35.83	1 908.50	5.40	476.42	2.43
			16		39.281	30.835	0.510	1003.04	5.05	95.33	301.06	2.77	40.24	2 181.79	5.48	548.22	2.51
18/11	180	110	10	14	28.373	22.273	0.571	956.25	5.80	78.96	278.11	3.13	32.49	1 940.40	5.89	447.22	2.44
			12		33.712	26.464	0.571	1 124.72	5.78	93.53	325.03	3.10	38.32	2 328.38	5.98	538.94	2.52
			14		38.967	30.589	0.570	1 286.91	5.75	107.76	369.55	3.08	43.97	2 716.60	6.06	631.95	2.59
			16		44.139	34.649	0.569	1 443.06	5.72	121.64	411.85	3.06	49.44	3 105.15	6.14	726.46	2.67
20/12.5	200	125	12		37.912	29.761	0.641	1 570.90	6.44	116.73	483.16	3.57	49.99	3 193.85	6.54	787.74	2.83
			14		43.867	34.436	0.640	1 800.97	6.41	134.65	550.83	3.54	57.44	3 726.17	6.62	922.47	2.91
			16		49.739	39.045	0.639	2 023.35	6.38	152.18	615.44	3.52	64.69	4 258.86	6.70	1 058.86	2.99
			18		55.526	43.588	0.639	2 238.30	6.35	169.33	677.19	3.49	71.74	4 792.00	6.78	1 197.13	3.06

注：① 括号内型号不推荐使用。

② 热轧不等边角钢通常长度为

型　号	长　度/m
2.5/1.6 ～9/5.6	4～12
10/6.3～14/9	4～19
16/10～20/12.5	6～19

③ 不等边角钢材料：一般为碳素结构钢。

表 4.2.16　热轧工字钢(摘自 GB/T 706－1988)

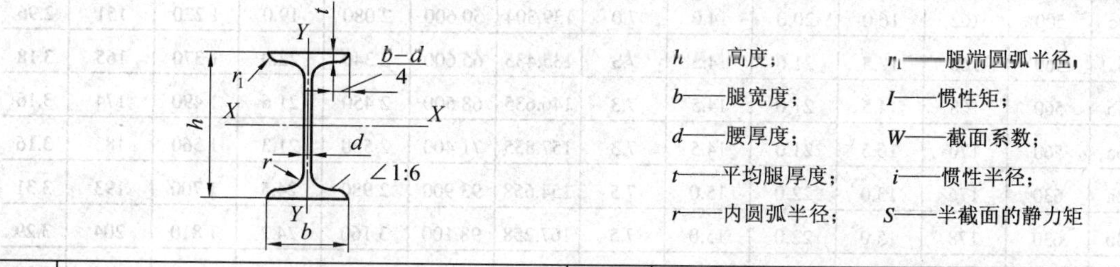

型号	尺寸/mm h	b	d	t	r	r_1	截面面积/cm^2	X–X I_X/cm^4	W_X/cm^3	i_X/cm	Y–Y I_Y/cm^4	W_Y/cm^3	I_Y/cm
10	100	68	4.5	7.6	6.5	3.3	14.345	245	49.0	4.14	33.0	9.72	1.52
12.6	126	74	5.0	8.4	7.0	3.5	18.118	488	77.5	5.20	46.0	12.7	1.61
14	140	80	5.5	9.1	7.5	3.8	21.516	712	102	5.76	64.4	16.1	1.73

续表 4.2.16

型号	尺寸/mm						截面面积/cm^2	参考数值					
								X–X			Y–Y		
	h	b	d	t	r	r_1		I_X/cm^4	W_X/cm^3	i_X/cm	I_Y/cm^4	W_Y/cm^3	I_Y/cm
16	160	88	6.0	9.9	8.0	4.0	26.131	1 130	141	6.58	93.1	21.2	1.89
18	180	94	6.5	10.7	8.5	4.3	30.756	1 600	185	7.36	122	26.0	2.00
20a	200	100	7.0	11.4	9.0	4.5	35.578	2 370	237	8.15	158	31.5	2.12
20b	200	102	9.0	11.4	9.0	4.5	39.578	2 500	250	7.96	169	33.1	2.06
22a	220	110	7.5	12.3	9.5	4.8	42.128	3 400	309	8.99	225	40.9	2.31
22b	220	112	9.5	12.3	9.5	4.8	46.528	3 570	325	8.78	239	42.7	2.27
25a	250	116	8.0	13.0	10.0	5.0	48.541	5 020	402	10.2	280	48.3	2.40
25b	250	118	10.0	13.0	10.0	5.0	53.541	5 280	423	9.94	309	52.4	2.40
28a	280	122	8.5	13.7	10.5	5.3	55.404	7 110	508	11.3	345	56.6	2.50
28b	280	124	10.5	13.7	10.5	5.3	61.004	7 480	534	11.1	379	61.2	2.49
32a	320	130	9.5	15.0	11.5	5.8	67.156	11 100	692	12.8	460	70.8	2.62
32b	320	132	11.5	15.0	11.5	5.8	73.556	11 500	726	12.6	502	76.0	2.61
32c	320	134	13.5	15.0	11.5	5.8	79.956	12 200	760	12.3	544	81.2	2.61
36a	360	136	10.0	15.8	12.0	6.0	76.480	15 800	875	14.4	552	81.2	2.69
36b	360	138	12.0	15.8	12.0	6.0	83.680	16 500	919	14.1	582	84.3	2.64
36c	360	140	14.0	15.8	12.0	6.0	90.880	17 300	962	13.8	612	87.4	2.60
40a	400	142	10.5	16.5	12.5	6.3	86.112	21 700	1 090	15.9	660	93.2	2.77
40b	400	144	12.5	16.5	12.5	6.3	94.112	22 800	1 140	15.6	692	96.2	2.71
40c	400	146	14.5	16.5	12.5	6.3	102.112	23 900	1 190	15.2	727	99.6	2.65
45a	450	150	11.5	18.0	13.5	6.8	102.446	32 200	1 430	17.7	855	114	2.89
45b	450	152	13.5	18.0	13.5	6.8	111.446	33 800	1 500	17.4	894	118	2.84
45c	450	154	15.5	18.0	13.5	6.8	120.446	35 300	1 570	17.1	938	112	2.79
50a	500	158	12.0	20.0	14.0	7.0	119.304	46 500	1 860	19.7	1 120	142	3.07
50b	500	160	14.0	20.0	14.0	7.0	129.304	48 600	1 940	19.4	1 170	146	3.01
50c	500	162	16.0	20.0	14.0	7.0	139.304	50 600	2 080	19.0	1 220	151	2.96
56a	560	166	12.5	21.0	14.5	7.3	135.435	65 600	2 340	22.0	1 370	165	3.18
56b	560	168	14.5	21.0	14.5	7.3	146.635	68 500	2 450	21.6	1 490	174	3.16
56c	560	170	16.5	21.0	14.5	7.3	157.835	71 400	2 550	21.3	1 560	183	3.16
63a	630	176	13.0	22.0	15.0	7.5	154.658	93 900	2 980	24.5	1 700	193	3.31
63b	630	178	15.0	22.0	15.0	7.5	167.258	98 100	3 160	24.2	1 810	204	3.29
63c	630	180	17.0	22.0	15.0	7.5	179.858	102 000	3 300	23.8	1 920	214	3.27
*12a	120	74	5.0	8.4	7.0	3.5	17.818	436	72.7	4.95	46.9	12.7	1.62
*24a	240	116	8.0	13.0	10.0	5.0	47.741	4 570	381	9.77	280	43.4	2.42
*24b	240	118	10.0	13.0	10.0	5.0	52.541	4 800	400	9.57	297	20.4	2.38
*27a	270	122	8.5	13.7	10.5	5.3	54.554	6 550	485	10.9	245	56.6	2.51

续表 4.2.16

型号	尺寸/mm						截面面积/cm²	参考数值					
								X-X			Y-Y		
	h	b	d	t	r	r_1		I_X/cm⁴	W_X/cm³	i_X/cm	I_Y/cm⁴	W_Y/cm³	I_Y/cm
*27b	270	124	10.5	13.7	10.5	5.3	59.954	6 870	509	10.7	366	58.9	2.47
*30a	300	126	9.0	14.4	11.0	5.5	61.254	8 950	597	12.1	400	63.5	2.55
*30b	300	123	11.0	14.4	11.0	5.5	67.254	9 400	627	11.8	422	65.9	2.50
*30c	300	130	13.0	14.4	11.0	5.5	73.254	9 850	657	11.6	445	68.5	2.46
*55a	550	166	12.5	21.0	14.5	7.3	134.185	62 900	2 290	21.6	1 370	164	3.19
*55b	550	168	14.5	21.0	14.5	7.3	145.185	65 600	2 390	21.2	1 420	170	3.14
*55c	550	170	16.5	21.0	14.5	7.3	156.185	68 400	2 490	20.9	1 480	175	3.08

注：① 带*号的型号须经供需双方协议，才可供应。

② 工字钢的通常长度：型号 10～18，长度为 5～19 m；型号 0～63，长度为 6～19 m。

③ 轧制钢号，通常为碳素结构钢。

④ 表中标注的圆弧半径 r、r_1 的数据用于孔型设计，不做交货条件。

⑤ 理论质量(kg/m)=0.785×截面面积(cm²)。

表 4.2.17 热轧槽钢(摘自 GB/T 707－1988)

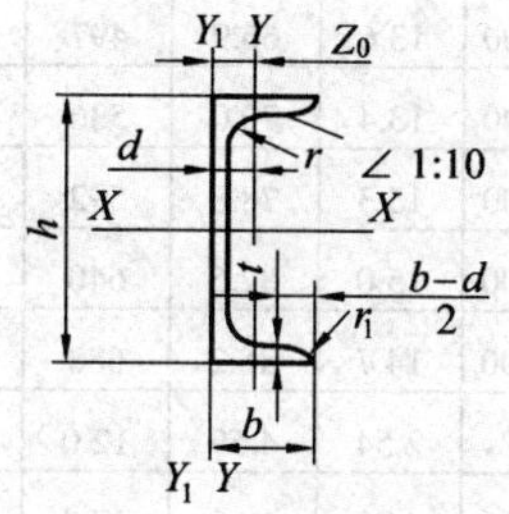

h——高度； r_1——腿端圆弧半径；

b——腿宽度； I——惯性矩；

d——腰厚度； W——截面系数；

t——平均腿厚度； i——惯性半径；

r——内圆弧半径； Z_0——Y-Y 与 Y_1-Y_1 轴线间距离

型号	尺寸/mm						截面面积/cm²	参考数值						
								X-X			Y-Y			Z_0/cm
	h	b	d	t	r	r_1		W_X/cm³	I_X/cm⁴	i_Y/cm	W_Y/cm³	I_Y/cm⁴	I_Y/cm	
5	50	37	4.5	7.0	7.0	3.5	6.928	10.4	26.0	1.94	3.55	8.30	1.10	1.35
6.3	63	40	4.8	7.5	7.5	3.8	8.451	16.1	50.8	2.45	4.50	11.9	1.19	1.36
8	80	43	5.0	8.0	8.0	4.0	10.248	25.3	101	3.15	5.79	16.6	1.27	1.43
10	100	48	5.3	8.5	8.5	4.2	12.748	39.7	198	3.95	7.80	25.6	1.41	1.52
12.6	126	53	5.5	9.0	9.0	4.5	15.692	62.1	391	4.95	10.2	38.0	1.57	1.59
14a	140	58	6.0	9.5	9.5	4.8	18.516	80.5	564	5.52	13.0	53.2	1.70	1.71
14b	140	60	8.0	9.5	9.5	4.8	21.316	87.1	609	5.35	14.1	61.1	1.69	1.67
16a	160	63	6.5	10.0	10.0	5.0	21.962	108	866	6.28	16.3	73.3	1.83	1.80
16	160	65	8.5	10.0	10.0	5.0	25.162	117	935	6.10	17.6	83.4	1.82	1.75

续表 4.2.17

型号	尺寸 /mm						截面面积/cm^2	参考数值						
								X–X			Y–Y			Z_0/cm
	h	b	d	t	r	r_1		W_X/cm^3	I_X/cm^4	i_Y/cm	W_Y/cm^3	I_Y/cm^4	I_Y/cm	
18a	180	68	7.0	10.5	10.5	5.2	25.699	141	1 270	7.04	20.0	98.6	1.96	1.88
18	180	70	9.0	10.5	10.5	5.2	29.299	152	1 370	6.84	21.5	111	1.95	1.84
20a	200	73	7.0	11.0	11.0	5.5	28.837	178	1 780	7.86	24.2	128	2.11	2.01
20	200	72	9.0	11.0	11.0	5.5	32.831	191	1 910	7.64	25.9	144	2.09	1.95
22a	220	77	7.0	11.5	11.5	5.8	31.846	218	2 390	8.67	28.2	158	2.23	2.10
22	220	79	9.0	11.5	11.5	5.8	36.246	234	2 570	8.42	30.1	176	2.21	2.03
25a	250	78	7.0	12.0	12.0	6.0	34.917	270	3 370	9.82	30.6	176	2.24	2.07
25b	250	80	9.0	12.0	12.0	6.0	39.917	282	3 530	9.41	32.7	196	2.22	1.98
25c	250	82	11.0	12.0	12.0	6.0	44.917	295	3 690	9.07	35.9	218	2.21	1.92
28a	280	82	7.5	12.5	12.5	6.2	40.034	340	4 760	10.9	35.7	218	2.33	2.10
28b	280	84	9.5	12.5	12.5	6.2	45.634	366	5 130	10.6	37.9	242	2.30	2.02
28c	280	86	11.5	12.5	12.5	6.2	51.234	393	5 500	10.4	40.3	268	2.29	1.95
32a	320	88	8.0	14.0	14.0	7.0	48.513	475	7 600	12.5	46.5	305	2.50	2.24
32b	320	90	10.0	14.0	14.0	7.0	54.913	509	8 140	12.2	49.2	336	2.47	2.16
32c	320	92	12.0	14.0	14.0	7.0	61.313	543	8 690	11.9	52.6	374	2.47	2.09
36a	360	96	9.0	16.0	16.0	8.0	60.910	660	11 900	14.0	63.5	455	2.73	2.44
36b	360	98	11.0	16.0	16.0	8.0	68.110	703	12 700	13.6	66.9	497	2.70	2.37
36c	360	100	13.0	16.0	16.0	8.0	75.310	746	13 400	13.4	70.0	536	2.67	2.34
40a	400	100	10.5	18.0	18.0	9.0	75.068	879	11 600	15.3	78.8	592	2.81	2.49
40b	400	102	12.5	18.0	18.0	9.0	83.068	932	18 600	15.0	82.5	640	2.78	2.44
40c	400	104	14.5	18.0	18.0	9.0	91.068	986	19 700	14.7	86.2	688	2.75	2.42
6.5①	65	40	4.3	7.5	7.5	3.8	8.547	17.0	55.2	2.54	4.59	12.0	1.19	1.38
12①	120	53	5.5	9.0	9.0	4.5	15.362	57.7	346	4.75	10.2	37.4	1.56	1.62
24a①	240	78	7.0	12.0	12.0	6.0	34.217	254	3 050	9.45	30.5	174	2.25	2.10
24b①	240	80	9.0	12.0	12.0	6.0	39.017	274	3 280	9.17	32.5	194	2.23	2.03
24c①	240	82	11.0	12.0	12.0	6.0	43.817	293	3 510	8.96	34.4	213	2.21	2.00
27a①	270	82	7.5	12.5	12.5	6.2	39.284	323	4 360	10.5	35.5	216	2.34	2.13
27b①	270	84	9.5	12.5	12.5	6.2	44.684	347	4 690	10.3	37.7	239	2.31	2.06
27c①	270	86	11.5	12.5	12.5	6.2	50.084	372	5 020	10.1	39.8	261	2.28	2.03
30a①	300	85	7.5	13.5	13.5	6.8	43.902	403	6 050	11.7	41.1	260	2.43	2.17
30b①	300	87	9.5	13.5	13.5	6.8	49.902	433	6 500	11.4	44.0	289	2.41	2.13
30c①	300	89	11.5	13.5	13.5	6.8	55.902	463	6 950	11.2	46.4	316	2.38	2.09

① 须经供需双方协议才可供应。

注：① 槽钢的通常长度：型号 5～8，长度为 5～12 m；型号 8～18,长度为 5～19 m；型号 20～40,长度为 6～19 m。轧制钢号，通常为碳素结构钢。

② 表中标注的圆弧半径 r、r_1 的数据用于孔型设计，不做交货条件。

③ 理论质量(kg/m)=0.785×截面面积(cm^2)。

4.2.5 钢丝

表 4.2.18 低碳钢丝的直径、力学性能(摘自 GB/T 343—1994)

公称直径/mm	σ_b / MPa					180° 弯曲试验(次)		伸长率(%)(标距 100 mm)	
	冷拉普通钢丝	制钉用钢丝	建筑用钢丝	退火钢丝	镀锌钢丝	冷拉普通钢丝	建筑用钢丝	建筑用钢丝	镀锌钢丝
≤0.30	≤980	—	—				—	—	
>0.30～0.80	≤980	—	—				—	—	≥10
>0.80～1.20	≤980	880～1 320	—				—	—	
>1.20～1.80	≤1 060	785～1 220	—			≥6	—	—	
>1.80～2.50	≤1 010	735～1 170	—	295～540	295～540		—	—	
>2.50～3.50	≤960	685～1 120	≥550						≥12
>3.50～5.00	≤890	590～1 030	≥550			≥4	≥4	≥2	
>5.00～6.00	≤790	540～930	≥550						
>6.00	≤690	—	—						

注：① 钢丝按用途分为三类：Ⅰ类普通用；Ⅱ类制钉用；Ⅲ类建筑用。
② 钢丝按交货状态分为三类：冷拉钢丝(WCD)；退火钢丝(TA)；镀锌钢丝(SZ)。

表 4.2.19 电镀锌钢丝的直径和力学性能(摘自 GB/T 343—1994)

公 称 直 径 /mm	σ_b /MPa	伸长率/%(标距 100 mm)
0.20，0.22，0.25，0.28，0.30，0.35，0.40，0.45，0.50，0.55，0.60，0.70，0.80，0.90，1.00，1.20，1.40，1.60，1.80，2.00，2.20，2.50，2.80，3.00，3.50，4.00，4.50，5.00，5.50，6.00	295～540 (退火或镀锌)	镀锌钢丝 直径≤0.3～0.8，$\delta \geqslant 10\%$ 直径>0.8～6.0，$\delta \geqslant 12\%$

4.3 铸 铁

表 4.3.1 各种铸铁名称、代号及牌号表示方法实例表

铸 铁 名 称	代 号	牌号表示方法实例
灰铸铁	HT	HT100
蠕墨铸铁	RuT	RuT400
球墨铸铁	QT	QT400-17
黑心可锻铸铁	KHT	KHT300-06
白心可锻铸铁	KBT	KBT350-04
球光体可锻铸铁	KZT	KZT450-06
耐磨铸铁	MT	MTCuIPTi-150
抗磨白口铸铁	KmBT	KmBTMn5Mo2Cu
抗磨球默铸铁	KmQT	KmQTMn6
冷硬铸铁	LT	LTCrMoR
耐蚀铸铁	ST	STSiI5R
耐蚀球墨铸铁	SQT	SQTAI5Si5
耐热铸铁	RT	RTCr2
耐热球墨铸铁	RQT	RQTA16
奥氏体铸铁	AT	—

4.3.1 灰铸铁

表 4.3.2 灰铸铁的牌号、力学性能及特性和用途(摘自 GB/T 9439—1988)

牌号	铸件预计抗拉强度参考值 铸件壁厚/mm ≥	铸件壁厚/mm ≤	≥σ_b/MPa	附铸试棒(块)的最小抗拉强度 铸件壁厚/mm ≥	铸件壁厚/mm ≤	δ_b≥/MPa 附铸试棒 φ30mm	附铸试棒 φ30mm	附铸试块 φ30mm	附铸试块 φ30mm	铸件(参考值)	单铸试棒的最小抗拉强度/MPa	特性和用途
HT100	2.5	10	130								100	外罩、手把、手轮、底板、重锤等形状简单、对强度无要求的零件 铸造应力小，不用人工时效处理，减振性优良，铸造性能好
	10	20	100									
	20	30	90									
	30	50	80									
HT150	2.5	10	175	20	40	130	—	[120]	—	120	150	用于强度要求不高的一般铸件，如端盖、轴承座、阀壳、管子及管路附件、手轮、圆周速度为6～12 m/s 的皮带轮。不用人工时效，有良好的减振性，铸造性能好
	10	20	145	40	80	115	[115]	110	—	105		
	20	30	130	80	150	—	105	—	100	90		
	30	50	120	150	300	—	100	—	90	80		
HT200	2.5	10	220	20	40	180	—	[170]	—	165	200	用于强度、耐磨性要求较高的较重要的零件，如汽缸、齿轮、底架、机体、飞轮、齿条、衬筒；圆周速度>12～20 m/s 的带轮。有较好的耐热性和良好的减振性，铸造性较好，需进行人工时效处理
	10	20	195	40	80	160	[155]	150	—	145		
	20	30	170	80	150	—	145	—	140	130		
	30	50	160	150	300	—	135	—	130	120		
HT250	4.0	10	270	20	40	220	—	[210]	—	205	250	基本性能同 HT200，但强度较高，用于阀壳、汽缸、联轴器、机体、齿轮、齿轮箱外壳、轴承座等
	10	20	240	40	80	200	[190]	190	—	180		
	20	30	220	80	150	—	180	—	170	165		
	30	50	200	150	300	—	165	—	160	150		
HT300	10	20	290	20	40	260	—	[250]	—	245	300	用于要求高强度、高耐磨性的重要铸件，如齿轮、凸轮、高压液压筒、液压泵和滑阀的壳体等；圆周速度>20～25 m/s 的带轮 白口倾向大，铸造性差，需进行人工时效处理和孕育处理
	20	30	250	40	80	235	[230]	225	—	215		
	30	50	230	80	150	—	210	—	200	195		
				150	300	—	195	—	185	180		
HT350	10	20	340	20	40	300	—	[290]	—	285	350	齿轮、凸轮、高压液压筒、液压泵和滑阀的壳体等
	20	30	290	40	80	270	[265]	260	—	255		
	30	50	260	80	150	—	240	—	230	225		
				150	300	—	215	—	210	205		

注：① 本标准适用于砂型或导热性与砂型相当的铸型铸造的灰铸铁件。

② 本标准根据直径 30 mm 单铸试棒加工成试样测定的抗拉强度，将灰铸造铁分为 6 个牌号，牌号中的数值表示试棒的最小抗拉强度。

③ 当一定牌号的铁水浇注壁厚均匀而形状简单的铸件时，壁厚变化所造成的抗拉强度的变化，可从本表查出参考性数据；当铸件壁厚不均匀或有型芯时，本表仅近似地给出不同壁厚处的大致抗拉强度值，铸件设计应根据关键部位的实测值进行。

④ 当铸件壁厚超过 20 mm 而质量又超过 200 kg，并有特殊要求时，经供需双方协商，也可采用附铸试棒(块)加工成试棒来测定抗拉强度，其结果比单铸试棒更接近铸件材质的性能，但应符合表中规定。

⑤ 方括号内的数值仅适用于铸件壁厚大于试样直径的场合，表中的数值系铸态下的抗拉强度。

⑥ 如需方要求以硬度作为检验铁铸件材质的力学性能时，则应符合硬度分级牌号的规定，见下表。

硬度分级牌号	H145	H175	H195	H215	H235	H255
铸件上的硬度范围 HBS	最大不超过 70	150～200	170～220	190～240	210～260	230～280

4.3.2 球墨铸铁

表 4.3.3 球墨铸铁的牌号、力学性能及特性和用途(摘自 GB/T 1348－1988)

	牌号	铸件壁厚/mm	力学性能 σ_b /MPa 最小值	力学性能 $\sigma_{0.2}$ /MPa 最小值	力学性能 δ/% 最小值	HBS	主要金相组织	特性和用途
单铸试块	QT400-18	—	400	250	18	130～180	铁素体	有较好的塑性与韧性，焊接性与切削性也较好，用于制造离合器壳、差速器壳等：1.6～6.5 MPa 阀门的阀体、阀盖、压缩机气缸，铁路钢轨垫板、电机机壳、齿轮箱等
单铸试块	QT400-15	—	400	250	15	130～180	铁素体	
单铸试块	QT450-10	—	450	310	10	160～210	铁素体	
单铸试块	QT500-7	—	500	320	7	170～230	铁素体+珠光体	强度与塑性中等，用于制造内燃机机油泵齿轮、汽轮机中温气缸隔板、机车车辆轴瓦、飞轮等
单铸试块	QT600-3	—	600	370	3	190～270	珠光体+铁素体	强度和耐磨性较好，塑性与韧性较低，用于制造空压机、冷冻机、制氧机、泵的曲轴、缸体、缸套等；球磨机齿轮、各种车轮、滚轮等
单铸试块	QT700-2	—	700	420	2	225～305	珠光体	
单铸试块	QT800-2	—	800	480	2	245～335	珠光体或回火索氏体组织	
单铸试块	QT900-2	—	900	600	2	280～360	贝氏体或回火马氏体	有高的强度和耐磨性，用于内燃机曲轴、凸轮轴，汽车上的圆锥齿轮、转向节、传动轴
附铸试块	QT400-18A	>30～60	390	250	18	130～180	铁素体	特性和用途与上面相应牌号相同
附铸试块		>60～200	370	240	12			
附铸试块	QT400-15A	>30～60	390	250	15	130～180	铁素体	
附铸试块		>60～200	370	240	12			
附铸试块	QT500-7A	>30～60	450	300	7	170～240	铁素体+珠光体	
附铸试块		>60～200	420	290	5			
附铸试块	QT600-3A	>30～60	600	360	3	180～270	珠光体+铁素体	
附铸试块		>60～200	550	340	1			
附铸试块	QT700-2A	>30～60	700	400	2	220～320	珠光体	
附铸试块		>60～200	650	380	1			

V 型缺口试样的冲击值

	牌号	铸件壁厚/mm	最小冲击值 α_{kV}/(J·cm^{-2}) 室温 23±5℃ 三个试样平均值	室温 23±5℃ 个别值	室温 -20±2℃ 三个试样平均值	室温 -20±2℃ 个别值
单铸试块	QT400-18	—	14	11	—	—
单铸试块	QT400-18L	—	—	—	12	9
附铸试块	QT400-18A	>30～60	14	11	—	—
附铸试块		>60～200	12	9	—	—
附铸试块	QT400-Q8AL	>30～60	—	—	12	9
附铸试块		>60～200	—	—	10	7

注：① 本标准适用于砂型或导热性与砂型相当的铸型中铸造的普通和低合金球墨铸铁件。
② 本标准不适用于球铁管件和连续铸造的球铁件。
③ 牌号后面的字母 A 表示在附铸试块上测定的力学性能以区别单铸试块，当铸件质量≥2 000 kg 且壁厚在 30～200 mm 内时，采用附铸造试块优于单铸试块。字母 *L* 表示低温时应具有表列冲击值。
④ 力学性能以抗拉强度和延伸率两个指标作为验收依据，HBS 值和主要金相组织仅供参考，其他由供需双方商定。
⑤ 如需方要求进行金相组织检验时，可按 GB/T 9441－1988 的规定进行，球化级别一般不得低于 4 级。

4.3.3 可段铸铁

表 4.3.4 可锻铸铁的牌号、力学性能及特性和用途(摘自 GB/T 9440－1988)

类别	牌号 A	牌号 B	试样直径 d/mm	σ_b/MPa ≥	$\sigma_{0.2}$/MPa ≥	δ/% ($L_0=3d$) ≥	HBS	特性和用途
黑心	KTH300-06		12 或 15	300	—	6	≤150	有一定的韧性和强度，气密性好，适用于承受低动载荷及静载荷，要求气密性好的工作零件，如管道配件、中低压阀门等
黑心		KTH330-08	12 或 15	330	—	8	≤150	有一定的韧性和强度，用于承受中等动负荷和静负荷的工作零件，如车轮壳、机床扳手和钢绳轧头等
黑心	KTH350-10		12 或 15	350	200	10	≤150	有较高的韧性和强度，用于承受较高的冲击、振动及扭转负荷下工作的零件，如汽车上的前后轮壳、差速器壳、转向节壳、制动器、运输机零件等
黑心		KTH370-12	12 或 15	370	—	12	≤150	
珠光体	KTZ450-06		12 或 15	450	270	6	150～200	韧性较低，但强度大，耐磨性好，且加工性良好，可用来代替低碳、中碳、低合金钢及有色合金制造要求较高强度和耐磨性的重要零件，如曲轴、连杆、齿轮、活塞环、轴承，是近代机械工业中得到广泛应用的结构材料
珠光体	KTZ550-04		12 或 15	550	340	4	180～230	
珠光体	KTZ650-02		12 或 15	650	430	2	210～260	
珠光体	KTZ700-02		12 或 15	700	530	2	240～290	
白心	KTB350-04		9 12 15	340 350 360	— — —	5 4 3	≤230	白心可锻铸铁的特点是：① 薄壁铸件仍有较好的韧性；② 有非常优良的焊接性，可与钢钎焊；③ 可切削性好。但工艺复杂、生产周期长、强度及耐磨性较差，在机械工业中少用，适用于制作厚度在 15 mm 以下的薄壁铸件和焊后不需进行热处理的零件
白心	KTB380-12		9 12 15	320 380 400	170 200 210	15 12 8	≤200	
白心	KTB400-05		9 12 15	360 400 420	200 220 230	8 5 4	≤220	
白心	KTB450-07		9 12 15	400 450 480	230 260 280	10 7 4	≤220	

注：① 本标准适用于砂型或导热性与之相仿的铸型铸造的可锻铸铁件，其他铸型的可锻铸件也可参考使用。

② 牌号中“H”表示黑心；“Z”表示珠光体；“B”表示白心。第一组数字表示抗拉强度值，第二组数字表示延伸率值。

③ 当需方对屈服强度和硬度有要求时，经供需双方协议后测定，并应符合表中要求。

④ 未经需方同意，铸件不允许进行任何形式的修补。

⑤ 牌号 KTH300-06 适用于气密性零件，牌号 B 系列为过渡牌号。

⑥ 黑心和珠光体的试样直径 12 mm 只适用于铸件主要壁厚小于 10 mm 的铸件，白心的试样直径应尽可能与铸件的主要壁厚相近。

4.3.4 耐磨铸铁

表 4.3.5 耐磨铸铁的牌号、化学成分、力学性能和用途(摘自 JB/ZQ 4304—1986)

牌号	化学成分/%								力学性能					挠度 f/mm		用途
	C	Si	Mn	P	S	Cu	Mo	Cr	σ_{bb}/MPa 砂型 试样直径/mm 30	σ_{bb}/MPa 金属型 试样直径/mm 50	σ_b/MPa	A_{kv}/J	HBW (HRC)	砂型 支距/mm 300	金属型 支距/mm 500	
									≥							
MT-4	3.00～3.40	1.50～2.00	0.60～0.90	≤0.030	≤0.140	1.00～1.30	0.40～0.60	—	355	—	175	—	195～260	—	—	用作一般耐磨零件
Cu-Cr-Mo 合金铸铁	3.20～3.60	1.30～1.80	0.05～1.00	≤0.030	≤0.150	0.60～1.10	0.30～0.70	0.20～0.60	430	—	235	—	200～255	—	—	用作活塞环、机床床身、卷筒、密封圈等耐磨零件
中锰抗磨球墨铸铁 MQTMn6	—		5.50～6.50			—			510	390	—	31	(44)	31	2.5	主要用作选矿用螺旋分级机叶片、磨机衬板等
中锰抗磨球墨铸铁 MQTMn7	—		>6.50～7.50			—			470	440	—	35	(41)	35	3.0	
中锰抗磨球墨铸铁 MQTMn8	—		>7.05～9.00			—			430	490	—	39	(38)	39	3.5	

注：① 本标准适用于耐磨铸铁铸件。

② “M”、“Q”、“T”分别是“磨”、“球“、“铁”三字汉语拼音的第一个字母。

③ MT-4 耐磨铸铁的金相组织是细小珠光体和中细片状石墨，珠光体含量大于 85%，磷共晶为细小网状并均匀分布，不允许有游离的渗碳体。

④ Cu-Cr-Mo 合金铸铁熔炼过程与一般灰铸铁相同，合金材料完全在炉内加入，石墨主要是分散片状。

⑤ 中锰抗磨球墨铸铁的基本组织以马氏体和奥氏体为主。表中的锰含量范围，挠度(f)和砂型铸造直径 30 mm 的抗弯试棒的抗弯强度值，除订货协议有规定外，不作为验收依据。

⑥ 表中σ_{bb}为抗弯强度。

4.3.5 耐热铸铁

表 4.3.6 耐热铸铁的牌号、化学成分、力学性能和应用(摘自 GB/T 943－1988)

铸铁牌号		化学成分/%						高温短时	室温		使用条件	应用举例
		C	Si	Mn	P	S	Cr·(A1)	σ_b/MPa	最小抗拉强度σ_b/Mpa	硬度 HBS		
				不大于								
耐热铸铁	RTCr	3.0～3.8	1.5～2.5	1.0	0.20	0.12	0.50～1.00	500℃:225 600℃:144	200	189～288	在空气炉气中，耐热温度到 550℃	炉条、高炉支梁式水箱、金属型、玻璃模
	RTCr2	3.0～3.8	2.0～3.0	1.0	0.20	0.12	>1.00～2.00	500℃:243 600℃:166	150	207～288	在空气炉气中，耐热温度到 600℃	煤气炉内灰盆、矿山烧结车挡板
	RTCr16	1.6～2.4	1.5～2.2	1.0	0.10	0.05	15.00～18.00	800℃:144 900℃:88	340	400～450	在空气炉气中耐热温度到 900℃，在室温及高温下有抗磨性，耐硝酸腐蚀	退火炉、煤粉浇嘴、炉栅、化工机械零件
	RTSi5	2.4～3.2	4.5～5.5	0.8	0.20	0.12	0.50～1.00	700℃:41 800℃:27	140	160～270	在空气炉气中耐热温度到 700℃	炉条、煤粉浇嘴，换热器针状管
耐热球墨铸铁	RQTSi4	2.4～3.2	3.5～4.5	0.7	0.10	0.03	—	700℃:75 800℃:35	480	187～269	在空气炉气中耐热温度到 650℃，其含硅上限时到 750℃，力学性能抗裂性，较 RQTSi5 好	玻璃窑烟道闸门、加热炉两端管架
	RQTSi4Mo	2.7～3.5	3.5～4.5	0.5	0.10	0.03	Mo0.3～0.7	700℃:101 800℃:46	540	197～280	在空气炉气中耐热温度到 680℃，其含硅上限时到 780℃，高温力学性能较好	罩式退火炉导向器、加热炉吊梁
	RQTSi5	2.4～3.2	>4.5～5.5	0.7	0.10	0.03	—	700℃:67 800℃:30	370	228～302	在空气炉气中耐热温度到 800℃，含硅上限时到 900℃	煤粉烧嘴、炉条、辐射管、加热炉中间管架
	RQTA14Si4	2.5～3.0	3.5～4.5	0.5	0.10	0.02	(4.0～5.0)	800℃:82 900℃:32	250	285～341	在空气炉气中耐热温度到 900℃	烧结机篦条、炉用件
	RQTA15Si5	2.3～2.8	>4.5～5.2	0.5	0.10	0.02	(>5.0～5.8)	800℃:167 900℃:75	200	302～363	在空气炉气中耐热温度到 1 050℃	焙烧机篦条、炉用件
	RQTA122	1.6～2.2	1.0～2.0	0.7	0.10	0.02	(20.0～24.2)	800℃:130 900℃:77	300	241～364	在空气炉气中耐热温度到 1 100℃，抗高温硫腐蚀性好	锅炉用侧密封块，链式加热炉炉爪

注：① 本标准适用于工作在 1 100℃以下的耐热铸铁件。
② 本标准适用于砂型铸造或导热性与砂型相仿的铸型中浇成的耐热铸铁件。
③ 室温抗拉强度为合格依据。
④ 硅系、铝硅系耐热球墨铸铁件一般应进行消除内应力热处理，其他牌号按需方要求按订货条件进行。
⑤ 在使用温度下，铸件平均氧化增重速度不大于 0.5 g/(m^2·h)，生长率不大于 0.2%，抗氧化试验方法和抗生长试验方法见本标准附录 C 和附录 D。

4.4 有色金属

4.4.1 铜和铜合金

表 4.4.1 铸造铜合金的牌号、力学性能和用途(摘自 GB/T 11176－1987)

组别	合金牌号 (合金代号)	合金 名称	铸造 方法	力学性能 ≥ σ_b/ MPa	 $\sigma_{0.2}$/ MPa	 δ_s/ %	 硬度 HBS	主要特性和用途
锡青铜	ZCuSn3Zn8Pb6Ni1 (ZQSn3-7-5-1)	3-8-6-1 锡青铜	S J	175 215		8 10	59.0 68.5	耐磨性较好，易加工，铸造性能好，气密性较好，耐磨蚀
	ZCuSn3Zn11Pb4 (ZQSn3-12-5)	3-11-4 锡青铜	S J	175 215		8 10	59.0 59.0	铸造性能好，易加工，耐磨蚀 海水、淡水、蒸汽中，压力不大于 2.5 MPa 的管道配件
	ZCuSn5Pb5Zn5 (ZQSn5-5-5)	5-5-5 锡表铜	S、J Li、La	200 250	90 100①	13 13	59.0① 63.5①	耐磨性和耐蚀性好，易加工，铸造性能和气密性较好。用于较高负荷，中等滑动速度工作的耐磨、耐腐蚀零件，如轴瓦、缸套、离合器、泵件压盖以及蜗轮等
	ZCuSn10Pb1 (ZQSn10-1)	10-1 锡青铜	S J Li La	220 310 330 360	130 170 170① 170①	3 2 4 6	78.5① 88.5① 88.5① 88.5①	耐磨性极好，不易产生咬死现象，有较好的铸造性能和切削加工性能，在大气和淡水中有良好的耐蚀性 可用于高负荷(20 MPa 以下)和高滑动速度(8 m/s)下工作的耐磨零件，如连杆衬套、轴瓦、蜗轮等
	ZCuSn10Pb5 (ZQSn10-5)	10-5 锡青铜	S J	195 245	120 140① 140①	 10 10	68.5 68.5	耐腐蚀，特别对稀硫酸、盐酸和脂肪酸。用作轴瓦等
	ZCuSn10Zn2 (ZQSn10-2)	10-2 锡青铜	S J Li、La	240 245 270	80 140 110	12 6 7	68.5① 78.5① 78.5①	耐蚀性、耐磨性和切削加工性能好，铸造性能好，铸件致密性较高，气密性较好 在中等及较高负荷和小滑动速度下工作的重要管道配件，以及阀、旋塞、泵体、叶轮和蜗轮等
铅青铜	ZCuPb10Sn10 (ZQPb10-10)	10-10 铅青	S J Li、L	180 220 220	80 100 100①	7 5 6	63.5① 68.5① 68.5①	润滑性能、耐磨性能和耐蚀性能好，适合用作双金属铸造材料 高负荷的滑动轴承，如轧辊、车辆用轴承、负荷峰值 60～100 MPa 轴瓦，以及活塞销套、摩擦片等
	ZCuPb15Sn8 (ZQPb12-8))	15-8 铅青铜	S J Li、L	170 200 220		5 6 8	59.0① 63.5① 63.5①	在缺乏润滑剂和用水质润滑剂条件下，滑动性和自润滑性能好，易切削，铸造性能差，对稀硫酸耐蚀性能好 表面压力高，又有侧压力的轴承，可用来制造冷轧机的钢冷却管，内燃机的双金属轴瓦最大负荷达 70 MPa 的活塞销套
	ZCuPb17Sn4Zn4 (ZQPb17-4-4)	17-4-4 铅青铜	S J	150 175		5 7	54.0 59.0	耐磨性和自润滑性能好，易切削，铸造性能差，一般耐磨件、高滑动速度的轴承等
	ZCuPb20Sn5) (ZQPb25-5)	20-5 铅青铜	S J La	150 150 180	60 70① 80①	5 6 7	44.0① 54.0① 54.0①	有较高的滑动性能和特别好的自润滑性能，适用于金属铸造材料，耐硫酸腐蚀，易切削，铸造性能差 高滑动速度的轴承，以及破碎机、水泵、冷轧机轴承，抗腐蚀零件，双金属轴承，负荷达 70 MPa 的活塞销套
	ZCuPb30 (ZQPb30)	30 铅青铜	J	—	—	—	24.5	有良好的自润滑性，易切削，铸造性能差，易产生偏析 要求高滑动速度的双金属轴瓦、减磨零件等
铝青铜	ZCuA18Mn13Fe3	8-13-3 铝青铜	S J	600 650	270① 280①	15 10	157.0 166.5	具有很高的强度和硬度，良好的耐磨性能和铸造性能，耐蚀性好，可以焊接，不易钎焊 适用于制造重型机械用轴套，以及要求强度高、耐磨、耐压零件，如衬套、法兰、阀体、泵体等
	ZCuA18Mn13Fe3Ni2 (ZQA112-8-3-2)②	8-13-3-2 铝青铜	S J	645 670	280 310①	20 18	157.0 166.5	在大气、淡水和海水中均有良好的耐蚀性，腐蚀疲劳强度高，铸造性能好，气密性好，可以焊接，不易钎焊 要求强度高耐腐蚀的重要铸件，如船舶螺旋浆、高压阀体、泵体、以及耐压、耐磨零件，如蜗轮、轴瓦等

续表 4.4.1

组别	合金牌号 (合金代号)	合金 名称	铸造 方法	力学性能≥ σ_b/ MPa	 $\sigma_{0.2}$/ MPa	 δ_5/ %	 硬度 HBS	主要特性和用途
铝青铜	ZCuA19Mn2 (ZQA19-2)	9-2 铝青铜	S J	390 440		20 20	83.5 93.0	在大气、淡水和海水中耐蚀性好，铸造性能好，气密性高，耐磨性好，可以焊接，不易钎焊 耐蚀、耐磨零件，形状简单的大型铸件，如衬套、蜗轮，以及在250℃以下工作的管道配件和要求气密性高的铸件，如增压器内气封
	ZCuA19Fe4Ni4Mn2 (ZQA19-4-4-2)②	9-4-4-2 铝青铜	S	630	250	16	157.0	在大气、淡水、海水中均有优良的耐蚀性，腐蚀疲劳强度高，耐磨性良好，焊接性能好，不易钎焊，铸造性能尚好
	ZCuA110Fe3 (ZQA19-4)	10-3 铝青铜	S J Li、La	490 540 540	180 200 200	13 15 15	98.0② 108.0② 108.0②	具有高的力学性能，耐磨性和耐蚀性能好，可以焊接，不易钎焊
	ZCuAl10Fe3Mn2 (ZQAl10-3-1.5)	10-3-2 铝青铜	S J	490 540		15 20	108.0 117.5	具有高的耐磨性，高温下耐蚀性和抗氧化性能好，在大气、淡水和海水中耐蚀性好，可以焊接，不易钎焊
黄铜	ZCuZn38 (ZH62)	38 黄铜	S J	295 295		30 30	59.0 68.5	具有优良的铸造性能，切削加工性能好，可以焊接，耐蚀性较好，有应力腐蚀开裂倾向 一般结构件和耐蚀零件，如法兰、阀座、支架、手柄和螺母等
铝黄铜	ZCuZn25A16Fe3Mn3 (ZHA166-6-3-2)	25-6-3-3 铝黄铜	S J Li、La	725 740 740	380 400② 400	10 7 7	157.0② 166.5② 166.5②	有很高的力学性能，铸造性能良好，耐蚀性较好，有应力腐蚀开裂倾向，可以焊接 适用高强、耐磨零件，如桥梁支承板、螺母、螺杆、耐磨板、滑块和蜗轮等
	ZCuZn26A14Fe3Mn3	26-4-3-3 铝黄铜	S J Li、La	600 600 600	300 300 300	18 18 18	117.5② 127.5② 127.5②	有很高的力学性能，铸造性能良好，在空气、淡水和海水中耐蚀性较好，可以焊接
	ZCuZn31A12 (ZHA167-2-5)	31-2 铝黄铜	S J	295 390		12 15	78.5 88.5	铸造性能良好，在空气、淡水、海水中耐蚀性较好，易切削，可以焊接，适于压力铸造
	ZCuZn35A12Mn2Fel (zhfE59-1-1)	35-2-2-1 铝黄铜	S J Li、La	450 475 475	170 200 200	20 18 18	98.0② 108.0② 108.0②	具有良好的铸造性能，在大气、淡水、海水中有较好的耐蚀性，切削性能好，可以焊接
锰黄铜	ZCuZn38Mn2Pb2 (ZHMn58-2-2)	38-2-2 锰黄铜	S J	245 345		10 18	68.5 78.5	有较高的力学性能和耐蚀性，耐磨性较好，切削性能良好 一般用途的结构件，船舶、仪表等使用的外形简单的铸件，如套筒、衬套、轴瓦、滑块等
	ZCuZn40Mn2 (ZHMn58-2)	40-2 锰黄铜	S J	345 390		20 25	78.5 88.5	有较高的耐蚀性，铸造性能好，受热时组织稳定
	ZCuZn40Mn3Fel (ZHMn55-3-1)	10-3-1 锰黄铜	S J	440 490		18 15	98.0 108.0	良好的铸造性能和切削加工性能，在空气、淡水、海水中耐蚀性较好，有应力腐蚀开裂倾向
铅黄铜	ZCuZn33Pb2	33-2 铅黄铜	S	180	70②	12	49.0②	结构材料，给水温度为90℃时，抗氧化性能好 煤气和给水设备的壳体，机器制造业、电子技术、精密仪器和光学仪器的部分构件和配件
	ZCuZn40Pb2	40-2 铅黄铜	S J	220 280	120②	15 20	78.5② 88.5②	有好的铸造性能和耐磨性，切削加工性能好，耐蚀性较好，在海水中有应力腐蚀倾向 一般用途的耐磨、耐蚀零件，如轴套、齿轮等
	ZCuZn16Si4 (ZHS980-3)	16-4 硅黄铜	S J	345 390		15 20	88.5 98.0	具有良好的耐蚀性，铸造性能好，流动性高，铸件组织致密，气密性好 接触海水工作的管道配件以及水泵、叶轮、旋塞和在空气、淡水、油、燃料中工作的铸件，工作压力在4.5 MPa和250℃以下的蒸汽中工作的铸件

① 数据为参考值。

② 代号为GB/T 883－1986《铜合金技术条件》中的合金。

注：铸造方法：S—砂型铸造；J—金属型铸造；Li—离心铸造；La—连续铸造。

表 4.4.2 加工用纯铜和铜合金的主要特性和应用范围

组 别	代 号	主 要 特 性 和 应 用 举 例
纯铜	T1 T2	一号铜含 Cu+ Ag (*w* (Ag) = 99.95%) 二号铜含 Cu+ Ag (*w* (Ag) = 99.90%) 导电、导热、耐蚀和加工性能好。可以焊接和钎焊。不宜在高温(>370℃)还原性气氛中加工(退火、焊接等)和使用。用于电线电缆、导电螺钉、化工用蒸发器及各种管道
	T3	三号铜含 Cu+Ag99.70%，有较好的导电、导热、耐蚀和加工性能。可以焊接和钎焊。含降低导电、导热性能的杂质较多，更易引起“氢病”。用于一般场合。如电气开关、垫圈、垫片、铆钉、油管及其他管道
无氧铜	TU1 TU2	铜的质量分数为 99.97%(TU1)、99.95%(TU2)。纯度高，导电、导热性好。无“氢病”或极少“氢病”。加工性能和焊接、耐蚀、耐基性好。主要用于电真空仪器仪表器件
磷脱氧铜	TP1 TP2	焊接和冷弯性能好，一般无“氢病”倾向。可在还原气氛中加工、使用。但不宜在氧化气氛中加工、使用。TP1 的导电、导热性能比 TP2 高。用作汽油或气体输送管、排水管、冷凝器、热交换器零件
银铜	TAg0.1	铜的质量分数为 99.5%，银的质量分数为 0.06%～0.12%。显著提高了软化温度(再结晶温度)和蠕变强度。有很好的耐磨性，电接触性和耐蚀性，用于制造电车线时，比一般硬铜使用寿命提高 2～4 倍。用于电机整流小片，点焊电极、通信线、引线、电子管材料等
普通黄铜	H96	在普通黄铜中强度最低，但比纯铜高。导热导电性好，在大气和淡水耐蚀性好。塑性良好，易加工，易锻造、焊接和镀锡。用作导管、冷凝管和散热片
	H80	有较高的温度，塑性较好，在大气、淡水中有较好的耐蚀性。用作造纸网、薄壁管、皱纹管及房屋建筑用品
	H68	在黄铜中塑性最好，有较高的强度，加工性好、易焊接，易产生腐蚀开裂，在普通黄铜中应用最广泛。常用作复杂的冷冲件和深冲件、波纹管、弹壳、垫片等
	H62	力学性能好，热态下塑性好，易钎焊和焊接，易产生腐蚀破裂，价格便宜，应用广泛。常用作弯折和深拉零件、铆钉、垫圈、螺母、气压表弹簧、筛网、散热片等
铁黄铜	Hfe59-1-1	有高的强度和韧性，减摩性良好，在大气和海水中耐蚀性高，热态下塑性良好，但有腐蚀破裂倾向。制造在摩擦和受海水腐蚀条件下工作的零件
铅黄铜	HPb59-1	加工性能好，力学性能良好，易钎焊和焊接。常用作螺钉、垫圈、螺母、套等切削、冲压加工的零件
铝黄铜	HA177-2	强度和硬度高，塑性好，可压力加工，耐海水腐蚀，有脱锌和腐蚀倾向。在船舶和海滨热电站中作冷凝管及其他耐磨零件
	HA159-3-2	耐蚀性在各种黄铜中最好，强度高，腐蚀破裂倾向不大，冷态下塑性低，热态下压力加工性好。用于发动机和船舶业在常温下工作的高耐蚀件
锰黄铜	HMn58-2	应用较广的黄铜品种。在海水和过热蒸汽、氯化物中有较高的耐蚀性，但有腐蚀破裂倾向。力学性能良好，导热、导电性低。在热态下易于进行压力加工。用于腐蚀条件下工作的重要零件和弱电流工业用零件
锡黄铜	HSn90-1	力学性能和工艺性能接近 H90，但耐蚀性高，减摩性好，可用作耐磨合金。用于汽车、拖拉机弹性套管及其他腐蚀减摩零件
	HSn62-1	在海水中耐蚀性好，力学性能良好，有冷脆性只宜热加工，易焊接和钎焊，有腐蚀破裂倾向。用于海轮上的耐蚀零件，与海水、油、蒸汽接触的导管，热工设备零件等
硅黄铜	HSi80-3	耐蚀、耐磨性能好，无腐蚀破裂倾向，力学性能好，冷热压力加工性能好，易焊接和钎焊，导热、导电性能是黄铜中最低的。用作船舶零件、蒸汽管和水管配件
锡青铜	QSn4-3	耐磨性、弹性高，抗磁性良好，能冷态和热态加工，易焊接和钎焊。即用于制造弹簧等弹性元件，化工设备的耐蚀零件，抗磁零件，造纸机的刮刀
	QSn6.5-0.1	磷锡青铜，有高强度、弹性、耐磨性和抗磁性，压力加工性能良好，可焊接和钎焊，加工性能好，在淡水及大气中耐蚀。常用于制造弹簧和要求导电性好的弹簧接触片，要求耐磨的零件，如轴套、齿轮、蜗轮和抗磁零件
铝青铜	QA19-4	含铁的铝青铜，强度高，减摩性好，有良好的耐蚀性，可电焊和气焊，热态下压力加工性能良好。可作高锡青铜的代用品，但容易胶合，速度有一定限制。可用于制造轴承、蜗轮、螺母和耐蚀零件
	QA15 QA17	有较高的强度、弹性和耐磨性。在大气、海水、淡水和某些酸中有耐蚀性，可电焊、气焊，不易钎焊。常用于制造要求耐蚀的弹性元件、蜗轮轮缘等，可代替 QWn4-3、QSN6.5-0.1 等。QA17 强度较高
铍青铜	QBe2	含有少量镍，物理、化学、力学综合性能良好。淬火后具有高强度、弹性、耐磨性和耐热性。还有高导电、导热和耐寒性，无磁性。易于焊接和钎焊，在大气、淡水和海水中耐蚀性极好。常用作精密仪器的弹性元件、耐蚀件、轴承衬套，在矿山和炼油厂中要求冲击不发生火花的工具和各种深冲零件
硅青铜	QSi3-1	含有锰的硅青铜，有高强度、弹性和耐磨性。塑性好，低温下不变脆。焊接和钎焊性能好，能与青铜和其他合金焊接。在大气、淡水和海水中耐蚀性高。不能热处理硬化，常在退火和加工硬化状态下使用。用于制造在腐蚀介质中工作的弹性元件、蜗轮、齿轮、轴套等，可用于代替锡青铜，甚至铍青铜

表 4.4.3　纯铜板的规格和力学性能(摘自 GB/T 2040－1989)

牌　号	状　态	厚　度/ mm	宽　度/ mm	长　度/ mm	抗拉强度σ_b/ MPa	伸长率δ_{10}/ %	维氏硬度 HV5
T2、T3、TP1、TP2	热轧(R)	4～14	200～300	1 000～6 000	195	30	—
	软(M)	0.2～10	200～3 000	400～6 000	196	32	—
	半硬(Y2)	0.2～10			245～343	8	—
	硬(Y)	0.2～10			295	—	85

表 4.4.4　黄铜板的规格和力学性能(摘自 GB/T 2040－1989)

合金牌号	热　轧(R)				软(M)		半　硬(Y2)		硬(Y)		特　硬(T)	
	厚度/ mm	宽度/ mm	抗拉强度 σ_b/MPa	伸长率 δ_{10} /%	抗拉强度 σ_b/MPa	伸长率 δ_{10} /%	抗拉强度 σ_b/MPa	伸长率 δ_{10} /%	抗拉强度 σ_b/MPa	伸长率 δ_{10} /%	抗拉强度 σ_b/MPa	伸长率 δ_{10} /%
H62	4.0～60.0	200～3 000	≥294	≥30	≥294	≥40	243～460	≥20	≥412	≥10	≥588	≥2.5
H68			≥294	≥40	≥294	≥40	343～441	≥25	≥392	≥13	≥490	≥3
H80					≥265	≥50			≥392	≥2		
H90					—	≥35	333～441	≥7	≥392	≥3		
H96					≥216	≥33			≥323	≥3		
HPb59-1			≥372	≥18	≥343	≥25	392～490	≥12	≥588	≥3		
HM58-2					≥382	≥30	441～610	≥25	≥392	≥5		
HSn62-1			≥343	≥20	≥294	≥35			≥441	≥5		

注：软、半硬、硬、特硬状态的板厚度 0.20～10.00 mm，宽度 200～3 000 mm。

表 4.4.5　铝青铜板的规格和力学性能(摘自 GB/T 2043－1989)

合 金 牌 号	材 料 状 态	抗 拉 强 度 σ_b/MPa≥	伸 长 率 δ_{10}/% ≥	厚　度/ mm	宽　度/ mm	长　度/ mm
QA15	软(M)	274	33	0.4～12.0	100～1 000	500～2 000
QA19-2		441	18			
QA17	半硬(Y2)	588～735	10			
QA15	硬(Y)	588	2.5			
AQ17		637	5			
QA19-2		588	5			
QA19-4		588	—			

表 4.4.6　硅青铜板的规格和力学性能(摘自 GB/T 2047－1980)

合 金 牌 号	材 料 状 态	抗 拉 强 度 σ_b /MPa	伸 长 率 δ_{10} /% ≥	90° 弯曲试验 d=弯曲半径 a=板材厚度	厚　度/ mm	宽　度/ mm	长　度/ mm
Qsi3-1	软(M)	≥345	40	$d=a$	0.4～12.0	100～1 000	500～2 000
	硬(Y)	590～735	3	$d=2a$			
	特硬(T)	≥685	1				

表 4.4.7　锡青铜板的规格和力学性能(摘自 GB/T 2048－1989)

合 金 牌 号	材 料 状 态	抗 拉 强 度 σ_b /MPa≥	伸 长 率 δ_{10} /% ≥	厚　度/ mm	宽　度/ mm	长　度/ mm
QSn6.5-0.1	热轧(R)	290	38	9～50	300～500	1 000～2 000
QSn6.5-0.1 QSn4-3	软(M)	294	40	0.2～12.0	150～600	≥500
QSn6.5-0.1	半硬(Y2)	440～569	8	0.2～12.0	150～800	≥500
QSn6.5-0.1	硬(Y)	460～687	5	0.3～12.0	150～600	≥500
QSN3-3 QSn4-0.3			3			
QSn6.5-0.1 QSn4-3	特硬(T)	637	1			

表 4.4.8　一般用途的挤制铜及铜合金管的尺寸规格(摘自 GB/T 16866－1997)

mm

公称外径	公称壁厚																										
	1.5	2.0	2.5	3.0	3.5	4.0	4.5	5.0	6.0	7.5	9.0	10.0	12.5	15.0	17.5	20.5	22.5	25.0	27.5	30.0	32.5	35.0	37.5	40.0	42.5	45.0	50.0
20，21，22	○	○	○	○		○																					
23，24，25，26	○	○	○	○	○	○																					
27，28，29			○	○	○	○	○	○	○																		
30，32			○	○	○	○	○	○	○																		
34，35，36				○	○	○	○	○	○																		
38，40，42，44				○		○		○	○	○	○	○															
45，(46)，(48)				○	○	○		○	○	○	○	○															
50，(52)中，(54)，55				○	○	○		○	○	○		○	○	○	○												
(56)，(58)，60						○	○	○		○		○	○	○	○												
(62)，(64)，65，68，70						○		○		○	○	○	○	○	○	○											
(72)，74,75，(78)，80						○		○		○	○	○	○	○	○	○	○	○									
85，90										○		○	○	○	○	○	○	○	○	○							
95，100										○		○	○	○	○	○	○	○	○	○							
105，110												○	○	○	○	○	○	○	○	○							
115，120												○	○	○	○	○	○	○	○	○	○	○	○				
125，130												○	○	○	○	○	○	○	○	○	○	○					
135，140												○	○	○	○	○	○	○	○	○	○	○	○				
145，150												○	○	○	○	○	○	○	○	○	○	○					
155，160												○	○	○	○	○	○	○	○	○	○	○	○	○	○		
165，170												○	○	○	○	○	○	○	○	○	○	○	○	○	○		
175，180												○	○	○	○	○	○	○	○	○	○	○	○	○	○	○	
185，190，195，200												○	○	○	○	○	○	○	○	○	○	○	○	○	○	○	
(205)，210，(215)，220												○	○	○	○	○	○	○	○	○	○	○	○	○	○		
(225)，230，(235)，240，(245)，250												○	○	○		○		○	○	○	○	○	○	○	○	○	○
(255)，260，(265)，270，(275)，280												○	○	○		○		○		○							
290，300																○		○		○							

注：①“○”表示可供规格，(　)表示不推荐采用的规格。需要其他规格的产品应由供需双方确定。

② 挤制管材外形尺寸范围：

纯铜管，外径 30～300 mm，壁厚 5.0～30 mm；

黄铜管，外径 21～280 mm，壁厚 1.5～42.5 mm；

铝青铜管，外径 2～250 mm，壁厚 3～50 mm。

表 4.4.9　一般用途的拉制铜及铜合金管的尺寸规格(摘自 GB/T 16866—1997)

mm

公称外径	公称壁厚																
	0.5	0.75	1.0	(1.25)	1.5	2.0	2.5	3.0	3.5	4.0	4.5	5.0	6.0	7.0	8.0	(9.0)	10.0
3，4，5，6，7	○	○	○	○	○												
8，9，10，11，12，13，14，15	○	○	○	○	○	○	○	○	○								
16，17，18，19，20	○	○	○	○	○	○	○	○	○	○	○						
21，22，23，24，25，26，27，28，(29)，30			○	○	○	○	○	○	○	○	○	○					
31，32，33，34，35，36，37，38，(39)，40			○	○	○	○	○	○	○	○	○	○					
(41)，42，(43)，(44)，45，(46)，(47)，48，(49)，50			○		○	○	○	○	○	○	○	○	○				
(52)，54，55，(56)，58，60			○		○	○	○	○	○	○	○	○	○				
(62)，(64)，65，(66)，68，70						○	○	○	○	○	○	○	○	○	○	○	○
(72)，(74)，75，76，(78)，80						○	○	○	○	○	○	○	○	○	○	○	○
(82)，(84)，85，86，(88)，90，(92)，(94)，96，(98)，100						○	○	○	○	○	○	○	○	○	○	○	○
105，110，115，120，125，130，135，140，145，150						○	○	○	○	○	○	○	○	○	○	○	○
155，160，165，170，175，180，185，190，195，200								○	○	○	○	○	○	○	○	○	○
210，220，230，240，250								○	○	○	○	○	○	○			
260，270，280，290，300，310，320，330，340，350，360									○	○	○	○					

注：①“○”表示可供应规格，其中，壁厚为 1.25 mm 的仅供拉制锌白铜管，(　)表示不推荐采用的规格。需要其他规格的产品应由供需双方商定。

② 拉制管材外形尺寸范围：

纯铜管，外径 3 ～360 mm，壁厚 0.5～10.0 mm(1.25 mm 除外)；

黄铜管，外径 3 ～200 mm，壁厚 0.5～10.0 mm(1.25 mm 除外)；

锌白铜管，外径 4 ～40mm，壁厚 0.5～4.0 mm。

表 4.4.10 滑动轴承用铸造铜合金的应用(摘自 GB/T 10448－1989，参照 ISO 4382/1－82)

合金牌号	轴承双金属一般制造方法	特性	一般用途
CuPb10Sn10 CuPb9Sn5	浇铸或烧结在钢背(带)上，或金属型浇铸	有高的疲劳强度和承载能力，高的硬度和耐磨性，好的耐腐蚀性，增加含锡量可提高合金的硬度和耐磨性，增加含铅量可改善合金经受装配不良和间歇润滑的能力。适用于中载、中到高速以及由于摆动或旋转运动引起有很大冲击载荷的轴承，与淬硬轴匹配，轴颈的硬度一般不低于 250 HBS	一般用于汽轮机、发动机、机庆用轴承、内燃机活塞销、汽车转向器和差速器用轴套、止推垫圈等
CuPp15Sn8	浇铸或烧结在钢背(带)上，或金属型浇铸	有高的疲劳强度和承载能力，较高的硬度与耐磨性、耐腐蚀。增加锡含量可提高合金的硬度与耐磨性，增加铅含量可改善合金经受装配不良和间歇润滑的能力。可用水润滑。相匹配轴颈的硬度一般不低于 200 HBS	适用于中载、中到高速的单层、双层金属轴承、轴套和单层金属止推垫圈，冷轧机用轴承
CuPp20Sn5	浇铸或烧结在钢背(带)上	有较高的承载能力和疲劳强度，较高的含铅量可改善合金在高速下的表面性能，耐腐蚀性却略有下降；增加锡含量可提高合金硬度和耐磨性，可用水润滑。适用于中载、中到高速，以及因摆动和旋转运动引起有中等冲击载荷的轴承。相匹配轴颈的硬度一般不低于 150 HBS	一般用于汽车变速箱、农机具和内燃机摇臂轴上的轴套
CuAl10Fe5Ni5	金属型浇铸	是非常硬的轴承合金，耐海水腐蚀，嵌藏性差	适用于制造作滑动运动的结构元件，及在海洋环境中工作的轴承，高载荷轴套，但轴颈必须硬化，硬底不低于 300 HBS
CuSn8Pb2 CuSn7PbZn3	浇铸或烧结在钢背(带)上，或金属型浇铸	有较高的强度、耐磨性和好的耐腐蚀性，相匹配轴颈的硬度不低于 280 HBS	用于低到高载荷的非重要用途的轴承的轴套，需充分润滑
CuSn10P	浇铸在钢背上或金属型浇铸	有高的硬度和耐腐蚀性，耐磨性好	适用于中到重载、高速有冲击载荷工况条件下工作的轴承，轴颈要淬硬，硬度一般不低于 300 HBS。要求良好的润滑和装配
CuSn12Pb2	浇铸或烧结在钢背上，或金属型浇铸	有高的硬度和耐腐蚀性，好的耐磨性	适用于中到重载、高速有冲击载荷工况条件下工作的轴承，轴颈要淬硬，硬度一般不低于 300 HBS。要求良好的润滑和装配
CuPb5Sn5Zn5	浇铸或烧结在钢背上，或金属型浇铸	有较高的硬度、耐磨性和耐腐蚀性，高的抗冲击和耐高温能力，较差的抗擦伤能力，相匹配轴颈的硬度一般不低于 250 HBS	作一般用途的轴承材料，适用于低载非重要工作条件下工作的轴承、止推垫圈，如汽车发动机活塞销、变速箱轴套等

4.4.2 铝和铝合金

表 4.4.11 铸造铝合金的牌号、力学性能及特性和用途(摘自 GB/T 1173—1995)

组别	合金牌号	合金代号	铸造方法	合金状态	力学性能≥			特性和用途
					σ_b/MPa	δ_5/%	HBS	
铝硅合金	ZA1Si7Mg	Zl101	S、R、J、K	F	155	2	50	耐蚀性、铸造工艺性能好、易气焊；用于制作形状复杂的零件，如仪器零件、飞机零件、工作温度低于185℃的气化器 在海水环境中使用时，铜含量小于等于 0.1%(质量分数)
			S、R、J、K	T2	135	2	45	
			JB	T4	185	4	50	
			S、R、K	T4	175	4	50	
			J、JB	T5	205	2	60	
			S、R、K	T5	195	2	60	
			SB、RB、KB	T5	195	2	60	
			SB、RB、KB	T6	225	1	70	
			SB、RB、KB	T7	195	2	60	
			SB、RB、KB	T8	155	3	55	
	ZA1Si7MgA	Zl101A	S、R、K	T4	195	5	60	
			J、JB	T4	225	5	60	
			S、R、K	T5	235	4	70	
			SB、RB、KB	T5	235	4	70	
			JB、J	T5	265	4	70	
			SB、RB、KB	T6	275	2	80	
			JB、J	T6	295	3	80	
	ZA1Si12	ZL102	SB、JB、RB、KB	F	145	4	50	用于制作形状复杂、负荷小耐蚀的薄壁零件和工作温度小于等于200℃的高气密性零件
			J	F	155	2	50	
			SB、JB、RB、KB	T2	135	4	50	
			J	T2	145	3	50	
	ZA1Si9Mg	ZL104	S、J、R、K	F	145	2	50	用于制作形状复杂的承受静载或冲击作用的大型零件，如风机叶片、水冷气缸头。工作温度小于等于200℃
			J	T1	195	1.5	65	
			SB、RB、KB	T6	225	2	70	
			J、JB	T6	235	2	70	
	ZA1Si5Cu1Mg	ZL105	S、J、R、K	T1	155	0.5	65	强度高、切削性好，用于制作形状复杂、225℃以下工作的零件，如发动机气缸头
			S、R、K	T5	195	1	70	
			J	T5	235	0.5	70	
			S、R、K	T6	225	0.5	70	
			S、J、R、K	T7	175	1	65	
	ZA1Si8Cu1Mg	ZL106	SB	F	175	1	70	用于制作工作温度在225℃以下的零件，如齿轮液压泵壳体等
			JB	T1	195	1.5	70	
			SB	T5	235	2	60	
			JB	T5	255	2	70	
			SB	T6	245	1	80	
			JB	T6	265	2	70	
			SB	T7	225	2	60	
			J	T7	245	2	60	

续表 4.4.11

组别	合金牌号	合金代号	铸造方法	合金状态	σ_b/MPa	δ_5/%	HBS	特性和用途
铝硅合金	ZA1Si12Cu2Mg1	ZL108	J J	T1 T6	195 255	— —	85 90	用于制作重载、工作温度在 250℃的零件，如大功率柴油机活塞
	ZA1Si12CulMgNi1	ZL109	J J	T1 T6	195 245	0.5 —	90 100	用于制作工作温度在 250℃以下的零件，如大功率柴油机活塞
铝铜合金	ZA1Cu5Mn	ZL201	S、J、R、K S、J、R、K S	T4 T5 T7	295 335 315	8 4 2	70 90 80	焊接性能好，铸造性能差。用于制作工作温度在 175～300℃的零件，如支臂、梁柱
	ZA1Cu4	ZL203	S、R、K J S、R、K J	T4 T4 T5 T5	195 205 215 225	6 6 3 3	60 60 70 70	用于制作受重载荷、表面粗糙度较高而形状简单的厚壁零件，工作温度小于等于 200℃
	ZA1Cu5MnCdA	ZL204A	S	T5	440	4	100	
铝镁合金	ZA1Mg10	ZL301	S、J、R	T4	280	10	60	用于制作受冲击载荷、循环负荷、海水腐蚀和工作小于等 200℃温度的零件
	ZA1Mg5Si1	ZL303	S、J、R、K	F	145	1	55	
	ZA1Mg8Zn1	ZL305	S	T4	290	8	90	
铝锌合金	ZA1Zn11Si7	ZL401	S、R、K J	T1 T1	195 245	2 1.5	80 90	铸造性能好、耐蚀性能低，用于制作工作温度小于等于 200℃、形状复杂的大型薄壁零件
	ZA1Zn6Mg	ZL402	J S	T1 T1	235 215	4 4	70 65	用于制作高强度零件，如空压机活塞、飞机起落架

注：上表中的铸造方法，合金状态代号说明见下表：

代号	铸造方法	代号	铸造方法
S	砂型铸造	T_1	人工时效
J	金属型铸造	T_2	退火
R	熔模铸造	T_4	固溶处理加自然时效
K	壳型铸造	T_5	固溶处理加不完全人工时效
B	变质处理	T_6	固溶处理加不完全人工时效
F	铸态	T_7	固溶处理加稳定化处理
		T_8	固溶处理加软化处理

表 4.4.12 铝及铝合金加工产品的主要特性和应用范围

组别	合金代号	主要特点和应用范围
工业纯铝	1060、1050A 1035 8A06	有高的塑性、耐酸性、导电性和导热性。但强度低，热处理不能强化，切削性能差，可气焊，氢原子焊和接触焊，不易钎焊。易压力加工、可引伸和弯曲。用于不承受载荷，但对塑性、耐蚀性、导电性、导热性要求较高的零件或结构。如电线保护套管、电缆、电线等
	1A85、1A90、1A93、1A97、1A99	工业用高纯铝。用于制造各种电静电容器用箔材及各种抗酸容器等
	1A30	纯铝，严格控制 Fe、Si，热处理和加工条件要求特殊，主要用于生产航天工业和兵器工业的零件
防锈铝	3A21	Al-Mn 系防锈铝，应用最广。强度不高，不能热处理强化，常用冷加工方法提高力学性能。退火状态下塑性高，冷作硬化时塑性低。用于制造油箱、汽油或润滑油导管、铆钉等
	5A02	Al-Mg 系防锈铝，强度较高，塑性与耐腐蚀性高。热处理不能强化，退火状态下可切削性不良，可抛光。用于焊接油箱，制造润滑油导管，车辆、船舶的内部装饰等
	5A03	Al-Mg 系防锈铝，性能与 5A02 相似。但焊接性能较好。用于制造在液体下工作的中等强度的焊接件、冷冲压的零件和骨架
	5A05、5B05	Al-Mg 系防锈铝，强度与 5A03 相当，热处理不能强化，退火状态塑性高。抗腐蚀性高。5A05 用于制造在液体中工作的焊接零件、油箱、管道和容器。5B05 用作铆接铝合金和镁合金结构的铆钉。铆钉在退火状态下铆接
	5A06	Al-Mg 系防锈铝，有较高的强度和腐蚀稳定性。气焊和点焊的焊接接头强度为基体强度的 90%～95%，切削性能良好。用于焊接容器、受力零件、飞机蒙皮及骨架零件
	5B06、5B13、5B33	新研制的高 Mg 合金，加入适量的 Ti、Be、Zr 等元素。提高了焊接性能，主要用作焊条线
	5B12	研制的新型高 Mg 合金，中上等强度，用于航天和无线电工业用的原板、型材和棒材
	5A43	低成分的 Al-Mg-Mn 系合金，用于生产冲制品的板材，铝锅、铝盒等
硬铝	2A01	低合金、低强度硬铝、铆接铝合金结构用的主要铆钉材料。用于中等强度和工作温度不超过 100℃的铆钉。耐蚀性低，铆入前应经过阳极氧化处理再填充氧化膜
	2A02	强度较高的硬铝，有较高的热强性，属耐热硬铝。塑性高，可热处理强化。耐腐蚀性比 2A70、2A80 好。用于工作温度为 200～300℃的涡轮喷气发动机轴向压缩机叶片、高温下工作的模锻件，一般用作主要承力结构材料
	2A04	铆钉合金，有较高的抗剪强度和耐热性，用作结构的工作温度为 125～250℃的铆
	2B11	铆钉用合金，有中等抗剪强度，在退火、刚淬火和热态下塑性尚好，可以热处理强化。铆钉必须在淬火后 2 h 内铆接。用作中等强度铆钉
	2B12	铆钉用合金，抗剪强度与 2A04 相当，其他性能与 2B11 相似，但铆钉必须在淬火后 20 min 内铆接，应用受到限制
	2A10	铆钉用合金，有较高的抗剪强度，耐蚀性不高，须经过阳极氧化等处理。用于工作温度不超过 100℃要求强度较高的铆钉

续表 4.4.12

组别	合金代号	主要特点和应用范围
硬铝	2A11	应用最早的硬铝，一般称为标准硬铝。具有中等强度，在退火、刚淬火和热态下的可塑性尚好，可热处理强化，在淬火或自然时效状态下使用，点焊焊接性良好。用作中等强度的零件和构件，空气螺旋浆叶片、螺栓、铆钉等。铆钉应在淬火后2 h内铆入结构
	2A12	高强度硬铝，可进行热处理强化，在退火和刚淬火条件下塑性中等，点焊焊接性良好。气焊和氩弧焊不良，抗蚀性不高。用于制作高负荷零件和构件(不包括冲压件和锻件)，如飞机骨架零件、蒙皮、翼肋、铆钉等150℃
	2A06	高强度硬铝。可作为150～250℃工作结构的板材。对淬火自然时效后冷作硬化的板材，在200℃长期(大于100 h)加热的情况下，不宜采用
	2A16	耐热硬铝，在高温下有较高的蠕变强度。在热态下有较高的塑性。可热处理强化，点焊、滚焊、氩弧焊焊接性能良好。用于250～350℃下工作的零件
	2A17	与2A16成分和性能大致相似，不同的是在室温下的强度和高温(225℃)下的持久强度超过2A16。而2A17的可焊性差，不能焊接。用于300℃以下要求高强度的锻件和冲压件
锻铝	6A02	工业上应用较为广泛的锻铝。具有中等强度(但低于其他锻铝)。易于锻造、冲压、易于点焊和氢原子焊，气焊尚好。用于制造形状复杂的锻件和模锻件
	2A50	高强度锻铝。在热态下有高塑性，易于锻造、冲压；可以热处理强化。抗蚀性较好，可切削性能良好，接触焊、点焊性能良好，电弧焊和气焊性能不好。用于制造形状复杂的锻件和冲压件，如风扇叶轮
	2B50	高强度锻铝。成分、性能与2A50相近，可互相通用，热态下的可塑性比2A50好
	2A70	耐热锻铝。成分与2A80基本相同，但加入微量的钛，含硅较少，热强度较高。可热处理强化，工艺性能比2A80稍好。用于制造内燃机活塞和高温下工作的复杂锻件，如压气机叶轮等
	2A80	耐热锻铝。热态下可塑性稍低，可进行热处理强化，高温强度高，无挤压效应，焊接性能、耐蚀性、可切削性及应用同2A70
	2A90	应用较早的耐热锻铝，特性与2A70相近，目前已被热强性很高而且热态下塑性很好的2A70、2A80代替
	2A14	成分与特性有硬铝合金和锻铝合金的特点。用于承受高负荷和形状简单的锻件和模锻件。由于热压加工困难，限制了这种合金的应用
	6070	Al-Mg-Si系合金，相当于美国的6070合金，优点是耐蚀性较好，焊接性良好，可用以制造大型焊接构件
	4A11	Al-Mg-Si系合金，是锻、铸两用合金，主要用于制作蒸气机活塞和汽缸用材料，热膨胀系数小，抗磨性好
	6061 6063	Al-Mg-Si系合金，使用范围广，特别是各种建筑业。用于生产门、窗系轻质结构的构件及医疗卫生、办公用具等。也适用于机械零部件。其耐蚀性好，焊接性能优良，冷加工性较好，强度中等
超硬铝	7A03	可以热处理强化，常温时抗剪强度较高，耐蚀性、可切削性尚好，用作受力结构的铆钉。当工作温度在125℃以下时，可代替2A10
	7A04	最常用的超硬铝。在退火和刚淬火状态塑性中等。通常在淬火人工时效状态下使用，此时强度比一般硬铝高得多，但塑性较低。点焊焊接性良好。气焊不良，热处理的切削性良好。用于制造承受高载荷的零件，如飞机的大梁、蒙皮、接头、起落架等
	7A09	高强度铝合金，塑性稍优于7A04、低于2A12，静疲劳强度，对缺口不敏感等，优于7A04，用于制造飞机蒙皮和主要受力零件
特殊铝	4A01	含硅质量分数为5%，低合金化的二元铝硅合金，机构强度不高，抗蚀性极高，压力加工性能良好，用于作焊条或焊棒，焊接铝合金制件

表 4.4.13 圆棒、方棒及六角棒铝材的尺寸和质量(摘自 GB/T 3191－1998)

截面形状	铝棒理论质量(每米长) $G/(kg \cdot m^{-1})$	d 或 a 的尺寸系列 / mm
圆(直径 d)	$G=K_1 \times 10^{-3} d^2$	5.0，5.5，6.0，6.5，7.0，7.5，8.0，8.5，9.0，9.5，10.0，10.5，11.0，11.5，12.0，13.0，14.0，15.0，16.0，17.0，18.0，19.0，20.0，21.0，22.0，24.0，25.0，26.0，27.0，28.0，30.0，32.0，34.0，35.0，36.0，38.0，40.0，42.0，45.0，46.0，48.0，50.0，51.0，52.0，55.0，58.0，(59.0)，60.0，(62.0，63.0)，65.0，70.0，75.0，80.0，85.0，90.0，95.0，100.0，105.0，110.0，115.0，120.0，125.0，130.0，135.0，140.0，145.0，150.0，160.0，170.0，180.0，190.0，200.0，(210.0，220.0，230.0，240.0，250.0)
方(边长 a)	$G=K_2 \times 10^{-3} a^2$	
六角(对边 a)	$G=K_3 \times 10^{-3} a^2$	

注：① 供应长度，直径小于等于 50 mm 时，供应长度 1～6 m。直径大于 50 mm 时，供应长度 0.5～6 m。
② 表中系数 K_1、K_2、K_3 按表 4.4.14 查得。
③ 括号内尺寸用于圆棒料。

表 4.4.14 铝材每米长度或每平方米质量 G 计算公式的系数

铝材牌号 / 系数	7A04 7A09	6A02 6B02	2A14 2A11	5A02 5A43 5A66	5A03 5083	5A05	5A06	3A21	2A06	2A12	2A16	纯铝	平均值
K_1	2.239	2.120	2.199	2.105	2.098	2.082	2.073	2.145	2.167	2.183	2.230	2.219	2.155
K_2	2.851	2.700	2.800	2.680	2.671	2.651	2.640	2.731	2.760	2.780	2.840	2.711	2.744
K_3	2.469	2.338	2.425	2.321	2.313	2.296	2.286	2.365	2.390	2.407	2.459	2.348	2.376

表 4.4.15 压铸铝合金(摘自 JB 3069－1982)

压铸铝合金牌号	简写代号	相当铸铝合金代号	力学性能(不低于) σ_b/MPa	δ/%	HBS
YZA1Si12	Y102	ZL102	220	2	60
YZA1Si10Mg	Y104	ZL104	220	2	70
YZA1Si12Cu2	Y108	ZL108	240	1	90
YZA1Si9Cu4	Y112		240	1	85
YZA1Mg5Si1	Y302	ZL303	205	2	65
YZA1Zn11Si7	Y401	ZL401	235	1	90

4.4.3 钛和钛合金

表4.4.16 钛及钛合金型材的牌号、特性和用途(GB/T 3620.1－1994)

牌 号	化 学 成 分	特 性 和 用 途
TAD	碘法钛	
TA0 TA1 TA2 TA3	工业纯钛	这些牌号在各种环境中具有良好的耐蚀性、有较高的比强度和疲劳极限。通常在退火状态下使用，其锻造性能类似低碳钢或18-8型不锈钢。适用于石油化工、医疗、航空等工业的耐热、耐蚀零部件材料。爆炸复合钛板优先采用TA1
TA4	Ti-3Al	属于α型钛合金，可焊，在316～593℃下有良好的抗氧化性、强度及高温热稳定性。用作锻件、板材零件，如航空发动机的涡轮机叶片、壳体和支架等
TA5	Ti-4Al-.0005B	
TA6	Ti-5Al	
TA7	Ti-5Al-2.5Sn	属于α型钛合金，可焊，在316～593℃下有良好抗氧化性、强度及高温热稳定性。用作锻件、板材零件，如航空发动机的涡轮机叶片、壳体和支架等
TA7 ELI	Ti-5Al-2.5Sn (ELI)	
TA9	Ti-0.2Pd	它是目前最好的耐蚀合金，它不仅在高温、高浓度的氧化物中具有极为优良的抗缝隙腐蚀性能，并且在还原性介质中的耐蚀性优于纯钛。适用于化工等耐氯及氯化物等介质的设备和零件
TA10	Ti-0.3Mo-0.8Ni	在硝酸、铬酸等氧化性介质中有与纯钛同等优良的耐蚀性能。改善了在还原性介质中的耐蚀性，它在50℃的质量分数为5%的H_2SO_4、5%的HCI、沸腾的质量分数为1%的H_2SO_4及沸腾的中等浓度的甲酸和柠檬酸中稳定。它在高温、高浓度的氯化物中有较好的抗缝隙腐蚀性能。其加工性和焊接性与工业纯钛相当。适用作湿氯气、盐水、海水及各种高温、高浓度的氯化物的换热器电解槽等
TB2	Ti-5Mo-5V-8Cr-3Al	属于β型钛合金，在淬火状态下有良好塑性，可以冷成型；淬火时效后有很高的强度，可焊性好，在高屈服强度下有高的断裂韧性；热稳定性差。用于螺栓、铆钉等紧固件，航空工业用构件
TB3	Ti-3.5Al-10Mo-8V-1Fe	
TB4	Ti-4Al-7Mo-10V-2Fe-1Zr	
TC1	Ti-2Al-1.5Mn	这些合金属于(α+β)型钛合金，有较高的力学性能和优良的高温变形能力。能进行各种热加工，淬火时效后能大幅度提高强度，但其热稳性较差 TC1、TC2在退火状态下使用，可用作低温材料。TC3、TC4有好的综合力学性能，组织稳定性高，在退火状态下使用，用作航空涡轮发动机机盘、叶片、结构锻件、紧固件等。TC9、TC10有较高的室温、高温力学性能和良好的热稳定性、塑性
TC2	Ti-4Al-1.5Mn	
TC3	Ti-5Al-4V	
TC4	Ti-6Al-4V	
TC6	Ti-6Al-1.5Cr-2.5Mo-0.5Fe-0.3Si	
TC9	Ti-6.5Al-3.5Mo-2.5Sn-0.3Si	
TC10	Ti-6Al-6V-2Sn-0.5Cu-0.5Fe	
TC11	Ti-6.5Al-3.5Mo-1.5Zr-0.3Si	
TC12	Ti-5Al-4Mo-4Cr-2Zr-2Sn-1Nb	

注：① 表中“EL1”表示超低间隙。

② 钛中加入A1、Sn或Zr等α稳定元素，其主要作用是固溶强化α钛，因而形成α型钛合金。

③ 钛中加 V、Mo、Mn、Fe、Cr 等β稳定元素，其主要作用是使合金组织有一定量的β相，使合金强化，因而形成β型钛合金。

④ 合金中加入α、β稳定元素，称为(α+β)两相钛合金。

⑤ 钛及钛合金化学成分见GB/T 3620.1－94。

表 4.4.17　钛及钛合金型材力学性能

板　　材(GB/T 3621－1994)						管　材(GB/T 3624－1995,GB/T 3625－1995)			
牌　号	状　态	板材厚度/mm	室温力学性能≥ σ_b (MPa)	$\sigma_{r0.2}$ (MPa)	δ_5/%	状　态	σ_b/MPa	$\sigma_{r0.2}$/MPa	δ/% L_0=50 mm
TA0	M	0.3～2.0	280～420	170	45	M	280～420	≥170	≥24
		2.1～5.0			30				
		5.1～10.0			30				
TA1	M	0.3～2.0	370～530	250	40	M	370～530	≥250	≥20
		2.1～5.0			30				
		5.1～10.0			30				
TA2	M	0.3～1.0	440～620	320	35	M	440～620	≥320	≥18
		1.1～2.0			30				
		2.1～5.0			25				
		5.1～10.0			25				
		10.1～25.0			20				
TA3	M	0.3～1.0	540～720	410	30				
		1.1～2.0			25				
		2.1～5.0			20				
		5.1～10.0			20				
TA5	M	0.3～1.0	685	585	20				
		1.1～2.0			15				
		2.1～5.0			12				
		5.1～10.0			12				
TA6	M	0.8～1.5	685	—	20				
		1.6～2.0			15				
		2.1～5.0			12				
		5.1～10.0			12				
TA7	M	0.8～1.5	735～930	685	20				
		1.6～2.0			15				
		2.1～5.0			12				
		5.1～10.0			12				
TA9	M	0.8～2.0	370～530	250	30	M	370～530	≥250	≥20
		2.1～5.0			25				
		5.1～10.0			25				
TA10	M	2.0～5.0	485	345	20	M	≥440	—	≥18
		5.1～10.0			15				
TB2	C	1.0～3.5	≤980	—	20				
	CS		1 320		8				
TC1	M	0.5～1.0	590～735	—	25				
		1.1～2.0			25				
		2.1～5.0			20				
		5.1～10.0			20				
TC2	M	0.5～1.0	685	—	25				
		1.1～2.0			15				
		2.1～5.0			12				
		5.1～10.0			12				
TC3	M	0.8～2.0	880		12				
		2.1～5.0			10				
		5.1～10.0			10				
TC4	M	0.8～2.0	895	830	12				
		2.1～5.0			10				
		5.1～10.0			10				

注：“CS”表示“淬火和时效”状态。

表 4.4.18 钛及钛合金高温力学性能(摘自 BG/T 3620.1－1994)

合金牌号	试验温度 ℃	高温力学性能 σ_b/MPa	持久强度 $\sigma_{100\,h}^{0°C}$ /MPa	合金牌号	试验温度/℃	高温力学性能 σ_b/MPa	持久强度 $\sigma_{100\,h}^{0°C}$ /MPa
		不小于				不小于	
TA6	350	420	390	TC1	400	310	295
	500	340	195	TC2	350	420	390
TA7	350	490	440		400	390	360
	500	440	195	TC3，TC4	400	590	540
TC1	350	340	320		500	440	195

表 4.4.19 钛及钛合金板规格(摘自 GB/T 3621－1994)

mm

厚度	宽度	宽度允许偏差	长度	长度允许偏差
0.3～0.4	400～1 000	+10 0	1 000～3 000	+15 0
>4.0～20.0	400～3 000	+15 0	1 000～4 000	+30 0
>20.0～60.0	400～3 000	+50 0	1 000～4 000	+50 0

注：① 厚度大于 15 mm 的板材，需方同意时也可不切边交货。

② 钛及钛合金板材厚度系列(mm)：0.3，0.4，0.5，0.6，0.7，0.8，0.9，1.0，1.1，1.2，1.4，(1.5)，1.6，1.8，2.0，2.2，2.5，2.8，3.0，3.5，4.0，4.5，5.0，5.5，6.0，7.0，8.0，9.0，10.0，11.0，12.0，14.0，(15.0)，16.0，18.0，20.0，22.5，25.0，28.0，30.0，32.0，35.0，38.0，40.0，42.0，45.0，48.0，50.0，53.0，56.0，60.0。板厚偏差见原材料。

③ 钛合金的密度为 4.4～4.6 g/cm^3。

表 4.4.20 钛及钛合金板材的牌号、供货状态、规格(摘自 GB/T 3621－1994)

牌号	制造方法	供应状态	厚度×宽度×长度/mm
TA0、TA1、TA2、TA3、TA5、TA6、TA7、TA9、TA10、TB2、TC1、TC2、TC3、TC4	热轧	热加工状态(R) 退火状态(M)	(4.1～60.0)×(400～3 000)×(1 000～4 000)
	冷轧	冷加工状态(Y) 退火状态(M)	(0.3～4.0)×(400～1 000)×(1 000～3 000)
TB2	热轧	淬火(C)	(4.1～10.0)×(400～3 000)×(1 000～4 000)
	冷轧	淬火(C)	(1.0～4.0)×(400～1 000)×(1 000～3 000)

4.4.4 轴承合金

表 4.4.21 铸造轴承合金的牌号、化学成分及力学性能(摘自 GB/T 1174—1992)

种类	合金牌号	化学成分(质量分数)/%														铸造方法	力学性能≥			应用举例
		Sn	Pb	Cu	Zn	Al	Sb	Ni	Mn	Si	Fe	Bi	As		其他元素总和		σ_b/MPa	δ_5/%	布氏硬度HBS	
锡基	ZSnSb12Pb10Cu4	其余	9.0~11.0	2.5~5.0	0.01	0.01	11~13	—	—	—	0.1	0.08	0.1	—	0.55	J	—	—	29	工作温度不高的一般机器的主轴承衬
	ZSnSb12Cu6Cd1		0.15	4.5~6.3	0.05	0.05	10~13	0.3~0.6	—	—	0.1	—	0.4~0.7	Cd1.1~1.6 Fe+Al+Zn≤0.15	—	J			34	
	ZSnSb11Cu6		0.35	5.5~6.5	0.01	0.01	10~12	—	—	—	0.1	0.03	0.1	—	0.55	J			27	高速蒸汽机(1 500 kW)、涡轮压缩机(370 kW)、涡轮泵和高速内燃机轴承
	ZSnSb8Cu4		0.35	3.0~4.0	0.005	0.005	7.0~8.0	—	—	—	0.1	0.03	0.1	—	0.55	J			24	大型机器轴承及轴衬，高速重负荷汽车发动机薄壁双金属轴承
	ZSnSb4Cu4		0.35	4.0~5.0	0.01	0.01	4.0~5.0	—	—	—	—	0.08	0.1	—	0.50	J			20	涡轮内燃机高速轴承及轴衬
铅基	ZPbSb16Sn16Cu2	15~17	其余	1.5~2.0	0.15		15~17	—	—	—	0.1	0.1	0.3	—	0.6	J	—	—	30	110~880 kW 马力蒸汽涡轮机，150~750 kW 电动机和小于 1 500 kW 起重机和重负荷的推力轴承
	ZPbSb15Sn5Cu3Cd2	5.0~6.0		2.5~3.0	0.15		14~16	—			0.1	0.1	0.6~1.0	Cd1.75~2.25	0.4	J			32	抽水机、船舶的机械、小于 250 kW 电动机轴承
	ZPbSb15Sn10	9.0~11	其余	0.7*	0.005	0.005	14~16	—	—	—	0.1	0.1	0.6	Cd0.05	0.45	J			24	中等负荷机器的轴承，也可以作高温轴承之用
	ZPbSb15Sn5	4.0~5.5		0.5~1.0	0.15	0.01	14~15.5	—	—	—	0.1	0.1	0.2	—	0.75	J	—	—	20	低速、轻载机械之轴承
	ZPbSb10Sn6	5.0~7.0		0.7*	0.005	0.005	9.0~11	—	—	—	0.1	0.1	0.25	Cd0.05	0.7	J			18	耐磨、耐蚀、重负荷之轴承

续表 4.4.21

种类	合金牌号	化学成分（质量分数）/% Sn	Pb	Cu	Zn	Al	Sb	Ni	Mn	Si	Fe	Bi	As		其他元素总和	铸造方法	力学性能≥ σ_b/MPa	δ_5/%	布氏硬度HBS	应用举例
铜基	ZcuSn5Pb5Zn5	4.0～6.0	4.0～6.0	其余	4.0～6.0	0.01	0.25	2.5①	—	0.01	0.30	—	—	P0.05 S0.10	0.7	S,J Li	200 250	13 13	60* 65*	参考铸造铜合金相应牌号的应用举例
	ZcuSn10P1	9.0～11.5	0.25		0.05	0.01	0.05	0.10	0.05	0.02	0.10	0.005	—	P0.5～1.0 S0.05	0.7	S J Li	200 310 330	3 2 4	80* 90* 90*	
	ZcuPb10Sn10	9.0～11.0	8.0～11.0		2.0△	0.01	0.5	2.0①	0.2	0.01	0.25	0.005	—	P0.05 S0.10	1.0	S J Li	180 220 220	7 5 6	65* 70* 70*	
	ZcuPb15Sn8	7.0～9.0	13.0～17.0	其余	2.0△	0.01	0.5	2.0①	0.2	0.01	0.25	—	—	P0.10 S0.10	1.0	S J Li	170 200 220	5 6 8	60* 65* 65*	
	ZcuPb20Sn5	4.0～6.0	18～23		2.0△	0.01	0.75	2.5①	0.2	0.01	0.25	—	—	P0.10 S0.10	1.0	S J	150 150	5 6	45* 55*	
	ZcuPb30	1.0	27～33		—	0.01	0.2	—	0.3	0.02	0.5	0.005	0.10	P0.08	1.0	J	—	—	25*	
	ZcuAl10Fe3	0.3	0.2		0.4	8.5～11.0	—	3.0①	1.0△	0.20	2.0～4.0	—	—	—	1.0	S J Li	490 540	13 15	100* 110*	
铝基	ZalSn6Cu1Ni1	5.0～7.0	—	0.7～1.3	—	其余	—	0.7～1.3	0.1	0.7	0.7	—	—	Ti0.2 Fe+Si+Mn≤1.0	1.5	S J	110 130	10 15	35* 40*	

注：① 凡表格中所列两个数值，系指该合金主要元素含量范围，表格中所列单一数值，系指允许的其他元素最高含量。

② 表中有①者为数值，不计入其他元素总和，带“*”者为参考硬度值。

表 4.4.22　铸造锡基轴承合金特性和应用

合金牌号	主要特性	应用举例	合金牌号	主要特性	应用举例
ZSnSb12Pb10Cu4	系含锡量最低的锡基轴承合金，因含铅，其浇注性、热强性较差，其特点是性软而韧、耐压、硬度较高	适用于制造常温、中温环境中，中速、中载的发动机主轴承	ZSnSb8Cu4	比起 ZSnSb11-Cu6 其韧性较好，强度、硬度略低，其他性能与 ZSnSb11Cu6 相近	适于制造工作温度在 100℃以下大型机器轴承及轴衬，高速高载的汽车薄壁双金属轴承
ZSnSb11Cu6	含锡较低，铜、锑含量较高，这种合金具有较高的抗压强度，一定的冲击韧度及硬度，可塑性好，其导热性、耐蚀性、流动性优良，膨胀系数较巴氏合金小，其缺点是工作温度不能高于 110℃，且其疲劳强度较低	适于制造重载、高速、且工作温度低于 110℃的重要轴承，如高速机床主轴的轴承和轴瓦及压缩机电动机的主轴承	ZSnSb4Cu4	其韧性很好，是马氏合金中最高的，强度、硬度比 ZSnSb11Cu6 略低，其他性能与 ZSnSb11Cu6 相近，价格较贵	用于制造重载高速的、要求韧性大而壁薄的轴承，如蜗轮机、蒸汽机、航空及汽车发动机的高速轴承及轴衬

表 4.4.23　铸造铅基轴承合金特性和应用

合金牌号	主要特性	应用举例	合金牌号	主要特性	应用举例
ZPbSb16Sn16Cu2	这种合金比应用最为广泛，ZSnSb11Cu6 合金摩擦系数大，抗压强度高，硬度相同，耐磨性及使用寿命相近，且价格低，但其缺点是冲击韧度低，因此不宜在冲击情况下工作，静负荷下工作较好	适用于无显著冲击载荷、重载高速的轴承，如汽车的曲柄轴承和 880 kW 的蒸汽、水力涡轮机、750 kW 内的发电机、370 kW 内的压缩机、轧钢机等的轴承	ZPbSb15Sn5	与 ZSnSb11Cu6 相比，其耐压强度相同、塑性及热导率较差，不宜在高温高压及冲击负荷下工作，但在工作温度不超过 80～100℃和低冲击载荷条件下，其性能较好，且寿命不低	可用来制造低速、低压、低冲击条件下工作的轴承，如空压机、发动机轴承及中功率电动机、水泵等轴承
ZPbSb15Sn5Cu3Cd2	性能与 ZPbSb16Sn16Cu2 相近，是其良好代用材料	替代 ZPbSb16Sn16Cu2 制造汽车发动机轴承、抽水机、球磨机以及金属切削机床齿轮箱的轴承	ZPbSb10Sn6	性能与锡基轴承合金 ZSnSb4-Cu4 相近，是其理想的代替材料	可替代 ZSnSb4Cu4 浇注工作层厚度大于 0.5 mm，工作温度不大于 120℃，承受中等负载或高速低负荷的轴承，如汽车发动机、空压机、高压油泵、高速转子发动机等的主机轴承及通风机、真空泵等用普通轴承
ZPbSb15Sn10	这种合金与 ZPbSb16Sn16Cu2 相比，冲击韧度高、摩擦系数大，但有良好的减磨性和可塑性，且经退火处理后，其减磨性、塑性、韧性及强度均显著提高	用于制造中等压力、中等转速和冲击负荷的轴承，也可制造高温轴承，如汽车发动机连杆轴承等			

4.5 非金属材料

4.5.1 橡胶

表 4.5.1 常用橡胶的品种、性能和用途

品种(代号)	化学组成	性能特点和用途
天然橡胶(NR)	橡胶烃(聚异戊二烯)为主，含少量树脂酸、无机盐等	弹性大，抗撕裂和电绝缘性优良，耐磨性和耐寒性好，易与其他材料黏合，综合性能优于多种合成橡胶。缺点是耐氧性和耐臭氧酸差，容易老化变质，耐油性和耐溶蚀性不好，抗酸碱能力低，耐热性差，工作温度不超过100℃。用于制作轮胎、胶管、胶带、电缆绝缘层
丁苯橡胶(SBR)	丁二烯和苯乙烯的共聚体	产量最大的合成橡胶，耐磨性、耐老化和耐热性超过天然橡胶。缺点是弹性较低，抗屈挠性能差，加工性能差，用于代替天然橡胶制作轮胎、胶管等
顺丁橡胶(BR)	由丁二烯聚合而成	结构与天然橡胶基本一致，弹性与耐磨性优良，耐老化性好，耐低温性优越，发热小，易与金属黏合， 缺点是强度较低，加工性能差。产量仅次于丁苯橡胶。一般与天然橡胶或丁苯橡胶混用。主要用于制造轮胎、运输带和特殊耐寒制品
异戊橡胶(IR)	以异戊二烯为单体聚合而成	化学组成、结构与天然橡胶相似，性能也相近。有天然橡胶的大都分优点，耐老化性能优于天然橡胶，但弹力和强度较差 加工性能差，成本较高，可代替天然橡胶作轮胎、胶管、胶带等
氯丁橡胶(CR)	由氯丁二烯作单体，聚合而成	有优良的抗氧、抗臭氧性，不易燃，着火后能自熄，耐油、耐溶剂、耐酸碱，耐老化、气密性好。力学性能不低于天然橡胶。主要缺点是耐寒性差，比重较大，相对成本高，电绝缘性不好，用于重型电缆护套，要求耐油、耐腐蚀的胶管、胶带、化工设备衬里，要求耐燃的地下矿山运输带、密封圈、黏结剂等
丁基橡胶(HR)	异丁烯和少量异戊二烯或丁二烯的共聚体	耐臭氧、耐老化、耐热性好，可长期工作在 130℃以下，能耐一般强酸和有机溶剂，吸振、阻尼性好，电绝缘性非常好。缺点是弹性不好(现有品种中最差)，加工性能差。用作内胎、汽球、电线电缆绝缘层、防振制品及耐热运输带等
丁腈橡胶(NBR)	丁二烯和丙烯腈的共聚体	耐汽油和脂肪烃油的能力特别好，仅次于聚硫橡胶、丙烯酸脂橡胶和氟橡胶。耐磨性、耐水性、耐热性及气密性均较好。缺点是强度和弹力较低，耐寒和耐臭氧性能差，电绝缘性不好。用于制造各种耐油制品，如耐油的胶管、密封圈等。也作耐热运输带
乙丙橡胶(EPM)	乙烯和丙烯的共聚体	相对密度最小(0.865)、成本较低的新品种，化学稳定性很好(仅不耐浓硝酸)，耐臭氧、耐老化性能很好，电绝缘性能突出，耐热可达 150℃左右，耐酮脂等极性溶剂，但不耐脂肪烃及芳香烃。缺点是黏着性差、硫化缓慢。用于化工设备衬里、电线、电缆包皮、蒸气胶管及汽车配件
硅橡胶(Si)	主链含有硅、氟原子的特种橡胶	耐高温可达 300℃，低温可达-100℃，是目前最好的耐寒、耐高温橡胶。绝缘性优良，缺点是强度低，耐油、溶剂、酸碱性能差，价格较贵。主要用于耐高、低温制品，如胶管、密封件、电缆绝缘层。由于无毒、无味，用于食品、医疗

续表 4.5.1

品种(代号)	化学组成	性能特点和用途
聚硫橡胶 (T)	分子主链含有硫的特殊橡胶	耐油性突出，化学稳定性也很好，能耐臭氧、日光、各种氧化剂、碱及弱酸等。缺点是耐热、耐寒性不好、力学性能很差。压缩变形大，冷流现象严重。易燃烧，有催泪性气味。工业上很少用作耐油制品，多用作密封腻子或油库覆盖层
氟橡胶 (FPM)	由含氟共聚体得到的	耐高温可达 300℃，耐油性是最好的。不怕酸碱，抗辐射及高真空性能优良，力学性能、电绝缘、耐化学药品腐蚀、耐大气老化等能力都很好，性能全面。缺点是加工性差，价格昂贵，耐寒性差，弹性较低。主要用于飞机、火箭的密封材料、胶管等
聚氨脂橡胶 (UR)	由聚脂(或聚醚)与二异氰酸脂类化合物聚合物而成	在各种橡胶中耐磨性最高。强度、弹性高，耐油性、耐臭氧、耐老化、气密性也都很好。缺点是耐湿性较差，耐水和耐碱性不好，耐溶剂性较差，用于制作轮胎及耐油、耐苯零件、垫圈防震制品等。以及要求高耐寒、高强度、耐油的场合
聚丙烯酸脂橡胶 (AR)	由丙烯酸杠费与丙烯腈乳液共聚而成	有良好的耐热、耐油性，可在 180℃以下热油中使用。耐老化、耐氧化、耐紫外光线，气密性较好。缺点是耐寒性较差，在水中会膨胀，耐芳香族类溶剂性能差，弹性、耐磨、电绝缘性和加工性能不好。用于制造密封件、耐热油软管及化工衬里等
氯磺化聚乙烯橡胶 (CSM)	用氯和 SO_2 处理聚乙烯后再经化而成	耐候性高于其他橡胶，耐臭氧和耐老化性能优良。不易燃、耐热、耐溶剂、耐磨、耐酸碱性能较好，电绝缘性尚可。加工性能不好，价格较贵，因而使用不广。用于制造耐油垫圈、电线、电缆包皮和化工衬里
氯醇橡胶 (共聚型 CHC 均聚型 CHR)	由环氧氯丙烷与环氧氯乙烷共取或由环氧氯丙烷均聚而成	耐溶剂、耐水、耐碱、耐老化性能极好。耐热性、耐候性、耐臭氧性、气密性好，抗压缩变形良好，容易加工，便宜。缺点是强度较低、弹性差、电绝缘性较低。用于作胶管、密封件、胶辊、容器衬里等
氯化聚乙烯橡胶	乙烯、氯乙烯与二氯乙烯的三元聚合物	性能与氯磺化聚乙烯橡胶相近。其特点是流动性好，容易加工，有优良的耐大气老化性、耐臭氧性和耐电晕性。缺点是弹性差，电绝缘性较低。用于胶管、胶带、胶辊、化工容器衬里等

表 4.5.2 工业用橡胶板规格

厚度/mm	公称尺寸	0.5	1.0	1.5	2.0	2.5	3.0	4.0	5.0	6.0	8.0	10
	偏差	±0.1	±0.2	±0.3			±0.4	±0.5		±0.6	±0.8	±1.0
理论质量/(kg·m^{-2})		0.75	1.5	2.25	3.0	3.75	4.5	6.0	7.5	9.0	12	15

厚度/mm	公称尺寸	12	14	16	18	20	22	25	300	40	50
	偏差	±1.2	±1.4	±1.5							
理论质量/(kg·m^{-2})		18	21	24	27	30	33	37.5	45	60	75

注：① 工业橡胶板宽度为 0.5～2.0 m。

② 本标准适用于天然橡胶或合成橡胶为主体材料制成的工业橡胶板。

表 4.5.3 石棉橡胶板的牌号、性能规格(摘自 GB/T 3985－1995)

牌号	表面颜色	适用条件	性能					性能
			σ_b/MPa ≥	密度/(g·cm^{-3})	压缩率/%	回弹率/% ≥	应力松弛率/% ≤	蒸汽密封性
XB450	紫色	450℃，压力 6 MPa	19.0	1.6～2.0	12±5	45	50	在 440～450℃，压力 11～12 MPa，保持 30 min，无击穿
XB400		400℃，压力 5 MPa	15.0					在 300～400℃，压力 8～9 MPa，保持 30 min，无击穿
XB350	红色	350℃，压力 4 MPa	12.0			40		在 340～350℃，压力 7～8 MPa，保持 30 min，无击穿
XB300		300℃，压力 3 MPa	9.0					在 290～300℃，压力 4～5 MPa，保持 30 min，无击穿
XB200	灰色	200℃，压力 1.5 MPa	6.0			35		在 200～220℃，压力 2～3 MPa，保持 30 min，无击穿
XB150		150℃，压力 0.8 MPa	5.0					在 140～150℃，压力 1.5～2 MPa，保持 30 min，无击穿

注：① 本标准适用于最高温度 450℃，最高压力 6 MPa 下的水、水蒸气等介质的设备、管道法兰连接用密封衬垫材料。
② 根据需要石棉橡胶板表面可涂石墨。
③ 石棉橡胶板厚度系列为：0.5，0.6，0.8，1.0，1.5，2.0，2.5，3.0，>3.0 mm。
④ 石棉橡胶板宽度为：0.5，0.62，1.2，1.26，1.5 m；长度为：0.5，0.62，1.0，1.26，1.35，1.5，4.0 m。

表 4.5.4 耐油石棉橡胶板的牌号、使用条件、规格

标记	表面颜色	适用条件	适用范围	厚度/mm	宽、长/m
NY150	灰白	最高温度 150℃ 最大压力 1.5 MPa	作炼油设备及管道及汽车、拖拉机、柴油机的输油管道接合处的密封	0.4；0.5；0.6；0.8；0.9；1.2；1.5；2.0；2.5；3.0	宽：0.55；0.62；1.2；1.26；1.5 长：0.55；0.62；1.0；1.26；1.35；1.5
NY250	浅蓝色	最高温度 250℃ 最大压力 2.5 MPa	作炼油设备及管道法兰连接处的密封		
HNY300	绿色	最高温度 300℃	作航空燃油、石油基润滑油及冷气系统的密封		
NY400	石墨色	最高温度 400℃ 最大压力 4 MPa	作热油、石油裂化、煤蒸馏设备及管道法兰连接处的密封		

注：本标准适用于油类、冷气系统等设备、管道法兰接用密封衬垫材料。

表 4.5.5 耐油石棉橡胶板性能

项目			NY400	NY250	NY150	HNY300
密度/(g·cm^{-3})			1.6～2.0			
压缩率/%			12±5			
回弹率/%		≥	50	45	35	50
油密封性	温度 15～30℃		压力为 12 MPa	压力为 10 MPa	压力为 8 MPa	压力为 15 MPa
	介质为 75 号航空汽油或 3 号喷气燃料		完全密封			
腐蚀性	对硬铝板、低耐碳钢板		—			无腐蚀
横向 σ_b /MPa		≥	—	11.0	9.0	12.7
应力松弛率/ %		≤	45		—	45

4.5.2 塑料

表 4.5.6 常用热固性塑料的特性与用途

名 称	特 性 与 用 途
酚醛塑料 (PF)	力学性能很好，耐热性较高，工作温度可以超过 100℃，在水润滑下摩擦系数很低(0.01～0.03)，pv 值很高，电性能优良，抗酸碱腐蚀能力较好，成型简便，价廉。缺点是较脆，耐光性差，加工性差，只能模压。用于制造电器绝缘件、水润滑轴承、轴瓦、带轮、齿轮、摩擦轮等
脲醛塑料	脲醛树脂和填料、颜料和其他添加剂组成。有优良的电绝缘性，耐电弧好，硬度高，耐磨，耐弱碱、有机溶剂，透明度好，制品彩色鲜艳，价格低廉，无臭无味，但不耐酸和强碱。缺点是强度、耐水性、耐热性都不及酚醛塑料。用于制造电绝缘件、装饰件和日用品
三聚氰氨甲醛塑料	性能同上，但耐水、耐热性能好，耐电弧性能很好，在 20～100℃之间性能无变化。使用矿物填料时，可在 150～200℃范围内使用。无臭无毒，但价格较贵。用于制造电气绝缘件，要求较高的日用品、餐具、医疗器具等
环氧树脂塑料 (EP)	强度较高，韧性较好，电绝缘性能好，有防水、防霉能力，可在-80～150℃下长期工作，在强碱及加热情况下容易被碱分解，脂环型环氧树脂的使用温度可达 200～300℃。用于制造塑料模具、精密量具、机械、仪表和电气构件
有机硅塑料	有机硅树脂与石棉、云母或玻璃纤维等配制而成，耐热性高，可在 180～200℃长期工作。耐高压电弧，高频绝缘性好，能耐碱、盐和弱酸不耐强酸和有机溶剂。用作高绝缘件、湿热带地区电机、电气绝缘件、耐热件等
聚邻苯二甲酸二丙烯树脂塑料(DAP)聚间苯二甲酸二丙烯树脂塑料(DAIP)	DAP 和 DAIP 是两种异构件，性能相近，前者应用较多。耐热性较高(DAP 工作温度为-60～180℃，DAIP 工作温度为 180～230℃)，电绝缘性优异，可耐强酸、强碱及一切有机溶剂，尺寸稳定性高，工艺性能好。缺点是磨损大、成本高。用于制造高速航行器材中的耐高温零件、尺寸稳定性要求高的电子元件、化工设备结构件
聚氨酯塑料	柔韧、耐磨、耐油、耐化学药品、耐辐射、易于成形，但不耐强酸，泡沫聚氨酯的密度小、导热性低，具有优良的弹性、隔热、保温和吸音、防震性能，主要用于泡沫塑料

表 4.5.7 常用热塑性塑料的特性与用途

名 称	特 性 与 用 途
低密度聚乙烯 (LDPE)	有良好的柔软性、延伸性、电绝缘性和透明性，但机械强度、隔湿性、隔气性、耐溶剂性较差。用作各种薄膜和注射、吹塑制品，如包装袋、建筑及农用薄膜、挤出管材(饮水管、排灌管)
高密度聚乙烯 (HDPE)	有较高的刚性和韧性，优良的机构强度和较高的使用温度(80℃)，有较好的耐溶剂性、耐蒸气渗透性和耐环境应力开裂性。用作中空的各种耐腐蚀容器、自行车、汽车零件，硬壁压力管、电线电缆外套管，冷热食品、纺织品的高强度超薄薄膜以及建筑装饰板等
中密度聚乙烯 (MDPE)	有较好的刚性、良好的成型工艺性和低温特性，其抗拉强度、硬度、耐热性不如 HDPE，但耐应力开裂性和强度长期保持性较好。用作压力管道、各种容器及高速包装用薄膜，还可制造发泡制品
超高分子量聚乙烯 (UHMW-PE)	除具有一般 HDPE 的性能外，还具有突出的耐磨性、低磨擦因数和自润滑性，耐高温蠕变性和耐低温性(即使在-269℃也可使用)；优良的抗拉强度、极高的冲击韧度，且低温下也不下降；噪音阻尼性好；同时具有卓越的化学稳定性和耐疲劳性；电绝缘性能优良，无毒性 用途十分广泛，主要用于制造耐磨擦抗冲击的机械零件，代替部分钢铁和其他耐磨材料，如制造齿轮、轴承、导轨、汽车部件、泥浆泵叶轮以及人造关节、体育器械、大型容器、异型管材
聚丙烯 (PP)	是最轻塑料之一，特别是软化点高、耐热性好，连续使用温度高达 110～120℃，抗拉强度和刚性都较好，硬度大、耐磨性好，电绝缘性能和化学稳定性很好，其薄膜阻水阻气性很好且无毒，冲击韧度高、透光率高，主要缺点是低温冲击性差、易脆化。主要用于医疗器具、家用厨房用器具，家电零部件、化工耐腐蚀零件及包装箱、管材、板材；薄膜用于纺织品和食品包装
聚酰胺 (又称尼龙) (PA)	有尼龙-6、尼龙-66、尼龙 1010、尼龙-610、铸型尼龙、芳香尼龙等品种。尼龙坚韧、耐磨耐疲劳、抗蠕变性优良；耐水浸，但吸水性大。PA-6 的弹性、冲击韧度较高；PA-66 的强度较高、摩擦系数小；PA-610 的性能与 PA-66 相似，但吸水性和刚度都较小；PA-1010 半透明，吸水性，耐基性好；铸型 PA 与 PA-6 相似，但强度和耐磨性均高，吸水性较小；芳香 PA 的耐热性较高，耐辐射和绝缘性优良。尼龙用于汽车、机械、化工和电气零部件，如轴承、齿轮、凸轮、泵叶轮、高压密封圈、阀座、输油管、储油容器等；铸型 PA 可制大型机械零件

续表 4.5.7

名称	特性与用途
硬质聚氯乙烯 (PVC)	机械强度较高，化学稳定性及介电性优良，耐油性和抗老化性也较好，易熔接及黏合，价格较低，缺点是使用温度低(在60℃以下)、线膨胀系数大、成型加工性不良。制品有管、棒、板、焊条及管件、工业型材和成型各种机械零件，还可用作耐蚀的结构材料或设备衬里材料(代替有色合金、不锈钢和橡胶)及电气绝缘材料
软质聚氯乙烯 (PVC)	抗拉强度、抗弯强度及冲击韧度均较硬质聚氯乙烯低，但破裂伸长率较高，质柔软、耐磨擦、挠曲、弹性良好，吸水性低，易加工成型，有良好的耐寒性和电气性能，化学稳定性强，能制各种鲜艳而透明的制品，缺点是使用温度低，在-15～55℃。以制造工业、农业、民用薄膜(雨衣、台布)及人造革和电线、电线包覆等为主，还有各种中空容器及日常生活用品
橡胶改性聚苯乙烯 (HIPS-A)	有较好的韧性和一定的冲击韧度，透明度优良，化学稳定性、耐水、耐油性能较好，且易于成型。作透明件，如汽车用各种灯罩和电气零件等
橡胶改性聚苯乙烯 (203A)	有较高的韧性和冲击韧度；耐酸、耐碱性能好，不耐有机溶剂、电气性能优良。透光性好，着色性佳，并易成型。作一般结构零件和透明结构零件以及仪表零件、油浸式多点切换开关、电器仪表外壳等
丙烯腈、丁二烯苯乙烯共聚物 (ABS)	具有良好的综合性能，即高的冲击韧度和良好的力学性能，优良的耐热、耐油性能和化学稳定性，易加工成型性，表面光泽性好、无毒、吸水性低，易进行涂装、着色和电镀等表面装饰，介电性能良好，用途很广，在工业中作一般结构件或耐磨受力传动零件，如齿轮、泵叶轮、轴承；电机、仪表及电视机等外壳；建筑行业中的管材、板材；用ABS制成泡沫夹层板可做小轿车车身
聚甲基丙烯酸甲酯 (PMMA)	最重要的光学塑料，具有优良的综合性能、优异的光学性能，透明性可与光学玻璃媲美，几乎不吸收可见光的全波段光，透光率大于91%，光泽好、轻而强韧，成型加工性良好，耐化学药品性、耐候性好，缺点是表面硬度低、易划伤、静电性强、受热吸水、易膨胀，可作光学透镜及工业透镜、光导纤维、各种透明罩、窗用玻璃、防弹玻璃及高速航空飞机玻璃和文化用品、生活用品
372塑料 (有机玻璃塑料) MMA/S	具有综合优良的物化性能，优良的透明度和光泽度，透光率大于等于90%，机械强度较高，无色、耐光、耐候，易着色，极易加工成型，缺点是表面硬度不够，易擦毛。主要用作透明或不透明的塑料件，如表蒙、光学镜片，各种车灯灯罩、透明管道、仪表零件和各种家庭用品
聚酰亚胺 (PI)	耐热性好、强度高，可在-240～260℃下长期使用，短期可在400℃使用，高温下具有突出的介电性能、力学性能、耐辐照性能、耐燃性能、耐磨性能、自润滑性、制品尺寸稳定性好，耐大多数溶剂、油脂等，缺点是冲击强度对缺口敏感性强，易受强碱及浓无机酸的浸蚀，且不易长期浸于水中。适用于高温、高真空条件下作减磨、自润滑零件，高温电机、电器零件
聚砜 (PSU)	有很高的力学性能、绝缘性能和化学稳定性，可在-100～150℃长期使用，在高温下能保持常温下所具有的各种力学性能和硬度，蠕变值很小。用PTFE充填后，可作磨擦零件。适用于高温下工作的耐磨受力传动零件，如汽车分速器盖、齿轮以及电绝缘零件等
聚酚氧 (苯氧基树脂)	具有优良的力学性能，高的刚性、硬度和冲击韧度，冲击韧度可与聚碳酸脂相比，良好的延展性和可塑性，突出的尺寸稳定性，在具有油润滑的条件下比聚甲醛、聚碳酸酯还耐磨损，耐蠕变性能、电绝缘性能优异，一般推荐最高使用温度为77℃。适用于精密的形状复杂的耐磨受力传动零件、仪表、计算机、汽车、飞机零件
聚苯醚 (PPO)	在高温下有良好的力学性能，特别是抗拉强度和蠕变性极好，具有较高的耐热性(长期使用温度为-127～120℃)，吸湿性低，尺寸稳定性强，成型收缩率低，电绝缘性优良，耐高浓度的酸、碱、盐的水溶液，但溶于氯化烃和芳香烃中，在丙酮、苯甲醇、石油中龟裂和膨胀。适于作在高温工作下的耐磨受力传动零件和耐腐蚀的化工设备与零件，还可代替不锈钢作外科医疗器械
氯化聚醚	耐化学腐蚀性能优异，仅次于聚四氯乙烯，耐腐蚀等级相当于金属镍级，在高温下不耐浓硝酸、浓双氧水和湿氯气，可在120℃下长期使用，强度、刚性比尼龙、聚甲醛等低、耐磨性优异仅次于聚甲醛，吸水性小，成品收缩率小、尺寸稳定，可用火焰喷镀法涂于金属表面，缺点是低温脆性大。代替有色金属和合金、不锈钢作耐腐蚀设备与零件，作为在腐蚀介质中使用的低速和高速、低负荷的精密耐磨受力传动零件
聚碳酸酯 (PC)	具有突出的耐冲击韧度(为一般热塑性塑料之首)和抗蠕变性能，有很高的耐热性，耐寒性也很好，脆化温度达-100℃，抗弯、抗拉强度与尼龙相当，并有较高的延伸长率和弹性模量，尺寸稳定性好，耐磨性与尼龙相当，有一定抗腐蚀能力，透明度高，但易产生应力开裂。用于制作传递中小载荷的零部件，如齿轮、蜗轮、齿条、凸轮、轴承、螺钉、螺帽、离心泵叶轮、阀门、安全帽、需高温消毒的医疗手术器皿。无色透明聚碳酸酯可用于制造飞机、车、船挡风玻璃等

续表 4.5.7

名称	特性与用途
聚甲醛 (POM)	抗拉强度、冲击韧度、刚性、疲劳强度、抗蠕变性能都很高，尺寸稳定性好、吸水性小、磨擦因数小，且有突出的自润滑性、耐磨性和耐化学药品性，价格低于尼龙，缺点是加热易分解。在机械、电器、建筑、仪表等方面广泛用作轴承、齿轮、凸轮、管格、导轨等代替铜、铸锌等有色金属和合金，并可作电动工具外壳，化工、水、煤气的管道和阀门等
聚对苯二甲酸乙二酯 (PETP)	具有很高的力学性能、抗拉强度超过聚甲醛 、抗蠕变性能、刚性硬度都胜过多种工程塑料，吸水性小，线胀系数小，尺寸稳定性高，热力学性能和冲击性能很差，耐磨性同聚甲醛和尼龙。主要用于纤维(我国称“涤纶”)，少量用于薄膜和工程塑料，薄膜主要用于电气绝缘材料和片基，如电影胶片、磁带，用作耐磨受力传动零件
聚四氟乙烯 (PTFE)	耐高低温性能好，可在-250～260℃内长期使用，耐磨性好，静磨擦系数是塑料中最小的，自润滑性、电绝缘性优良，具有优异的化学稳定性，强酸、强碱、强氧化剂、油脂、酮、醚、醇在高温下对它也不起作用，缺点是力学性能较低，刚性差、有冷流动性、热导率低、热膨胀大，需采用预压烧结法，成型加工费用较高。主要用作耐化学腐蚀、耐高温的密封元件，也作输送腐蚀介质的高温管道，耐腐蚀衬里、容器以及轴承、轨道导轨、无油润滑活塞环、密封圈等
聚三氟氯乙烯 (PCTFE)	耐热、电性能和化学稳定性仅次于 PTFE，在 180℃的酸、碱和盐的溶液中亦不溶胀或侵蚀，机械强度、抗蠕变性、硬度都比 PTFE 好些，长期使用温度为-190～130℃，涂层与金属有一定的附着力，其表面坚韧、耐磨、有较高的强度。悬浮液涂于金属表面可作防腐、电绝缘防潮等涂层
全氟(乙烯-丙烯) 共聚物 (FEP)	力学性能、化学稳定性、电绝缘性、自润滑性等基本上与 PTFE 相同，可在-250～200℃长期使用，突出的优点是冲击韧度高，即使带缺口的试样也冲不怕。与 PTFE 相同，用于制作要求大批量生产或外形复杂的零件，并可用注射成型代替 PTFE 的冷压烧结成型

表 4.5.8 常用工程塑料选用参考实例

用途	要求	应用举例	材料
一般结构零件	强度和耐热性无特殊要求，一般用来代替钢材或其他材料，但由于批量大，要求有较高的生产率，成本低，有时对外观有一定要求	汽车调节器盖及喇叭后罩壳、电动机罩壳、各种仪表罩壳、盖板、手轮、手柄、油管、管接头、紧固件等	高密度聚乙烯、聚氯乙烯、改性聚苯乙烯(203A、204)、ABS、聚丙烯等，这些材料只承受较低的载荷，可在 60～80℃范围内使用
	与上述相同，并要求有一定的强度	罩壳、支架、盖板、紧固件等	聚甲醛、尼龙 1010
透明结构零件	除上述要求外，必须具有良好的透明度	透明罩壳、汽车用各类灯罩、油标、油杯、光学镜片、信号灯、防护玻璃以及透明管道等	改性有机玻璃(372)、改性聚苯乙烯(204)、聚碳酸酯
耐磨受力传动零件	要求有较高的强度、刚性、韧性、耐磨性、耐疲劳性，并有较高的热变形温度、尺寸稳定	轴承、齿轮、齿条、蜗轮、凸轮、辊子、联轴器等	尼龙、MC 尼龙、聚甲醛、聚碳酸酯、聚酚氧、氯化聚醚、线型聚酯等。这类塑料的拉伸强度都在 58.8 kPa 以上，使用温度可达 80～120℃
减磨自润滑零件	对机械强度要求往往不高，但运动速度较高，故要求具有低的摩擦系数、优异的耐磨性和自润滑性	活塞环、机械动密封圈、填料、轴承等	聚四氟乙烯、聚四氟烯填充的聚甲醛、聚全氟乙丙烯(F-46)等，在小载荷、低速时可采用低压聚乙烯
耐高温结构零件	除耐磨受力传动零件和减摩自润滑零件要求外，还必须具有较高的热变形温度及高温抗蠕变性	高温工作的结构传动零件，如汽车分速器盖、轴承、齿轮、活塞环、密封圈、阀门、螺母等	聚砜、聚苯醚、氟塑料(F-4、F-46)、聚苯亚胺、聚苯硫醚，以及各种玻璃纤维增强塑料等，这些材料都可在 150℃以上使用
耐腐蚀设备与零件	对酸、碱和有机溶剂等化学药品具有良好的抗腐蚀能力，还具有一定的机械强度	化工容器、管道、阀门、泵、风机、叶轮、搅拌器以及它们的涂层或衬里等	聚四氟乙烯、聚全氟乙丙烯、聚三氯氧乙烯 F-3、氯化聚醚，聚氯乙烯、低压聚乙烯、聚丙烯、酚醛塑料等

4.6 润 滑 剂

4.6.1 润滑油

表 4.6.1 常用润滑油的牌号、主要性质和用途

名 称	代 号	运动粘度/(mm²·s⁻¹)(cSt) 40℃	凝点/℃≤	闪点（开口）/℃≥	主要用途
全损耗系统用油（GB 443－1989）	L-AN10	9.00～11.0	－5	130	用于高速轻载机械轴承的润滑和冷却
	L-AN15	13.5～16.5		150	用于小型机床齿轮箱、传动装置轴承、中小型电动机、风动工具等
	L-AN22	19.8～24.2			主要用在一般机床齿轮变速、中小型机床导轨及 100 kW 以上电动机轴承
	L-AN32	28.8～35.2			
	L-AN46	41.4～50.6		160	主要用在大型机床、大型刨床上
	L-AN68	61.2～74.8			
	L-AN100	90.1～110		180	主要用在低速重载的纺织机械及重型机床、锻压、铸工设备上
	L-AN150	135～165			
工业闭式齿轮油（GB 5903－1995）	L-CKC68	61.2～74.8	－8	180	适用于煤炭、水泥、冶金工业部门大型封闭式齿轮传动装置的润滑
	L-CKC100	90.0～110			
	L-CKC150	135～165		200	
	L-CKC220	198～242			
	L-CKC320	288～352			
	L-CKC460	414～506			
	L-CKC680	612～748	－5	220	
蜗轮蜗杆油（SH 094－1991）	L-CKE220	198～242	－6	200	用于蜗轮蜗杆传动的润滑
	L-CKE320	288～352			
	L-CKE460	414～506		220	
	L-CKE680	612～748			
	L-CKE1000	900～1 100			

4.6.2 润滑脂

表 4.6.2 常用润滑脂的牌号、主要性质和用途

名 称	代 号	滴点/℃不低于	工作锥入度(25℃，150 g)/0.1 mm	主 要 用 途
钙基润滑脂(GB/T 491－1987)	L-XAAMHA1	80	310～340	有耐水性能,用于工作温度低于 55～60℃的各种工农业、交通运输机械设备的润滑，特别是有水或潮湿处
	L-XAAMHA2	85	265～295	
	L-XAAMHA3	90	220～250	
	L-XAAMHA4	95	175～205	
钙基润滑脂(GB/T 492－1989)	L-XACMGA2	160	265～295	有耐水（或潮湿），用于工作温度在－10～110℃的一般中负荷机械设备轴承润滑
	L-XACMGA3		220～250	
通用锂基润滑脂(GB/T 7324－1994)	1 号	170	310～340	有良好的耐水性和耐热性，适用于－20～120℃宽温度范围内各种机械的滚动轴承、滑动轴承及其他摩擦部位的润滑
	2 号	175	265～295	
	3 号	180	220～250	
钙钠基润滑脂(SH/T 0360－1992)	2 号	120	250～290	用于工作温度在 80～100℃、有水分或较潮湿环境中工作的机械润滑，多用于铁路机车、列车、小电动机、发电机滚动轴承（温度较高者）润滑。不适于低温工作
	3 号	135	200～240	
滚珠轴承脂(SY 1514－1998)	ZGN69-2	120	250～290	用于机车、汽车、电动机及其他机械的滚动轴承润滑
7407 号齿轮润滑脂(SY 4036－1984)		160	75～90	适用于各种低速、中、重载荷齿轮、链和联轴器等润滑，使用温度小于等于 120℃，可承受冲击载荷小于等于 2 500 MPa

第 5 章

连　　接

5.1　螺纹及螺纹连接

5.1.1　螺纹

1. 普通螺纹

表 5.1.1　普通螺纹基本尺寸(摘自 GB/T 196—2003)

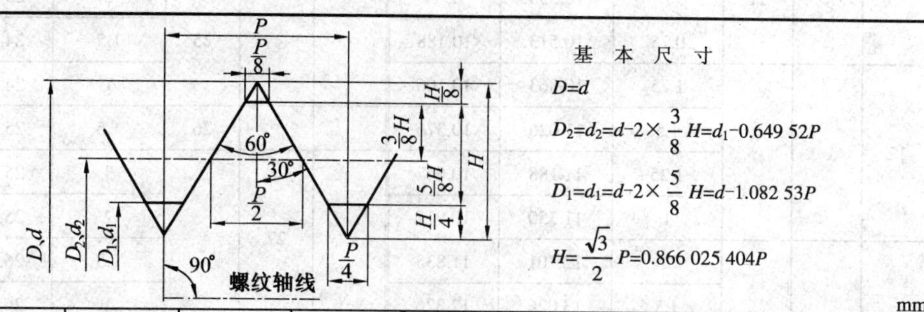

基　本　尺　寸

$D=d$

$D_2=d_2=d-2\times\frac{3}{8}H=d_1-0.649\ 52P$

$D_1=d_1=d-2\times\frac{5}{8}H=d-1.082\ 53P$

$H=\frac{\sqrt{3}}{2}P=0.866\ 025\ 404P$

mm

公称直径 D、d 第一系列	第二系列	第三系列	螺距 P	中径 D_2 或 d_2	小径 D_1 或 d_1
1			0.25	0.838	0.729
			0.2	0.870	0.783
	1.1		0.25	0.938	0.829
			0.2	0.970	0.883
1.2			0.25	1.038	0.929
			0.2	1.070	0.983
	1.4		0.3	1.205	1.075
			0.2	1.270	1.183
1.6			0.35	1.373	1.221
			0.2	1.470	1.383
	1.8		0.35	1.573	1.421
			0.2	1.670	1.583
2			0.4	1.740	1.567
			0.25	1.838	1.729
	2.2		0.45	1.908	1.713
			0.25	2.038	1.929
2.5			0.45	2.208	2.013
			0.35	2.273	2.121
3			0.5	2.675	2.459
			0.35	2.773	2.621
	3.5		(0.6)	3.110	2.850
			0.35	3.273	3.121
4			0.7	3.545	3.242
			0.5	3.675	3.459
	4.5		(0.75)	4.013	3.688
			0.5	4.175	3.959
5			0.8	4.480	4.134
			0.5	4.675	4.459
		5.5	0.5	5.175	4.959
6			1	5.350	4.917
			0.75	5.513	5.188
	7		1	6.350	5.917
			0.75	6.513	6.188
8			1.25	7.188	6.647
			1	7.350	6.917
			0.75	7.513	7.188
		9	(1.25)	8.188	7.647
			1	8.350	7.917
			0.75	8.513	8.188
10			1.5	9.026	8.376

续表 5.1.1 mm

公称直径 D、d 第一系列	第二系列	第三系列	螺距 P	中径 D_2 或 d_2	小径 D_1 或 d_1
10			1.25	9.188	8.647
			1	9.350	8.917
			0.75	9.513	9.188
		11	(1.5)	10.026	9.376
			1	10.350	9.917
			0.75	10.513	10.188
12			1.75	10.863	10.106
			1.5	11.026	10.376
			1.25	11.188	10.647
			1	11.350	10.917
	14		2	12.701	11.835
			1.5	13.026	12.376
			(1.25)[①]	13.188	12.647
			1	13.350	12.917
		15	1.5	14.026	13.376
			(1)	14.350	13.917
16			2	14.701	13.835
			1.5	15.026	14.376
			1	15.350	14.917
		17	1.5	16.026	15.376
			(1)	16.350	15.917
	18		2.5	16.376	15.294
			2	16.701	15.835
			1.5	17.026	16.376
			1	17.350	16.917
20			2.5	18.376	17.294
			2	18.701	17.835
			1.5	19.026	18.376
			1	19.350	18.917
	22		2.5	20.376	19.294
			2	20.701	19.835
			1.5	21.036	20.376
			1	21.350	20.917
24			3	22.051	20.752
			2	22.701	21.835
			1.5	23.026	22.376
			1	23.350	22.917
		25	2	23.701	22.835
			1.5	24.026	23.376
			1	24.350	23.917
		26	1.5	25.026	24.376
	27		3	25.051	23.752
			2	25.701	24.835
			1.5	26.026	25.376
			1	26.350	25.917
		28	2	26.701	25.835
			1.5	27.026	26.376
			1	27.350	26.917
30			3.5	27.727	26.211
			(3)	28.051	26.752
			2	28.701	27.835
			1.5	29.026	28.376
			1	29.350	28.917
		32	2	30.701	29.835
			1.5	31.026	30.376
	33		3.5	30.727	29.211
			(3)	31.051	29.752
			2	31.701	30.835
			1.5	32.026	31.376
		35[②]	1.5	34.026	33.376
36			4	33.402	31.670
			3	34.051	32.752
			2	34.701	33.835
			1.5	35.026	34.376
		38	1.5	37.026	36.376

注：① M14×1.25 仅用于火花塞；

② M35×1.5 仅用于滚动轴承锁紧螺母。

续表 5.1.1

mm

公称直径 D、d 第一系列	第二系列	第三系列	螺距 P	中径 D_2 或 d_2	小径 D_1 或 d_1
	39		4	36.402	34.670
			3	37.051	35.752
			2	37.701	36.835
			1.5	38.026	37.376
		40	3	38.051	36.752
			2	38.701	37.835
			1.5	39.026	38.376
42			4.5	39.077	37.129
			4	39.402	37.670
			3	40.051	38.752
			2	40.701	39.835
			1.5	41.026	40.376
	45		4.5	42.077	40.129
			4	42.402	40.670
			3	43.051	41.752
			2	43.701	42.835
			1.5	44.026	43.376
48			5	44.752	42.587
			4	45.402	43.670
			3	46.051	44.752
			2	46.701	45.835
			1.5	47.026	46.376
		50	3	48.051	46.752
			2	48.701	47.835
			1.5	49.026	48.376
	52		5	48.752	46.587
			4	49.402	47.670
			3	50.051	48.752
			2	50.701	49.835
			1.5	51.026	50.376
		55	4	52.402	50.670
			3	53.051	51.752
			2	53.701	52.835
			1.5	54.026	53.376
56			5.5	52.428	50.046
			4	53.402	51.670
			3	54.051	52.752
			2	54.701	53.835
			1.5	55.026	54.376
		58	4	55.402	53.670
			3	56.051	54.752
			2	56.701	55.835
			1.5	57.026	56.376
	60		5.5	56.428	54.046
			4	57.402	55.670
			3	58.051	56.752
			2	58.701	57.835
			1.5	59.026	58.376
		62	4	59.402	57.670
			3	60.051	58.752
			2	60.701	59.835
			1.5	61.026	60.376
64			6	60.103	57.505
			4	61.402	59.670
			3	62.051	60.752
			2	62.701	61.835
			1.5	63.026	62.376
		65	4	62.402	60.670
			3	63.051	61.752
			2	63.701	62.835
			1.5	64.026	63.376
	68		6	64.103	61.505
			4	65.406	63.670
			3	66.051	64.752
			2	66.701	65.835
			1.5	67.026	66.376
		70	6	66.103	63.505
			4	67.402	65.670

续表 5.1.1 mm

公称直径 D、d 第一系列	第二系列	第三系列	螺距 P	中径 D_2 或 d_2	小径 D_1 或 d_1
		70	3	68.051	66.752
			2	68.701	67.835
			1.5	69.026	68.376
72			6	68.103	65.505
			4	69.402	67.670
			3	70.051	68.752
			2	70.701	69.835
			1.5	71.026	70.376
		75	4	72.402	70.670
			3	73.051	71.752
			2	73.701	72.835
			1.5	74.026	73.376
	76		6	72.103	69.505
			4	73.402	71.670
			3	74.051	72.752
			2	74.701	73.835
			1.5	75.026	74.376
		78	2	76.701	75.835
80			6	76.103	73.505
			4	77.402	75.670
			3	78.051	76.752
			2	78.701	77.835
			1.5	79.026	78.376
		82	2	80.701	79.835
	85		6	81.103	78.505
			4	82.402	80.670
			3	83.051	81.752
			2	83.701	82.835
90			6	86.103	83.505
			4	87.402	85.670
			3	88.051	86.752
			2	88.701	87.835
	95		6	91.103	88.505
			4	92.402	90.670
			3	93.051	91.752
			2	93.701	92.835
100			6	96.103	93.505
			4	97.402	95.670
			3	98.051	96.752
			2	98.701	97.835
	105		6	101.103	98.505
			4	102.402	100.670
			3	103.051	101.752
			2	103.701	102.835
110			6	106.103	103.505
			4	107.402	105.670
			3	108.051	106.752
			2	108.701	107.835
	115		6	111.103	108.505
			4	112.402	110.670
			3	113.051	111.752
			2	113.701	112.835
	120		6	116.103	113.505
			4	117.402	115.670
			3	118.051	116.752
			2	118.701	117.835
125			8	119.804	116.340
			6	121.103	118.505
			4	122.402	120.670
			3	123.051	121.752
			2	123.701	122.835
	130		8	134.804	121.340
			6	126.103	123.505
			4	127.402	125.670
			3	128.051	126.752
			2	128.701	127.835
		135	6	131.103	128.505
			4	132.402	130.670
			3	133.051	131.752
			2	133.701	132.835
140			8	134.804	131.340
			6	136.103	133.505
			4	137.402	135.670
			3	138.051	136.752
			2	138.701	137.835

表 5.1.2 普通螺纹内螺纹优选公差带(GB/T 197—2003)

精度	公差带位置 G			公差带位置 H		
	S	N	L	S	N	L
精密				4H	5H	6H
中等	(5G)	6G	(7G)	5H	6H	7H
粗糙		(7G)	(8G)		7H	8H

注：大量生产的紧固件螺纹，推荐采用带方框的公差带。

表 5.1.3 外螺纹选用公差带(GB/T 197—2003)

精度	公差带位置 e			公差带位置 f			公差带位置 g			公差带位置 h		
	S	N	L	S	N	L	S	N	L	S	N	L
精密	—	—	—	—	—	—	—	(4g)	(5g4g)	(3h4h)	4h	(5h4h)
中等	—	6e	(7e6e)		6f	—	(5g6g)	6g	(7g6g)	(5h6h)	6h	(7h6h)
粗糙	—	(8e)	(9e8e)	—	—	—		8g	(9g8g)	—	—	—

注：大量生产的紧固件螺纹，推荐采用带方框的公差带。

几项说明：

(1)螺纹代号

粗牙螺纹用字母“M”及“公称直径”表示；

细牙螺纹用字母“M”及“公称直径×螺距”表示；

当螺纹为左旋时，在代号之后加“左”字。

(2)公差带代号

螺纹公差带代号包括中径公差带和顶径公差带。中径公差带在前，顶径公差带在后。两者代号相同时只标一个代号。

螺纹公差带代号与螺纹代号之间用“-”分开。

表示螺纹副时，前面写内螺纹公差带代号，后面写外螺纹公差带代号，中间用斜线“/”分开。

(3)旋合长度代号

中等旋合长度(N)时，不标注旋合长度代号。短和长旋合长度时，分别标注旋合长度代号 S 和 L。特殊需要时，可标注具体的旋合长度数值。

旋合长度代号与公差代号间用“-”分开。

(4)标记示例

M10-5g6g　　M10×1-6H

M20×2 左-6H/5g6g

M10-7H-L　M20×2-7g6g-40

2. 梯形螺纹

梯形螺纹不适用于对传动精度有特殊要求的场合，如机床的丝杠。

表 5.1.4 梯形螺纹最大实体牙型尺寸、直径与螺距系列(摘自 GB/T 5796.1－2005、GB/T 5796.2)

$H_1=0.5P$；

$h_3=H_4=H_1+a_c$； $d_3=d-2h_3$；

$Z=0.25P=H_1/2$； $D_2=d_2=d-0.5P$；

$R_{1\max}=0.5a_c$； $D_4=d+2a_c d$；

$R_{2\max}=a_c$； $D_1=d-P$；

a_c——牙顶间隙

mm

公称直径		螺距 P	公称直径		螺距 P	公称直径		螺距 P	公称直径		螺距 P
第一系列	第二系列		第一系列	第二系列		第一系列	第二系列		第一系列	第二系列	
8		1.5	32	30	10，6*，3	70	65	16，10*，4	160	170	28，16*，6
10	9	2*，1.5	36	34		80	75		180		28，18*，8
	11	3，2*		38	10，7*，3		85	18，12*，4	200	190	32，18*，8
12	14	3*，2	40	42		90	95		220	210	36，20*，8
16	18	4*，2	44		12，7*，3	100	110	20，12*，4	230		36，20*，8
20			48	46	12，8*，3	120	130	22，14*，6	240		36，22*，8
24	22	8，5*，3	52	50	12，8*，3	140		24，14*，6	260	250	40，22*，12
28	26		60	55	14，9*，3		150	24，16*，6	280	270	40，24*，12

注：牙顶间隙：$P=1.5$，$a_c=0.15$；$P=2\sim5$；$P=6\sim12$，$a_c=0.5$；$P=14\sim40$，$a_c=1$。

表 5.1.5 内、外螺纹优选公差带(GB/T 5796.4－2005)

精度	内螺纹		外螺纹	
	N	L	N	L
中等	7H	8H	7h 7e	8e
粗糙	8H	9H	8e 8c	9c

标记示例：

内螺纹：Tr40×7-7H

外螺纹：Tr40×7-7e

左旋螺纹：Tr40×7LH-7e

螺纹副：Tr40×7-7H/7e

旋合长度为 L 组的多线螺纹：Tr40×14(P7)-8e-L

旋合长度为特殊值：Tr40×7-7e-140

3. 锯齿形螺纹

表 5.1.5 锯齿形螺纹直径、螺距系列与牙型尺寸(GB/T 13576.3—1992)

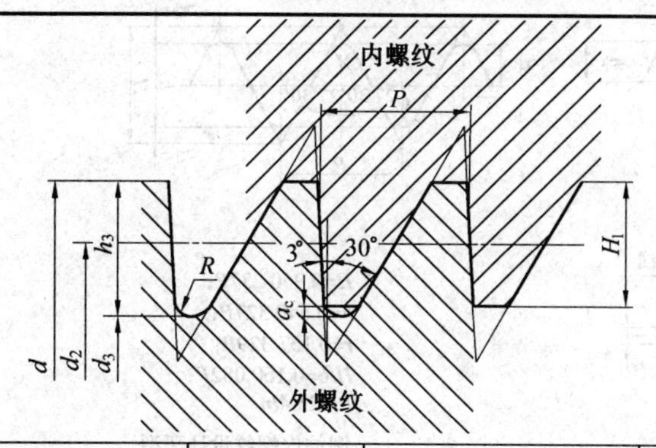

$H_1=0.75P$； $D_2=d_2=d-0.75P$；
$a_c=0.117\ 767P$； $d_3=d-1.735\ 534P$；
$h_3=H_1+a_c=0.867\ 767P$； $D_1=1.5P$；
$R=0.124\ 271\ P$

mm

公称直径 d 第一系列	公称直径 d 第二系列	螺距 P	公称直径 d 第一系列	公称直径 d 第二系列	螺距 P	公称直径 d 第一系列	公称直径 d 第二系列	螺距 P
10		2*	60	55	14，9*，3	200	190	32，18*，8
12	14	3*，2	70，80	65，75	16，10*，4	220	210，230	36，20*，8
16,20	18	4*，2	90	85，95	18，12*，4	240		36，22*，8
24,28	22,26	8，5*，3	100	110	20，12*，4	260	250	40，22*，12
32,36	30,34	10，6*，3	120	130	22，14*，6	280	270	40，24*，12
40	38,42	10，7*，3	140		24，14*，6	300	290	44，24*，12
44		12，7*，3	160	170	28，16*，6	340	320	44，12
48,52	46,50	12，8*，3	180		28，18*，8	380	360，400	12

表 5.1.6 内、外螺纹选用公差带(GB/T 13576.4—1992)

精度	内螺纹 N	内螺纹 L	外螺纹 N	外螺纹 L
中等	7A	8A	7c	8c
粗糙	8A	9A	8c	9c

注：*N* 代表中等旋合长度，*L* 代表长旋合长度。

标记示例：

内螺纹：B40×7-7A(旋合长度 *N* 不标注)

外螺纹：B40×7-7C

左旋外螺纹：B40×7LH-7C(*d*)(*d* 表示中径定心)

多线螺纹：B40×14(P7)-8c

旋合长度为特殊需要的螺纹：B40×7-7C-140

4. 55°密封管螺纹

表 5.1.7 密封管螺纹的基本尺寸(GB/T 7306—2000)

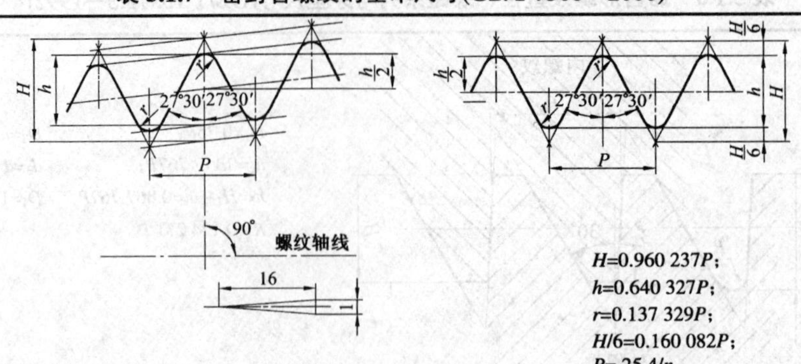

圆锥螺纹设计牙型

圆柱内螺纹设计牙型

mm

1	2	3	4	5	6	7	8	9	10
尺寸代号	每 25.4mm 内的牙数 n	螺距 P	牙高 h	圆弧半径 $r\approx$	基面上的基本直径			基准距离	外螺纹的有效螺纹长度
					大径(基准直径) $d=D$	中径 $d_2=D_2$	小径 $d_1=D_1$		
1/16	28	0.907	0.581	0.125	7.723	7.142	6.561	4.0	6.5
1/8	28	0.907	0.581	0.125	9.728	9.147	8.566	4.0	6.5
1/4	19	1.337	0.856	0.184	13.157	12.301	11.445	6.0	9.7
3/8	19	1.337	0.856	0.184	16.662	15.806	14.950	6.4	10.1
1/2	14	1.814	1.162	0.249	20.955	19.793	18.631	8.2	13.2
3/4	14	1.814	1.162	0.249	26.441	25.279	24.117	9.5	14.5
1	11	2.309	1.479	0.317	33.249	31.770	30.291	10.4	16.8
$1^1/_4$	11	2.309	1.479	0.317	41.910	40.431	38.952	12.7	19.1
$1^1/_2$	11	2.309	1.479	0.317	47.803	46.324	44.845	12.7	19.1
2	11	2.309	1.479	0.317	59.614	58.135	56.656	15.9	23.4
$2^1/_2$	11	2.309	1.479	0.317	75.184	73.705	72.226	17.5	26.7
3	11	2.309	1.479	0.317	87.884	86.405	84.926	20.6	29.8
4	11	2.309	1.479	0.317	113.030	111.551	110.072	25.4	35.8
5	11	2.309	1.479	0.317	138.430	136.951	135.472	28.6	40.1
6	11	2.309	1.479	0.317	163.830	162.351	160.872	28.6	40.1

几项说明：

（1）螺纹的中径(D_2、d_2)和小径(D_1、d_1)按下列公式计算

$$d_2 = D_2 = d - 0.640\,327P$$

$$d_1 = D_1 = d - 1.280\,654P$$

（2）55° 密封管螺纹有两种连接形式。圆锥内螺纹与圆锥外螺纹形成“锥/锥”配合；圆柱内螺纹与圆锥外螺纹形成“柱/锥”配合。

（3）管螺纹的标记由螺纹特征代号和尺寸代号组成。螺纹特征代号：

R_c——圆锥内螺纹；

R_p——圆柱内螺纹；

R_1——与 R_p 配合使用的圆锥外螺纹；

R_2——与 R_e 配合使用的圆锥外螺纹。

对左旋螺纹，在尺寸代号后加注“LH”。

表示螺纹副时，内、外螺纹的特征代号用斜线分开，左边表示内螺纹，右边表示外螺纹，中间用斜线分开。

标记示例：

圆锥内螺纹 $R_c1^1/_2$；

圆柱内螺纹 $R_p1^1/_2$；

圆锥外螺纹 $R_11^1/_2$，$R_21^1/_2$；

左旋螺纹副 $R_c/R_21^1/_2$–LH，$R_p/R_11^1/_2$–LH。

5.1.2 螺纹连接件

1. 螺栓

表 5.1.8 粗牙(GB/T 5782－2000)、细牙(GB/T 5785－2000) 六角头螺栓

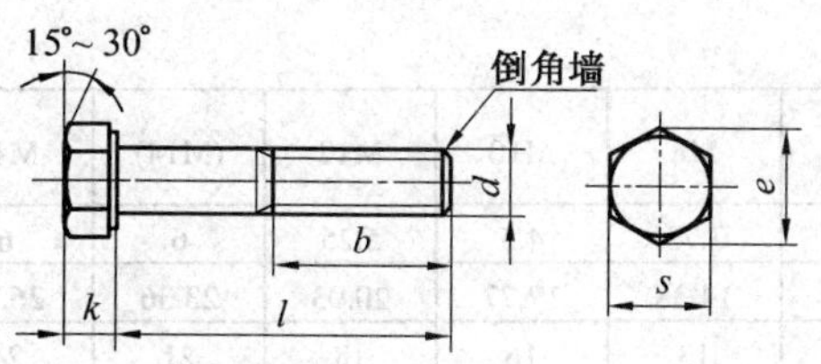

标记示例：

螺纹规格 d=M12、公称长度 l=80 mm、性能等级为 8.8 级、表面氧化、A 级六角头螺栓的标记：

螺栓 GB/T 5782 M12×80

螺纹规格 d=M12×1.5、公称长度 l=80 mm、细牙螺纹、性能等级为 8.8 级、表面氧化、A 级六角头螺栓的标记：

螺栓 GB/T 5785 M12×1.5×80

mm

项目		M3	M4	M5	M6	M8	M10	M12	(M14)	M16
螺纹规格(6g)	d	M3	M4	M5	M6	M8	M10	M12	(M14)	M16
	d×P	—	—	—	—	M8×1	M10×1	M12×1.5	(M14×1.5)	M16×1.5
		—	—	—	—	—	(M10×1.25)	(M12×1.25)		—
b(参考)	l≤125	12	14	16	18	22	26	30	34	38
	125<l≤200	—	—	—	—	28	32	36	40	44
	l>200	—	—	—	—	41	45	49	57	57
e min	A 级	6.01	7.66	8.79	11.05	14.38	17.77	20.03	23.36	26.75
	B 级	—	—	—	—	14.2	17.59	19.85	22.78	26.17
s	max	5.5	7	8	10	13	16	18	21	24
s min	A 级	5.32	6.78	7.78	9.78	12.73	15.73	17.73	20.67	23.67
	B 级	—	—	—	—	12.57	15.57	17.57	20.16	23.16
k	公称	2	2.8	3.5	4	5.3	6.4	7.5	8.8	10
l①长度范围	A 级	20～30	25～40	25～40	30～60	35～80	40～100	45～120	50～140	55～140
	B 级	—	—	—	—	—	—	—	—	160

项目		(M18)	M20	(M22)	M24	(M27)	M30	M(33)	M36
螺纹规格(6g)	d	(M18)	M20	(M22)	M24	(M27)	M30	M(33)	M36
	d×P	(M18×1.5)	M(20×2)	(M22×1.5)	M24×2	(M27×2)	M30×2	(M33×2)	M36×3
		—	M20×1.5	—	—	—	—	—	—
b(参考)	l≤125	42	46	50	54	60	66	72	78
	125<l≤200	48	52	56	60	66	72	78	84
	l>200	61	65	69	73	79	85	91	97
e min	A 级	30.14	33.53	37.72	39.98	—	—	—	—
	B 级	29.56	32.95	37.29	39.55	45.2	50.85	55.37	60.79
s	max	27	30	34	36	41	46	50	55
s min	A 级	26.67	29.67	33.38	35.38	—	—	—	—
	B 级	26.16	29.16	33	35	40	45	49	53.8
k	公称	11.5	12.5	14	15	17	18.7	21	22.5
l①长度范围	A 级	60～150	65～150	70～150	80～150	90～150	90～150	100～150	110～150
	B 级	160～180	160～200	160～220	160～240	160～260	160～300	160～320	110～360②

项目		(M39)	M42	(M45)	M48	(M52)	M56	(M60)	M64
螺纹规格(6g)	d	(M39)	M42	(M45)	M48	(M52)	M56	(M60)	M64
	d×P	(M39×3)	M42×3	(M45×3)	M48×3	(M52×4)	M56×4	(M60×4)	M64×4
b(参考)	l≤125	84	—	—	—	—	—	—	—
	125<l≤200	90	96	102	108	116	124	132	140
	l>200	103	109	115	121	129	137	145	153
e min	B 级	66.44	71.3	76.95	82.6	88.25	93.56	99.21	104.86
s	max	60	65	70	75	80	85	90	95
s min	B 级	58.8	63.1	68.1	73.1	78.1	82.8	87.8	92.8
k	公称	25	26	28	30	33	35	38	40
l①长度范围	B 级	130～380	120～400	130～400	140～400	150～400	160～400	180～400	200～400

① 长度系列为 20～50(5 进位)，(55)，60，(65)，70～160(10 进位)，180～400(20 进位)；

② GB/T 5785 规定为 160～300。

注：① 括号内为非优选的螺纹规格，尽可能不采用。

② 表面处理、钢-氧化、镀锌钝化；不锈钢-不经处理。

③ 性能等级

	M8～M20	(M22)～(M39)	M42～M64
钢	8.8、10.9		按协议
不锈钢	A2-70	A2-50	按协议

表 5.1.9 粗牙全螺纹六角头螺栓(GB/T 5783—2000)

标记示例：

螺纹规格 d=M12、公称长度 l=80 mm、性能等级为 8.8 级、表面氧化、全螺纹、A 级六角头螺栓的标记：

螺栓 GB/T 5783 M12×80

mm

螺纹规格(6g)	d	M3	M4	M5	M6	M8	M10	M12	(M14)	M16
a	max	1.5	2.1	2.4	3	3.75	4.5	5.25	6	6
e min	A 级	6.01	7.66	8.79	11.05	14.38	17.77	20.03	23.36	26.75
s	max	5.5	7	8	10	13	16	18	21	24
s min	A 级	5.32	6.78	7.78	9.78	12.73	15.73	17.73	20.67	23.67
k	公称	2	2.8	3.5	4	5.3	6.4	7.5	8.8	10
l①	A 级	6～30	8～40	10～50	12～60	16～80	20～100	25～120	30～140	30～100
性能等级	钢	8.8、10.9								
	不锈钢	A2-70								
表面处理	钢	(1)氧化 (2)镀锌钝化								
	不锈钢	不经处理								

螺纹规格(6g)	d	(M18)	M20	(M22)	M24	(M27)	M30	(M33)	M36
a	max	7.5	7.5	7.5	9	9	10.5	10.5	12
d_a	max	20.2	22.4	24.4	26.4	30.4	33.4	36.4	39.4
e min	A 级	30.14	33.53	37.72	39.98	—	—	—	—
	B 级	29.56	—	37.29	—	45.2	50.85	55.37	60.79
s	max	27	30	34	36	41	46	50	55
s min	A 级	26.67	29.67	33.38	35.38	—	—	—	—
	B 级	26.16	—	33	—	40	45	49	53.8
k	公称	11.5	12.5	14	15	17	18.7	21	22.5
l① 长度范围	A 级	35～100	40～150	45～150	40～100	55～200	60～200	65～200	70～200
	B 级	160～200	160～200	160～200	—	—	—	—	—
性能等级	钢	8.8、10.9							
	不锈钢	A2-70		A2-50					
表面处理	钢	(1)氧化 (2)镀锌钝化							
	不锈钢	不经处理							

螺纹规格(6g)	d	(M39)	M42	(M45)	M48	(M52)	M56	(M60)	M64
a	max	12	13.5	13.5	15	15	16.5	16.5	18
e min	B 级	66.44	71.03	76.95	82.6	88.25	93.56	99.21	104.86
s	max	60	65	70	75	80	85	90	95
	B 级	58.8	63.1	68.1	73.1	78.1	82.8	87.8	92.8
k	公称	25	26	28	30	33	35	38	40
l① 长度范围	A 级	80～200	80～200	90～200	100～200	100～200	110～200	110～200	120～200
性能等级	钢	8.8、10.9	按协议						
	不锈钢	A2～50							
表面处理	钢	(1)氧化 (2)镀锌钝化							
	不锈钢	不经处理							

① 长度系列为 6，8，10，12，16，20～70(5 进位)，70～160(10 进位)，160～200(20 进位)。

注：括号内为非优选的螺纹规格。

表 5.1.10 细牙全螺纹六角头螺栓(GB/T 5786—2000)(图同表 5.1.9)

mm

螺纹规格 $d \times P$ (6g)			M8×1	M10×1	M12×1.5	(M14×1.5)	M16×1.5	(M18×1.5)	(M20×2)
			—	(M10×1.25)	(M12×1.25)	—	—	—	M20×1.5
a	max		3	3(4)②	4.5(4)②	4.5	4.5	4.5	4.5(6)②
e	min	A级	14.38	17.77	20.03	23.36	26.75	30.14	33.53
		B级	14.20	17.59	19.85	22.78	26.17	29.56	32.95
s	max		13	16	18	21	24	27	30
	min	A级	12.73	15.73	17.73	20.67	23.67	26.67	29.67
		B级	12.57	15.57	17.57	20.16	23.16	26.16	29.16
k	公称		5.3	6.4	7.5	8.8	10	11.5	12.5
l①		A级	16～90	20～100	25～120	30～140	35～150	35～150	40～150
		B级	—	—	—	—	160	160～180	160～200
性能等级	钢		5.6、8.8、10.9						
	不锈钢		A2-70、A4-70						
表面处理	钢		氧化						
	不锈钢		简单处理						

螺纹规格 $d \times P$ (6g)			(M22×1.5)	M24×2	(M27×2)	M30×2	(M33×2)	M36×3	(M39×3)
a	max		4.5	6	6	6	6	9	9
e	min	A级	37.72	39.98	—	—	—	—	—
		B级	37.29	39.55	45.2	50.58	55.37	60.79	66.44
s	max		34	36	41	46	50	55	60
	min	A级	33.38	35.38	—	—	—	—	—
		B级	33	35	40	45	49	53.8	58.8
k	公称		14	15	17	18.7	21	22.5	25
l① 长度范围		A级	45～150	40～150	—	—	—	—	—
		B级	160～220	160～200	55～280	40～220	65～360	40～220	80～380
性能等级	钢		5.6、8.8、10.9						
	不锈钢		A2-70、A4-70、A2-50、A4-50						
表面处理	钢		氧化						
	不锈钢		简单处理						

螺纹规格 $d \times P$ (6g)			M42×3	(M45×3)	M48×3	(M52×4)	M56×4	(M60×4)	M64×4
a	max		9	9	9	12	12	12	12
e	min	B级	71.3	76.95	82.6	88.25	93.56	99.21	104.86
s	max		65	70	75	80	85	90	95
	min	B级	63.1	68.1	73.1	78.1	82.8	87.8	92.8
k	公称		26	28	30	33	35	38	40
l① 长度范围		B级	90～420	90～440	100～480	100～500	120～500	110～500	130～500
性能等级	钢		按协议						
	不锈钢								
表面处理	钢		氧化						
	不锈钢		简单处理						

① 长度系列为 16，20～70(5 进位)，70～160(10 进位)，180～500(20 进位)。

注：括号内为非优选的螺纹规格。

标记示例：

螺纹规格 d=M12×1.5、公称长度 l=80 mm、细牙螺纹、性能等级为 8.8 级、表面氧化、全螺纹、A 级六角头螺栓的标记：

螺栓 GB/T 5786 M12×1.5×80。

表 5.1.11　C 级六角头螺栓(GB/T 5780—2000)和全螺纹六角头螺栓(GB/T 5781—2000)

GB/T 5780

GB/T 5781

标记示例：

螺纹规格 d=M12、公称长度 l=80 mm、性能等级为 4.8 级、不经表面处理、C 级六角头螺栓的标记：

螺栓 GB/T 5780　M12×80

mm

螺纹规格 d (8g)		M5	M6	M8	M10	M12	(M14)	M16	(M18)	M20	(M22)	M24	(M27)
b	l≤125	16	18	22	26	30	34	38	42	46	50	54	60
	125<l≤200	22	24	28	32	36	40	44	48	52	56	60	66
	l>200	35	37	41	45	49	53	57	61	65	69	73	79
a max		2.4	3	4	4.5	5.3	6	6	7.5	7.5	7.5	9	9
e min		8.63	10.89	14.2	17.59	19.85	22.78	26.17	29.56	32.95	37.29	39.55	45.2
k 公称		3.5	4	5.3	6.4	7.5	8.8	10	11.5	12.5	14	15	17
s	max	8	10	13	16	18	21	24	27	30	34	36	41
	min	7.64	9.64	12.57	15.57	17.57	20.16	23.16	26.16	29.16	33	35	40
l	GB/T5780	25～50	30～60	40～80	45～100	55～120	60～140	65～160	80～180	65～200	90～220	100～240	110～260
	GB/T5781	10～50	12～60	16～80	20～100	25～180	30～140	30～160	35～180	40～200	45～220	50～240	55～280
性能等级	钢	3.6、4.6、4.8											
表面处理	钢	(1)不经处理　(2)电镀　(3)非电解锌粉覆盖层											

螺纹规格 d (8g)		M30	(M33)	M36	(M39)	M42	(M45)	M48	(M52)	M56	(M60)	M64
b	l≤125	66	72	—	—	—	—	—	—	—	—	—
	125<l≤200	72	78	84	90	96	102	108	116	—	132	—
	l>200	85	91	97	103	109	115	121	129	137	145	153
a max		10.5	10.5	12	12	13.5	13.5	15	15	16.5	16.5	18
e min		50.85	55.37	60.79	66.44	72.02	76.95	82.6	88.25	93.56	99.21	104.86
k 公称		18.7	21	22.5	25	26	28	30	33	35	38	40
s	max	46	50	55	60	65	70	75	80	85	90	95
	min	45	49	53.8	58.8	63.8	68.1	73.1	78.1	82.8	87.8	92.8
l① 长度范围	GB/T5780	120～300	130～320	140～360	150～400	180～420	180～440	200～480	200～500	240～500	240～500	260～500
	GB/T5781	60～300	65～360	70～360	80～400	80～420	90～440	100～480	100～500	110～500	120～500	120～500
性能等级	钢	3.6、4.6、4.8				按协议						
表面处理	钢	(1)不经处理　(2)电镀　(3)非电解锌粉覆盖层										

① 长度系列为 10，12，16，20～70(5 进位)，70～150(10 进位)，180～500(20 进位)。

注：尽可能不采用括号内的规格。

表 5.1.12 六角头铰制孔用螺栓(GB/T 27—1988)

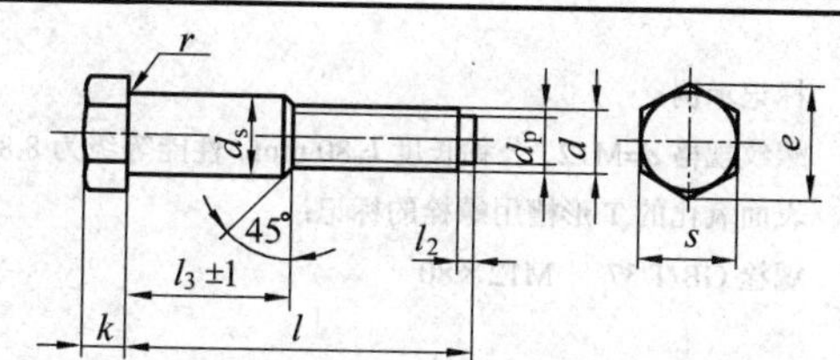

标记示例：

螺纹规格 d=M12、公称长度 l=80 mm、性能等级为 8.8 级、表面氧化、A 级六角头铰制孔用螺栓的标记：

螺栓 GB/T 27 M12×80

d_s 按 m6 制造时应加标记 m6：

螺栓 GB/T 27 M12m6×80

mm

螺纹规格 d (6g)			M6	M8	M10	M12	(M14)	M16	(M18)	M20
d_s (h9)	max		7	9	11	13	15	17	19	21
s	max		10	13	16	18	21	24	27	30
	min	A 级	9.78	12.73	15.73	17.73	20.67	23.67	26.67	29.67
		B 级	9.64	12.57	15.57	17.57	20.16	23.16	26.16	29.16
k 公称			4	5	6	7	8	9	10	11
d_p			4	5.5	7	8.5	10	12	13	15
l_2			1.5		2			3		4
e	min	A 级	11.05	14.38	17.77	20.03	23.35	26.75	30.14	33.53
		B 级	10.89	14.20	17.59	19.85	22.78	26.17	29.56	32.95
g			2.5				3.5			
l[①]长度范围			25～65	25～80	30～120	35～180	40～180	45～200	50～200	55～200
$l-l_3$			12	15	18	22	25	28	30	32
性能等级			8.8							
表面处理			氧化							

螺纹规格 d (6g)			(M22)	M24	M(27)	M30	M36	M42	M48
d_s (h9)	max		23	25	28	32	38	44	50
s	max		34	36	41	46	55	65	75
	min	A 级	33.38	35.38	—	—	—	—	—
		B 级	33	35	40	45	53.8	63.8	73.1
k 公称			12	13	15	17	20	23	26
d_p			17	18	21	23	28	33	38
l_2			4		5		6	7	8
e	min	A 级	37.72	39.98	—	—	—	—	—
		B 级	37.29	39.55	45.2	50.85	60.79	72.02	82.60
g			3.5	5					
l[①]长度范围			60～200	65～200	75～200	80～230	90～300	110～300	120～300
$l-l_3$			35	38	42	50	55	65	70
性能等级			8.8					按协议	
表面处理			氧化						

① 长度系列为 25，(28)，30，35，(38)，40～50(5 进位)，(55)，60，(65)，70，(75)，80，(85)，90，(95)，100～260(10 进位)，280，300。

注：尽可能不采用括号内的规格。

表 5.1.13 T 形槽用螺栓(GB/T 37—1988)

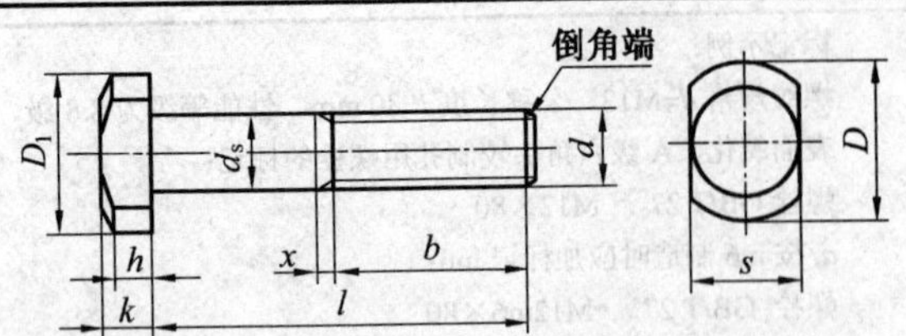

标记示例：

螺纹规格 d=M12、公称长度 l=80 mm、性能等级为 8.8 级、表面氧化的 T 形槽用螺栓的标记：

螺栓 GB/T 37 M12×80

mm

螺纹规格 d (6g)		M5	M6	M8	M10	M12	M16	M20	M24	M30	M36	M42	M48
b	l≤125	16	18	22	26	30	38	46	54	66	78	—	—
	125<l≤200	—	—	28	32	36	44	52	60	72	84	96	108
	l>200	—	—	—	—	—	57	65	73	85	97	109	121
d_s max		5	6	8	10	12	16	20	24	30	36	42	48
D		12	16	20	25	30	38	46	58	75	85	95	105
k max		4.24	5.24	6.24	7.29	8.89	11.95	14.35	16.35	20.42	24.42	28.42	32.5
h		2.8	3.4	4.1	4.8	6.5	9	10.4	11.8	14.5	18.5	22	26
s 公称		9	12	14	18	22	28	34	44	56	67	76	86
x max		2	2.5	3.2	3.8	4.2	5	6.3	7.5	8.8	10	11.3	12.5
l①长度范围		25～50	30～60	35～80	40～100	45～120	55～160	65～200	80～240	90～300	110～300	130～300	140～300
性能等级	钢	8.8										按协议	
表面处理	钢	(1)氧化 (2)镀锌钝化											

① 长度系列为 25～50(5 进位)，(55)，60，(65)，70～160(10 进位)，180～300(20 进位)。

注：尽可能不采用括号内的规格。

表 5.1.14 活节螺栓(GB/T 798—1988)

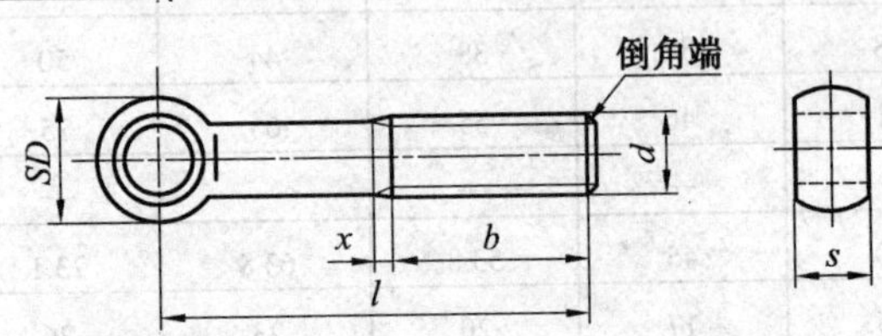

标记示例：

螺纹规格 d=M12、公称长度 l=80 mm、性能等级为 4.6 级、不经表面处理的活节颈螺栓的标记：

螺栓 GB/T 798 M12×80

mm

螺纹规格 d (8g)		M4	M5	M6	M8	M10	M12	M16	M20	M24	M30	M36
d_1 公称		3	4	5	6	8	10	12	16	20	25	30
s 公称		5	6	8	10	12	14	18	22	26	34	40
b		14	16	18	22	26	30	38	52	60	72	84
D		8	10	12	14	18	20	28	34	42	52	64
x max		1.75	2	2.5	3.2	3.8	4.2	5	6.3	7.5	8.8	10
l①长度范围		20～35	25～45	30～55	35～70	40～110	50～130	60～160	70～180	90～260	110～300	130～300
性能等级	钢	4.6、5.6										
表面处理	钢	(1) 不处处理 (2)镀锌钝化										

① 长度系列为 25～50(5 进位)，(55)，60，(65)，70～160(10 进位)，180～300(20 进位)。

注：尽可能不采用括号内的规格。

表 5.1.15　地脚螺栓(GB/T 799－1988)

标记示例：

螺纹规格 d=M12、公称长度 l=400 mm、性能等级为 3.6 级、不经表面处理的地脚螺栓的标记：

螺栓 GB/T 799　M12×400

mm

螺纹规格 d (8g)		M6	M8	M10	M12	M16	M20	M24	M30	M36	M42	M48
b	max	27	31	36	40	50	58	68	80	94	106	118
	min	24	28	32	36	44	52	60	72	84	96	108
D		10		15	20		30		45	60		70
h		41	46	65	82	93	127	139	192	244	261	302
l_1		l+37		l+53	l+72		l+110		l+165	l+217		l+225
x	max	2.5	3.2	3.8	4.3	5	6.3	7.5	8.8	10	11.3	12.5
l ①长度范围		80～160	120～220	160～300	160～400	220～500	300～630	300～800	400～1 000	500～1 000	630～1 250	630～1 500
性能等级	钢	3.6									按协议	
表面处理	钢	(1)不经处理　(2)氧化　(3)镀锌钝化										

① 长度系列为 80，120，160，220，300，400，500，630，800，1 000，1 250，1 500。

2. 螺柱

表 5.1.16　双头螺柱 b_m=1d(GB/T 897－1988) b_m=1.25 d (GB/T 898－1988) b_m=1.5 d (GB/T 899－1988)和 b_m=2 d (GB/T 900－1988)

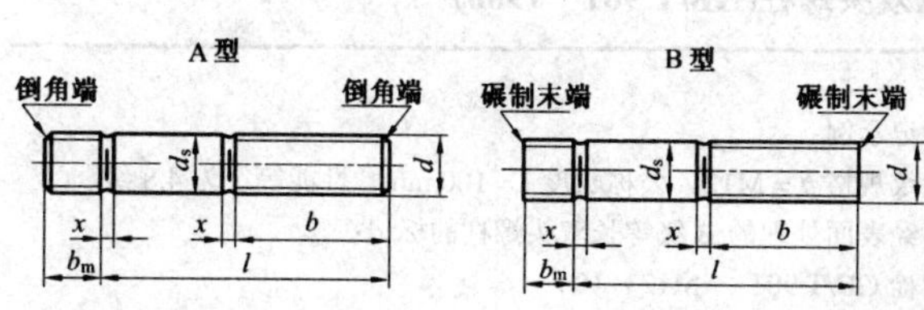

标记示例：

两端均为粗牙普通螺纹，d=10 mm、l=50 mm、性能等级为 4.8 级、不经表面处理、B 型、b_m=1d 的双头螺柱的标记：

螺柱 GB/T 897　M10×50

旋入机体一端为过渡配合螺纹的第一种配合，旋入螺母一端为粗牙普通螺纹，d=10 mm、l=50 mm、性能等级为 8.8 级、镀锌钝化、B 型、b_m=1d 的双头螺纹柱的标记：

螺柱 GB/T 897　GM10-M10×50-8.8-Zn・D

mm

螺纹规格 d (6g)		M2	M2.5	M3	M4	M5	M6	M8	M10	M12	(M14)	M16
b_m 公称	GB/T 897					5	6	8	10	12	14	16
	GB/T 898					6	8	10	12	15	18	20
	GB/T 899	3	3.5	4.5	6	8	10	12	15	18	21	24
	GB/T 900	4	5	6	8	10	12	16	20	24	28	32
x max		2.5P										
$\frac{l}{b}$ ① 长度范围		12～16/6 18～25/10	14～18/8 20～30/11	16～20/6 22～40/12	16～22/8 25～40/14	16～22/10 25～50/16	20～22/10 25～30/14 32～75/18	20～22/12 25～30/16 32～90/22	25～28/14 30～38/16 40～120/26 130/32	25～30/16 32～40/20 45～120/30 130～180/36	30～35/18 38～45/25 50～120/34 130～180/40	30～38/20 40～55/30 60～120/38 130～200/44
性能等级	钢	4.8、5.8、6.8、8.8、10.9、12.9										
	不锈钢	A2-50、A2-70										
表面处理	钢	(1)不经处理　(2)氧化　(3)镀锌钝化										
	不锈钢	不经处理										

续表 5.1.16

螺纹规格 (8g)	d	(M18)	M20	(M22)	M24	(M27)	M30	(M33)	M36	(M39)	M42	M48
b_m 公称	GB/T 897	18	20	22	24	27	30	33	36	39	42	48
	GB/T 898	22	25	28	30	35	38	41	45	49	52	60
	GB/T 899	27	30	33	36	40	45	49	54	58	63	72
	GB/T 900	36	40	44	48	54	60	66	72	78	84	96
x max		2.5P										
$\frac{l}{b}$ ① 长度范围		35～40/22 45～60/35 65～120/42 130～200/48	35～40/25 45～65/35 70～120/46 130～200/52	40～45/30 50～70/40 75～120/50 130～200/56	45～50/30 55～75/45 80～120/54 130～200/60	50～60/35 65～85/50 90～120/60 130～200/66	60～65/40 70～90/50 95～120/66 130～200/72 210～250/85	65～70/45 75～95/60 100～120/72 130～200/78 210～300/91	65～75/45 80～110/60 120/78 130～200/84 210～300/97	70～80/50 85～110/60 120/84 130～200/90 210～300/103	70～80/50 85～110/70 120/90 130～200/96 210～300/109	80～90/60 95～10/80 120/102 130～200/108 210～300/121
性能等级	钢	4.8、5.8、6.8、8.8、10.9、12.9										
	不锈钢	A2-50、A2-70										
表面处理	钢	(1)不经处理 (2)氧化 (2)镀锌钝化										
	不锈钢	不经处理										

① 长度系列为 12，(14)，16，(18)，20，(22)，25、(28)，30，(32)，35，(38)，40，45，50，(55)，60，(65)，70，75，80，85，90，95，100～260(10 进位)，280，300。

注：① 尽可能不采用括号内的规格。

② 旋人机体端可以采用过渡或过盈配合螺纹：GB/T 897～899：GM、G2M；GB/T 900：GM、G3M、YM。

③ 旋人螺母端可以采用细牙螺纹。

表 5.1.17 B 级等长双头螺柱(GB/T 901－1988)

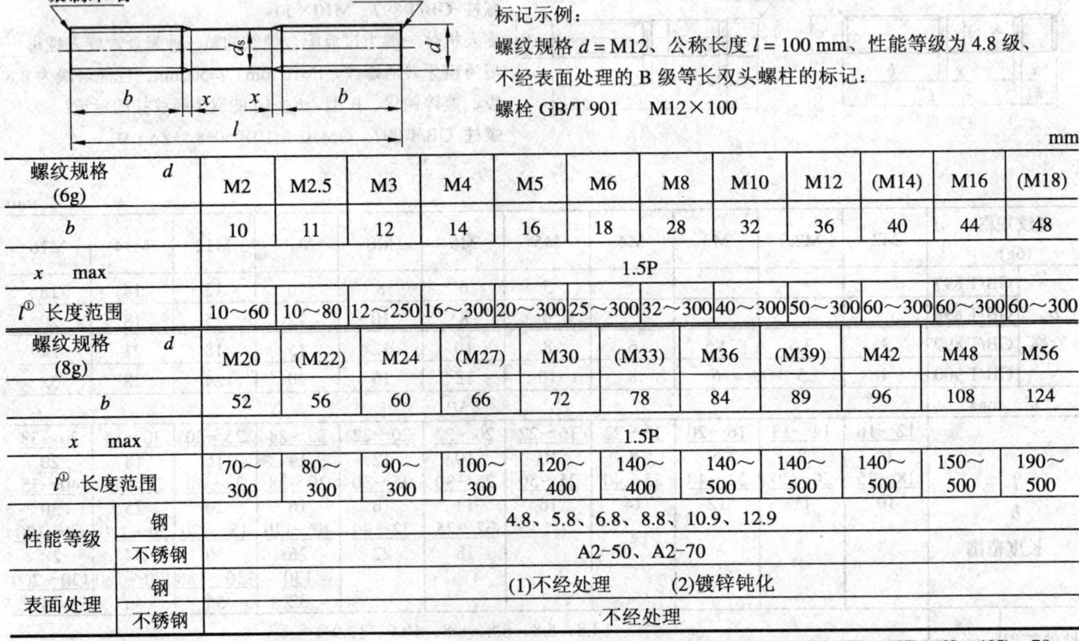

标记示例：

螺纹规格 d = M12、公称长度 l = 100 mm、性能等级为 4.8 级、不经表面处理的 B 级等长双头螺柱的标记：

螺栓 GB/T 901 M12×100

mm

螺纹规格 (6g)	d	M2	M2.5	M3	M4	M5	M6	M8	M10	M12	(M14)	M16	(M18)
b		10	11	12	14	16	18	28	32	36	40	44	48
x max		1.5P											
l① 长度范围		10～60	10～80	12～250	16～300	20～300	25～300	32～300	40～300	50～300	60～300	60～300	60～300

螺纹规格 (8g)	d	M20	(M22)	M24	(M27)	M30	(M33)	M36	(M39)	M42	M48	M56
b		52	56	60	66	72	78	84	89	96	108	124
x max		1.5P										
l① 长度范围		70～300	80～300	90～300	100～300	120～400	140～400	140～500	140～500	140～500	150～500	190～500
性能等级	钢	4.8、5.8、6.8、8.8、10.9、12.9										
	不锈钢	A2-50、A2-70										
表面处理	钢	(1)不经处理 (2)镀锌钝化										
	不锈钢	不经处理										

① 长度系列为 10，12，(14)，16，(18)，20，(22)，25，(28)，30，(32)，35，(38)，40，45，50，(55)，60，(65)，70，(75)，80，(85)，90，(95)，100～260(10 进位)，280，300，320，350，380，400，420，450，480，500。

注：尽可能不采用括号内的规格。

表 5.1.18 C 级等长双头螺纹柱(GB/T 953－1988)

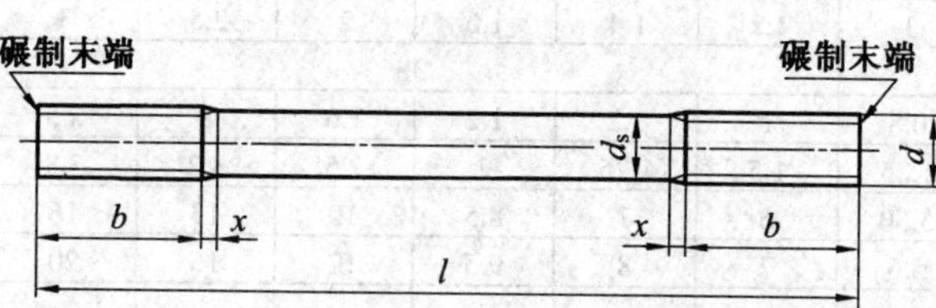

标记示例：

螺纹规格 d=M10、公称长度 l=100 mm、螺纹长度 b=26m、性能等级为 4.8 级、不经表面处理的 C 级等长双头螺柱的标记：

螺柱 GB/T 953 M10×100

需要加长螺纹时，应加标记 Q：

螺柱 GB/T 953 M10×100-Q

mm

螺纹规格 d (8g)		M8	M10	M12	(M14)	M16	(M18)	M20	(M22)
b	标准	22	26	30	34	38	42	46	50
	加长	41	45	49	53	57	61	65	69
x max		1.5P							
l[①] 长度范围		100～600	100～800	150～1 200	150～1 200	200～1 500	200～1 500	260～1 500	260～1 800
性能等级	钢	4.8，6.8，8.8							
表面处理	钢	(1)不经处理 (2)镀锌钝化							
螺纹规格 d (8g)		M24	(M27)	M30	(M33)	M36	(M39)	M42	M48
b	标准	54	60	66	72	78	84	90	102
	加长	72	79	85	91	97	103	109	121
x max		1.5P							
l[①] 长度范围		300～1 800	300～2 000	350～2 500	350～2 500	350～2 500	350～2 500	500～2 500	500～2 500
性能等级	钢	4.8、6.8、8.8							
表面处理	钢	(1)不经处理 (2)镀锌钝化							

① 长度系列为 100～200(10 进位)，220～320(20 进位)350，380，400，420，450，480，500～1 000(50 进位)，1 100～2 500(100 进位)。

注：尽可能不采用括号内的规格。

3. 螺钉

表 5.1.19 开槽圆柱头螺钉(摘自 GB/T 65－2000)、开槽盘头螺钉(摘自 GB/T 67－2000) 开槽沉头螺钉(摘自 GB/T 68－2000)、开槽半沉头螺钉(摘自 GB/T 69－2000)

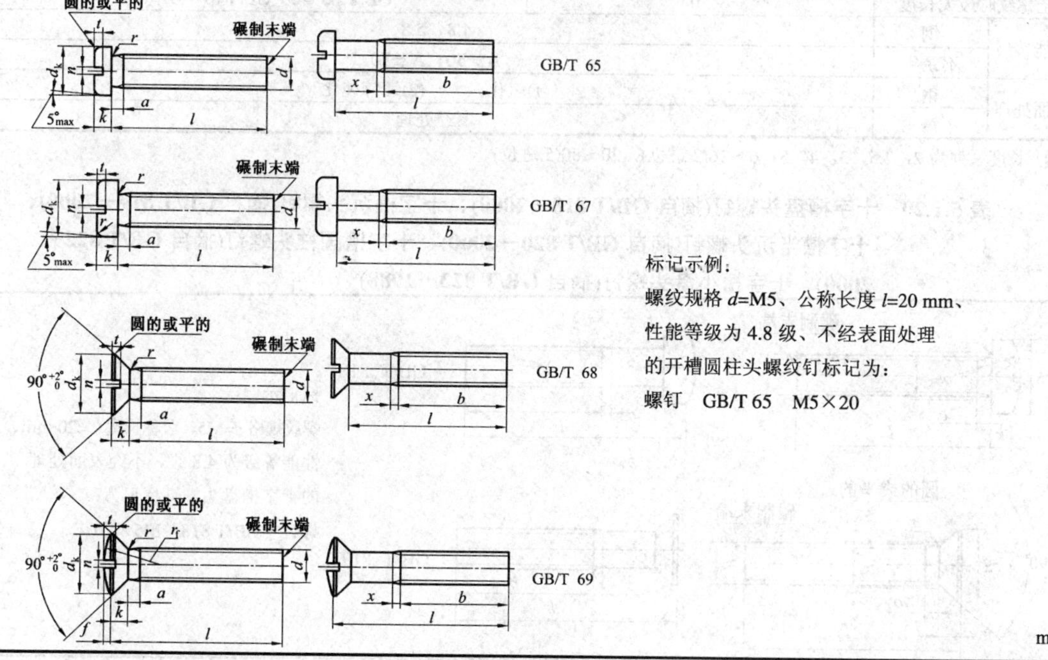

标记示例：

螺纹规格 d=M5、公称长度 l=20 mm、性能等级为 4.8 级、不经表面处理的开槽圆柱头螺纹钉标记为：

螺钉 GB/T 65 M5×20

mm

续表 5.1.19 mm

螺纹规格 *d*		M1.6	M2	M2.5	M3	(M3.5)	M4	M5	M6	M8	M10
a max		0.7	0.8	0.9	1	1.2	1.4	1.6	2	2.5	3
b min		25					38				
n 公称		0.4	0.5	0.6	0.8	1	1.2	1.2	1.6	2	2.5
x max		0.9	1	1.1	1.25	1.5	1.75	2	2.5	3.2	3.8
d_k max	GB/T 65	3.00	3.80	4.50	5.50	6	7	8.5	10	13	16
	GB/T 67	3.2	4	5	5.6	7	8	9.5	12	16	20
	GB/T 68 GB/T 69	3	3.8	4.7	5.5	7.3	8.4	9.3	11.3	15.8	18.3
螺纹规格 *d*		M1.6	M2	M2.5	M3	(M3.5)	M4	M5	M6	M8	M10
k max	GB/T 65	1.10	1.40	1.80	2.00	2.4	2.6	3.3	3.9	5	6
	GB/T 67	1	1.3	1.5	1.8	2.1	2.4	3	3.6	4.8	6
	GB/T 68 GB/T 69	1	1.2	1.5	1.65	2.35	2.7		3.3	4.65	5
t min	GB/T 65	0.45	0.6	0.7	0.85	1	1.1	1.3	1.6	2	2.4
	GB/T 67	0.35	0.5	0.6	0.7	0.8	1	1.2	1.4	1.9	2.4
	GB/T 68	0.32	0.4	0.5	0.6	0.9	1	1.1	1.2	1.8	2
	GB/T 69	0.64	0.8	1	1.2	1.4	1.6	2	2.4	3.2	3.8
r min	GB/T 65 GB/T 67	0.1					0.2		0.25	0.4	
r max	GB/T 68 GB/T 69	0.4	0.5	0.6	0.8	0.9	1	1.3	1.5	2	2.5
r_f 参考	GB/T 67	0.5	0.6	0.8	0.9	1	1.2	1.5	1.8	2.4	3
r_f ≈	GB/T 69	3	4	5	6		9.5	12	16.5	19.5	
w min	GB/T 69	0.4	0.5	0.6	0.7		1	1.2	1.4	2	2.3
w min	GB/T 65	0.4	0.5	0.7	0.75	1	1.1	1.3	1.6	2	2.4
	GB/T 67	0.3	0.4	0.5	0.7	0.8	1	1.2	1.4	1.9	2.4
l[①] 长度范围	GB/T 65	2～16	3～20	3～25	4～30	5～35	5～40	6～50	8～60	10～80	12～80
	GB/T 67	2～16	2.5～20	3～25	4～30	5～35	5～40	6～50	8～60	10～80	12～80
	GB/T 68 GB/T 69	2.5～16	3～20	4～25	5～30	6～35	6～40	8～50	8～60	10～80	12～80
全螺纹时最大长度		30					GB/T 65-40　GB/T 67～69-45				
性能等级	钢	4.8、5.8									
	不锈钢	A2-50、A2-70									
表面处理	钢	(1)氧化　(2)镀锌钝化									
	不锈钢	不经处理									

① 长度系列为 2，2.5，3，4，5，6～16(2 进位)，20～80(5 进位)。

表 5.1.20 十字槽盘头螺钉(摘自 GB/T 818－2000)、十字槽沉头螺钉(摘自 GB/T 819－2000)、十字槽半沉头螺钉(摘自 GB/T 820－2000)、十字槽圆柱头螺钉(摘自 GB/T 822－2000)、十字槽小盘头螺钉(摘自 GB/T 823－1988)

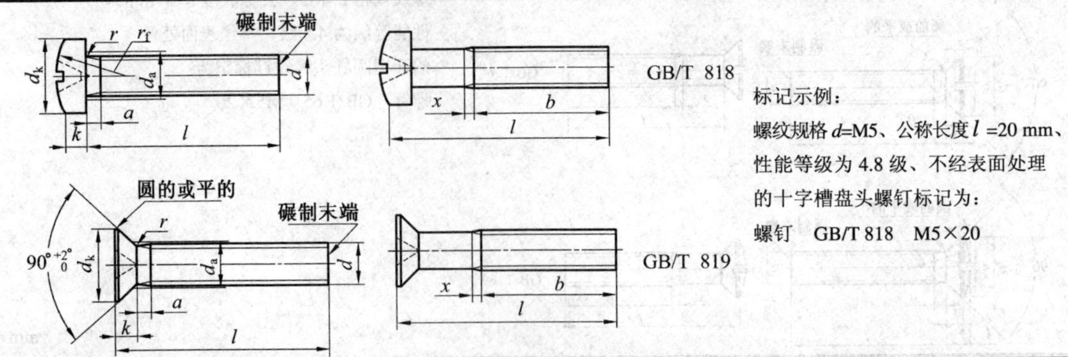

标记示例：

螺纹规格 *d*=M5、公称长度 *l* =20 mm、性能等级为 4.8 级、不经表面处理的十字槽盘头螺钉标记为：

螺钉　GB/T 818　M5×20

续表 5.1.20

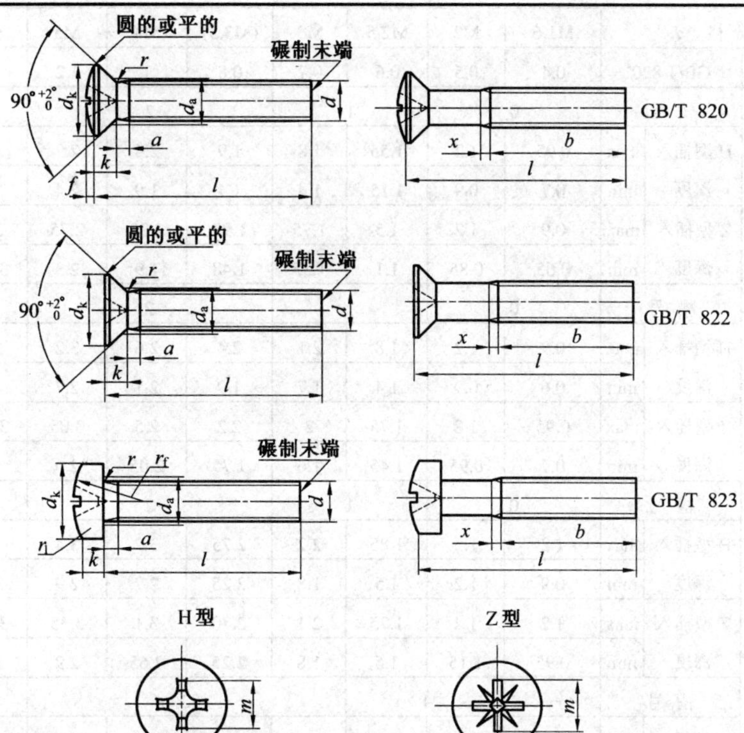

mm

<table>
<tr><td colspan="2">螺 纹 规 格 d</td><td>M1.6</td><td>M2</td><td>M2.5</td><td>M3</td><td>(M3.5)</td><td>M4</td><td>M5</td><td>M6</td><td>M8</td><td>M10</td></tr>
<tr><td>a</td><td>max</td><td>0.7</td><td>0.8</td><td>0.9</td><td>1</td><td>1.2</td><td>1.4</td><td>1.6</td><td>2</td><td>2.5</td><td>3</td></tr>
<tr><td>b</td><td>min</td><td colspan="4">25</td><td colspan="6">38</td></tr>
<tr><td>d_a</td><td>max</td><td>2.0</td><td>2.6</td><td>3.1</td><td>3.6</td><td>4.1</td><td>4.7</td><td>5.7</td><td>6.8</td><td>9.2</td><td>11.2</td></tr>
<tr><td>x</td><td>max</td><td>0.9</td><td>1</td><td>1.1</td><td>1.25</td><td>1.5</td><td>1.75</td><td>2</td><td>2.5</td><td>3.2</td><td>3.8</td></tr>
<tr><td rowspan="4">d_k max</td><td>GB/T 818</td><td>3.2</td><td>4</td><td>5</td><td>5.6</td><td>7</td><td>8</td><td>9.5</td><td>12</td><td>16</td><td>20</td></tr>
<tr><td>GB/T 819.1
GB/T 820</td><td>3</td><td>3.8</td><td>4.7</td><td>5.5</td><td>(7.3)</td><td>8.4</td><td>9.3</td><td>11.3</td><td>15.8</td><td>18.3</td></tr>
<tr><td>GB/T 822</td><td>—</td><td>—</td><td>4.5</td><td>5</td><td>6</td><td>7</td><td>8.5</td><td>10</td><td>13.0</td><td>—</td></tr>
<tr><td>GB/T 823</td><td>—</td><td>3.5</td><td>4.5</td><td>5.5</td><td>6</td><td>7</td><td>9</td><td>10.5</td><td>14</td><td>—</td></tr>
<tr><td rowspan="4">k max</td><td>GB/T 818</td><td>1.3</td><td>1.6</td><td>2.1</td><td>2.4</td><td>2.6</td><td>3.1</td><td>3.7</td><td>4.6</td><td>6</td><td>7.5</td></tr>
<tr><td>GB/T 819.1
GB/T 820</td><td>1</td><td>1.2</td><td>1.5</td><td>1.65</td><td>2.35</td><td colspan="2">2.7</td><td>3.3</td><td>4.65</td><td>5</td></tr>
<tr><td>GB/T 822</td><td>—</td><td>—</td><td>1.8</td><td>2.0</td><td>2.4</td><td>2.6</td><td>3.3</td><td>3.9</td><td>5</td><td>—</td></tr>
<tr><td>GB/T 823</td><td>—</td><td>1.4</td><td>1.8</td><td>2.15</td><td>2.45</td><td>2.75</td><td>3.45</td><td>4.1</td><td>5.4</td><td>—</td></tr>
<tr><td rowspan="3">r min</td><td>GB/T 818</td><td colspan="5">0.1</td><td colspan="2">0.2</td><td>0.25</td><td colspan="2">0.4</td></tr>
<tr><td>GB/T 822</td><td>—</td><td>—</td><td colspan="3">0.1</td><td colspan="2">0.2</td><td>0.25</td><td>0.4</td><td>—</td></tr>
<tr><td>GB/T 823</td><td>—</td><td colspan="4">0.1</td><td colspan="3">0.2</td><td>0.25</td><td>0.4</td></tr>
<tr><td>r max</td><td>GB/T 819
GB/T 820</td><td>0.4</td><td>0.5</td><td>0.6</td><td>0.8</td><td>0.9</td><td>1</td><td>1.3</td><td>1.5</td><td>2</td><td>2.5</td></tr>
<tr><td rowspan="3">r_f ≈</td><td>GB/T 818</td><td>2.5</td><td>3.2</td><td>4</td><td>5</td><td>6</td><td>6.5</td><td>8</td><td>10</td><td>13</td><td>16</td></tr>
<tr><td>GB/T 820</td><td>3</td><td>4</td><td>5</td><td>6</td><td>8.5</td><td colspan="2">9.5</td><td>12</td><td>16.5</td><td>19.5</td></tr>
<tr><td>GB/T 823</td><td>—</td><td>4.5</td><td>6</td><td>7</td><td>8</td><td>9</td><td>12</td><td>14</td><td>18</td><td>—</td></tr>
</table>

续表 5.1.20 mm

螺纹规格 *d*				M1.6	M2	M2.5	M3	(M3.5)	M4	M5	M6	M8	M10
f	GB/T 820			0.4	0.5	0.6	0.7	0.8	1	1.2	1.4	2	2.3
十字槽	GB/T 818	槽号		0		1			2		3	4	
		H型插入深度	max	0.95	1.2	1.55	1.8	1.9	2.4	2.9	3.6	4.6	5.8
			min	0.7	0.9	1.15	1.4	1.4	1.9	2.4	3.1	4	5.2
		Z型插入深度	max	0.9	1.2	1.5	1.75	1.93	2.35	2.75	3.5	4.5	5.7
			min	0.65	0.85	1.1	1.35	1.48	1.9	2.3	3.05	4.05	5.25
	GB/T 819	槽号		0		1			2		3	4	
		H型插入深度	max	0.9	1.2	1.8	2.1	2.4	2.6	3.2	3.5	4.6	5.7
			min	0.6	0.9	1.4	1.7	1.9	2.1	2.7	3	4	5.1
		Z型插入深度	max	0.95	1.2	1.75	2	2.2	2.5	3.05	3.45	4.6	5.65
			min	0.7	0.95	1.45	1.6	1.75	2.05	2.6	3	4.15	5.2
	GB/T 820	槽号		0		1			2		3	4	
		H型插入深度	max	1.2	1.5	1.85	2.2	2.75	3.2	3.4	4	5.25	6
			min	0.9	1.2	1.5	1.8	2.25	2.7	2.9	3.5	4.75	5.5
		Z型插入深度	max	1.2	1.4	1.75	2.1	2.70	3.1	3.35	3.85	5.2	6.05
			min	0.95	1.15	1.5	1.8	2.25	2.65	2.9	3.4	4.75	5.6
	GB/T 822	槽号		—	1			2			3		4
		H型插入深度	max	—	—	1.20	0.86	1.15	1.45	2.14	2.25	3.73	—
			min	—	—	1.62	1.43	1.73	2.03	2.73	2.86	4.36	—
	GB/T 823	槽号		—	1			2			3		—
		H型插入深度	max	—	1.01	1.42	1.43	1.73	2.03	2.73	2.86	4.38	—
			min	—	0.60	1.00	0.86	1.15	1.45	2.14	2.26	3.73	—
l[①]	长度范围			3～16	3～20	3～25	4～30	5～35	5～40	6～50	8～60	10～60	12～60
全螺纹时最大长度	GB/T 818			25	25	25	25	40	40	40	40	40	
	GB/T 819.1			30				45	45				
	GB/T 820							45					
	GB/T 822			—	—	30	30	40	40				—
	GB/T 823			—	20	25	30	35	40	50			—
性能等级	钢			4.8									
	不锈钢	GB/T 818		A2-50、A2-70									
		GB/T 820											
		GB/T 822		A2-70									
		GB/T 823		A1-50、C4-50									
	有色金属			CU2、CU3、AL4									
表面处理	钢			(1)简单处理 (2)镀锌钝化									
	不锈钢			简单处理									
	有色金属			简单处理									

注：尽可能不采用括号内的规格。

① 长度系列为 2，2.5，3，4，5，6～16(2 进位)，20～80(5 进位)；GB/T 818 的 M5 长度范围为 6～45。

表 5.1.21 精密机械用十字槽螺钉(摘自 GB/T 13806.1－1992)

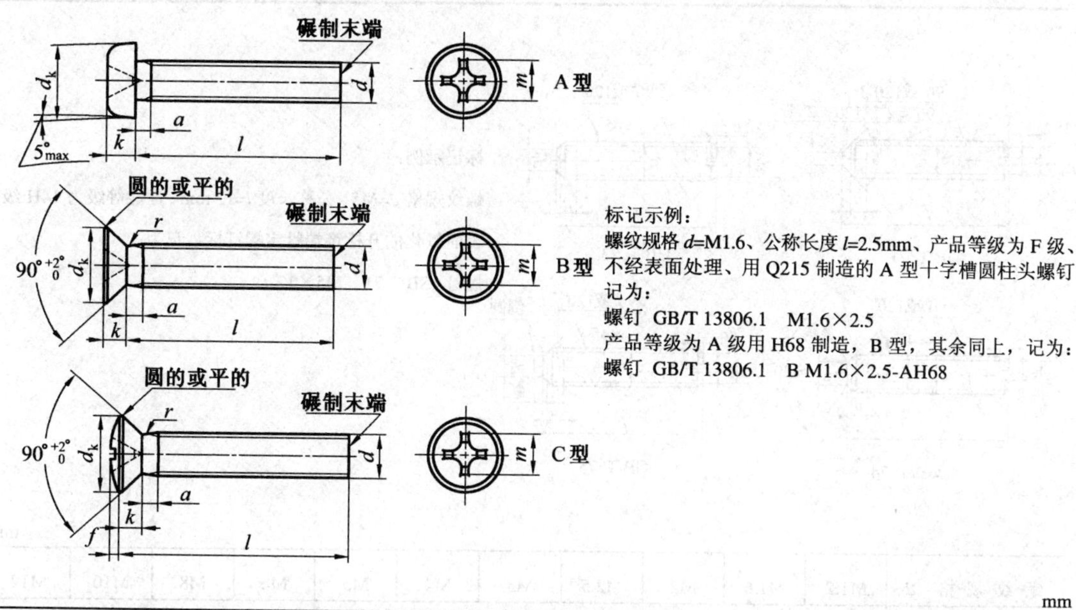

标记示例：

螺纹规格 d=M1.6、公称长度 l=2.5mm、产品等级为 F 级、不经表面处理、用 Q215 制造的 A 型十字槽圆柱头螺钉记为：

螺钉 GB/T 13806.1 M1.6×2.5

产品等级为 A 级用 H68 制造，B 型，其余同上，记为：

螺钉 GB/T 13806.1 B M1.6×2.5-AH68

mm

螺纹规格 d				M1.2	(M1.4)	M1.6	M2	M2.5	M3
a max				0.5	0.6	0.7	0.8	0.9	1
d_k	max	A 型		2	2.3	2.6	3	3.8	5
		B 型		2	2.35	2.7	3.1	3.8	5.5
		C 型		2.2	2.5	2.8	3.5	4.3	5.5
k	max	A 型		0.55			0.7	0.9	1.4
		B、C 型		0.7		0.8	0.9	1.1	1.4
H型十字槽	槽号 No			0				1	
	插入深度	A 型	min	0.20	0.25	0.28	0.30	0.40	0.85
			max	0.32	0.35	0.40	0.45	0.60	1.10
		B 型	min	0.5		0.6	0.7	0.8	1.1
			max	0.7		0.8	0.9	1.1	1.4
		C 型	min	0.7		0.8	0.9	1.1	1.2
			max	0.9		1.0	1.1	1.4	1.5
l[①] 长度范围				1.6～4	1.8～5	2～6	2.5～8	3～10	4～10
材 料				钢：Q215；铜：H68、HPb9-1					
表面处理				(1)不经表面处理 (2)氧化 (3)镀锌钝化					

注：尽可能不采用括号内的规格。

① 长度系列为 1.6，(1.8)，2，(2.2)，2.5，(2.8)，3，(3.5)，4，(4.5)，5，(5.5)，6，(7)，8，(9)，10。

表 5.1.22　开槽锥端紧定螺钉(摘自 GB/T 71－1985)、开槽平端紧定螺钉(摘自 GB/T 73－1985)
开槽凹端紧定螺钉(摘自 GB/T 74－1985)、开槽长圆柱端紧定螺钉(摘自 GB/T 75－1985)

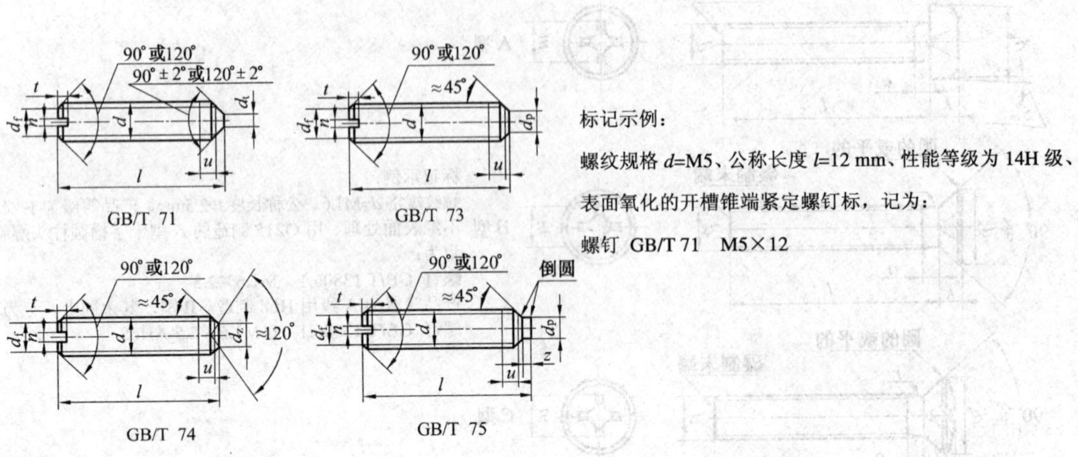

标记示例：

螺纹规格 d=M5、公称长度 l=12 mm、性能等级为 14H 级、表面氧化的开槽锥端紧定螺钉标，记为：

螺钉　GB/T 71　M5×12

mm

螺纹规格 d		M1.2	M1.6	M2	M2.5	M3	M4	M5	M6	M8	M10	M12
d_f	max	=螺纹小径										
d_p	max	0.6	0.8	1.0	1.5	2.0	2.5	3.5	4.0	5.5	7.0	8.5
n	公称	0.2	0.25		0.4		0.6	0.8	1	1.2	1.6	2
t	max	0.52	0.74	0.84	0.95	1.05	1.42	1.63	2	2.5	3	3.6
	min	0.4	0.56	0.64	0.72	0.8	1.12	1.28	1.6	2	2.4	2.8
d_t	max	0.12	0.16	0.2	0.25	0.3	0.4	0.5	1.5	2	2.5	3
z	max	—	1.05	1.25	1.5	1.75	2.25	2.75	3.25	4.3	5.3	6.3
d_z	max	—	0.8	1	1.2	1.4	2	2.5	3	5	6	8
不完整螺纹的长度 u		≤2P（P 为螺距）										
长度范围 l①	GB/T 71	2～6	2～8	3～10	3～12	4～16	6～20	8～25	8～30	10～40	12～50	14～60
	GB/T 73	2～6	2～8	2～10	2.5～12	3～6	4～20	5～25	6～30	8～40	10～50	12～60
	GB/T 74	—	2～8	2.5～10	3～12	3～16	4～20	5～25	6～30	8～40	10～50	12～60
	GB/T 75	—	2.5～8	3～10	4～12	5～16	6～20	8～25	8～30	10～40	12～50	14～60
性能等级	钢	14H、22H										
	不锈钢	A1-50										
表面处理	钢	(1)氧化　(2)镀锌钝化										
	不锈钢	不经处理										

① 长度系列为 2，2.5，3，4，5，6～12(2 进位)，(14)，16，20～50(5 进位)，(55)，60。

表 5.1.23 内六角平端紧定螺钉(摘自 GB/T 77－2000)、内六角锥端紧定螺钉(摘自 GB/T 78－2000)内六角圆柱端紧定螺钉(摘自 GB/T 79－2000)、内六角凹端紧定螺钉(摘自 GB/T 80－2000)

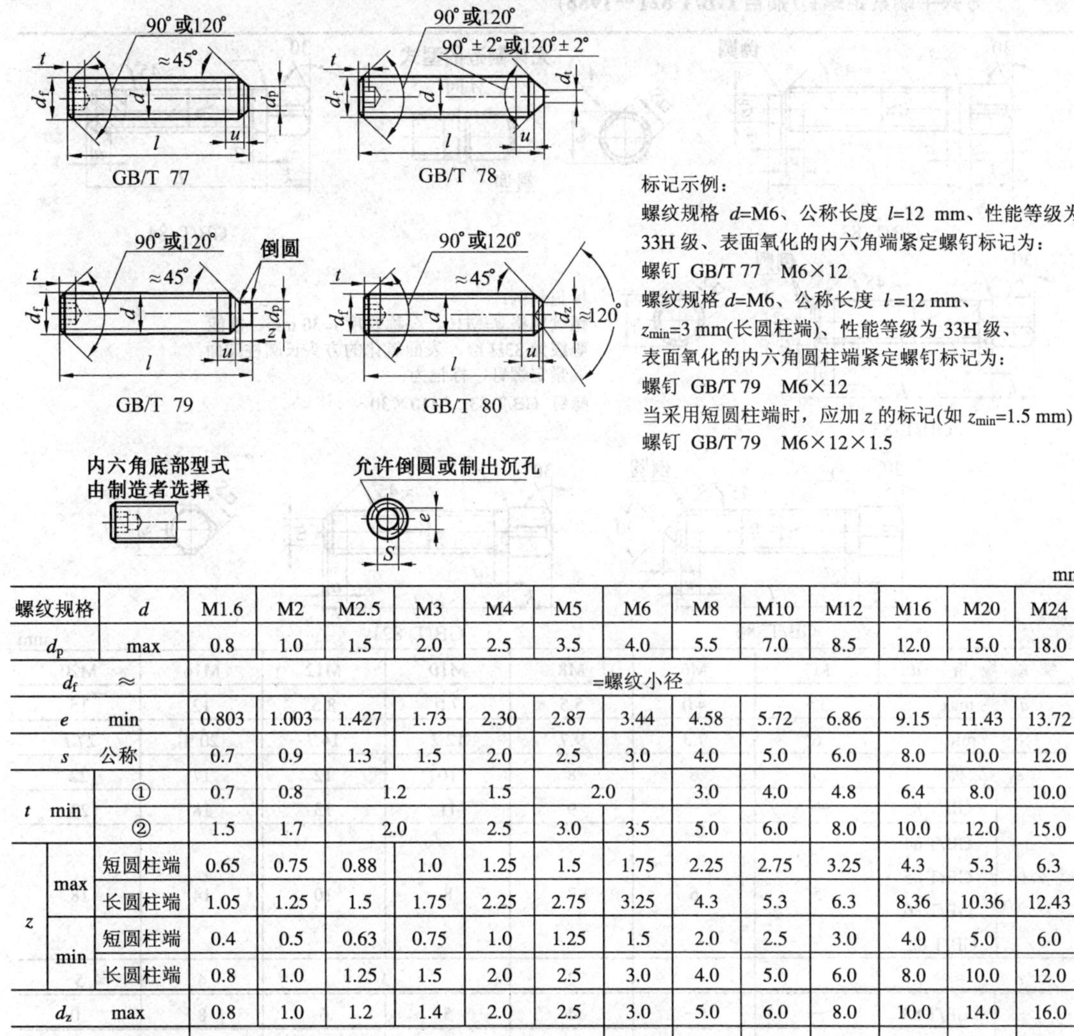

标记示例：

螺纹规格 d=M6、公称长度 l=12 mm、性能等级为 33H 级、表面氧化的内六角端紧定螺钉标记为：

螺钉 GB/T 77 M6×12

螺纹规格 d=M6、公称长度 l=12 mm、z_{min}=3 mm(长圆柱端)、性能等级为 33H 级、表面氧化的内六角圆柱端紧定螺钉标记为：

螺钉 GB/T 79 M6×12

当采用短圆柱端时，应加 z 的标记(如 z_{min}=1.5 mm)：

螺钉 GB/T 79 M6×12×1.5

mm

螺纹规格	d	M1.6	M2	M2.5	M3	M4	M5	M6	M8	M10	M12	M16	M20	M24
d_p	max	0.8	1.0	1.5	2.0	2.5	3.5	4.0	5.5	7.0	8.5	12.0	15.0	18.0
d_f	≈	=螺纹小径												
e	min	0.803	1.003	1.427	1.73	2.30	2.87	3.44	4.58	5.72	6.86	9.15	11.43	13.72
s	公称	0.7	0.9	1.3	1.5	2.0	2.5	3.0	4.0	5.0	6.0	8.0	10.0	12.0
t min	①	0.7	0.8	1.2		1.5	2.0		3.0	4.0	4.8	6.4	8.0	10.0
	②	1.5	1.7	2.0		2.5	3.0	3.5	5.0	6.0	8.0	10.0	12.0	15.0
z max	短圆柱端	0.65	0.75	0.88	1.0	1.25	1.5	1.75	2.25	2.75	3.25	4.3	5.3	6.3
	长圆柱端	1.05	1.25	1.5	1.75	2.25	2.75	3.25	4.3	5.3	6.3	8.36	10.36	12.43
z min	短圆柱端	0.4	0.5	0.63	0.75	1.0	1.25	1.5	2.0	2.5	3.0	4.0	5.0	6.0
	长圆柱端	0.8	1.0	1.25	1.5	2.0	2.5	3.0	4.0	5.0	6.0	8.0	10.0	12.0
d_z	max	0.8	1.0	1.2	1.4	2.0	2.5	3.0	5.0	6.0	8.0	10.0	14.0	16.0
d_t	max							1.5	2.0	2.5	3.0	4.0	5.0	6.0
不完整螺纹的长度 u		≤2P (P 为螺距)												
长度范围 l③	GB/T 77	2～8	2～10	2～12	2～16	2.5～20	3～25	4～30	5～40	6～50	8～60	10～60	12～60	14～60
	GB/T 78	2～8	2～10	2.5～12	2.5～16	3～20	4～25	5～30	6～40	8～50	10～60	12～60	14～60	20～60
	GD/T 79	2～8	2.5～10	3～12	4～16	5～20	6～25	8～30	8～40	10～50	12～60	14～60	20～60	25～60
	GB/T 80	2～8	2～10	2～12	2.5～16	3～20	4～25	5～30	6～40	8～50	10～60	12～60	14～60	20～60
性能等级	钢	45H												
	不锈钢	A1、A2												
	有色金属	CU2、CU3、AL4												
表面处理	钢	(1)氧化 (2)镀锌钝化												
	不锈钢	简单处理												
	有色金属	简单处理												

① 短螺钉的最小扳手啮合深度。

② 长螺钉的最小扳手啮合深度。

③ 长度系列为 2，2.5，3，4，5，6～16(2 进位)，(14)，16，20～50(5 进位)，(55)，60。

表 5.1.24 方头长圆柱球面端紧定螺钉(摘自 GB/T 83—1988)、方头凹端紧定螺钉(摘自 GB/T 84—1988)、方头长圆柱端紧定螺钉(摘自 GB/T 85—1988)、方头短圆柱锥端紧定螺钉(摘自 GB/T 86—1988)、方头平端紧定螺钉(摘自 GB/T 821—1988)

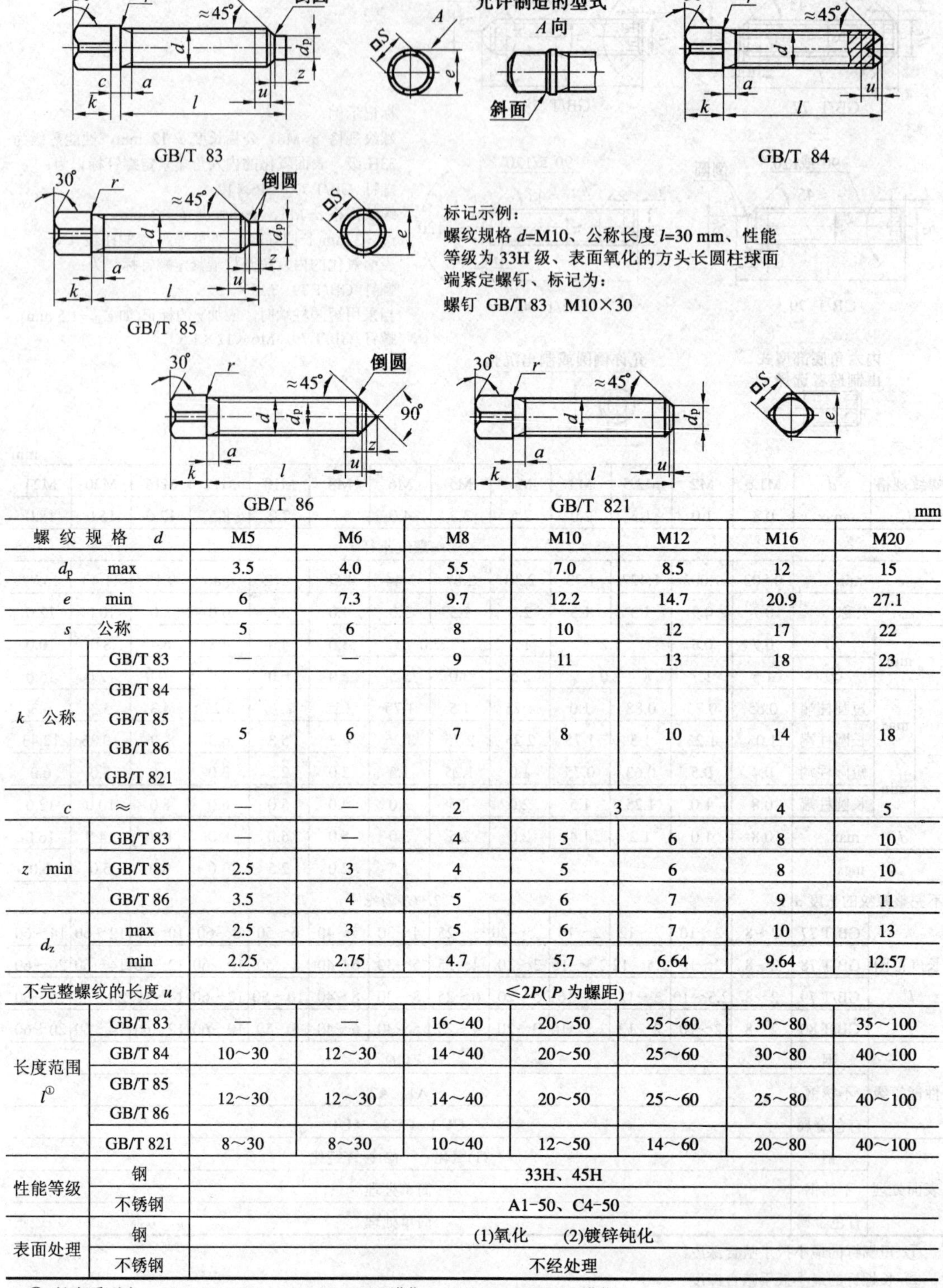

GB/T 83　GB/T 84　GB/T 85　GB/T 86　GB/T 821

标记示例：

螺纹规格 d=M10、公称长度 l=30 mm、性能等级为 33H 级、表面氧化的方头长圆柱球面端紧定螺钉、标记为：

螺钉 GB/T 83 M10×30

mm

螺纹规格	d	M5	M6	M8	M10	M12	M16	M20
d_p	max	3.5	4.0	5.5	7.0	8.5	12	15
e	min	6	7.3	9.7	12.2	14.7	20.9	27.1
s	公称	5	6	8	10	12	17	22
k 公称	GB/T 83	—	—	9	11	13	18	23
	GB/T 84 GB/T 85 GB/T 86 GB/T 821	5	6	7	8	10	14	18
c	≈	—	—	2	3		4	5
z min	GB/T 83	—	—	4	5	6	8	10
	GB/T 85	2.5	3	4	5	6	8	10
	GB/T 86	3.5	4	5	6	7	9	11
d_z	max	2.5	3	5	6	7	10	13
	min	2.25	2.75	4.7	5.7	6.64	9.64	12.57
不完整螺纹的长度 u		≤2P(P 为螺距)						
长度范围 l①	GB/T 83	—	—	16～40	20～50	25～60	30～80	35～100
	GB/T 84	10～30	12～30	14～40	20～50	25～60	30～80	40～100
	GB/T 85 GB/T 86	12～30	12～30	14～40	20～50	25～60	25～80	40～100
	GB/T 821	8～30	8～30	10～40	12～50	14～60	20～80	40～100
性能等级	钢	33H、45H						
	不锈钢	A1-50、C4-50						
表面处理	钢	(1)氧化　(2)镀锌钝化						
	不锈钢	不经处理						

① 长度系列为 8，10，12，(14)，16，20～50(5 进位)，(55)，60～100(10 进位)。

表 5.1.25 开槽锥端定位螺钉(摘自 GB/T 72－1988)、开槽圆柱端定位螺钉(摘自 GB/T 829－1988)

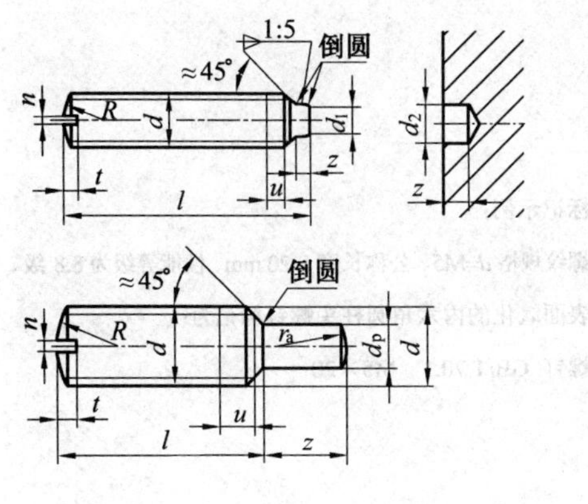

标记示例：

GB/T 72　螺纹规格 d=M10、公称长度 l=20 mm、性能等级为 14H 级、不经表面处理的开槽端定位螺钉标记为：

螺钉 GB/T 72　M10×20

GB/T 829　螺钉规格 d=M5、公称长度 l=10 mm、长度 z=5 mm、性能等级为 14H 级、不经表面处理的开槽圆柱端定位螺钉标记为：

螺钉 GB/T 829　M5×10×5

mm

螺纹规格 d		M1.6	M2	M2.5	M3	M4	M5	M6	M8	M10	M12
d_p	max	0.8	1	1.5	2	2.5	3.5	4	5.5	7.0	8.5
n	公称	0.25		0.4		0.6	0.8	1	1.2	1.6	2
t	max	0.74	0.84	0.95	1.05	1.42	1.63	2	2.5	3	3.6
R	≈	1.6	2	2.5	3	4	5	6	8	10	12
d_1	≈		—		1.7	2.1	2.5	3.4	4.7	6	7.3
d_2	(推荐)		—		1.8	2.2	2.6	3.5	5	6.5	8
z	GB/T 72		—		1.5	2	2.5	3	4	5	6
z	GB/T 829 范围	1～1.5	1～2	1.2～2.5	1.5～3	2～4	2.5～5	3～6	4～8	5～10	—
z	GB/T 829 系列	1，1.2，1.5，2，2.5，3，4，5，6，8，10									
不完整螺纹的长度 u		≤2P (P 为螺距)									
l① 长度范围	GB/T 72		—		4～16	4～20	5～20	6～25	8～35	10～45	12～50
l① 长度范围	GB/T 829	1.5～3	1.5～4	2～5	2.5～6	3～8	4～10	5～12	6～16	8～20	—
性能等级	钢	14H、33H									
性能等级	不锈钢	A1-50、C4-50									
表面处理	钢	(1)不经处理　(2)氧化(仅用于 GB/T 72)　(3)镀锌钝化									
表面处理	不锈钢	不经处理									

注：尽可能不采用括号内规格。

① 长度系列为 1.5，2，2.5，3，4，5，6～12(2 进位)，(14)，16，20～50(5 进位)。

表 5.1.26 内六角圆柱头螺钉(摘自 GB/T 70.1—2000)

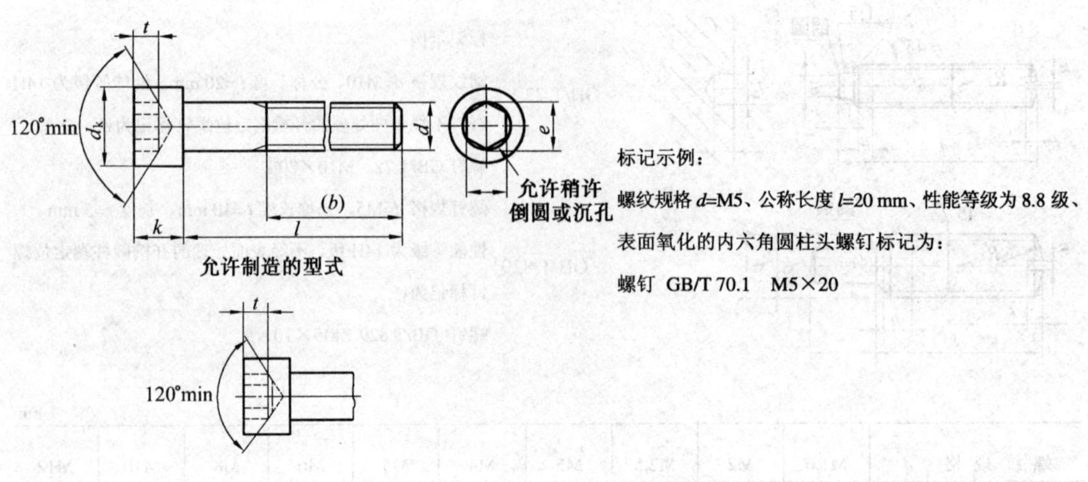

标记示例：

螺纹规格 d=M5、公称长度 l=20 mm、性能等级为 8.8 级、表面氧化的内六角圆柱头螺钉标记为：

螺钉 GB/T 70.1 M5×20

mm

螺纹规格 d		M1.6	M2	M2.5	M3	M4	M5	M6	M8	M10	M12	(M14)	M16	M20	M24	M30	M36	M42	M48
b	参考	15	16	17	18	20	22	24	28	32	36	40	44	52	60	72	84	96	106
d_k	光滑	3	3.8	4.5	5.5	7	8.5	10	13	16	18	21	24	30	36	45	54	63	72
max	滚花	3.14	3.98	4.68	5.68	7.22	8.72	10.22	13.27	16.27	18.27	21.33	24.33	30.33	36.39	45.39	54.46	63.46	72.46
k	max	1.6	2	2.5	3	4	5	6	8	10	12	14	16	20	24	30	36	42	48
e	min	1.73		2.3	2.87	3.44	4.58	5.72	6.86	9.15	11.43	13.72	16.00	19.44	21.73	25.15	30.85	36.57	41.13
s	公称	1.5		2	2.5	3	4	5	6	8	10	12	14	17	19	22	27	32	36
t	min	0.7	1	1.1	1.3	2	2.5	3	4	5	6	7	8	10	12	15.5	19	24	28
长度范围 l ①		2.5～16	3～20	4～25	5～30	6～40	8～50	10～60	12～80	16～100	20～120	25～140	25～160	30～200	40～200	45～200	55～200	60～300	70～300
性能	钢	d<3：按协议；3 mm≤d≤39 mm：8.8、10.9、12.9，d>39：按协议																	
等级	不锈钢	d≤24 mm：A2-70、A4-70，24 mm<d≤39 mm：A2-50、A4-50，d>39 mm，按协议																	
表面	钢	(1)氧化 (2)镀锌钝化																	
处理	不锈钢	不经处理																	

注：尽可能不采用括号内规格。

① 长度系列为 2.5，3，4，5，6～12(2 进位)，(14)，16，20～50(5 进位)，(55)，60，(65)，70～160(10 进位)，180，200。

表 5.1.27 吊环螺钉(摘自 GB/T 825－1988)

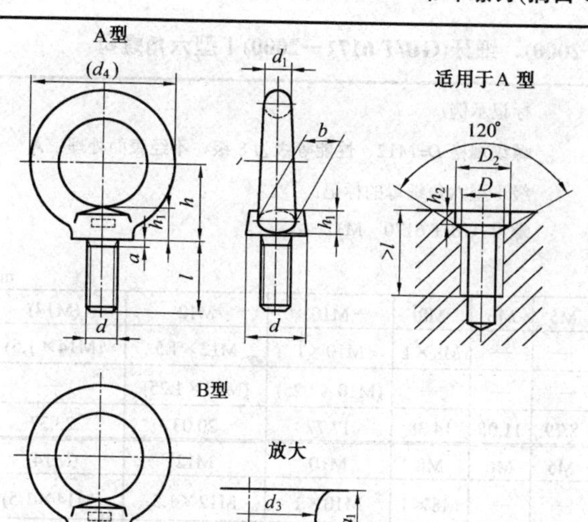

标记示例：

螺纹规格 d=M20、材料为 20 钢、经正火处理、不经表面处理的 A 型吊环螺钉标记为：

螺钉 GB/T 825 M20

mm

规格 d		M8	M10	M12	M16	M20	M24	M30	M36	M42	M48	M56	M64	M72×6	M80×6	M100×6
d_1	max	9.1	11.1	13.1	15.2	17.4	21.4	25.7	30	34.4	40.7	44.7	51.4	63.8	71.8	79.2
	min	7.6	9.6	11.6	13.6	15.6	19.6	23.5	27.5	31.2	37.4	41.1	46.9	58.8	66.8	73.6
D_1	公称	20	24	28	34	40	48	56	67	80	95	112	125	140	160	200
	min	19	23	27	32.9	38.8	46.8	54.6	65.5	78.1	92.9	109.9	122.3	137	157	196.7
d_2	max	21.1	25.1	29.1	35.2	41.4	49.4	57.7	69	82.4	97.7	114.7	128.4	143.8	163.8	204.2
	min	19.6	23.6	27.6	33.6	69.3	47.6	55.5	66.5	79.2	94.1	111.1	123.9	138.8	158.8	198.6
l	公称	16	20	22	28	35	40	45	55	65	70	80	90	100	115	140
d_2	参考	36	44	52	62	72	88	104	123	144	171	196	221	260	296	350
h		18	22	26	31	36	44	53	63	74	87	100	115	130	150	175
a	max	2.5	3	3.5	4	5	6	7	8	9	10	11	12			
a_1	max	3.75	4.5	5.25	6	7.5	9	10.5	12	13.5	15	16.5	18			
b		10	12	14	16	19	24	28	32	38	46	50	58	72	80	88
d_3	公称(max)	6	7.7	9.4	13	16.4	19.6	25	30.8	34.6	41	48.3	55.7	63.7	71.7	91.7
	min	5.82	7.48	9.18	12.73	16.13	19.27	24.67	29.91	35.21	40.61	47.91	55.24	63.24	17.24	91.16
D		M8	M10	M12	M16	M20	M24	M30	M36	M42	M48	M56	M64	M72×6	M80×6	M100×6
D_2	公称(min)	13	15	17	22	28	32	38	45	52	60	68	75	85	95	115
	Max	13.43.	15.43	17.52	22.52	28.52	32.62	38.62	45.62	52.74	60.74	68.74	75.74	85.87	95.87	115.87
h_2	公称(min)	2.5	3	3.5	4.5	5	7	8	9.5	10.5	11.5	12.5	13.5	14		
	max	2.9	3.4	3.98	4.98	5.48	7.58	8.58	40.08	11.2	12.2	13.2	14.2	14.7		
单螺钉最大起吊质量/t		0.16	0.25	0.40	0.63	1	1.6	2.5	4	6.3	8	10	16	20	25	40
材料		20、25 钢														
表面处理		一般不进行表面处理，根据使用要求，可进行镀锌钝化、镀铬，电镀后应立即进行驱氢处理														

4. 螺母

表 5.1.28 A 级和 B 级粗牙(GB/T 6170—2000)、细牙(GB/T 6171—2000)Ⅰ型六角螺母

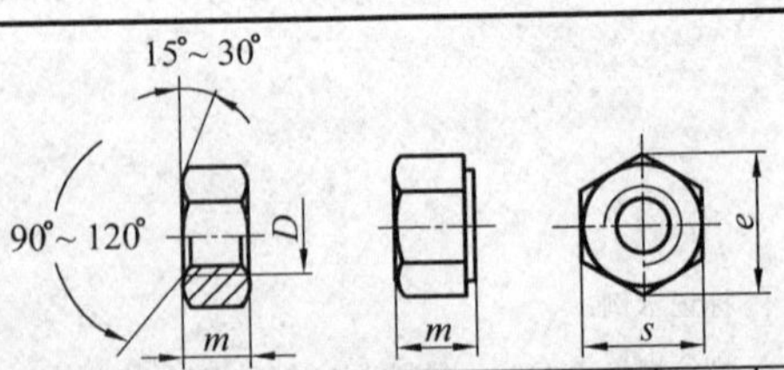

标记示例：

螺纹规格 D=M12、性能等级为 8 级、不经表面处理、A 级Ⅰ型六角螺母的标记：

螺母 GB/T 6170 M12

mm

螺纹规格(6H)													
螺纹规格(6H)	D	M1.6	M2	M2.5	M3	(M3.5)	M4	M5	M6	M8	M10	M12	(M14)
	$D\times P$	—	—	—	—	—	—	—	—	M8×1	M10×1	M12×1.5	(M14×1.5)
		—	—	—	—	—	—	—	—	—	(M10×1.25)	(M12×1.25)	—
e	min	3.41	4.32	5.45	6.01	6.58	7.66	8.79	11.05	14.38	17.77	20.03	23.37
螺纹规格(6H)	D	M1.6	M2	M2.5	M3	(M3.5)	M4	M5	M6	M8	M10	M12	(M14)
	$D\times P$	—	—	—	—	—	—	—	—	M8×1	M10×1	M12×1.5	(M14×1.5)
		—	—	—	—	—	—	—	—	—	(M10×1.25)	(M12×2.5)	—
s	max	3.2	4	5	5.5	6	7	8	10	13	16	18	21
	min	3.02	3.82	4.82	5.32	5.82	6.78	7.78	9.78	12.73	15.73	17.73	20.67
m	max	1.3	1.6	2	2.4	2.8	3.2	4.7	5.2	6.8	8.4	10.8	12.8
性能等级	钢	按协议			6、8、10								
	不锈钢	A2-70、A4-70											
	有色金属	CU2、CU3、AL4											

螺纹规格(6H)										
螺纹规格(6H)	D	M16	(M18)	M20	(M22)	M24	(M27)	M30	(M33)	M36
	$D\times P$	M16×1.5	(M18×1.5)	(M20×2)	(M22×1.5)	M24×2	(M27×2)	M30×2	(M33×2)	M36×3
		—	—	M20×1.5	—	—	—	—	—	—
e	min	26.75	29.56	32.95	37.29	39.55	45.2	50.85	55.37	60.79
s	max	24	27	30	34	36	41	46	50	55
	min	23.67	26.16	29.16	33	35	40	45	49	53.8
m	max	14.8	15.8	18	19.4	21.5	23.8	25.6	28.7	31
性能等级	钢	6、8、10								
	不锈钢	A2-70、A4-70					A2-50、A4-50			
	有色金属	CU2、CU3、AL4								

螺纹规格(6H)									
螺纹规格(6H)	D	(M39)	M42	(M45)	M48	(M52)	M56	(M60)	M64
	$D\times P$	(M39×3)	M42×3	(M45×3)	M48×3	(M52×4)	M56×4	(M60×4)	M64×4
		—	—	—	—	—	—	—	—
e	min	66.44	72.02	76.95	83.6	88.25	93.56	99.21	104.86
s	max	60	65	70	75	80	85	90	95
	min	58.8	63.1	68.1	73.1	78.1	82.8	87.8	92.8
m	max	33.4	34	36	38	42	45	48	51
性能等级	钢	6、8、10	按协议						
	不锈钢	A2-50、A4-50	按协议						
	有色金属	CU2、CU3、AL4							
表面处理	钢	(1)不经处理 (2)镀锌钝化 (3)氧化							
	不锈钢	简单处理							
	有色金属	简单处理							

注：为非优先的螺纹规格。

表 5.1.29 C级Ⅰ型六角螺母(摘自 GB/T 41—2000)

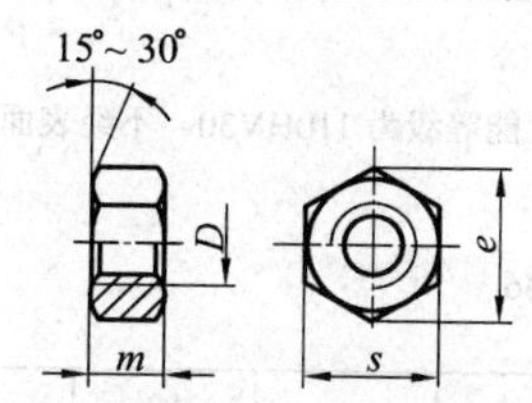

标记示例：

螺纹规格 D=M12、性能等级为5级、不经表面处理、C级的Ⅰ型六角螺母的标记：

螺母 GB/T 41 M12

mm

螺纹规格 D (7H)		M5	M6	M8	M10	M12	(M14)	M16	(M18)	M20	(M22)	M24	(M27)
e	min	8.63	1089	14.20	17.29	19.85	22.78	26.17	29.56	32.95	37.29	39.55	45.2
s	max	8	10	13	16	18	21	24	27	30	34	36	41
	min	7.64	9.64	12.57	15.57	17.57	20.16	23.16	26.16	29.16	33	35	40
m	max	5.6	6.4	7.94	9.54	12.17	13.9	15.9	16.9	19.0	20.2	22.3	24.7
性能等级	钢	5							4、5				
表面处理	钢	(1)不经处理 (2)镀锌钝化											

螺纹规格 D (7H)		M30	(M33)	M36	(M39)	M42	(M45)	M48	(M52)	M56	(M60)	M64
e	min	50.85	55.37	60.79	66.44	72.02	76.95	82.6	88.25	93.56	99.21	104.86
s	max	46	50	55	60	65	70	75	80	85	90	95
	min	45	49	53.8	58.8	63.1	68.1	73.1	78.1	82.8	87.8	92.8
m	max	26.4	29.5	31.9	34.3	34.9	36.9	38.9	42.9	45.9	48.9	52.4
性能等级	钢	4、5				按协议						
表面处理	钢	(1)不经处理 (2)镀锌钝化										

注：尽可能不采用括号内的规格。

表 5.1.30 六角厚螺母(摘自 GB/T 56—1988)

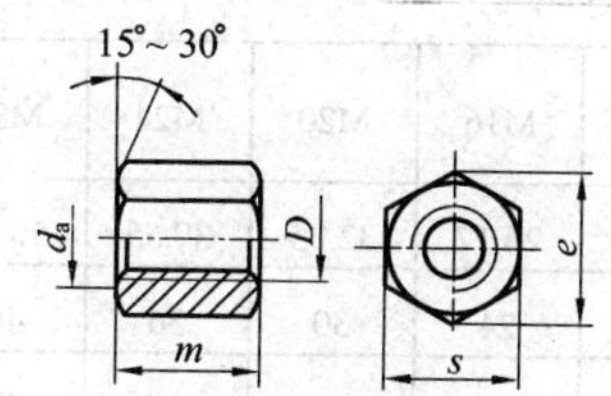

标记示例：

螺纹规格 D=M20、性能等级为5级、不经表面处理的六角厚螺母的标记：

螺母 GB/T 56 M20

mm

螺纹规格 D (6H)		M16	(M18)	M20	(M22)	M24	(M27)	M30	M36	M42	M48
e	min	26.17	29.56	32.95	37.29	39.55	45.2	50.85	60.79	72.09	82.6
s	max	24	27	30	34	36	41	46	55	65	75
	min	23.16	26.16	29.16	33	35	40	45	53.8	63.1	73.1
m	max	25	28	32	35	38	42	48	55	65	75
性能等级	钢	5、8、10									
表面处理	钢	(1)不经处理 (2)氧化									

注：尽可能不采用括号内的规格。

表 5.1.31 B级无倒角六角薄螺母(摘自 GB/T 6174－2000)

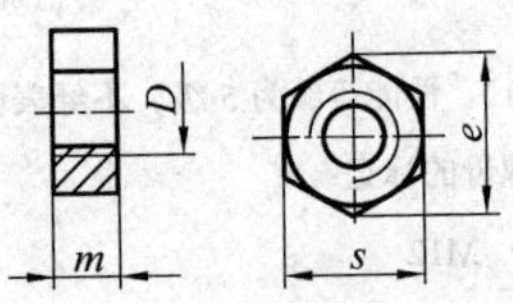

标记示例：

螺纹规格 D=M6、性能等级为 110HV30、不经表面处理 B 级六角薄螺母的标记：

螺母 GB/T 6174 M6

mm

螺纹规格 (6H)	D	M1.6	M2	M2.5	M3	(M3.5)	M4	M5	M6	M8	M10
e	min	3.28	4.18	5.31	5.88	6.44	7.50	8.63	10.89	14.20	17.59
s	max	3.2	4	5	5.5	6.0	7	8	10	13	16
	min	2.9	3.7	4.7	5.2	5.7	6.64	7.64	9.64	12.57	15.57
m	max	1	1.2	1.6	1.8	2	2.2	2.7	3.2	4	5
性能等级	钢	硬度 110HV30，min									
	有色金属	CU2、CU3、AL4									
表面处理	钢	(1)不经处理　(2)镀锌钝化									
	有色金属	简单处理									

注：尽可能不采用括号内的规格。

表 5.1.32 C级Ⅰ型六角开槽螺母(摘自 GB/T 6179－1986)

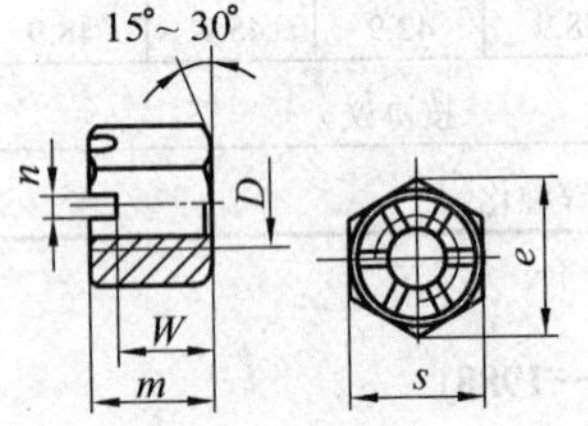

标记示例：

螺纹规格 D=M5、性能等级为 5 级、不经表面处理、C 级 1 型六角开槽螺母的标记：

螺母 GB/T 6179 M5

mm

螺纹规格 (6H)	D	M5	M6	M8	M10	M12	(M14)	M16	M20	M24	M30	M36
e	min	8.63	10.89	14.20	17.59	19.85	22.78	26.17	32.95	39.55	50.85	60.79
s	max	8	10	13	16	18	21	24	30	36	46	55
	min	7.64	9.64	12.57	15.57	17.57	20.16	23.16	29.16	35	45	53.8
m	max	7.6	8.9	10.94	13.54	17.17	18.9	21.9	25	30.3	35.4	40.9
W	max	5.6	6.4	7.94	9.54	12.17	13.9	15.9	19	22.3	26.4	31.9
	min	4.4	4.9	6.44	8.04	10.37	12.1	14.1	16.9	20.2	24.3	29.4
n	min	1.4	2	2.5	2.8	3.5	3.5	4.5		5.5	7	
开口销		1.2×12	1.6×14	2×16	2.5×20	3.2×22	3.2×26	4×28	4×36	5×40	6.3×50	6.3×65
性能等级	钢	4、5										
表面处理	钢	(1)不经处理　(2)镀锌钝化										

注：尽可能不采用括号内的规格。

表 5.1.33　蝶形螺母(摘自 GB/T 62－1988)

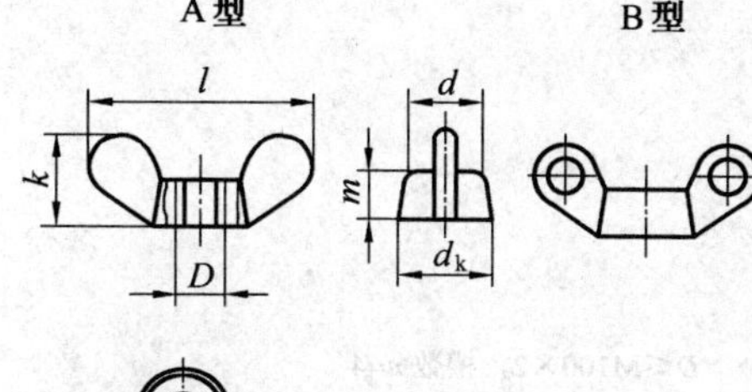

标记示例：

螺纹规格 *D*=M10、材料 Q215、不经表面处理、A 型蝶形螺母的标记：

螺母 GB/T 62　M10

mm

螺纹规格 $D\times P$ (6H)	M3×0.5	M4×0.7	M5×0.8	M6×1	M8×1	M10×1.5	M12×1.75	(M14×2)	M16×2
	—	—	—	—	M8×1.25	M10×1.25	M12×1.5	(M14×1.5)	M16×1.5
d_k	7	8	10	12	15	18	22	26	30
d	6	7	8	10	13	15	19	23	26
l	20	24	28	32	40	48	58	64	72
k	8	10	12	14	18	22	27	30	32
m	3.5	4	5	6	8	10	12	14	14
材料	Q215、Q235、KT30-6								

注：尽可能不采用括号内的规格。

表 5.1.34　环形螺母(摘自 GB/T 63-1988)

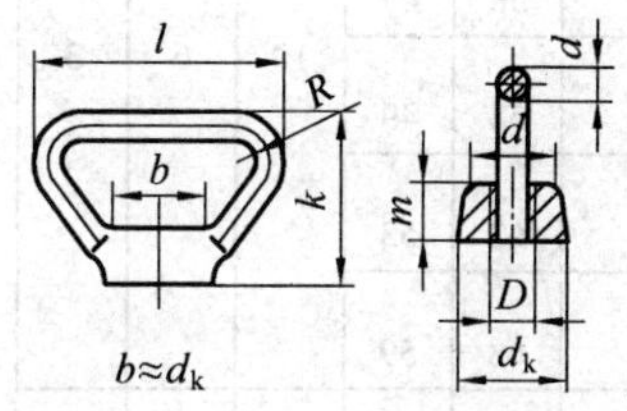

标记示例：

螺纹规格 *D*=M16、材料 ZCuZn40Mn2、不经表面处理的环形螺母的标记：

螺母 GB/T 63　M16

mm

螺纹规格 D (6H)	M12	(M14)	M16	(M18)	M20	(M22)	M24
d_k	24		30		36		46
d	20		26		30		38
m	15		18		22		26
k	52		60		72		84
l	66		76		86		98
d_1	10		12		13		14
R	6				8		10
材料	ZCuZn40Mn2						

注：尽可能不采用括号内的规格。

表 5.1.35 圆螺母(GB/T 812—2000)

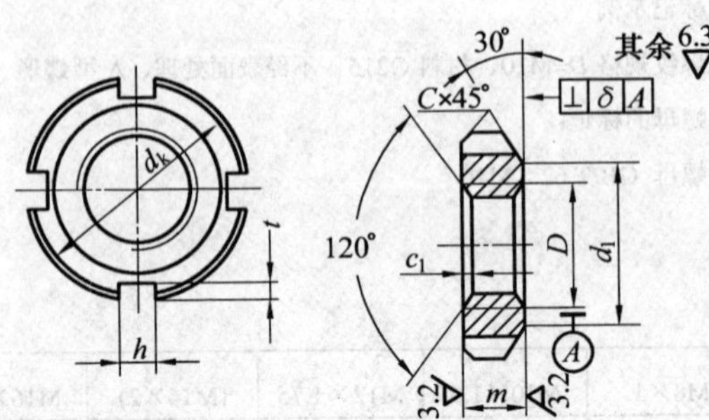

D≤M100×2，槽数 n=4

D≥M105×2，槽数 n=6

标记示例：

螺纹规格 $D\times p$=M16×1.5，材料为 45 钢、槽或全部热处理后，硬度为 35～45 HRC，表面氧化的圆螺母的标记：

螺母 GB/T 812-2000 M16×1.5

mm

螺纹规格 $D\times P$	d_k	d_1	m	h min	T min	c	c_1	螺纹规格 $D\times P$	d_k	d_1	m	h min	t min	c	c_1
M10×1	22	16	8	4	2	0.5	0.5	M35×1.5*	52	43	10	6	3	1	0.5
M12×1.25	25	19						M36×1.5	55	46					
M14×1.5	28	20						M39×1.5	58	49				1.5	
M16×1.5	30	22		5	2.5			M40×1.5*	58	49					
M18×1.5	32	24						M42×1.5	62	53					
M20×1.5	35	27						M45×1.5	68	59					
M22×1.5	38	30	10					M48×1.5	72	61	12	8	3.5		
M24×1.5	42	34				1		M50×1.5*	72	61					
M25×1.5	42	34						M52×1.5	78	67					
M27×1.5	45	37						M55×2*	78	67					
M30×1.5	48	40						M56×2	85	74					1
M33×1.5	52	43		6	3			M60×2	90	79					

* 仅用于滚动轴承锁紧装置。

5. 垫圈

表 5.1.36 平垫圈 A 级(摘自 GB/T 97.1—2002)、平垫圈倒角型 A 级(摘自 GB/T 97.2—2002)和小垫圈 A 级(摘自 GB/T 848—2002)

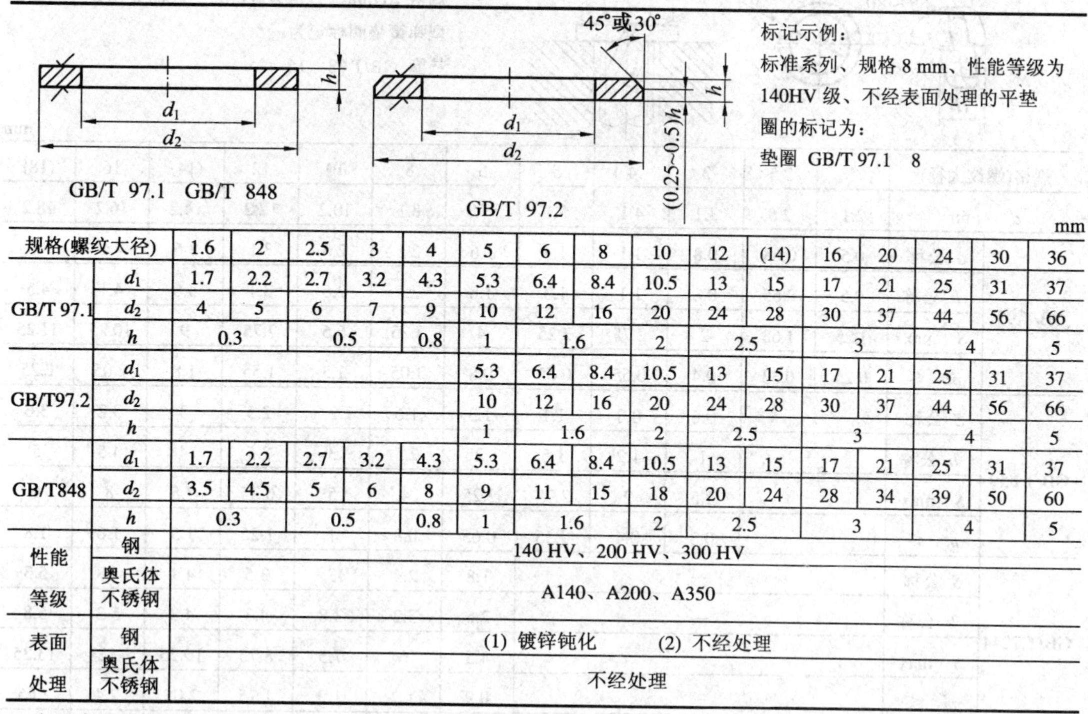

标记示例：
标准系列、规格 8 mm、性能等级为 140HV 级、不经表面处理的平垫圈的标记为：
垫圈 GB/T 97.1 8

mm

规格(螺纹大径)		1.6	2	2.5	3	4	5	6	8	10	12	(14)	16	20	24	30	36
GB/T 97.1	d_1	1.7	2.2	2.7	3.2	4.3	5.3	6.4	8.4	10.5	13	15	17	21	25	31	37
	d_2	4	5	6	7	9	10	12	16	20	24	28	30	37	44	56	66
	h	0.3		0.5		0.8	1	1.6		2	2.5		3		4		5
GB/T97.2	d_1						5.3	6.4	8.4	10.5	13	15	17	21	25	31	37
	d_2						10	12	16	20	24	28	30	37	44	56	66
	h						1	1.6		2	2.5		3		4		5
GB/T848	d_1	1.7	2.2	2.7	3.2	4.3	5.3	6.4	8.4	10.5	13	15	17	21	25	31	37
	d_2	3.5	4.5	5	6	8	9	11	15	18	20	24	28	34	39	50	60
	h	0.3		0.5		0.8	1	1.6		2	2.5		3		4		5
性能等级	钢	140 HV、200 HV、300 HV															
	奥氏体不锈钢	A140、A200、A350															
表面处理	钢	(1) 镀锌钝化 (2) 不经处理															
	奥氏体不锈钢	不经处理															

注：括号内为非优选尺寸。

表 5.1.37 平垫圈 C 级(摘自 GB/T 95—2002)、大垫圈 C 级(摘自 GB/T 96.2—2002)和特大垫圈 C 级(摘自 GB/T 5287—2002)

h
d_1
d_2
GB/T 95、GB/T 5287

h
d_1
d_2
GB/T 96

标记示例：
标准系列、规格 8 mm、性能等级为 100 HV 级、不经表面处理的平垫圈的标记为：
垫圈 GB/T 95 8

mm

规格(螺纹大径)		3	4	5	6	8	10	12	(14)	16	20	24	30	36
GB/T 95	d_1	3.4	4.5	5.5	6.5	9	11	13.5	15.5	17.5	22	26	33	39
	d_2	7	9	10	12	16	20	24	28	30	37	44	56	66
	h	0.5	0.8	1	1.6		2	2.5		3		4		5
GB/T96.2	d_1	3.4	4.5	5.5	6.6	9	11	13.5	15.5	17.5	22	26	33	39
	d_2	9	12	15	18	24	30	37	44	50	60	72	92	110
	h	0.8	1	1	1.6	2	2.5	3			4	5	6	8
GB/T5287	d_1	—	—	5.5	6	6	9	11	13.5	15.5	17.5	22	26	33
	d_2	—	—	18	22	28	34	44	50	56	72	85	105	125
	h	—	—	2		3		4		5	6			8
性能等级	钢	A 级：140 HV；C 级 100 HV												
	奥氏体不锈钢	A140												
表面处理	钢	GB/T 95：不经处理；GB/T 96、GB/T 5287：(1)不经处理 (2)镀锌钝化												
	奥氏体不锈钢	不经处理												

注：括号内为非优选尺寸。

表 5.1.38　标准型弹簧垫圈(摘自 GB/T 93－1987)、轻型弹簧垫圈(摘自 GB/T 859－1987) 和重型弹簧垫圈(摘自 GB/T 7244－1987)

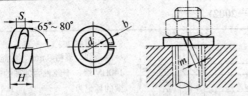

标记示例：

规格 16 mm、材料为 65 Mn、表面氧化处理的标准型弹簧垫圈标记为：

垫圈 GB/T 93　16

mm

规格(螺纹大径)		2	2.5	3	4	5	6	8	10	12	(14)	16	(18)
d min		2.1	2.6	3.1	4.1	5.1	6.1	8.1	10.2	12.2	14.2	16.2	18.2
GB/T 93	S 公称	0.5	0.65	0.8	1.1	1.3	1.6	2.1	2.6	3.1	3.6	4.1	4.5
	b 公称	0.5	0.65	0.8	1.1	1.3	1.6	2.1	2.6	3.1	3.6	4.1	4.5
	S max	1.25	1.63	2	2.75	3.25	4	5.25	6.5	7.75	9	10.25	11.25
	m ≤	0.25	0.33	0.4	0.55	0.65	0.8	1.05	1.3	1.55	1.8	2.05	2.25
GB/T 859	S 公称	—		0.6	0.8	1.1	1.3	1.6	2	2.5	3	3.2	3.6
	b 公称	—		1	1.2	1.5	2	2.5	3	3.5	4	4.5	5
	S max	—		1.5	2	2.75	3.25	4	5	6.25	7.5	8	9
	m ≤	—		0.3	0.4	0.55	0.65	0.8	1	1.25	1.5	1.6	1.8
GB/T 7244	S 公称	—					1.8	2.4	3	3.5	4.1	4.8	5.3
	b 公称	—					2.6	3.2	3.8	4.3	4.8	5.3	5.8
	S max	—					4.5	6	7.5	8.75	10.25	12	13.25
	m ≤	—					0.9	1.2	1.5	1.75	2.05	2.4	2.65
弹性试验载荷/N		700	1 160	1 760	3 050	5 050	7 050	12 900	20 600	30 000	41 300	56 300	69 000
弹　性		弹性试验后的自由高度应不小于 1.67$S_{公称}$											

规格(螺纹大径)		20	(22)	24	(27)	30	(33)	36	(39)	42	(45)	48
d min		20.2	22.5	24.5	27.5	30.5	33.5	36.5	39.5	42.5	45.5	48.5
GB/T 93	S 公称	5	5.5	6	6.8	7.5	8.5	9	10	10.5	11	12
	b 公称	5	5.5	6	6.8	7.5	8.5	9	10	10.5	11	12
	S max	12.5	13.75	15	17	18.75	21.25	22.5	25	26.25	27.5	30
	m ≤	2.5	2.75	3	3.4	3.75	4.25	4.5	5	5.25	5.5	6
GB/T 859	S 公称	4	4.5	5	5.5	6	—					
	b 公称	5.5	6	7	8	9	—					
	S max	10	11.25	12.5	13.75	15	—					
	m ≤	2	2.25	2.5	2.75	3	—					
GB/T 7244	S 公称	6	6.6	7.1	8	9	9.9	10.8	—			
	b 公称	6.4	7.2	7.5	8.5	9.3	10.2	11.0	—			
	S max	15	16.5	17.75	20	22.5	24.75	27	—			
	m ≤	3	3.3	3.55	7	7.5	7.95	5.4	—			
弹性试验载荷/N		88 000	110 000	127 000	167 000	204 000	255 000	298 000	343 000	394 000	457 000	518 000
弹　性		弹性试验后的自由高度应不小于 1.67$S_{公称}$										

注：尽可能不采用括号内的规格。

表 5.1.39 单耳止动垫圈(摘自 GB/T 854—1988)和双耳止动垫圈(摘自 GB/T 855—1988)

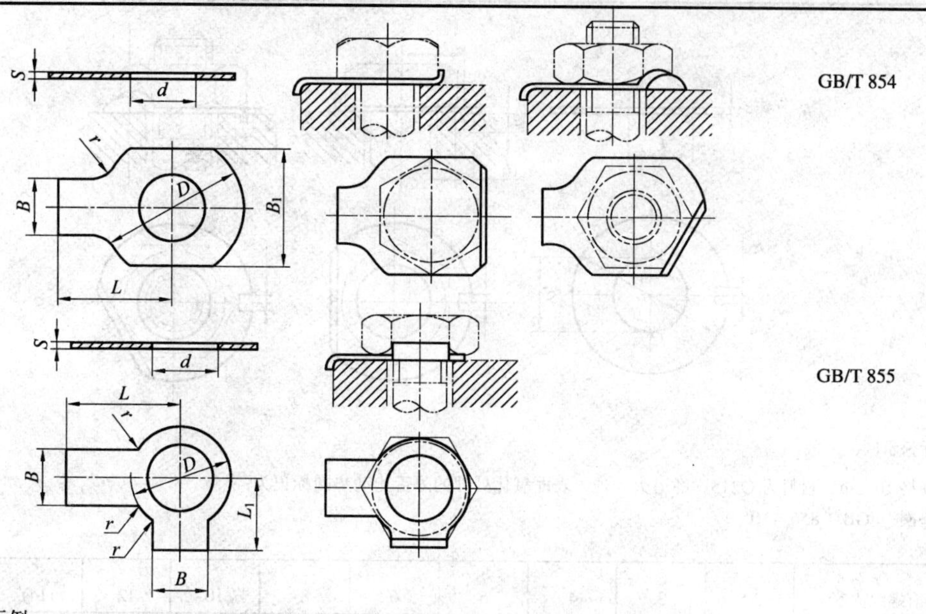

标记示例：

规格 10 mm、材料为 Q235、经退火处理、表面氧化处理的单耳止动垫圈标记为：

垫圈 GB/T 854 10

mm

规格(螺纹大径)		2.5	3	4	5	6	8	10	12	(14)	16
d	min	2.7	3.2	4.2	5.3	6.4	8.4	10.5	13	15	17
L	公称	10	12	14	16	18	20	22	28		
L_1	公称	4	5	7	8	9	11	13	16		
S		0.4			0.5				1		
B		3	4	5	6	7	8	10	12		15
B_1		6	7	9	11	12	16	19	21	25	32
r	GB/T854	2.5				4		6	10		
	GB/T855	1					2				
D max	GB/T854	8	10	14	17	19	22	26	32		40
	GB/T855	5		8	9	11	14	17	22		27
规格(螺纹大径)		(18)	20	(22)	24	(27)	30	36	42	48	
d	min	19	21	23	25	28	31	37	43	50	
L	公称	36		42		48	52	62	70	80	
L_1	公称	22		25		30	32	38	44	50	
S		1				1.5					
B		18		20		24	26	30	35	40	
B_1		38		39	42	48	55	65	78	90	
r	GB/T854	10				15					
	GB/T855	3							4		
D max	GB/T854	45		50		58	63	75	88	100	
	GB/T855	32		36		41	46	55	65	75	
材料及热处理		Q215、Q235、10、15，退火									
表面处理		氧化									

注：尽可能不采用括号内的规格。

表 5.1.40 外舌止动垫圈(摘自 GB/T 856—1988)

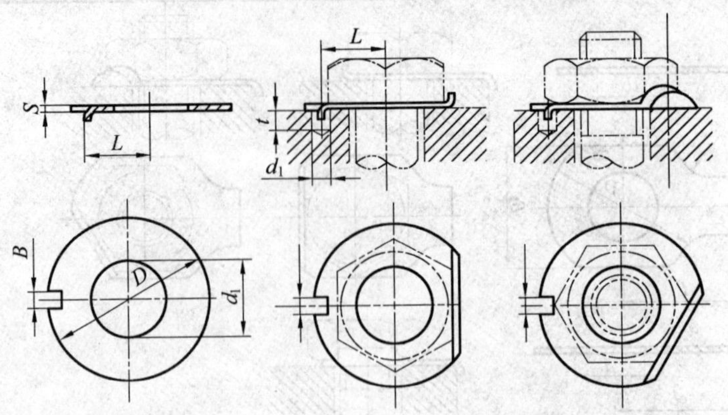

标记示例：

规格 10 mm、材料为 Q215、经退火处理、表面氧化处理的外舌止动垫圈标记为：

垫圈 GB/T 856 10

mm

<table>
<tr><td>规格(螺纹大径)</td><td>2.5</td><td>3</td><td>4</td><td>5</td><td>6</td><td>8</td><td>10</td><td>12</td><td>(14)</td><td>16</td></tr>
<tr><td>d min</td><td>2.7</td><td>3.2</td><td>4.2</td><td>5.3</td><td>6.4</td><td>8.4</td><td>10.5</td><td>13</td><td>15</td><td>17</td></tr>
<tr><td>D max</td><td>10</td><td>12</td><td>14</td><td>17</td><td>19</td><td>22</td><td>26</td><td colspan="2">32</td><td>40</td></tr>
<tr><td>b max</td><td>2</td><td colspan="2">2.5</td><td colspan="3">3.5</td><td colspan="3">4.5</td><td>5.5</td></tr>
<tr><td>L 公称</td><td>3.5</td><td>4.5</td><td>5.5</td><td>7</td><td>7.5</td><td>8.5</td><td>10</td><td colspan="2">12</td><td>15</td></tr>
<tr><td>S</td><td colspan="3">0.4</td><td colspan="4">0.5</td><td colspan="3">1</td></tr>
<tr><td>d_1</td><td>2.5</td><td colspan="2">3</td><td colspan="3">4</td><td colspan="3">5</td><td>6</td></tr>
<tr><td>t</td><td colspan="3">3</td><td colspan="3">4</td><td>5</td><td colspan="3">6</td></tr>
</table>

<table>
<tr><td>规格(螺纹大径)</td><td>(18)</td><td>20</td><td>(22)</td><td>24</td><td>(27)</td><td>30</td><td>36</td><td>42</td><td>48</td></tr>
<tr><td>d min</td><td>19</td><td>21</td><td>23</td><td>25</td><td>28</td><td>31</td><td>37</td><td>43</td><td>50</td></tr>
<tr><td>D max</td><td colspan="2">45</td><td colspan="2">50</td><td>58</td><td>63</td><td>75</td><td>88</td><td>100</td></tr>
<tr><td>b max</td><td colspan="2">6</td><td colspan="2">7</td><td colspan="2">8</td><td colspan="2">11</td><td>13</td></tr>
<tr><td>L 公称</td><td colspan="2">18</td><td colspan="2">20</td><td>23</td><td>25</td><td>31</td><td>36</td><td>40</td></tr>
<tr><td>S</td><td colspan="4">1</td><td colspan="5">1.5</td></tr>
<tr><td>d_1</td><td colspan="2">7</td><td colspan="2">8</td><td colspan="2">9</td><td colspan="2">12</td><td>14</td></tr>
<tr><td>t</td><td colspan="4">7</td><td colspan="3">10</td><td>12</td><td>13</td></tr>
<tr><td>材料及热处理</td><td colspan="9">Q215、Q235、10、15，退火</td></tr>
<tr><td>表面处理</td><td colspan="9">氧化</td></tr>
</table>

注：尽可能不采用括号内的规格。

表 5.1.41 圆螺母用止动垫圈(GB/T 858－1988)

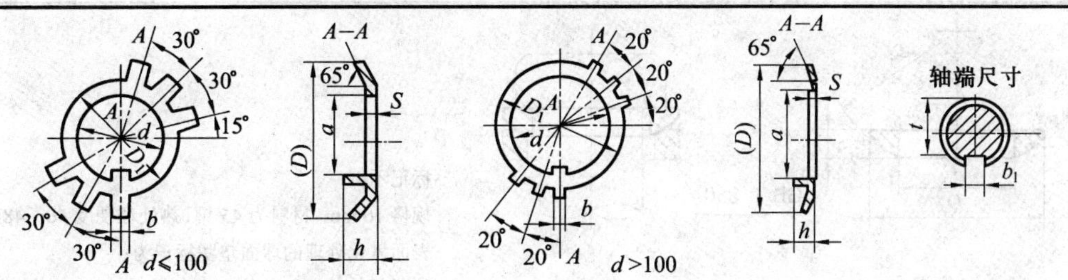

标记示例：

规格 16 mm，材料为 Q235-A、经退火、表面氧化的圆螺母用止动垫圈

垫圈 GB/T 858-1986-16

mm

规格(螺纹直径)	d	(D)	D_1	S	b	a	h	轴端 b_1	轴端 t	规格(螺纹直径)	d	(D)	D_1	S	b	a	h	轴端 b_1	轴端 t
10	10.5	25	16			8			7	35*	35.5	56	43			32			—
12	12.5	28	19		3.8	9	3	4	8	36	36.5	60	46			33			32
14	14.5	32	20			11			10	39	39.5	62	49			36			35
16	16.5	34	22			13			12	40*	40.5	62	49		5.7	37		6	—
18	18.5	35	24			15			14	42	42.5	66	53			39	5		38
20	20.5	38	27	1		17			16	45	45.5	72	59			42			41
22	22.5	42	30		4.8	19	4	5	18	48	48.5	76	61	1.5		45			44
24	24.5	45	34			21			20	50*	50.5	76	61			47			—
25*	25.5	45	34			22			—	52	52.5	82	67			49			48
27	27.5	48	37			24			23	55*	56	82	67		7.7	52		8	—
30	30.5	52	40			27	5		26	56	57	90	74			53	6		52
33	33.5	56	43	1.5	5.7	30		6	29	60	61	94	79			57			56

* 仅用于滚动轴承锁紧装置。

表 5.1.42 工字钢用方斜垫圈(GB/T 852－1988)和槽钢用方斜垫圈(GB/T 853－1988)

标记示例：

规格 16 mm、材料为 Q215、不经表面处理的工字钢用方斜垫圈标记为：

垫圈 GB/T 852 16

mm

规格(螺纹大径)		6	8	10	12	16	(18)	20	(22)	24	(27)	30	36
d min		6.6	9	11	13.5	17.5	20	22	24	26	30	33	39
B		16	18	22	28	35	40			50		60	70
H				2						3			
(H_1)	GB/T 852	4.7	5	5.7	6.7	7.7	9.7			11.3		13	14.7
	BG/T 853	3.6	3.8	4.2	4.8	5.4	7			8		9	10
材料及热处理		Q215、Q235											
表面处理		不经处理											

注：尽可能不采用括号内的规格。

表 5.1.43 球面垫圈(摘自 GB/T 849—1988)和锥面垫圈(摘自 GB/T 850—1988)

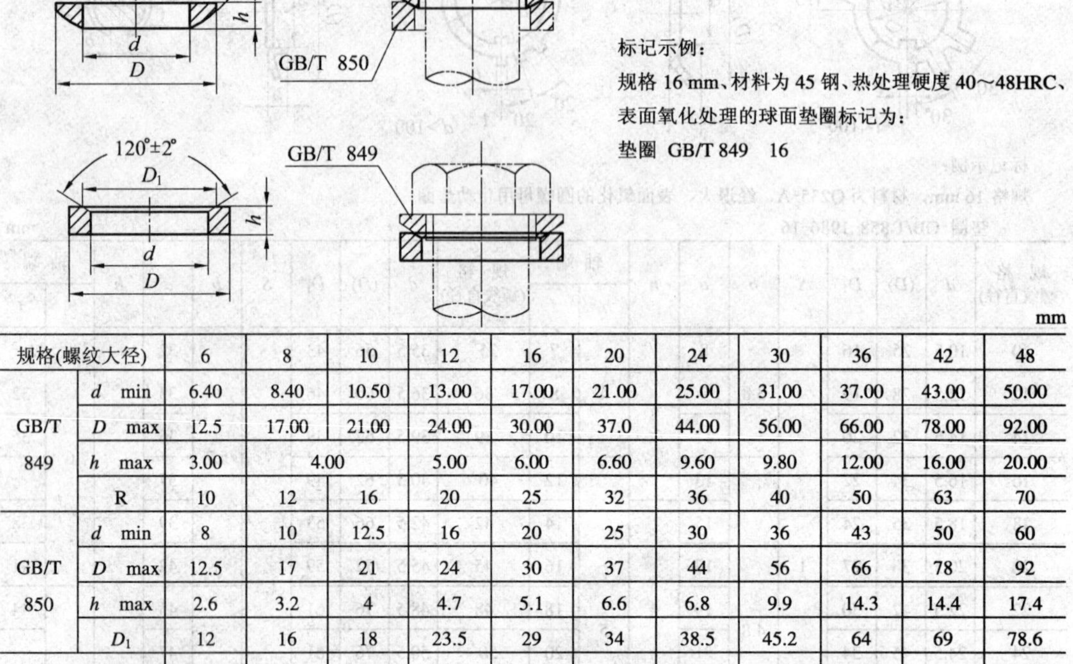

标记示例：

规格 16 mm、材料为 45 钢、热处理硬度 40～48HRC、表面氧化处理的球面垫圈标记为：

垫圈 GB/T 849 16

mm

规格(螺纹大径)		6	8	10	12	16	20	24	30	36	42	48
GB/T 849	d min	6.40	8.40	10.50	13.00	17.00	21.00	25.00	31.00	37.00	43.00	50.00
	D max	12.5	17.00	21.00	24.00	30.00	37.0	44.00	56.00	66.00	78.00	92.00
	h max	3.00	4.00		5.00	6.00	6.60	9.60	9.80	12.00	16.00	20.00
	R	10	12	16	20	25	32	36	40	50	63	70
GB/T 850	d min	8	10	12.5	16	20	25	30	36	43	50	60
	D max	12.5	17	21	24	30	37	44	56	66	78	92
	h max	2.6	3.2	4	4.7	5.1	6.6	6.8	9.9	14.3	14.4	17.4
	D_1	12	16	18	23.5	29	34	38.5	45.2	64	69	78.6
H≈		4	5	6	7	8	10	13	16	19	24	30
材料及热处理		45 钢，热处理硬度：40～48HRC										
表面处理		氧化										

5.1.3 螺纹零件的结构要素

1. 螺纹收尾、肩距、退刀槽和倒角

表 5.1.44 普通螺纹收尾、肩距、退刀槽、倒角(GB/T 3—1997)

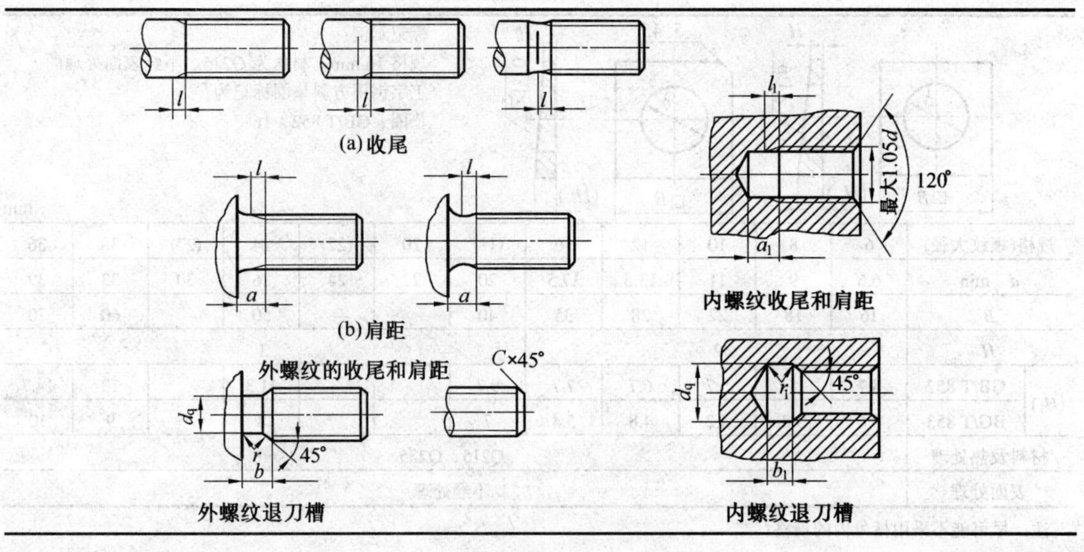

续表 5.1.44 外螺纹的收尾、肩距和退刀槽

mm

螺距 P	收尾 l max		肩距 a max			退刀槽			
	一般	短的	一般	长的	短的	b min	b max	d_g	r≈
0.25	0.6	0.3	0.75	1	0.5	0.4	0.75	d-0.4	0.12
0.3	0.75	0.4	0.9	1.2	0.6	0.5	0.9	d-0.5	0.16
0.35	0.9	0.45	1.05	1.4	0.7	0.6	1.05	d-0.6	0.16
0.4	1	0.5	1.2	1.6	0.8	0.6	1.2	d-0.7	0.2
0.45	1.1	0.6	1.35	1.8	0.9	0.7	1.35	d-0.7	0.2
0.5	1.25	0.7	1.5	2	1	0.8	1.5	d-0.8	0.2
0.6	1.5	0.75	1.8	2.4	1.2	0.9	1.8	d-1	0.4
0.7	1.75	0.9	2.1	2.8	1.4	1.1	2.1	d-1.1	0.4
0.75	1.9	1	2.25	3	1.5	1.2	2.25	d-1.2	0.4
0.8	2	1	2.4	3.2	1.6	1.3	2.4	d-1.3	0.4
1	2.5	1.25	3	4	2	1.6	3	d-1.6	0.6
1.25	3.2	1.6	4	5	2.5	2	3.75	d-2	0.6
1.5	3.8	1.9	4.5	6	3	2.5	4.5	d-2.3	0.8
1.75	4.3	2.2	5.3	7	3.5	3	5.25	d-2.6	1
2	5	2.5	6	8	4	3.4	6	d-3	1
2.5	6.3	3.2	7.5	10	5	4.4	7.5	d-3.6	1.2
3	7.5	3.8	9	12	6	5.2	9	d-4.4	1.6
3.5	9	4.5	10.5	14	7	6.2	10.5	d-5	1.6
4	10	5	12	16	8	7	12	d-5.7	2
4.5	11	5.5	13.5	18	9	8	13.5	d-6.4	2.5
5	12.5	6.3	15	20	10	9	15	d-7	2.5
5.5	14	7	16.5	22	11	11	17.5	d-7.7	3.2
6	15	7.5	18	24	12	11	18	d-8.3	3.2
参考值	≈2.5P	≈1.25P	≈3P	=4P	=2P	—	≈3P	—	—

注：① 应优先选用“一般”长度的收尾和肩距；“短”收尾和“短”肩距仅用于结构受限制的螺纹件上；产品等级为 B 或 C 级的螺纹，紧固件可采用“长”肩距。

② d 为螺纹公称直径(大径)代号。

③ d_g 公差为：h13(d>3 mm)、h12(d≤3 mm)。

续表 5.1.44

mm

螺距 P	收尾 l max		肩距 a_1		退刀槽			
					b_1		D_g	R≈
	一般	短的	一般	长的	一般	短的		
0.25	1	0.5	1.5	2				
0.3	1.2	0.6	1.8	2.4				
0.35	1.4	0.7	2.2	2.8				
0.4	1.6	0.8	2.5	3.2				
0.45	1.8	0.9	2.8	3.6			D+0.3	
0.5	2	1	3	4	2	1		0.2
0.6	2.4	1.2	3.2	4.8	2.4	1.2		0.3
0.7	2.8	1.4	3.5	5.6	2.8	1.4		0.4
0.75	3	1.5	3.8	6	3	1.5		0.4
0.8	3.2	1.6	4	6.4	3.2	1.6		0.4
1	4	2	5	8	4	2		0.5
1.25	5	2.5	6	10	5	2.5		0.6
1.5	6	3	7	12	6	3		0.8
1.75	7	3.5	9	14	7	3.5		0.9
2	8	4	10	16	8	4		1
2.5	10	5	12	18	10	5		1.2
3	12	6	14	22	12	6	D+0.5	1.5
3.5	14	7	16	24	14	7		1.8
4	16	8	18	26	16	8		2
4.5	18	9	21	29	18	9		2.2
5	20	10	23	32	20	10		2.5
5.5	22	11	25	35	22	11		2.8
6	24	12	28	38	24	12		3
参考值	=4P	=2P	≈(6～5)P	≈(8～6.5)P	=4P	=2P	—	≈0.5P

注：① 应优先选用“一般”长度的收尾和肩距；容量需要较大空间时可选用“长”肩距，结构限制时进可选用“短”收尾。

② “短”退刀槽仅在结构受限制时采用。

③ D_g 公差为 H13。

④ D 为螺纹公称直径(大径)代号。

表 5.1.45　粗牙螺栓及螺钉的拧入深度、攻螺纹深度和钻孔深度

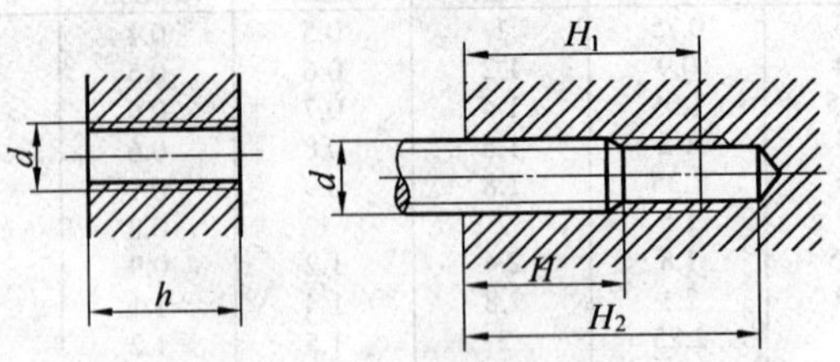

mm

公称直径 d	钢和青铜				铸铁				铝			
	通孔	盲孔			通孔	盲孔			通孔	盲孔		
	拧入深度 h	拧入深度 H	攻螺纹深度 H_1	钻孔深度 H_2	拧入深度 h	拧入深度 H	攻螺纹深度 H_1	钻孔深度 H_2	拧入深度 h	拧入深度 H	攻螺纹深度 H_1	钻孔深度 H_2
3	4	3	4	7	6	5	6	9	8	6	7	10
4	5.5	4	5.5	9	8	6	7.5	11	10	8	10	14
5	7	5	7	11	10	8	10	14	12	10	12	16
6	8	6	8	13	12	10	12	17	15	12	15	20
8	10	8	10	16	15	12	14	20	20	16	18	24
10	12	10	13	20	18	15	18	25	24	20	23	30
12	15	12	15	24	22	18	21	30	28	24	27	36
16	20	16	20	30	28	24	28	33	36	32	36	46
20	25	20	24	36	35	30	35	47	45	40	45	57
24	30	24	30	44	42	35	42	55	55	48	54	68
30	36	30	36	52	50	45	52	68	70	60	67	84
36	45	36	44	62	65	55	64	82	80	72	80	98
42	50	42	50	72	75	65	74	95	95	85	94	115
48	60	48	58	82	85	75	85	108	105	95	105	128

表 5.1.46　普通螺纹的内、外螺纹余留长度及钻孔余留深度

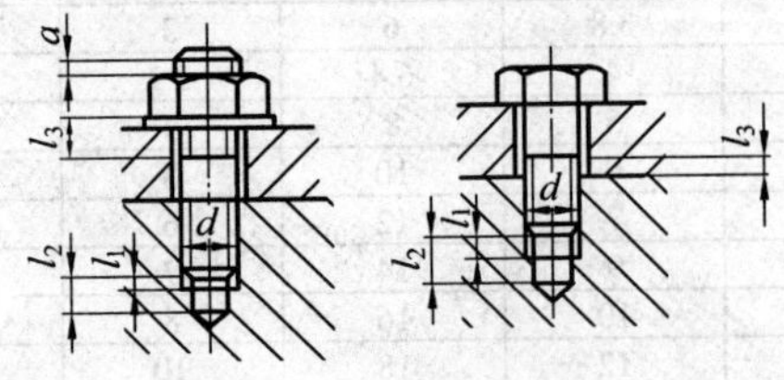

mm

螺距 P		0.5	0.7	0.75	0.8	1	1.25	1.5	1.75	2	2.5	3	3.5	4	4.5	5	5.5	6
余留长度	内螺纹 l_1	1	1.5	1.5	1.5	2	2.5	3	3.5	4	5	6	7	8	9	10	11	12
	钻孔 l_2	4	5	6	6	7	9	10	13	14	17	20	23	26	30	33	36	40
	外螺纹 l_3	2	2.5	2.5	2.5	3.5	4	4.5	5.5	6	7	8	9	10	11	13	16	18
末端长度 a		1～2	2～3			2.5～4		3.5～5		4.5～6.5		5.5～8		7～11		10～15		

表 5.1.47 螺栓和螺钉通孔(GB/T 5277－1985) mm

螺纹规格 d		M1	M1.2	M1.4	M1.6	M1.8	M2	M2.5	M3	M3.5	M4	M4.5	M5	M6	M7	M8	M10	M12	M14
螺孔直径	精装配	1.1	1.7	1.5	1.7	2	2.2	2.7	3.2	3.7	4.3	4.8	5.3	6.4	7.4	8.4	10.5	13	15
(GB/T 5277	中等装配	1.2	1.8	1.6	2	2.1	2.4	3.2	3.4	3.9	4.5	5	5.5	6.6	7.6	9	11	13.5	15.5
－1985)	粗装配	1.3	2	1.8	2.2	2.4	2.6	3.7	3.6	4.2	4.8	5.3	5.8	7	8	10	12	14.5	16.5
螺纹规格 d		M16	M18	M20	M22	M24	M27	M30	M33	M36	M39	M42	M45	M48	M52	M56	M60	M64	
螺孔直径	精装配	17	19	21	23	25	28	31	34	37	40	43	46	50	54	58	62	66	
(GB/T 5277	中等装配	17.5	20	22	24	26	30	33	36	39	42	45	48	52	56	62	66	70	
－1985)	粗装配	18.5	21	24	26	28	32	35	38	42	45	48	52	56	62	66	70	74	

表 5.1.48 六角螺栓和六角螺母用沉孔(GB/T 152.4－1988) mm

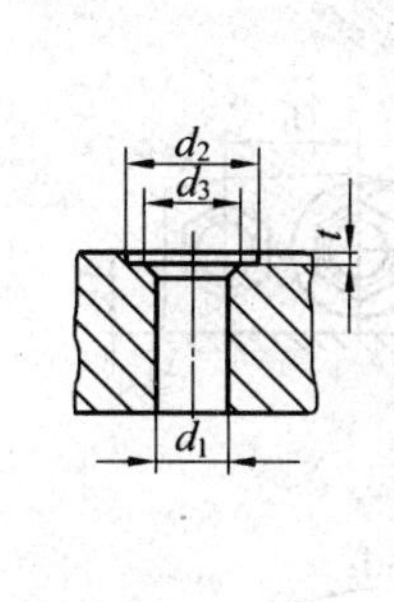

螺纹规格 d	M1.6	M2	M2.5	M3	M4	M5	M6	M8	M10	M12
d_2(H15)	5	6	8	9	10	11	13	18	22	26
d_3	—	—	—	—	—	—	—	—	—	16
d_1(H13)	1.8	2.4	2.9	3.4	4.5	5.5	6.6	9.0	11.0	13.5
螺纹规格 d	M14	M16	M20	M24	M30	M36	M42	M48	M56	M64
d_2(H15)	30	33	40	48	61	71	82	98	112	125
d_3	18	20	24	28	36	42	48	56	68	76
d_1(H13)	15.5	17.5	22	26	33	39	45	52	62	70

表 5.1.49 圆柱头用沉孔(GB/T 152.3－1988) mm

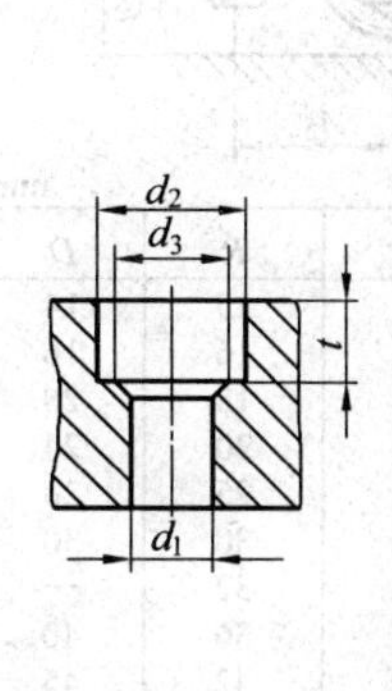

螺纹规格	适用于 GB/T 70											
d	M4	M5	M6	M8	M10	M12	M14	M16	M20	M24	M30	M36
d_2 (H13)	8.0	10.0	11.0	15.0	18.0	20.0	24.0	26.0	33.0	40.0	48.0	57.0
t (H13)	4.6	5.7	6.8	9.0	11.0	13.0	15.0	17.5	21.5	25.5	32.0	38.0
d_3	—	—	—	—	—	16	18	20	24	28	6	42
d_2 (H13)	4.5	5.5	6.6	9.0	11.0	13.5	15.5	17.5	22.0	26.0	33.0	39.0
	适用于 GB/T 6190、GB/T 6191、GB/T 65											
d_2 (H13)	8	10	11	15	18	20	24	26	33			
t (H13)	3.2	4.0	4.7	6.7	7.0	8.0	9.0	10.5	12.5			
d_3						16	18	20	24			
d_2 (H13)	4.5	5.5	6.6	9.0	11.0	13.5	15.5	17.5	22			

表 5.1.50 沉头用沉孔(GB/T 152.2－1988) mm

螺纹规格	适用于沉头螺钉及半沉头螺钉													
d	M1.6	M2	M2.5	M3	M3.5	M4	M5	M6	M8	M10	M12	M14	M16	M20
d_2 (H13)	3.7	4.5	5.6	6.4	8.4	9.6	10.6	12.8	17.6	20.3	24.4	28.4	32.4	40.4
t	1	1.2	1.5	1.6	2.4	2.7	2.7	3.3	4.6	5.0	6.0	7.0	8.0	10.0
d_1 (H13)	1.8	2.4	2.9	3.4	3.9	4.5	5.5	6.6	9	11	13.5	15.5	17.5	22

表 5.1.51 地脚螺栓孔和凸缘

mm

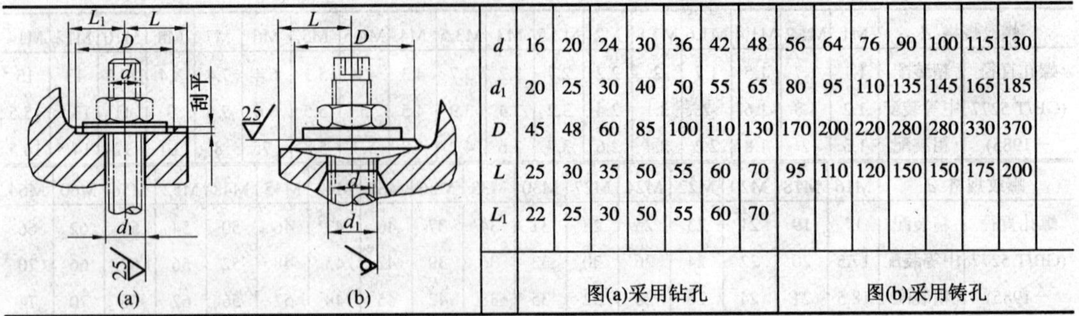

d	16	20	24	30	36	42	48	56	64	76	90	100	115	130
d_1	20	25	30	40	50	55	65	80	95	110	135	145	165	185
D	45	48	60	85	100	110	130	170	200	220	280	280	330	370
L	25	30	35	50	55	60	70	95	110	120	150	150	175	200
L_1	22	25	30	50	55	60	70							
	图(a)采用钻孔							图(b)采用铸孔						

注：根据结构和工艺要求，必要时尺寸 L 及 L_1 可以变动。

表 5.1.52 扳手空间

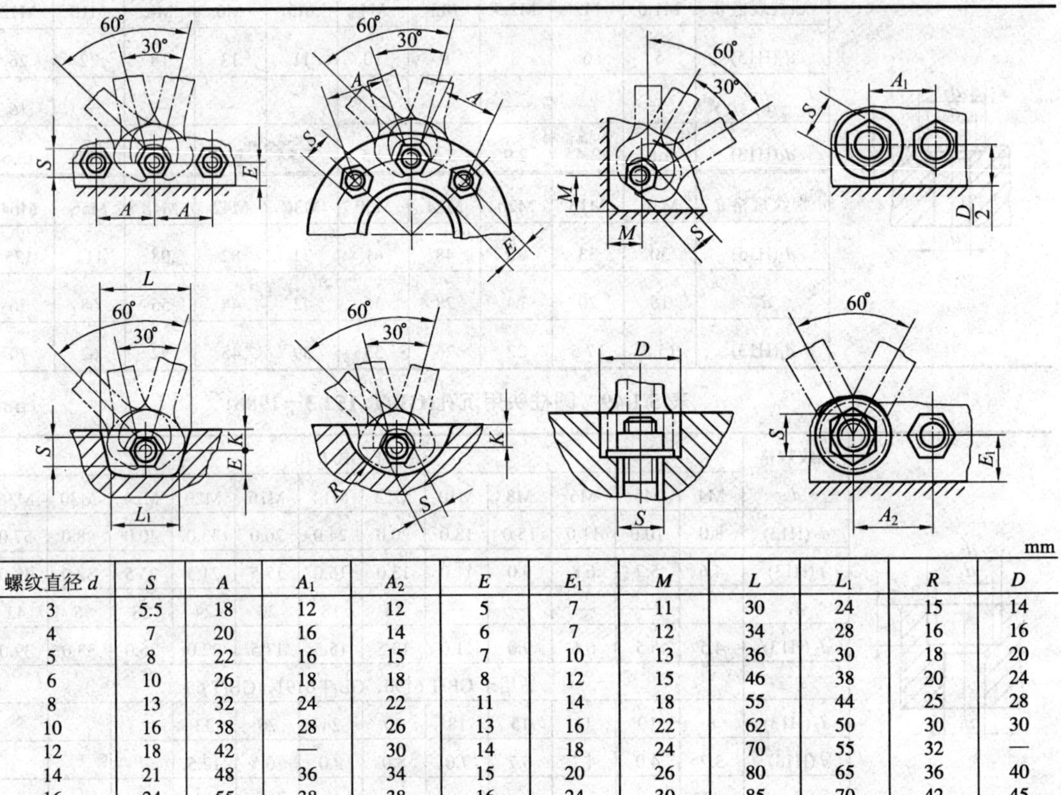

mm

螺纹直径 d	S	A	A_1	A_2	E	E_1	M	L	L_1	R	D
3	5.5	18	12	12	5	7	11	30	24	15	14
4	7	20	16	14	6	7	12	34	28	16	16
5	8	22	16	15	7	10	13	36	30	18	20
6	10	26	18	18	8	12	15	46	38	20	24
8	13	32	24	22	11	14	18	55	44	25	28
10	16	38	28	26	13	16	22	62	50	30	30
12	18	42	—	30	14	18	24	70	55	32	—
14	21	48	36	34	15	20	26	80	65	36	40
16	24	55	38	38	16	24	30	85	70	42	45
18	27	62	45	42	19	25	32	95	75	46	52
20	30	68	48	46	20	28	35	105	85	50	56
22	34	76	55	52	24	32	40	120	95	58	60
24	36	80	58	55	24	34	42	125	100	60	70
27	41	90	65	62	26	36	46	135	110	65	76
30	46	100	72	70	30	40	50	155	125	75	82
33	50	108	76	75	32	44	55	165	130	80	88
36	55	118	85	82	36	48	60	180	145	88	95
39	60	125	90	88	38	52	65	190	155	92	100
42	65	135	96	96	42	55	70	205	165	100	106
45	70	145	105	102	45	60	75	220	175	105	112
48	75	160	115	112	48	65	80	235	185	115	126
52	80	170	120	120	48	70	84	245	195	125	132
56	85	180	126	—	52	—	90	260	205	130	138
60	90	185	134	—	58	—	95	275	215	135	145
64	95	195	140	—	58	—	100	285	225	140	152

5.2 键连接

5.2.1 键和键连接的类型、特点和应用

表 5.2.1 键和键连接的类型、特点和应用

类型		结构图例	特点		应用
			连接	键	
平键连接	普通平键 GB/T 1096－2003 薄型平键 GB/T 1567－1979	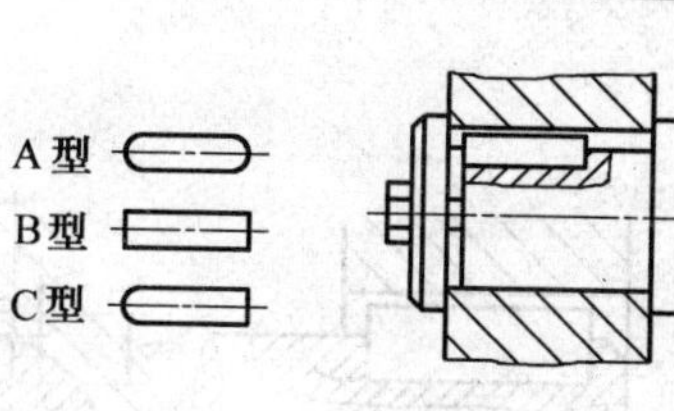 A型 B型 C型	靠侧面传递转矩。对中良好，装拆方便。不能实现轴上零件的轴向固定	A 型用端铣刀加工轴槽，键在槽中固定良好，但应力集中较大；B 型用盘铣刀加工轴槽，轴的应力集中较小；C 型用于轴端	应用最广，也适用于高精度、高速或承受变载、冲击的场合 薄型平键适用于薄壁结构和其他特殊用途的场合
	导向平键 GB/T 1097－2003	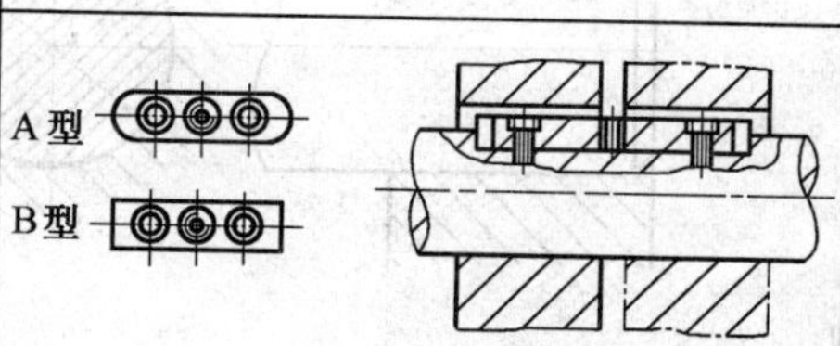 A型 B型		键用螺钉固定在轴上，键与毂槽为动配合，轴上零件能作轴向移动。为了拆卸方便，设有起键螺钉	用于轴上零件轴向移动量不大的场合，如变速箱中的滑移齿轮
	滑键			键固定在轮毂上，轴上零件带键在轴上的键槽中作轴向移动	用于轴上零件轴向移动量较大的场合
半圆键连接	半圆键 GB/T 1099－1979	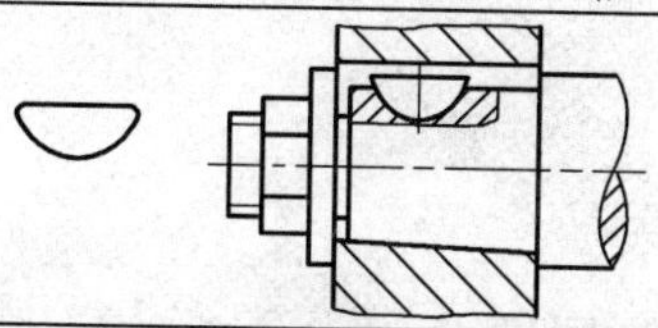	靠侧面传递转矩。键在轴槽中能绕槽底圆弧曲率中心摆动，装配方便。键槽较深，对轴的削弱较大		一般用于轻载，适用于轴的锥形端部
楔键连接	普通楔键 GB/T 1564－1979 钩头楔键 GB/T 1565－1979	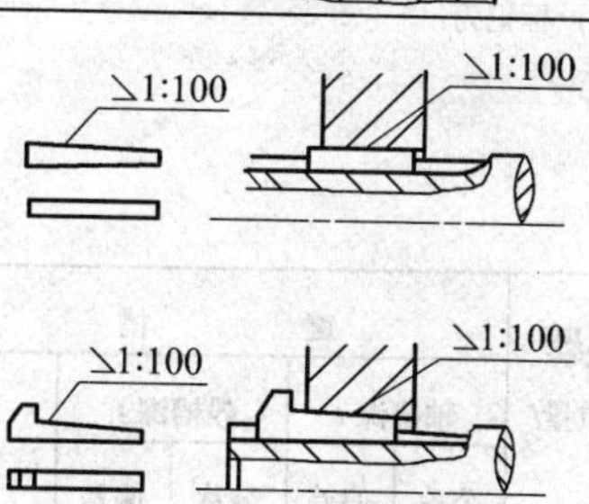 ∠1:100 ∠1:100 ∠1:100 ∠1:100	键的上下两面是工作面。键的上表面和毂槽的底面各有 1：100 的斜度，装配时需打入，靠楔紧作用传递转矩。能轴向固定零件和传递单方向的轴向力。但使轴上零件与轴的配合产生偏心与偏斜		用于精度要求不高、转速较低时传递较大的、双向的或有振动的转矩 有钩头的用于不能从另一端将键打出的场合，钩头供拆卸用，应注意加保护罩
切向键连接	切向键 GB/T 1974－1980	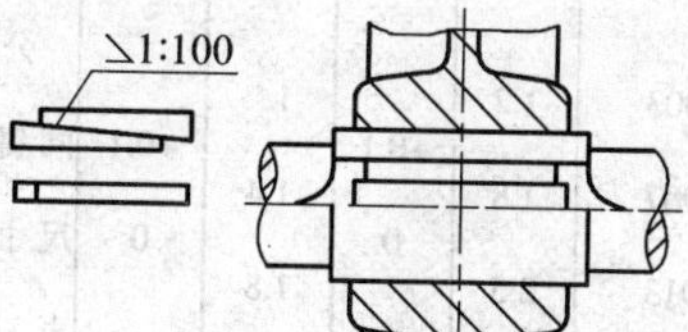 ∠1:100	由两个斜度为 1：100 的楔键组成。工作面上的压力沿轴的切线方向作用，能传递很大的转矩 一个切向键只能传递一个方向的转矩，传双向转矩时，须用互成 120°～135°角的两个键；两个不够，可用四个		用于载荷很大，对中要求不严的场合 由于键槽对轴削弱较大，常用于直径大于 100 mm 的轴上

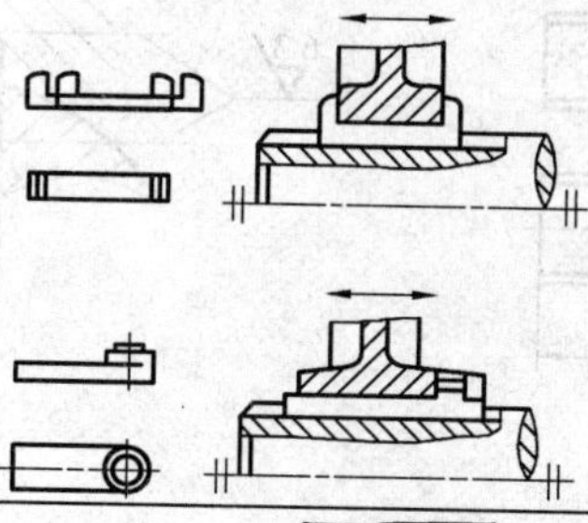

5.2.2 平键

表 5.2.2 普通平键(摘自 GB/T 1095－2003、GB/T 1096－2003)

普通平键的型式与尺寸

(GB/T 1096－2003)

键和键槽的剖面尺寸

(GB/T 1095－2003)

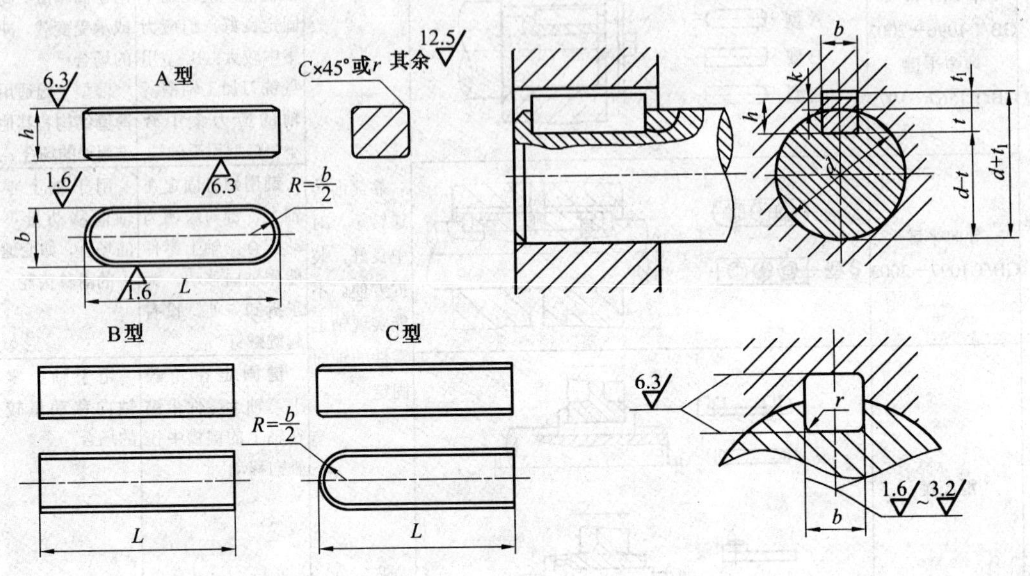

标记示例：

圆头普通平键(A 型)，b=10 mm，h=8 mm，L=25

键 10×25 GB/T 1096－2003

对于同一尺寸的平头普通平键(B 型)或单圆头普通平键(C 型)，标记为：

键 B10×25 GB/T 1096－2003

键 C10×25 GB/T 1096－2003

mm

轴径 d		键的公称尺寸				每100 mm长的质量/kg	键槽尺寸						
							轴槽深 t		毂槽深 t_1		b	圆角半径 r	
大于	至	b(h9)	h(h11)	c 或 r	L(h14)		公称	偏差	公称	偏差		min	max
自6～8		2	2	0.16～0.25	6～20	0.003	1.2	+0.1 0	1	+0.1 0	公称尺寸同键的公称尺寸，公差见表 5.2.7	0.08	0.16
8	10	3	3		6～36	0.007	1.8		1.4				
10	12	4	4		8～45	0.013	2.5		1.8				

续表 5.2.2

mm

轴径 d		键的公称尺寸				每100 mm长的质量/kg	键槽尺寸						
							轴槽深 t		毂槽深 t_1		b	圆角半径 r	
大于	至	b(h9)	h(h11)	c 或 r	L(h14)		公称	偏差	公称	偏差		min	max
12	17	5	5		14~56	0.02	3.0	+0.1	2.3	+0.1			
17	22	6	6	0.25~0.4	14~70	0.028	3.5	0	2.8	0		0.16	0.25
22	30	8	7		18~90	0.044	4.0		3.3				
30	38	10	8		22~110	0.063	5.0		3.3				
38	44	12	8		28~140	0.075	5.0		3.3				
44	50	14	9	0.4~0.6	36~160	0.099	5.5		3.8			0.25	0.4
50	58	16	10		45~180	0.126	6.0	+0.2	4.3	+0.2			
58	65	18	11		50~200	0.155	7.0	0	4.4	0			
65	75	20	12		56~220	0.188	7.5		4.9				
75	85	22	14		63~250	0.242	9.0		5.4				
85	95	25	14	0.6~0.8	70~280	0.275	9.0		5.4		公称尺寸同键的公称尺寸，公差见表5.2.7	0.4	0.6
95	110	28	16		80~320	0.352	10.0		6.4				
110	130	32	18		90~360	0.452	11		7.4				
130	150	36	20		100~400	0.565	12		8.4				
150	170	40	22	1~1.2	100~400	0.691	13		9.4			0.7	1.0
170	200	45	25		110~450	0.883	15		10.4				
200	230	50	28		125~500	1.1	17		11.4				
230	260	56	32		140~500	1.407	20	+0.3	12.4	+0.3			
260	290	63	32	1.6~2.0	160~500	1.583	20	0	12.4	0		1.2	1.6
290	330	70	36		180~500	1.978	22		14.4				
330	380	80	40		200~500	2.512	25		15.4				
380	440	90	45	2.5~3	220~500	3.179	28		17.4			2	2.5
440	500	100	50		250~500	3.925	31		19.5				
L系列		6，8，10，12，14，16，18，20，22，25，28，32，36，40，45，50，56，63，70，80，90，100，110，125，140，160，180，200，220，250，280，320，360，400，450，500											

注：① 在工作图中，轴槽深用 $d-t$ 或 t 标注，毂槽深用 $d+t_1$ 标注。$(d-t)$和$(d+t_1)$尺寸偏差按相应的 t 和 t_1 的偏差选取，但$(d-t)$偏差取负号(−)。

② 当键长大于 500 mm 时，其长度应按 GB/T 321－1980 优先数和优先数系的 $R20$ 系列选取。

③ 表中每 100 mm 长的质量系指 B 型键。

④ 键高偏差对于 B 型键应为 h9。

⑤ 当需要时，键允许带楔键螺孔，楔键螺孔的尺寸按键宽参考表 5.2.4 中的 d_0 选取。螺孔的位置距键端为 b～$2b$，较长的键可以采用两个对称的楔键螺孔。

表 5.2.3 薄型平键(摘自 GB/T 1566－1979)

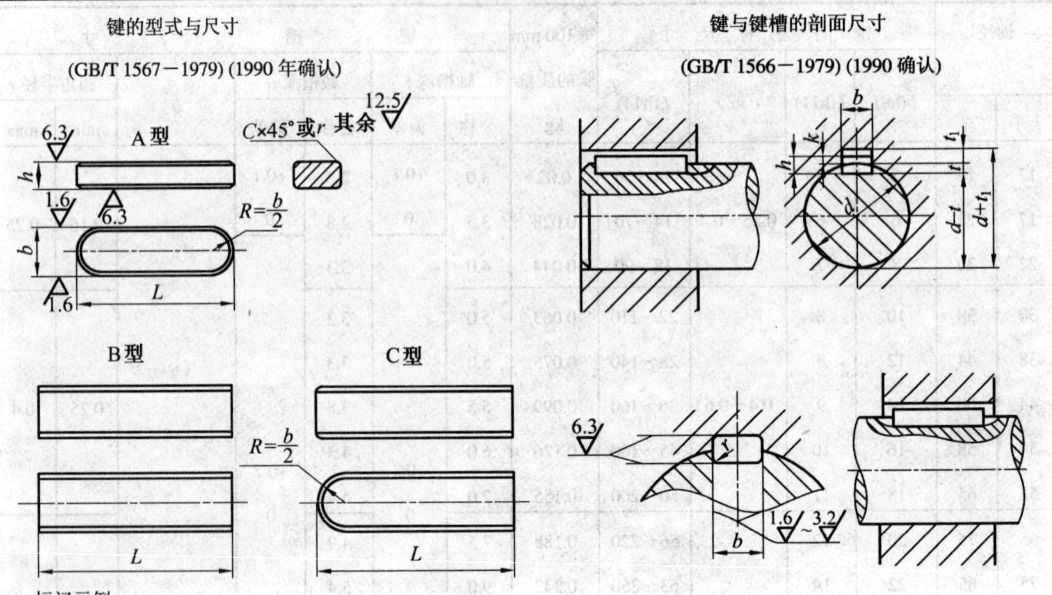

标记示例：

圆头薄型平键(A 型)，b=18 mm, h=7 mm, L=110 mm

键 18×7×110 GB/T 1567－1979

对于同一尺寸的平头薄型平键(B 型)或单圆头薄型平键(C 型)，标记为：

键 B 18×7×110 GB/T 1567－1979

键 C 18×7×110 GB/T 1567－1979

mm

轴径 d		键的公称尺寸					键槽尺寸					
							轴槽深 t		毂槽深 t_1			
大于	至	b(h9)	h(h11)	c 或 r	L(h14)	每 100 mm 长的质量/kg	公称尺寸	偏差	公称尺寸	偏差	b	圆角半径 r
自 12～17		5	3		10～56	0.012	1.8		1.4	+0.1 0		
17	22	6	4	0.25～0.4	14～70	0.019	2.5	+0.1 0	1.8			0.16～0.25
22	30	8	5		18～90	0.031	3		2.3			
30	38	10	6		22～110	0.047	3.5		2.8			
38	44	12	6		28～140	0.0565	3.5	+0.1 0	2.8	+0.1 0		
44	50	14	6	0.4～0.6	36～160	0.066	3.5		2.8		公称尺寸同键的公称尺寸，公差见表 5.2.7	0.25～0.4
50	58	16	7		45～180	0.088	4		3.3			
58	65	18	7		50～200	0.099	4		3.3			
65	75	20	8		56～220	0.126	5		3.3			
75	85	22	9		63～250	0.155	5.5	+0.2 0	3.8	+0.2 0		
85	95	25	9	0.6～0.8	70～280	0.177	5.5		3.8			0.4～0.6
95	110	28	10		80～320	0.22	6		4.3			
110	130	32	11		90～360	0.276	7		4.4			
130	150	36	12	1.0～1.2	100～400	0.339	7.5		4.9			0.70～1.0
L 系列		10，12，14，16，18，20，22，25，28，32，36，40，45，50，56，63，70，80，90，100，110，125，140，160，180，200，220，250，280，320，360，400										

注：表中每 100 mm 长的质量系指 B 型键。

表 5.2.4 导向平键(摘自 GB/T 1097－2003)

键的型式和尺寸 (GB/T 1097－2003)

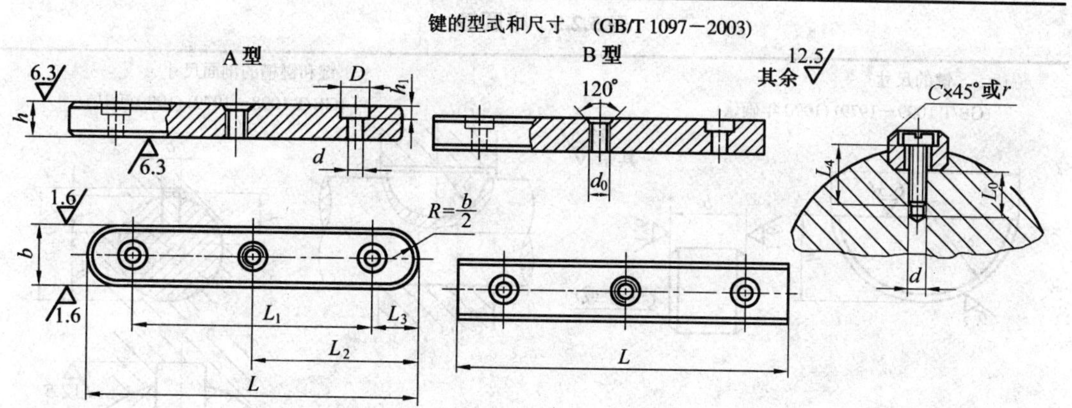

标记示例：

圆头导向平键(A 型)，b=16 mm，h=10 mm，L=100 mm

键 16×100 GB/T 1097

方头导向平键(B 型)，b=16 mm，h=10 mm，L=100 mm

键 B 16×100 GB/T 1097

mm

<table>
<tr><td>b(h9)</td><td>8</td><td>10</td><td>12</td><td>14</td><td>16</td><td>18</td><td>20</td><td>22</td><td>25</td><td>28</td><td>32</td><td>36</td><td>40</td><td>45</td></tr>
<tr><td>h(h11)</td><td>7</td><td>8</td><td>8</td><td>9</td><td>10</td><td>11</td><td>12</td><td>14</td><td>14</td><td>16</td><td>18</td><td>20</td><td>22</td><td>25</td></tr>
<tr><td>c 或 r</td><td>0.25～0.4</td><td colspan="5">0.4～0.6</td><td colspan="5">0.6～0.8</td><td colspan="3">1.0～1.2</td></tr>
<tr><td>h_1</td><td colspan="2">2.4</td><td>3.0</td><td colspan="2">3.5</td><td colspan="3">4.5</td><td colspan="2">6</td><td>7</td><td colspan="3">8</td></tr>
<tr><td>d_0</td><td colspan="2">M3</td><td>M4</td><td colspan="2">M5</td><td colspan="3">M6</td><td colspan="2">M8</td><td>M10</td><td colspan="3">M12</td></tr>
<tr><td>d_1</td><td colspan="2">3.4</td><td>4.5</td><td colspan="2">5.5</td><td colspan="3">6.6</td><td colspan="2">9</td><td>11</td><td colspan="3">14</td></tr>
<tr><td>D</td><td colspan="2">6</td><td>8.5</td><td colspan="2">10</td><td colspan="3">12</td><td colspan="2">15</td><td>18</td><td colspan="3">22</td></tr>
<tr><td>c_1</td><td colspan="2">0.3</td><td colspan="9">0.5</td><td colspan="3">1.0</td></tr>
<tr><td>L_0</td><td>7</td><td>8</td><td colspan="3">10</td><td colspan="3">12</td><td colspan="2">15</td><td>18</td><td colspan="3">22</td></tr>
<tr><td>螺钉
(d_0×L_4)</td><td>M3×
8</td><td>M3×
10</td><td>M4×
10</td><td>M5×
10</td><td>M5×
10</td><td>M6×
12</td><td>M6×
12</td><td>M6×
16</td><td>M8×
16</td><td>M8×
16</td><td>M10×
20</td><td colspan="3">M12×25</td></tr>
<tr><td>L 范围</td><td>25～
90</td><td>25～
110</td><td>28～
140</td><td>36～
160</td><td>45～
180</td><td>50～
200</td><td>56～
220</td><td>63～
250</td><td>70～
280</td><td>80～
320</td><td>90～
360</td><td>100～
400</td><td>100～
400</td><td>110～
450</td></tr>
<tr><td>每 100 mm
长质量/kg</td><td>0.0392</td><td>0.06</td><td>0.071</td><td>0.091</td><td>0.114</td><td>0.143</td><td>0.175</td><td>0.228</td><td>0.25</td><td>0.324</td><td>0.402</td><td>0.515</td><td>0.602</td><td>0.837</td></tr>
</table>

L 与 L_1、L_2、L_3 的对应长度系列

L	25	28	32	36	40	45	50	56	63	70	80	90	100	110	125	140	160	180	200	220	250	280	320	360	400	450
L	13	14	16	18	20	23	26	30	36	40	48	54	60	66	75	80	90	100	110	120	140	160	180	200	220	250
L_2	12.5	14	16	18	20	22.5	25	28	31.5	35	40	45	50	55	62	70	80	90	100	110	125	140	160	180	200	225
L_3	6	7	8	9	10	11	12	13	14	15	16	18	20	22	25	30	35	40	45	50	55	60	70	80	90	100

注：① b 和 h 根据轴径 d 由表 5.2.2 选取。

② 固定螺钉按 GB/T 65－2000“开槽圆柱螺钉”的规定。

③ 键槽的尺寸应符合 GB/T 1095－2003“键和键槽的剖面尺寸”的规定，见表 5.2.2。

④ 当键长大于 450 mm 时，其长度按 GB/T 321－1980“优先数和优先数系”的 $R20$ 系列选取。

⑤ 每 100 mm 长质量系指 B 型键。

5.2.3 半圆键

表 5.2.5 半圆键

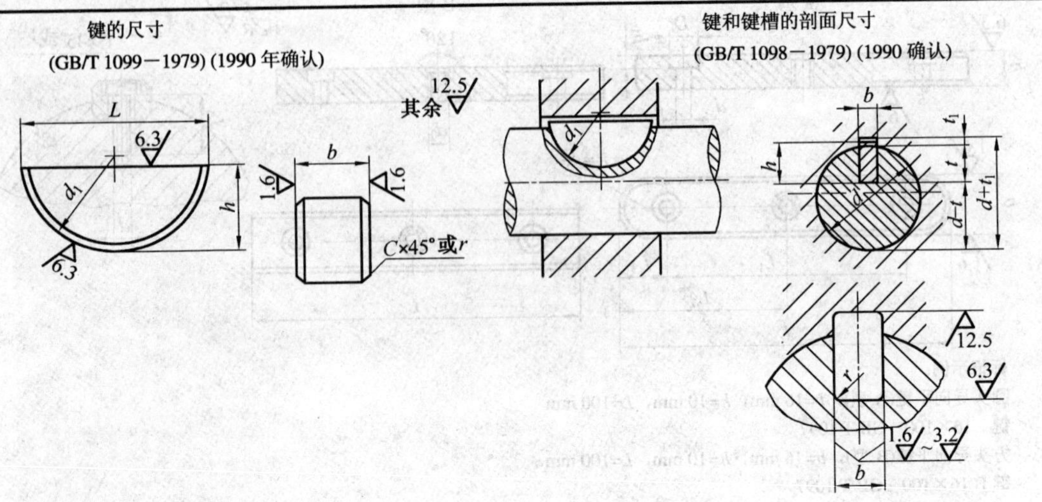

标记示例：

半圆键 b=8 mm，h=11 mm，d_1=28 mm

键 8×11×28 GB/T 1099－1979

mm

轴径 d		键的公称尺寸						键槽尺寸						
传递转矩用	定位用	b (h9)	h (h11)	d_1 (h12)	L≈	c	每 1 000 件的质量/kg	轴 t 公称	轴 t 偏差	轮毂 t_1 公称	轮毂 t_1 偏差	k	圆角半径 T	b
自 3～4	自 3～4	1.0	1.4	4	3.9	0.16～0.25	0.031	1.0	$^{+0.1}_{0}$	0.6		0.4	0.08～0.16	公称尺寸同键的公称尺寸，公差见表 5.2.7
>4～5	>4～6	1.5	2.6	7	6.8		0.153	2.0		0.8		0.72		
>5～6	>6～8	2.0	2.6	7	6.8		0.204	1.8		1.0		0.97		
>6～7	>8～10	2.0	3.7	10	9.7		0.414	2.9		1.0		0.95		
>7～8	>10～12	2.5	3.7	10	9.7		0.518	2.7		1.2		1.2		
>8～10	>12～15	3.0	5.0	13	12.7		1.10	3.8	$^{+0.2}_{0}$	1.4	$^{+0.1}_{0}$	1.43	0.16～0.25	
>10～12	>15～18	3.0	6.5	16	15.7		1.8	5.3		1.4		1.4		
>12～14	>18～20	4.0	6.5	16	15.7		2.4	5.0		1.8		1.8		
>14～16	>20～22	4.0	7.5	19	18.6		3.27	6.0		1.8		1.75		
>16～18	>22～25	5.0	6.5	16	15.7	0.25～0.4	3.01	4.5		2.3		2.35		
>18～20	>25～28	5.0	7.5	19	18.6		4.09	5.5		2.3		2.32		
>20～22	>28～32	5.0	9.0	22	21.6		5.73	7.0		2.3		2.29		
>22～25	>32～36	6.0	9.0	22	21.6		6.88	6.5		2.8		2.87		
>25～28	>36～40	6.0	10	25	24.5		8.64	7.5	$^{+0.3}_{0}$	2.8	$^{+0.2}_{0}$	2.83		
>28～32	40	8.0	11	28	27.4	0.4～0.6	14.1	8		3.3		3.51	0.25～0.4	
>32～38	—	10	13	32	31.4		19.3	10		3.3		3.67		

注：轴和毂键槽宽度 b 极限偏差按表 5.2.7 中一般连接或较紧连接。

5.2.4 楔键

表 5.2.6 楔键(摘自 GB/T 1564－1979、GB/T 1563－1979、GB/T 1565－1979)

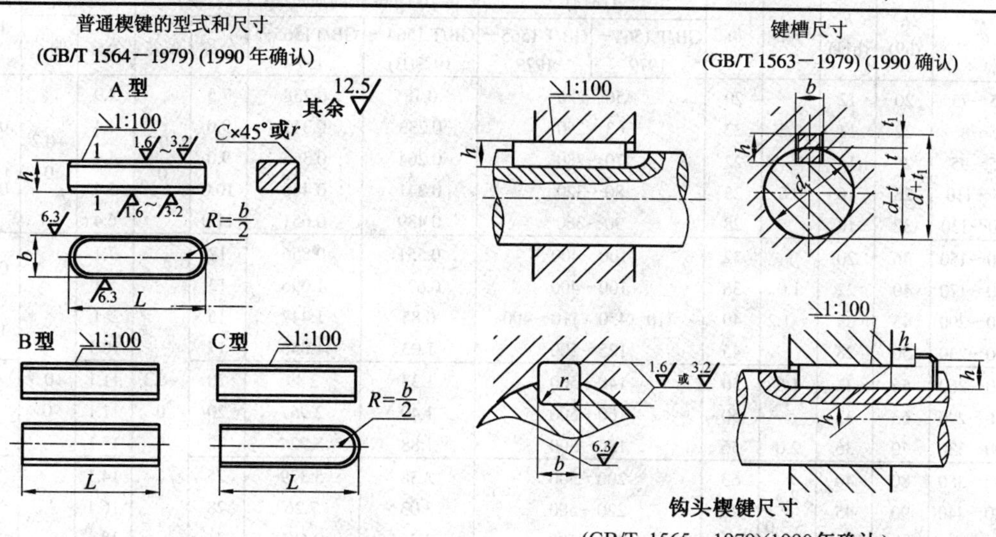

标记示例：

圆头普通楔键(A 型)，b=16 mm， h=10 mm，L=100 mm

键 16×100 GB/T 1564－1979

对于同一尺寸的平头普通楔键(B 型)或单圆头普通楔键(C 型) 标，记为：

键 B 16×100 GB/T 1564－1979

键 C 16×100 GB/T 1564－1979

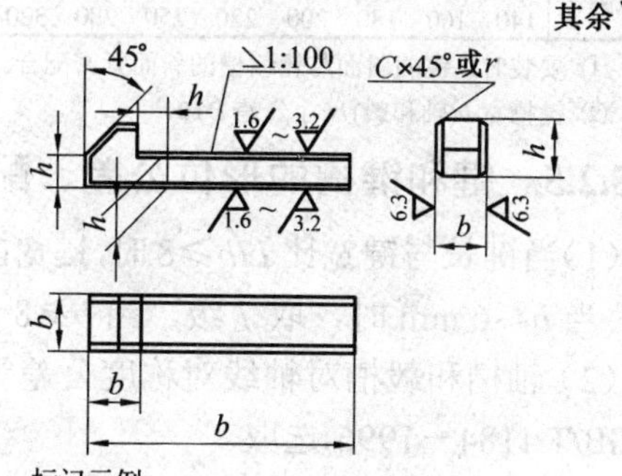

标记示例：

钩头楔键：b=16 mm，h=10 mm，L=100 mm

键 16×100 GB/T 1565－1979

mm

轴 径	键的公称尺寸								键槽				
					L(h14)		每 100 mm 长的质量/kg		轴 t		轮 毂 t_1		圆角半径
d	b (h9)	h (h11)	c 或 r	h_1	GB/T 1564－1979	GB/T 1565－1979	GB/T 1564－1979(B)	GB/T 1565－1979	公称	偏差	公称	偏差	r
自 6～8	2	2	0.16		6～20	—	0.003	—	1.2		0.5		0.08
>8～10	3	3	～		6～36	—	0.007	—	1.8	+0.1 0	0.9	+0.1 0	～
>10～12	4	4	0.25	7	8～45	14～45	0.012	0.013	2.5		1.2		0.16
>12～17	5	5	0.25	8	10～56	14～56	0.019	0.02	3.0		1.7		0.16
>17～22	6	6	～	10	14～70		0.027	0.03	3.5		2.2		～
>22～30	8	7	0.4	11	18～90		0.042	0.047	4.0	+0.2 0	2.4		0.25
>30～38	10	8		12	22～110		0.059	0.068	5.0		2.4	+0.2 0	0.25
>38～44	12	8	0.4	12	28～140		0.071	0.084	5.0		2.4		
>44～50	14	9	～	14	36～160		0.093	0.114	5.5		2.9		～
>50～58	16	10	0.6	16	45～180		0.12	0.15	6.0		3.4		0.40
>58～65	18	11		18	50～200		0.148	0.19	7.0		3.4		

续表 5.2.6 mm

轴径	键的公称尺寸								键槽				
					L(h14)		每 100 mm 长的质量/kg		轴 t		轮毂 t_1		圆角半径
d	h (h9)	h (h11)	c 或 r	h_1	GB/T 1564－1979	GB/T 1565－1979	GB/T 1564－1979(B)	GB/T1565－1979	公称	偏差	公称	偏差	r
>65～75	20	12		20	56～220		0.18	0.238	7.5		3.9		
>75～85	22	14	0.6	22	63～250		0.233	0.311	9.0	+0.2	4.4	+0.2	0.40
>85～95	25	14	～	22	70～280		0.264	0.366	9.0	0	4.4	0	～
>95～110	28	16	0.8	25	80～320		0.341	0.486	10.0		5.4		0.60
>110～130	32	18		28	90～360		0.439	0.651	11.0		6.4		
>130～150	36	20		32	100～400		0.551	0.856	12		7.1		0.70
>150～170	40	22	1.0	36	100～400		0.675	1.096	13		8.1		～
>170～200	45	25	～1.2	40	110～450	110～400	0.85	1.447	15		9.1		1.00
>200～230	50	28		45	125～500		1.03	1.856	17		10.1		
>230～260	56	32	1.6	50	140～500		1.33	2.49	20	+0.3	11.1	+0.3	1.2
>260～290	63	32	～	50	160～500		1.49	2.967	20	0	11.1	0	～
>290～330	70	36	2.0	56	180～500		1.88	3.924	22		13.1		1.6
>330～380	80	40	2.5	63	200～500		2.38	5.379	25		14.1		2.0
>380～440	90	45	～3.0	70	220～500		3.03	7.26	28		16.1		～
>440～500	100	50		80	250～500		3.76	9.686	31		18.1		2.5
L 系列	6 8 10 12 14 16 18 20 22 25 28 32 36 40 45 50 56 63 70 80 90 100 110 125 140 160 180 200 220 250 280 320 360 400 450 500												

注：① 安装时，键的斜面与轮毂槽的斜面紧密配合。

② 键槽宽 b(轴和毂)尺寸公差 $D10$。

5.2.5 键和键槽的形位公差、配合及尺寸标注

（1）当键长与键宽比 $L/b \geqslant 8$ 时，键宽在长度方向上的平行度公差等应按 GB/T 1184－1996 选取，当 $b \leqslant 6$ mm 时，取 7 级，当 $b \geqslant 8 \sim 36$ mm 时，取 6 级，当 $b \geqslant 40$ mm 时，取 5 级。

（2）轴槽和毂槽对轴线对称度公差等级根据不同工作要求，参照键连接的配合按 7～9 级(GB/T 1184－1996)选取。

当同时采用平键与过盈配合连接，特别是过盈量较大时，则应严格控制键槽的对称度公差，以免装配困难。

（3）键和键槽配合的松紧，取决于键槽宽公差带的选取，如何选取见表 5.2.7。

（4）在工作图中，轴槽深用$(d-t)$或 t 标注，轮槽深用$(d+t_1)$标注。$(d-t)$和$(d+t_1)$两个组合尺寸的偏差应按相应的 t 和 t_1 的偏差选取，但$(d-t)$的偏差值应取负值(－)，对于楔键，$(d+t_1)$及 t_1 指的是大端轮毂槽深度。

表 5.2.7 键和键槽尺寸公差带 μm

键的公称尺寸/mm	键的公差带				键槽尺寸公差带					
	b	h	L	d_1	槽宽 b					槽长 L
					较松连接		一般连接		较紧连接	
	h9	h11	h14	h12	轴 H9	毂 D10	轴 N9	毂 J_s9	轴与毂 P9	H14
≤3	0 -25	2 (0) -60 (-25)		0 -100	+25 0	+60 +20	-4 -29	±12.5	-6 -31	+250 0
>3～6	0 -30	0 (0) -75 (-30)		0 -120	+30 0	+78 +30	0 -30	±15	-12 -42	+300 0
>6～10	0 -36	0 -90	0 -360	0 -150	+36 0	+98 +40	0 -36	±18	-15 -51	+360 0

续表 5.2.7

μm

键的公称尺寸/mm	键的公差带				键槽尺寸公差带					
	b	*h*	*L*	d_1	槽宽 *b*					槽长 *L*
					较松连接		一般连接		较紧连接	
	h9	h11	h14	h12	轴 H9	毂 D10	轴 N9	毂 J_s9	轴与毂 P9	H14
>10～18	0 -43	0 -110	0 -430	0 -180	+43 0	+120 +50	0 -43	±21	-18 -61	+430 0
>18～30	0 -52	0 -130	0 -520	0 -210	+52 0	+149 +65	0 -52	±26	-22 -74	+52 0
>30～50	0 -62	0 -160	0 -620	0 -250	+62 0	+180 +80	0 -62	±31	-26 -88	+620 0
>50～80	0 -74	0 -190	0 -740	0 -300	+74 0	+220 +100	0 -74	±37	-32 -106	+740 0
>80～120	0 -87	0 -220	0 -870	0 -350	+87 0	+260 +120	0 -87	±43	-37 -124	+870 0
>120～180	0 -100	0 -250	0 -1 000	0 -400	+100 0	+305 +145	0 -100	±50	-43 -143	+1 000 0
>180～250	0 115	0 -290	0 -1 150	0 -460	+115 0	+355 +170	0 -115	±57	-50 -165	+1 150 0

注：① 括号内值为 h9 值，适用于 B 型普通平键。
② 半圆键无较松连接形式。
③ 楔键槽宽轴和毂都取 *D*10。

5.3 花键连接

5.3.1 矩形花键连接

表 5.3.1 矩形花键基本尺寸系列(摘自 GB/T 1144－2001)

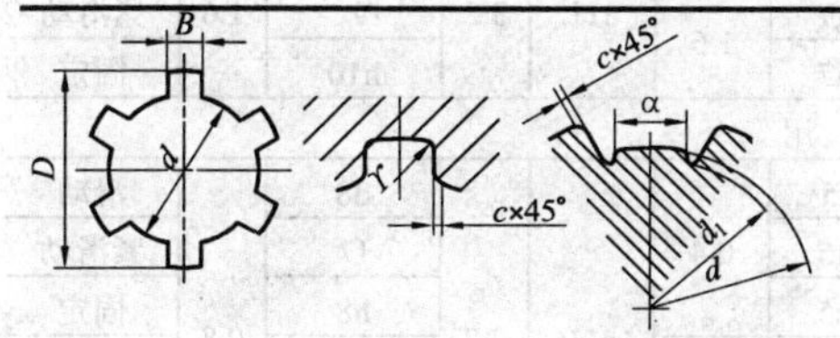

标记示例

花键规格	*N*×*d*×*D*×*B* 例如 6×23×26×6
花键副	$6\times 23\frac{H7}{f7}\times 26\frac{H10}{a11}\times 6\frac{H11}{d10}$ GB/T 1144－2001
内花键	6×23H7×26H10×6H11 GB/T 1144－2001
外花键	6×23f7×26a11×6d10 GB/T 1144－2001

mm

小径 *d*	轻系列					中系列				
	规格 *N*×*d*×*D*×*B*	*c*	*R*	参考 d_{1min}	参考 a_{min}	规格 *N*×d×*D*×*B*	*c*	*r*	参考 d_{1min}	参考 a_{min}
11						6×11×14×3	0.2	0.1		
13						6×13×16×3.5				
16						6×16×20×4			14.4	1.0
18						6×18×22×5	0.3	0.2	16.6	1.0
21						6×21×25×5			19.5	2.0
23	6×23×26×6	0.2	0.1	22	3.5	6×23×28×6			21.2	1.2
26	6×26×30×6			24.5	3.8	6×26×32×6			23.6	1.2
28	6×28×32×7			26.6	4.0	6×28×34×7			25.8	1.4
32	6×32×36×6	0.3	0.2	30.3	2.7	8×32×38×6	0.4	0.3	29.4	1.0
36	8×36×40×7			34.4	3.5	8×36×42×7			33.4	1.0
42	8×42×46×8			40.5	5.0	8×42×48×8			39.4	2.5
46	8×46×50×9			44.6	5.7	8×46×54×9			42.6	1.4
52	8×52×58×10			49.6	4.8	8×52×60×10	0.5	0.4	48.6	2.5
56	8×56×62×10			53.5	6.5	8×56×65×10			52.0	2.5
62	8×62×68×12			59.7	7.3	8×62×72×12			57.7	2.4
72	10×72×78×12	0.4	0.3	69.6	5.4	10×72×82×12			67.7	1.0
82	10×82×88×12			79.3	8.5	10×82×92×12	0.6	0.5	77.0	2.9
92	10×92×98×11			89.6	9.9	10×92×102×14			87.3	4.5
102	10×102×108×16			99.6	11.3	10×102×112×16			97.7	6.2
112	10×112×120×18	0.5	0.4	108.8	10.5	10×112×125×18			106.2	4.1

注：① *N*－齿数；*D*－大径；*B*－键宽或键槽宽。
② d_1 和 *a* 值仅适用于展成法加工。

表 5.3.2　矩形内花键型式及长度系列(摘自 GB/T 10081－1988)

A型　B型　C型　D型

$l=L$　l　L　l_1　l_2　L　l　L

mm

花键小径 d	11	13	16～21	23～32	36～52	56～62	72～92	102～112
花键长度 l 或 l_1+l_2	10～50		10～80		22～120		32～200	
孔的最大长度 L	50	80		120	200	250		300
花键长度 l 或 l_1+l_2 系列	10，12，15，18，22，25，28，30，32，36，38，42，45，48，50，56，60，63，71，75，80，85，90，95，100，110，120，130，140，160，180，200							

表 5.3.3　矩形花键的尺寸公差带和表面粗糙度 Ra(摘自 GB/T 1144－2001)　μm

内花键 d 公差带	内花键 d Ra	内花键 D 公差带	内花键 D Ra	内花键 B 公差带 拉削后不热处理	内花键 B 公差带 拉削后热处理	内花键 B Ra	外花键 d 公差带	外花键 d Ra	外花键 D 公差带	外花键 D Ra	外花键 B 公差带	外花键 B Ra	装配型式
一般用													
H7	0.8～1.6	H10	3.2	H9	H11	3.2	f7	0.8～1.6	a11	3.2	d10	1.6	滑动
							g7				f9		紧滑动
							h7				h10		固定
精密传动用													
H5	0.4	H10	3.2	H7、H9		3.2	f5	0.4	a11	3.2	d8	0.8	滑动
							g5				f7		紧滑动
							h5				h8		固定
H6	0.8						f6	0.8			d8		滑动
							g6				f7		紧滑动
							h6				h8		固定

注：① 精密传动用的内花键，当需要控制键侧配合间隙时，槽宽可选用 H7，一般情况下可选用 H9。

② d 为 H6 和 H7 的内花键允许与高一级的外花键配合。

表 5.3.4　矩形花键的位置度、对称度公差(摘自 GB/T 1144－2001)

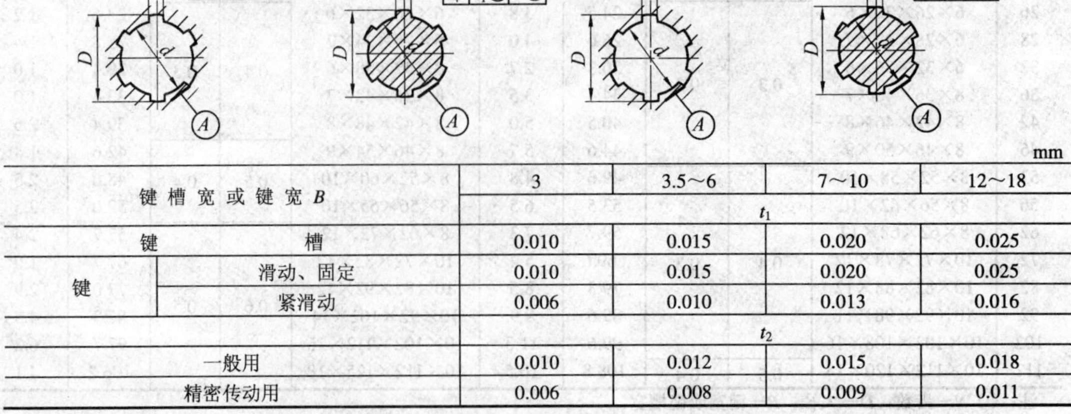

mm

键槽宽或键宽 B		3	3.5～6	7～10	12～18
		t_1			
键槽		0.010	0.015	0.020	0.025
键	滑动、固定	0.010	0.015	0.020	0.025
	紧滑动	0.006	0.010	0.013	0.016
		t_2			
一般用		0.010	0.012	0.015	0.018
精密传动用		0.006	0.008	0.009	0.011

注：花键的等分度公差值等于键宽的对称度公差。

5.3.2 渐开线花键连接

表 5.3.5 渐开线花键的基本尺寸计算

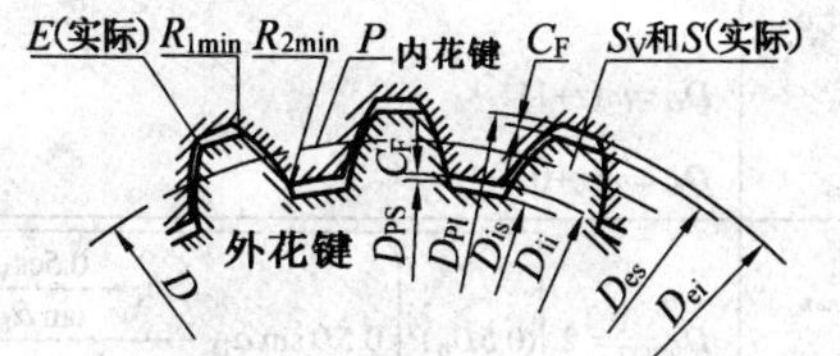

(a) 30° 平齿根

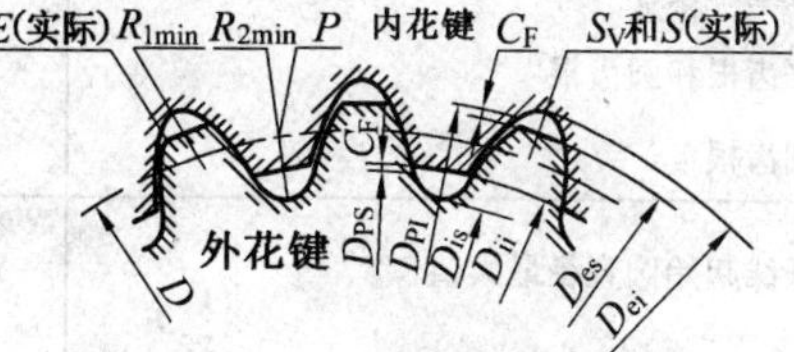

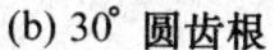

(b) 30° 圆齿根

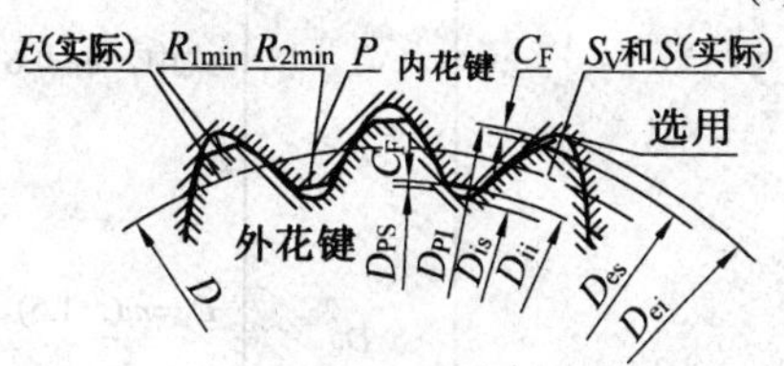

(c) 45° 圆齿根

项　　目	代　号	公　式　或　说　明
分度圆直径	D	$D=mz$
基圆直径	D_b	$D_b=mz\cos\alpha_D$
周节	p	$p=\pi m$
内花键大径基本尺寸		
30° 平齿根	D_{ei}	$D_{ei}=m(z+1.5)$
30° 圆齿根	D_{ei}	$D_{ei}=m(z+1.8)$
45° 圆齿根	D_{ei}	$D_{ei}=m(z+1.2)$ (见注 1)
内花键大径下偏差		0
内花键大径公差		从 IT12、IT13 或 IT14 选取
内花键渐开线终止圆直径最小值		
30° 平齿根和圆齿根	D_{pimin}	$D_{pimin}=m(z+1)+2C_F$
45° 圆齿根	D_{pimin}	$D_{pimin}=m(z+0.8)+2C_F$
内花键小径基本尺寸	D_{ii}	$D_{ii}=D_{Feimax}+2C_F$(见注②)
基本齿槽宽(内花键分度圆上弧齿槽宽)	E	$E==0.5\pi m$
作用齿槽宽(理想全齿外花键分度圆上弦齿厚)	E_V	
作用齿槽宽最小值	E_{Vmin}	$E_{Vmin}=0.5\pi m$
实际齿槽最大值(实测单个齿槽弧齿宽)	E_{max}	$E_{max}=E_{Vmin}+(T+\lambda)$

续表 5.3.5

项目	代号	公式或说明
实际齿槽宽最小值	$E_{\min}$	$E_{\min}=E_{V\min}+\lambda$
作用齿槽宽最大值	$E_{V\max}$	$E_{V\max}=E_{\max}-\lambda$
外花键大径基本尺寸		
30° 平齿根和圆齿根	D_{es}	$D_{es}=m(z+1)$
45° 圆齿根	D_{es}	$D_{es}=m(z+0.8)$
外花键渐开线起始圆直径最大值	$D_{ps\max}$	$D_{ps\max}=2\sqrt{(0.5D_b)^2+\left(0.5D\sin\alpha_D-\dfrac{h_s-\dfrac{0.5es_V}{\tan\alpha_D}}{\sin\alpha_D}\right)^2}$ 式中，h_s=0.6 m(见注③)
外花键小径基本尺寸		
30° 平齿根	D_{is}	$D_{is}=m(z-1.5)$
30° 圆齿根	D_{is}	$D_{is}=m(z-0.8)$
45° 圆齿根	D_{is}	$D_{is}=m(z-1.2)$
外花键小径公差		从 IT12、IT13 和 IT14 中选取
基本齿厚(外花键分度圆上弧齿厚)	S	$S=0.5\pi m$
作用齿厚最大值	$S_{V\max}$	$S_{V\max}=S+es_V$
实际齿厚最小值	$S_{\min}$	$S_{\min}=S_{V\min}-(T+\lambda)$
实际齿厚最大值	$S_{\max}$	$S_{\max}=S_{V\max}-\lambda$
作用齿厚最小值	$S_{V\min}$	$S_{V\min}=S_{\min}+\lambda$
齿形裕度	C_F	$C_F=0.1m$(见注④)
内、外花键齿根圆弧最小曲率半径	$R_{i\min}$ $R_{e\min}$	
30° 平齿根		$R_{i\min}=R_{e\min}=0.2m$
30° 圆齿根		$R_{i\min}=R_{e\min}=0.4m$
45° 圆齿根		$R_{i\min}=R_{e\min}=0.25m$

注：① 45° 圆齿根内花键允许选用平齿根，此时，内花键大径基本尺寸 D_{ei} 应大于内花键渐开线终止圆直径最小值 $D_{F\min}$。

② 对所有花键齿侧配合类别，均按 H/h 配合类别取 $D_{F\max}$ 值。

③ 本公式是按齿条形刀具加工原理推导的。

④ 对基准齿形，齿形裕度 C_F 均等于 0.1m；对花键，除 H/h 配合类别外，其他各种配合类别的齿形裕度均有变化。m 为模数。

⑤ 内花键基准齿形的齿根圆弧半径ρ_{Fi}和外花键基准齿形的齿根圆弧半径ρ_{Fe}均为定值。工作中允许平齿根和圆齿根的基准齿形在内、外花键上混合使用。

表 5.3.6　30° 渐开线外花键大径 $D_{ee}=m(z+1)$尺寸系列　　mm

z \ m	0.5	(0.75)	1	(1.25)	1.5	(1.75)	2	2.5	3	(4)	5	(6)	(8)	10
10	5.5	8.25	11	13.75	16.5	19.25	22	27.5	33	44	55	66	88	110
11	6	9	12	15	18	21	24	30	36	48	60	72	96	120
12	6.5	9.75	13	16.25	19.5	22.75	▲26	32.5	▲39	52	65	78	104	130
13	7	10.5	14	17.5	21	24.5	28	35	42	56	70	84	112	140
14	7.5	11.25	▲15	18.75	22.5	26.25	▲30	▲37.5	▲45	60	▲75	90	120	150
15	8	12	16	20	24	28	32	40	48	64	80	96	128	160
16	8.5	12.75	17	21.25	25.5	29.75	▲34	▲42.5	▲51	68	▲85	102	136	170
17	9	13.5	18	22.5	27	31.5	36	45	54	72	90	108	144	180
18	9.5	14.25	▲19	23.75	28.5	33.25	▲38	▲47.5	57	76	▲95	114	152	190
19	10	15	20	25	30	35	40	50	60	80	100	120	160	200
20	10.5	15.75	21	26.25	31.5	36.75	▲42	▲52.5	▲63	84	▲105	126	168	210
21	11	16.5	22	27.5	33	38.5	44	55	66	88	110	132	176	220
22	11.5	17.25	23	28.75	34.5	40.25	46	▲57.5	▲69	92	▲115	138	184	230
23	12	18	24	30	36	42	48	60	72	96	120	144	192	240
24	12.5	18.75	▲25	31.25	37.5	43.75	▲50	62.5	▲75	100	▲125	150	200	250
25	13	19.5	26	32.5	39	45.5	52	65	78	104	130	156	208	260
26	13.5	20.25	27	33.75	40.5	47.25	54	67.5	81	108	135	162	210	270
27	14	21	28	35	42	49	56	70	84	112	140	168	224	280
28	14.5	21.75	29	36.25	43.5	50.75	58	72.5	87	116	145	174	232	290
29	15	22.5	30	37.5	45	52.5	60	75	90	120	150	180	240	300
30	15.5	23.25	31	38.75	46.5	54.25	▲62	77.5	93	124	155	186	248	310
31	16	24	32	40	48	56	64	80	96	128	160	192	256	320
32	16.5	24.75	33	41.25	49.5	57.75	66	82.5	99	132	165	198	264	330
33	17	25.5	34	42.5	51	59.5	68	85	102	136	170	204	272	340
34	17.5	26.25	35	43.75	52.5	61.25	70	87.5	105	140	175	210	280	350
35	18	27	36	45	54	63	72	90	108	144	180	216	288	360
36	18.5	27.75	37	46.25	55.5	64.75	74	92.5	111	148	185	222	296	370
37	19	28.5	38	47.5	57	66.5	76	95	114	152	190	228	304	380
38	19.5	29.25	39	48.75	58.5	68.25	78	97.5	117	156	195	234	312	390
39	20	30	40	50	60	70	80	100	120	160	200	240	320	400
40	20.5	30.75	41	51.25	61.5	71.75	82	102.5	123	164	205	246	328	410
41	21	31.5	42	52.5	63	73.5	84	105	126	168	210	252	336	420
42	21.5	32.25	43	53.75	64.5	75.25	86	107.5	129	172	215	258	344	430
43	22	33	44	55	66	77	88	110	132	176	220	264	352	440
44	22.5	33.75	45	56.25	67.5	78.75	90	112.5	135	180	225	270	360	450
45	23	34.50	46	57.50	69	80.5	92	115	138	184	230	276	368	460
46	23.5	35.25	47	58.75	70.5	82.25	94	117.5	141	188	235	282	376	470
47	24	36	48	60	72	84	96	120	144	192	240	288	384	480
48	24.5	36.75	49	61.25	73.5	85.75	98	122.5	147	196	245	294	392	490
49	25	37.5	50	62.5	75	87.5	100	125	150	200	250	300	400	500
50	25.5	38.25	51	63.75	76.5	89.25	102	127.5	153	204	255	306	407	510

注：① 括号内的模数为第2系列，框内尺寸为常用尺寸，注有“▲”者为优先选用尺寸。

② 齿数 z 系列为10～100，本表只列到50供常用。若需取 z>50时，大径按 $D_{ee}=m(z+1)$计算。

③ 当本表不能满足产品结构需要时，允许齿数不按本表规定，但必须保持标准中规定的几何参数关系及公差配合，以便采用标准滚刀和插齿刀。

表 5.3.7　45° 外花键大径 $D_{ee}=m(z+0.8)$尺寸系列　mm

z \ m	0.25	0.5	(0.75)	1	(1.25)	1.5	(1.75)	2	2.5
16	4.2	8.4	12.6	16.8	21	25.2	29.4	33.6	42
20	5.2	10.4	15.6	20.8	26	31.2	36.4	41.6	52
24	6.2	12.4	18.6	24.8	31	37.2	43.4	49.6	62
28	7.2	14.4	21.6	28.8	36	43.2	50.4	57.6	72
32	8.2	16.4	24.6	32.8	41	49.2	57.4	65.6	82
36	9.2	18.4	27.6	36.8	46	55.2	64.4	73.6	92
40	10.2	20.4	30.6	40.8	51	61.2	71.4	81.6	102
44	11.2	22.4	33.6	44.8	56	67.2	78.4	89.6	112
48	12.2	24.4	36.6	48.8	61	73.2	85.4	97.6	122
52	13.2	26.4	39.6	52.8	66	79.2	92.4	105.6	132
56	14.2	28.4	42.6	56.8	71	85.2	99.4	113.6	142
60	15.2	30.4	45.6	60.8	76	91.2	106.4	121.6	152
64	16.2	32.4	48.6	64.8	81	97.2	113.4	129.6	162
68	17.2	34.4	51.6	68.8	86	103.2	120.4	137.6	172
72	18.2	36.4	54.6	72.8	91	109.2	127.4	145.6	182
76	19.2	38.4	57.6	76.8	96	115.2	134.4	153.6	192
80	20.2	40.4	60.6	80.8	101	121.2	141.4	161.6	202
84	21.2	42.4	63.6	84.8	106	127.2	148.4	169.6	212
88	22.2	44.4	66.6	88.8	111	133.2	155.4	177.6	222
92	23.2	46.4	69.6	92.8	116	139.2	162.4	185.6	232
96	24.2	48.4	72.6	96.8	121	145.2	169.4	193.6	242
100	25.2	50.4	75.6	100.8	126	151.2	176.4	201.6	252

注：① 括号内的模数为第 2 系列，框内尺寸为常用尺寸。

② 当本表不能满足产品结构需要时，允许齿数不按本表规定，但应尽量按(100+4*n*)或(13+4*n*)选取(*n* 为正整数)，并保持标准中规定的几何参数关系及公差配合，以便采用标准滚刀和插刀。

5.4 销连接

5.4.1 销连接的类型、特点和应用

表5.4.1 销的类型、特点和应用

<table>
<tr><th colspan="2">类型</th><th>结构图形</th><th colspan="2">特点</th><th>应用</th></tr>
<tr><td rowspan="5">圆柱销</td><td>圆柱销
GB/T 119—2000</td><td></td><td rowspan="3">销孔需铰制，多次装拆后会降低定位的精度和连接的紧固。只能传递不大的载荷</td><td>直径偏差有u8、m6、h8和h11四种，以满足不同的使用要求
有A、B、C、D型四种不同配合</td><td>主要用于定位，也可用于连接</td></tr>
<tr><td>内螺纹圆柱销
GB/T 120—2000</td><td></td><td>直径偏差只有m6一种
内螺纹供拆卸用
有A、B两型，B型有通气平面</td><td>B型用于盲孔</td></tr>
<tr><td>螺纹圆柱销
GB/T 878—2000</td><td></td><td>直径偏差较大，定位精度低</td><td>用于精度要求不高的场合</td></tr>
<tr><td>带孔销
GB/T 880—2000</td><td></td><td colspan="2">用于开口销锁定，拆卸方便</td><td>用于铰接处</td></tr>
<tr><td>弹性圆柱销
GB/T 879—2000</td><td></td><td colspan="2">具有弹性，装入销孔后，也孔壁压紧，不易松脱。销孔精度要求较低，互换性好，可多次装拆。刚性较差，不适于高精度定位
载荷大时，可用几个套在一起使用，相邻内外两销的缺口应错开180°</td><td>用于有冲击、振动的场合，可代替部分圆柱销、圆锥销、开口销或销轴但不适于高精度定位</td></tr>
<tr><td rowspan="4">圆锥销</td><td>圆锥销
GB/T 117—2000</td><td></td><td rowspan="4">有1∶50的锥度靠过盈与铰制孔配合，安装方便，可多次装拆。定位精度比圆柱销高，受横向力时，能自销，但受力不及圆柱销均匀</td><td>制造简便，为便于装拆，使用时，销两端一般伸出零件。有A、B两型</td><td>主要用于定位，也可用于固定零件，传递动力。多用于经常装拆的场合</td></tr>
<tr><td>内螺纹圆锥销
GB/T 118—2000</td><td></td><td>内螺纹供拆卸用
有A、B两型，A型表面粗糙度低</td><td>用于盲孔</td></tr>
<tr><td>螺尾锥销
GB/T 881—2000</td><td></td><td>螺尾供拆卸用，但使销制造不便</td><td>用于拆卸困难的场合</td></tr>
<tr><td>开尾圆锥销
GB/T 887—2000</td><td></td><td>打入销孔后，末端可稍张开，以防止松脱</td><td>用于有冲击、振动的场合</td></tr>
</table>

续表 5.4.1

类型		结构图形	特点		应用
槽销	直槽销 GB/T 13829.1－2003		沿销体母线辗压或模段三条(相隔 120°)不同形状和深度的沟槽，打入销孔与孔壁压紧，不易松脱。能承受振动和变载荷。销孔不需铰光，可多次装拆	全长具有平行槽，端部有导杆和倒角两种，销与孔壁间压力分布较均匀	用于有严重振动和冲击载荷的场合
	中心槽销 GB/T 13829.1－2003			销的中部有短槽，槽长有 $\frac{1}{2}$ 全长和 $\frac{1}{3}$ 全长两种	用于心轴，将带毂的零件固定在短槽处
	锥槽销 GB/T 13829.2－2003	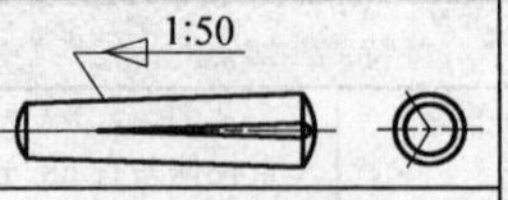 1:50		沟槽成楔形，有全长和半长两种，作用与圆锥销相似，销与孔壁间压力分布不均	与圆锥销相同
	半长倒锥槽销 GB/T 13829.2－2003			半长为圆柱销，半长为倒销槽销	用作轴杆
	有头槽销 GB/T 13829.3－2003	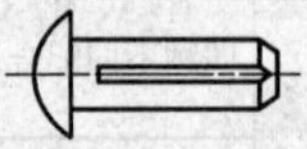		有圆头和沉头两种	可代替螺钉、抽芯铆钉，用以紧定标牌管夹子等
销轴 GB/T 882－2000			用于开口销锁定，拆卸方便		用于铰接
开口销	GB/T 91－2000	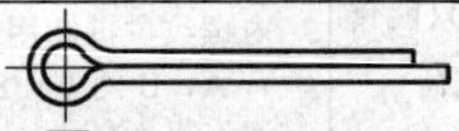	工作可靠，拆卸方便		用于锁定其他紧固件(如槽形螺母、销轴等)
	Q/ZB 196－1973	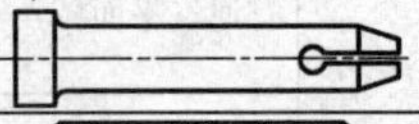			用于尺寸较大处
安全销		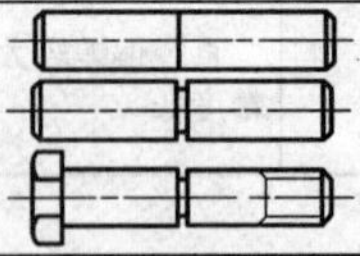	结构简单，形式多样。必要时可在销上切出圆槽。为防止断销时损坏孔壁，可在孔内加销套		用于传动装置和机器的过载保护，如安全联轴器等的过载剪断元件

5.4.2 圆柱销

表 5.4.2 圆柱销 不淬硬钢和奥氏体不锈钢(摘自 GB/T 119.1－2000)
圆柱销 淬硬钢和马氏体不锈钢(摘自 GB/T 119.2－2000)

末端形状由制造者确定

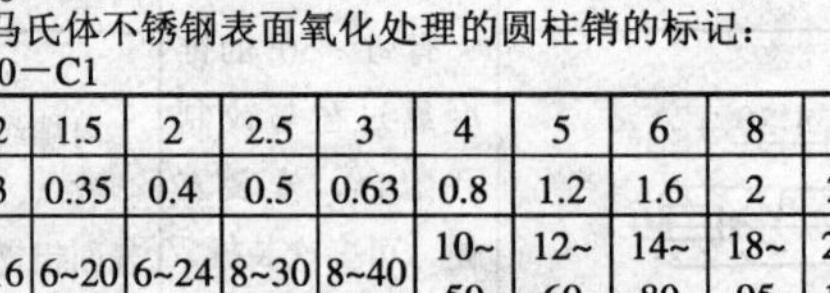

d ≈15° c l c D c l

允许倒圆或凹穴

标记示例：

公称直径 d=8 mm、公差为 m6、公称长度 l=30、材料为钢、不经淬火、不经表面处理的圆柱销的标记：

销 GB/T 119.1 8m6×30

尺寸公差同上，材料为钢、普通淬火（A 型）、表面氧化处理的圆柱销的标记：

销 GB/T 119.2 8×30

尺寸公差同上，材料为 C1 组马氏体不锈钢表面氧化处理的圆柱销的标记：

销 GB/T 119.2 6×30－C1

mm

	50	d	0.6	0.8	1	1.2	1.5	2	2.5	3	4	5	6	8	10	12	16	20	25	30	40
GB/T 119.1	c	0.12	0.16	0.2	0.25	0.3	0.35	0.4	0.5	0.63	0.8	1.2	1.6	2	2.5	3	3.5	4	5	6.3	8
	l	2~6	2~8	4~10	4~12	4~16	6~20	6~24	8~30	8~40	10~50	12~60	14~80	18~95	22~140	26~180	35~200	50~200	60~200	80~200	95~200
	① 钢硬度 125～245HV30，奥氏体不锈钢 A1 硬度 210～280HV30 ② 粗糙度公差 m6：Ra≤0.8 μm，公差 h8，Ra≤1.6 μm																				

	d	1	1.5	2	2.5	3	4	5	6	8	10	12	16	20
GB/T 119.2	c	0.2	0.3	0.35	0.4	0.5	0.63	0.8	1.2	1.6	2	2.5	3	3.5
	l	3~10	4~16	5~20	6~24	8~30	10~40	12~50	14~60	18~80	22~100	26~100	40~100	50~100
	① 钢 A 型、普通淬火、硬度 550～650HV30，B 型表面淬火，表面硬度 600～700HV1，渗碳深度 0.25～0.4 mm，550HV1，马氏体不锈钢 C1 淬火，并回火硬度 460～560HV30 ② 表面粗糙度 Ra≤0.8 μm													

注：① 系列(公称尺寸，单位 mm)：2,3，4,5，6,8，10,12,14,16,18,20,22,24,26,28,30,32,35,40,45,50,55,60,65,70,75,80,85,90,100，公称长度大于 100 mm，按 20 mm 递增。

表 5.4.3 内螺纹圆柱销 不淬硬钢和奥氏体不锈钢(摘自 GB/T 120.1－2000)
内螺纹圆柱销 淬硬钢和马氏体不锈钢(摘自 GB/T 120.2－2000)

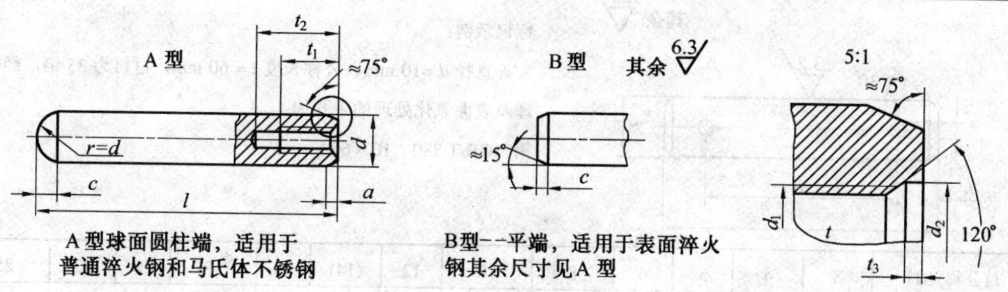

A 型—球面圆柱端，适用于普通淬火钢和马氏体不锈钢
B 型—平端，适用于表面淬火钢，其余尺寸见 A 型
标记示例：
公称直径 d=10 mm、公差为 m6、公称长度 l=60 mm，材料为 A1 组奥氏体不锈钢，表面简单处理的内螺纹圆柱销：
销 GB/T 120.1－2000 10×60-A1

mm

d(公称) m6	6	8	10	12	16	20	25	30	40	50
a	0.8	1	1.2	1.6	2	2.5	3	4	5	6.3
c_1	1.2	1.6	2	2.5	3	3.5	4	5	6.3	8
d_1	M4	M5	M6	M6	M8	M10	M16	M20	M20	M24
t_1	6	8	10	12	16	18	24	30	30	36
t_2 min	10	12	16	20	25	28	35	40	40	50
c	2.1	2.6	3	3.8	4.6	6	6	7	8	10
l(商品规格范围)	16～60	18～80	22～100	26～120	32～160	40～200	50～200	60～200	80～200	100～200
l 系列(公称尺寸)	16，18，20，22，24，26，28，30，32，35，40，45，50，55，60，65，70，80，85，90，95，100，120，140，160，180，200，公称长度大于 200 mm，按 20 mm 递增									

表 5.4.4 螺纹圆柱销(摘自 GB/T 878－2000)

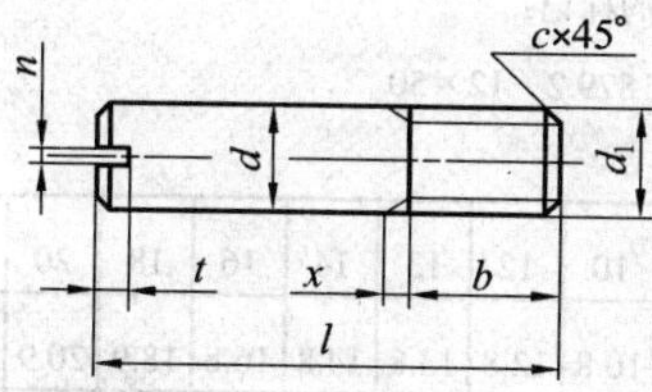

标记示例：
公称直径 d=10 mm、公称长度 l=30 mm，材料为 35 钢、热处理硬度 28～38 HRC，表面氧化处理的螺纹圆柱销：
销 GB/T 878 10×30

mm

d(公称) h13	4	6	8	10	12	16	18
d_1	M4	M6	M8	M10	M12	M16	M20
b max	4.4	6.6	8.8	11	13.2	17.6	22
n(公称尺寸)	0.6	1	1.2	1.6	2	2.5	3
t max	2.05	2.8	3.6	4.25	4.8	5.5	6.8
x max	1.4	2	2.5	3	3.5	4	5
c≈	0.6	1	1.2	1.5	2	2	2.5
l(商品规格范围)	10～14	12～20	14～28	18～35	22～40	24～50	30～60
l 系列(公称尺寸)	10，12，14，18，20，22，24，26，28，30，32，35，40，45，50，55，60						

表 5.4.5 带孔销(摘自 GB/T 880－2000)

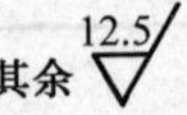

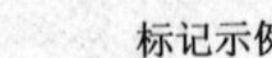

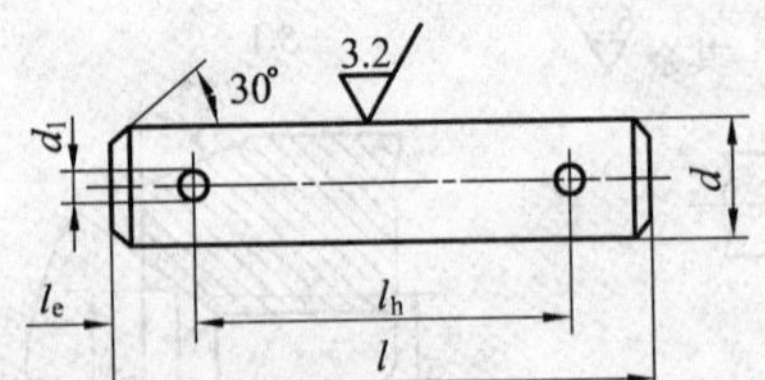

标记示例：

公称直径 d =10 mm、公称长度 l = 60 mm，材料为 35 钢，经热处理及表面氧化处理的带孔销：

销 GB/T 880 10×60

mm

d (公称) h11	3	4	5	6	8	10	12	(14)	16	(18)	20	(22)	25
d_1 minH13	0.8	1	1.6		2	3.2	4			5			6.3
l_e≈	1.5	2		2.5	3	4	5			6.5			8
c≈	1		2				3				4		
开口销	0.8×6	1×8	1.6×10		2×12	3.2×16	4×20	4×25		5×30		5×35	6.3×40
l_h H14	1-3	1-4		1-5	1-6	1-8	1-10			1-13			1-16
l 范围	8～50		12～60		16～80	20～100	30～120			40～160	40～200		50～200
l 系列	8，10，12，14，16，18，20，22，24，26，28，30，32，35，40，45，50，55，60，65，70，75，80，85，90，95，100，120，140，160，180，200												

注：① 尽可能不采用括号内的规格。

② l_h 尺寸为商品规格范围。

表 5.4.6 弹性圆柱销直槽轻型(摘自 GB/T 879.2－2000)

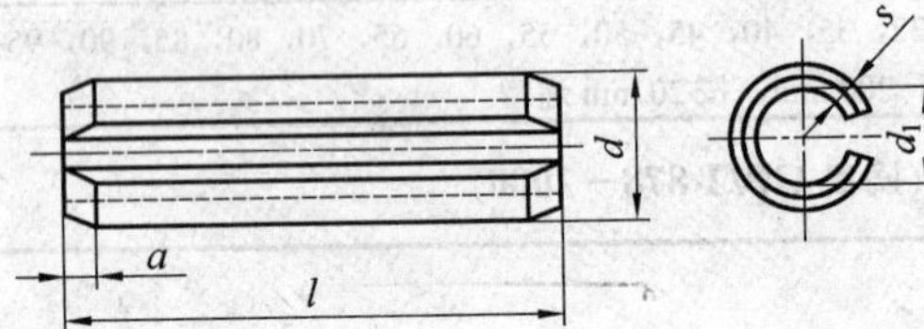

标记示例：

公称直径 d=12 mm、公称长度 l=50 mm、材料为 65 Mn、热处理硬度 500～560HV30、表面氧化处理、直槽轻型弹性圆柱销的标记：

销 GB/T 879.2 12×50

对 d≥10 mm 的弹性销，也可由制造者选用单面倒角的型式

mm

		2	2.5	3	3.5	4	4.5	5	6	8	10	12	13	14	16	18	20	21	25
d 公称		2	2.5	3	3.5	4	4.5	5	6	8	10	12	13	14	16	18	20	21	25
d 装配前	max	2.4	2.9	3.5	4.0	4.6	5.1	5.6	6.7	8.8	10.8	12.8	13.8	14.8	16.8	18.9	20.9	21.9	25.9
	min	2.3	2.8	3.3	3.8	4.4	4.9	5.4	6.4	8.5	10.5	12.5	13.5	14.5	16.5	18.5	20.5	21.5	25.5
d_1 装配前		1.9	2.3	2.7	3.1	3.4	3.9	4.4	4.9	7	8.5	10.5	11	11.5	13.5	15	16.5	17.5	21.5
a	max	0.4	0.45	0.45	0.5	0.7	0.7	0.7	0.9	1.8	2.4	2.4	2.4	2.4	2.4	2.4	2.4	2.4	3.4
	min	0.2	0.25	0.25	0.3	0.5	0.5	0.5	0.7	1.5	2.0	2.0	2.0	2.0	2.0	2.0	2.0	2.0	3.0
s		0.2	0.25	0.3	0.35	0.5	0.5	0.5	0.75	0.75	1	1	1.2	1.5	1.5	1.7	2	2	2
最小剪切载荷/kN 双面剪		1.5	2.4	3.5	4.6	8	8.8	10.4	18	24	40	48	66	84	98	126	158	168	202
公称长度 l		4～30	4～30	4～40	4～40	4～50	6～50	6～85	10～120	10～140	10～180	10～200	10～200	10～200	10～200	10～200	10～200	10～200	10～200

5.4.3 圆锥销

表 5.4.7 圆锥销(摘自 GB/T 117—2000)

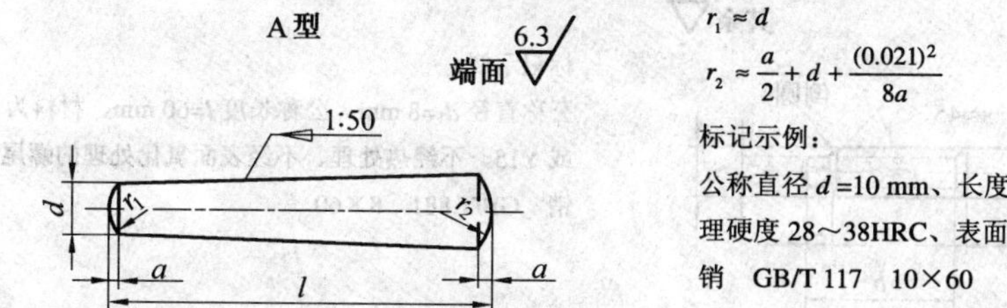

$r_1 \approx d$

$r_2 \approx \frac{a}{2} + d + \frac{(0.021)^2}{8a}$

标记示例：

公称直径 d =10 mm、长度 l = 60 mm，材料 35 钢、热处理硬度 28～38HRC、表面氧化处理的 A 型圆锥销：

销 GB/T 117 10×60

mm

d(公称)h10	0.6	0.8	1	1.2	1.5	2	2.5	3	4	5
a≈	0.08	0.1	0.12	0.16	0.2	0.25	0.3	0.4	0.5	0.63
l(商品规格范围)	4～8	5～12	6～16	6～20	8～24	10～35	10～35	12～45	14～55	18～60
100 mm 长质量/kg≈	0.0003	0.0005	0.0007	0.001	0.0015	0.003	0.0044	0.0062	0.0107	0.018
d(公称)h10	6	8	10	12	16	20	25	30	40	50
a≈	0.8	1	1.2	1.6	2	2.5	3	4	5	6.3
l(商品规格范围)	22～90	22～120	26～160	32～180	40～200	45～200	50～200	55～200	60～200	65～200
l 系列(公称尺寸)	2，3，4，5，6，8，10，12，14，16，18，20，22，24，26，28，30，32，35，40，45，50，55，60，65，70，75，80，85，90，95，100，公称长度大于 100 mm，按 20 mm 递增									

注：① A 型(磨削)：锥面表面粗糙度 Ra=0.8 μm；

B 型(切削或冷镦)：锥面表面粗糙度 Ra=3.2 μm。

② 材料：钢、易切钢(Y12、Y15)，碳素钢(35,28～38HRC、45,38～46HRC)，合金钢(30CrMnSiA35～41HRC)，不锈钢(1Cr13、2Cr17Ni2、Cr17Ni2、0Cr18Ni9Ti)。

表 5.4.8 内螺纹圆锥销(摘自 GB/T 118—2000)

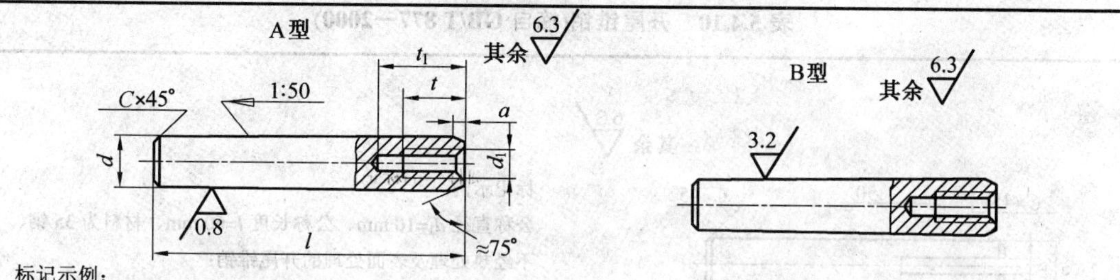

标记示例：

公称直径 d =10 mm、长度 l = 60 mm、材料为 35 钢、热处理硬度 28～38HRC、表面氧化处理的 A 型内螺纹圆锥销：

销 GB/T 118 10×60

mm

d(公称)h10	6	8	10	12	16	20	25	30	40	50
a	0.8	1	1.2	1.6	2	2.5	3	4	5	6.3
d_1	M4	M5	M6	M8	M10	M12	M16	M20	M20	M24
t_1	6	8	10	12	16	18	24	30	30	36
t_2 min	10	12	16	20	25	28	35	40	40	50
d_2	4.3	5.3	6.4	8.4	10.5	13	17	21	21	25
l (商品规格范围)	16～60	18～80	22～100	26～120	32～160	40～200	50～200	60～200	80～200	120～200
l 系列(公称尺寸)	16，18，20，22，24，26，28，30，32，35，40，45，50，55，60，65，70，75，80，85，90，95，100，公称长度大于 100 mm，按 20 mm 递增									

注：同表 5.4.7。

表 5.4.9 螺尾锥销(摘自 GB/T 881—2000)

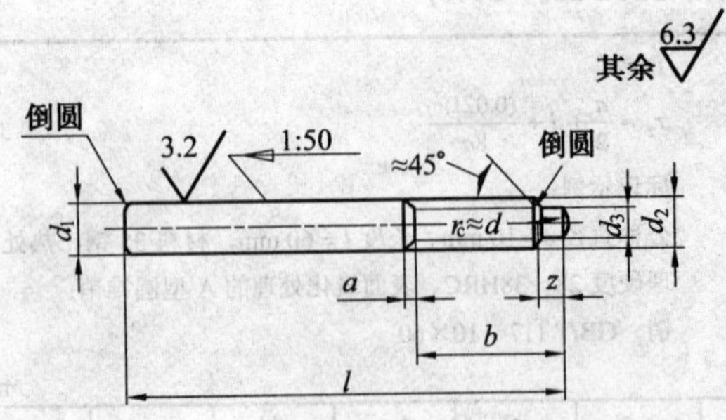

标记示例：

公称直径 d_1=8 mm、公称长度 l=60 mm、材料为 Y12 或 Y15、不经热处理、不经表面氧化处理的螺尾锥销：

销 GB/T 881 8×60

mm

d(公称)h10	5	6	8	10	12	16	20	25	30	40	50
a max	2.4	3	4	4.5	5.3	6	6	7.5	9	10.5	12
b max	15.6	20	24.5	27	30.5	39	39	45	52	65	78
d_2	M5	M6	M8	M10	M12	M16	M16	M20	M24	M30	M36
d_3 max	3.5	4	5.5	7	8.5	12	12	15	18	23	28
z max	1.5	1.75	2.25	2.75	3.25	4.3	4.3	5.3	6.3	7.5	9.4
l(商品规格范围)	40～50	45～60	55～75	65～100	85～120	100～160	120～190	140～250	160～280	190～320	220～400
l 系列(公称尺寸)	40，45，50，55，60，65，75，85，100，120，140，160，190，220，250，280，320，360，400										

表 5.4.10 开尾锥销(摘自 GB/T 877—2000)

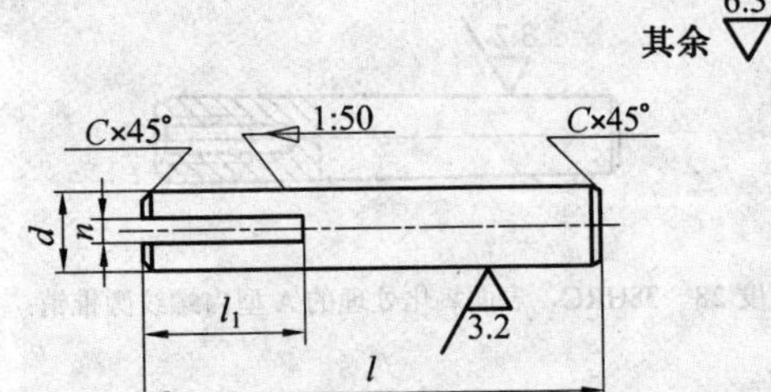

标记示例：

公称直径 d_1=10 mm、公称长度 l=60 mm、材料为 35 钢、不经热处理及表面处理的开尾锥销：

销 GB/T 877 10×60

mm

d(公称)h10	3	4	5	6	8	10	12	16
n(公称)	0.8		1		1.6		2	
l_1	10		12	15	20	25	30	40
c≈	0.5		1			1.5		
l(商品规格范围)	30～55	35～60	40～80	50～100	60～120	70～160	80～120	100～200
l 系列(公称尺寸)	30，32，35，40，45，50，55，60，65，70，75，80，85，90，95，100，120，140，160，180，200							

5.4.4 开尾销和销轴

表 5.4.11 开尾销(摘自 GB/T 91－2000 等效采用 ISO 1234－1997)

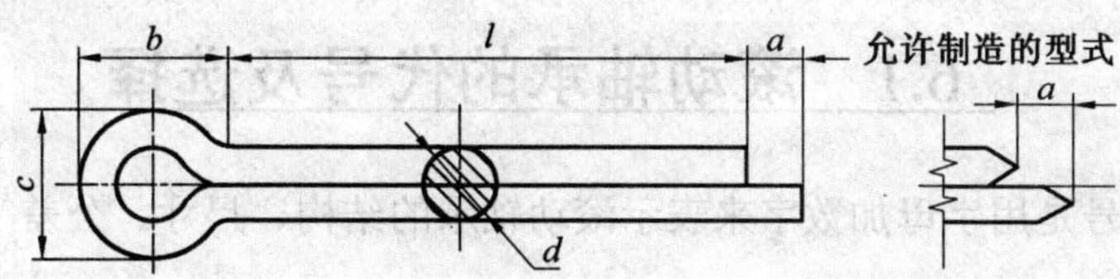

标记示例：

公称直径 d=5 mm、长度 l=50 mm、材料为 Q215 或 Q235 不经表面处理的开口销：

销 GB/T 91 5×50

mm

d(公称)	0.6	0.8	1	1.2	1.6	2	2.5	3.2	4	5	6.3	8	10	13	16	20
c max	1	1.4	1.8	2	2.8	3.6	4.6	5.8	7.4	9.2	11.8	15	19	24.8	30.8	38.5
b≈	2	2.4	3	3	3.2	4	5	6.4	8	10	12.6	16	20	26	32	40
a max	1.6			2.5				3.2	4				6.3			
l(商品长度规格范围)	4～12	5～16	6～20	8～25	8～32	10～40	12～50	14～63	18～80	22～100	32～125	40～160	45～200	71～250	112～280	160～280
l系列(公称尺寸)	4，5，6，8，10，12，14，16，18，20，22，25，28，32，36，40，45，50，56，63，71，80，90，100，112，120，125，140，160，180，200，224，250，280															

注：① 销孔的公称直径等于 d(公称)。

② $a_{min}=\frac{1}{2}a_{max}$。

③ 根据使用需要，由供需双方协议，可采用 d(公称)为 3.6 mm 或 12 mm 的规格。

表 5.4.12 销轴(摘自 GB/T 882－2000)

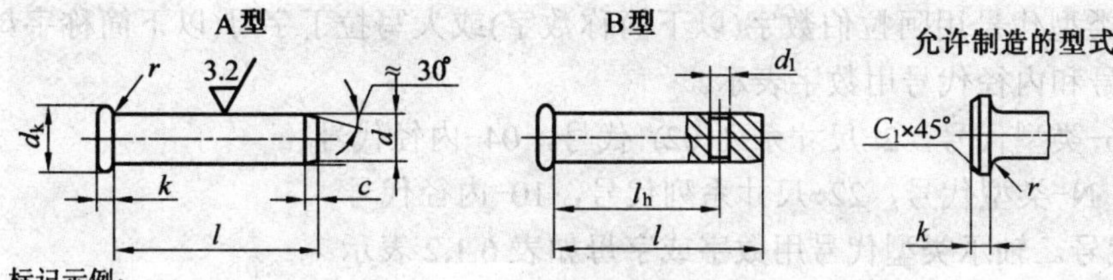

标记示例：

公称直径 d=10 mm、长度 l=50 mm、材料为 35 钢、热处理硬度 28～38HRC、表面氧化处理的 A 型销轴：

销轴 GB/T 882 10×50

mm

d(公称)h11	3	4	5	6	8	10	12	14	16	18	20	22	25	28	30	32	36	40	45	50	55	60
d_k max	5	6	8	10	12	14	16	18	20	22	25	28	32	36	38	40	45	50	55	60	65	70
k(公称)	1.5		2		2.5		3		3.5		4		5			6			7		8	
d_1 min	1.6		2		3.2		4			5			6.3				8			10		
r	0.2	0.5										1					1.5					
c≈	0.5		1			1.5				3								5				
c_1≈	0.2	0.3				0.5				1									1.5			
X	2	3			4		5				6			8			10			12		
l(商品规格范围)	6～22	6～30	8～40	12～60	12～80	14～120	20～120	20～120	20～140	24～140	24～160	24～160	40～180	40～180	50～200	50～200	60～200	70～200	70～200	70～200	80～200	90～200
l系列(公称尺寸)	6，8，10，12，14，16，18，20，22，24，26，28，30，32，35，40，45，48，50，55，60，65，70，75，80，85，90，95，100，120，140，160，180，200																					

注：$l_h=l_{公称}-X$。

第 6 章　滚动轴承

6.1　滚动轴承的代号及选择

滚动轴承代号是用字母加数字来表示滚动轴承的结构、尺寸、公差等级、技术性能等特征的产品符号。

6.1.1　轴承代号的构成

轴承代号由基本代号、前置代号和后置代号构成，其排列如下图。

前置代号　基本代号　后置代号

1. 基本代号

基本代号表示轴承的基本类型、结构和尺寸，是轴承代号的基础。

轴承外形尺寸符合 GB/T 273.1、GB/T 273.2、GB/T 273.3、GB/T 3882 任一标准规定的外形尺寸，其基本代号由轴承类型代号、尺寸系列代号、内径代号构成。排列如表 6.1.1 所示。

表 6.1.1　基本代号的构成与排列

基本代号		
类型代号	尺寸系列代号	内径代号

表 6.1.1 中类型代号用阿拉伯数字(以下简称数字)或大写拉丁字母(以下简称字母)表示，尺寸系列代号和内径代号用数字表示。

例：6204　6-类型代号，2-尺寸系列(02) 代号，04-内径代号

N2210　N-类型代号，22-尺寸系列代号，10-内径代号

（1）类型代号。轴承类型代号用数字或字母如表 6.1.2 表示

表 6.1.2　轴承类型及代号

代 号	轴　承　类　型	代 号	轴　承　类　型
0	双列角接触球轴承	N	圆柱滚子轴承（双列或多列用字母 NN 表示）
1	调心球轴承		
2	调心滚子轴承和推力调心滚子轴承	U	外球面球轴承
3	圆锥滚子轴承	QJ	四点接触球轴承
4	双列深沟球轴承		
5	推力球轴承		
6	深沟球轴承		
7	角接触球轴承		
8	推力圆柱滚子轴承		

注：在表中代号后或前加字母或数字表示该类轴承中的不同结构。

（2）尺寸系列代号。尺寸系列代号由轴承的宽(高)度系列代号和直径系列代号组合而成。

向心轴承、推力轴承尺寸系列代号如表 6.1.3 所示。

表 6.1.3 尺寸系列代号

直径系列代号	向心轴承 宽度系列代号								推力轴承 高度系列代号			
	8	0	1	2	3	4	5	6	7	9	1	2
7	—	—	17	—	37	—	—	—	—	—	—	—
8	—	08	18	28	38	48	58	68	—	—	—	—
9	—	09	19	29	39	49	59	69	—	—	—	—
0	—	00	10	20	30	40	50	60	70	90	10	—
1	—	01	11	21	31	41	51	61	71	91	11	—
2	82	02	12	22	32	42	52	62	72	92	12	22
3	83	03	13	23	33	—	—	—	73	93	13	23
4	—	04	—	24	—	—	—	—	74	94	14	24
5	—	—	—	—	—	—	—	—	—	95	—	—

（3）常用的轴承类型、尺寸系列代号及由轴承类型代号、尺寸系列代号组成的组合代号如表 6.1.4 所示。

表 6.1.4 常用轴承的类型代号、尺寸系列代号及组合代号

轴承类型	简图	类型代号	尺寸系列代号	组合代号	标准号
双列角接触球轴承		(0) (0)	32 33	32 33	GB/T 96
调心球轴承		1 (1) 1 (2)	(0)2 22 (0)3 23	12 22 13 23	GB/T 281
调心滚子轴承		2 2 2 2 2 2 2 2	13 22 23 30 31 32 40 41	213 222 223 230 231 232 240 241	GB/T 288
推力调心滚子轴承		2 2 2	92 93 94	292 293 294	GB/T 5859
圆锥滚子轴承		3 3 3 3 3 3 3 3 3 3	02 03 13 20 22 23 29 30 31 32	302 303 313 320 322 323 329 330 331 332	GB/T 297

续表 6.1.4

轴承类型		简图	类型代号	尺寸系列代号	组合代号	标准号
双列深沟球轴承			4	(2)2	42	
			4	(2)3	43	
推力球轴承			5	11	511	GB/T 301
			5	12	512	
			5	13	513	
			5	14	514	
推力球轴承	双向推力球轴承		5	22	522	GB/T 301
			5	23	523	
			5	24	524	
	带球面座圈的推力球轴承		5	1) 32	532	
			5	33	533	
			5	34	534	
	带球面座圈的双向推力球轴承		5	2) 42	542	
			5	43	543	
			5	44	544	
深沟球轴承			6	17	617	GB/T 276 GB/T 4221
			6	37	637	
			6	18	618	
			6	19	619	
			16	(0)0	160	
			6	(1)0	60	
			6	(0)2	62	
			6	(0)3	63	
			6	(0)4	64	
角接触球轴承			7	19	719	GB/T 292
			7	(1)0	70	
			7	(0)2	72	
			7	(0)3	73	
			7	(0)4	74	
推力圆柱滚子轴承			8	11	811	GB/T 4663
			8	12	812	

续表 6.1.4

轴承类型		简图	类型代号	尺寸系列代号	组合代号	标准号
圆柱滚子轴承	外圈无挡边圆柱滚子轴承		N N N N N N	10 (0)2 22 (0)3 23 (0)4	N10 N2 N22 N3 N23 N4	GB/T 283
	内圈无挡边圆柱滚子轴承		NU NU NU NU NU NU	10 (0)2 22 (0)3 23 (0)4	NU10 NU2 NU22 NU3 NU23 NU4	
	内圈单挡边圆柱滚子轴承		NJ NJ NJ NJ NJ	(0)2 22 (0)3 23 (0)4	NJ2 NJ22 NJ3 NJ23 NJ4	
	内圈单挡边并带平挡圈圆柱滚子轴承		NUP NUP NUP NUP	(0)2 22 (0)3 23	NUP2 NUP22 NUP3 NUP23	
	外圈单挡边圆柱滚子轴承		NF	(0)2 (0)3 23	NF2 NF3 NF23	
	双列圆柱滚子轴承		NN	30	NN30	GB/T 285
	内圈无挡边双列圆柱滚子轴承		NNU	49	NNU49	
外球面球轴承	带顶丝外球面球轴承		UC UC	2 3	UC2 UC3	GB/T 3882
	带偏心套外球面球轴承		UEL UEL	2 3	UEL2 UEL3	
	圆锥孔外球面球轴承		UK UK	2 3	UK2 UK3	
四点接触球轴承			QJ	(0)2 (0)3	QJ2 QJ3	GB/T 294

注：表中用“( )”号括住的数字表示在组合代号中省略。

① 尺寸系列实为 12,13,14，分别用 32,33,34 表示。

② 尺寸系列实为 22,23,24，分别用 42,43,44 表示。

（4）表示轴承公称内径的内径代号如表 6.1.5 所示。

表 6.1.5 内径代号

轴承公称内径/mm		内径代号	示例
0.6 到 0(非整数)		用公称内径毫米数直接表示，在其与尺寸系列代号之间用“/”分开	深沟球轴承 618/2.5 d=2.5 mm
1 到 9(整数)		用公称内径毫米数直接表示，对深沟及角接触球轴承 7，8，9 直径系列，内径与尺寸系列代号之间用“/”分开	深沟球轴承 625 618/5 d=5 mm
10 到 17	10 12 15 17	00 01 02 03	深沟球轴承 6200 d=10 mm
20 到 480 (22,28,32 除外)		公称内径除以 5 的商数，商数为个位数，需在商数左边加“0”，如 08	调心滚子轴承 23208 d=40 mm
大于和等于 500 以及 22，28，32		用公称内径毫米数直接表示，但在与尺寸系列之间用“/”分开	调心滚子轴承 230/500 d=500 mm 深沟球轴承 62/22 d=22 mm

例：调心滚子轴承 23224，其中，2－类型代号；32－尺寸系列代号；24－内径代号；d =120 mm。

2. 前置、后置代号

前置、后置代号是轴承在结构形状、尺寸、公差、技术要求等有改变时，在其基本代号左右添加的补充代号。其排列如表 6.1.6 所示。

表 6.1.6 前置、后置代号及其排列

轴承代号									
前置代号	基本代号	后置代号 (组)							
		1	2	3	4	5	6	7	8
成套轴承分部件		内部结构	密封与防尘套圈变型	保持架及其材料	轴承材料	公差等级	游隙	配置	其他

（1）前置代号。前置代号用字母表示，代号及其含义如表 6.1.7 所示。

表 6.1.7 前置代号

代号	含义	示例
L	可分离轴承的可分离内圈或外圈	LNU207 LN207
R	不带可分离内圈或外圈的轴承 (滚针轴承仅适用于 NA 型)	RNU207 RNA6904
K	滚子和保持架组件	K81107
WS	推力圆柱滚子轴承轴圈	WS81107
GS	推力圆柱滚子轴承座圈	GS81107

（2）后置代号的编制规则。后置代号用字母(或加数字)表示。

① 后置代号置于基本代号的右边，并与基本代号空半个汉字距(代号中有符号“－”、“/”除外)。当改变项目多时，具有多组后置代号，按表 6.1.6 所列从左至右的顺序排列。

② 改变为4组(含4组)以后的内容，则在其代号前用“/”与前面代号隔开。

例：6205-2Z/P6　22308/P63

③ 改变内容为第4组后的两组，在前组与后组代号中的数字或文字表示含义可能混淆时，两代号间空半个汉字距。

例：6208/P63 V1

（3）后置代号及含义。

① 内部结构代号如表6.1.8所示。

表 6.1.8　内部结构代号

代　号	含　　义	示　　例
A、B、 C、D E	① 表示内部结构改变 ② 表示标准设计，其含义随不同类型、结构而异	B① 角接触球轴承 公称接触角α=40°　7210B ② 圆锥滚子轴承 接触角加大 32310B C① 角接触球轴承 公称接触角α=15°　7005C ② 调心滚子轴承C型 23122C E 加强型[1]　NU207E
AC	角接触球轴承　公称接触角α= 25°	7210AC
D	剖分式轴承	K50×55×20D
ZW	滚针保持架组件　双列	K20×25×40ZW

[1]加强型，即内部结构设计改进，增大轴承承载能力。

② 密封、防尘与外部形状变化代号及含义如表6.1.9所示。

表 6.1.9　密封防尘与外部形状变化的代号及其含义

代　号	含　　义	示　　例
K	圆锥孔轴承　锥度1：12 (外球面球面轴承除外)	1210K
K30	圆锥孔轴承　锥度1：30	241 22K30
R	轴承外圈有止动挡边(凸缘外圈) (不适用于内径小于10 mm的向心球轴承)	30307R
N	轴承外圈上有止动槽	6210N
NR	轴承外圈上有止动槽，并带止动环	6210NR
-RS	轴承一面带骨架式橡胶密封圈(接触式)	6210-RS
-2RS	轴承两面带骨架式橡胶密封圈(接触式)	6210-2RS
-RZ	轴承一面带骨架式橡胶密封圈(非接触式)	6210-RZ
-2RZ	轴承两面带骨架式橡胶密封圈(非接触式)	6210-2RZ
-Z	轴承一面带防尘盖	6210-Z
-2Z	轴承两面带防尘盖	6210-2Z
-RSZ	轴承一面带骨架式橡胶密封圈(接触式)、一面带防尘盖	6210-RSZ
-RZZ	轴承一面带骨架式橡胶密封圈(非接触式)、一面带防尘盖	6210-RZZ
-ZN	轴承一面带防尘盖，另一面外圈有止动槽	6210-ZN
-ZNR	轴承一面带防尘盖，另一面外圈有止动槽并带止动环	6210-ZNR
-ZNB	轴承一面带防尘盖，同一面外圈有止动槽	6210-ZNB
-2ZN	轴承两面带防尘盖，外圈有止动槽	6210-2ZN
U	推力球轴承　带球面垫圈	53210U

注：密封圈代号与防尘盖代号同样可以与止动槽代号进行多种组合。

③ 保持架结构、材料改变及轴承材料改变的代号按JB 2974的规定。

④ 公差等级代号如表6.1.10所示。

表 6.1.10 公差等级代号

代 号	含 义	示 例
/P0	公差等级符合标准规定的 0 级，代号中省略不表示	6203
/P6	公差等级符合标准规定的 6 级	6203/P6
/P6X	公差等级符合标准规定的 6X 级	30210/P6X
/P5	公差等级符合标准规定的 5 级	6203/P5
/P4	公差等级符合标准规定的 4 级	6203/P4
/P2	公差等级符合标准规定的 2 级	6203/P2

⑤ 游隙代号如表 6.1.11 所示。

表 6.1.11 游隙代号

代 号	含 义	示 例
/C1	游隙符合标准规定的 1 组	NN3006K/C1
/C2	游隙符合标准规定的 2 组	6210/C2
—	游隙符合标准规定的 0 组	6210
/C3	游隙符合标准规定的 3 组	6210/C3
/C4	游隙符合标准规定的 4 组	NN3006K/C4
/C5	游隙符合标准规定的 5 组	NNU4920K/C5

公差等级代号与游隙代号需同时表示时，可进行简化，取公差等级代号加上游隙组号(0 组不表示)组合表示。

例：/P63 表示轴承公差等级 P6 级，径向游隙 3 组。

/P52 表示轴承公差等级 P5 级，径向游隙 2 组。

⑥ 配置代号如表 6.1.12 所示。

表 6.1.12 配置代号

代 号	含 义	示 例
/DB	成对背对背安装	7210C/DB
/DF	成对面对面安装	32208/DF
/DT	成对串联安装	7210C/DT

⑦ 其他。在轴承振动、噪声、摩擦力矩、工作温度、润滑等要求特殊时，其代号如 JB 2974 的规定。

3. 滚动轴承代号示例

例 1

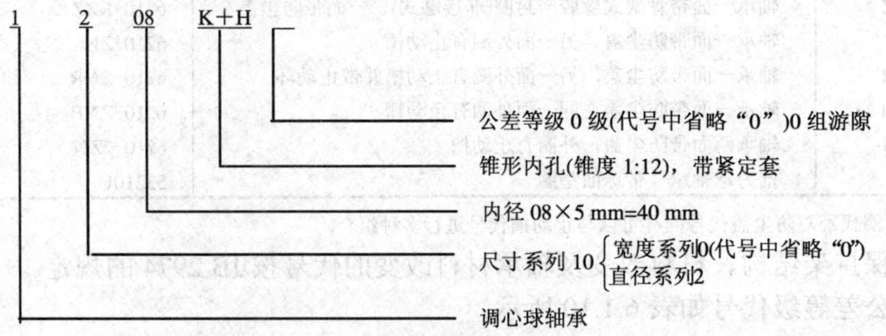

例 2

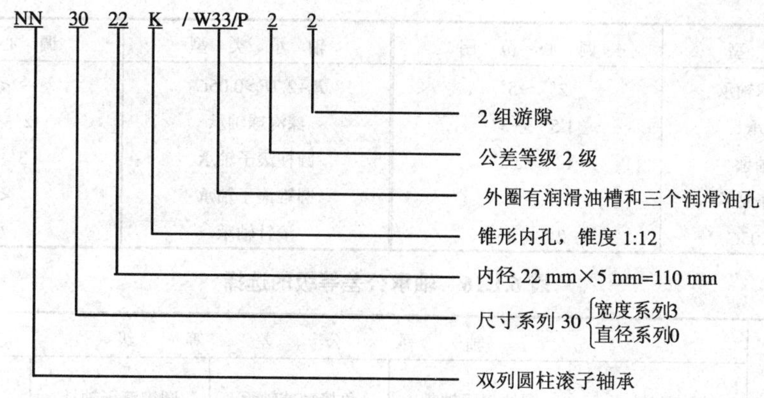

6.1.2 滚动轴承类型的选择

表 6.1.13 各类滚动轴承性能和价格比较

轴承类型	径向承载	轴向承载		高速性	调心性	调隙性	价格比
		单向	双向				
深沟球轴承	良		差	良	中	中	1
圆柱滚子轴承(外圈无挡边)	优	无	无	差	无	无	2
调心球轴承	中		中	中	优	差	1.8
调心滚子轴承	良		良	差	优	差	4.4
角接触球轴承	良	良	无	良	中	良	2.1
圆锥滚子轴承	良	良	无	差	无	优	1.7
推力调心滚子轴承	差	良	无	中	优	差	
推力球轴承	无	优	无	差	无	无	1.1
双向推力球轴承	无		优	差	无	无	1.8
推力圆柱滚子轴承	无	优	无	差	无	无	3.8

表 6.1.14 轴承摩擦力矩 *M*

轴承载荷约为 $0.1C$，润滑良好，工作状态正常时，其摩擦力矩可按下式计算，即

$$M=0.5\,\mu Fd$$

式中 μ——摩擦因数(查下表)；

F——轴承载荷(N)，对向心轴承是径向载荷，对推力轴承是轴承的轴向载荷；

d——轴承内径(mm)。

轴承类型		摩擦因数 μ	轴承类型		摩擦因数 μ
深沟球轴承		0.001 5①	圆柱滚子轴承	有保持架	0.001 1②
调心球轴承		0.001 0①		满滚子	0.002 0②
角接触球轴承	单列	0.002 0	滚针轴承		0.002 5①
	双列	0.002 4①	调心滚子轴承		0.001 8
	四点接触	0.002 4	圆锥滚子轴承		0.001 8
圆柱滚子轴承	有保持架	0.001 1②	推力球轴承		0.001 3
	满滚子	0.002 0②	推力圆柱滚子轴承		0.005 0
			推力滚针轴承		0.005 0
			推力调心滚子轴承		0.001 8

① 适用于非密封轴承。

② 无轴向载荷。

表 6.1.15　轴承允许的调心范围

轴承类型	调心范围	轴承类型	调心范围
带座外球面球轴承	2°～5°	$F_a+2.7F_r>0.05C_0$	<2°
调心球轴承	1.5°～3°	深沟球轴承	2′～10′
调心滚子轴承	1°～2.5°	圆柱滚子轴承	3′～4′
推力调心滚子轴承		圆锥滚子轴承	<3′
$F_a+2.7F_r\leqslant 0.05C_0$	2°～3°	滚针轴承	极小

表 6.1.16　轴承公差等级的选择

设备类型	轴承公差等级				
	深沟球轴承	圆柱滚子轴承	角接触球轴承	圆锥滚子轴承	推力与角接触推力球轴承
卧式车床主轴		/P5、/P4	/P5	/P5	/P5、/P4
精密车床主轴		/P4	/P5、/P4	/P5、/P4	/P5、/P4
铣床主轴		/P5、/P4	/P5	/P5	/P5、/P4
镗床主轴		/P5、/P4	/P5、/P4	/P5、/P4	/P5、/P4
坐标镗床主轴		/P4、/P2	/P4、/P2	/P4	/P4
机械磨头			/P5、/P4	/P4	/P5
高速磨头			/P4、/P2	/P4	
精密仪表	/P5、/P4		/P5、/P4		
增压器	/P5		/P5		
航空发动机主轴	/P5	/P5	/P5、/P4		

一般情况下应优先选用基本游隙组。当温差较大、配合过盈量较大、要求低摩擦力矩或深沟球轴承承受较大轴向力时，宜采用较大的游隙组。当运转精度较高或需严格限制轴向位移时，宜选用较小游隙组。

角接触轴承和内圈带锥孔的轴承，其工作游隙可在安装过程中调整。

6.1.3　滚动轴承配合的选择

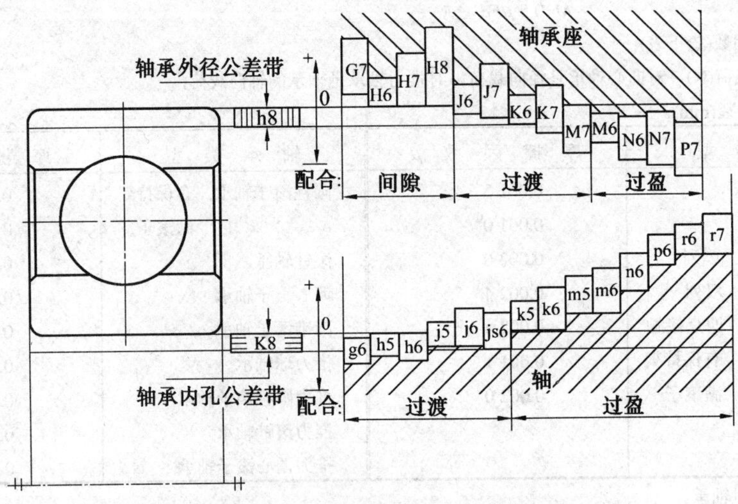

图 6.1　滚动轴承(0 级公差)的配合

表 6.1.17 安装向心轴承的轴公差带

内圈工作条件 旋转状态	内圈工作条件 载荷	应用举例	深沟球轴承 调心球轴承 角接触球轴承	圆柱滚子轴承 圆锥滚子轴承	调心滚子轴承	公差带
			轴承公称内径 d /mm			
内圈相对于载荷方向旋转或载荷方向摆动	轻载荷	电器仪表、机床(主轴)、精密机械泵、通风机传送带	$d\leq18$	—	—	h5
			$18<d\leq100$	$d\leq40$	$d\leq40$	j6①
			$100<d\leq200$	$40<d\leq140$	$40<d\leq100$	k6①
			—	$140<d\leq200$	$100<d\leq200$	m6①
	正常载荷	一般通用机械、电动机、涡轮机、泵、内燃机、变速箱、木工机械	$d\leq18$	—	—	j5 js5
			$18<d\leq100$	$d\leq40$	$d\leq40$	k5②
			$100<d\leq140$	$40<d\leq100$	$40<d\leq65$	m5②
			$140<d\leq200$	$100<d\leq140$	$65<d\leq100$	m6
			$200<d\leq280$	$140<d\leq200$	$100<d\leq140$	n6
			—	$200<d\leq400$	$140<d\leq280$	p6
			—	—	$280<d\leq500$	r6
	重载荷	铁路车辆和电车的轴箱、牵引电动机、轧机、破碎机等重型机械	—	$50<d\leq140$	$50<d\leq100$	n6③
			—	$140<d\leq200$	$100<d\leq140$	p6③
			—	$d>200$	$140<d\leq200$	r6③
			—	—	$d>200$	r7③
内圈相对于载荷方向静止	所有载荷：内圈必须在轴向容易移动	静止轴上的各种轮子	所有尺寸			f6① g6①
	所有载荷：内圈不必要在轴向移动	张紧滑轮、绳索轮	所有尺寸			h6① j6①
纯轴向载荷		所有应用场合	所有尺寸			j6 或 js6
圆锥孔轴承(带锥形套)						
所有载荷		火车和电车的轴箱	装在退卸衬套上的所有尺寸			h8(IT6)⑤④
		一般机械或传动轴	装在紧定套上的所有尺寸			h9(IT7)⑤④

① 凡对精度有较高要求的场合，应用 j5、k5…代替 j6、k6…

② 圆锥滚子轴承、角接触球轴承配合对游隙影响不大，可用 k6、m6 代替 k5、m5。

③ 重载荷下轴承游隙应选大于 0 组。

④ 凡有较高精度或转速要求的场合，应选用 h7(IT5)代替 h8(IT6)等。

⑤ IT6、IT7 表示圆柱度公差数值。

表 6.1.18 安装向心轴承的外壳孔公差带

外圈工作条件				应用举例	公差带①	
旋转状态	载荷	轴向位移的限度	其他情况		球轴承	滚子轴承
外圈相对于载荷方向静止	轻、正常和重载荷	轴向容易移动	轴处于高温场合	烘干筒、有调心滚子轴承的大电动机	G7②	
			剖分式外壳	一般机械、铁路车辆轴箱	H7	
	冲击载荷	轴向能移动	整体式或剖分式外壳	铁路车辆轴箱轴承	J7、Js7	
外圈相对于载荷方向摆动	轻和正常未载荷			电动机、泵、曲轴主轴承		
	正常和重载荷	轴向不移动	整体式外壳	电动机、泵、曲轴主轴承	K7	
	重冲击载荷			牵引电动机	M7	
外圈相对于载荷方向旋转	轻载荷			张紧滑轮	J7	K7
	正常和重载荷			装用球轴承的轮毂	K7、M7	—
	重冲击载荷		薄壁、整体式外壳	装用滚子轴承的轮毂	—	N7、P7

① 并列公差带随尺寸的增大从左至右选择。对旋转精度有较高要求时，可相应提高一个公差等级。

② 不适用于剖分式外壳。

表 6.1.19 安装推力轴承的轴公差带

轴圈工作条件		推力球和推力滚子轴承	推力调心滚子轴承	公差带
		轴承公称内径 d/mm		
纯轴向载荷		所有尺寸	所有尺寸	j6 或 js6
径向和轴向联合载荷	轴圈相对于载荷方向静止	—	$d \leqslant 250$	j6
		—	$d > 250$	js6
	轴圈相对于载荷方向旋转或载荷方向摆动	—	$d \leqslant 200$	k6①
		—	$200 < d \leqslant 400$	m6①
		—	$d > 400$	n6①

① 要求较小过盈时，可分别用 j6、k6、m6 代替 k6、m6、n6。

表 6.1.20 安装推力轴承的外壳孔公差带

座圈工作条件		轴承类型	公差带	备注
纯轴向载荷		推力球轴承	H8	
		推力圆柱、滚针轴承	H7	
		推力调心滚子轴承	—	外壳孔与座圈间的配合间隙 0.001D(轴承外径)
径向和轴向联合载荷	座圈相对于载荷方向静止	推力调心滚子轴承	H7	
	座圈相对于载荷方向旋转或摆动		K7	正常载荷
			M7	重载荷

6.2 常用滚动轴承尺寸及性能参数

6.2.1 仪器仪表轴承

表 6.2.1 仪器仪表轴承 深沟球轴承(摘自 GB/T 276－1994)

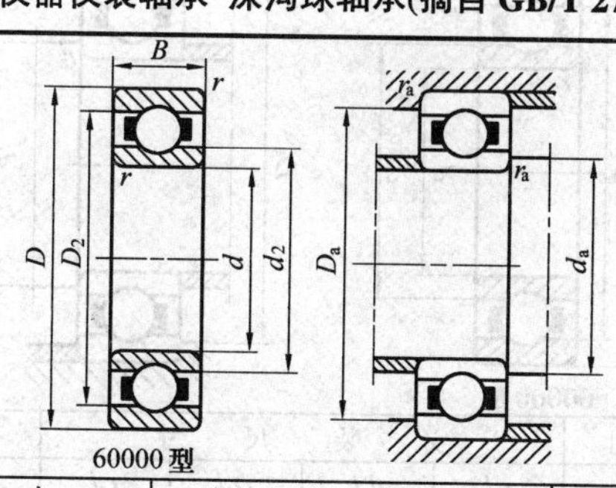

60000型

轴承代号	基本尺寸			安装尺寸				基本额定载荷		极限转速	
60000 型	d	D	B	r/min	d_a/min	D_a/max	r_a/max	C_r	C_{or}	脂润滑	油润滑
	mm			mm				kN		(r · min^{-1})	
618/1	1	3	1	0.05	1.4	2.6	0.05	0.08	0.02	38 000	48 000
619/1		4	1.6	0.1	1.8	3.2	0.1	0.15	0.05	38 000	48 000
618/1.5	1.5	4	1.2	0.05	1.9	3.6	0.05	0.15	0.05	38 000	48 000
619/1.5		5	2	0.15	2.5	3.9	0.15	0.18	0.05	38 000	48 000
60/1.5		6	2.5	0.15	2.7	4.8	0.15	0.28	0.08	38 000	48 000
618/2	2	5	1.5	0.08	2.6	4.4	0.08	0.18	0.05	38 000	48 000
619/2		6	2.3	0.15	3.2	4.8	0.15	0.28	0.08	38 000	48 000
618/2.5	2.5	6	1.8	0.08	3.1	5.4	0.08	0.20	0.08	38 000	48 000
619/2.5		7	2.5	0.15	3.7	5.8	0.15	0.30	0.10	38 000	48 000
618/3	3	7	2	0.1	3.8	6.2	0.1	0.30	0.10	38 000	48 000
619/3		8	3	0.15	4.2	6.8	0.15	0.45	0.15	38 000	48 000
623		10	4	0.15	4.2	8.8	0.15	0.65	0.22	38 000	48 000
618/4	4	9	2.5	0.1	4.8	8.2	0.1	0.50	0.18	38 000	48 000
619/4		11	4	0.15	5.2	9.8	0.15	0.95	0.35	36 000	45 000
624		13	5	0.2	5.6	11.4	0.2	1.15	0.40	36 000	45 000
634		16	5	0.3	6.4	13.6	0.3	1.88	0.68	32 000	40 000
618/5	5	11	3	0.15	6.2	9.8	0.15	0.78	0.32	36 000	45 000
619/5		13	4	0.2	6.6	11.4	0.2	1.08	0.42	34 000	43 000
605		14	5	0.2	6.6	12.4	0.2	1.05	0.50	30 000	38 000
625		16	5	0.3	7.4	13.6	0.3	1.88	0.68	32 000	40 000
635		19	6	0.3	7.4	16.6	0.3	2.80	1.02	28 000	36 000
618/6	6	13	3.5	0.15	7.2	11.8	0.15	1.08	0.45	34 000	43 000
619/6		15	5	0.2	7.6	13.4	0.2	1.48	0.60	32 000	40 000
606		17	6	0.3	8.4	14.6	0.3	1.95	0.72	30 000	38 000
626		19	6	0.3	8.4	16.6	0.3	2.80	1.05	28 000	36 000
618/7	7	14	3.5	0.15	8.2	12.8	0.15	1.18	0.50	32 000	40 000
619/7		17	5	0.3	9.4	14.6	0.3	2.02	0.80	30 000	38 000
607		19	6	0.3	9.2	16.6	0.3	2.88	1.08	28 000	36 000
627		22	7	0.3	9.4	19.6	0.3	3.28	1.35	26 000	34 000
618/8	8	16	4	0.2	9.6	14.4	0.2	1.35	0.65	30 000	38 000
619/8		19	6	0.3	10.4	16.6	0.3	2.25	0.92	28 000	36 000
608		22	7	0.3	10.4	19.6	0.3	3.38	1.38	26 000	34 000
628		24	8	0.3	10.4	21.6	0.3	3.35	1.40	24 000	32 000
618/9	9	17	4	0.2	10.6	15.4	0.2	1.60	0.72	28 000	36 000
619/9		20	6	0.3	11.4	17.6	0.3	2.48	1.08	27 000	34 000
609		24	7	0.3	11.4	21.6	0.3	3.35	1.40	22 000	30 000
629		26	8	0.3	11.4	23.6	0.3	4.55	1.95	22 000	30 000
62800	10	19	6	0.3	12.4	16.6	0.3	1.6	0.75	26 000	34 000
62900		22	8	0.3	12.4	19.6	0.3	2.70	1.28	25 000	32 000

6.2.2 深沟球轴承

表 6.2.2 深沟球轴承(摘自 GB/T 276—1994)

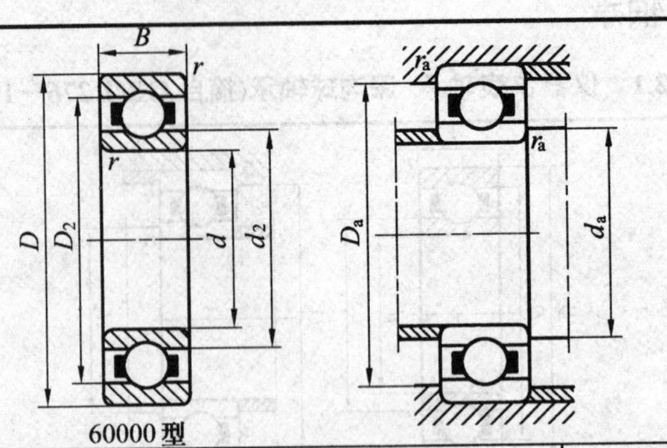

60000 型

轴承代号	基本尺寸			安装尺寸				基本额定载荷		极限转速	
60000 型	d	D	B	r/min	d_a/min	D_a/max	r_a/max	C_r	C_{0r}	脂润滑	油润滑
	mm			mm				kN		(r · min^{-1})	
61800	10	19	5	0.3	12.4	16.6	0.3	1.40	0.75	26 000	34 000
61900		22	6	0.3	12.4	19.6	0.3	3.30	1.40	25 000	32 000
6000		26	8	0.3	12.4	23.6	0.3	4.58	1.98	20 000	28 000
6200		30	9	0.6	15.0	25.0	0.6	5.10	2.38	19 000	26 000
6300		35	11	0.6	15.0	30.0	0.6	7.65	3.48	18 000	24 000
61801	12	21	5	0.3	14.4	18.6	0.3	1.40	0.90	22 000	30 000
61901		24	6	0.3	14.4	21.6	0.3	3.38	1.48	20 000	28 000
16001		28	7	0.3	14.4	25.6	0.3	5.08	2.38	19 000	26 000
6001		28	8	0.3	14.4	25.6	0.3	5.10	2.38	19 000	26 000
6201		32	10	0.6	17.0	27.0	0.6	6.82	3.05	18 000	24 000
6301		37	12	1	18.0	31.0	1	9.72	5.08	17 000	22 000
61802	15	24	5	0.3	17.4	21.6	0.3	1.92	1.18	20 000	28 000
61902		28	7	0.3	17.4	25.6	0.3	4.00	2.02	19 000	26 000
16002		32	8	0.3	17.4	29.6	0.3	5.60	2.55	18 000	24 000
6002		32	9	0.3	17.4	29.6	0.3	5.58	2.85	18 000	24 000
6202		35	11	0.6	20.0	30.0	0.6	7.65	3.72	17 000	22 000
6302		42	13	1	21.0	36.0	1	11.5	5.42	16 000	20 000
61803	17	26	5	0.3	19.4	23.6	0.3	2.18	1.28	19 000	26 000
61903		30	7	0.3	19.4	27.6	0.3	4.30	2.32	18 000	24 000
16003		35	8	0.3	19.4	32.6	0.3	6.82	3.38	17 000	22 000
6003		35	10	0.3	19.4	32.6	0.3	6.00	3.25	17 000	22 000
6203		40	12	0.6	22.0	35.0	0.6	9.58	4.78	16 000	20 000
6303		47	14	1	23.0	41.0	1	13.5	6.58	15 000	19 000
6403		62	17	1.1	24.0	55.0	1	22.5	10.8	11 000	15000
61804	20	32	7	0.3	22.4	29.6	0.3	3.45	2.25	17 000	22 000
61904		37	9	0.3	22.4	34.6	0.3	6.55	3.60	17 000	22 000
16004		42	8	0.3	22.4	39.6	0.3	7.90	4.45	15 000	19 000
6004		42	12	0.6	25.0	37.0	0.6	9.38	5.02	15 000	19 000
6204		47	14	1	26.0	41.0	1	12.8	6.65	14 000	18 000
6304		52	15	1.1	27.0	45.0	1	15.8	7.88	13 000	17 000
6404		72	19	1.1	27.0	65.0	1	31.0	15.2	9 500	13 000
61805	25	37	7	0.3	27.4	34.6	0.3	3.70	2.65	15 000	19 000
61905		42	9	0.3	27.4	39.6	0.3	7.36	4.55	14 000	18 000
16005	25	47	8	0.3	27.4	44.6	0.3	8.42	5.15	13 000	17 000
6005		47	12	0.6	30	42	0.6	10.0	5.85	13 000	17 000
6205		52	15	1	31	46	1	14.0	7.88	12 000	16 000
6305		62	17	1.1	32	55	1	22.2	11.5	10 000	14 000
6405		80	21	1.5	34	71	1.5	38.2	19.2	8 500	11 000

续表 6.2.2

轴承代号	基本尺寸			安装尺寸				基本额定载荷		极限转速	
60000 型	d	D	B	r/min	d_a/min	D_a/max	r_a/max	C_r	C_{or}	脂润滑	油润滑
—	mm			mm				kN		(r · min⁻¹)	
61806	30	42	7	0.3	32.4	39.6	0.3	4.00	3.15	12 000	16 000
61906		47	9	0.3	32.4	44.6	0.3	7.55	5.08	12 000	16 000
16006		55	9	0.3	32.4	52.6	0.3	11.2	6.25	10 000	14 000
6006		55	13	1	36	49	1	13.2	8.30	10 000	14 000
6206		62	16	1	36	56	1	19.5	11.5	9 500	13 000
6306		72	19	1.1	37	65	1	27.0	15.2	9 000	12 000
6406		90	23	1.5	39	81	1.5	47.5	24.5	8 000	10 000
61807	35	47	7	0.3	37.4	44.6	0.3	4.12	3.45	10 000	14 000
61907		55	10	0.6	40	50	0.6	9.55	6.85	9 500	13 000
16007		62	9	0.3	37.4	59.6	0.3	11.5	8.80	9 000	12 000
6007		62	14	1	41	56	1	16.2	10.5	9 000	12 000
6207		72	17	1.1	42	65	1	25.5	15.2	8 500	11 000
6307		80	21	1.5	44	71	1.5	33.2	19.2	8 000	100 000
6407		100	25	1.5	44	91	1.5	56.8	29.5	6 700	8 500
61808	40	52	7	0.3	42.4	49.6	0.3	4.40	3.25	9 500	13 000
61908		62	12	0.6	45	57	0.6	12.0	8.98	9 000	12 000
16008		68	9	0.3	42.4	65.6	0.3	12.5	10.2	8 500	11 000
6008		68	15	1	46	62	1	17.0	11.8	8 500	11 000
6208		80	18	1.1	47	73	1	29.5	18.0	8 000	10 000
6308		90	23	1.5	49	81	1.5	40.8	24.0	7 000	9 000
6408		110	27	2	50	100	2	65.5	37.5	6 300	8 000
61809	45	58	7	0.3	47.4	55.6	0.3	4.65	4.32	8 500	11 000
61909		68	12	0.6	50	63	0.6	12.8	9.72	8 500	11 000
16009		75	10	0.6	50	70	0.6	21.0	10.2	8 000	10 000
6009		75	16	1	51	69	1	21.0	14.8	8 000	10 000
6209	45	85	19	1.1	52	78	1	31.5	20.5	7 000	9 000
6309		100	25	1.5	54	91	1.5	52.8	31.8	6 300	8 000
6409		120	29	2	55	110	2	77.5	45.5	5 600	7 000
61810	50	65	7	0.3	52.4	62.6	0.3	5.10	4.68	8 000	10 000
61910		72	12	0.6	55	67	0.6	12.8	11.2	8 000	10 000
16010		80	10	0.6	55	75	0.6	16.2	13.2	7 000	9 000
6010		80	16	1	56	74	1	22.0	16.2	7 000	9 000
6210		90	20	1.1	57	83	1	35.0	23.2	6 700	8 500
6310		110	27	2	60	100	2	61.8	38.0	6 000	7 500
6410		130	31	2.1	62	118	2.1	92.2	55.2	5 300	6 700
61811	55	72	9	0.3	57.4	69.6	0.3	6.72	6.50	7 500	9 500
61911		80	13	1	61	74	1	13.0	13.5	7 000	9 000
16011		90	11	0.6	60	85	0.6	16.2	17.2	6 300	8 000
6011		90	18	1.1	62	83	1	30.2	21.8	6 300	8 000
6211		100	21	1.5	64	91	1.5	43.2	29.2	6 000	7 500
6311		120	29	2	65	110	2	71.5	44.8	5 300	6 700
6411		140	33	2.1	67	128	2.1	100	62.5	4 800	6 000
61812	60	78	10	0.3	62.4	75.6	0.3	9.15	8.75	6 700	8 500
61912		85	13	1	66	79	1	14.0	14.2	6 300	8 000
16012		95	11	0.6	65	90	0.6	16.5	15.0	6 000	7 500
6012		95	18	1.1	67	88	1	31.5	24.2	6 000	7 500
6212		110	22	1.5	69	101	1.5	47.8	32.8	5 600	7 000
6312		130	31	2.1	72	118	2.1	81.8	51.8	5 000	6 300
6412		150	35	2.1	72	138	2.1	108	70.0	4 500	5 600

续表 6.2.2

轴承代号	基	本 尺	寸	安	装	尺	寸	基本额定载荷		极 限 转 速	
60000 型	d	D	B	r/ min	d_a/ min	D_a/ max	r_a/ max	C_r	C_{or}	脂润滑	油润滑
—		mm				mm		kN		($r \cdot min^{-1}$)	
61813	65	85	10	0.6	70	80	0.6	10.0	9.32	6 300	8 000
61913		90	13	1	71	84	1	14.5	17.5	6 000	7 500
16013		100	11	0.6	70	95	0.6	17.5	16.0	5 600	7 000
6013		100	18	1.1	72	93	1	32.0	24.8	5 600	7 000
6231		120	23	1.5	74	111	1.5	57.2	40.0	5 000	6 300
6313		140	33	2.1	77	128	2.1	93.8	60.5	4 500	5 600
6413		160	37	2.1	77	148	2.1	118	78.5	4 300	5 300
61814	70	90	10	0.6	75	85	0.6	10.5	10.8	6 000	7 500
61914		100	16	1	76	94	1	16.5	17.2	5 600	7 000
16014		110	13	0.6	75	105	0.6	20.2	18.8	5 300	6 700
6014		110	20	1.1	77	103	1	38.5	30.5	5 300	6 700
6214		125	24	1.5	79	116	1.5	60.8	45.0	4 800	6 000
6314		150	35	2.1	82	138	2.1	105	68.0	4 300	5 300
6414		180	42	3	84	166	2.5	140	99.5	3 800	4 800
61815	75	95	10	0.6	80	90	0.6	10.5	11.0	5 600	7 000
61915		105	16	1	81	99	1	18.0	17.2	5 300	6 700
16015		115	13	0.6	80	110	0.6	25.0	23.8	5 000	6 300
6015		115	20	1.1	82	108	1	40.2	33.2	5 000	6 300
6215		130	25	1.5	84	121	1.5	66.0	49.5	4 500	5 600
6315		160	37	2.1	87	148	2.1	112	76.8	4 000	5 000
6415		190	45	3	89	176	2.5	155	115	3 600	4 500
61816	80	100	10	0.6	85	95	0.6	11.0	11.8	5 300	6 700
61916		110	16	1	86	104	1	18.8	25.2	5 000	6 300
16016		125	14	0.6	85	120	0.6	25.2	25.2	4 800	6 000
6016		125	22	1.1	87	118	1	47.5	39.8	4 800	6 000
6216		140	26	2	90	130	2	71.5	54.2	4 300	5 300
6316		170	39	2.1	92	158	2.1	122	86.5	3 800	4 800
6416		200	48	3	94	186	2.5	162	125	3 400	4 300
61817	85	110	13	1	91	104	1	21.8	21.5	4 800	6 000
61917		120	18	1.1	92	113	1	28.2	26.8	4 800	6 000
16017		130	14	0.6	90	125	0.6	25.8	26.2	4 500	5 600
6017		130	22	1.1	92	123	1	50.8	42.8	4 500	5 600
6217		150	28	2	95	140	2	83.2	63.8	4 000	5 000
6317		180	41	3	99	166	2.5	132	96.5	3 600	4 500
6417		210	52	4	103	192	3	175	138	3 200	4 000
61818	90	115	13	1	96	109	1	21.0	19.0	4 500	5 600
61918		125	18	1.1	97	118	1	32.8	31.5	4 500	5 600
16018		140	16	1	96	134	1	33.5	33.5	4 300	5 300
6018		140	24	1.5	99	131	1.5	58.0	49.8	4 300	5 300
6218		160	30	2	100	150	2	95.8	71.5	3 800	4 800
6318		190	43	3	104	176	2.5	145	108	3 400	4 300
6418		225	54	4	108	207	3	192	158	2 800	3 600
61819	95	120	13	1	101	114	1	16.2	17.8	4 300	5 300
61919		130	18	1.1	102	123	1	38.0	32.5	4 300	5 300
16019		145	16	1	101	139	1	37.0	36.8	4 000	5 000
6019		145	24	1.5	104	136	1.5	57.8	50.0	4 000	5 000
6219		170	32	2.1	107	158	2.1	110	82.8	3 600	4 500
6319		200	45	3	109	186	2.5	155	122	3 200	4 000
61820	100	125	13	1	106	119	1	17.0	20.8	4 000	5 000
61920		140	20	1.1	107	133	1	41.2	34.8	4 000	5 000
16020		150	16	1	106	144	1	38.2	38.5	3 800	4 800
6020		150	24	1.5	109	141	1.5	64.5	56.2	3 800	4 800
6220		180	34	2.1	112	168	2.1	122	92.8	3 400	4 300
6320		215	47	3	114	201	2.5	172	140	2 800	3 600
6420		250	58	4	118	232	3	222	195	2 400	3 200

续表 6.2.2

轴承代号	基本尺寸			安装尺寸				基本额定载荷		极限转速	
60000 型	d	D	B	r / min	d_a/ min	D_a/ max	r_a/ max	C_r	C_{or}	脂润滑	油润滑
—	mm				mm			kN		(r · min^{-1})	
61821	105	130	13	1	111	124	1	17.5	20.2	3 800	4 800
61921		145	20	1.1	112	138	1	42.2	40.8	3 800	4 800
16021		160	18	1	111	154	1	43.5	44.2	3 600	4 500
6021		160	26	2	115	150	2	71.8	63.2	3 600	4 500
6221		190	36	2.1	117	178	2.1	133	105	3 200	4 000
6321		225	49	3	119	211	2.5	182	155	2 600	3 400
61822	110	140	16	132.0	116	134	1	22.5	24.5	3 600	4 500
61922		150	20	1.1	117	143	1	43.5	44.5	3 600	4 500
16022		170	19	1	116	164	1	53.0	54.0	3 400	4 300
6022		170	28	2	120	160	2	81.8	72.8	3 400	4 300
6222		200	38	2.1	122	188	2.1	144	117	3 000	3 800
6322		240	50	3	124	226	2.5	205	178	2 400	3 200
6422		280	65	4	128	262	3	225	238	2 000	2 800
61824	120	150	16	1	126	144	1	24.0	28.0	3 400	4 300
61924		165	22	1.1	127	158	1	53.0	53.8	3 200	4 000
16024		180	19	1	126	174	1	54.2	57.0	3 000	3 800
6024		180	28	2	130	170	2	87.5	79.2	3 000	3 800
6224		215	40	2.1	132	203	2.1	155	131	2 600	3 400
6324		260	55	3	134	246	2.5	228	208	2 200	3 000
61926	130	180	24	1.5	139	171	1.5	65.2	67.2	3 000	3 800
16026		200	22	1.1	137	193	1	61.8	67.0	2 800	3 600
6026		200	33	2	140	190	2	105	96.8	2 800	3 600
6226		230	40	3	144	216	2.5	165	148.0	2 400	3 200
6326		280	58	4	148	262	3	252	242	1 900	2 600
61928	140	190	24	1.5	149	181	1.5	66.5	64.5	2 800	3 600
16028		210	22	1.1	147	203	1	63.0	69.8	2 400	3 200
6028		210	33	2	150	200	2	115	108	2 400	3 200
6228		250	42	3	154	236	2.5	178	165	2 000	2 800
6328		300	62	4	158	282	3	275	272	1 800	2 400
16030	150	225	24	1.1	157	218	1	74.2	82.5	2 200	3 000
6030		225	35	2.1	162	213	2.1	132	125	2 200	3 000
6230		270	45	3	164	256	2.5	202	198	1 900	2 600
6330		320	65	4	168	302	3	288	295	1 700	2 200
61832	160	200	20	1.1	167	193	1	42.8	59.2	2 400	9 200
16032		240	25	1.5	169	231	1.5	88.5	99.8	2 000	2 800
6032		240	38	2.1	172	228	2.1	145	138	2 000	2 800
6232		290	48	3	174	276	2.5	215	218	1 800	2 400
6332		340	68	4	178	322	3	312	340	1 600	2 000
61834	170	215	22	1.1	177	208	1	50.0	61.2	2 200	3 000
61934		230	28	2	180	220	2	88.5	100	2 000	2 800
16034		260	28	1.5	179	251	1.5	100	112	1 900	2 600
6034		260	42	2.1	182	248	2.1	170	170	1 900	2 600
6234		310	52	4	188	292	3	245	260	1 700	2 200
6334		360	72	4	188	342	3	335	378	1 500	1 900
6036	180	280	46	2.1	192	268	2.1	188	198	1 800	2 400
6236		320	52	4	198	302	3	262	285	1 600	2 000
61838	190	240	24	1.5	199	231	1.5	62.5	78.2	1 900	2 600
61938		260	33	2	200	250	2	130	138	1 800	2 400
16038		290	31	2	200	280	2	120	140	1 700	2 200
6038		290	46	2.1	202	278	2.1	188	200	1 700	2 200
6238		340	55	4	208	322	3	285	322	1 500	1 900
61840	200	250	24	1.5	209	241	1.5	63.5	81.0	1 800	2 400
61940		280	38	2.1	212	268	2.1	133	155	1 700	2 200
16040		310	34	2	210	300	2	142	162	1 800	2 000
6040		310	51	2.1	212	298	2.1	205	225	1 600	2 000
6240		360	58	4	218	342	3	288	332	1 400	1 800

6.2.3 角接触球轴承

表 6.2.3 角接触球轴承(摘自 GB/T 292—1994)

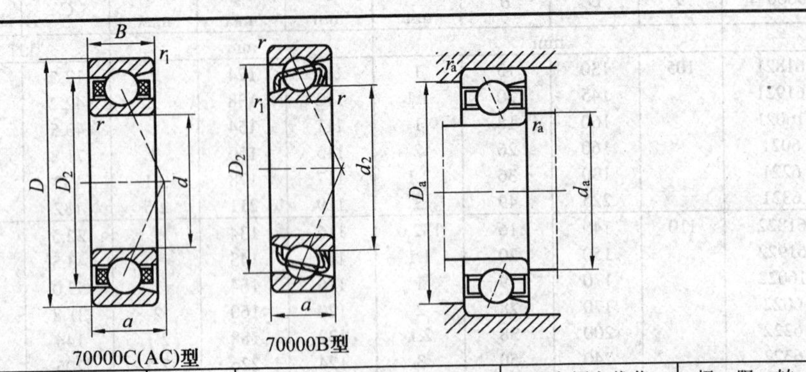

70000C(AC)型 70000B型

轴承代号	基本尺寸			a	安装尺寸			基本额定载荷		极限转速	
70000C (AC，B)型	d	D	B		d_a/min	D_a/max	r_a/max	C_r	C_{or}	脂润滑	油润滑
—	mm			mm	mm			kN		(r · min^{-1})	
7000C	10	26	8	6.4	12.4	23.6	0.3	4.92	2.25	19 000	28 000
7000AC		26	8	8.2	12.4	23.6	0.3	4.75	2.12	19 000	28 000
7200C		30	9	7.2	15	25	0.6	5.82	2.95	18 000	26 000
7200AC		30	9	9.2	15	25	0.6	5.58	2.82	18 000	26 000
7001C	12	28	8	6.7	14.4	25.6	0.3	5.42	2.65	18 000	26 000
7001AC		28	8	8.7	14.4	25.6	0.3	5.20	2.55	18 000	26 000
7201C		32	10	8	17	27	0.6	7.35	3.52	17 000	24 000
7201AC		32	10	10.2	17	27	0.6	7.10	3.35	17 000	24 000
7002C	15	32	9	7.6	17.4	29.6	0.3	6.25	3.42	17 000	24 000
7002AC		32	9	10	17.4	29.6	0.3	5.95	3.25	17 000	24 000
7202C		35	11	8.9	20	30	0.6	8.68	4.62	16 000	22 000
7202AC		35	11	11.4	20	30	0.6	8.35	4.40	16 000	22 000
7003C	17	35	10	8.5	19.4	32.6	0.3	6.60	3.85	16 000	22 000
7003AC		35	10	11.1	19.4	32.6	0.3	6.30	3.68	16 000	22 000
7203C		40	12	9.9	22	35	0.6	10.8	5.95	15 000	20 000
7203AC		40	12	12.8	22	35	0.6	10.5	5.65	15 000	20 000
7004C	20	42	12	10.2	25	37	0.6	10.5	6.08	14 000	19 000
7004AC		42	12	13.2	25	37	0.6	10.0	5.78	14 000	19 000
7204C		47	14	11.5	26	41	1	14.5	8.22	13 000	18 000
7204AC		47	14	14.9	26	41	1	14.0	7.82	13 000	18 000
7204B		47	14	21.1	26	41	1	14.0	7.85	13 000	18 000
7005C	25	47	12	10.8	30	42	0.6	11.5	7.45	12 000	17 000
7005AC		47	12	14.4	30	42	0.6	11.2	7.08	12 000	17 000
7205C		52	15	12.7	31	46	1	16.5	10.5	11 000	16 000
7205AC		52	15	16.4	31	46	1	15.8	9.88	11 000	16 000
7205B		52	15	23.7	31	46	1	15.8	9.45	9 500	14 000
7305B		62	17	26.8	32	55	1	26.2	15.2	8 500	12 000
7006C	30	55	13	12.2	36	49	1	15.2	10.2	9 500	14 000
7006AC		55	13	16.4	36	49	1	14.5	9.85	9 500	14 000
7206C		62	16	14.2	36	56	1	23.0	15.0	9 000	13 000
7206AC		62	16	18.7	36	56	1	22.0	14.2	9 000	13 000
7206B		62	16	27.4	36	56	1	20.5	13.8	8 500	12 000
7306B		72	19	31.1	37	65	1	31.0	19.2	7 500	10 000

续表 6.2.3

轴承代号	基本尺寸				安装尺寸			基本额定载荷		极限转速	
70000C (AC，B)型	d	D	B	a	d_a/min	D_a/max	r_a/max	C_r	C_{or}	脂润滑	油润滑
—	mm			mm	mm			kN		(r · min^{-1})	
7007C	35	62	14	13.5	41	56	1	19.5	14.2	8 500	12 000
7007AC		62	14	18.3	41	56	1	18.5	13.5	8 500	12 000
7207C		72	17	15.7	42	65	1	30.5	20.0	8 000	11 000
7207AC		72	17	21	42	65	1	29.0	19.2	8 000	11 000
7207B		72	17	30.9	42	65	1	27.0	18.8	7 500	10 000
7307B		80	21	34.6	44	71	1.5	38.2	24.5	7 000	9 500
7008C	40	68	15	14.7	46	62	1	20.0	15.2	8 000	11 000
7008AC		68	15	20.1	46	62	1	19.0	14.5	8 000	11 000
7208C		80	18	17	47	73	1	36.8	25.8	7 500	10 000
7208AC		80	18	23	47	73	1	35.2	24.5	7 500	10 000
7208B		80	18	34.5	47	73	1	32.5	23.5	6 700	9 000
7308B		90	23	38.8	49	81	1.5	46.2	30.5	6 300	8 500
7408B		110	27	38.7	50	100	2	67.0	47.5	6 000	8 000
7009C	45	75	16	16	51	69	1	25.8	20.5	7 500	10 000
7009AC		75	16	21.9	51	69	1	25.8	19.5	7 500	10 000
7209C		85	19	18.2	52	78	1	38.5	28.5	6 700	9 000
7209AC		85	19	24.7	52	78	1	36.8	27.2	6 700	9 000
7209B		85	19	36.8	52	78	1	36.0	26.2	6 300	8 500
7309B		100	25	42.0	54	91	1.5	59.5	39.8	6 000	8 000
7010C	50	80	16	16.7	56	74	1	26.5	22.0	6 700	9 000
7010AC		80	16	23.2	56	74	1	25.2	21.0	6 700	9 000
7210C		90	20	19.4	57	83	1	42.8	32.0	6 300	8 500
7210AC		90	20	26.3	57	83	1	40.8	30.5	6 300	8 500
7210B		90	20	39.4	57	83	1	37.5	29.0	5 600	7 500
7310B		110	27	47.5	60	100	2	68.2	48.0	5 000	6 700
7410B		130	31	46.2	62	118	2.1	95.2	64.2	5 000	6 700
7011C	55	90	18	18.7	62	83	1	37.2	30.5	6 000	8 000
7011AC		90	18	25.9	62	83	1	35.2	29.2	6 000	8 000
7211C		100	21	20.9	64	91	1.5	52.8	40.5	5 600	7 500
7211AC		100	21	28.6	64	91	1.5	50.5	38.5	5 600	7 500
7211B		100	21	43	64	91	1.5	46.2	36.0	5 300	7 000
7311B		120	29	51.4	65	110	2	78.8	56.5	4 500	6 000
7012C	60	95	18	19.4	67	88	1	38.2	32.8	5 600	7 500
7012AC		95	18	27.1	67	88	1	36.2	31.5	5 600	7 500
7212C		110	22	22.4	69	101	1.5	61.0	48.5	5 300	7 000
7212AC		110	22	30.8	69	101	1.5	58.2	46.2	5 300	7 000
7212B		110	22	46.7	69	101	1.5	56.0	44.5	4 800	6 300
7312B		130	31	55.4	72	118	2.1	90.0	66.3	4 300	5 600
7412B		150	35	55.7	72	138	2.1	118	85.5	4 300	5 600
7013C	65	100	18	20.1	72	93	1	40.0	35.5	5 300	7 000
7013AC		100	18	28.2	72	93	1	38.0	33.8	5 300	7 000
7213C		120	23	24.2	74	111	1.5	69.8	55.2	4 800	6 300
7213AC		120	23	33.5	74	111	1.5	66.5	52.5	4 800	6 300
7213B		120	23	51.1	74	111	1.5	62.5	53.2	4 300	5 600
7313B		140	33	59.5	77	128	2.1	102	77.8	4 000	5 300

续表 6.2.3

轴承代号	基本尺寸				安装尺寸			基本额定载荷		极限转速	
70000C (AC，B)型	d	D	B	a	d_a/min	D_a/max	r_a/max	C_r	C_{or}	脂润滑	油润滑
—	Mm			Mm	mm			kN		(r · min^{-1})	
7014C	70	110	20	22.1	77	103	1	48.2	43.5	5 000	6 700
7014AC		110	20	30.9	77	103	1	45.8	41.5	5 000	6 700
7214C		125	24	25.3	79	116	1.5	70.2	60.0	4 500	6 700
7214AC		125	24	35.1	79	116	1.5	69.2	57.5	4 500	6 700
7214B		125	24	52.9	79	116	1.5	70.2	57.2	4 300	5 600
7314B		150	35	63.7	82	138	2.1	115	87.2	3 600	4 800
7015C	75	115	20	22.7	82	108	1	49.5	46.5	4 800	6 300
7015AC		115	20	32.2	82	108	1	46.8	44.2	4 800	6 300
7215C		130	25	26.4	84	121	1.5	79.2	65.8	4 300	5 600
7215AC		130	25	36.6	84	121	1.5	75.2	63.0	4 300	5 600
7215B		130	25	55.5	84	121	1.5	72.8	62.0	4 000	5 300
7315B		160	37	68.4	87	148	2.1	125	98.5	3 400	4 500
7016C	80	125	22	24.7	89	116	1.5	58.5	55.8	4 500	6 000
7016AC		125	22	34.9	89	116	1.5	55.5	53.2	4 500	6 000
7216C		140	26	27.7	90	130	2	89.5	78.2	4 000	5 300
7216AC		140	26	38.9	90	130	2	85.0	74.5	4 000	5 300
7216B		140	26	59.2	90	130	2	80.2	69.5	3 600	4 800
7316B		170	39	71.9	92	158	2.1	135	110	3 600	4 800
7017C	85	130	22	25.4	94	121	1.5	62.5	60.2	4 300	5 600
7017AC		130	22	36.1	94	121	1.5	59.2	57.2	4 300	5 600
7217C		150	28	29.9	95	140	2	99.8	85.0	3 800	5 000
7217AC		150	28	41.6	95	140	2	94.8	81.5	3 800	5 000
7217B		150	28	63.6	95	140	2	93.0	81.5	3 400	4 500
7317B		180	41	76.1	99	166	2.5	148	122	3 000	4 000
7018C	90	140	24	27.4	99	131	1.5	71.5	69.8	4 000	5 300
7018AC		140	24	38.8	99	131	1.5	67.5	66.5	4 000	5 300
7218C		160	30	31.7	100	150	2	122	105	3 600	4 800
7218AC		160	30	44.2	100	150	2	118	100	3 600	4 800
7218B		160	30	67.9	100	150	2	105	94.5	3 200	4 300
7318B		190	43	80.2	104	176	2.5	158	138	2 800	3 800
7019C	95	145	24	28.1	104	136	1.5	73.5	73.2	3 800	5 000
7019AC		145	24	40	104	136	1.5	69.5	69.8	3 800	5 000
7219C		170	32	33.8	107	158	2.1	135	115	3 400	4 500
7219AC		170	32	46.9	107	158	2.1	128	108	3 400	4 500
7219B		170	32	72.5	107	158	2.1	120	108	3 000	4 000
7319B		200	45	84.4	109	186	2.5	172	155	2 800	3 800
7020C	100	150	24	28.7	109	141	1.5	79.2	78.5	3 800	5 000
7020AC		150	24	41.2	109	141	1.5	75	74.8	3 800	5 000
7220C		180	34	35.8	112	168	2.1	148	128	3 200	4 300
7220AC		180	34	49.7	112	168	2.1	142	122	3 200	4 300
7220B		180	34	75.7	112	168	2.1	130	115	2 600	3 600
7320B		215	47	89.6	114	201	2.5	188	180	2 400	3 400

续表 6.2.3

轴承代号	基本尺寸				安装尺寸			基本额定载荷		极限转速	
70000C (AC，B)型	d	D	B	a	d_a/min	D_a/max	r_a/max	C_r	C_{or}	脂润滑	油润滑
—	Mm			Mm	mm			kN		(r·min^{-1})	
7021C	105	160	26	30.8	115	150	2	88.5	88.8	3 600	4 800
7021AC		160	26	43.9	115	150	2	83.8	84.2	3 600	4 800
7221C		190	36	37.8	117	178	2.1	162	145	3 000	4 000
7221AC		190	36	52.4	117	178	2.1	155	138	3 000	4 000
7221B		190	36	79.9	117	178	2.1	142	130	2 600	3 600
7321B		225	49	93.7	119	211	2.5	202	195	2 200	3 200
7022C	110	170	28	32.8	120	160	2	100	102	3 600	4 800
7022AC		170	28	46.7	120	160	2	95.5	97.2	3 600	4 800
7222C		200	38	39.8	122	188	2.1	175	162	2 800	3 800
7222AC		200	38	55.2	122	188	2.1	168	155	2 800	3 800
7222B		200	38	84	122	188	2.1	155	145	2 400	3 400
7322B		240	50	98.4	124	226	2.5	225	225	2 000	3 000
7024C	120	180	28	34.1	130	170	2	108	110	2 800	3 800
7024AC		180	28	48.9	130	170	2	102	105	2 800	3 800
7224C		215	40	42.4	132	203	2.1	188	180	2 400	3 400
7224AC		215	40	59.1	132	203	2.1	180	172	2 400	3 400
7026C	130	200	33	38.6	140	190	2	128	135	2 600	3 600
7026AC		200	33	54.9	140	190	2	122	128	2 600	3 600
7226C		230	40	44.3	144	216	2.5	205	210	2 200	3 200
7226AC		230	40	62.2	144	216	2.5	195	200	2 200	3 200
7028C	140	210	33	40	150	200	2	140	145	2 400	3 400
7028AC		210	33	59.2	150	200	2	140	150	2 200	3 200
7228C		250	42	41.7	154	236	2.5	230	245	1 900	2 800
7228AC		250	42	68.6	154	236	2.5	230	235	1 900	2 800
7328B		300	62	111	158	282	3	288	315	1 700	2 400
7030C	150	225	35	43	162	213	2.1	160	155	2 200	3 200
7030AC		225	35	63.2	162	213	2.1	152	168	2 000	3 000
7232C	160	290	48	47.9	174	276	2.5	262	298	1 700	2 400
7232AC		290	48	78.9	174	276	2.5	248	278	1 700	2 400
7034AC	170	260	42	73.4	182	248	2.1	192	222	1 800	2 600
7234C		310	52	51.5	188	292	3	322	390	1 600	2 200
7234AC		310	52	84.5	188	292	3	305	368	1 600	2 200
7236C	180	320	52	52.6	198	302	3	335	415	1 500	2 000
7236AC		320	52	87	198	302	3	315	388	1 500	2 000
7038AC	190	290	46	81.5	202	278	2.1	215	262	1 600	2 200
7040AC	200	310	51	87.7	212	298	2.1	252	325	1 500	2 000
7240C		360	58	58.8	218	342	3	360	475	1 300	1 800
7240AC		360	58	97.3	218	342	3	345	448	1 300	1 800

6.2.4 圆锥滚子轴承

表 6.2.4 圆锥滚子轴承(摘自 GB/T 297—1994)

30000型

轴承代号	基本尺寸					其他尺寸			安装尺寸									基本额定载荷		极限转速		质量	计算系数		
30000 型	d	D	T	B	C	a ≈	r/ min	r_1/ min	d_a/ min	d_b/ max	D_a/ min	D_a/ max	D_b/ min	a_1/ min	a_2/ min	r_a/ max	r_b/ max	C_r	C_{0r}	脂润滑	油润滑	W ≈	e	Y	Y_0
—	mm					mm			mm									kN		(r·min^{-1})		kg	—		
30302	15	42	14.25	13	11	9.6	1	1	21	22	36	36	38	2	3.5	1	1	22.8	21.5	9 000	12 000	0.094	0.29	2.1	1.2
30203	17	40	13.25	12	11	9.9	1	1	23	23	34	34	37	2	2.5	1	1	20.8	21.8	9 000	12 000	0.079	0.35	1.7	1
30303		47	15.25	14	12	10.4	1	1	23	25	40	41	43	3	3.5	1	1	28.2	27.2	8 500	11 000	0.129	0.29	2.1	1.2
32303		47	20.25	19	16	12.3	1	1	23	24	39	41	43	3	4.5	1	1	35.2	36.2	8 500	11 000	0.173	0.29	2.1	1.2
32904	20	37	12	12	9	8.2	0.3	0.3	—	—	—	—	—	—	—	0.3	0.3	13.2	17.5	9 500	13 000	0.056	0.32	1.9	1
32004		42	15	15	12	10.3	0.6	0.6	25	25	36	37	39	3	3	0.6	0.6	25.0	28.2	8 500	11 000	0.095	0.37	1.6	0.9
30204		47	15.25	14	12	11.2	1	1	26	27	40	41	43	2	3.5	1	1	28.2	30.5	8 000	10 000	0.126	0.35	1.7	1
30304		52	16.25	15	13	11.1	1.5	1.5	27	28	44	45	48	3	3.5	1.5	1.5	33.0	33.2	7 500	9 500	0.165	0.3	2	1.1
32304		52	22.25	21	18	13.6	1.5	1.5	27	26	43	45	48	3	4.5	1.5	1.5	42.8	46.2	7 500	9 500	0.230	0.3	2	1.1
329/22	22	40	12	12	9	8.5	0.3	0.3	—	—	—	—	—	—	—	0.3	0.3	15.0	20.0	8 500	11 000	0.065	0.32	1.9	1
320/22		44	15	15	11.5	10.8	0.6	0.6	27	27	38	39	41	3	3.5	0.6	0.6	26.0	30.2	8 000	10 000	0.100	0.40	1.5	0.8

续表 6.2.4

轴承代号	基本尺寸					其他尺寸			安装尺寸									基本额定载荷		极限转速		质量	计算系数		
30000 型	d	D	T	B	C	a ≈	r/ min	r_1/ min	d_a/ min	d_b/ max	D_a/ min	D_a/ max	D_b/ min	a_1/ min	a_2/ min	r_a/ max	r_b/ max	C_r	C_{or}	脂润滑	油润滑	W ≈	e	Y	Y_0
—	mm					mm			mm									kN		$(r\cdot min^{-1})$		kg	—		
32905	25	42	12	12	9	8.7	0.3	0.3	—	—	—	—	—	—	—	0.3	0.3	16.0	21.0	6 300	10 000	0.064	0.32	1.9	1
32005		47	15	15	11.5	11.6	0.6	0.6	30	30	40	42	44	3	3.5	0.6	0.6	28.0	34.0	7 500	9 500	0.11	0.43	1.4	0.8
33005		47	17	17	14	11.1	0.6	0.6	30	30	40	42	45	3	3	0.6	0.6	32.5	42.5	7 500	9 500	0.129	0.29	2.1	1.1
30205		52	16.25	15	13	12.5	1	1	31	31	44	46	48	2	3.5	1	1	32.2	37.0	7 000	9 000	0.154	0.37	1.6	0.9
33205		52	22	22	18	13.0	1.5	1.5	32	34	54	55	58	3	3.5	1.5	1.5	47.0	55.8	7 000	9 000	0.216	0.35	1.7	0.9
30305		62	18.25	17	15	20.1	1.5	1.5	32	31	47	55	59	3	5.5	1.5	1.5	46.8	48.0	6 300	8 000	0.263	0.3	2	1.1
31305		62	18.25	17	13	15.9	1.5	1.5	32	32	52	55	58	3	5.5	1.5	1.5	40.5	46.0	6 300	8 000	0.262	0.83	0.7	0.4
32305		62	25.25	24	20	14.0	1	1	31	30	43	46	49	4	4	1	1	61.5	68.8	6 300	8 000	0.368	0.3	2	1.1
329/28	28	45	12	12	9	9.0	0.3	0.3	—	—	—	—	—	—	—	0.3	0.3	16.8	22.8	7 500	9 500	0.069	0.32	1.9	1
320/28		52	16	16	12	12.6	1	1	34	33	45	46	49	3	4	1	1	31.5	40.5	6 700	8 500	0.142	0.43	1.4	0.8
332/28		58	24	24	19	15.0	1	1	34	33	49	52	55	4	5	1	1	58.0	68.2	6 300	8 000	0.286	0.34	1.8	1.0
32906	30	47	12	12	9	9.2	0.3	0.3	—	—	—	—	—	—	—	0.3	0.3	17.0	23.2	7 000	9 000	0.072	0.32	1.9	1
32006		55	17	17	13	13.3	1	1	36	35	48	49	52	3	4	1	1	35.8	46.8	6 300	8 000	0.170	0.43	1.4	0.8
33006		55	20	20	16	12.8	1	1	36	35	48	49	52	3	4	1	1	43.8	58.8	6 300	8 000	0.201	0.29	2.1	1.1
30206		62	17.25	16	14	13.8	1	1	36	37	53	56	58	2	3.5	1	1	43.2	50.5	6 000	7 500	0.231	0.37	1.6	0.9
32206		62	21.25	20	17	15.6	1	1	36	36	52	56	58	3	4.5	1	1	51.8	63.8	6 000	7 500	0.287	0.37	1.6	0.9
33206		62	25	25	19.5	15.7	1	1	36	36	53	56	59	5	5.5	1	1	63.8	75.5	6 000	7 500	0.342	0.34	1.8	1
30306		72	20.75	19	16	15.3	1.5	1.5	37	40	62	65	66	3	5	1.5	1.5	59.0	63.0	5 600	7 000	0.387	0.31	1.9	1.1
31306		72	20.75	19	14	22.1	1.5	1.5	37	37	55	65	68	3	7	1.5	1.5	52.5	60.5	5 600	7 000	0.392	0.83	0.7	0.4
32306		72	28.75	17	23	18.9	1.5	1.5	37	38	59	65	66	4	6	1.5	1.5	81.5	96.5	5 600	7 000	0.562	0.31	1.9	1.1
329/32	32	52	14	15	10	10.2	0.6	0.6	37	37	46	47	49	3	4	0.6	0.6	23.8	32.5	6 300	8 000	0.106	0.32	1.9	1
320/32		58	17	17	13	14.0	1	1	38	38	50	52	55	3	4	1	1	36.5	49.2	6 000	7 500	0.187	0.45	1.3	0.7
332/32		65	26	26	20.5	16.6	1	1	38	38	55	59	62	5	5.5	1	1	68.8	82.2	5 600	7 000	0.385	0.35	1.7	1

续表 6.2.4

轴承代号	基本尺寸					其他尺寸			安装尺寸									基本额定载荷		极限转速		质量	计算系数		
30000 型	d	D	T	B	C	a ≈	r/ min	r_1/ min	d_a/ min	d_b/ max	D_a/ min	D_a/ max	D_b/ min	a_1/ min	a_2/ min	r_a/ max	r_b/ max	C_r	C_{or}	脂润滑	油润滑	W ≈	e	Y	Y_0
—	mm					mm			mm									kN		(r·min^{-1})		kg	—		
32907	35	55	14	14	11.5	10.1	0.6	0.6	40	40	49	50	52	3	2.5	0.6	0.6	25.8	34.8	6 000	7 500	0.114	0.29	2.1	1.1
32007		62	18	18	14	15.1	1	1	41	40	54	56	59	4	4	1	1	43.2	59.2	5 600	7 000	0.224	0.44	1.4	0.8
33007		62	21	21	17	13.5	1	1	41	41	54	56	59	3	4	1	1	46.8	63.2	5 600	7 000	0.254	0.31	2	1.1
30207		72	18.25	17	15	15.3	1.5	1.5	42	44	62	65	67	3	3.5	1.5	1.5	54.2	63.5	5 300	6 700	0.331	0.37	1.6	0.9
32207		72	24.25	23	19	17.9	1.5	1.5	42	42	61	65	68	3	5.5	1.5	1.5	70.5	89.5	5 300	6 700	0.445	0.37	1.6	0.9
33207		72	28	28	22	18.2	1.5	1.5	42	42	61	65	68	5	6	1.5	1.5	82.5	102	5 300	6 700	0.515	0.35	1.7	0.9
30307		80	22.75	21	18	16.8	2	1.5	44	45	70	71	74	3	5	2	1.5	75.2	82.5	5 000	6 300	0.515	0.31	1.9	1.1
31307		80	22.75	21	15	25.8	2	1.5	44	42	62	71	76	4	8	2	1.5	65.8	76.8	5 000	6 300	0.514	0.83	0.7	0.4
32307		80	32.75	31	25	20.4	2	1.5	44	43	66	71	74	4	8.5	2	1.5	99.0	118	5 000	6 300	0.763	0.31	1.9	1.1
32908	40	62	15	15	12	11.1	0.6	0.6	45	45	55	57	59	3	3	0.6	0.6	31.5	46.0	5 600	7 000	0.155	0.29	2.1	1.1
32008		68	19	19	14.5	14.9	1	1	46	46	60	62	65	4	4.5	1	1	51.8	71.0	5 300	6 700	0.267	0.38	1.6	0.9
33008		68	22	22	18	14.1	1	1	46	46	60	62	64	3	4	1	1	60.2	79.5	5 300	6 700	0.306	0.28	2.1	1.2
33108		75	26	26	20.5	18.0	1.5	1.5	47	47	65	68	71	4	5.5	1.5	1.5	84.8	110	5 000	6 300	0.496	0.36	1.7	0.9
30208		80	19.75	18	16	16.9	1.5	1.5	47	49	69	73	75	3	4	1.5	1.5	63.0	74.0	5 000	6 300	0.422	0.37	1.6	0.9
32208		80	24.75	23	19	18.9	1.5	1.5	47	48	68	73	75	3	6	1.5	1.5	77.8	97.2	5 000	6 300	0.532	0.37	1.6	0.9
33208		80	32	32	25	20.8	1.5	1.5	47	47	67	73	76	5	7	1.5	1.5	105	135	5 000	6 300	0.715	0.36	1.7	0.9
30308		90	25.25	23	20	19.5	2	1.5	49	52	77	81	84	3	5.5	2	1.5	90.8	108	4 500	5 600	0.747	0.35	1.7	1
31308		90	25.25	23	17	29.0	2	1.5	49	48	71	81	87	4	8.5	2	1.5	81.5	96.5	4 500	5 600	0.727	0.83	0.7	0.4
32308		90	35.25	33	27	23.3	2	1.5	49	49	73	81	83	4	8.5	2	1.5	115	148	4 500	5 600	1.04	0.35	1.7	1
32909	45	68	15	15	12	12.2	0.6	0.6	50	50	61	63	65	3	3	0.6	0.6	32.0	48.5	5 300	6 700	0.180	0.32	1.9	1
32009		75	20	20	15.5	16.5	1	1	51	51	67	69	72	4	4.5	1	1	58.5	81.5	5 000	6 300	0.337	0.39	1.5	0.8
33009		75	24	24	19	15.9	1	1	51	51	67	69	72	4	5	1	1	72.5	100	5 000	6 300	0.398	0.32	1.9	1
33109		80	26	26	20.5	19.1	1.5	1.5	52	52	69	73	77	4	5.5	1.5	1.5	87.0	118	4 500	5 600	0.535	0.38	1.6	1
30209		85	20.75	19	16	18.6	1.5	1.5	52	53	74	78	80	3	5	1.5	1.5	67.8	83 .5	4 500	5 600	0.474	0.4	1.5	0.8
32209		85	24.75	23	19	20.1	1.5	1.5	52	53	73	78	81	3	6	1.5	1.5	80.8	105	4 500	5 600	0.573	0.4	1.5	0.8
33209		85	32	32	25	21.9	1.5	1.5	52	52	72	78	81	5	7	1.5	1.5	110	145	4 500	5 600	0.771	0.39	1.5	0.9
30309		100	27.25	25	22	21.3	2	1.5	54	59	86	91	94	3	5.5	2	1.5	108	130	4 000	5 000	0.984	0.35	1.7	1

续表 6.2.4

轴承代号	基本尺寸					其他尺寸			安装尺寸									基本额定载荷		极限转速		质量	计算系数		
30000型	d	D	T	B	C	a ≈	r/min	r_1/min	d_a/min	d_b/max	D_a/min	D_a/max	D_b/min	a_1/min	a_2/min	r_a/max	r_b/max	C_r	C_{or}	脂润滑	油润滑	W ≈	e	Y	Y_0
—	mm					mm			mm									kN		$(r \cdot min^{-1})$		kg	—		
31309	45	100	27.25	25	18	31.7	2	1.5	54	54	79	91	96	4	9.5	2.0	1.5	95.5	115	4 000	5 000	0.944	0.83	0.7	0.4
32309		100	38.25	36	30	25.6	2	1.5	54	56	82	91	93	4	8.5	2.0	1.5	145	188	4 000	5 000	1.40	0.35	1.7	1
32910	50	72	15	15	12	13.0	0.6	0.6	55	55	64	67	69	3	3	0.6	0.6	36.8	56.0	5 000	6 300	0.181	0.34	1.8	1
32010		80	20	20	15.5	17.8	1	1	56	56	72	74	77	4	4.5	1	1	61.0	89.0	4 500	5 600	0.366	0.42	1.4	0.8
33010		80	24	24	19	17.0	1	1	56	56	72	74	76	4	5	1	1	76.8	110	4 500	5 600	0.433	0.32	1.9	1
33110		85	26	26	20	20.4	1.5	1.5	57	56	74	78	82	4	6	1.5	1.5	89.2	125	4 300	5 300	0.572	0.41	1.5	0.8
30210		90	21.75	20	17	20.0	1.5	1.5	57	58	79	83	86	3	5	1.5	1.5	73.2	92.0	4 300	5 300	0.529	0.42	1.4	0.8
32210		90	24.75	23	19	21.0	1.5	1.5	57	57	78	83	86	3	6	1.5	1.5	82.8	108	4 300	5 300	0.626	0.42	1.4	0.8
33210		90	32	32	24.5	23.2	1.5	1.5	57	57	77	83	87	5	7.5	1.5	1.5	112	155	4 300	5 300	0.825	0.41	1.5	0.8
30310		110	29.25	27	23	23.0	2.5	2	60	65	95	100	103	4	6.5	2	2	130	158	3 800	4 800	1.28	0.35	1.7	1
31310		110	29.75	27	19	34.8	2.5	2	60	58	87	100	105	4	10.5	2	2	108	128	3 800	4 800	1.21	0.83	0.7	0.4
32310		110	42.25	40	33	28.2	2.5	2	60	61	90	100	102	5	9.5	2	2	178	235	3 800	4 800	1.89	0.35	1.7	1
32911	55	80	17	17	14	14.3	1	1	61	60	71	74	77	3	3	1	1	41.5	66.8	4 800	6 000	0.262	0.31	1.9	1.1
32011		90	23	23	17.5	19.8	1.5	1.5	62	63	81	83	86	4	5.5	1.5	1.5	80.2	118	4 000	5 000	0.551	0.41	1.5	0.8
33011		90	27	27	21	19.0	1.5	1.5	62	63	81	83	86	5	6	1.5	1.5	94.8	145	4 000	5 000	0.651	0.31	1.9	1.1
33111		95	30	30	23	21.9	1.5	1.5	62	62	83	88	91	5	7	1.5	1.5	115	165	3 800	4 800	0.843	0.37	1.6	0.9
30211		100	22.75	21	18	21.0	2	1.5	64	64	88	91	95	4	5	2	1.5	90.8	115	3 800	4 800	0.713	0.4	1.5	0.8
32211		100	26.75	25	21	22.8	2	1.5	64	62	87	91	96	4	6	2	1.5	108	142	3 800	4 800	0.853	0.4	1.5	0.8
33211		100	35	35	27	25.1	2	1.5	64	62	85	91	96	6	8	2	1.5	142	198	3 800	4 800	1.15	0.4	1.5	0.8
30311		120	31.5	29	25	24.9	2.5	2	65	70	104	110	112	4	6.5	2.5	2	152	188	3 400	4 300	1.63	0.35	1.7	1
31311		120	31.5	29	21	37.5	2.5	2	65	63	94	110	114	4	10.5	2.5	2	130	158	3 400	4 300	1.56	0.83	0.7	0.4
32311		120	45.5	43	35	30.4	2.5	2	65	66	99	110	111	5	10	2.5	2	202	270	3 400	4 300	2.37	0.35	1.7	1

续表 6.2.4

轴承代号	基本尺寸					其他尺寸			安装尺寸									基本额定载荷		极限转速		质量	计算系数		
30000 型	d	D	T	B	C	a ≈	r/min	r_1/min	d_a/min	d_b/max	D_a/min	D_a/max	D_b/min	a_1/min	a_2/min	r_a/max	r_b/max	C_r	C_{0r}	脂润滑	油润滑	W ≈	e	Y	Y_0
—	mm					mm			mm									kN		$(r \cdot min^{-1})$		kg	—		
32912	60	85	17	17	14	15.1	1	1	66	65	75	79	82	3	3	1	1	46.0	73.0	4 000	5 000	0.279	0.33	1.8	1
32012		95	23	23	17.5	20.9	1.5	1.5	67	67	85	88	91	4	5.5	1.5	1.5	81.8	122	3 800	4 800	0.584	0.43	1.4	0.8
33012		95	27	27	21	19.8	1.5	1.5	67	67	85	88	90	5	6	1.5	1.5	96.8	150	3 800	4 800	0.691	0.33	1.8	1
33112		100	30	30	23	23.1	1.5	1.5	67	67	88	93	96	5	7	1.5	1.5	118	172	3 600	4 500	0.895	0.4	1.5	0.8
30212		110	23.75	22	19	22.3	2	1.5	69	69	96	101	103	4	5	2	1.5	102	130	3 600	4 500	0.904	0.4	1.5	0.8
32212		110	29.75	28	24	25.0	2	1.5	69	68	95	101	105	4	6	2	1.5	132	180	3 600	4 500	1.17	0.4	1.5	0.8
33212		110	38	38	29	27.5	2	1.5	69	69	93	101	105	6	9	2	1.5	165	230	3 600	4 500	1.51	0.4	1.5	0.8
30312		130	33.5	31	26	26.6	3	2.5	72	76	112	118	121	5	7.5	2.5	2.1	170	210	3 200	4 000	1.99	0.35	1.7	1
31312		130	33.5	31	22	40.4	3	2.5	72	69	103	118	124	5	11.5	2.5	2.1	145	178	3 200	4 000	1.90	0.83	0.7	0.4
32312		130	48.5	46	37	32.0	3	2.5	72	72	107	118	122	6	11.5	2.5	2.1	228	302	3 200	4 000	2.90	0.35	1.7	1
32913	65	90	17	17	14	16.2	1	1	71	70	80	84	87	3	3	1	1	45.5	73.2	3 800	4 800	0.295	0.35	1.7	0.9
32013		100	23	23	17.5	22.4	1.5	1.5	72	72	90	93	97	4	5.5	1.5	1.5	82.8	128	3 600	4 500	0.620	0.46	1.3	0.7
33113		110	34	34	26.5	26.0	1.5	1.5	72	73	96	103	106	6	7.5	1.5	1.5	142	220	3 400	4 300	1.30	0.39	1.6	0.9
32213		120	32.75	31	27	27.3	2	1.5	74	75	104	111	115	4	6	2	1.5	160	222	3 200	4 000	1.55	0.4	1.5	0.8
33213		120	41	41	32	29.5	2	1.5	74	74	102	111	115	7	9	2	1.5	202	282	3 200	4 000	1.99	0.39	1.5	0.9
30313		140	36	33	28	28.7	3	2.5	77	83	122	128	131	5	8	2.5	2.1	195	242	2 800	3 600	2.44	0.35	1.7	1
32313		140	51	48	39	34.3	3	2.5	77	79	117	128	131	6	12	2.5	2.1	260	350	2 800	3 600	3.51	0.35	1.7	1
32914	70	100	20	20	16	17.6	1	1	76	76	90	94	96	4	4	1	1	70.8	115	3 600	4 500	0.471	0.32	1.9	1
32014		110	25	25	19	23.8	1.5	1.5	77	78	98	103	105	5	6	1.5	1.5	105	160	3 400	4 300	0.839	0.43	1.4	0.8
33114		120	37	37	29	28.2	2	1.5	79	79	104	111	115	6	8	2	1.5	172	268	3 200	4 000	1.70	0.39	1.5	1.2
32214		125	33.25	31	27	28.8	2	1.5	79	79	108	116	120	4	6.5	2	1.5	168	238	3 000	3 800	1.64	0.42	1.4	0.8
33214		125	41	41	32	30.7	2	1.5	79	79	107	116	120	7	9	2	1.5	208	298	3 000	3 800	2.10	0.41	1.5	0.8
30314		150	38	35	30	30.7	3	2.5	82	89	130	138	141	5	8	2.5	2.1	218	272	2 600	3 400	2.98	0.35	1.7	1
32314		150	54	51	42	36.5	3	2.5	82	84	125	138	141	6	12	2.5	2.1	298	408	2 600	3 400	4.34	0.35	1.7	1

续表 6.2.4

轴承代号	基本尺寸					其他尺寸			安装尺寸									基本额定载荷		极限转速		质量	计算系数		
30000型	d	D	T	B	C	a ≈	r/ min	r_1/ min	d_a/ min	d_b/ max	D_a/ min	D_a/ max	D_b/ min	a_1/ min	a_2/ min	r_a/ max	r_b/ max	C_r	C_{or}	脂润滑	油润滑	W ≈	e	Y	Y_0
—	mm					mm			mm									kN		(r·min^{-1})		kg	—		
32915	75	105	20	20	16	18.5	1	1	81	81	94	99	102	4	4	1	1	78.2	125	3 400	4 300	0.490	0.33	1.8	1
32015		115	25	25	19	25.2	1.5	1.5	82	83	103	108	110	5	6	1.5	1.5	102	160	3 200	4 000	0.875	0.46	1.3	0.7
33115		125	37	37	29	29.4	2	1.5	84	84	109	116	120	6	8	2	1.5	175	280	3 000	3 800	1.78	0.4	1.5	0.8
32215		130	33.25	31	27	30.0	2	1.5	84	84	115	121	126	4	6.5	2	1.5	170	242	2 800	3 600	1.74	0.44	1.4	0.8
33215		130	41	41	31	31.9	2	1.5	84	83	111	121	125	7	10	2	1.5	208	300	2 800	3 600	2.17	0.43	1.4	0.8
30315		160	40	37	31	32.0	3	2.5	87	95	139	148	150	5	9	2.5	2.1	252	318	2 400	3 200	3.57	0.35	1.7	1
32315		160	58	55	45	39.4	3	2.5	87	91	133	148	150	7	13	2.5	2.1	348	482	2 400	3 200	5.37	0.35	1.7	1
32916	80	110	20	20	16	19.6	1	1	86	85	99	104	107	4	4	1	1	79.2	128	3 200	4 000	0.514	0.35	1.7	0.9
32016		125	29	29	22	26.8	1.5	1.5	87	89	112	117	120	6	7	1.5	1.5	140	220	3 000	3 800	1.27	0.42	1.4	0.8
33116		130	37	37	29	30.7	2	1.5	89	89	114	121	126	6	8	2	1.5	180	292	2 800	3 600	1.87	0.42	1.4	0.8
32216		140	35.25	33	28	31.4	2.5	2	90	89	122	130	135	5	7.5	2.1	2	198	278	2 600	3 400	2.13	0.42	1.4	0.8
33216		140	46	46	35	35.1	2.5	1	90	89	119	130	135	7	11	2.1	2	245	362	2 600	3 400	2.83	0.43	1.4	0.8
30316		170	42.5	39	33	34.4	3	2.5	92	102	148	158	160	5	9.5	2.5	2.1	278	352	2 200	3 000	4.27	0.35	1.7	1
32316		170	61.5	58	48	42.1	3	2.5	92	97	142	158	160	7	13.5	2.5	2.1	388	542	2 200	3 000	6.38	0.35	1.7	1
32917	85	120	23	23	18	21.1	1.5	1.5	92	92	111	113	115	4	5	1.5	1.5	96.8	165	3 400	3 800	0.767	0.33	1.8	1
32017		130	29	29	22	28.1	1.5	1.5	92	94	117	122	125	6	7	1.5	1.5	140	220	2 800	3 600	1.32	0.44	1.4	0.8
33117		140	41	41	32	33.1	2.5	2	95	95	122	130	135	7	9	2.1	2	215	355	2 600	3 400	2.43	0.41	1.5	0.8
32217		150	38.5	36	30	33.9	2.5	2	95	95	130	140	143	5	8.5	2.1	2	228	325	2 400	3 200	2.68	0.42	1.4	0.8
33217		150	49	49	37	36.9	2.5	2	95	95	128	140	144	7	12	2.1	2	282	415	2 400	3 200	3.52	0.42	1.4	0.8
30317		180	44.5	41	34	35.9	4	3	99	107	156	166	168	6	10.5	3	2.5	305	388	2 000	2 800	4.96	0.35	1.7	1
32317		180	63.5	60	49	43.5	4	3	99	102	150	166	168	8	14.5	3	2.5	422	592	2 000	2 800	7.31	0.35	1.7	1

续表 6.2.4

轴承代号	基本尺寸					其他尺寸			安装尺寸									基本额定载荷		极限转速		质量	计算系数		
30000 型	d	D	T	B	C	a ≈	r/ min	r_1/ min	d_a/ min	d_b/ max	D_a/ min	D_a/ max	D_b/ min	a_1/ min	a_2/ min	r_a/ max	r_b/ max	C_r	C_{or}	脂润滑	油润滑	W ≈	e	Y	Y_0
—	mm					mm			mm									kN		$(r \cdot min^{-1})$		kg	—		
32918	90	125	23	23	18	22.2	1.5	1.5	97	96	113	117	121	4	5	1.5	1.5	95.8	165	3 200	3 600	0.796	0.34	1.8	1
32018		140	32	32	24	30.0	2	1.5	99	100	125	131	134	6	8	2	1.5	170	270	2 600	3 400	1.72	0.42	1.4	0.8
33118		150	45	45	35	34.9	2.5	2	100	100	130	140	144	7	10	2.1	2	252	415	2 400	3 200	3.13	0.4	1.5	0.8
32218		160	42.5	40	34	36.8	2.5	2	100	101	138	150	153	5	8.5	2.1	2	270	395	2 200	3 000	3.44	0.42	1.4	0.8
33218		160	55	55	42	40.8	2.5	2	100	100	134	150	154	8	13	2.1	2	330	500	2 200	3 000	4.55	0.4	1.5	0.8
30318		190	46.5	43	36	37.5	4	3	104	113	165	176	178	6	10.5	3	2.5	342	440	1 900	2 600	5.80	0.35	1.7	1
32318		190	67.5	64	53	46.2	4	3	104	107	157	176	178	8	14.5	3	2.5	478	682	1 900	2 600	8.81	0.35	1.7	1
32919	95	130	23	23	18	23.4	1.5	1.5	102	101	117	122	126	4	5	1.5	1.5	97.2	170	2 600	3 400	0.831	0.36	1.7	0.9
32019		145	32	32	24	31.4	2	1.5	104	105	130	136	140	6	8	2	1.5	175	280	2 400	3 200	1.79	0.44	1.4	0.8
33119		160	49	49	38	37.3	2.5	2	105	105	138	150	154	7	11	2.1	2	298	498	2 200	3 000	3.94	0.39	1.5	0.8
32219		170	45.5	43	37	39.2	3	2.5	107	106	145	158	163	5	8.5	2.5	2.1	302	448	2 000	2 800	4.24	0.42	1.4	0.8
33219		170	58	58	44	42.7	3	2.5	107	105	144	158	163	9	14	2.5	2.1	378	568	2 000	2 800	5.48	0.41	1.5	0.8
32319		200	71.5	67	55	49.0	4	3	109	114	166	186	187	8	16.5	3	2.5	515	738	1 800	2 400	10.1	0.35	1.7	1
32920	100	140	25	25	20	24.3	1.5	1.5	107	108	128	132	136	4	5	1.5	1.5	128	218	2 400	3 200	1.12	0.33	1.8	1
32020		150	32	32	24	32.8	2	1.5	109	109	134	141	144	6	8	2	1.5	172	282	2 200	3 000	1.85	0.46	1.3	0.7
33120		165	52	52	40	40.3	2.5	2	110	110	142	155	159	8	12	2.1	2	308	528	2 000	2 800	4.31	0.41	1.5	0.8
32220		180	49	46	39	41.9	3	2.5	112	113	154	168	172	5	10	2.5	2.1	340	512	1 900	2 600	5.10	0.42	1.4	0.8
33220		180	63	63	48	45.5	3	2.5	112	112	151	168	172	10	15	2.5	2.1	438	665	1 900	2 600	6.71	0.4	1.5	0.8
32320		215	77.5	73	60	52.9	4	3	114	122	177	201	201	8	17.5	3	2.5	600	872	1 600	2 000	13.0	0.35	1.7	1
32921	105	145	25	25	20	25.4	1.5	1.5	112	112	132	137	141	5	5	1.5	1.5	128	225	2 200	3 000	1.16	0.34	1.8	1
32021		160	35	35	26	34.6	2.5	2	115	116	143	150	154	6	9	2.1	2	205	335	2 000	2 800	2.40	0.44	1.4	0.7
33121		175	56	56	44	42.9	2.5	2	115	115	149	165	170	8	12	2.1	2	352	608	1 900	2 600	5.29	0.4	1.5	0.8
32221		190	53	50	43	45.0	3	2.5	117	118	161	178	182	5	10	2.5	2.1	380	578	1 800	2 400	6.26	0.42	1.4	0.8
33221		190	68	68	52	48.6	3	2.5	117	117	159	178	182	12	16	2.5	2.1	498	770	1 800	2 400	8.12	0.4	1.5	0.8
32321		225	81.5	77	63	55.1	4	3	119	128	185	211	210	8	18.5	3	2.5	648	945	1 500	1 900	14.8	0.35	1.7	1

续表 6.2.4

轴承代号	基本尺寸					其他尺寸			安装尺寸									基本额定载荷		极限转速		质量	计算系数		
30000 型	d	D	T	B	C	c ≈	r/ min	r_1/ min	d_a/ min	d_b/ max	D_a/ min	D_a/ max	D_b/ min	a_1/ min	a_2/ min	r_a/ max	r_b/ max	C_r	C_{or}	脂润滑	油润滑	W ≈	e	Y	Y_0
—	mm					mm			mm									kN		(r·min^{-1})		kg	—		
32922	110	150	25	25	20	26.5	1.5	1.5	117	117	137	142	146	5	5	1.5	1.5	130	232	2 000	2 800	1.20	0.36	1.7	0.9
32022		170	38	38	29	36.6	2.5	2	120	122	152	160	163	7	9	2.1	2	245	402	1 900	2 600	3.02	0.43	1.4	0.8
33122		180	56	56	43	44.0	2.5	2	120	121	155	170	174	9	13	2.1	2	372	638	1 800	2 400	5.50	0.42	1.4	0.8
32222		200	56	53	46	47.3	3	2.5	122	124	170	188	192	6	10	2.5	2.1	430	665	1 700	2 200	7.43	0.42	1.4	0.8
30322		240	54.5	50	42	45.1	4	3	124	142	206	226	222	8	12.5	3	2.5	472	612	1 400	1 800	11.0	0.35	1.7	1
32322		240	84.5	80	65	57.8	4	3	124	137	198	226	224	9	19.5	3	2.5	725	1 060	1 400	1 800	17.8	0.35	1.7	1
32924	120	165	29	29	23	29.3	1.5	1.5	127	128	150	157	160	6	6	1.5	1.5	172	318	1 800	2 400	1.78	0.35	1.7	1
32024		180	38	38	29	39.3	2.5	2	130	131	161	170	173	7	9	2.1	2	242	405	1 700	2 200	3.18	0.46	1.3	0.7
33124		200	62	62	48	47.6	2.5	2	130	130	172	190	192	10	14	2.1	2	448	778	1 600	2 000	7.68	0.40	1.5	0.8
32224		215	61.5	58	50	52.3	3	2.5	132	134	181	203	206	7	11.5	2.5	2.1	478	758	1 500	1 900	9.26	0.44	1.4	0.8
30324		260	59.5	55	46	49.0	4	3	134	153	221	246	238	8	13.5	3	2.5	562	745	1 300	1 700	14.2	0.35	1.7	1
32324		260	90.5	86	69	61.5	4	3	134	147	213	246	240	9	21.5	3	2.5	825	1 230	1 300	1 700	22.1	0.35	1.7	1
32926	130	180	32	32	25	31.5	2	1.5	140	139	164	171	174	6	7	2	1.5	205	380	1 700	2 200	2.34	0.34	1.8	1
32026		200	45	45	34	43.3	2.5	2	140	144	178	190	192	8	11	2.1	2	335	568	1 600	2 000	4.94	0.43	1.4	0.8
32226		230	67.75	64	54	56.6	4	3	144	143	193	216	221	7	14	3	2.5	552	888	1 400	1 800	11.4	0.44	1.4	0.8
30326		280	67.75	58	49	53.2	5	4	145	165	239	262	258	8	15	4	3	640	855	1 100	1 500	17.3	0.35	1.7	1
32928	140	190	32	32	25	33.8	2	1.5	150	150	177	181	184	6	6	2	1.5	208	392	1 600	2 000	2.47	0.36	1.7	0.9
32028		210	45	45	34	46.0	2.5	2	150	153	187	200	202	8	11	2.1	2	330	568	1 400	1 800	5.15	0.46	1.3	0.7
30228		250	45.75	42	36	49.0	4	3	154	162	219	236	236	9	11	3	2.5	408	585	1 200	1 600	8.73	0.44	1.4	0.8
32228		250	71.75	68	58	60.7	4	3	154	156	210	236	240	8	14	3	2.5	645	1 050	1 200	1 600	14.4	0.44	1.4	0.8
30328		300	67.75	62	53	56.5	5	4	155	176	255	282	275	9	15	4	3	722	975	1 000	1 400	21.4	0.35	1.7	1
32930	150	210	38	38	30	36.4	2.5	2	160	162	192	200	202	7	8	2.1	2	260	510	1 400	1 800	3.87	0.33	1.8	1
32030		225	48	48	36	49.2	3	2.5	162	164	200	213	216	8	12	2.5	2.1	368	635	1 300	1 700	6.25	0.46	1.3	0.7
30230		270	49	45	38	52.4	4	3	164	174	234	256	252	9	11	3	2.5	450	645	1 100	1 500	10.8	0.44	1.4	0.8
32230		270	77	73	60	65.4	4	3	164	168	226	256	256	8	17	3	2.5	720	1 180	1 100	1 500	18.2	0.44	1.4	0.8
30330		320	72	62	55	60.6	5	4	165	190	273	302	294	9	17	4	3	802	1 090	950	1 300	25.2	0.35	1.7	1

续表 6.2.4

轴承代号	基本尺寸					其他尺寸			安装尺寸									基本额定载荷		极限转速		质量	计算系数		
30000 型	d	D	T	B	C	a ≈	r/ min	r_1/ min	d_a/ min	d_b/ max	D_a/ min	D_a/ max	D_b/ min	a_1/ min	a_2/ min	r_a/ max	r_b/ max	C_r	C_{0r}	脂润滑	油润滑	W ≈	e	Y	Y_0
—	mm					mm			mm									kN		$(r\cdot min^{-1})$		kg	—		
32932	160	220	38	38	30	38.7	2.5	2	170	170	199	210	214	7	8	2.1	2	262	525	1 300	1 700	4.07	0.35	1.7	1
32032		240	51	51	38	52.6	3	2.5	172	175	213	228	231	8	13	2.5	2.1	420	735	1 200	1 600	7.66	0.46	1.3	0.7
32232		290	84	80	67	70.9	4	3	174	180	242	276	276	10	17	3	2.5	858	1 430	1 000	1 400	23.3	0.44	1.4	0.8
32934	170	230	38	38	30	41.9	2.5	2	180	183	213	220	222	7	8	2.1	2	280	560	1 200	1 600	4.33	0.38	1.6	0.9
32034		260	57	57	43	56.4	3	2.5	182	187	230	248	249	10	14	2.5	2.1	520	920	1 100	1 500	10.4	0.44	1.4	0.7
32234		310	91	86	71	76.3	5	4	188	194	259	292	296	10	20	4	3	968	1 640	1 000	1 300	28.6	0.44	1.4	0.8
32936	180	250	45	45	34	54.0	2.5	2	190	193	225	240	241	8	11	2.1	2	340	708	1 100	1 500	6.44	0.48	1.3	0.7
32036		280	64	64	48	60.1	3	2.5	192	199	247	268	267	10	16	2.5	2.1	640	1 150	1 000	1 400	14.1	0.42	1.4	0.8
32236		320	91	86	71	78.8	5	4	198	201	267	302	306	10	20	4	3	998	1 720	900	1 200	29.9	0.45	1.3	0.7
32938	190	260	45	45	34	55.2	2.5	2	200	204	235	250	251	8	11	2.1	2	360	740	100	1 400	6.66	0.48	1.3	0.7
32038		290	64	64	48	62.8	3	2.5	202	209	257	278	279	10	16	2.5	2.1	652	1 180	950	1 300	14.6	0.44	1.4	0.8
32238		340	97	92	75	82.1	5	4	208	214	286	322	326	10	22	4	3	1 120	1 900	850	1 100	36.1	0.44	1.4	0.8
32940	200	280	51	51	39	54.2	3	2.5	212	214	257	268	271	9	12	2.5	2.1	460	950	950	1 300	9.43	0.39	1.5	0.8
32040		310	70	70	53	66.9	3	2.5	212	221	273	298	297	11	17	2.5	2.1	782	1 420	900	1 200	18.9	0.43	1.4	0.8
32240		360	104	98	82	85.1	5	4	218	222	302	342	342	11	22	4	3	1 320	2 180	800	1 000	43.2	0.41	1.5	0.8

6.2.5 圆柱滚子轴承

表 6.2.5 圆柱滚子轴承(摘自 GB/T 283－1994)

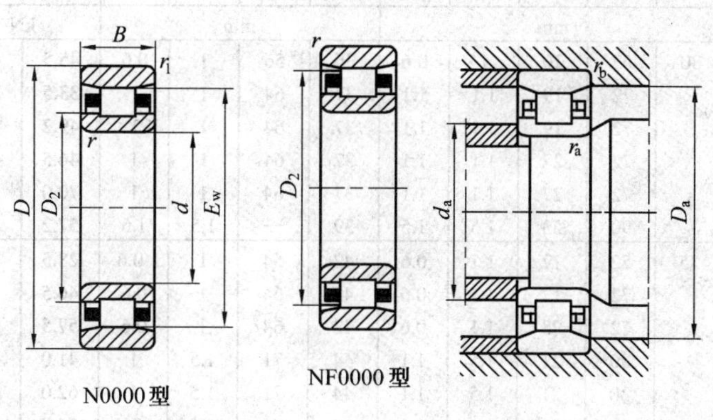

轴承代号		基本尺寸					安装尺寸				基本额定载荷		极限转速	
N0000 型	NF0000 型	d	D	B	r/min	r_1/min	d_a/min	D_a/min	r_a/max	r_b/max	C_r	C_{or}	脂润滑	油润滑
—			mm				mm				kN		$(r\cdot min^{-1})$	
N202	NF202	15	35	11	0.6	0.3	19	—	0.6	0.3	7.98	5.5	15 000	19 000
N203	NF203	17	40	12	0.6	0.3	21	—	0.6	0.3	9.12	7.0	14 000	18 000
N1004	—	20	42	12	0.6	0.3	24	—	0.6	0.3	10.5	8.0	13 000	17 000
—	NF204		47	14	1	0.6	25	42	1	0.6	12.5	11.0	12 000	16 000
N204E	—		47	14	1	0.6	25	42	1	0.6	25.8	24.0	12 000	16 000
N2204E	—		47	18	1	0.6	25	42	1	0.6	30.8	30.0	12 000	16 000
—	NF304		52	15	1.1	0.6	26.5	47	1	0.6	18.0	15.0	11 000	15 000
N304E	—		52	15	1.1	0.6	26.5	47	1	0.6	29.0	25.5	11 000	15 000
N2304E	—		52	21	1.1	0.6	26.5	47	1	0.6	39.2	37.5	10 000	14 000
N1005	—	25	47	12	0.6	0.3	29	—	0.6	0.3	11.0	10.2	11 000	15 000
—	NF205		52	15	1	0.6	30	47	1	0.6	14.2	12.8	11 000	14 000
N205E	—		52	15	1	0.6	30	47	1	0.6	27.5	26.8	11 000	14 000
N2205E	—		52	18	1	0.6	30	47	1	0.6	32.8	33.8	11 000	14 000
—	NF305		62	17	1.1	1.1	31.5	55	1	1	25.5	22.5	9 000	12 000
N305E	—		62	17	1.1	1.1	31.5	55	1	1	38.5	35.8	9 000	12 000
—	NF2305		62	24	1.1	1.1	31.5	55	1	1	38.5	39.2	9 000	12 000
N2305E	—		62	24	1.1	1.1	31.5	55	1	1	53.2	54.5	9 000	12 000
—	NF206	30	62	16	1	0.6	36	56	1	0.6	19.5	18.2	8 500	11 000
N206E	—		62	16	1	0.6	36	56	1	0.6	36.0	35.5	8 500	11 000

续表 6.2.5

轴承代号		基本尺寸					安装尺寸				基本额定载荷		极限转速	
N0000 型	NF0000 型	d	D	B	r/min	r_1/min	d_a/min	D_a/min	r_a/max	r_b/max	C_r	C_{or}	脂润滑	油润滑
—		mm					mm				kN		(r · min^{-1})	
N2206E	—	30	62	20	1	0.6	36	56	1	0.6	45.5	48.0	8 500	11 000
—	NF306		72	19	1.1	1.1	37	64	1	1	33.5	31.5	8 000	10 000
N306E	—		72	19	1.1	1.1	37	64	1	1	49.2	48.2	8 000	10 000
—	NF2306		72	27	1.1	1.1	37	64	1	1	46.5	47.5	8 000	10 000
N2306E	—		72	27	1.1	1.1	37	64	1	1	70.0	75.5	8 000	10 000
N406	—		90	23	1.5	1.5	39	—	1.5	1.5	57.2	53.0	7 000	9 000
—	NF207	35	72	17	1.1	0.6	42	64	1	0.6	28.5	28.0	7 500	9 500
N207E	—		72	17	1.1	0.6	42	64	1	0.6	46.5	48.0	7 500	9 500
N2207E	—		72	23	1.1	0.6	42	64	1	0.6	57.5	63.0	7 500	9 500
—	NF307		80	21	1.5	1.1	44	71	1.5	1	41.0	39.2	7 000	9 000
N307E	—		80	21	1.5	1.1	44	71	1.5	1	62.0	63.2	7 000	9 000
—	NF2307		80	31	1.5	1.1	44	71	1.5	1	54.8	57.0	7 000	9 000
N2307E	—		80	31	1.5	1.1	44	71	1.5	1	87.5	98.2	7 000	9 000
N407	—		100	25	1.5	1.5	44	—	1.5	1.5	70.8	68.2	6 000	7 500
N1008	—	40	68	15	1	0.6	45	—	1	0.6	21.2	22.0	7 500	9 500
—	NF208		80	18	1.1	1.1	47	72	1	1	37.5	38.2	7 000	9 000
N208E	—		80	18	1.1	1.1	47	72	1	1	51.5	53.0	7 000	9 000
N2208E	—		80	23	1.1	1.1	47	72	1	1	67.5	75.2	7 000	9 000
—	NF308		90	23	1.5	1.5	49	80	1.5	1.5	48.8	47.5	6 300	8 000
N308E	—		90	23	1.5	1.5	49	80	1.5	1.5	76.8	77.8	6 300	8 000
—	NF2308		90	33	1.5	1.5	49	80	1.5	1.5	70.8	76.8	6 300	8 000
N2308E	—		90	33	1.5	1.5	49	80	1.5	1.5	105	118	6 300	8 000
N408	—		110	27	2	2	50	—	2	2	90.5	89.8	5 600	7 000
—	NF209	45	85	19	1.1	1.1	52	77	1	1	39.8	41.0	6 300	8 000
N209E	—		85	19	1.1	1.1	52	77	1	1	58.5	63.8	6 300	8 000
N2209E	—		85	23	1.1	1.1	52	77	1	1	71.0	82.0	6 300	8 000
—	NF309		100	25	1.5	1.5	54	89	1.5	1.5	66.8	66.8	5 600	7 000
N309E	—		100	25	1.5	1.5	54	89	1.5	1.5	93.0	98.0	5 600	7 000
—	NF2309		100	36	1.5	1.5	54	89	1.5	1.5	91.5	100	5 600	7 000
N2309E	—		100	36	1.5	1.5	54	89	1.5	1.5	130	152	5 600	7 000
N409	—		120	29	2	2	55	—	2	2	102	100	5 000	6 300
N1010	—	50	80	16	1	0.6	55	—	1	0.6	25.0	27.5	6 300	8 000
—	NF210		90	20	1.1	1.1	57	83	1	1	43.2	48.5	6 000	7 500
N210E	—		90	20	1.1	1.1	57	83	1	1	61.2	69.2	6 000	7 500
N2210E	—		90	23	1.1	1.1	57	83	1	1	74.2	88.8	6 000	7 500
—	NF310		110	27	2	2	60	98	2	2	76.0	79.5	5 300	6 700
N310E	—		110	27	2	2	60	98	2	2	105	112	5 300	6 700
—	NF2310		110	40	2	2	60	98	2	2	112	132	5 300	6 700
N2310E	—		110	40	2	2	60	98	2	2	155	185	5 300	6 700
N410	—		130	31	2.1	2.1	62	—	2.1	2.1	120	120	4 800	6 000
N1011	—	55	90	18	1.1	1	61.5	—	1	1	35.8	40.0	5 600	7 000
—	NF211		100	21	1.5	1.1	64	91	1.5	1	52.8	60.2	5 300	6 700
N211E	—		100	21	1.5	1.1	64	91	1.5	1	80.2	95.5	5 300	6 700
N2211E	—		100	25	1.5	1.1	64	91	1.5	1	94.8	118	5 300	6 700
—	NF311		120	29	2	2	65	107	2	2	97.8	105	4 800	6 000
N311E	—		120	29	2	2	65	107	2	2	128	138	4 800	6 000
—	NF2311		120	43	2	2	65	107	2	2	130	148	4 800	6 000

续表 6.2.5

轴承代号		基本尺寸					安装尺寸				基本额定载荷		极限转速	
N0000型	NF0000型	d	D	B	r/min	r_1/min	d_a/min	D_a/min	r_a/max	r_b/max	C_r	C_{or}	脂润滑	油润滑
—		mm					mm				kN		$(r\cdot min^{-1})$	
N2311E	—	55	120	43	2	2	65	107	2	2	190	228	4 800	6 000
N411	—		140	33	2.1	2.1	67	—	2.1	2.1	128	132	4 300	5 300
N1012	—	60	95	18	1.1	1	66.5	—	1	1	38.5	45.0	5 300	6 700
—	NF212		110	22	1.5	1.5	69	100	1.5	1.5	62.8	73.5	5 000	6 300
N212E	—		110	22	1.5	1.5	69	100	1.5	1.5	89.8	102	5 000	6 300
N2212E	—		110	28	1.5	1.5	69	100	1.5	1.5	122	152	5 000	6 300
—	NF312		130	31	2.1	2.1	72	116	2.1	2.1	118	128	4 500	5 600
N312E	—		130	31	2.1	2.1	72	116	2.1	2.1	142	155	4 500	5 600
—	NF2312		130	46	2.1	2.1	72	116	2.1	2.1	155	195	4 500	5 600
N2312E	—		130	46	2.1	2.1	72	116	2.1	2.1	212	260	4 500	5 600
N412	—		150	35	2.1	2.1	72	—	2.1	2.1	155	162	4 000	5 000
—	NF213	65	120	23	1.5	1.5	74	108	1.5	1.5	73.2	87.5	4 500	5 600
N213E	—		120	23	1.5	1.5	74	108	1.5	1.5	102	118	4 500	5 600
N2213E	—		120	31	1.5	1.5	74	108	1.5	1.5	142	180	4 500	5 600
—	NF313		140	33	2.1	2.1	77	125	2.1	2.1	125	135	4 000	5 000
N313E	—		140	33	2.1	2.1	77	125	2.1	2.1	170	188	4 000	5 000
—	NF2313		140	48	2.1	2.1	77	125	2.1	2.1	175	210	4 000	5 000
N2313E	—		140	48	2.1	2.1	77	125	2.1	2.1	235	285	4 000	5 000
N413	—		160	37	2.1	2.1	77	—	2.1	2.1	170	178	3 800	4 800
N1014	—	70	110	20	1.1	1	76.5	—	1	1	47.5	57.0	4 800	6 000
—	NF214		125	24	1.5	1.5	79	114	1.5	1.5	73.2	87.5	4 300	5 300
N214E	—		125	24	1.5	1.5	79	114	1.5	1.5	112	135	4 300	5 300
N2214E	—		125	31	1.5	1.5	79	114	1.5	1.5	148	192	4 300	5 300
—	NF314		150	35	2.1	2.1	82	134	2.1	2.1	145	162	3 800	4 800
N314E	—		150	35	2.1	2.1	82	134	2.1	2.1	195	220	3 800	4 800
—	NF2314		150	51	2.1	2.1	82	134	2.1	2.1	212	260	3 800	4 800
N2314E	—		150	51	2.1	2.1	82	134	2.1	2.1	260	320	3 800	4 800
N414	—		180	42	3	3	84	—	2.5	2.5	215	232	3 400	4 300
—	NF215	75	130	25	1.5	1.5	84	120	1.5	1.5	89.0	110	4 000	5 000
N215E	—		130	25	1.5	1.5	84	120	1.5	1.5	125	155	4 000	5 000
N2215E	—		130	31	1.5	1.5	84	120	1.5	1.5	155	205	4 000	5 000
—	NF315		160	37	2.1	2.1	87	143	2.1	2.1	165	188	3 600	4 500
N315E	—		160	37	2.1	2.1	87	143	2.1	2.1	228	260	3 600	4 500
N2315	NF2315		160	55	2.1	2.1	87	143	2.1	2.1	245	308	3 600	4 500
N415	—		190	45	3	3	89	—	2.5	2.5	250	272	3 200	4 000
N1016	—	80	125	22	1.1	1	86.5	—	1	1	59.2	77.8	4 300	5 300
—	NF216		140	26	2	2	90	128	2	2	102	125	3 800	4 800
N216E	—		140	26	2	2	90	128	2	2	132	165	3 800	4 800
N2216E	—		140	33	2	2	90	128	2	2	178	242	3 800	4 800
—	NF316		170	39	2.1	2.1	92	151	2.1	2.1	175	200	3 400	4 300
N316E	—		170	39	2.1	2.1	92	151	2.1	2.1	245	282	3 400	4 300
N2316	NF2316		170	58	2.1	2.1	92	151	2.1	2.1	258	328	3 400	4 300
N416	—		200	48	3	3	94	—	2.5	2.5	285	315	3 000	3 800

续表 6.2.5

轴承代号		基本尺寸					安装尺寸				基本额定载荷		极限转速	
N0000 型	NF0000 型	d	D	B	r/min	r_1/min	d_a/min	D_a/min	r_a/max	r_b/max	C_r	C_{or}	脂润滑	油润滑
—		mm					mm				kN		$(r \cdot min^{-1})$	
—	NF217	85	150	28	2	2	95	137	2	2	115	145	3 600	4 500
N217E	—		150	28	2	2	95	137	2	2	158	192	3 600	4 500
N2217E	—		150	36	2	2	95	137	2	2	205	272	3 600	4 500
—	NF317		180	41	3	3	99	160	2.5	2.5	212	242	3 200	4 000
N317	—		180	41	3	3	99	160	2.5	2.5	280	332	3 200	4 000
N2317	NF2317		180	90	3	3	99	160	2.5	2.5	295	380	3 200	4 000
N417	—		210	52	4	4	103	—	3	3	312	345	2 800	3 600
N1018	—	90	140	24	1.5	1.1	98	—	1.5	1	74.0	94.8	3 800	4 800
—	NF218		160	30	2	2	100	146	2	2	142	178	3 400	4 300
N218E	—		160	30	2	2	100	146	2	2	172	215	3 400	4 300
N2218E	—		160	40	2	2	100	146	2	2	230	312	3 400	4 300
—	NF318		190	43	3	3	104	169	2.5	2.5	228	265	3 000	3 800
N318E	—		190	43	3	3	104	169	2.5	2.5	298	348	3 000	3 800
N2318E	NF2318		190	64	3	3	104	169	2.5	2.5	310	395	3 000	3 800
N418	—		225	54	4	4	108	—	3	3	352	392	2 400	3 200
—	NF219	95	170	32	2.1	2.1	107	155	2.1	2.1	152	190	3 200	4 000
N219E	—		170	32	2.1	2.1	107	155	2.1	2.1	208	262	3 200	4 000
N2219E	—		170	43	2.1	2.1	107	155	2.1	2.1	275	368	3 200	4 000
—	NF319		200	45	3	3	109	178	2.5	2.5	245	288	2 800	3 600
N319E	—		200	45	3	3	109	178	2.5	2.5	315	380	2 800	3 600
N2319	NF2319		200	67	3	3	109	178	2.5	2.5	370	500	2 800	3 600
N419	—		240	55	4	4	113	—	3	3	378	428	2 200	3 000
N1020	—	100	150	24	1.5	1.1	108	—	1.5	1	78.0	102	3 400	4 300
—	NF220		180	34	2.1	2.1	112	164	2.1	2.1	168	212	3 000	3 800
N220E	—		180	34	2.1	2.1	112	164	2.1	2.1	235	302	3 000	3 800
—	—		180	46	2.1	2.1	112	—	2.1	2.1	240	335	3 000	3 800
N2220E	—		180	46	2.1	2.1	112	164	2.1	2.1	318	440	3 000	3 800
—	NF320		215	47	3	3	114	190	2.5	2.5	282	340	2 600	3 200
N320E	—		215	47	3	3	114	190	2.5	2.5	365	425	2 600	3 200
N2320	NF2320		215	73	3	3	114	190	2.5	2.5	415	558	2 600	3 200
N420	—		250	58	4	4	118	—	3	3	418	480	2 000	2 800
N1021	—	105	160	26	2	1.1	114	—	2	1	91.5	122	3 200	4 200
N221	NF221		190	36	2.1	2.1	117	173	2.1	2.1	185	235	2 800	3 600
N321	NF321		225	49	3	3	119	199	2.5	2.5	322	392	2 200	3 000
N421	—		260	60	4	4	123	—	3	3	508	602	1 900	2 600
N1022	—	110	170	28	2	1.1	119	—	2	1	115	155	3 000	3 800
—	NF222		200	38	2.1	2.1	122	182	2.1	2.1	220	285	2 600	3 400
N222E	—		200	38	2.1	2.1	122	182	2.1	2.1	278	360	2 600	3 400
N2222	NF2222		200	53	2.1	2.1	122	—	2.1	2.1	312	445	2 600	3 400
N322	NF322		240	50	3	3	124	211	2.5	2.5	352	428	2 000	2 800
N2322	NF2322		240	80	3	3	124	211	2.5	2.5	535	740	2 000	2 800
N422	—		280	65	4	4	128	—	3	3	515	602	1 800	2 400

续表 6.2.5

轴承代号		基本尺寸					安装尺寸				基本额定载荷		极限转速	
N0000型	NF0000型	d	D	B	r/min	r_1/min	d_a/min	D_a/min	r_a/max	r_b/max	C_r	C_{or}	脂润滑	油润滑
—		mm					mm				kN		(r · min^{-1})	
N1024	—	120	180	28	2	1.1	129	—	2	1	130	168	2 600	3 400
—	NF224		215	40	2.1	2.1	132	196	2.1	2.1	230	332	2 200	3 000
N224E	—		215	40	2.1	2.1	132	196	2.1	2.1	322	422	2 200	3 000
N2224	—		215	58	2.1	2.1	132	—	2.1	2.1	345	522	2 200	3 000
N324	NF324		260	55	3	3	134	230	2.5	2.5	440	552	1 900	2 600
N2324	NF2324		260	86	3	3	134	230	2.5	2.5	632	868	1 900	2 600
N424	—		310	72	5	5	142	—	4	4	642	772	1 700	2 200
N1026	—	130	200	33	2	1.1	139	—	2	1	152	212	2 400	3 200
N226	NF226		230	40	3	3	144	208	2.5	2.5	258	352	2 000	2 800
N2226	NF2226		230	64	3	3	144	—	2.5	2.5	368	552	2 000	2 800
N326	NF326		280	58	4	4	148	247	3	3	492	620	1 700	2 200
N2326	NF2326		280	93	4	4	148	247	3	3	748	1 060	1 700	2 200
N426	—		340	78	5	5	152	—	4	4	782	942	1 500	1 900
N1028	—	140	210	33	2	1.1	149	—	2	1	158	220	2 000	2 800
N228	NF228		250	42	3	3	154	—	2.5	2.5	302	415	1 800	2 400
N2228	—		250	68	3	3	154	—	2.5	2.5	438	700	1 800	2 400
N328	NF328		300	62	4	4	158	—	3	3	545	690	1 600	2 000
N2328	NF2328		300	102	4	4	158	—	3	3	825	1 180	1 600	2 000
N428	—		360	82	5	5	162	—	4	4	845	1 020	1 400	1 800
N1030	—	150	225	35	2.1	1.5	161	—	2.1	1.5	188	268	1 900	2 600
N230	NF230		270	45	3	3	164	—	2.5	2.5	360	490	1 700	2 200
N2230	NF2230		270	73	3	3	164	—	2.5	2.5	530	772	1 700	2 200
N330	NF330		320	65	4	4	168	—	3	3	595	765	1 500	1 900
N2330	NF2330		320	108	4	4	168	—	3	3	930	1 340	1 500	1 900
N430	—		380	85	5	5	172	—	4	4	912	1 100	1 300	1 700
N1032	—	160	240	38	2.1	1.5	171	—	2.1	1.5	212	302	1 800	2 400
N232	NF232		290	48	3	3	174	—	2.5	2.5	405	552	1 600	2 000
N2232	—		290	80	3	3	174	—	2.5	2.5	590	898	1 600	2 000
N332	NF332		340	68	4	4	178	—	3	3	628	825	1 400	1 800
N2332	NF2332		340	114	4	4	178	—	3	3	972	1 430	1 400	1 800
N1034	—	170	260	42	2.1	2.1	181	—	2.1	2.1	255	365	1 700	2 200
N234	NF234		310	52	4	4	188	—	3	3	425	650	1 500	1 900
N334	—		360	72	4	4	188	—	3	3	715	952	1 300	1 700
N2334	NF2334		360	120	4	4	188	—	3	3	1 110	1 650	1 300	1 700
N1036	—	180	280	46	2.1	2.1	191	—	2.1	2.1	300	438	1 600	2 000
N236	—		320	52	4	4	198	—	3	3	425	650	1 400	1 800
N336	—		380	75	4	4	198	—	3	3	835	1 100	1 200	1 600
N2336	NF2336		380	126	4	4	198	—	3	3	1 210	1 780	1 200	1 600
N1038	—	190	290	46	2.1	2.1	201	—	2.1	2.1	335	495	1 500	1 900
N238	—		340	55	4	4	208	—	3	3	512	745	1 300	1 700
N2238	—		340	92	4	4	208	—	3	3	975	1 570	1 300	1 700
N338	—		400	78	5	5	212	—	4	4	882	1 190	1 100	1 500
N1040	—	200	310	51	2.1	2.1	211	—	2.1	2.1	408	615	1 400	1 800
N240	—		360	58	4	4	218	—	3	3	570	842	1 200	1 600
N2240	—		360	98	4	4	218	—	3	3	1 120	1 725	1 200	1 600
N340	—		420	80	5	5	222	—	4	4	972	1 290	1 000	1 400

6.2.6 调心球轴承

表 6.2.6 调心球轴承(摘自 GB/T 281—1994)

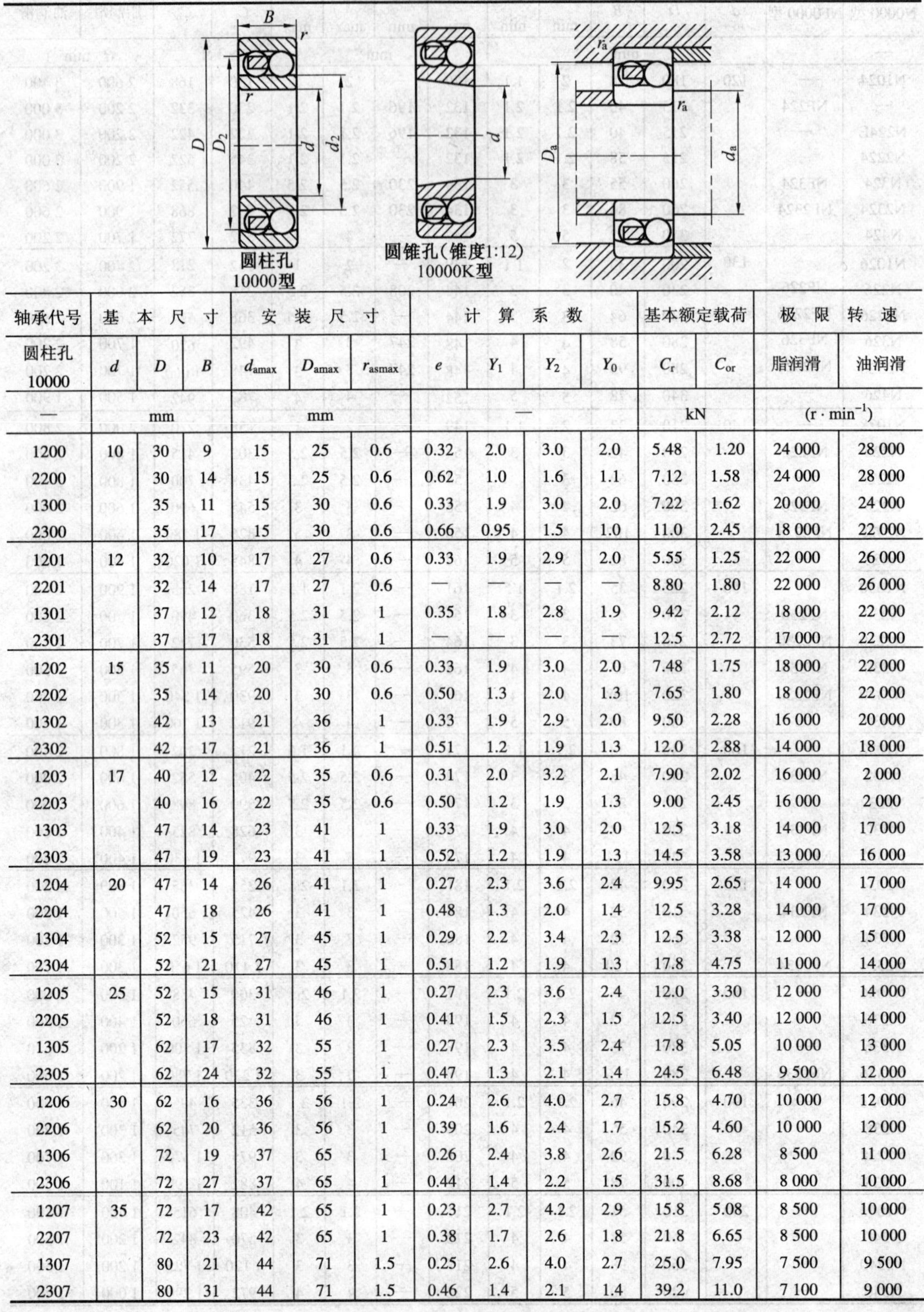

圆柱孔
10000型

圆锥孔(锥度1:12)
10000K型

轴承代号	基本尺寸			安装尺寸			计算系数				基本额定载荷		极限转速	
圆柱孔 10000	d	D	B	d_{amax}	D_{amax}	r_{asmax}	e	Y_1	Y_2	Y_0	C_r	C_{or}	脂润滑	油润滑
—	mm			mm			—				kN		(r · min^{-1})	
1200	10	30	9	15	25	0.6	0.32	2.0	3.0	2.0	5.48	1.20	24 000	28 000
2200		30	14	15	25	0.6	0.62	1.0	1.6	1.1	7.12	1.58	24 000	28 000
1300		35	11	15	30	0.6	0.33	1.9	3.0	2.0	7.22	1.62	20 000	24 000
2300		35	17	15	30	0.6	0.66	0.95	1.5	1.0	11.0	2.45	18 000	22 000
1201	12	32	10	17	27	0.6	0.33	1.9	2.9	2.0	5.55	1.25	22 000	26 000
2201		32	14	17	27	0.6	—	—	—	—	8.80	1.80	22 000	26 000
1301		37	12	18	31	1	0.35	1.8	2.8	1.9	9.42	2.12	18 000	22 000
2301		37	17	18	31	1	—	—	—	—	12.5	2.72	17 000	22 000
1202	15	35	11	20	30	0.6	0.33	1.9	3.0	2.0	7.48	1.75	18 000	22 000
2202		35	14	20	30	0.6	0.50	1.3	2.0	1.3	7.65	1.80	18 000	22 000
1302		42	13	21	36	1	0.33	1.9	2.9	2.0	9.50	2.28	16 000	20 000
2302		42	17	21	36	1	0.51	1.2	1.9	1.3	12.0	2.88	14 000	18 000
1203	17	40	12	22	35	0.6	0.31	2.0	3.2	2.1	7.90	2.02	16 000	2 000
2203		40	16	22	35	0.6	0.50	1.2	1.9	1.3	9.00	2.45	16 000	2 000
1303		47	14	23	41	1	0.33	1.9	3.0	2.0	12.5	3.18	14 000	17 000
2303		47	19	23	41	1	0.52	1.2	1.9	1.3	14.5	3.58	13 000	16 000
1204	20	47	14	26	41	1	0.27	2.3	3.6	2.4	9.95	2.65	14 000	17 000
2204		47	18	26	41	1	0.48	1.3	2.0	1.4	12.5	3.28	14 000	17 000
1304		52	15	27	45	1	0.29	2.2	3.4	2.3	12.5	3.38	12 000	15 000
2304		52	21	27	45	1	0.51	1.2	1.9	1.3	17.8	4.75	11 000	14 000
1205	25	52	15	31	46	1	0.27	2.3	3.6	2.4	12.0	3.30	12 000	14 000
2205		52	18	31	46	1	0.41	1.5	2.3	1.5	12.5	3.40	12 000	14 000
1305		62	17	32	55	1	0.27	2.3	3.5	2.4	17.8	5.05	10 000	13 000
2305		62	24	32	55	1	0.47	1.3	2.1	1.4	24.5	6.48	9 500	12 000
1206	30	62	16	36	56	1	0.24	2.6	4.0	2.7	15.8	4.70	10 000	12 000
2206		62	20	36	56	1	0.39	1.6	2.4	1.7	15.2	4.60	10 000	12 000
1306		72	19	37	65	1	0.26	2.4	3.8	2.6	21.5	6.28	8 500	11 000
2306		72	27	37	65	1	0.44	1.4	2.2	1.5	31.5	8.68	8 000	10 000
1207	35	72	17	42	65	1	0.23	2.7	4.2	2.9	15.8	5.08	8 500	10 000
2207		72	23	42	65	1	0.38	1.7	2.6	1.8	21.8	6.65	8 500	10 000
1307		80	21	44	71	1.5	0.25	2.6	4.0	2.7	25.0	7.95	7 500	9 500
2307		80	31	44	71	1.5	0.46	1.4	2.1	1.4	39.2	11.0	7 100	9 000

续表 6.2.6

轴承代号	基本尺寸			安装尺寸			计算系数				基本额定载荷		极限转速	
圆柱孔 10000	d	D	B	d_{amax}	D_{amax}	r_{asmax}	e	Y_1	Y_2	Y_0	C_r	C_{or}	脂润滑	油润滑
—	mm			mm			—				kN		(r · min^{-1})	
1208	40	80	18	47	73	1	0.22	2.9	4.4	3.0	19.2	6.40	7 500	9 000
2208		80	23	47	73	1	0.24	1.9	2.9	2.0	22.5	7.38	7 500	9 000
1308		90	23	49	81	1.5	0.24	2.6	4.0	2.7	29.5	9.50	6 700	8 500
2308		90	33	49	81	1.5	0.43	1.5	2.3	1.5	44.8	13.2	6 300	8 000
1209	45	85	19	52	78	1	0.21	2.9	4.6	3.1	21.8	7.32	7 100	8 500
2209		85	23	52	78	1	0.31	2.1	3.2	2.2	23.2	8.00	7 100	8 500
1309		100	25	54	91	1.5	0.25	2.5	3.9	2.6	38.0	12.8	6 000	7 500
2309		100	36	54	91	1.5	0.42	1.5	2.3	1.6	55.0	16.2	5 600	7 100
1210	50	90	20	57	83	1	0.20	3.1	4.8	3.3	22.8	8.08	6 300	8 000
2210		90	23	57	83	1	0.29	2.2	3.4	2.3	23.2	8.45	6 300	8 000
1310		110	27	60	100	2	0.24	2.7	4.1	2.8	43.2	14.2	5 600	6 700
2310		110	40	60	100	2	0.43	1.5	2.3	1.6	64.5	19.8	5 000	6 300
1211	55	100	21	64	91	1.5	0.20	3.2	5.0	3.4	26.8	10.0	6 000	7 100
2211		100	25	64	91	1.5	0.28	2.3	3.5	2.4	26.8	9.95	6 000	7 100
1311		120	29	65	110	2	0.23	2.7	4.2	2.8	51.5	18.2	5 000	6 300
2311		120	43	65	110	2	0.41	1.5	2.4	1.6	75.2	23.5	4 800	6 000
1212	60	110	22	69	101	1.5	0.19	3.4	5.3	3.6	30.2	11.5	5 300	6 300
2212		110	28	69	101	1.5	0.28	2.3	3.5	2.4	34.0	12.5	5 300	6 300
1312		130	31	72	118	2.1	0.23	2.8	4.3	2.9	57.2	20.8	4 500	5 600
2312		130	46	72	118	2.1	0.41	1.6	2.5	1.6	86.8	27.5	4 300	5 300
1213	65	120	23	74	111	1.5	0.17	3.7	5.7	3.9	31.0	12.5	4 800	6 000
2213		120	31	74	111	1.5	0.28	2.3	3.5	2.4	43.5	16.2	4 800	6 000
1313		140	33	77	128	2.1	0.23	2.8	4.3	2.9	61.8	22.8	4 300	5 300
2313		140	48	77	128	2.1	0.38	1.6	2.6	1.7	96.0	32.5	3 800	4 800
1214	70	125	24	79	116	1.5	0.18	3.5	5.4	3.7	34.5	13.5	4 800	5 600
2214		125	31	79	116	1.5	0.27	2.4	3.7	2.5	44.0	17.0	4 500	5 600
1314		150	35	82	138	2.1	0.22	2.8	4.4	2.9	74.5	27.5	4 000	5 000
2314		150	51	82	138	2.1	0.38	1.7	2.6	1.8	110	37.5	3 600	4 500
1215	75	130	25	84	121	1.5	0.17	3.6	5.6	3.8	38.8	15.2	4 300	5 300
2215		130	31	84	121	1.5	0.25	2.5	3.9	2.6	44.2	18.0	4 300	5 300
1315		160	37	87	148	2.1	0.22	2.8	4.4	3.0	79.0	29.8	3 800	4 500
2315		160	55	87	148	2.1	0.38	1.7	2.6	1.7	122	42.8	3 400	4 300
1216	80	140	26	90	130	2	0.18	3.6	5.5	3.7	39.5	16.8	4 000	5 000
2216		140	33	90	130	2	0.25	2.5	3.9	2.6	48.8	20.2	4 000	5 000
1316		170	39	92	158	2.1	0.22	2.9	4.5	3.1	88.5	32.8	3 600	4 300
2316		170	58	92	158	2.1	0.39	1.6	2.5	1.7	128	45.5	3 200	4 000
1217	85	150	28	95	140	2	0.17	3.7	5.7	3.9	48.8	20.5	3 800	4 500
2217		150	36	95	140	2	0.25	2.5	3.8	2.6	58.2	23.5	3 800	4 500
1317		180	41	99	166	2.5	0.22	2.9	4.5	3.0	97.8	37.8	3 400	4 000
2317		180	60	99	166	2.5	0.38	1.7	2.6	1.7	140	51.0	3 000	2 800
1218	90	160	30	100	150	2	0.17	3.8	5.7	4.0	56.5	23.2	3 600	4 300
2218		160	40	100	150	2	0.27	2.4	3.7	2.5	70.0	28.5	3 600	4 300
1318		190	43	104	176	2.5	0.22	2.8	4.4	2.9	115	44.5	3 200	3 800
2318		190	64	104	176	2.5	0.39	1.6	2.5	1.7	142	57.2	2 800	3 600
1219	95	170	32	107	158	2.1	0.17	3.7	5.7	3.9	63.5	27.0	3 400	4 000
2219		170	43	107	158	2.1	0.26	2.4	3.7	2.5	82.8	33.8	3 400	4 000

续表 6.2.6

轴承代号	基本尺寸			安装尺寸			计算系数				基本额定载荷		极限转速	
圆柱孔 10000	d	D	B	d_{amax}	D_{amax}	r_{asmax}	e	Y_1	Y_2	Y_0	C_r	C_{or}	脂润滑	油润滑
—	mm			mm			—				kN		(r · min^{-1})	
1319	95	200	45	109	186	2.5	0.23	2.8	4.3	2.9	132	50.8	3 000	3 600
2319		200	67	109	186	2.5	0.38	1.7	2.6	1.8	162	64.2	2 800	3 400
1220	100	180	34	112	168	2.1	0.18	3.5	5.4	3.7	68.5	29.2	3 200	3 800
2220		180	46	112	168	2.1	0.27	2.3	3.6	2.5	97.2	40.5	3 200	3 800
1320		215	47	114	201	2.5	0.24	2.7	4.1	2.8	142	57.2	2 800	3 400
2320		215	73	114	201	2.5	0.37	1.7	2.6	1.8	192	78.5	2 400	3 200

注：圆锥孔轴承的尺寸、性能与圆柱孔轴承相同，只在其相应轴承代号后加“K”字，如 1213 改作 1213K。

6.2.7 调心滚子轴承

表 6.2.7 调心滚子轴承(摘自 GB/T 288—1994)

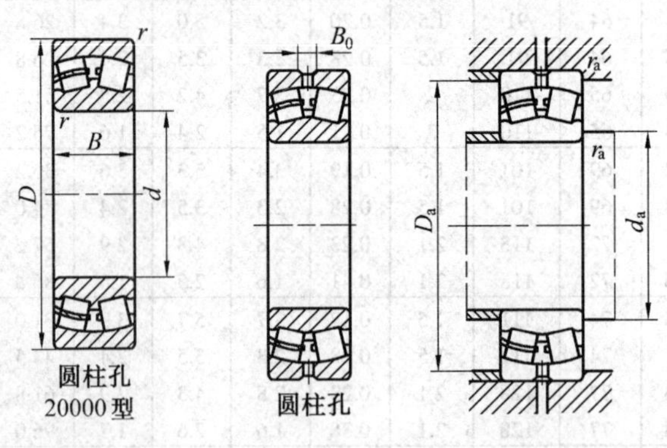

轴承代号	基本尺寸			安装尺寸			计算系数				基本额定载荷		极限转速	
圆柱孔	d	D	B/	d_a/ min	D_a/ max	r_a/ max	e	Y_1	Y_2	Y_0	C_r	C_{or}	脂润滑	油润滑
—	mm			mm			—				kN		(r · min^{-1})	
21304CC	20	52	15	27	45	1	0.31	2.2	3.3	2.2	30.8	31.2	6 000	7 500
22205CC/W33	25	52	18	30	46	1	0.35	1.9	2.9	1.9	35.8	36.8	8 000	10 000
21305CC		62	17	32	55	1	0.29	2.4	3.5	2.3	41.5	44.2	5 300	6 700
22206	30	62	20	36	56	1	0.35	1.9	2.8	1.9	30.5	38.2	5 300	6 700
22206C		62	20	36	56	1	0.33	2.0	3.0	2.0	51.8	56.8	6 300	8 000
22206C/W33		62	20	36	56	1	0.32	2.1	3.1	2.1	50.5	55.0	6 700	8 500
21306CC		72	19	37	65	1	0.27	2.5	3.7	2.4	55.8	62.0	4 500	6 000
22207	35	72	23	42	65	1	0.36	1.9	2.8	1.8	45.2	59.5	4 800	6 000
22207C/W33		72	23	42	65	1	0.31	2.1	3.2	2.1	66.5	76.0	5 300	6 700
22207CC/W33		72	23	42	65	1	0.32	2.1	3.2	2.1	68.5	79.0	5 600	7 000
21307CC		80	21	44	71	1.5	0.27	2.5	3.8	2.5	63.5	73.2	4 000	5 300
22208	40	80	23	47	73	1	0.32	2.1	3.1	2.1	49.8	68.5	4 500	5 600
22208C/W33		80	23	47	73	1	0.28	2.4	3.6	2.3	78.5	90.8	5 000	6 000
22208CC/W33		80	23	47	73	1	0.28	2.4	3.6	2.4	77.0	88.5	5 000	6 300
21308CC		90	23	49	81	1.5	0.26	2.6	3.8	2.5	85.0	96.2	3 600	4 500
22308	40	90	33	49	81	1.5	0.42	1.6	2.4	1.6	73.5	90.5	4 000	5 000
22308C/W33		90	33	49	81	1.5	0.38	1.8	2.6	1.7	120	138	4 300	5 300

续表 6.2.7

轴承代号	基本尺寸			安装尺寸			计算系数				基本额定载荷		极限转速	
圆柱孔	d	D	B	d_a/min	D_a/max	r_a/max	e	Y_1	Y_2	Y_0	C_r	C_{or}	脂润滑	油润滑
—	mm			mm			—				kN		$(r\cdot min^{-1})$	
22308CC/W33	40	90	33	49	81	1.5	0.38	1.8	2.7	1.8	120	138	4 500	6 000
22209	45	85	23	52	78	1	0.30	2.3	3.4	2.2	52.2	73.2	4 000	5 000
22209C/W33		85	23	52	78	1	0.27	2.5	3.8	2.5	82.0	97.5	4 500	5 600
22209CC/W33		85	23	52	78	1	0.26	2.6	3.8	2.5	80.5	95.2	4 500	6 000
21309CC		100	25	54	91	1.5	0.25	2.7	4.0	2.6	100	115	3 200	4 000
22309		100	36	54	91	1.5	0.41	1.6	2.4	1.6	108	140	3 600	4 500
22309C/W33		100	36	54	91	1.5	0.38	1.8	2.6	1.7	142	170	3 800	4 800
22309CC/W33		100	36	54	91	1.5	0.37	1.8	2.7	1.8	142	170	4 000	5 300
22210	50	90	23	57	83	1	0.30	2.4	3.6	2.4	52.2	73.2	3 800	4 800
22210C/W33		90	23	57	83	1	0.24	2.8	4.1	2.7	84.5	105	4 000	5 000
21310CC		110	27	60	100	2	0.25	2.7	4.0	2.6	120	140	2 800	3 800
22310		110	40	60	100	2	0.41	1.6	2.4	1.6	128	170	3 400	4 300
22310C/W33		110	40	60	100	2	0.37	1.8	2.7	1.8	175	210	3 400	4 300
22211	55	100	25	64	91	1.5	0.28	2.5	3.7	2.4	60	87.2	3 400	4 300
22211C/W33		100	25	64	91	1.5	0.24	2.8	4.1	2.7	102	125	3 600	4 500
21311CC		120	29	65	110	2	0.25	2.7	4.1	2.7	142	170	2 600	3 400
22311		120	43	65	110	2	0.39	1.7	2.6	1.7	155	198	3 000	3 800
22311C/W33		120	43	65	110	2	0.37	1.8	2.7	1.8	208	250	3 000	3 800
22212	60	110	28	69	101	1.5	0.28	2.4	3.6	2.4	81.8	122	3 200	4 000
22212C/W33		110	28	69	101	1.5	0.24	2.8	4.1	2.7	122	155	3 200	4 000
21312CC		130	31	72	118	2.1	0.24	2.8	4.2	2.7	162	195	2 400	3 200
22312		130	46	72	118	2.1	0.40	1.7	2.5	1.6	168	225	2 800	3 600
22312C/W33		130	46	72	118	2.1	0.37	1.8	2.7	1.8	238	285	2 800	3 600
22213	65	120	31	74	111	1.5	0.28	2.4	3.6	2.4	88.5	128	2 800	3 600
22213C/W33		120	31	74	111	1.5	0.25	2.7	4.0	2.6	150	195	2 800	3 600
21313CC		140	33	77	128	2.1	0.24	2.9	4.3	2.8	182	228	2 200	3 000
22313		140	48	77	128	2.1	0.39	1.7	2.6	1.7	188	252	2 400	3 200
22214	70	125	31	79	116	1.5	0.27	2.4	3.7	2.4	95	142	2 600	3 400
22214C/W33		125	31	79	116	1.5	0.23	2.9	4.3	2.8	158	205	2 600	3 400
21314CC		150	35	82	138	2.1	0.23	2.9	4.3	2.8	212	268	2 000	2 800
22314		150	51	82	138	2.1	0.37	1.8	2.7	1.8	230	315	2 200	3 000
22215	75	130	31	84	121	1.5	0.26	2.6	3.9	2.6	95	142	2 400	3 200
22215C/W33		130	31	84	121	1.5	0.22	3.0	4. 5	2.9	162	215	2 400	3 200
21315CC		160	37	87	148	2.1	0.23	3.0	4 .4	2.9	238	302	1 900	2 600
22315		160	55	87	148	2.1	0.36	1.7	2.6	1.7	262	388	2 000	2 800
22216	80	140	33	90	130	2	0.25	2.7	4.0	2.6	115	180	2 200	3 000
22216C/W33		140	33	90	130	2	0.22	3.0	4.5	2.9	175	238	2 200	3 000
21316CC		170	39	92	158	2.1	0.23	3.0	4.4	2.9	260	332	1 800	2 400
22316		170	58	92	158	2.1	0.37	1.8	2.7	1.8	288	405	1 900	2 600
22217	85	150	36	95	140	2	0.26	2.6	3.9	2.5	145	228	2 000	2 800
22217C/W33		150	36	95	140	2	0.22	3.0	4.4	2.9	210	278	2 000	2 800
21317CC		180	41	99	166	2.5	0.23	3.0	4.4	2.9	298	385	1 700	2 200
22317		180	60	99	166	2.5	0.37	1.8	2.7	1.8	308	440	1 800	2 400
22218	90	160	40	100	150	2	0.27	2.5	3.8	2.5	168	272	1 900	2 600
22218C/W33		160	40	100	150	2	0.23	2.9	4.4	2.8	240	322	1 900	2 600
23218C/W33		160	52.4	100	150	2	0.31	2.1	3.2	2.1	325	478	1 700	2 200
21318CC	90	190	43	104	176	2.5	0.23	3.0	4.5	2.9	320	420	1 600	2 200
22318		190	64	104	176	2.5	0.37	1.8	2.7	1.8	365	542	1 700	2 200

续表 6.2.7

轴承代号	基本尺寸			安装尺寸			计算系数				基本额定载荷		极限转速	
圆柱孔	d	D	B	d_a/min	D_a/max	r_a/max	e	Y_1	Y_2	Y_0	C_r	C_{or}	脂润滑	油润滑
—	mm			mm			—				kN		$(r \cdot min^{-1})$	
22219	95	170	43	107	158	2.1	0.27	2.5	3.7	2.4	212	322	1 800	2 400
22219C/W33		170	43	107	158	2.1	0.24	2.9	4.4	2.7	278	380	1 900	2 600
22319		200	67	109	186	2.5	0.38	1.8	2.7	1.8	385	570	1 600	2 000
22319TN1W33		200	67	109	186	2.5	0.34	2.0	3.0	2.0	568	728	2 000	2 600
23120C/W33	100	165	52	110	155	2	0.30	2.3	3.4	2.2	320	505	1 600	2 000
22220		180	46	112	168	2.1	0.27	2.5	3.7	2.4	222	358	1 700	2 200
22220C/W33		180	46	112	168	2.1	0.23	2.9	4.3	2.8	310	425	1 800	2 400
22320		215	73	114	201	2.5	0.37	1.8	2.7	1.8	450	668	1 400	1 800
23121	105	175	56	119	161	2.5	0.32	2.1	3.1	2.1	242	480	1 400	1 800
23022	110	170	45	120	160	2	0.26	2.6	3.9	2.6	195	410	1 400	1 800
23122		180	56	120	170	2	0.32	2.1	3.1	2.1	262	475	1 300	1 700
22222		200	53	122	188	2.1	0.28	2.4	3.6	2.3	288	465	1 500	1 900
22322		200	80	124	226	2.5	0.37	1.9	2.7	1.8	545	832	1 200	1 600
23024	120	180	46	130	170	2	0.25	2.7	4.0	2.6	212	470	1 200	1 600
23124		200	62	130	190	2	0.32	2.1	3.1	2.0	290	572	1 100	1 500
22224		215	58	132	203	2.1	0.29	2.4	3.5	2.3	342	565	1 300	1 700
22324		260	86	134	246	2.5	0.37	1.9	2.7	1.8	645	992	1 100	1 500
23026	130	200	52	140	190	2	0.26	2.6	3.8	2.5	270	608	1 100	1 500
22226		230	64	144	216	2.5	0.29	2.3	3.4	2.3	408	708	1 200	1 600
22326		280	93	148	262	3	0.39	1.7	2.6	1.7	722	1140	950	1 300
23028	140	210	53	150	200	2	0.25	2.7	4.0	2.6	285	635	950	1 300
23128		225	68	152	213	2.1	0.29	2.3	3.4	2.3	398	605	950	1 300
22228		250	68	154	236	2.5	0.29	2.3	3.5	2.3	478	805	1 000	1 400
22328		300	102	158	282	3	0.38	1.8	2.6	1.7	825	1 340	900	1 200
23030	150	225	56	162	213	2.1	0.25	2.7	4.0	2.5	328	768	900	1 200
23130		250	80	162	238	2.1	0.33	2.0	3.0	2.0	512	1 080	850	1 100
22230		270	73	164	256	2.5	0.29	2.3	3.5	2.3	508	875	950	1 300
22330		320	108	168	302	3	0.36	1.9	2.8	1.8	1 020	1 740	850	1 100
23032	160	240	60	172	228	2.1	0.25	2.7	4.0	2.6	368	825	850	1 100
23132		270	86	172	258	2.1	0.34	2.0	2.9	2.0	520	1 110	800	1 000
22232		290	80	174	276	2.5	0.30	2.3	3.4	2.2	642	1 140	900	1 200
22332		340	114	178	322	3	0.38	1.8	2.7	1.8	1 040	1 770	800	1 000
23034	170	260	67	182	248	2.1	0.26	2.6	3.8	2.5	445	1 010	800	1 000
22234		310	86	188	292	3	0.30	2.3	3.4	2.2	720	1 300	850	1 100
22334		360	120	188	342	3	0.39	1.7	2.6	1.7	1 150	2 060	750	950
23036	180	280	74	192	268	2.1	0.26	2.6	3.8	2.5	540	1 230	750	950
23136		300	96	194	286	2.5	0.32	2.1	3.1	2.1	695	1 480	750	900
22236		320	86	198	302	3	0.29	2.3	3.5	2.3	735	1 370	800	1 000
22336		380	120	198	362	3	0.38	1.8	2.6	1.7	1 260	2 270	700	900
23038	190	290	75	202	278	2.1	0.25	2.7	4.0	2.6	555	1 230	700	900
23138		320	104	204	306	2.5	0.33	2.0	3.0	2.0	788	1 830	670	850
22238		340	92	208	322	3	0.29	2.3	3.5	2.3	818	1 510	750	950
22338		400	132	212	378	4	0.36	1.8	2.7	1.8	1 390	2 530	670	850
23040	200	310	82	212	298	2.1	0.25	2.7	4.0	2.6	580	1 310	670	850
23140		340	112	214	326	2.5	0.34	2.0	3.0	2.0	910	2 010	630	800
22240		360	98	218	342	3	0.29	2.3	3.4	2.3	920	1 740	700	900
22340		420	138	222	398	4	0.38	1.8	2.7	1.7	1 490	2 720	630	800

6.2.8 推力球轴承

表 6.2.8 推力球轴承(摘自 GB/T 301－1995)

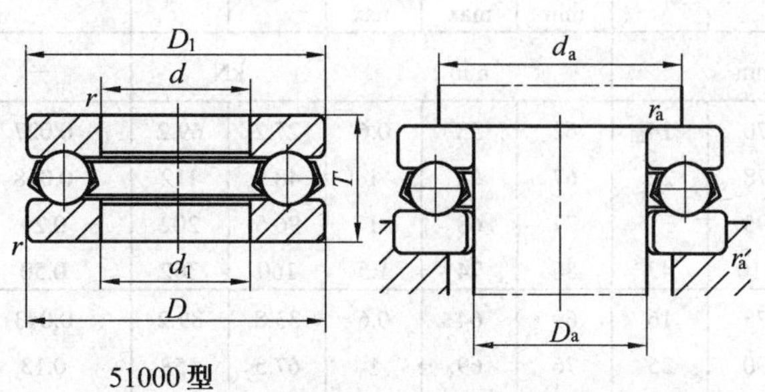

51000 型

轴承代号	基本尺寸			安装尺寸			基本额定载荷		最小载荷常数	极限转速	
51000 型	d	D	T	d_a/ min	D_a/ max	r_a/ max	C_a	C_{or}	A	脂润滑	油润滑
—	mm			mm			kN		—	(r · min^{-1})	
51100	10	24	9	18	16	0.3	10.0	14.0	0.001	6 300	9 000
51200		26	11	20	16	0.6	12.5	17.0	0.002	6 000	8 000
51101	12	26	9	20	18	0.3	10.2	15.2	0.001	6 000	8 500
51201		28	11	22	18	0.6	13.2	19.0	0.002	5 300	7 500
51102	15	28	9	23	20	0.3	10.5	16.8	0.002	5 600	8 000
51202		32	12	25	22	0.6	16.5	24.8	0.003	4 800	6 700
51103	17	30	9	25	22	0.3	10.8	18.2	0.002	5 300	7 500
51203		35	12	28	24	0.6	17.0	27.2	0.004	4 500	6 300
51104	20	35	10	29	26	0.3	14.2	24.5	0.004	4 800	6 700
51204		40	14	32	28	0.6	22.2	37.5	0.007	3 800	5 300
51304		47	18	36	31	1	35.0	55.8	0.016	3 600	4 500
51105	25	42	11	35	32	0.6	15.2	30.2	0.005	4 300	6 000
51205		47	15	38	34	0.6	27.8	50.5	0.013	3 400	4 800
51305		52	18	41	36	1	35.5	61.5	0.021	3 000	4 300
51405		60	24	46	39	1	55.5	89.2	0.044	2 200	3 400
51106	30	47	11	40	37	0.6	16.0	34.2	0.007	4 000	5 600
51206		52	16	43	39	0.6	28.0	54.2	0.016	3 200	4 500
51306		60	21	48	42	1	42.8	78.5	0.033	2 400	3 600
51406		70	28	54	46	1	72.5	125	0.082	1 900	3 000
51107	35	52	12	45	42	0.6	18.2	41.5	0.010	3 800	5 300
51207		62	18	51	46	1	39.2	78.2	0.033	2 800	4 000
51307		68	24	55	48	1	55.2	105	0.059	2 000	3 200
51407		80	32	62	53	1	86.8	155	0.13	1 700	2 600
51108	40	60	13	52	48	0.6	26.8	62.8	0.021	3 400	4 800
51208		68	19	57	51	1	47.0	98.2	0.050	2 400	3 600
51308		78	26	63	55	1	69.2	135	0.096	1 900	3 000
51408		90	36	70	60	1	112	205	0.22	1 500	2 200
51109	45	65	14	57	53	0.6	27.0	66.0	0.024	3 200	4 500
51209		73	20	62	56	1	47.8	105	0.059	2 200	3 400
51309		85	28	69	61	1	75.8	150	0.13	1 700	2 600
51409		100	39	78	67	1	140	262	0.36	1 400	2 000

续表 6.2.8

轴承代号	基本尺寸			安装尺寸			基本额定载荷		最小载荷常数	极限转速	
51000 型	d	D	T	d_a/min	D_a/max	r_a/max	C_a	C_{or}	A	脂润滑	油润滑
—	mm			mm			kN		—	(r·min^{-1})	
51110	50	70	14	62	58	0.6	27.2	69.2	0.027	3 000	4 300
51210		78	22	67	61	1	48.5	112	0.068	2 000	3 200
51310		95	31	77	68	1	96.5	202	0.21	1 600	2 400
51410		110	43	86	74	1.5	160	302	0.50	1 300	1 900
51111	55	78	16	69	64	0.6	33.8	89.2	0.043	2 800	4 000
51211		90	25	76	69	1	67.5	158	0.13	1 900	3 000
51311		105	35	85	75	1	115	242	0.31	1 500	2 200
51411		120	48	94	81	1.5	182	355	0.68	1 100	1 700
51112	60	85	17	75	70	1	40.2	108	0.063	2 600	3 800
51212		95	26	81	74	1	73.5	178	0.16	1 800	2 800
51312		110	35	90	80	1	118	262	0.35	1 400	2 000
51412		130	51	102	88	1.5	200	395	0.88	1 000	1 600
51113	65	90	18	80	75	1	40.5	112	0.07	2 400	3 600
51213		100	27	86	79	1	74.8	188	0.18	1 700	2 600
51313		115	36	95	85	1	115	262	0.38	1 300	1 900
51413		140	56	110	95	2	215	448	1.14	900	1 400
51114	70	95	18	85	80	1	40.8	115	0.078	2 200	3 400
51214		105	27	91	84	1	73.5	188	0.19	1 600	2 400
51314		125	40	103	92	1	148	340	0.60	1 200	1 800
51414		150	60	118	102	2	255	560	1.71	850	1 300
51115	75	100	19	90	85	1	48.2	140	0.11	2 000	3 200
51215		110	27	96	89	1	74.8	198	0.21	1 500	2 200
51315		135	44	111	99	1.5	162	380	0.77	1 100	1 700
51415		160	65	125	110	2	268	615	2.00	800	1 200
51116	80	105	19	95	90	1	48.5	145	0.12	1 900	3 000
51216		115	28	101	94	1	83.8	222	0.27	1 400	2 000
51316		140	44	116	104	1.5	160	380	0.81	1 000	1 600
51416		170	68	133	117	2.1	292	692	2.55	750	1 100
51117	85	110	19	100	95	1	49.2	150	0.13	1 800	2 800
51217		125	31	109	101	1	102	280	0.41	1 300	1 900
51317		150	49	124	111	1.5	208	495	1.28	950	1 500
51417		180	72	141	124	2.1	318	782	3.24	700	1 000
51118	90	120	22	108	102	1	65.0	200	0.21	1 700	2 600
51218		135	35	117	108	1	115	315	0.52	1 200	1 800
51318		155	50	129	116	1.5	205	495	1.34	900	1 400
51418		190	77	149	131	2.1	325	825	3.71	670	950
51120	100	135	25	121	114	1	85.0	268	0.37	1 600	2 400
51220		150	38	130	120	1	132	375	0.75	1 100	1 700
51320		170	55	142	128	1.5	235	595	1.88	800	1 200
51420		210	85	165	145	2.5	400	1 080	6.17	600	850

6.2.9 双向推力球轴承

表 6.2.9 双向推力球轴承(摘自 GB/T 301—1995)

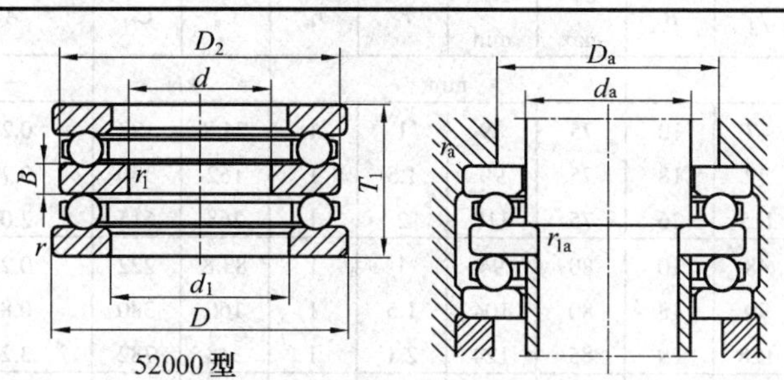

52000型

轴承代号	基本尺寸				安装尺寸				基本额定载荷		最小载荷常数	极限转速	
5200型	d	D	T_1	B	d_a/max	D_a/min	r_a	r_{1a}	C_a	C_{or}	A	脂润滑	油润滑
—	mm				mm				kN		—	(r·min^{-1})	
52202	10	32	22	5	15	22	0.6	0.3	16.5	24.8	0.003	4 800	6 700
52204	15	40	26	6	20	28	0.6	0.3	22.2	37.5	0.007	3 800	5 300
52405		60	45	11	25	39	1	0.6	55.5	89.2	0.044	2 200	3 400
52205	20	47	28	7	25	34	0.6	0.3	27.8	50.5	0.013	3 400	4 800
52305		52	34	8	25	36	1	0.3	35.5	61.5	0.021	3 000	4 300
52406		70	52	12	30	46	1	0.6	72.5	125	0.082	1 900	3 000
52206	25	52	29	7	30	39	0.6	0.3	28.0	54.2	0.016	3 200	4 500
52306		60	38	9	30	42	1	0.3	42.8	78.5	0.033	2 400	3 600
52407		80	59	14	35	53	1	0.6	86.8	155	0.13	1 700	2 600
52207	30	62	34	8	35	46	1	0.3	39.2	78.2	0.033	2 800	4 000
52307		68	44	10	35	48	1	0.3	55.2	105	0.059	2 000	3 200
52208		68	36	9	40	51	1	0.6	47.0	98.2	0.050	2 400	3 600
52308		78	49	12	40	55	1	0.6	69.2	135	0.098	1 900	300
52408		90	65	15	40	60	1	0.6	112	205	0.22	1 500	2 200
52209	35	73	37	9	45	56	1	0.6	47.8	105	0.059	2 200	3 400
52309		85	52	12	45	61	1	0.6	75.8	150	0.13	1 700	2 600
52409		100	72	17	45	67	1	0.6	140	262	0.36	1 400	2 000
52210	40	78	39	9	50	61	1	0.6	48.5	112	0.068	2 000	3 200
52310		95	58	14	50	68	1	0.6	96.5	202	0.21	1 600	2 400
52410		110	78	18	50	74	1.5	0.6	160	302	0.50	1 300	1 900
52211	45	90	45	10	55	69	1	0.6	67.5	158	0.13	1 900	3 000
52311		105	64	15	55	75	1	0.6	115	242	0.31	1 500	2 200
52411		120	87	20	55	81	1.5	0.6	182	355	0.68	1 100	1 700
52212	50	95	46	10	60	74	1	0.6	73.5	178	0.16	1 800	2 800
52312		110	64	15	60	80	1	0.6	118	262	0.35	1 400	2 000
52412		130	93	21	60	88	1.5	0.6	200	395	0.88	1 000	1 600
52413		140	101	23	65	95	2	1	215	448	1.14	900	1 400
52213	55	100	47	10	65	79	1	0.6	74.8	188	0.18	1 700	2 600
52313		115	65	15	65	85	1	0.6	115	262	0.38	1 300	1 900
52214		105	47	10	70	84	1	1	73.5	188	0.19	1 600	2 400
52314		125	72	16	70	92	1	1	148	340	0.60	1 200	1 800
52414		150	107	24	70	102	2	1	255	560	1.71	850	1 300

续表 6.2.9

轴承代号	基本尺寸				安装尺寸				基本额定载荷		最小载荷常数	极限转速	
5200 型	d	D	T_1	B	d_a/max	D_a/min	r_a	r_{1a}	C_a	C_{or}	A	脂润滑	油润滑
—	mm				mm				kN		—	(r · min^{-1})	
52215	60	110	47	10	75	89	1	1	74.8	198	0.21	1 500	2 200
52315		135	79	18	75	99	1.5	1	162	380	0.77	1 100	1 700
52415		160	115	26	75	110	2	1	268	615	2.00	800	1 200
52216	65	115	48	10	80	94	1	1	83.8	222	0.27	1 400	2 000
52316		140	79	18	80	104	1.5	1	160	380	0.81	1 000	1 600
52417		180	128	29	85	124	2.1	1	318	782	3.24	700	1 000
52217	70	125	55	12	85	109	1	1	102	280	0.41	1 300	1 900
52317		150	87	19	85	114	1.5	1	208	495	1.28	950	1 500
52418		190	135	30	90	131	2.1	1	325	825	3.71	670	950
52218	75	135	62	14	90	108	1	1	115	315	0.52	1 200	1 800
52318		155	88	19	90	116	1.5	1	205	495	1.34	900	1 400
52420	80	210	150	33	100	145	2.5	1	400	1 080	6.17	600	850
52220	85	150	67	15	100	120	1	1	132	375	0.75	1 100	1 700
52320		170	97	21	100	128	1.5	1	235	595	1.88	800	1 200
52422	90	230	166	37	110	159	2.5	1	490	1 390	10.4	530	750
52222	95	160	67	15	110	130	1	1	138	412	0.89	1 000	1 600
52322		190	110	24	110	142	2	1	278	755	2.97	700	1 100
52224	100	170	68	15	120	140	1	1	135	412	0.96	950	1 500
52324		210	123	27	120	157	2.1	1	330	945	4.58	670	950
52426		270	192	42	130	188	3	2	630	2 010	21.1	430	600

6.3 角接触轴承的轴向游隙

表 6.3.1 角接触轴承的轴向游隙

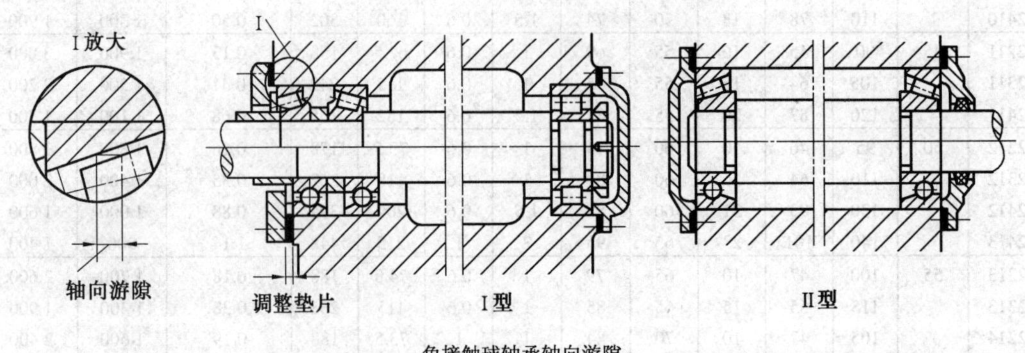

角接触球轴承轴向游隙

续表 6.3.10

轴承公称内径 d/mm	允许轴向游隙的范围/μm						II型轴承间允许的距离(大概值)
	接触角 β=12°				β=26° 及 β=36°		
	I型		II型		I型		
	最小	最大	最小	最大	最小	最大	
～30	20	40	30	50	10	20	8*d*
>30～50	30	50	40	70	15	30	7*d*
>50～80	40	70	50	100	20	40	6*d*
>80～120	50	100	60	150	30	50	5*d*

圆锥滚子轴承轴向游隙

轴承公称内径 d/mm	允许轴向游隙的范围/μm						II型轴承间允许的距离(大概值)
	接触角 β=12°～16°				β=25°～29°		
	I型		II型		I型		
	最小	最大	最小	最大	最小	最大	
～30	20	40	40	70	—	—	14*d*
>30～50	40	70	50	100	20	40	12*d*
>50～80	50	100	80	150	30	50	11*d*
>80～120	80	150	120	200	40	70	10*d*

注意：轴承内外圈的剖面线方向要改为相同。

第 7 章

其他常用机械零部件

7.1 密 封 件

7.1.1 O 形橡胶密封圈

表 7.1.1 液压气动用 O 形橡胶密封圈尺寸及公差(摘自 GB/T 3452.1－1992)

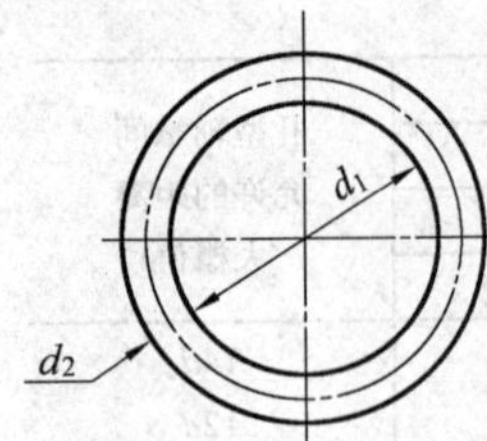

代号与标记：
截面直径(d_2)代号，A──1.80 mm；B──2.65 mm；C──3.55 mm；D──5.30 mm；E──7.00 mm
用途代号 A—宇航用型；G—通用型
标记方式有两种：
第一种标记方式以截面直径代号、内径值、用途代号、标准号表示。如截面直径 d_2=5.30 mm、内径 d_1=265 mm 的通用型 O 形圈表示为：D2×6×5×0G GB/T 3452.1－1992
在此表示内径 d_1 的小数点后数字为 0。如截面直径 d_2=1.80 mm、d_1=2.24 mm 的宇航用 O 形圈(A)表示为：
A 0×0×2×2A GB/T 3452.1－1992 在此百分位不标。
第 2 种标记方式以 d_1×d_2、用途代号、标准号表示，如以上二例表示为：
265×5.30G GB/T 3452.1－1992
2.24×1.80A GB/T 3452.1－1992

mm

d_1			d_2				
内径	极限偏差 通用	极限偏差 宇航用	1.80±0.08	2.65±0.09	3.55±0.10	5.30±0.13	7.00±0.15
1.80	±0.13	±0.13	⊗				
2.00			⊗				
2.24			⊗				
2.50			⊗				
2.80			⊗				
3.15			⊗				
3.55			⊗				
3.75			⊗				
4.00			⊗				
4.50			⊗	○			
4.87			⊗				
5.00			⊗				
5.15			⊗				
5.30			⊗	○			
5.60			⊗				
6.00			⊗	○			
6.30	±0.14		⊗				
6.70			⊗				
6.90		±0.14	⊗	○			
7.10			⊗				
7.50			⊗				
8.00			⊗	○			
8.50			⊗				
8.75			⊗				
9.00			⊗	○			
9.50			⊗	○			
10.0			⊗	○			
10.6	±0.17	±0.16	⊗	⊗			
11.2			⊗	⊗			
11.8			⊗	⊗			
12.5			⊗	⊗			
13.2			⊗	⊗			
14.0			⊗	⊗	○		
15.0			⊗	⊗	○		
16.0			⊗	⊗	○		
17.0			⊗	⊗	○		
18.0			⊗	⊗	⊗		
19.0	±0.22	±0.21	⊗	⊗	⊗		
20.0			⊗	⊗	⊗		
21.2			⊗	⊗	⊗		
22.4	±0.22	±0.21	⊗	⊗	⊗		
23.6			⊗	⊗	⊗		
25.0			⊗	⊗	⊗		
25.8			⊗	⊗	⊗		
26.5			⊗	⊗	⊗		
28.0			⊗	⊗	⊗		
30.0			⊗	⊗	⊗		
31.5	±0.30	±0.28	○	⊗	⊗		
32.5			⊗	⊗	⊗		
33.5			○	⊗	⊗		
34.5			⊗	⊗	⊗		
35.5			○	⊗	⊗		
36.5			⊗	⊗	⊗		
37.5			○	⊗	⊗	○	
38.7			⊗	⊗	⊗	○	
40.0			○	⊗	⊗	⊗	
41.2	±0.36	±0.33	○	⊗	⊗	⊗	
42.5			⊗	⊗	⊗	⊗	
43.7			○	⊗	⊗	⊗	
45.0			○	⊗	⊗	⊗	
46.2			⊗	⊗	⊗	⊗	
47.5			○	⊗	⊗	⊗	
48.7				⊗	⊗	⊗	
50.0			⊗	⊗	⊗	⊗	
51.5	±0.44	±0.40		⊗	⊗	⊗	
53.0			○	⊗	⊗	⊗	
54.5				⊗	⊗	⊗	
56.0			○	⊗	⊗	⊗	
58.0				⊗	⊗	⊗	
60.0			○	⊗	⊗	⊗	
61.5				⊗	⊗	⊗	
63.0			○	⊗	⊗	⊗	
65.0	±0.53	±0.48		○	⊗	⊗	
67.0			○	⊗	⊗	⊗	
69.0				○	⊗	⊗	
71.0			○	⊗	⊗	⊗	
73.0				○	⊗	⊗	
75.0			○	⊗	⊗	⊗	
77.5					⊗	⊗	
80.0			○	⊗	⊗	⊗	

续表 7.1.1

d_1 内径	d_1 极限偏差		d_2 1.80±0.08	2.65±0.09	3.55±0.10	5.30±0.13	7.00±0.15
82.5	±0.65	±0.55			⊗	×	
85.0			○	⊗	⊗	×	
87.5					⊗	×	
90.0			○	⊗	⊗	×	
92.5					⊗	×	
95.0			○	⊗	⊗	×	
97.5					⊗	×	
100			○	⊗	⊗	×	
103					⊗	×	
106			○	⊗	⊗	×	
109		±0.65			⊗	×	
112			○	⊗	⊗	×	
115					⊗	×	
118			○	⊗	⊗	×	
122	±0.90				⊗	×	
125			○	⊗	⊗	×	
128					⊗	×	
132				⊗	⊗	×	
136					⊗	×	
140				⊗	⊗	×	
145		±0.80			⊗	×	
150				⊗	⊗	×	
155					⊗	×	
160				○	⊗	×	
165					⊗	×	
170				○	⊗	×	
175					⊗	×	
180				○	⊗	×	
185	±1.20	±1.00			⊗	×	
190				○	⊗	×	
195					⊗	×	
200				○	⊗	×	
206						×	
212				○	○	×	
218					○	×	
224				○	○	×	
230					○	×	

d_1 内径	d_1 极限偏差 通用	宇航用	d_2 1.80±0.08	2.65±0.09	3.55±0.10	5.30±0.13	7.00±0.15
236	±1.20	±1.00		○	○	×	×
243						×	×
250				○	○	×	×
258	±1.60	±1.30		○		×	⊗
265				○		×	⊗
272						×	⊗
280				○		×	⊗
290				○		×	⊗
300				○		×	⊗
307				○		×	⊗
315				○		×	⊗
325	±2.10	±1.60				×	⊗
335				○		×	⊗
345						×	⊗
355				○		×	⊗
365						×	⊗
375						×	⊗
387		±1.90				×	⊗
400						×	⊗
412	±2.60						×
425							×
437							×
450							×
462							×
475							×
487							×
500							×
515	±3.20						×
530							×
545							×
560							×
580							×
600							×
615							×
630							×
650	±4.00						×
670							×

注：×—通用型规定的规格；○—宇航用的规格；⊗—通用型和宇航共同的规格。

表 7.1.2　O 形圈的材料和使用范围

材　料	适　用　介　质	使用温度/℃		注　意　事　项
		运动状态	静止状态	
丁腈橡胶	矿物油、汽油、苯	80	-30～120	
氯丁橡胶	空气、氧、水	80	-40～120	运动状态使用应注意
丁基橡胶	动、植物油、弱酸、碱	80	-30～110	不适用矿物油，永久变形大
丁苯橡胶	空气、水、动植物油、碱	80	-30～110	不适用矿物油
天然橡胶	水、弱酸、弱碱	60	-30～90	不适用矿物油
硅橡胶	矿物油，动、植物油，高、低、温油，弱酸、弱碱	-60～260	-60～260	运动部件避免使用，不适用蒸汽
氯磺化聚乙烯	氧、臭氧、高温油	100	-10～150	运动部位，避免使用
聚氨酯橡胶	油、水	60	-30～80	耐磨、避免高温使用
氟橡胶	蒸汽、空气、热油、无机酸、卤素类溶剂	150	-20～200	
聚四氟乙烯	酸、碱、各种溶剂		-100～260	不适用运动部位

表 7.1.3　O 形圈沟槽型式(摘自 GB/T 3452.3－1988)

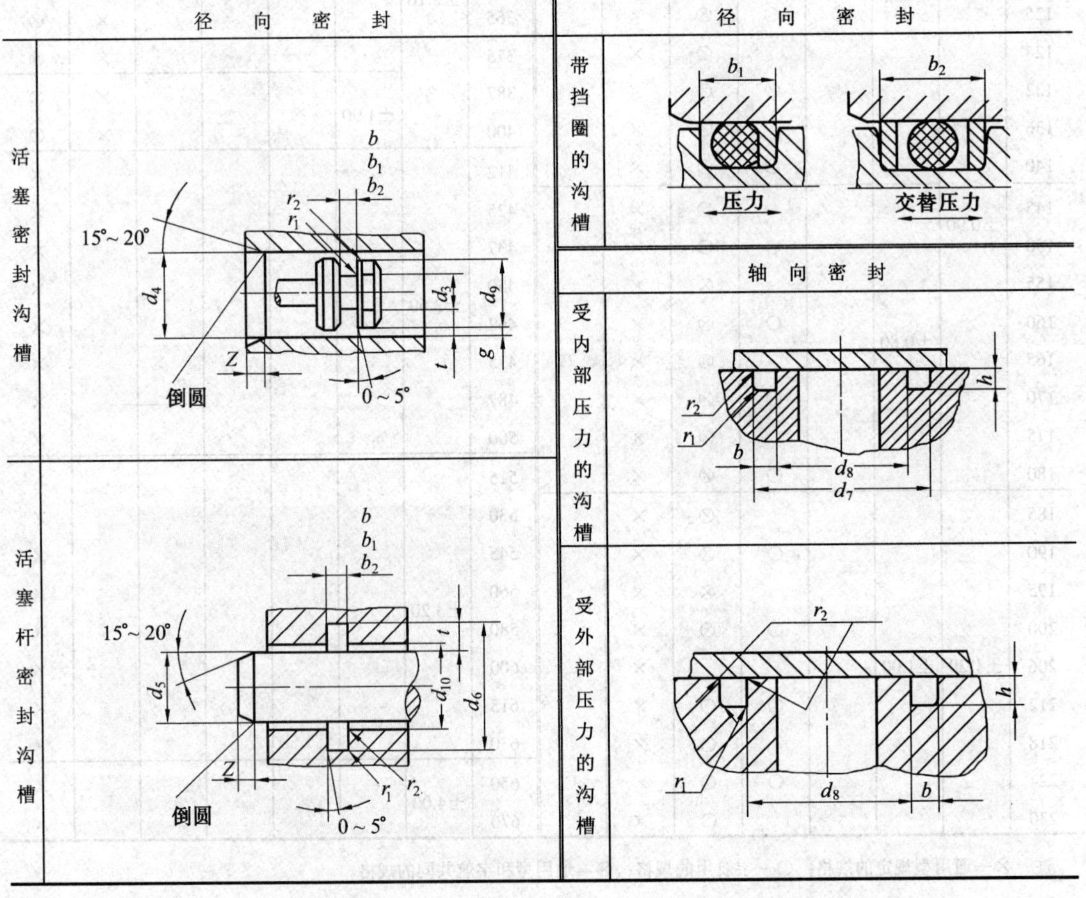

表 7.1.4 O 形圈密封沟槽尺寸(摘自 GB/T 3452.3—1988) mm

<table>
<tr><td rowspan="15">径向密封沟槽尺寸</td><td colspan="3">O 形圈截面直径 d_2</td><td>1.80</td><td>2.65</td><td>3.55</td><td>5.30</td><td>7.00</td></tr>
<tr><td rowspan="4">沟槽宽度</td><td colspan="2">气动动密封</td><td>2.2</td><td>3.4</td><td>4.6</td><td>6.90</td><td>9.3</td></tr>
<tr><td rowspan="3">液压动密封
或静密封</td><td>b</td><td>2.4</td><td>3.6</td><td>4.8</td><td>7.1</td><td>9.5</td></tr>
<tr><td>b_1</td><td>3.8</td><td>5.0</td><td>6.2</td><td>9.0</td><td>12.3</td></tr>
<tr><td>b_2</td><td>5.2</td><td>6.4</td><td>7.6</td><td>10.9</td><td>15.1</td></tr>
<tr><td rowspan="6">沟槽深度</td><td rowspan="3">活塞密封</td><td>液压动密封</td><td>1.42</td><td>2.16</td><td>2.96</td><td>4.48</td><td>5.95</td></tr>
<tr><td>气动动密封</td><td>1.46</td><td>2.23</td><td>3.03</td><td>4.65</td><td>6.20</td></tr>
<tr><td>静密封</td><td>1.38</td><td>2.07</td><td>2.74</td><td>4.19</td><td>3.67</td></tr>
<tr><td rowspan="3">活塞杆密封</td><td>液压动密封</td><td>1.47</td><td>2.24</td><td>3.07</td><td>4.66</td><td>6.16</td></tr>
<tr><td>气动动密封</td><td>1.57</td><td>2.37</td><td>3.24</td><td>4.86</td><td>6.43</td></tr>
<tr><td>静密封</td><td>1.42</td><td>2.15</td><td>2.85</td><td>4.36</td><td>5.89</td></tr>
<tr><td colspan="3">最小导角长度 Z_{min}</td><td>1.1</td><td>1.5</td><td>1.8</td><td>2.7</td><td>3.6</td></tr>
<tr><td colspan="3">槽底圆角半径 r_1</td><td colspan="2">0.2～0.4</td><td colspan="2">0.4～0.8</td><td>0.8～1.2</td></tr>
<tr><td colspan="3">槽棱圆角半径 r_2</td><td colspan="5">0.1～0.3</td></tr>
<tr><td colspan="8">活塞密封沟槽槽底最大直径 d_{3max} $d_{3max}=d_4-2t$，d_4—活塞缸直径
活塞杆密封沟槽槽底直径 d_6 的最小直径 $d_{6min}=d_{5max}+2t$，d_{5max}—活塞杆最大直径</td></tr>
<tr><td rowspan="6">轴向密封沟槽尺寸</td><td colspan="3">O 形圈截面直径 d_2</td><td>1.80</td><td>2.65</td><td>3.55</td><td>5.30</td><td>7.00</td></tr>
<tr><td colspan="3">沟槽宽度 b</td><td>2.6</td><td>3.8</td><td>5.0</td><td>7.3</td><td>9.7</td></tr>
<tr><td colspan="3">沟槽深度 h</td><td>1.28</td><td>1.97</td><td>2.75</td><td>4.24</td><td>5.72</td></tr>
<tr><td colspan="3">槽底圆角半径 r_1</td><td colspan="2">0.2～0.4</td><td colspan="2">0.4～0.8</td><td>0.8～1.2</td></tr>
<tr><td colspan="3">槽棱圆角半径 r_2</td><td colspan="5">0.1～0.3</td></tr>
<tr><td colspan="8">受内部压力时，沟槽外径 $d_7=d_1+2d_2$
受外部压力时，沟槽内径 $d_8=d_1$ d_1、d_2，见表 7.1.1</td></tr>
</table>

表 7.1.5 O 形密封圈沟槽尺寸公差 mm

<table>
<tr><td>O 形圆截面直径 d_2 / 沟槽尺寸</td><td>1.80</td><td>2.65</td><td>3.55</td><td>5.30</td><td>7.00</td></tr>
<tr><td>缸内径 d_4</td><td>+0.06
0</td><td>+0.07
0</td><td>+0.08
0</td><td>+0.09
0</td><td>+0.11
0</td></tr>
<tr><td>沟槽槽底直径(活塞密封) d_3</td><td>0
−0.04</td><td>0
−0.05</td><td>0
−0.06</td><td>0
−0.07</td><td>0
−0.09</td></tr>
<tr><td>总公差值 d_4+d_3</td><td>0.10</td><td>0.12</td><td>0.14</td><td>0.16</td><td>0.20</td></tr>
<tr><td>活塞直径 d_9</td><td colspan="5">f7</td></tr>
<tr><td>活塞杆直径 d_5</td><td>−0.01
−0.05</td><td>−0.02
−0.07</td><td>−0.03
−0.09</td><td>−0.03
−0.10</td><td>−0.04
−0.13</td></tr>
<tr><td>沟槽槽底直径(活塞杆密封) d_6</td><td>+0.06
0</td><td>+0.07
0</td><td>+0.08
0</td><td>+0.09
0</td><td>+0.11
0</td></tr>
<tr><td>总公差值 d_5+d_6</td><td>0.10</td><td>0.12</td><td>0.14</td><td>0.16</td><td>0.20</td></tr>
<tr><td>轴向密封时沟槽外径 d_7</td><td colspan="5">H11</td></tr>
<tr><td>轴向密封时沟槽内径 d_8</td><td colspan="5">H11</td></tr>
<tr><td>O 形圈沟槽宽度 b、b_1、b_2</td><td colspan="5">+0.25
0</td></tr>
<tr><td>轴向密封时沟槽深度 h</td><td colspan="5">+0.10
0</td></tr>
</table>

注：为适应特殊需要，d_3、d_4、d_5、d_6 的公差范围可以改变，但 d_4+d_3 或 d_5+d_6 的总公差值不得超过表列数。

表 7.1.6 密封沟槽的表面粗糙度 *Ra* μm

表面	应用场合	应力状态	*Ra*	Ra_{max}
沟槽的底面和侧面	静密封	非交变，无脉冲	3.2(1.6)	12.5(6.3)
		交变或脉冲	1.6	6.3
	动密封		1.6(0.8)	6.3(3.2)
配合表面	静密封	非交变，无脉冲	1.6(0.8)	6.3(3.2)
		交变或脉冲	0.8	3.2
	动密封		0.4	1.6
导角表面			3.2	12.5

注：括号内的数字为要求精度较高的场合应用。

7.1.2 毡封圈

表 7.1.7 毡封圈及槽的型式及尺寸(摘自 JB/ZQ 4606－1997) mm

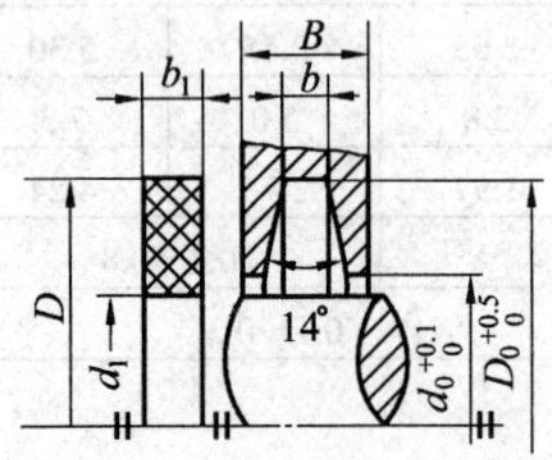

标记示例

轴径 d=40 mm 的毡圈记为：

毡圈 40 JB/ZQ 4606－1997

轴径 d	毡封圈 D	毡封圈 d_1	毡封圈 b_1	槽 D_0	槽 d_0	槽 b	槽 B_{min} 钢	槽 B_{min} 铸铁
16	29	14	6	28	16	5	10	12
20	33	19		32	21			
25	39	24	7	38	26	6	12	15
30	45	29		44	31			
35	49	34		48	36			
40	53	39		52	41			
45	61	44	8	60	46	7		
50	69	49		68	51			
55	74	53		72	56			
60	80	58		78	61			
65	84	63		85	66			
70	90	68		88	71			
75	94	73		92	77			
80	102	78	9	100	82	8	15	18
85	107	83		105	87			
90	112	88		110	92			
95	117	93	10	115	97			
100	122	98		120	102			
105	127	103		125	107			
110	132	108		130	112			
115	137	113		135	117			
120	142	118	10	140	122	8	15	18
125	147	123		145	127			
130	152	128	12	150	132	10	18	20
135	157	133		155	137			
140	162	138		160	143			
145	167	143		165	148			
150	172	148		170	153			
155	177	153		175	158			
160	182	158		180	163			
165	187	163		185	168			
170	192	168		190	173			
175	197	173		195	178			
180	202	178		200	183			
185	207	183		205	188			
190	212	188		210	193			
195	217	193	14	215	198	12	20	22
200	222	198		220	203			
210	232	208		230	213			
220	242	213		240	223			
230	252	223		250	233			
240	262	238		260	243			

注：毡圈材料有半粗羊毛毡和细羊毛毡，粗毛毡适用于速度v≤3 m/s，优质细毛毡适用于v≤10 m/s。

7.1.3 J 型和 U 型无骨架橡胶密封圈

表 7.1.8 J 型无骨架橡胶油封与 U 型无骨架橡胶油封尺寸 mm

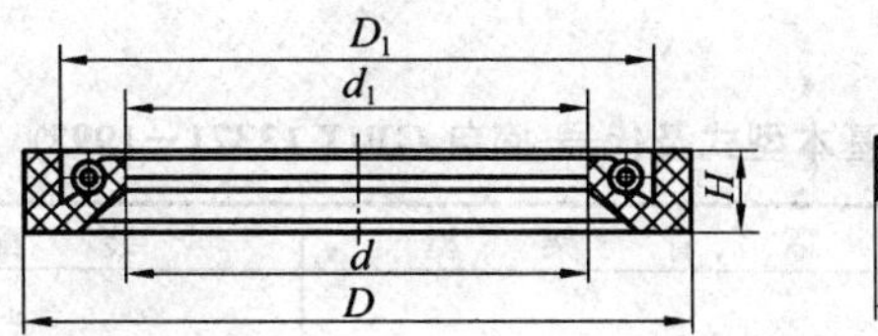

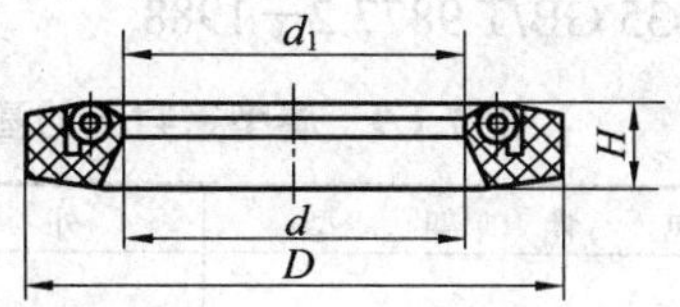

标记示例

d=50 mm, D=75 mm, H=12 mm 耐油橡胶 J-1，J 型无骨架橡胶油封：

J 型油封 50×75×12 橡胶 I-1

d=50 mm, D=75 mm, H=12.5 mm，耐油橡胶 I-1，U 型无骨架橡胶油封：

U 型油封 50×75×12.5 橡胶 Ⅰ-1

轴径 d	D	H J 型	H U 型	d_1	D_1	轴径 d	D	H J 型	H U 型	d_1	D_1	轴径 d	D	H J 型	H U 型	d_1	D_1
30	55			29	46	190	225			189	210	420	470			419	442
35	60			34	51	200	235			199	220	430	480			429	452
40	65			39	56	210	245			209	230	440	490			439	462
45	70			44	61	220	255	18	16	219	240	450	500			449	472
50	75			49	66	230	265			229	250	460	510			459	482
55	80			54	71	240	275			239	260	470	520			469	492
60	85	12	12.5	59	75	250	285			249	270	480	530			479	502
65	90			64	81	260	300			259	280	490	540			489	512
70	95			69	86	270	310			269	290	500	550		22.5	499	522
75	100			74	91	280	320			279	300	510	560			509	532
80	105			79	96	290	330			289	310	520	570			519	542
85	110			84	101	300	340			299	320	530	580	25		529	552
90	115			89	106	310	350			309	330	540	590			539	562
95	120			94	111	320	360			319	340	550	600			549	572
100	130			99	120	330	370	20	18	329	350	560	610			559	582
110	140			109	130	340	380			339	360	570	620			569	592
120	150			119	140	350	390			349	370	580	630			579	602
130	160	16	14	129	150	360	400			359	380	590	640			589	612
140	170			139	160	370	410			369	390	600	650			599	622
150	180			149	170	380	420			379	400	630	680		无规格	629	652
160	190			159	180	390	430			389	410	710	760			709	732
170	200			169	190	400	440			399	420	800	850			799	822
180	215	18	16	179	200	410	460	25	22.5	409	430						

7.1.4 唇型密封圈

密封圈标记由型式代号、规格代码和标准号组成。型式代号见表 7.1.9，规格代码见表 7.1.10。例如，带副唇外露骨架型密封圈，基本内径 d_1=22 mm，基本外径 D=35 mm，则其标记为：

FW 022035 GB/T 9877.2－1988

表 7.1.9 唇型密封圈的基本型式及代号(摘自 GB/T 13871－1992)

	内包骨架型	外露骨架型	装配型
无副唇	B 型 内包骨架型	W 型 外露骨架型	Z 型 装配型
带副唇	FB 型 带副唇内包骨架型	FW 型 带副唇外露骨架型	FZ 型 带副唇装配型
	GB/T 9877.1－1988	GB/T 9877.2－1988	GB/T 9877.3－1988

表 7.1.10 规格代码

d_1/mm	D/mm	规格代码
6	16	006016
70.	90	070090
400	440	400440

表 7.1.11 密封圈的基本尺寸

mm

d_1	D	b	d_1	D	b	d_1	D	b
6	16		30	52		85	110	
6	22		32	45		85	120	
7	22		32	47		(90)①	115	
8	22		32	52		90	120	
8	24		35	50		95	120	
9	22		35	52		100	125	12
10	22		35	55		(105)①	130	
10	25		38	52		110	140	
12	24		38	58		120	150	
12	25		38	62		130	160	
12	30		40	55		140	170	
15	26		(40)①	60		150	180	
15	30		40	62	8	160	190	
15	35		42	55		170	200	
16	30		42	62		180	210	
(16)①	35		45	62		190	220	15
18	30	7	45	65		200	230	
18	35		50	68		220	250	
20	35		(50)①	70		240	270	
20	40		50	72		(250)①	290	
(20)①	45		55	72		260	300	
22	35		(55)①	75		280	320	
22	40		55	80		300	340	
22	47		60	80		320	360	
25	40		60	85		340	380	20
25	47		65	85		360	400	
25	52		65	90		380	420	
28	40		70	90		400	440	
28	47		70	95				
28	52		75	95	10			
30	42		75	100				
30	47		80	100				
(30)①	50		80	110				

注：① 考虑到国内实际情况，除全部采用国际标准的基本尺寸外，还补充了若干种国内常用的规格，并加括号以示区别。

表 7.1.12 密封圈的宽度公差

mm

宽 度 b	公 差
$b \leqslant 10$	±0.3
$b > 10$	±0.4

表 7.1.13 密封圈的外径公差

mm

基本外径 D		外径公差		圆度公差	
大于	至	外露骨架型	内包骨架型②	外露骨架型①	内包骨架型
$D \leqslant 50$		+0.20 +0.08	+0.30 +0.15	0.18	0.25
50	80	+0.23 +0.09	+0.35 +0.20	0.25	0.35
80	120	+0.25 +0.10	+0.35(0.45) +0.20	0.30	0.50
120	180	+0.28 +0.12	+0.45(0.50) +0.25	0.40	0.65
180	300	+0.35 +0.15	+0.45(0.55) +0.25	外径的 0.25%	0.80
300	440	+0.45 +0.20	+0.55(0.65) +0.30	外径的 0.25% 但不超过 0.90	1.00

① $300 < D \leqslant 440$ mm 的外露骨架型密封圈的圆度公差，ISO 6194 中仅按外径的 0.25%计，在极端情况下其值偏大，故本标准规定有极限值。

② 内包骨架型密封圆的外径公差是以丁腈橡胶材料的收缩率为基础的，当采用其他橡胶材料时，也可采用 ISO 6194 未规定的括号内的公差值。

注：① 圆度公差等于三等分或多等分测得的最大直径与最小直径之差。

② 密封圈外径表面的橡胶部分，允许为波浪形，但其外径公差应由用户和生产厂商定。

7.2 挡 圈

7.2.1 轴用弹性挡圈

表 7.2.1 轴用弹性挡圈-A 型(摘自 GB/T 894.1－1986) mm

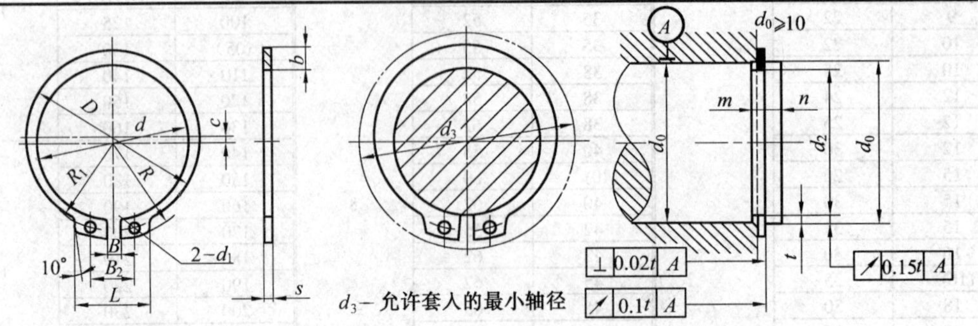

d_3－允许套入的最小轴径

标记示例：

轴径 d_0＝50 mm 材料 65Mn、热处理 44～51HRC、经表面氧化的 A 型轴用弹性挡圈：

挡圈 GB/T 894.1－1986 50

轴径 d_0	挡圈 d 基本尺寸	s 基本尺寸	b ≈	d_1	D	R	R_1	B_1	B_2	L	沟槽(推荐) c 基本尺寸	d_2 基本尺寸	d_2 极限偏差	m 基本尺寸	m 极限偏差	n ≥	孔 d_3≥
20	18.5				22.5	13.3	11.2					19					29
21	19.5	1	2.68		23.5	13.9	11.8				0.67	20	0 −0.13	1.1		1.5	31
22	20.5				24.5	14.5	12.4	2.5	8.5	14.5		21					32
24	22.2				27.2	15.5	13.3					22.9					34
25	23.2		3.32	2	28.2	16	13.8				0.83	23.9				1.7	35
26	24.2				29.2	16.6	14.4					24.9					36
28	25.9	1.2	3.6		31.3	17.7	15.3				0.9	26.6	0 −0.21	1.3			38.4
29	26.9		3.72		32.5	18.3	15.9				0.93	27.6				2.1	39.8
30	27.9				33.5	18.9	16.5					28.6					42
32	29.6		3.92		35.5	20	17.4				0.98	30.3				2.6	44
34	31.5		4.32		38	21.2	18.5				1.08	32.3					46
35	32.2				39	21.7	18.9					33					48
36	33.2		4.52	2.5	40	22.2	19.4	3	11	19	1.13	34				3	49
37	34.2				41	22.7	19.9					35					50
38	35.2	1.5			42.7	23.4	20.5					36	0 −0.25	1.7			51
40	36.5				44	24.3	21.3					37.5					53
42	38.5		5.0		46	25.8	22.5				1.25	39.5			+0.14 0	3.8	56
45	41.5				49	27.5	24.1					42.5					59.4
48	44.5				52	29.5	25.7					45.5					62.8
50	45.8				54	29.8	26.4					47					64.8
52	47.8		5.48		56	30.9	27.4				1.37	49					67
55	50.8				59	32.6	29					52					70.4
56	51.8	2			61	33.2	29.6					53		2.2			71.7
58	53.8				63	34.2	30.6					55					73.6
60	55.8				65	35.3	31.6					57					75.8
62	57.8		6.12	3	67	36.4	32.7				1.53	69					79
63	58.8				68	37	33.2	4	12	20		60				4.5	79.6
65	60.8				70	38.2	34.3					62	0 −0.30				81.6
68	63.5				73	39.8	35.8					65					85
70	65.5				75	41.4	37.3					67		2.7			87.2
72	67.5	2.5	6.32		77	41.95	37.9				1.58	69					89.4
75	70.5				80	43.7	39.5					72					92.8
78	73.5				83	45.4	41.1					75					96.2
80	74.5		7.0		85	45.9	41.6					76.5					98.2

7.2.2 孔用弹性挡圈

表 7.2.2 孔用弹性挡圈-A 型(摘自 GB/T 893.1－1986) mm

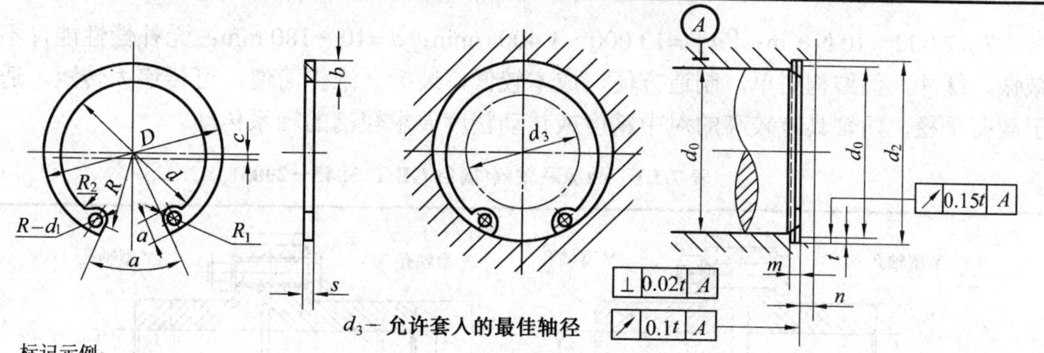

d_3－允许套入的最佳轴径

标记示例：

孔径 d_0=50 mm、材料 65Mn、热处理硬度 44～51HRC、经表面氧化处理的 A 型孔用弹性挡圈：

挡圈 GB/T 893.1－1986 50

孔径 d_0	挡圈 D	d	a max	R	s	b ≈	c	d_1	R_1	R_2	a	沟槽(推荐) d_2 基本尺寸	d_2 极限偏差	m 基本尺寸	m 极限偏差	n ≥	轴 d_3≥
50	54.2	47.5		23.3								53					36
52	56.2	49.5		24.3		4.7	1.2					55					38
55	59.2	52.2		25.8							45°	58					40
56	60.2	52.4	7.35	26.3					3	1.5		59					41
58	62.2	54.4		27.3	2							61		2.2			43
60	64.2	56.4		28.3								63					44
62	66.2	58.4		29.3		5.2	1.3					65	+0.30 0				45
63	67.2	59.4		29.8								66				4.5	46
65	69.2	61.4	8.75	30.4								68					48
68	72.5	63.9		32							36°	71					50
70	74.5	65.9	8.8	33		5.7	1.4					73					53
72	76.5	67.9		34				3				75			+0.14 0		55
75	79.5	70.1	9	35.3								78					56
78	82.5	73.1	9.4	36.5		6.3	1.6					81					60
80	85.5	75.3		37.7					4	2		83.5					63
82	87.5	77.3		38.7	2.5	6.8	1.7					85.5		2.7			65
85	90.5	80.3		40.2								88.5					68
88	93.5	82.6	9.7	41.7								91.5	+0.35 0				70
90	95.5	84.5		42.7		7.3	1.8					93.5				5.3	72
92	97.5	86		43.7								95.5					73
95	100.5	88.9		45.2								98.5					75
98	103.5	92	10.7	46.7		7.7	1.9					101.5					78
100	105.5	93.9		47.7								103.5					80
102	108	95.9	10.75	48.9								106					82
105	112	99.6		50.4		8.1	2					109					83
108	115	101.8	11.25	51.9								112	+0.54 0				86
110	117	103.8		52.9		8.8	2.2				30°	114					88
112	119	105.1		53.9								116					89
115	122	108	11.35	55.5		9.3	2.3		5	2.5		119					90
120	127	113		57.8	3			4				124		3.2	+0.18 0	6	95
125	132	117		60.3		10	2.5					129					100
130	137	121	11.45	62.8								134					105
135	142	126		65.3		10.7	2.7					139	+0.63 0				110
140	147	131		67.8								144					115
145	152	135.7	12.45	70.3		10.9	2.75					149					118
150	158	141.2	12.95	72.8			2.8		6	3		155					121

7.3 常用联轴器的基本参数和主要尺寸

7.3.1 凸缘联轴器

T_n=2 000～10 N·m；[n] =13 000～1 400 r/min；d =10～180 mm；无补偿性能，不能减振、缓冲，但结构简单，制造方便，成本较低，装拆、维护简便，可传递大转矩。适用于载荷平稳，两轴具有较高的对中精度或传动精度要求较高的轴系传动。

表 7.3.1 凸缘联轴器(摘自 GB/T 5843—2003) mm

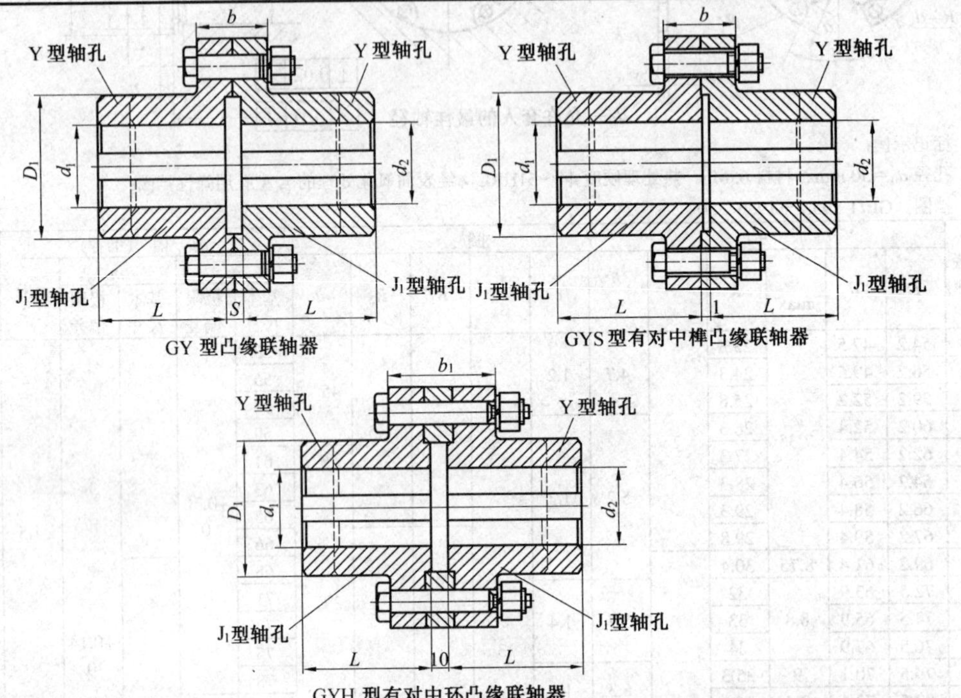

型号	公称转矩 T_n/(N·m)	许用转速 [n]/(r·min^{-1})	轴孔直径 d_1、d_2/mm	轴孔长度 L/mm		D	D_1	b	b_1	S	转动惯量 I/(kg·m^2)	质量 m/kg
				Y 型	J_1 型	mm						
GY1 GYS1 GYH1	25	12 000	12	32	27	80	30	26	42	6	0.000 8	1.16
			14									
			16	42	30							
			18									
			19									
GY2 GYS2 GYH2	63	10 000	16	42	30	90	40	28	44	6	0.001 5	1.72
			18									
			19									
			20	52	38							
			22									
			24									
			25	62	44							
GY3 GYS3 GYH3	112	9 500	20	52	38	100	45	30	46	6	0.002 5	2.38
			22									
			24									
			25	62	44							
			28									

续表 7.3.1

型号	公称转矩 T_n/(N·m)	许用转速 $[n]$/(r·min^{-1})	轴孔直径 d_1、d_2/mm	轴孔长度 L/mm		D	D_1	b	b_1	S	转动惯量 I/(kg·m^2)	质量 m/kg
				Y 型	J_1 型	mm						
GY4 GYS4 GYH4	224	9 000	25	62	44	105	55	32	48	6	0.003	3.15
			28									
			30	82	60							
			32									
			35									
GY5 GYS5 GYH5	400	8 000	30	82	60	120	68	36	52	8	0.007	5.43
			32									
			35									
			38									
			40	112	84							
			42									
GY6 GYS6 GYH6	900	6 800	38	82	60	140	80	40	56	8	0.015	7.59
			40	112	84							
			42									
			45									
			48									
			50									
GY7 GYS7 GYH7	1 600	6 000	48	112	84	160	100	40	56	8	0.031	13.1
			50									
			55									
			56									
			60									
			63									
GY8 GYS8 GYH8	3 150	4 800	60	142	107	200	130	50	68	10	0.103	27.5
			63									
			65									
			70									
			71									
			75									
			80	172	132							
GY9 GYS9 GYH9	6 300	3 600	75	142	107	260	160	66	84	10	0.319	47.8
			80									
			85									
			90									
			95									
			100	212	167							
GY10 GYS10 GYH10	10 000	3 200	90	172	132	300	200	72	90	10	0.720	82.0
			95									
			100	212	167							
			110									
			120									
			125									

7.3.2 弹性柱销联轴器

有微量补偿性能，结构简单、 容易制造，更换柱销方便，但可靠性差。适用于有少量轴向窜动、转矩小、转速高、启动较频繁、有正反转的轴系传动。

表 7.3.2　LH 型弹性柱销联轴器基本参数和主要尺寸(摘自 GB/T 5014—1995)

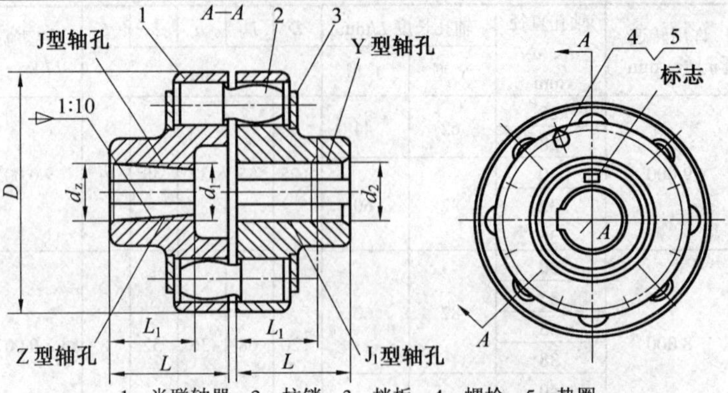

1—半联轴器；2—柱销；3—挡板；4—螺栓；5—垫圈

型号	公称转矩 T_n/(N·m)	许用转速[n]/(r·min^{-1}) 钢	许用转速[n]/(r·min^{-1}) 铁	轴孔直径 d_1、d_2、d_z 钢	轴孔直径 d_1、d_2、d_z 铁	轴孔长度 Y型 L	轴孔长度 J、J_1、Z型 L_1	轴孔长度 J、J_1、Z型 L	D	质量 m/kg	转动惯量 I/(kg·m^2)
LH1	160	7 100		12、14	12、14	32	27	32	90	2	0.006 4
				16、18、19	16、18、19	42	30	42			
				20、22、24	20、22	52	38	52			
LH2	315	5 600		20、22、24	20、22、24				120	5	0.253
				25、28	25、28	62	44	62			
				30、32、35	30、32	82	60	82			
LH3	630	5 000		30、32、35、38	30、32、35、38				160	8	0.6
				40、42、45、48	40、42	112	84	112			
LH4	1 250	4 000	2 800	40、42、45、48、50、55、56	40、42、45、48、50、55、56				195	22	3.4
				60、63	—	142	107	142			
LH5	2 000	3 550	2 500	50、55、56	50、55、56	112	84	112	220	30	5.4
				60、63、65、70、71、75	60、63、65、70	142	107	142			
LH6	3 150	2 800	2 100	60、63、65、70、71、75	60、63、65、70、71、75				280	53	15.6
				80、85	80	172	132	172			
LH7	6 300	2 240	1 700	70、71、75	70、71、75	142	107	142	320	98	41.1
				80、85、90、95	80、85、90、95	172	132	172			
				100、110	100	212	167	212			
LH8	10 000	2 120	1 600	80、85、90、95	80、85、90、95	172	132	172	360	119	56.5
				100、110、120、125	100、110	212	167	212			
LH9	16 000	1 800	1 250	100、110、120、125	100、110、120、125				410	197	133.3
				130、140	130	252	202	252			
LH10	25 000	1 560	1 120	110、120、125	110、120、125	212	167	212	480	322	273.3
				130、140、150	130、140、150	252	202	252			
				160、170、180	160	302	242	302			
LH11	31 500	1 320	1 000	130、140、150	130、140、150	252	202	252	540	520	5 557
				160、170、180	160、170、180	302	242	302			
				190、200、220	190	352	282	352			
LH12	63 000	1 250	950	160、170、180	160、170、180	302	242	302	630	714	902
				190、200、220	190、200、220	352	282	352			
				240、250、260	—	410	330	—			
LH13	100 000	1 120	850	190、200、220	190、200、220	352	282	352	710	1 057	1 700
				240、250、260	240、250、260	410	330				
				280、300	—	470	380				
LH14	160 000	850	630	240、250、260	240、250、260	410	330	—	800	1 956	4 318
				280、300、320	300	470	380				
				340	—	550	450				

注：① 联轴器质量、转动惯量是近似值。

② 表中“钢”是指钢制半联轴器，“铁”是指铸铁制半联轴器。

③ 轴孔型式及长度 L、L_1 可根据需要选取。

7.3.3 弹性套柱销联轴器

T_n=16 000～6.3 N·m，[n]=6 600～800 r/min，d=170～9 mm；具有一定补偿两轴相对偏移和减振、缓冲性能，结构简单，制造容易，不需要润滑，维修方便，但径向尺寸较大。适用于转矩小、转速高、频繁启动或正反转、需要缓和冲击振动的轴系传动。

表 7.3.3 LT 型弹性套柱销联轴器(摘自 GB/T 4323－2002)

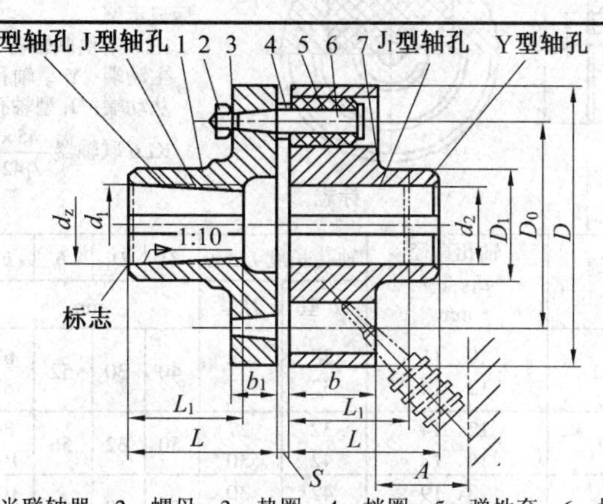

1、7—半联轴器；2—螺母；3—垫圈；4—挡圈；5—弹性套；6—柱销

mm

型号	公称转矩 T_n/(N·m)	许用转速 [n]/(r·min^{-1})	轴孔直径 d_1、d_2、d_z	轴孔长度 Y 型 L	轴孔长度 J、J₁、Z 型 L_1	轴孔长度 J、J₁、Z 型 L	$L_{推荐}$	D	A	质量 m/kg	转动惯量 I/(kg·m^2)
LT1	6.3	8 800	9	20	14	—	25	71	18	0.82	0.000 5
			10、11	25	17	—					
			12、14	32	20	—					
LT2	16	7 600	12、14	32	20	—	35	80	18	1.20	0.000 8
			16、18、19	42	30	42					
LT3	31.5	6 300	16、18、19	42	30	42	38	95	35	2.20	0.002 3
			20、22	52	38	52					
LT4	63	5 700	20、22、24	52	38	52	40	106	35	2.84	0.003 7
			25、28	62	44	62					
LT5	125	4 600	25、28	62	44	62	50	130	45	6.05	0.012 0
			30、32、35	82	60	82					
LT6	250	3 800	32、35、38	82	60	82	55	160	45	9.57	0.028 0
			40、42	112	84	112					
LT7	500	3 600	40、42、45、48	112	84	112	65	190	45	14.01	0.055 0
LT8	710	3 000	45、48、50、55、56	112	84	112	70	224	65	23.12	0.134 0
			60、63	142	107	142					
LT9	1 000	2 850	50、55、56	112	84	112	80	250	65	30.69	0.213 0
			60、63、65、70、71	142	107	142					
LT10	2 000	2 300	63、65、70、71、75	142	107	142	100	315	80	61.40	0.660 0
			80、85、90、95	172	132	172					
LT11	4 000	1 800	80、85、90、95	172	132	172	115	400	100	120.70	2.122 0
			100、110	212	167	212					
LT12	8 000	1 450	100、110、120、125	212	167	212	135	475	130	210.34	5.390 0
			130	252	202	252					
LT13	16 000	1 150	120、125	212	167	212	160	600	180	419.36	17.580 0
			130、140、150	252	202	252					
			160、170	302	242	302					

注：质量、转动惯量按材料为铸钢、无孔、$L_{推荐}$计算近似值。

7.3.4 滑块联轴器

表 7.3.4 滑块联轴器(摘自 JB/ZQ 4384－1986)

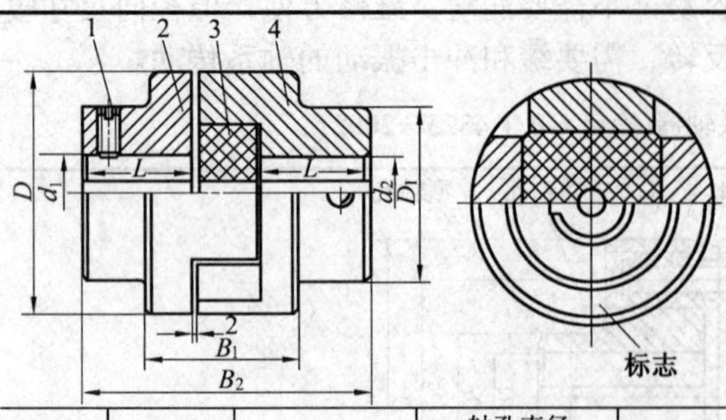

滑块联轴器

1－螺钉；2、4－半联轴器；3－滑块

标记示例

KL6 滑块联轴器

主动端：Y 型轴孔、A 型键槽 d_1=45 mm、L=112 mm

从动端：J_1 型轴孔、A 型键槽 d_1=42 mm、L=84 mm

KL6 联轴器 $\frac{45\times112}{J_1 42\times84}$ JB/ZQ 4384－1986

型号	许用转矩 T_n/(N·m)	许用转速 [n]/(r·min^{-1})	轴孔直径 d_1、d_2/mm	轴孔长度 L/mm		D	D_1	b	b_1	转动惯量 I/(kg·m^2)	质量 m/kg
				Y 型	J_1 型	mm					
KL1	16	10 000	10、11 12、14	25 32	22 27	40	30	52	67 81	0.000 7	0.6
KL2	31.5	8 200	12、14 16、18	32 42	27 30	50	32	56	86 106	0.003 8	1.5
KL3	63	7 000	18、19 20、22	42 52	30 38	70	40	60	106 126	0.006 3	1.8
KL4	160	5 700	20、22、24 25、28	52 62	38 44	80	50	64	126 146	0.013	2.5
KL5	280	4 700	25、28 30、32、35	62 82	44 60	100	70	75	151 191	0.045	5.8
KL6	500	3 800	30、32、35、38 40、42、45	82 112	60 84	120	80	90	201 261	0.12	9.5
KL7	900	3 200	40、42、45、48 50、55	112	84	150	100	120	266	0.43	25
KL8	1 800	2 400	50、55 60、63、65、70	112 142	84 107	190	120	150	276 336	1.98	55
KL9	3 550	1 800	65、70、75 80、85	142 172	107 132	250	150	180	346 406	4.9	85
KL10	5 000	1 500	80、85、90、95 100	172 212	132 167	330	190	180	406 486	2.5	120

注：① 适用于控制器和油泵装置或其他传递转矩较小的场合。

② 表中联轴器质量和转动惯量是按最小轴孔直径和最大长度计算的近似值。

③ 装置时两轴的许用补偿量为：轴向Δx =1～2 mm；径向Δy≤0.2 mm；角向$\Delta\alpha$≤0° 40′。

④ 联轴器的工作温度为－20~70℃

第 8 章 常用电动机

8.1 异步交流电动机的基础知识

8.1.1 三相异步交流电动机的类型和特点

异步电动机的分类如下：

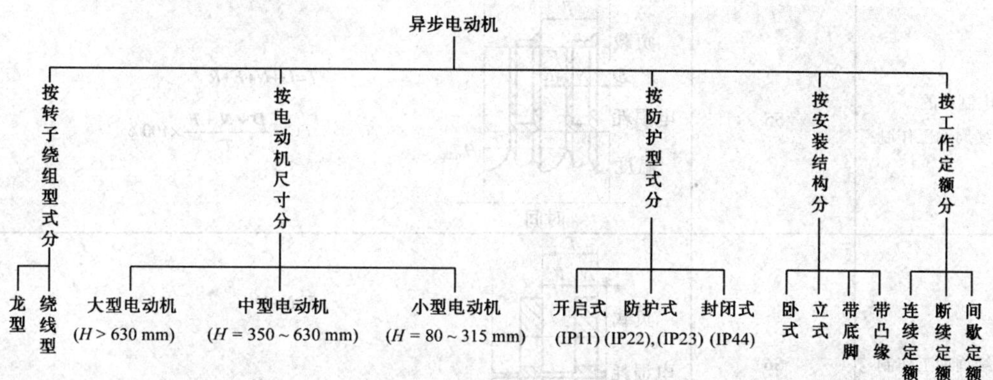

异步电动机具有结构简单、维修方便、工作效率较高、质量较小、成本较低、负载特性较硬等特点，能满足大多数工业生产机械的电气传动需要。它是各类电动机中应用最广、需要最多的一类电动机。

8.1.2 电动机的工作制和定额

表 8.1.1 电动机的 9 种工作制

工作制		负载及其持续时间和次序	
名称	代号		
连续工作制	S1	负载 / 电损耗 / 温度 / 时间（N，θ_{max}）	以恒定负载运行至热稳定状态
短时工作制	S2	负载 / 电损耗 / 温度 / 时间（N，θ_{max}）	电动机未达到热稳定状态即停机和断能一段时间，使电动机再冷却到与冷却介质温度之差不超过 2 K
断续周期工作制	S3	负载 / 电损耗 / 温度 / 时间（T，N，R，θ_{max}）	$T=N+R$ $FC=\frac{N}{T}\times 100\%$

续表 8.1.1

工作制 名称	工作制 代号	负载及其持续时间和次序
启动的断续周期工作制	S4	负载、电损耗、温度、时间（θ_{max}） $T=D+N+R$ $FC=\frac{D+N}{T}\times100\%$
电制动的断续周期工作制	S5	负载、电损耗、温度、时间（θ_{max}） $T=D+N+F+R$ $FC=\frac{D+N+F}{T}\times100\%$
连续周期工作制	S6	负载、电损耗、温度、时间（θ_{max}） $T=N+V$ $FC=\frac{N}{T}\times100\%$
电制动的连续周期工作制	S7	负载、电损耗、温度、时间（θ_{max}） $FC=1$
负载与转速相应变化的连续周期工作制	S8	负载、电损耗、温度、速度、时间（θ_{max}） $T=D+N_1+F_1+N_2+F_2+N_3$ $FC_1=\frac{D+N_1}{T}\times100\%$ $FC_2=\frac{F_1+N_2}{T}\times100\%$ $FC_3=\frac{F_2+N_3}{T}\times100\%$
非周期负载和转速变化的工作制	S9	速度、负载、电损耗、温度、时间（θ_{max}）

注：D—启动(S8 工作制为加速)；$F(F_1、F_2)$—电制动；$N(N_1、N_2)$—恒定负载运行；L—变负载运行；R—停机和断能；S—过载运行；T—一个周期；V—空载运行；C_p—满负载；FC—负载持续率；θ_{max}—达到的最高温度。

表 8.1.2 电动机的定额

序号	名称	电动机运动情况	对应的工作制基准
1	最大连续定额	长期运行	一般用途的电动机以 S1 工作制运行
2	短时定额	在有限时间内运行，并在环境温度下启动，时限优先采用 10、30、60 或 90 min	短时使用的电动机以 S2 工作制为基准
3	周期工作定额	按指定的周期运行，工作周期应为 10 min，负载持续率为 15%、25%、40%或 60%。	一般电动机以 S3～S8 工作制中的一种为基准
4	非周期工作定额	非周期运行	转速变化时负载变化(包括过载)的非周期运行的电动机以 S9 工作制为基准
5	等效连续定额	持续运行，直到热稳定状态	与 S3～S9 工作制中的一种等效

表 8.1.3 卧式(B)和立式(V)电机的结构与安装型式

代号	示意图	端盖式轴承	机座有无底脚	结构特点及安装型式	代号	示意图	端盖式轴承	机座有无底脚	结构特点及安装型式
B3 1001	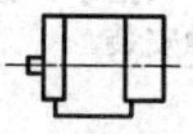	2 个	有	机座有底脚，端盖上无凸缘；底脚安装	B34 2101	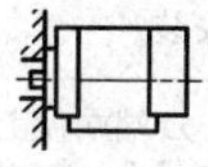	2 个	有	D 端端盖上的凸缘有螺孔和止口，借底脚并附用凸缘平面安装
B35 2001	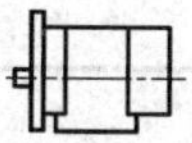	2 个	有	D 端端盖上有凸缘、有通孔，借底脚并附用凸缘安装	B5 3001	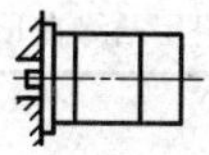	2 个	无	机座无底脚，D 端端盖上的凸缘有通孔，借凸缘安装
B6 1051		2 个	有	安装在墙上，从 D 端看底脚在左端	V4 3211	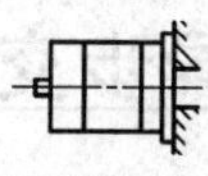	2 个	无	N 端端盖上的凸缘有通孔，借凸缘的顶部安装
B7 1061		2 个	有	安装在墙上，从 D 端看底脚在右边	V5 1011	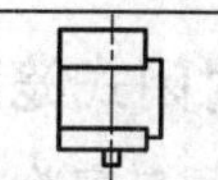	2 个	有	借底脚安装
B8 1071		2 个	有	安装在天花板上	V6 1031	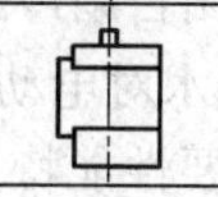	2 个	有	借底脚安装
B9 9101	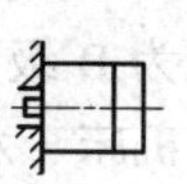	1 个	无	借 D 端的机座端面安装	V8 9111	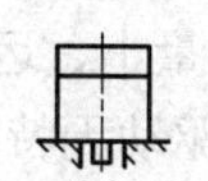	1 个	无	D 端无凸缘和轴承，机座上有螺孔，借 D 端的机座端面在底部安装
B10 4001	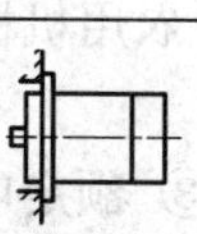	2 个	无	D 端机座上的凸缘有通孔，借向着 D 端的凸缘平面安装	V9 9131	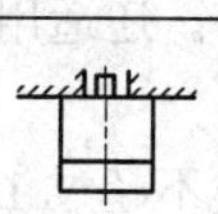	1 个	无	D 端无凸缘和轴承，机座上有螺孔，借 D 端的机座端面在顶部安装
B14 3601	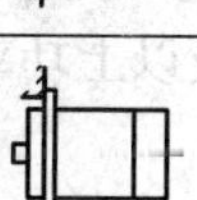	2 个	无	D 端端盖上的凸缘有螺孔和止口，借凸缘平面安装	V10 4011	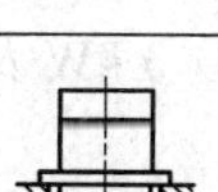	2 个	无	D 端机座上的凸缘有通孔，借向着 D 端的凸缘平面在底部安装
B15 1201	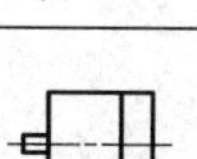	1 个	有	借底脚并附用 D 端的机座端面安装	V14 4031	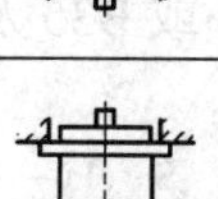	2 个	无	D 端机座上的凸缘有通孔，借向着 D 端的凸缘平面在顶部安装
B20 1101	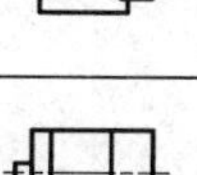	2 个	有	底脚安装	V16 4131	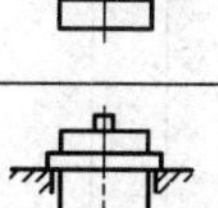	2 个	无	D 端机座上的凸缘有通孔，借背着 D 端的凸缘平面在顶部安装
B30	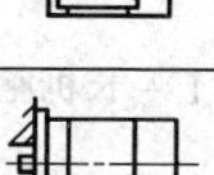	2 个	无	在一个或两上端盖上或机座上有 3 只或 4 只搭子，借搭子安装	V18 3611	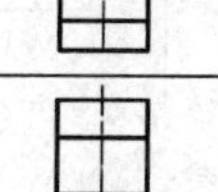	2 个	无	D 端端盖上的凸缘有螺孔和止口，借平面在底部安装

续表 8.1.3

代号	示意图	端盖式轴承	机座有无底脚	结构特点及安装型式	代号	示意图	端盖式轴承	机座有无底脚	结构特点及安装型式
V1 3011		2个	无	D 端端盖上的凸缘有通孔，借凸缘在底部安装	V19		2个	无	D 端端盖上的凸缘有螺孔和止口，借平面在顶部安装
V15 2011 2111		2个	有	D 端端盖上的凸缘有通孔或螺孔，有(或无)止口，安装在墙上并附用凸缘在底部安装	V21		2个	无	D 端端盖上的凸缘有通孔，借背着 D 端的凸缘平面在底部安装
V2 3231		2个	无	N 端端盖上的凸缘、有通孔，代凸缘在底部安装	V30		2个	无	在一个或两个端盖上或机座上有 3 只或 4 只搭子，借搭子接触安装
V3 3031		2个	无	D 端端盖上的凸缘、有通孔，借凸缘在顶部安装	V31		2个	无	在一个或两个端盖上或机座上有 3 只或 4 只搭子，借搭子接触安装
V36 2031		2个	有	D 端端盖上有凸缘、有通孔，借底脚安装并附用凸缘在顶部安装					

注：D 端为传动端，N 端为非传动端。

8.2 异步交流电动机的常用系列

8.2.1 Y 系列(IP44)封闭式笼型三相异步电动机

（1）结构特点：采用封闭自扇冷式结构。能防止灰尘、铁屑或其他固体异步进入电动机内，能防止任何方向的溅水对电动机的影响。一般只有一个轴伸端。

（2）本系列电动机的主要性能特点：本系列电动机具有效率高、耗电少、性能好、噪声低、振动小、体积小、质量小、运行可靠、维修方便等特点。绝缘等级为 B 级。

（3）应用场合：适用于驱动无特殊要求的各种机械设备，例如，切削机床、水泵、鼓风机、破碎机、运输机械等。还适用于灰尘多、土扬水溅的场合，例如，农用机械、矿山机械、搅拌机、磨粉机等。

（4）使用条件：① 海拔不超过 1 000 m；② 环境温度不超过 40℃；③ 额定电压为 380 V，额定频率为 50 Hz；④ 3 kW 及以下功率电动机为 Y 连接，4 kW 及以上功率电动机为△连结。为 S1 工作制。

（5）安装方式：B3、B5 或 B35 及其派生型式。

（6）型号含义：

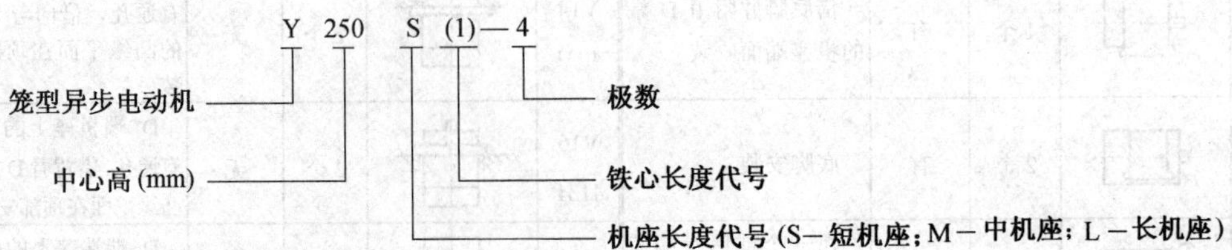

（7）技术数据如表 8.2.1。

（8）安装尺寸和外形尺寸如表 8.2.2～8.2.5。

表 8.2.1 Y 系列（IP44）封闭式三相异步电动机技术数据

型 号	额定功率/kW	转速/($r \cdot min^{-1}$)	电流/A	效率/%	功率因数/$\cos \phi$	最大转矩/额定转矩	堵转转矩/额定转矩	堵转电流/额定电流	转子转动惯量/($kg \cdot m^2$)	质量/kg
Y801-2	0.75	2 830	1.81	75	0.84	2.2	7.0	2.2	0.000 75	16
Y802-2	1.1	2 830	2.52	77	0.86	2.2	7.0	2.2	0.000 90	17
Y90S-2	1.5	2 840	3.44	78	0.85	2.2	7.0	2.2	0.001 2	22
Y90L-2	2.2	2 840	4.74	82	0.86	2.2	7.0	2.2	0.001 4	25
Y100L-2	3.0	2 870	6.39	82	0.87	2.2	7.0	2.2	0.002 9	33
Y112M-2	4.0	2 890	8.17	85.5	0.87	2.2	7.0	2.2	0.005 5	45
Y132S1-2	5.5	2 900	11.1	85.5	0.88	2.2	7.0	2.0	0.010 9	64
Y132S2-2	7.5	2 900	15.0	86.2	0.88	2.2	7.0	2.0	0.012 6	70
Y160M1-2	11	2 930	21.8	87.2	0.88	2.2	7.0	2.0	0.037 7	117
Y160M2-2	15	2 930	29.4	88.2	0.88	2.2	7.0	2.0	0.044 9	125
Y160L-2	18.5	2 930	35.5	89	0.89	2.2	7.0	2.0	0.055 0	147
Y180M-2	22	2 940	42.2	89	0.89	2.2	7.0	2.0	0.075	180
Y200L1-2	30	2 950	56.9	90	0.89	2.2	7.0	2.0	0.124	240
Y200L2-2	37	2 950	69.8	90.5	0.89	2.2	7.0	2.0	0.139	255
Y220M-2	45	2 970	83.9	91.5	0.89	2.2	7.0	2.0	0.23	309
Y250M-2	55	2 970	103	91.5	0.89	2.2	7.0	2.0	0.312	403
Y280S-2	75	2 970	140	91.5	0.89	2.2	7.0	2.0	0.597	544
Y280M-2	90	2 970	167	92	0.89	2.2	7.0	2.0	0.675	620
Y310S-2	110	2 980	203	92.5	0.89	2.2	7.0	1.8	1.18	980
Y315M1-2	132	2 980	242	93	0.89	2.2	7.0	1.8	1.82	1 080
Y315M2-2	160	2 980	292	93.5	0.89	2.2	7.0	1.8	2.08	1 160
Y801-4	0.55	1 390	1.51	73	0.76	2.2	6.5	2.2	0.018	17
Y802-4	0.75	1 390	2.01	74.5	0.76	2.2	6.5	2.2	0.002 1	18
Y90S-4	1.1	1 400	2.75	78	0.78	2.2	6.5	2.2	0.002 1	22
Y90L-4	1.5	1 400	3.65	79	0.79	2.2	6.5	2.2	0.002 7	27
Y100L1-4	2.2	1 430	5.03	81	0.82	2.2	7.0	2.2	0.005 4	34
Y100L2-4	3.0	1 430	6.82	82.5	0.81	2.2	7.0	2.2	0.006 7	38
Y112M-4	4.0	1 440	8.77	84.5	0.82	2.2	2.2	7.0	0.095	43
Y132S-4	5.5	1 440	11.6	85.5	0.84	2.2	2.2	7.0	0.214	68
Y132M-4	7.5	1 440	15.4	87	0.85	2.2	2.2	7.0	0.296	81
Y160M-4	11	1 460	12.6	88	0.84	2.2	2.2	7.0	0.747	123
Y160L-4	15	1 460	30.3	88.5	0.85	2.2	2.2	7.0	0.918	144
Y180M-4	18.5	1 470	35.9	91	0.86	2.2	2.0	7.0	1.39	182
Y180L-4	22	1 470	42.5	91.5	0.86	2.2	2.0	7.0	1.58	190
Y200L-4	30	1 470	56.8	92.2	0.87	2.2	2.0	7.0	2.62	270
Y225S-4	37	1 480	69.8	91.8	0.87	2.2	1.9	7.0	4.06	284
Y225M-4	45	1 480	84.2	92.3	0.88	2.2	1.9	7.0	4.89	320
Y250M-4	55	1 480	103	92.6	0.88	2.2	2.0	7.0	6.6	427
Y280S-4	75	1 480	140	92.7	0.88	2.2	1.9	7.0	11.2	562
Y280M-4	90	1 490	164	93.5	0.89	2.2	1.9	7.0	14.6	667
Y315S-4	110	1 490	201	93.5	0.89	2.2	1.8	6.8	31.1	100
Y315M1-4	132	1 490	240	94	0.89	2.2	1.8	6.8	36.2	1 100

续表 8.2.1

型　号	额定功率/kW	转速/(r·min⁻¹)	电流/A	效率/%	功率因数 cos φ	最大转矩/额定转矩	堵转转矩/额定转矩	堵转电流/额定电流	转子转动惯量/(kg·m²)	质量/kg
Y315M2-4	160	1 490	289	94.5	0.89	2.2	1.8	6.8	41.3	1 160
Y315L-4	200	1 490	362	94.5	0.89	2.2	1.8	6.8	47.9	1 270
Y90S-6	0.75	910	2.25	72.5	0.70	2.0	2.0	6.0	0.029	23
Y90L-6	1.1	910	3.15	73.5	0.72	2.0	2.0	6.0	0.035	25
Y100L-6	1.5	940	3.97	77.5	0.74	2.0	2.0	6.0	0.069	33
Y112M-6	2.2	940	5.61	80.5	0.74	2.0	2.0	6.0	0.138	45
Y132S-6	3.0	960	7.23	83	0.76	2.0	2.0	6.5	0.286	63
Y132M1-6	4.0	960	9.40	84	0.77	2.0	2.0	6.5	0.357	73
Y132M2-6	5.5	960	12.6	85.3	0.78	2.0	2.0	6.5	0.449	8.4
Y160M-6	7.5	970	17.0	86	0.78	2.0	2.0	6.5	0.881	119
Y160L-6	11	970	24.6	87	0.78	2.0	2.0	6.5	1.16	147
Y180L-6	15	970	31.4	89.5	0.81	2.0	1.8	6.5	2.07	195
Y200L1-6	18.5	970	37.7	89.8	0.83	2.0	1.8	6.5	3.15	220
Y200L2-6	22	970	44.6	90.2	0.85	2.0	1.8	6.5	3.60	250
Y225M-6	30	980	59.6	90.2	0.86	2.0	1.7	6.5	5.47	292
Y250M-6	37	980	72	90.8	0.87	2.0	1.8	6.5	8.34	408
Y280S-6	45	980	85.4	92	0.87	2.0	1.8	6.5	13.9	536
Y280M-6	55	980	104	92	0.87	2.0	1.8	6.5	16.5	595
Y315S-6	75	990	141	92.8	0.87	2.0	1.6	6.5	41.1	990
Y315M1-6	90	990	169	93.2	0.87	2.0	1.6	6.5	47.8	1 080
Y315M2-6	110	990	206	93.5	0.87	2.0	1.6	6.5	65.5	1 150
Y315M3-6	132	990	246	93.8	0.87	2.0	1.6	6.5	61.2	1 210
Y132S-8	2.2	710	5.81	81	0.71	2.0	2.0	5.5	0.314	63
Y132M-8	3.0	710	7.72	82	0.72	2.0	2.0	5.5	0.395	79
Y160M1-8	4.0	720	9.91	84	0.73	2.0	2.0	6.0	0.753	118
Y160M2-8	5.5	720	13.3	85	0.74	2.0	2.0	6.0	0.931	119
Y100L-8	7.5	720	17.7	86	0.75	2.0	1.7	5.5	1.26	145
Y180L-8	11	730	25.1	86.5	0.77	2.0	1.8	5.5	2.03	184
Y200L-8	15	730	34.1	88	0.76	2.0	1.7	6.0	3.39	250
Y225S-8	18.5	730	41.3	89.5	0.76	2.0	1.8	6.0	4.91	266
Y225M-8	22	740	47.6	90	0.78	2.0	1.8	6.0	5.47	292
Y250M-8	30	740	63.0	90.5	0.80	2.0	1.8	6.0	8.34	405
Y280S-8	37	740	78.2	91	0.79	2.0	1.8	6.0	13.9	520
Y280M-8	45	740	93.2	91.7	0.80	2.0	1.8	6.0	16.5	592
Y315S-8	55	740	114	92	0.80	2.0	1.6	6.5	47.9	1 000
Y315M-8	75	740	152	92.5	0.81	2.0	1.6	6.5	55.8	1 100
Y315L1-8	90	740	179	93	0.82	2.0	1.6	6.5	63.7	1 160
Y315L2-8	110	740	218	93.3	0.82	2.0	1.6	6.5	72.3	1 230
Y315S-10	45	590	101	91.5	0.74	2.0	1.4	6.0	47.9	990
Y315M-10	55	590	123	92	0.74	2.0	1.4	6.0	63.7	1 150
Y315L2-10	75	590	164	92.5	0.75	2.0	1.4	6.0	71.5	1 220

表 8.2.2　B3 的尺寸

A放大　机座号80、90无吊环　B放大　H80~132　H160~280　“K”通孔直径

mm

机座号	国际标准机座号		A	AA	AB	AC	AD	B	BB	C	CA	H	HA	HC	HD	K	L		LC		LD
	2 极	4、6、8、10 极															2 极	4、6、8、10 极	2 极	4、6、8、10 极	
80	80-19		125	37	165	165	150	100	135	50	100	$80_{-0.5}^{0}$	13	170	—	10	285		332		—
90S	90S24		140		180	175	155			56	110	$90_{-0.5}^{0}$		190			310		368		
90L	90L24							125	160								335		393		
100L	100L28		160	42	205	205	180	140	180	66	120	$100_{-0.5}^{0}$	15	—	245	12	380		445		
112M	112M28		190	52	245	230	190		185	70	131	$112_{-0.5}^{0}$	17		265		400		463		
132S	132S38		216	63	280	270	210		205	89	168	$132_{-0.5}^{0}$	20		315		475		559		
132M	132M38							178	243								515		597		
160M	160M42		254	73	330	325	255	210	275	106	177	$160_{-0.5}^{0}$	22		385	15	600		717		55
160L	160L42							254	320								645		761		
180M	180M48		279		355	360	285	241	315	121	199	$180_{-0.5}^{0}$	24		430		670		783		86
180L	180L48							279	353								710		821		105
200L	220L55		318		395	400	310	305	378	133	221	$200_{-0.5}^{0}$			475		775		881		102
225S	—	225S60	356	83	435	450	345	286	282	149	247	$225_{-0.5}^{0}$	27		530	19	—	820	—	934	103
225M	225M55	225M60						311	407								815	845	929	959	116
250M	250M60	250M65	406	88	490	495	385	340	458	166	267	$250_{-0.5}^{0}$	33		575	24	930		1 036		131
280S	280S65	280S75	457	93	550	555	410	368	530	149	307	$280_{-1.0}^{0}$	38		640		1 000		1 117	1 147	168
280M	280M65	280M75						419	586								1 050		1 168	1 198	194
315S	315S65	315S280	508	120	744	645	576	406	610	216	398	$315_{-1.0}^{0}$	45		865	28	1 190	1 220	1 302	1 362	213
315M	315M65	315M80						457	660		402						1 240	1 270	1 357	1 417	238

注：第二轴伸肩到风罩距离约 8 mm，表中 L、LC 等外形尺寸为最大值。

表 8.2.3 B5 的尺寸

A 放大　　机座号80、90无吊环　　B 放大

H80~132　　H160~225　　H80~200　　H225

mm

机座号	国际标准机座号 2极	国际标准机座号 4、6、8极	AC	AD	HB	L 2极	L 4、6、8极	LA	LB	LC 2极	LC 4、6、8极	M	N	P	R	S	T	LD
80	19F165		165	150	—	285		15	245	332		165	130j6	200	0	4×ϕ12	3.5	—
90S	24F165		175	155	—	310			260	368								
90L					—	335			285	395								
100L	28F215		205	180	145	380		15	320	445		215	180j6	250		4×ϕ15	4	
112M			230	190	160	400			340	463								
132S	38F265		270	120	178	475		16	395	559		265	230j6	300				
132M						515			435	597								
160M	42F300		325	255	215	600		18	490	717		300	250j6	350		4×ϕ19	5	55
160L						645			535	761								
180M	48F300		360	285	250	670		20	560	783								86
180L						710			600	821								105
200L	55F350		400	310	280	775		22	665	881		350	300js6	400				102
225S	—	60F400	450	345	298	—	820		680	—	934	400	350js6	450		8×ϕ19		103
225M	F0					815	845		705	929	959							116

注：第二轴并肩到风罩距离约 8 mm，表中 L、LC 等外形尺寸为最大值。

表 8.2.4 B35 的尺寸

A 放大　机座号80、90 无吊环　"K"通孔直径　H80~132　B 放大　H165~315　H80~200　H225~315

mm

机座号	国际标准机座号 2 极	国际标准机座号 4、6、8、10 极	A	AA	AB	AC	AD	B	BB	CI	CA	H	HA	HC	HD	K	L 2 极	L 4、6、8、10 极	LC 2 极	LC 4、6、8、10 极	LA	LB	M	N	P	R	S	T	LD
80	80-19F165		125	37	165	165	150	100	135	50	100	$80_{-0.5}^{0}$	13	170		10	285		332		13	245	165	130j6	200	0	4×φ12	3.5	
90S	90S24F165		140		180	175	155			56	110	$90_{-0.5}^{0}$		190			310		368			260							
90L	90L24F165							125	160								335		393			285							
100L	100L28F215		160	42	205	205	180	140	180	63	120	$100_{-0.5}^{0}$	15	—	245	12	380		445		15	320	215	180j6	250		4×φ15	4	
112M	112M28F215		190	52	245	230	190		185	70	131	$112_{-0.5}^{0}$	17		265		400		463			340							
132S	132S38F265		216	63	280	270	210		205	89	168	$132_{-0.5}^{0}$	20		315		475		559		16	395	265	230j6	300				
132M	132M38F265							178	243								515		597			435							
160M	160M42F300		254	73	330	325	255	210	275	108	177	$160_{-0.5}^{0}$	22		385	15	600		717		18	490	300	250j6	350		4×φ19	5	55
160L	160L42F300							254	320								645		761			535							
180M	180M48F300		279		355	360	285	241	315	121	199	$180_{-0.5}^{0}$	24		430		670		783		20	560							86
180L	180L48F300							279	353								710		821			600							105
200L	200L55F350		318		395	400	310	305	378	133	221	$200_{-0.5}^{0}$			475		775		881			665	350	300js6	400				102
225S	—	225S60F400	356	83	435	450	345	286	382	149	247	$225_{-0.5}^{0}$	27		530	19	—	820	—	934	22	680	400	350js6	450				103
225M	225M55F440	225M60F400						311	407								815	845	929	959		705					8×φ19		
250M	250M60F500	250M65F500	406	88	490	495	385	349	458	168	267	$250_{-0.5}^{0}$	33		575	24	930		1 036		24	790	550	450js6	550				116
280S	280S65F500	280S75F100	457	93	550	555	410	386	535	190	307	$280_{-1.0}^{0}$	38		640		1 000		1 117	1 147		860							131 168
280M	280M65F500	280M75F500						419	586								1 050		1 168	1 198		910							194
315S	315S65F600	315S30F600	506	120	744	660	576	406	610	216	398	$315_{-1.0}^{0}$	45		865	28	1 190	1 220	1 302	1 362	—	1 060	600	550js6	660		8×φ24	6	213
315M	315M65F600	315M80F600						457	660		402						1 240	1 270	1 357	1 417		1 080							23

注：第二轴伸肩到风罩距离约 8 mm，表中 L、LC 等外形尺寸为最大值。

表 8.2.5　B5 型 V1 的尺寸

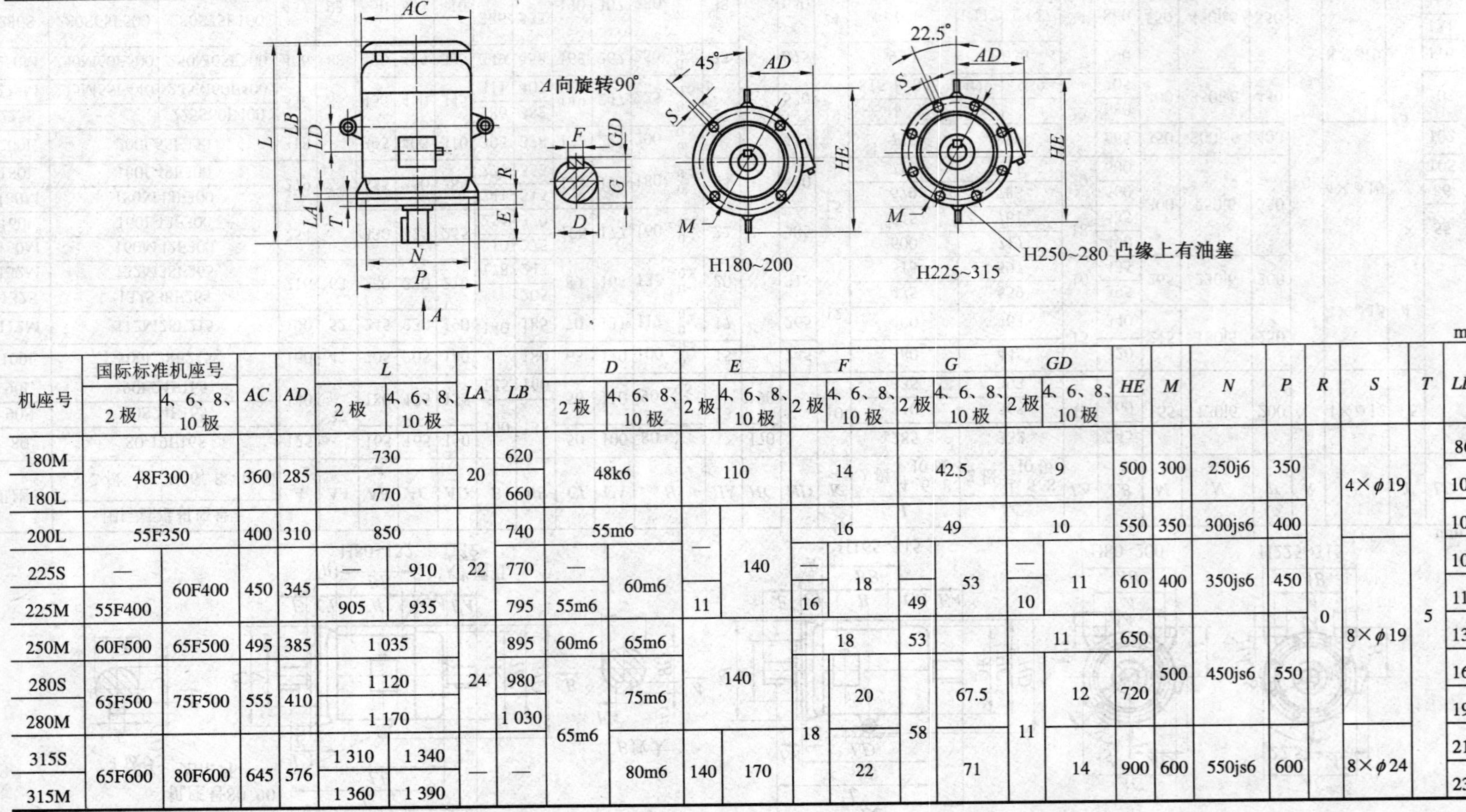

mm

机座号	国际标准机座号 2极	国际标准机座号 4、6、8、10极	AC	AD	L 2极	L 4、6、8、10极	LA	LB	D 2极	D 4、6、8、10极	E 2极	E 4、6、8、10极	F 2极	F 4、6、8、10极	G 2极	G 4、6、8、10极	GD 2极	GD 4、6、8、10极	HE	M	N	P	R	S	T	LD
180M	48F300		360	285	730		20	620	48k6		110		14		42.5		9		500	300	250j6	350	0	4×φ19	5	86
180L					770			660																		105
200L	55F350		400	310	850			740	55m6				16		49		10		550	350	300js6	400				102
225S	—	60F400	450	345	—	910	22	770	—	60m6	—	140	—	18		53	—	11	610	400	350js6	450		8×φ19		103
225M	55F400				905	935		795	55m6		11		16		49		10									116
250M	60F500	65F500	495	385	1 035			895	60m6	65m6	140		18		53		11		650	500	450js6	550				131
280S	65F500	75F500	555	410	1 120		24	980	65m6	75m6			18	20	58	67.5	11	12	720							168
280M					1 170			1 030																		194
315S	65F600	80F600	645	576	1 310	1 340	—	—		80m6	140	170		22		71		14	900	600	550js6	600		8×φ24		213
315M					1 360	1 390																				238

8.2.2 YR 系列(IP23)防护式绕线型三相异步电动机

（1）特点及应用：具有启动转矩高、启动电流小的优点，广泛应用于机械、电力、化工、冶金、煤碳、纺织等部门。最适宜于长期连续运行、负载率高、消耗电能相对较多的场合。其安装型式为 B3。

（2）型号含义：

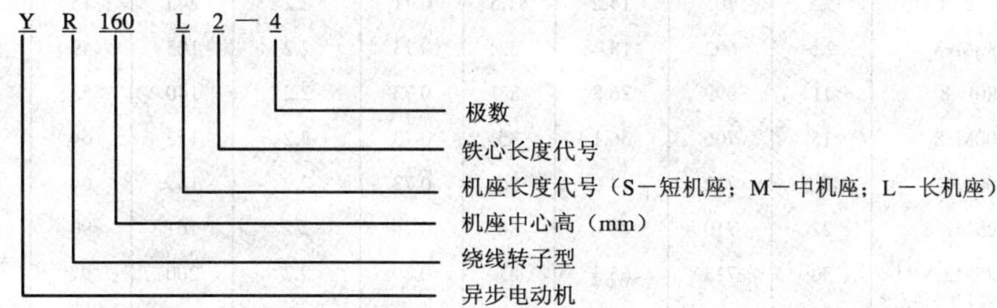

（3）技术数据如表 8.2.6。

（4）安装尺寸及外形尺寸如表 8.2.7。

表 8.2.6 YR(IP23)系列电动机技术数据

型　号	额定功率/kW	转速/(r·min^{-1})	电流(380V 时)/A	效率/%	功率因数 $\cos\phi$	最大转矩/额定转矩	转子电压/V	转子电流/A	转子转动惯量/(kg·m^2)	质量/kg
YR160m-4	7.5	1 421	16.0	84	0.84	2.8	260	19	0.395	
YR160L1-4	11	1 434	22.6	86.5	0.85	2.8	275	26	0.486	100
YR162L2-4	15	1 444	30.2	87	0.85	2.8	260	37	0.597	
YR180M-4	18.5	1 426	36.1	87	0.88	2.8	191	61	1	
YR180L-4	22	1 434	42.5	88	0.88	3.0	232	61	1.09	
YR200M-4	30	1 439	57.7	89	0.88	3.0	255	76	1.82	
YR200L-4	37	1 448	70.2	89	0.88	3.0	310	74	2.21	335
YR225M1-4	45	1 442	86.7	89	0.88	2.5	240	120	2.6	
YR225M2-4	55	1 448	104.7	90	0.88	2.5	288	121	2.9	420
YR250S-4	75	1 453	141.1	90.5	0.89	2.6	449	105	5.35	
YR250M-4	90	1 457	167.9	91	0.89	2.6	524	107	6	590
YR280S-4	110	1 458	201.3	91.5	0.89	3.0	349	190	9.1	
YR280M-4	132	1 463	239.0	92.5	0.89	3.0	419	194	10.39	830
YR160M-6	5.5	949	12.7	82.5	0.77	2.5	279	13	0.572	
YR160L-6	7.5	949	16.9	83.5	0.78	2.5	260	19	0.655	160
YR180M-6	11	940	24.2	84.5	0.78	2.8	146	50	1.25	
YR180L-6	15	947	32.6	85.5	0.79	2.8	187	53	1.48	
YR200M-6	18.5	949	39.0	86.5	0.81	2.8	187	65	2.17	
YR200L-6	22	955	45.5	87.5	0.82	2.8	224	63	2.55	315
YR225M1-6	30	955	59.4	87.5	0.85	2.2	227	86	3.237	
YR225M2-6	37	964	72.0	89	0.85	2.2	287	82	3.736	400
YR250S-6	45	966	88.0	89	0.85	2.2	307	95	0.61	
YR250M-6	55	967	105.7	89.5	0.86	2.2	359	97	1.52	575
YR280S-6	75	969	141.8	90.5	0.88	2.3	392	121	11.52	

续表 8.2.6

型　号	额定功率/kW	转速/(r·min^{-1})	电流(380V 时)/A	效率/%	功率因数 cos φ	最大转矩/额定转矩	转子电压/V	转子电流/A	转子转动惯量/(kg·m^2)	质量/kg
YR280M-6	90	972	166.7	91	0.89	2.3	481	118	14.05	880
YR160M-8	4	705	10.5	81	0.71	2.2	262	11	0.567	
YR160L-8	5.5	705	14.2	81.5	0.71	2.2	243	15	0.648	160
YR180M-8	7.5	692	18.4	82	0.73	2.2	105	49	1.236	
YR180L-8	11	699	26.8	83	0.73	2.2	140	53	1.47	
YR200M-8	15	706	36.1	85	0.73	2.2	153	64	2.142	
YR200L-8	18.5	712	44.0	86	0.73	2.2	187	64	2.52	315
YR225M1-8	22	710	48.6	86	0.78	2.2	161	90	5.164	
YR225M2-8	30	713	65.3	87	0.79	2.2	200	97	5.624	400
YR250S-8	37	715	78.9	87.5	0.79	2.2	218	110	6.42	
YR250M-8	45	720	95.5	88.5	0.79	2.2	204	109	7.53	515
YR280S-8	55	723	114	89	0.82	2.2	219	125	10.35	
YR280M-8	75	725	152.1	90	0.82	2.2	359	133	13.71	850

表 8.2.7　YR（IP13）系列电动机的外形和安装尺寸

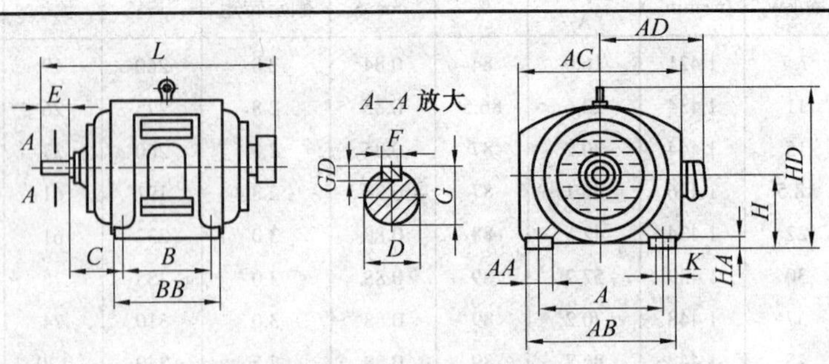

mm

机座号	安装尺寸									外形尺寸							
	A	B	C	D	E	F×GD	G	H	K	AA	AE	AC	AD	BB	HA	HD	L
160M	254	210	108	48	110	14×9	42.5	160	15	70	530	380	290	270	20	405	750
160L		254												315			790
180M	279	241	121	55	110	14×10	49	180	15	70	350	420	320	315	22	445	895
180L		279												350			935
200M	318	287	133	60	140	18×11	53	200	19	80	400	465	350	355	25	455	920
100L		305												395			960
225M	356	311	149	65	140	18×11	58	225	19	90	450	520	395	395	28	545	1 060
250S	400	311	168	75	140	20×12	67.5	250	24	100	510	550	410	420	30	600	1 110
250M		349												455			1 150
280S	457	368	190	80	170	22×14	71	280	24	110	570	610	450	530	35	655	1 260
280M		419												585			1 310

注：YR160L2-4 的 L 为 810。

8.2.3 YR 系列(IP44)三相封闭式绕线转子异步电动机

(1) 特点及应用：YR(IP44)封闭式电动机与 YR(IP23)防护式电动机一样，也具有启动转矩高、启动电流小的优点，但由于其结构型式为封闭式，因此可以在尘土飞扬水土飞溅的环境中使用，在比较潮湿及有轻微腐蚀性气体的环境中也较防护式电动机好。YR(IP44)的安装型式有 B3、B35 及 V_1 三种。

(2) 其基本技术数据见表 8.2.8。

(3) 安装尺寸及外形尺寸如表 8.2.9～8.2.11。

表 8.2.8 YR 系列(IP44)三相封闭式绕线转子异步电动机技术数据

型 号	功率/kW	转速/(r·min^{-1})	电流(380V 时)/A	效率/%	功率因数 cos ϕ	最大转矩/额定转矩	转子电压/V	转子电流/A	噪声(声功率级)/(dB)(A)	转子转动惯量/(kg·m^2)	质量/kg
4 级											
YR132M1-4	4	1 440	9.3	84.5	0.77	3.0	230	11.5	82	3.58	80
YR132M2-4	5.5	1 440	12.6	86.0	0.77	3.0	272	13.0	82	4.17	95
YR160M-4	7.5	1 460	15.7	87.5	0.83	3.0	250	19.5	86	9.51	130
YR160L-4	11	1 460	22.5	89.5	0.83	3.0	276	25.0	86	11.74	155
YR180L-4	15	1 465	30.0	89.5	0.85	3.0	278	34.0	90	19.70	205
YR200L1-4	18.5	1 465	36.7	89.0	0.86	3.0	247	47.5	90	31.99	265
YR200L2-4	22	1 465	43.2	90.0	0.86	3.0	393	47.0	90	34.47	290
YR225M2-4	30	1 475	57.6	91..0	0.87	3.0	360	51.5	92	63.14	380
YR250M1-4	37	1 480	71.4	91.5	0.86	3.0	289	79.0	92	86.60	440
YR250M2-4	45	1 480	85.9	91.5	0.87	3.0	340	81.0	94	94.68	490
YR280S-4	55	1 480	103.8	91.5	0.88	3.0	485	70.0	94	163.6	670
YR280M-4	75	1 480	140.0	92.5	0.88	3.0	354	128.0	98	201.7	800
6 级											
YR132M1-6	3	955	8.2	80.5	0.69	2.8	206	9.5	81	5.08	80
YR132M2-6	4	955	10.7	82.0	0.69	2.8	230	11.0	81	5.92	95
YF160M-6	5.5	970	13.4	84.5	0.74	2.8	244	14.5	81	12.01	135
YR160L-6	7.5	970	17.0	86.0	0.74	2.8	266	18.0	85	14.39	155
YR180-6	11	975	23.6	87.5	0.81	2.8	310	22.5	85	27.04	205
YR200L1-6	15	975	31.8	88.5	0.81	2.8	198	48.0	88	42.99	280
YR225M1-6	18.5	980	38.3	88.5	0.83	2.8	187	62.5	88	64.67	335
YR225M2-6	22	980	45.0	89.5	0.83	2.8	224	61.0	88	70.70	365
YR250M1-6	30	980	60.3	90.0	0.84	2.8	282	66.0	91	120.1	450
YR250M2-6	37	980	73.9	90.5	0.84	2.8	331	69.0	91	129.8	490
YR280S-6	45	985	87.9	91.5	0.85	2.8	362	76.0	94	217.9	680
YR280M-6	55	985	106.9	92.0	0.85	2.8	423	80.0	94	241.1	730
8 级											
YR160M-8	4	715	10.7	82.5	0.69	2.4	216	12.0	79	11.91	135
YR160L-8	5.5	715	14.2	83.0	0.71	2.4	230	15.5	79	14.26	155
YR180L-8	7.5	725	18.4	85.0	0.73	2.4	255	19.0	82	24.95	190
YR200L1-8	11	725	26.6	86.0	0.73	2.4	152	46.0	82	42.66	280
YR225M1-8	15	735	34.5	88.0	0.75	2.4	169	56.0	85	69.83	365
YR225M2-8	18.5	735	42.1	89.0	0.75	2.4	211	54.0	85	79.09	390
YR250M1-8	22	735	48.1	88.0	0.78	2.4	210	65.5	85	118.4	450
YR250M2-8	30	735	66.1	89.5	0.77	2.4	270	69.0	88	133.1	500
YR280S-8	37	735	78.2	91.0	0.79	2.4	281	81.5	88	214.8	680
YR280M-8	45	735	92.9	92.0	0.80	2.4	359	76.0	90	262.4	800

表 8.2.9 B3 型外形和安装尺寸

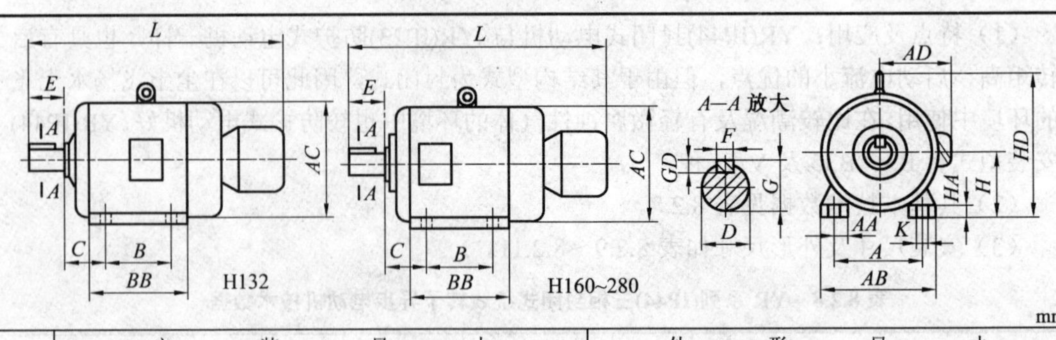

mm

安装				尺寸					外形				尺寸			
A	B	C	D	E	F×GD	G	H	K	AA	AE	AC	AD	BB	HA	HD	L
216	178	89	38	80	10×8	33	132	12	60	280	280	210	238	81	315	745
254	210	108	42	110	12×8	37	160	15	70	330	335	255	270	20	385	820
	254												314			865
279	279	121	48	110	14×8	42.5	180	15	70	355	375	285	349	22	430	920
318	305	133	55	110	16×10	49	200	19	70	395	425	310	379	25	475	1 045
356	311	140	60	140	18×11	53	225	19	75	435	470	345	393	28	530	1 115
406	340	168	65	140	18×11	58	250	24	80	490	515	385	455	30	575	1 250
457	368	190	75	140	20×12	67.5	280	24	85	550	575	410	530	35	640	1 355
	410												581			1 405

表 8.2.10 B35 型式的尺寸

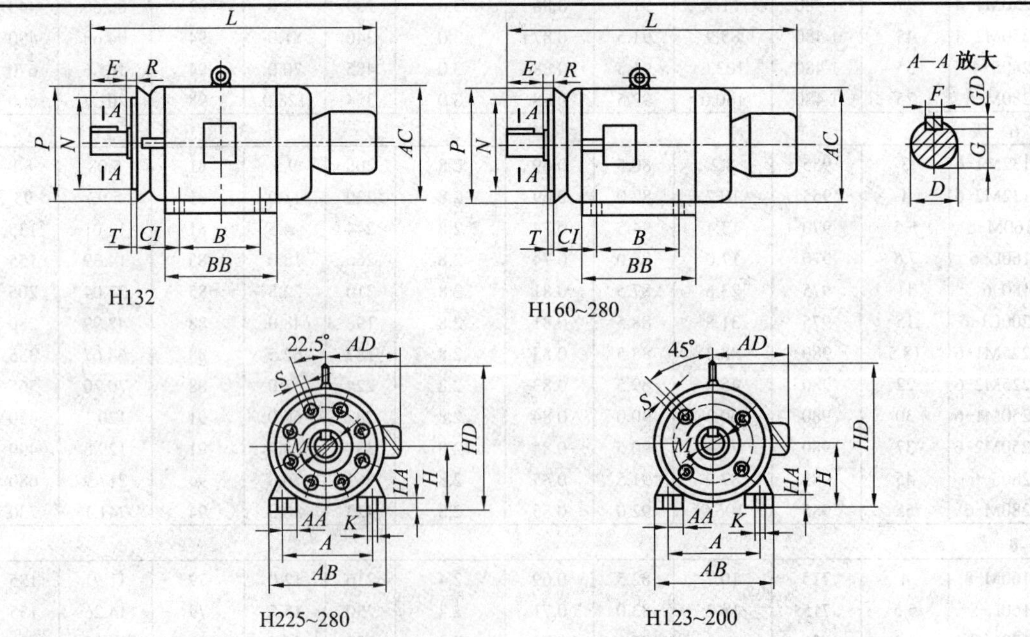

mm

机座号	安				装				尺			寸			
	A	B	CI	D	E	F×GD	G	H	K	T	M	N	P	R	S
132M	216	178	66	38	80	10×8	33	132	12	4	265	230	300	0	4×ϕ15
160M	254	210	108	42	110	12×8	37	160	15	5	300	250	350	0	4×ϕ19
160L		254													
180L	279	279	121	48	110	14×19	42.5	180	15	5	300	250	350	0	4×ϕ19
200L	318	305	133	55	110	16×10	49	200	19	5	350	300	400	0	4×ϕ19

续表 8.2.10 mm

机座号	安装尺寸														
	A	*B*	*CI*	*D*	*E*	*F*×*GD*	*G*	*H*	*K*	*T*	*M*	*N*	*P*	*R*	*S*
225M	356	311	149	60	140	18×11	53	225	19	5	400	350	450	0	8×ϕ19
250M	406	349	168	65	140	18×11	58	250	24	5	500	450	550	0	8×ϕ19
180S	457	368	190	75	140	20×12	67.5	280	24	5	500	450	550	0	8×ϕ19
280M		410													

机座号	外形尺寸							
	AA	*AB*	*AC*	*AD*	*BB*	*HA*	*HD*	*L*
132M	60	280	230	210	288	18	315	745
160M	70	330	335	255	270	20	335	820
160L					314			866
180L	70	355	375	285	349	22	430	920
200L	70	395	425	310	379	25	475	101
225M	75	435	470	345	393	28	530	1 115
250M	80	490	515	385	455	30	575	1 260
280S	85	550	575	410	530	35	640	1 135
280M					581			1 405

表 8.2.11 V135 型式的尺寸

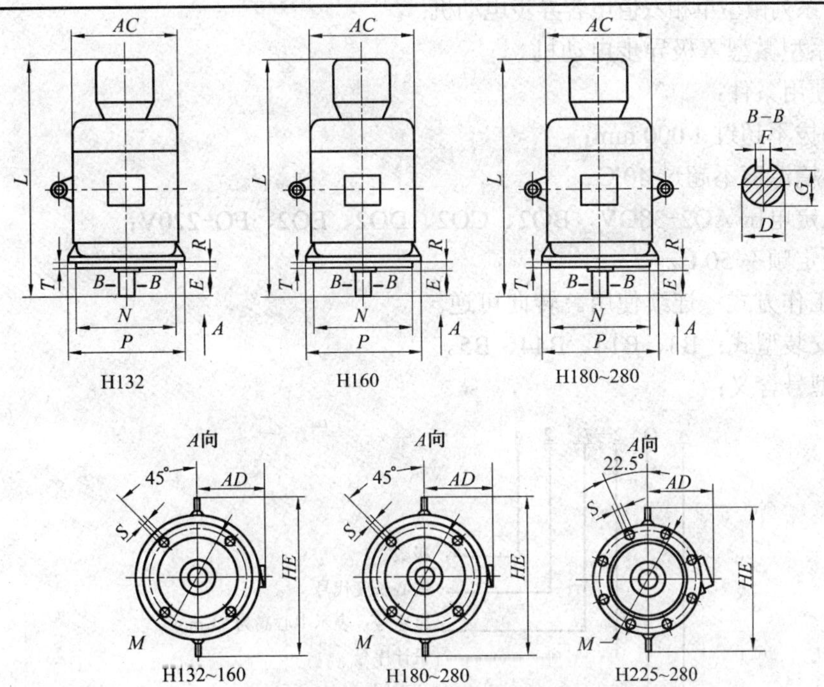

mm

机座号	安装尺寸							外形尺寸			
	F×*GD*	*G*	*T*	*M*	*N*	*P*	*R*	*S*	*AD*	*AC*	*HE*	*L*
132M	10×8	33	4	265	230	300	0	4×ϕ15	210	280	315	745
160M	12×8	37	5	300	250	350	0	4×ϕ19	255	335	385	820
160L												865
180L	14×9	42.5	5	300	250	350	0	4×ϕ19	285	375	500	920
200L	16×10	49	5	350	300	400	0	4×ϕ19	310	425	550	1 045
225M	18×11	53	5	400	350	450	0	8×ϕ19	345	470	610	1 115
250M	18×11	53	5	500	450	550	0	8×ϕ19	385	515	650	1 260
280S	20×12	67.5	5	500	450	550	0	8×ϕ19	410	575	720	1 355
280M												1 405

8.2.4 小功率异步电动机

小功率异步电动(又称分驱异步电动机)，指析算至转速相当于 1 500 r/min 时连续频定功率不超过 1.1 kW 的电动机

（1）特点及应用：广泛应用于自动控制、小型机床、测试仪器、计算机、音响设备、家用电器、医疗器械、办公机械、电动工具。其产品除一般用途的标准产品外，大多数都是特定用途的产品，因此，其结构、性能、安装方式、环境适应性及外形尺寸等都随工作机械的特定要求而异，并对其安全、启动性能、可靠性、振动、噪声、无线电干扰等方面有较高的技术要求。

（2）分类：按工作原理分为以下六类：

• AO2 系列微型三相异步电动机；

• BO2 系列微型单相电阻启动异步电动机；

• CO2 系列微型单相电容启动异步电动机；

• DO2 系列微型单相电容运转异步电动机；

• EO2 系列微型单相双值电容异步电动机；

• FO 系型微型罩极异步电动机。

（3）使用条件：

① 海拔不超过 1 000 mm；

② 环境温度不超过 40℃；

③ 额定电压 AO2-38OV，BO2、CO2、DO2、EO2、FO-220V；

④ 额定频率 50 Hz。

（4）工作方式：连续使用。转向可逆。

（5）安装型式：B3、B14、B44、B5。

（6）型号含义：

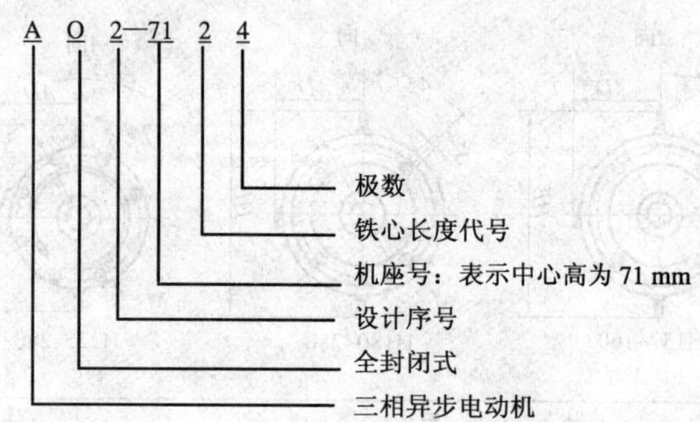

（7）技术数据：AO2 系列微型三相异步电动机的技术数据见表 8.2.12；BO2、CO2、DO2 系列微型异步电动机的技术数据见表 8.2.13。

（8）外形及安装尺寸：AO2、BO2、DO2 的外形及安装尺寸见表 8.2.14；CO2 的外形与安装尺寸见表 8.2.15。

BO2、CO2、DO2、EO2、FO 型号中，B 为单相电阻启动；C 为单相电容启动；D 为单相电容运转；E 为单相双极电容型；F 为罩极型；其余与 AO2 相同。

表 8.2.12 AO2 系列电动机技术数据

型 号	功率/W	电流/A	电压/V	频率/Hz	转速/(r·min^{-1})	效率/%	功率因数 cos ϕ	启动转矩/额定转矩	启动电流/额定电流	最大转矩/额定转矩
AO2-4512	16	0.09	380	50	2 800	46	0.57	2.2	6	2.4
AO2-4522	25	0.12	380	50	2 800	52	0.60	2.2	6	2.4
AO2-4514	10	0.12	380	50	1 400	28	0.45	2.2	6	2.4
AO2-4524	16	0.16	380	50	1 400	32	0.49	2.2	6	2.4
AO2-5012	40	0.17	380	50	2 800	55	0.65	2.2	6	2.4
AO2-5022	60	0.23	380	50	2 800	60	0.66	2.2	6	2.4
AO2-5014	25	0.17	380	50	1 400	42	0.58	2.2	6	2.4
AO2-5024	40	0.22	380	50	1 400	50	0.54	2.2	6	2.4
AO2-5612	90	0.32	380	50	2 800	62	0.68	2.2	6	2.4
AO2-5622	120	0.38	220/380	50	2 800	67	0.71	2.2	6	2.4
AO2-5614	60	0.28	220/380	50	1 400	56	0.58	2.2	6	2.4
AO2-5624	90	0.38	220/380	50	1 400	58	0.61	2.2	6	2.4
AO2-6312	180	0.53	220/380	50	2 800	69	0.75	2.2	6	2.4
AO2-6322	250	0.67	220/380	50	2 800	72	0.78	2.2	6	2.4
AO2-6314	120	0.48	220/380	50	1 400	60	0.63	2.2	6	2.4
AO2-6324	180	0.65	220/380	50	1 400	64	0.66	2.2	6	2.4
AO2-7112	370	0.95	220/380	50	2 800	73.5	0.80	2.2	6	2.4
AO2-7122	550	1.35	220/380	20	2 800	75.5	0.82	2.2	6	2.4
AO2-7114	250	0.83	220/380	50	1 400	67	0.68	2.2	6	2.4
AO2-7124	370	1.12	220/380	50	1 400	69.5	0.72	2.2	6	2.4
AO2-8012	750	1.75	220/380	50	2 800	76.5	0.85	2.2	6	2.4
AO2-8014	550	1.55	220/380	50	1 400	73.5	0.73	2.2	6	2.4
AO2-8024	750	2.01	220/380	50	1 400	75.5	0.75	2.2	6	2.4

表 8.2.13 BO2、CO2、DO2 系列电动机技术数据

型 号	功率/W	电流/A	电压/V	频率/Hz	转速/(r·min^{-1})	效率/%	功率因数 cos ϕ	启动转矩/额定转矩	启动电流/A	最大转矩/额定转矩
BO2-6312	90	1.09	220	50	2 800	56	0.67	1.5	12	1.8
BO2-6322	120	1.36	220	50	2 800	58	0.69	1.4	14	1.8
BO2-6314	60	1.23	220	50	1 400	39	0.57	1.7	9	1.8
BO2-6324	90	1.64	220	50	1 400	43	0.58	1.5	12	1.8
BO2-7112	180	1.89	220	50	2 800	60	0.72	1.3	17	1.8
BO2-7122	250	2.40	220	50	2 800	64	0.74	1.1	24	1.8
BO2-7114	120	1.88	220	50	1 400	50	0.58	1.5	14	1.8
BO2-7124	180	2.49	220	50	1 400	53	0.62	1.4	17	1.8
BO2-8012	370	3.36	220	50	2 800	65	0.77	1.1	30	1.8

续表 8.2.13

型　号	功率/W	电流/A	电压/V	频率/Hz	转速/(r·min^{-1})	效率/%	功率因数 cos ϕ	启动转矩/额定转矩	启动电流/A	最大转矩/额定转矩
BO2-8014	250	3.11	220	50	1 400	58	0.63	1.2	22	1.8
BO2-8024	370	4.24	220	50	1 400	62	0.64	1.2	30	1.8
CO2-7112	180	1.89	220	50	2 800	60	0.72	3	12	1.8
CO2-7122	250	2.40	220	50	2 800	64	0.74	3	15	1.8
CO2-7114	120	1.88	220	50	1 400	50	0.58	3	9	1.8
CO2-7124	180	2.49	220	50	1 400	53	0.62	3	12	1.8
CO2-8012	370	3.36	220	50	2 800	55	0.77	2.8	21	1.8
CO2-8022	550	4.65	220	50	2 800	68	0.79	2.8	29	1.8
CO2-8014	250	3.11	220	50	1 400	58	0.63	2.8	15	1.8
CO2-8024	370	4.24	220	50	1 400	62	0.64	2.5	21	1.8
CO2-90S2	750	5.94	220	50	2 800	70	0.82	2.5	37	1.8
CO2-90S4	550	5.70	220	50	1 400	65	0.69	2.5	29	1.8
CO2-90L4	750	6.77	220	50	1 400	69	0.73	2.5	27	1.8
DO2-4512	10	0.20	220	50	2 800	28	0.80	0.6	0.8	1.8
DO2-4522	16	0.26	220	50	2 800	35	0.80	0.6	1.0	1.8
DO2-4514	6	0.20	220	50	1 400	17	0.80	1.0	0.5	1.8
DO2-4524	10	0.24	220	50	1 400	24	0.80	0.6	0.8	1.8
DO2-5012	25	0.33	220	50	2 800	40	0.85	0.6	1.5	1.8
DO2-5022	40	0.42	220	50	2 800	42	0.90	0.5	2.0	1.8
DO2-5014	16	0.28	220	50	1 400	33	0.80	0.6	1.0	1.8
DO2-5024	25	0.36	220	50	1 400	38	0.82	0.5	1.5	1.8
DO2-5612	60	0.57	220	50	2 800	53	0.90	0.5	2.5	1.8
DO2-5622	90	0.81	220	50	2 800	56	0.90	0.35	3.2	1.8
DO2-5614	40	0.49	220	50	1 400	45	0.82	0.5	2.0	1.8
DO2-5624	60	0.64	220	50	1 400	50	0.85	0.5	2.5	1.8
DO2-6312	120	0.91	220	50	2 800	63	0.95	0.35	5.0	1.8
DO2-6322	180	1.29	220	50	2 800	67	0.95	0.35	7.0	1.8
DO2-6314	90	0.94	220	50	1 400	51	0.85	0.35	3.2	1.8
DO2-6324	120	1.17	220	50	1 400	55	0.85	0.35	5.0	1.8
DO2-7112	250	1.73	220	50	2 800	69	0.95	0.35	10.0	1.8
DO2-7114	180	1.58	220	50	1 400	59	0.88	0.35	7.0	1.8
DO2-7124	250	2.04	220	50	1 400	62	0.90	0.35	10.0	1.8
DO2-5622	90	0.81	220	50	2 800	56	0.90	0.35	3.2	1.8
DO2-5614	40	0.49	220	50	1 400	45	0.82	0.5	2.0	1.8
DO2-5624	60	0.64	220	50	1 400	50	0.85	0.5	2.5	1.8
DO2-6312	120	0.91	220	50	2 800	63	0.95	0.35	5.0	1.8
DO2-6322	180	1.29	220	50	2 800	67	0.95	0.35	7.0	1.8
DO2-6314	90	0.94	220	50	1 400	51	0.85	0.35	3.2	1.8
DO2-6324	120	1.17	220	50	1 400	55	0.85	0.35	5.0	1.8

表 8.2.14 AO2、BO2、DO2 系列的外形与安装尺寸

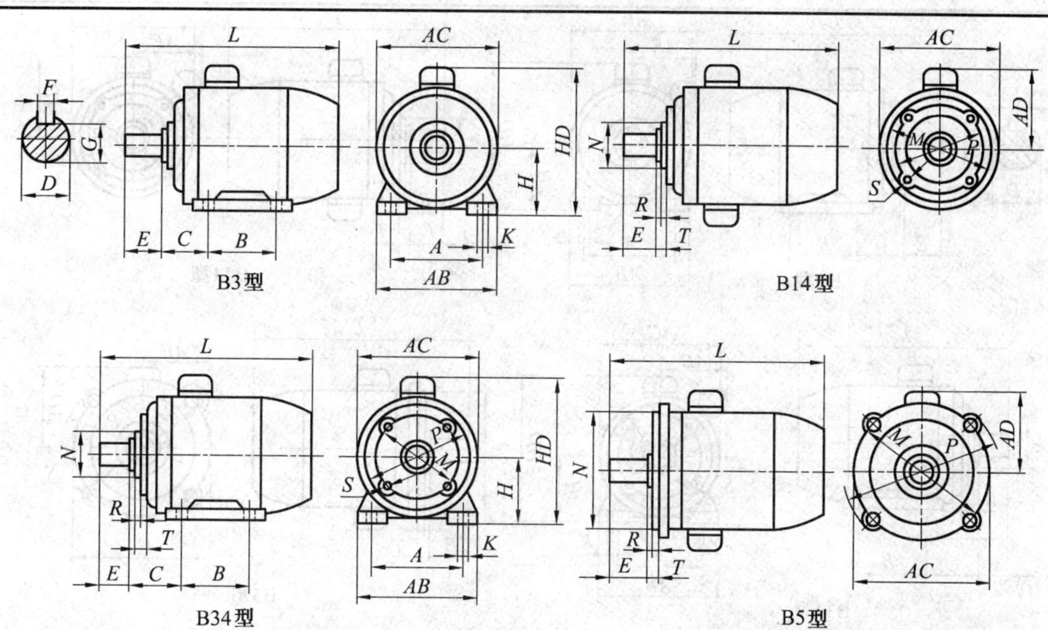

mm

机座号		安装尺寸									B34 安装尺寸						B14 安装尺寸	
		A	*B*	*C*	*D*	*E*	*F*	*G*	*H*	*K*	*M*	*N*	*P*	*R*	*S*	*T*	*M*	*N*
DO2 AO2	45	71	56	28	9	20	3	7.2	45	48	45	32	60	0	M5	2.5	45	30
	50	80	63	32	9	20	3	7.2	50	5.8	55	40	70	0	M5	2.5	55	40
	56	90	71	36	9	20	3	7.2	56	5.8	65	50	80	0	M5	2.5	65	50
	63	100	80	40	11	23	4	8.5	63	7	75	60	90	0	M5	2.5	75	60
	71	112	90	45	14	30	5	11	71	7	85	70	105	0	M6	2.5	85	70
	80	125	100	50	19	40	6	15.4	80	10	100	80	120	0	M6	3	100	80
BO2	63	100	80	40	11	23	4	8.5	63	7	75	60	90	0	M5	2.5	75	60
	71	112	90	45	14	30	5	11	71	7	85	70	105	0	M6	2.5	85	70
	80	125	100	50	19	40	6	15.5	80	10	100	80	120	0	M6	3	100	80

机座号		安装尺寸				B5 安装尺寸						B3、B34、B14 外形尺寸					B5 外形尺寸		
		A	*B*	*S*	*T*	*M*	*N*	*P*	*R*	*S*	*T*	*AB*	*AC*	*AD*	*HD*	*L*	*AC′*	*L*	*AD*
AO2 DO2	45	60	0	M5	2.5							90	100	70	115	150			100
	50	70	0	M5	2.5							100	110	75	125	155			
	56	80	0	M5	2.5							115	120	80	135	170			
	63	90	0	M5	2.5	115	95	140	0	10	3	130	130	100	165	230	130	250	100
	71	105	0	M6	2.5	130	110	160	0	10	3.5	145	145	110	180	255	145	275	110
	80	120	0	M6	3	165	130	200	0	12	3.5	100	165	120	200	295	175	300	120
BO2	63	90	0	M5	2.5	115	95	140	0	10	3	130	130	100	165	230	130	100	250
	71	105	0	M6	2.5	130	110	160	0	10	3.5	145	145	110	180	255	145	110	275
	80	120	0	M6	3	165	130	200	0	12	3.5	160	165	120	200	295	175	120	300

表 8.2.15 CO2 系列的外形与安装尺寸

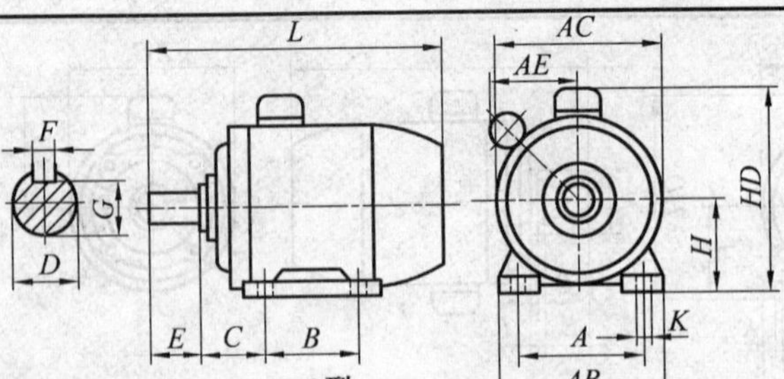

B3型

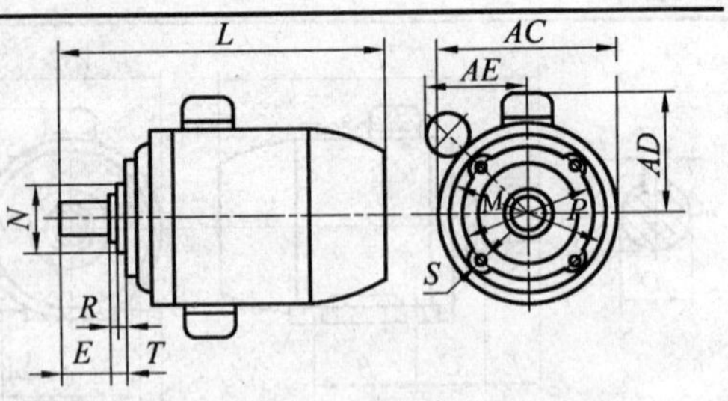

B14型

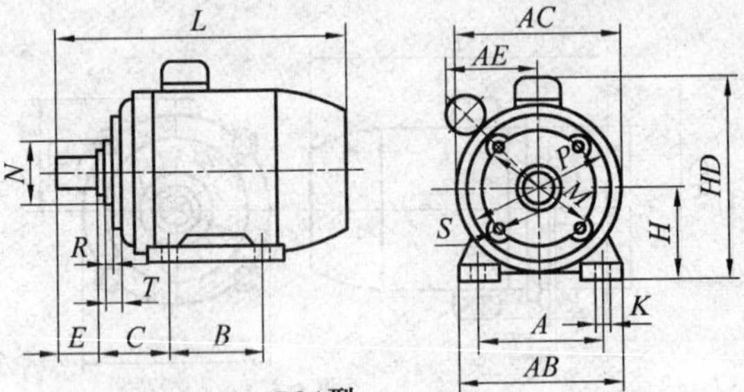

B34型

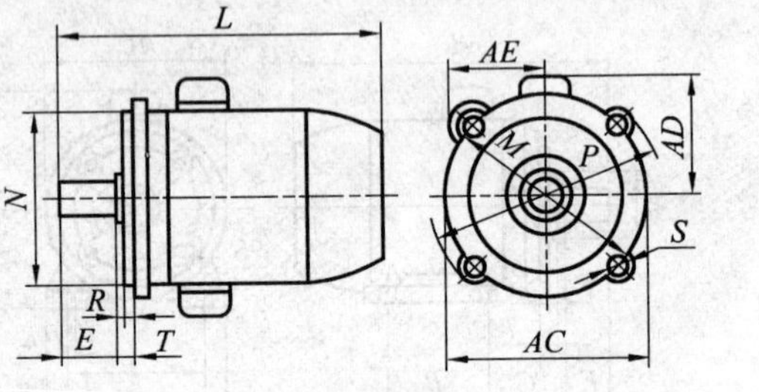

B5型

mm

机座号	安装尺寸									B34 安装尺寸						B14 安装尺寸		
C02	A	B	C	D	E	F	G	H	K	M	N	P	R	S	T	M	N	P
70	112	90	45	14	30	5	11	71	7	85	70	105	0	M6	2.5	85	70	105
80	125	100	50	19	40	6	15.5	80	10	100	80	120	0	M6	3	100	80	120
90S	140	100	56	24	50	8	20	90	10	115	95	140	0	M8	3	115	95	140
90L	140	125	56	24	50	8	20	90	10	115	95	140	0	M8	3	115	95	140

机座号	B14 安装尺寸			B5 安装尺寸						B3、B34、B14 外形尺寸						B5 外形尺寸			
	R	S	T	M	N	P	R	S	T	AB	AC	AD	AE	HD	L	AC	AD	L	AE
70	0	M6	2.5	130	110	160	0	10	3.5	145	145	110	95	180	255	145	110	275	95
80	0	M6	3	165	130	200	0	12	3.5	160	165	120	110	200	295	175	120	300	110
90S	0	M8	3	165	130	200	0	12	3.5	180	185	130	120	220	310	185	130	335	120
90L	0	M8	3	165	130	200	0	12	3.5	180	185	130	120	220	335	185	130	360	120

8.2.5 YZR、YZ 系列起重冶金用三相异步电动机

（1）性能及结构特点：YZR 系列为绕线转子异步电动机；YZ 系列为笼型异步电动机。它们具有较大的启动转矩和过载能力，能够频繁启动，转差率较高，并具有良好的防护特性，用于一般场合的电动机防护等级为 IP44，用于冶金场所的电动机防护等级为 IP54。

（2）应用场合：适用于短时或断续运转、启动制动频繁、有时过载以及有较强振动和冲击的冶金及一般起重设备上。

（3）工作方式：以 S3(负载持续率为 40%)作为基准工作制定额，每个工作周期为 10 min。

（4）型号含义：

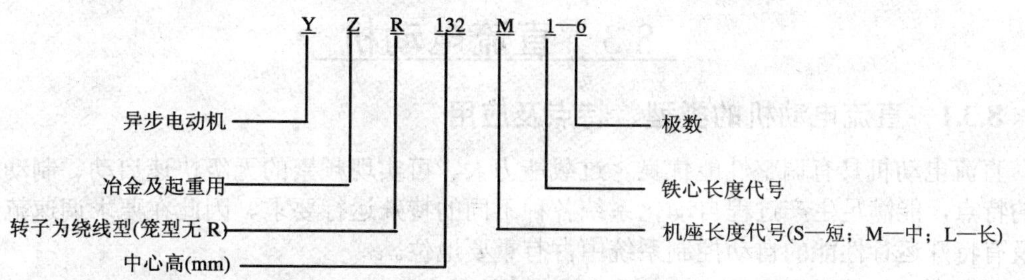

（5）技术数据如表 8.2.16。

表 8.2.16　YZ、YZR 系列起重及冶金用电动机技术数据

型　号	满载额定数据						堵转电流/额定电流	堵转转矩/额定转矩	最大转矩/额定转矩	外形尺寸/mm			质量/kg
	功率/kW	电压/V	电流/A	转速/(r·min^{-1})	效率/%	功率因数 cos ϕ				长	宽	高	
YZ112M-6	1.5	380	4.2	920	71	0.76	4.76	2.45	2.7	420(505)	250	325	58
YZ132M1-6	2.2	380	5.7	935	75.5	0.77	4.74	3.11	2.92	495(577)	285	355	80
YZ132M2-6	3.7	380	9.0	912	79	0.79	4.67	3.03	2.79	495(577)	285	355	91.5
YZ160M1-6	5.5	380	12.4	933	81	0.83	4.68	2.5	2.74	608(718)	325	410	118.5
YZ162M2-6	7.5	380	16.7	948	82.5	0.825	5.27	2.38	2.35	608(718)	325	410.5	131.5
YZ160L-6	11	380	24.2	953	83	0.83	5.1	2.73	3.25	650(762)	325	410	152
YZ160L-8	7.5	380	17.8	705	83	0.77	5.51	2.46	2.7	650(762)	325	410	152
YZ180L-8	11	380	25.4	694	81	0.81	5.12	2.62	2.5	685(800)	360	460	205
YZ200L-8	15	380	33.0	710	86	0.8	5.7	2.73	2.8	780(928)	405	490	276
YZ225M-8	22	380	46.1	712	87	0.83	5.86	2.9	2.86	850(998)	455	520	347
YZ250M1-8	30	380	64.5	694	86	0.82	5.66	2.7	2.54	935(1092)	515	565	462
YZ112M-6	1.5	380	4.6	866	62.9	0.789	100	10.9	2.3	590(670)	250	325	73.5
YZ132M1-6	2.2	380	5.9	908	72.5	0.76	132	11.5	2.6	645(727)	285	355	96.5
YZ132M2-6	3.7	380	9.2	908	77	0.798	190	13.6	2.7	645(727)	285	355	107.5
YZ160M1-6	5.5	380	14.7	930	75.7	0.736	140	27.9	2.56	758(868)	325	410	153.5
YZ160M2-6	7.5	380	18	940	79.7	0.796	185	26.4	2.78	758(868)	325	410	159.5
YZ160L-6	11	380	24.6	945	83.7	0.817	250	28	2.47	800(912)	325	410	174
YZ180L-6	15	380	33	962	85.7	0.806	220	43.5	3.0	870(980)	360	460	230
YZR200L-6	22	380	49.5	964	86	0.8	200	69.9	2.88	975(1118)	405	490	230
YZ225M-6	30	380	62	962	88.3	0.833	250	74	3.3	1 050(1190)	445	520	398
YZ250M1-6	37	380	70	960	89.2	0.9	250	91.5	3.56	1 195(1337)	515	565	512
YZ250M2-6	45	380	85	965	90.6	0.89	290	95	3.0	1 195(1337)	515	565	559
YZ280S-6	55	380	103	969	91	0.904	280	121.5	3.1	1 265(1438)	575	655	746.5
YZ280M-6	75	380	138	969	90.4	0.887	370	122.6	3.4	1 315(1489)	575	655	746.5
YZ160L-8	7.5	380	19.2	705	79.8	0.746	210	23.4	2.73	800(912)	325	410	172
YZ180L-8	11	380	26	700	81.05	0.773	172	41.2	2.65	870(980)	360	460	230
YZ200L-8	15	380	33.3	712	86.2	0.789	178	53.4	2.94	975(1118)	405	490	317
YZ225M-8	22	380	63.3	720	87.8	0.819	275	67.7	3.19	1 195(1337)	515	565	515
YZ250M1-8	30	380	76	720	89	0.83	330	69	3.13	1 195(1337)	515	565	563
YZ280S-8	45	380	95	723	88.1	0.776	305	92	3.1	1 265(1438)	575	655	746.5
YZ280M-8	55	380	110	725	89.5	0.84	360	92.5	2.95	1 315(1489)	575	655	847.5
YZ315S-8	75	380	134	727	89.5	0.87	295	159	2.74	1 390(1562)	640	720	1 050
YZ315M-8	90	380	174	720	90.2	0.881	345	164	3.13	1 440(1613)	640	720	1 170
YZ280S-10	37	380	84.8	572	87	0.763	150	157.4	2.72	1 265(1438)	575	655	766.5
YZ280M-10	45	380	103.8	560	85.6	0.782	175	165	3.10	1 315(1489)	575	655	840
YZ315S-10	55	380	119	580	89.3	0.793	245	139	3.11	1 390(1562)	640	720	1 026
YZ315M-8	75	380	163	579	89.7	0.794	315	149	3.45	1 440(1613)	640	720	1 156
YZ355M-10	90	380	179	589	92.1	0.825	330	165	3.33	1 650(1864)	740	840	1 520
YZ355L1-10	110	380	215	582	92.2	0.84	390	173	3.1	1 720(1934)	740	840	1 764
YZ355L2-10	132	380	263	588	92.4	0.816	475	167	3.48	1 720(1934)	740	840	1 810
YZ400L1-10	160	380	338	587	91.5	0.79	395	244	3.02	1 865(2120)	855	950	2 400
YZ400L2-10	200	380	427	588	92.2	0.77	460	252	2.85	1 865(2120)	855	950	2 950

注：外形尺寸中带括号的为双轴伸尺寸。

8.3 直流电动机

8.3.1 直流电动机的类型、特点及应用

直流电动机具有调整性能优良、过载能力大、可实现频繁的无级快速启动、制动和反转的特点，能满足生产过程自动化系统各种不同的特殊运行要求。因此在要求调速范围宽以及有特殊运行性能的自动控制系统中占有重要地位。

直流电动机按励磁方式来分的类型及其用途如下：

（1）永磁直流电动机：主要用于自动控制系统中作为执行元件及一般传动系统用，如力矩电动机。

（2）并励直流电动机：用于启动转矩稍大的恒速负载和要求调速传动系统，如离心泵、风机、金属切削机床、纺织印染、造纸和印刷机械等。

（3）串励直流电动机：用于要求很大的启动转矩，转速允许有较大变化的负载，如蓄电池供电车、起货机、起锚机、电车、电力传动机车。

（4）复励直流电动机：用于要求启动转矩较大、转速变化不大的场合，如拖动空气压缩机、冶金辅助传动机械等。

（5）稳定并励直流电动机：用作与并励直流电动机相同，但运行性能较并励电动机平稳。

（6）他励直流电动机：用途与并励直流电动机相同。

8.3.2 Z2 系列小型直流电动机

Z2 系列小型直流电动机为并励或他励直流电动机，主要用于启动转矩稍大的恒速负载和要求调速的生产机械中。其防护类型是通风防滴式，基本技术数据如表 8.3.1。

表 8.3.1 Z2 系列小型直流电动机技术数据

型 号	额定功率/kW	额定电流/A		效率/%		最高转速/(r·min^{-1})		最大励磁功率/W		转子转动惯量/(N·m^2)	外形尺寸/mm (A10 型)	质量/kg
		110 V	220 V	110 V	220 V	110 V	220 V	110 V	220 V			
额定转速 3 000 r/min												
Z2-11	0.8	9.82	4.85	74	75	3 000	3 000	52	52	0.12	401×292×254	32
Z2-12	1.1	13	6.41	75.5	76.5	3 000	3 000	63	62	0.15	421×292×254	36
Z2-21	1.5	17.5	8.64	77	78	3 000	3 000	61	62	0.45	417×362×320	48
Z2-22	2.2	24.5	12.2	79	80	3 000	3 000	77	77	0.55	442×362×320	56
Z2-31	3	33.2	16.52	78.5	79.5	3 000	3 000	80	83	0.85	485×390×343	65
Z2-32	4	43.8	21.65	80	81	3 000	3 000	98	94	1.05	520×390×343	76
Z2-41	5.5	61	30.3	81.5	82	3 000	3 000	97	108	1.5	524×420×365	88
Z2-42	7.5	81.6	40.3	82	82.5	3 000	3 000	120	141	1.8	554×420×365	101
Z2-51	10	107.5	53.5	84.5	83	3 000	3 000	—	222	3.5	606×466×415	126
Z2-52	13	—	68.7	—	83.5	—	3 000	—	365	4	646×466×415	148
Z2-61	17	—	88.9	—	84	—	3 000	—	247	5.6	637×524×488	175
Z2-62	22	—	113.7	—	85	—	3 000	—	232	6.5	671×524×488	196
Z2-71	30	—	155	—	85.5	—	3 000	—	410	10	768×614×544	280
Z2-72	40	—	205.6	—	86.5	—	3 000	—	500	12	808×614×544	320
额定转速 1 500 r/min												
Z2-11	0.4	5.47	2.715	66.5	67	3 000	3 000	39	43	0.12	401×292×254	32
Z2-12	0.6	7.74	3.84	70.5	71	3 000	3 000	60	62	0.15	421×292×254	36
Z2-21	0.8	9.96	4.94	73	73.5	3 000	3 000	65	68	0.45	417×362×320	48
Z2-22	1.1	13.15	6.53	76	76.5	3 000	3 000	88	101	0.55	442×362×320	56
Z2-31	1.5	17.6	8.68	77.5	78.5	3 000	3 000	103	94	0.85	485×390×343	65
Z2-32	2.2	25	12.34	80	81	3 000	3 000	131	105	1.05	520×390×343	76
Z2-41	3	34.3	17	79.5	80	3 000	3 000	116	134	1.5	524×420×365	88
Z2-42	4	44.8	22.3	81	81.5	3 000	3 000	170	170	1.8	554×420×365	101
Z2-51	5.5	61	30.3	82	82.5	2 400	2 400	154	165	3.5	606×466×415	126

续表 8.3.1

型号	额定功率/kW	额定电流/A		效率/%		最高转速/(r·min^{-1})		最大励磁功率/W		转子转动惯量/(N·m^2)	外形尺寸/mm (A10 型)	质量/kg
		110 V	220 V	110 V	220 V	110 V	220 V	110 V	220 V			
额定转速 1 500 r /min												
Z2-52	7.5	82.2	40.8	83	83.5	2 400	2 400	242	260	4	646×466×415	148
Z2-61	10	108.2	53.8	84	84.5	2 400	2 400	160	260	5.6	637×524×488	175
Z2-62	13	140	68.7	84.5	86	2 250	2 250	146	364	6.5	671×524×488	196
Z2-71	17	155	90	85.5	86	2 250	2 250	400	430	10	768×614×544	280
Z2-72	22	232.6	115.4	86	86.5	2 250	2 250	370	370	12	808×614×544	320
Z2-81	30	315.5	156.9	86.5	87	2 250	2 250	450	540	28	855×689×609	393
Z2-82	40	—	208	—	87.5	—	2 000	—	770	32	895×689×609	443
Z2-91	55	—	284	—	88	—	2 000	—	770	59	1 010×830×706	630
Z2-92	75	—	385	—	88.5	—	1 800	—	870	70	1 065×830×706	730
Z2-101	100	—	511	—	89	—	1 800	—	1 070	103	1 061×899×790	970
Z2-102	125	—	635	—	89.5	—	1 500	—	940	120	1 211×899×790	1 130
Z2-111	160	—	810	—	90	—	1 500	—	1 300	204	1 261×969×889	1 350
Z2-112	200	—	1 010	—	90	—	1 500	—	1 620	230	1 311×969×889	1 410
额定转速 1 000 r /min												
Z2-21	0.4	5.59	2.755	65	66	2 000	2 000	60	67	0.45	417×362×320	48
Z2-22	0.6	7.69	3.875	71	71.5	2 000	2 000	64	70	0.55	442×362×320	56
Z2-31	0.8	10.02	4.94	72.5	73.5	2 000	2 000	88	88	0.85	485×390×343	65
Z2-32	1.1	13.32	6.58	75	76	2 000	2 000	83	83	1.05	520×390×343	76
Z2-41	1.5	18.05	8.9	75.5	76.5	2 000	2 000	123	130	1.5	524×420×365	88
Z2-42	2.2	25.8	12.73	77.5	78.5	2 000	2 000	172	160	1.8	554×420×365	101
Z2-51	3	34.5	17.2	79	79.5	2 000	2 000	125	165	3.5	606×466×415	126
Z2-52	4	45.2	22.3	80.5	81.5	2 000	2 000	230	230	4	646×466×415	148
Z2-61	5.5	61.3	30.3	81.5	82.5	2 000	2 000	190	283	5.6	637×524×488	175
Z2-62	7.5	82.6	41.3	82	82.5	2 000	2 000	325	193	6.5	671×524×488	196
Z2-71	10	111.5	54.8	82.5	83	2 000	2 000	300	370	10	768×614×544	280
Z2-72	13	142.3	70.7	83	83.5	2 000	2 000	430	420	12	808×614×544	320
Z2-81	17	185	92	83.5	84	2 000	2 000	460	510	28	855×689×609	393
Z2-82	22	236	118.2	84	84.5	2 000	2 000	460	500	32	895×689×609	443
Z2-91	30	319	158.5	85.5	86	2 000	2 000	570	540	59	1 010×830×706	630
Z2-92	40	423	210	86	86.5	2 000	2 000	650	620	70	1 065×830×706	730
Z2-101	55	—	285.5	—	87.5	—	1 500	—	670	103	1 061×899×790	970
Z2-102	75	—	385	—	88.5	—	1 500	—	820	120	1 211×899×790	1 130
Z2-111	100	—	511	—	89	—	1 500	—	1 150	204	1 261×969×889	1 350
Z2-112	125	—	635	—	89.5	—	1 500	—	1 380	230	1 311×969×889	1 410
额定转速 750 r/min												
Z2-31	0.6	7.9	3.9	69	70	1 500	750	90	85	0.85	485×390×343	65
Z2-32	0.8	10.02	4.94	72.5	73.5	1 500	750	83	81	1.05	520×390×343	76
Z2-41	1.1	14.18	6.99	70.5	71.5	1 500	750	121	122	1.5	524×420×365	88
Z2-42	1.5	18.8	9.28	72.5	73.5	1 500	750	174	180	1.8	554×420×365	101
Z2-51	2.2	26.15	13	76.5	77	1 500	750	148	162	3.5	606×466×415	126
Z2-52	3	35.2	17.5	77.5	78.5	1 500	750	172	176	4	646×466×415	148
Z2-61	4	46.6	23	78	79	1 500	750	176	190	5.6	637×524×488	175
Z2-62	5.5	62.9	31.25	79.5	80	1 500	750	197	293	6.5	671×524×488	196
Z2-71	7.5	85.2	42.1	80	81	1 500	750	310	350	10	768×614×544	280
Z2-72	10	112.1	55.8	81	81.5	1 500	750	340	440	12	808×614×544	320
Z2-81	13	145	72.1	81.5	82	1 500	750	460	480	28	855×689×609	393
Z2-82	17	187.2	93.2	82.5	83	1 500	750	500	560	32	895×689×609	443
Z2-91	22	239.5	119	83.5	84	1 500	750	580	590	59	1 010×830×706	630
Z2-92	30	323	160	84.5	85	1 500	750	620	770	70	1 065×830×706	730
Z2-101	40	425	212	85.5	86	1 500	750	820	900	103	1 061×899×790	970
Z2-102	55	—	289	—	86.5	—	750	—	920	120	1 211×899×790	1 130
Z2-111	75	—	387	—	88	—	750	—	1 000	204	1 261×969×889	1 350
Z2-112	100	—	514	—	88.5	—	750	—		230	1 311×969×889	1 510
额定转速 600 r/min												
Z2-91	17	193	95.5	80	81	1 200	1 200	560	570	59	1 010×830×706	630
Z2-92	22	242.5	119.7	82.5	83.5	1 200	1 200	610	650	70	1 065×830×706	730
Z2-101	30	324.4	161.5	84	84.5	1 200	1 200	640	810	103	1 061×899×790	970
Z2-102	40	431	214	84.5	85	1 200	1 200	930	1 020	120	1 211×899×790	1 130
Z2-111	55	—	280	—	86	—	1 200	—	980	204	1 261×969×889	1 350
Z2-112	75	—	387	—	88	—	1 200	—		230	1 311×969×889	1 510

参 考 文 献

[1] 吴宗泽. 机械设计实用手册[M]. 北京: 化学工业出版社, 1999.

[2] 吴宗泽. 机械零件设计手册[M]. 北京: 机械工业出版社, 2004.

[3] 朱龙根. 简明机械零件设计手册[M]. 北京: 机械工业出版社, 2003.

[4] 中国第一汽车集团公司编写组. 机械工程材料手册: 金属材料[M]. 5 版. 北京: 机械工业出版社, 1998.

[5] 张代东. 机械工程材料应用基础[M]. 北京: 机械工业出版社，2001.

[6] 刘品，徐晓希. 机械精度设计与检测基础[M]. 哈尔滨: 哈尔滨工业大学出版社, 2004.

[7] 机械工程手册、电机工程手册编辑委员会. 机械工程手册：机械零部件设计卷[M]. 2 版.北京: 机械工业出版社, 1996.

[8] GB/T 1800.4－1999. 极限与配合标准公差等级和孔、轴的极限偏差表[S]. 北京: 中国标准出版社，2000.

[9] GB/T 1182－1996. 形状和位置公差通则、定义、符号和图样表示方法[S]. 北京: 中国标准出版社，1997.

[10] 中华人民共和国国家质量监督检验检疫总局国家标准. 机械制图[S]合订本. 北京: 中国标准出版社，2004.

[11] 中华人民共和国国家质量监督检验检疫总局国家标准管理委员会. 产品几何技术规范（GPS）技术产品文件中表面结构的表示法[S]. 北京: 中国标准出版社，2007.